
Siebtes Kapitel: Fernsehen und Multimedi@

Achtes Kapitel: Die Presse

Neuntes Kapitel: Bretter, die die Welt bedeuten

ERSTES KAPITEL

Mein Leben – dein Leben

Marc Chagall (1887–1985):
Um sie herum (Autours d'elle, 1945)

I. Und nun was tun?

1. So bin ich – bin ich so? – Personen charakterisieren und Texte beschreiben

1 Situationen

a.

b.

c.
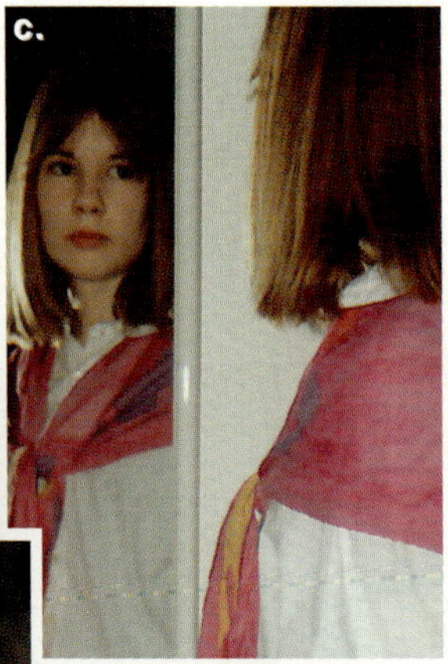

d.

„Heute ist ein schöner Tag zum Schlagen“

Fünf 14-bis 16-jährige Mädchen bedrohen und attackieren Schülerinnen in der Innenstadt

■ Paderborn. Eine fünfköpfige Mädchengruppe hat am vergangenen Wochenende in der Innenstadt für Aufruhr gesorgt. Die 14- bis 16-Jährigen attackierten und schlugen nach Polizeiangaben scheinbar wahllos und und ohne erkennbaren Grund auf jüngere Schülerinnen ein.

e.

f.

g.

h.

i.

j.

k.

Auszubildende
zur Arzthelferin für orthopädische Praxis gesucht.

Dr. U. Deppe
Arzt für Orthopädie
Detmolder Str. 2, 33 P

l.
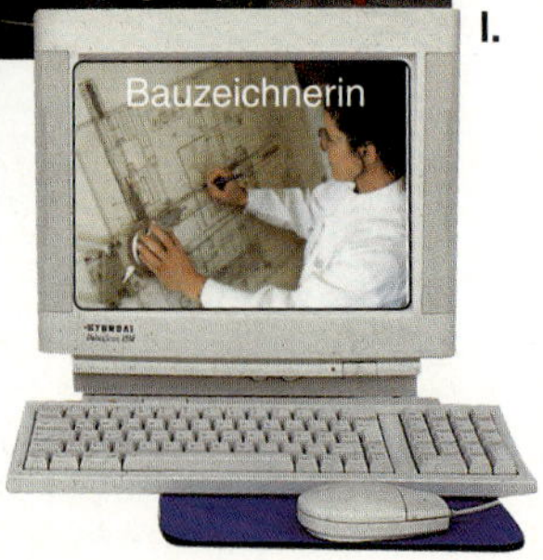

Arbeitsanregungen:

1 In allen Szenen sind bestimmte Situationen Jugendlicher dargestellt.
a Versuche die Fotos nach Bereichen zu ordnen!
b Wähle eine Szene aus, die für dich besonders aktuell ist und beschreibe sie!

2 Die von dir gewählte Szene könnte auch Teil eines kurzen Textes (z.B. einer Geschichte, eines Gedichts, eines Leserbriefs etc.) sein.
a Lege fest, ob sie, z.B. bei einer Erzählung, am Anfang, in der Mitte oder am Ende stehen soll!
b Verfasse den Text!

3 Prüfe, ob bzw. wie die in Text 1 dargestellten Szenen in einem Zusammenhang mit der Gliederung des Kapitels stehen!

2 Eine Situation und zwei Texte

a. *Franks Leserbrief*

Immer diese Jugendlichen!

Als aufmerksamer Zeitungsleser verfolge ich die Berichterstattung im „Tageblatt“ sehr genau und stelle fest, dass Sie im Landesteil und in der Rubrik Lokales seit Monaten sehr häufig Nachrichten und Berichte über Jugendkriminalität bringen, so dass mich mein Opa mit vorwurfsvollem Blick schon zweimal fragte: „Sind die jungen Leute heute eigentlich nur noch in Verbrechen verwickelt?“ Nun ist mein Opa ein sehr aufgeschlossener Mann und keinesfalls ein spießiger alter Nörgler, der mit Vorurteilen alles Heutige schlecht macht und die rosigen Zeiten seiner eigenen Jugend rühmt. Nein, er reagiert nur auf die Fülle Ihrer Veröffentlichungen, in denen Jugendliche überwiegend als Kriminelle vorkommen. Wie diese Berichterstattung erst auf weniger kritische ältere Menschen wirken muss, ist leicht vorstellbar. Nun liegt es mir fern, die von Ihnen beschriebenen Fälle zu bezweifeln oder die Zahlen über steigende Jugendkriminalität in Frage zu stellen. Was mich bewegt, sind zwei Dinge: Erstens erfahre ich aus Ihren Berichten kaum etwas über die Hintergründe der Kriminalfälle, also z.B. über zerrüttete Familienverhältnisse, Arbeitslosigkeit der Eltern, fehlende eigene Perspektiven der Jugendlichen, Verführung durch skrupellose erwachsene Hintermänner, etwa beim Autodiebstahl usw. Zweitens vermisse ich Informationen über positive Aktivitäten Jugendlicher, die es in jeder Gemeinde vielfach gibt. Oder ist es Ihnen keinen Bericht wert, wenn Jugendliche z.B. in monatelanger Freizeitarbeit ihr Jugendzentrum renovieren, mit geringsten öffentlichen Mitteln attraktiv einrichten und weitgehend in eigener Regie betreiben. Oder die Aktion unserer Schule zur Waldsäuberung, oder die Initiative der Jugendabteilungen unserer Sportvereine zur Betreuung und Integration von jungen Aussiedlern, oder, oder … Nur über die Eröffnung des Jugendhauses brachten Sie eine sechszeilige Nachricht in der Rubrik „Vereinsleben“. Überall hier und anderswo sind Jugendliche am Werk, in der Stille meist, aber mit viel Engagement. Wie würde mein Opa strahlen, wenn er öfters davon etwas lesen könnte.

Frank F., 15 J.

b. *Marions Gedicht in der Schülerzeitung „Spitze Feder“*

Im Polizeigriff der Junge.
Schmerzverzerrt sein Gesicht.
Grell ausgeleuchtet im Blitzlicht der Reporter.
Kein Wort über seine Angst,
Kein Wort über die Not seiner Familie.
Viele Worte aber über seine Tat.

Marion S., 16 J.

4 a Beide Texte zeigen Gemeinsamkeiten und Unterschiede.
b Verfasse einen Leserbrief über ein aktuelles Ereignis, das dich in besonderer Weise betroffen hat!

5 Sammle und vergleiche Leserbriefe aus der Tageszeitung, die zu einem aktuellen Thema erschienen sind!

Die Zeichen und ihre Bedeutung:

Hier gibt es ein *Problem,* das gelöst werden soll.

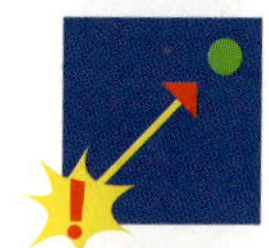

Hier gibt es gute *Tipps* und *Methodenhinweise,* die euch bei der Arbeit helfen.

Hier liegt ein *Ergebnis* vor, das ihr euch einprägen sollt.

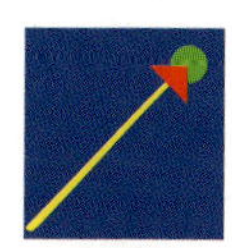

Der **Leserbrief** ist eine *Mischform* aus *sachlichem Schreiben* und *persönlichem Brief* (meist jedoch an einen nicht näher bekannten Menschen). Einerseits geht es i.d.R. um einen *Sachverhalt,* der sachkundig beschrieben und argumentativ sowie nüchtern erörtert werden soll. Andererseits ist der Anlass eines Leserbriefes meist *persönliche Betroffenheit,* weil den Schreiber das Thema oder die Stellungnahme dazu emotional angesprochen oder gar aufgebracht hat. Hier liegt eine große Gefahr: Auch bei größtem Engagement darf der Leserbrief nicht beleidigend oder verletzend sein.

3 Renate Anders (*1965): Was ich fühle

Manchmal ist da so ein Gefühl, ein Gefühl, das mir so fremd und doch so bekannt ist. Dann muss ich ganz viel Luft holen, und ich fühle mich plötzlich so stark, dass ich glaube, nichts wäre mir mehr zu schwer. Und ich möchte etwas ganz Besonderes tun, die ganze Welt befreien oder mich gegen die Ungerechtigkeit auflehnen. Aber dann, dann werde ich plötzlich ganz müde und traurig, und ich möchte alles hinter mir lassen. Und ich merke, dass ich allein bin, dass ich niemanden befreien kann und auch nicht den Mut habe, mich gegen die Ungerechtigkeit aufzulehnen. Und ich weine, warte auf jemanden, der mich versteht, der tröstend seinen Arm um mich legt, und habe gleichzeitig Angst, jemand könnte erkennen, dass ich in Wirklichkeit gar nicht stark bin.

(Renate Anders schrieb diesen Text als Realschülerin im Alter von 15 Jahren.)

Reiner Kunze wurde 1933 als Bergarbeitersohn in Oelsnitz (Erzgebirge) geboren, studierte Philosophie und Zeitungswissenschaft (Publizistik) in Leipzig und war 1955–1959 als wissenschaftlicher Assistent an der Universität in Leipzig tätig. Politische Probleme mit dem DDR-Regime veranlassten ihn zum Rücktritt. Er ging danach handwerklicher Arbeit nach (z.T. in der Tschechoslowakei) und lebte dann als freier Schriftsteller in Greiz (Thüringen). Sein Protest gegen die Besetzung der Tschechoslowakei (1968) durch Truppen des Warschauer Paktes, u.a. auch durch Einheiten der Nationalen Volksarmee aus der DDR, und der Boykott im Osten nach dem Erscheinen des Prosabandes „Die wunderbaren Jahre" (1976) in der Bundesrepublik führten zum Ausschluss aus dem Schriftstellerverband der DDR und 1977 zur Ausreise Reiner Kunzes in den Westen, wo er in Erlau lebt. Seine Lyrik war zunächst von Bertolt Brecht und volkstümlicher böhmischer Musik beeinflusst. Wie seine Kurzprosa wurde sie immer pointierter, oft voll hintergründiger Ironie und hatte die Absicht, den DDR-Obrigkeitsstaat zu entlarven und das Recht des Individuums zu verteidigen.

4 Reiner Kunze (*1933): Fünfzehn

Sie trägt einen Rock, den kann man nicht beschreiben, denn schon ein einziges Wort wäre zu lang. Ihr Schal dagegen ähnelt einer Doppelschleppe: lässig um den Hals geworfen, fällt er in ganzer Breite über Schienbein und Wade. (Am liebsten hätte sie einen Schal, an dem mindestens drei Großmütter zweieinhalb Jahre gestrickt haben – eine Art Niagara-Fall aus Wolle. Ich glaube, von einem solchen Schal würde sie behaupten, daß er genau ihrem Lebensgefühl entspricht. Doch wer hat vor zweieinhalb Jahren wissen können, daß solche Schals heute Mode sein würden.) Zum Schal trägt sie Tennisschuhe, auf denen sich jeder ihrer Freunde und jede ihrer Freundinnen unterschrieben haben. Sie ist fünfzehn Jahre alt und gibt nichts auf die Meinung uralter Leute – das sind alle Leute über dreißig.

Könnte einer von ihnen sie verstehen, selbst wenn er sich bemühen würde? Ich bin über dreißig.

Wenn sie Musik hört, vibrieren[1] noch im übernächsten Zimmer die Türfüllungen. Ich weiß, diese Lautstärke bedeutet für sie Lustgewinn. Teilbefriedigung ihres Bedürfnisses nach Protest. Überschallverdrängung unangenehmer logischer Schlüsse. Trance[2]. Dennoch ertappe ich mich immer wieder bei einer Kurzschlußreaktion: Ich spüre plötzlich den Drang in mir, sie zu bitten, das Radio leiser zu stellen. Wie also könnte ich sie verstehen – bei diesem Nervensystem? Noch hinderlicher ist die Neigung, allzu hochragende Gedanken erden zu wollen.

Auf den Möbeln ihres Zimmers flockt der Staub. Unter ihrem Bett wallt er. Dazwischen liegen Haarklemmen, ein Taschenspiegel, Knautschlacklederreste, Schnellhefter, Apfelstiele, ein Plastikbeutel mit der Aufschrift „Der Duft der großen weiten Welt", angelesene und übereinandergestülpte Bücher (Hesse[3],

---

1 vibrieren (< lat. vibrare): beben, schwingen, zittern

2 Die Trance (< lat. transire = hinübergehen): schlafähnlicher Dämmer- oder Entrückungszustand

3 Hermann Hesse (1877–1962): Vergleiche im sechsten Kapitel!

Karl May[1], Hölderlin[2], Jeans mit in sich gekehrten Hosenbeinen, halb- und dreiviertel gewendete Pullover, Strumpfhosen, Nylon und benutzte Taschentücher. (Die Ausläufer dieser Hügellandschaft erstrecken sich bis ins Bad und in die Küche.) Ich weiß: Sie will sich nicht den Nichtigkeiten des Lebens ausliefern. Sie fürchtet die Einengung des Blicks, des Geistes. Sie fürchtet die Abstumpfung der Seele durch Wiederholung! Außerdem wägt sie die Tätigkeiten gegeneinander ab nach dem Maß an Unlustgefühlen, das mit ihnen verbunden sein könnte, und betrachtet es als Ausdruck persönlicher Freiheit, die unlustintensiveren zu ignorieren. Doch nicht nur, daß ich ab und zu heimlich ihr Zimmer wische, um ihre Mutter vor Herzkrämpfen zu bewahren – ich muß mich auch der Versuchung erwehren, diese Nichtigkeiten ins Blickfeld zu rücken und auf die Ausbildung innerer Zwänge hinzuwirken.

Einmal bin ich dieser Versuchung erlegen.

Sie ekelt sich schrecklich vor Spinnen. Also sagte ich: „Unter deinem Bett waren zwei Spinnennester."

Ihre mit lila Augentusche nachgedunkelten Lider verschwanden hinter den hervortretenden Augäpfeln, und sie begann „Iix! Ääx! Uh!" zu rufen, so daß ihre Englischlehrerin, wäre sie zugegen gewesen, von soviel Kehlkopfknacklauten – englisch „glottal stops" – ohnmächtig geworden wäre. „Und warum bauen die ihre Nester gerade bei mir unterm Bett?"

„Dort werden sie nicht oft gestört." Direkter wollte ich nicht werden, und sie ist intelligent.

Am Abend hatte sie ihr inneres Gleichgewicht wiedergewonnen. Im Bett liegend, machte sie einen fast überlegenen Eindruck. Ihre Hausschuhe standen auf dem Klavier. „Die stelle ich jetzt immer dorthin", sagte sie. „Damit keine Spinnen hineinkriechen können."

(Aus lizenzrechtlichen Gründen ist dieser Text nicht in reformierter Rechtschreibung abgedruckt.)

Arbeitsanregungen:

1 In den Texten 3 und 4 erfährt der Leser einiges über die jeweilige Person.

a Exzerpiert die entsprechenden Informationen und bestimmt die Art der Charakteristik!

Renate über sich		Reiner Kunze über die Fünfzehnjährige	
Äußeres	Wesensmerkmale	Äußeres	Wesensmerkmale

b Versucht das jeweilige Verhältnis von äußerer und innerer Beschreibung zu erklären!

2 Notiert Vorstellungen zum Erscheinungsbild beider Mädchen, die sich bei der Lektüre einstellen!

3 Charakterisiert einen Menschen aus eurem Bekanntenkreis, den ihr gut kennt!

Das Charakterisieren (die Charakteristik) einer wirklichen Person oder einer literarischen Figur geschieht mit ähnlichen Zielen und Methoden:

1. Oberstes *Ziel* ist eine objektive, um Fairness und Gerechtigkeit bemühte Darstellung, nach deren Lektüre ein Mensch genauer und besser verstanden werden soll.
2. Bei lebenden Personen ist es sinnvoll, vom *Gesamteindruck* auszugehen: Das Äußere ist zu erfassen über die Beschreibung der Gestalt, der Größe, des Alters, des Gesichtsausdrucks, der Haarfarbe, Kleidung, der Art zu gehen, zu sprechen, zu gestikulieren usw.
3. Die *Wesensmerkmale* (z. B. Freundlichkeit, Tatkraft, Mut, Feigheit, Ehrlichkeit, Schläue etc.) sind aus dem Verhalten, Tun und Sprechen zu erschließen. Das Ergebnis einer genauen Beschreibung äußerer und innerer Eigenarten ist die *Charakteristik*.

---

[1] Karl May (1842–1912): Autor populärer Abenteuerromane
[2] Friedrich Hölderlin (1770–1843): vor allem Lyriker

„Mark war nach der Enttäuschung sehr traurig“.

4. Je nach der Art spricht man von
   – *direkter Charakteristik* durch die Person selbst oder durch einen Betrachter.
     Z. B.: Ich bin leider sehr traurig. (= direkte Selbstcharakteristik)
     Z. B.: Mark war nach der Enttäuschung sehr traurig. (= direkte Fremdcharakteristik)
   – *Indirekte Charakteristik* erfolgt durch Verhalten, Handlung und Sprache.
     Z. B.: „Natürlich können Sie gerne bei uns wohnen“, äußerte Mark dem Gast gegenüber. (= indirekte Selbstcharakteristik: Freundlichkeit wird durch Sprache deutlich.)
     Z. B.: „Für unsere Betreuungsaktion wäre es sehr wichtig, Mark als Mitarbeiter zu gewinnen“, meinte der Veranstalter. (= indirekte Fremdcharakteristik: Hilfsbereitschaft wird mittelbar geäußert.)

5 Charakteristik eines Mitschülers

a. *Jörg über Ralph*

Ich versuche meinen Mitschüler Ralph nach seinem Verhalten in der Schule zu charakterisieren. Seine Gestalt ist groß und dürr, sein Kopf ist längsförmig, seine Haare sind schwarz und gelockt, so dass man dies fast Rastalocken nennen kann. Er trägt eine metallene Brille, worunter sich zwei blaue Augen befinden. Seine Bewegungen drücken Schwerfälligkeit und Schlaksigkeit aus. Die Sprechweise von ihm ist sehr gedehnt und langsam. Der Gesichtsausdruck ist gutmütig und friedlich.

In der Schule wirkt er müde und schläfrig. Das führt offenbar auf Interessenlosigkeit zurück, denn er interessiert sich nur für Physik und Chemie. Sonst ist er in keinem Fach gut, er ist ruhig, denn er stört kaum. In den Pausen ist er humorvoll und lacht gern. Sein Fehler ist, dass er alles viel zu gleichgültig nimmt. Auch bei den derbsten Späßen, die man mit ihm macht, zeigt er äußerlich kaum Erregung. Seine Hobbys sind Schachspielen und Münzen, worin er sich verschwenderisch zeigt. In Sachen Sport ist er ebenfalls schlecht, er kann allerhöchstens noch ein bisschen schwimmen und turnen. Auch kann man ihn keinen Casanova nennen, denn er macht sich nichts aus Mädchen. Er ist sehr unmusikalisch, hat aber eine Gitarre und versucht sich darauf, kann es aber nicht. Ich würde ihn als Zwischentemperament einstufen und zwar zwischen Phlegmatiker und Melancholiker, wobei er etwas mehr zum Phlegmatiker neigt.

Jörg F., 15 J.

b. *Silke über Ralph*

Ich möchte versuchen, die Charaktereigenschaften meines Mitschülers möglichst genau und objektiv darzustellen.

Die Typologie der Temperamente kann für die Charakteristik hilfreich sein, wenn sie behutsam und differenziert angewandt wird, wenn also Annäherungen oder Richtungen bezeichnet werden. Vorschnell wie eine Etikette „aufgeklebt“, entstehen nur Typisierungen, die individuellen Eigenarten und gemischten Charakteren nicht gerecht werden.

– *Der Sanguiniker* (< lat. sanguineus = aus Blut bestehend, blutvoll) ist heiter, lebhaft, sprühend (eine Frohnatur), aber z.T. auch unbe-

Er ist 14 Jahre und 175 cm groß, trägt dunkelbraune bis schwarze, gekräuselte Haare, die so etwas wie Rastalocken sein sollten. Seine Augen sind blau und blicken hinter einer Brille vor, die einen Goldrand hat.
Ralphs Körperbau kann man als schlank bezeichnen. Auffallend sind seine übergroßen Füße, zu welchen seine moderne Cordkleidung einen starken Kontrast bildet. Sein Gesichtsausdruck ist vielmals nachdenklich und selbstbewusst, aber er kann auch sehr frech und vorwitzig sein. Ralphs schleppende und schlaksige Gangart passt nur zu solch einem Typ wie er es ist. Der Humor von ihm wird stark beansprucht, da sich alle eine Freude machen, ihn zu verkohlen, was man darauf führen kann, dass er sehr gutmütig ist und viel Geduld hat. Er ist ein hobbyfreudiger Mensch. Popmusik, Skat und Schach sind seine beliebtesten Hobbys.
Als Streber kann man ihn ganz und gar nicht bezeichnen, eher als einen Faulpelz, obwohl er sich einbildet, in Mathematik, Physik und Chemie ein Genie zu sein. Das zeugt von hohem Selbstbewusstsein. Er ist ein geistiger Kleingärtner. Nach meiner eigenen Wertung ist meine Meinung, dass man ihn in die Spalte der Temperamente Phlegmatiker und Sanguiniker einstufen kann.

Silke Sch., 15 J.

6 Margret Steenfatt (*1935): Im Spiegel

„Du kannst nichts“, sagten sie, „du machst nichts“, „aus dir wird nichts.“ Nichts. Nichts. Nichts.
Was war das für ein NICHTS, von dem sie redeten und vor dem sie offensichtlich Angst hatten, fragte sich Achim, unter Decken und Kissen vergraben.
Mit lautem Knall schlug die Tür hinter ihnen zu.
Achim schob sich halb aus dem Bett. Fünf nach eins. Wieder mal zu spät. Er starrte gegen die Zimmerdecke. – Weiß. Nichts. Ein unbeschriebenes Blatt Papier, ein ungemaltes Bild, eine tonlose Melodie, ein ungesagtes Wort, ungelebtes Leben.
Eine halbe Körperdrehung nach rechts, ein Fingerdruck auf den Einschaltknopf seiner Anlage. Manchmal brachte Musik ihn hoch.
Er robbte zur Wand, zu dem großen Spiegel, der beim Fenster aufgestellt war, kniete sich davor und betrachtete sich: lang, knochig, graue Augen im blassen Gesicht, hellbraune Haare, glanzlos. ‚Dead Kennedys' sangen: „Weil sie dich verplant haben, kannst du nichts anderes tun als aussteigen und nachdenken.“
Achim wandte sich ab, erhob sich, ging zum Fenster und schaute hinaus. Straßen, Häuser, Läden, Autos, Passanten, immer dasselbe. Zurück zum Spiegel, näher heran, so nahe, dass er glaubte, das Glas zwischen sich und seinem Spiegelbild durchdringen zu können. Er legte seine Handflächen gegen sein Gesicht im Spiegel, ließ seine Finger sanft über Wangen, Augen, Stirn und Schläfen kreisen, streichelte, fühlte nichts als Glätte und Kälte.
Ihm fiel ein, dass in dem Holzkasten, wo er seinen Kram aufbewahrte, noch Schminke herumliegen musste. Er fasste unters Bett, wühlte in den Sachen im Kasten herum und zog die Pappschachtel heraus, in der sich einige zerdrückte Tuben fanden. Von der schwarzen Farbe war noch ein Rest vorhanden. Achim baute sich vor dem Spiegel auf und malte zwei dicke Striche auf das Glas, genau dahin, wo sich seine Augenbrauen im Spiegel zeigten. Weiß besaß er reichlich. Er drückte eine Tube aus, fing die weiche ölige Masse in seinen Händen auf, ver-

dacht, vorschnell und oberflächlich (ein Luftikus).
- *Der Phlegmatiker* (< gr. phlegma = Brand, Flamme, Hitze) ist träge, schwerfällig, nicht aus der Ruhe zu bringen, gutmütig, aber auch gleichgültig, stumpf, unsensibel.
- *Der Choleriker* (< gr. chole = Galle, Zorn) ist aufbrausend, tobend, jähzornig, oft tollkühn und rücksichtslos.
- *Der Melancholiker* (< gr. melas = schwarz und chole = Galle: Schwarzgalligkeit) ist ein misstrauisch-ängstlicher, schwermütiger, zu Trübsinn und Traurigkeit neigender Mensch, der leicht in düstere Klagen und in Selbstmitleid verfällt.

4 a Schreibt zu beiden Charakteristiken Ralphs einen Kommentar!
b Macht Verbesserungsvorschläge für die sprachlich missglückten bzw. fehlerhaften Stellen und erklärt die Regeln für die Kommasetzung!

5 Versucht mit Informationen aus beiden Schülerbeispielen eine objektivere Charakteristik Ralphs zu schreiben, die gut gegliedert ist und Elemente direkter und indirekter Fremdcharakteristik enthält!

Die Charakteristik (Charakterisierung < gr. charakter = das Eingeprägte, die Prägung) ist die treffende Beschreibung (Kennzeichnung) eines Menschen oder einer literarischen Figur nach

- dem *Erscheinungsbild* (der Gestalt, Größe, dem Gesicht, der Gestik, dem Gang) und
- dem *Wesensbild* (nach menschlichen Eigenarten wie Freundlichkeit, Güte, Hilfsbereitschaft, Mut, Willensstärke, Egoismus usw.). Je nach der Perspektive (dem Blickwinkel) sind *Selbst-* oder *Fremdcharakteristik* zu unterscheiden, die direkt (z.B.: Sie ist gütig.) oder indirekt erfolgen kann (z.B.: Nicht nur im engsten Kreis sondern auch Fremden gegenüber ließ sie es an Hilfe nicht fehlen.).

Arbeitsanregungen:

[1] Sucht Erklärungen für das merkwürdige Verhalten Achims!

[2] Die Vorgeschichte und die Fortsetzung des Textes könnten Aufschluss über Achims Verhaltensweise bringen.
[a] Versucht beides zu schreiben!
[b] Beurteilt die abgedruckten Beispiele in Text 7!

[3] [a] Sprecht über den auffälligen Satzbau der ersten acht Zeilen in Text 6!
[b] Formt die Einwortsätze und Ellipsen in erweiterte Aussagesätze bzw. in Satzgefüge um und vergleicht mit dem Original!

Walter Helmut Fritz wurde 1929 in Karlsruhe geboren, studierte neue Sprachen, war als Gymnasiallehrer und Universitätsdozent tätig, ehe er als freier Schriftsteller

teilte sie auf dem Spiegel über Kinn, Wangen und Nase und begann, sie langsam und sorgfältig zu verstreichen. Dabei durfte er sich nicht bewegen, sonst verschob sich seine Malerei. Schwarz und Weiß sehen gut aus, dachte er, fehlt noch Blau. Achim grinste seinem Bild zu, holte sich das Blau aus dem Kasten und färbte noch die Spiegelstellen über Stirn und Augenlidern.
Eine Weile verharrte er vor dem bunten Gesicht, dann rückte er ein Stück zur Seite, und wie ein Spuk tauchte sein farbloses Gesicht im Spiegel wieder auf, daneben eine aufgemalte Spiegelmaske.
Er trat einen Schritt zurück, holte mit dem Arm weit aus und ließ seine Faust in die Spiegelscheibe krachen. Glasteile fielen herunter. Splitter verletzten ihn, seine Hand fing an zu bluten. Warm rann ihm das Blut über den Arm und tröpfelte zu Boden. Achim legte seinen Mund auf die Wunden und leckte das Blut ab. Dabei wurde sein Gesicht rot verschmiert.
Der Spiegel war kaputt. Achim suchte sein Zeug zusammen und kleidete sich an. Er wollte runtergehen und irgendwo seine Leute treffen.

7 Vorschläge für Vorgeschichten

a. *Kathrins Vorschlag:*

Achim wollte den Nachtermin ja gar nicht schwänzen. Weil es im Jugendclub am Vorabend etwas spät geworden war, hatte er sich nach dem Mittagessen hingelegt und war eingeschlafen. Plötzlich dieser Krach: Vater in der aufgerissenen Tür seines Zimmers, dahinter sehr erschreckt die Mutter, die Vater zurückhalten wollte. Achim war plötzlich hellwach. Die Ohren schmerzten ihm wegen des lauten Krachs.

b. *Marks Vorschlag:*

Ich war eingeschlafen und in einen angenehmen Traum versunken: Vater saß mir gegenüber, unten im Wohnzimmer. Er erschien ganz entspannt und lächelte. „Natürlich kannst du nach der Schule machen, was du willst." Er beugte sich noch etwas mehr zu mir. „Aber wichtig wäre zunächst der Abschluss der zehnten Klasse. Denn auf der mittleren Reife kannst du aufbauen." Ich wollte etwas sagen, fühlte aber eine große Trockenheit in meinem Mund. „Du bist doch vernünftig genug", hob Vater wieder an, „du weißt ja auch, was aus deinen Freunden geworden ist, die die Schule einfach geschmissen haben". „Ja, schon", wollte ich entgegnen, aber dazu kam es nicht mehr. Eine kalte Zugluft traf mich und ein lautes Geräusch.

8 Walter Helmut Fritz (*1929): Augenblicke

Kaum stand sie vor dem Spiegel im Badezimmer, um sich herzurichten, als ihre Mutter aus dem Zimmer nebenan zu ihr hereinkam, unter dem Vorwand, sie wolle sich nur die Hände waschen.
Also doch! Wie immer, wie *fast* immer.
Elsas Mund krampfte sich zusammen. Ihre Finger spannten sich. Ihre Augen wurden schmal. Ruhig bleiben!
Sie hatte darauf gewartet, dass ihre Mutter auch dieses Mal hereinkommen wür-

de, voller Behutsamkeit, mit jener scheinbaren Zurückhaltung, die durch ihre Aufdringlichkeit die Nerven freilegt. Sie hatte – behext, entsetzt, gepeinigt – darauf gewartet, weil sie sich davor fürchtete.

– Komm, ich mach dir Platz, sagte sie zu ihrer Mutter und lächelte ihr zu.

– Nein, bleib nur hier, ich bin gleich so weit, antwortete die Mutter und lächelte.

– Aber es ist doch so eng, sagte Elsa, und ging rasch hinaus, über den Flur, in ihr Zimmer. Sie behielt einige Augenblicke länger als nötig die Klinke in der Hand, wie um die Tür mit Gewalt zuzuhalten. Sie ging auf und ab, von der Tür zum Fenster, vom Fenster zur Tür. Vorsichtig öffnete ihre Mutter. Ich bin schon fertig, sagte sie.

Elsa tat, als ob ihr inzwischen etwas anderes eingefallen wäre, und machte sich an ihrem Tisch zu schaffen.

– Du kannst weitermachen, sagte die Mutter.

– Ja, gleich.

Die Mutter nahm die Verzweiflung ihrer Tochter nicht einmal als Ungeduld wahr.

Wenig später allerdings verließ Elsa das Haus, ohne ihrer Mutter adieu zu sagen. Mit der Tram fuhr sie in die Stadt, in die Gegend der Post. Dort sollte es eine Wohnungsvermittlung geben, hatte sie einmal gehört. Sie hätte zu Hause im Telefonbuch eine Adresse nachsehen können. Sie hatte nicht daran gedacht, als sie die Treppen hinuntergeeilt war.

In einem Geschäft für Haushaltungsgegenstände fragte sie, ob es in der Nähe nicht eine Wohnungsvermittlung gebe. Man bedauerte. Sie fragte in der Apotheke, bekam eine ungenaue Auskunft. Vielleicht im nächsten Haus. Dort läutete sie. Schilder einer Abendzeitung, einer Reisegesellschaft, einer Kohlenfirma. Sie läutete umsonst.

Es war später Nachmittag, Samstag, zweiundzwanzigster Dezember.

Sie sah in eine Bar hinein. Sie sah den Menschen nach, die vorbeigingen. Sie trieb mit. Sie betrachtete Kinoreklamen.

Sie ging Stunden umher. Sie würde erst spät zurückkehren. Ihre Mutter würde zu Bett gegangen sein. Sie würde ihr nicht mehr gute Nacht zu sagen brauchen.

Sie würde sich, gleich nach Weihnachten, eine Wohnung nehmen. Sie war zwanzig Jahre alt und verdiente. Kein einziges Mal würde sie sich mehr beherrschen können, wenn ihre Mutter zu ihr ins Bad kommen würde, wenn sie sich schminkte. Kein einziges Mal.

Ihre Mutter lebte seit dem Tod ihres Mannes allein. Oft empfand sie Langeweile. Sie wollte mit ihrer Tochter sprechen. Weil sich die Gelegenheit selten ergab (Elsa schützte Arbeit vor), suchte sie sie auf dem Flur zu erreichen oder wenn sie im Bad zu tun hatte. Sie liebte Elsa. Sie verwöhnte sie. Aber sie, Elsa, würde kein einziges Mal mehr ruhig bleiben können, wenn sie wieder zu ihr ins Bad käme. Elsa floh.

Über der Straße künstliche, blau, rot, gelb erleuchtete Sterne. Sie spürte Zuneigung zu den vielen Leuten, zwischen denen sie ging.

Als sie kurz vor Mitternacht zurückkehrte, war es still in der Wohnung. Sie ging in ihr Zimmer, und es blieb still. Sie dachte daran, dass ihre Mutter alt und oft krank war. Sie kauerte sich in ihren Sessel, und sie hätte unartikuliert[1] schreien mögen, in die Nacht mit ihrer entsetzlichen Gelassenheit.

[1] artikulieren (< lat. artus = Glied, Gelenk): deutlich aussprechen

lebte. Seine Natur- und Gedankenlyrik und seine oft monologische Prosa kennzeichnen eine klare, knappe, strenge und oft kühle Sprache. Genaue Beobachtungen und differenzierte Darstellung sind Merkmale des Autors.

Arbeitsanregungen:

1 „Die Reaktion verstehe ich gut!" – „Eine typische Überreaktion!" Zwei Äußerungen nach der ersten Lektüre.

2 a Exzerpiert, was der Leser über das Mädchen und die Mutter erfährt!
b Prüft arbeitsteilig an einigen Stellen (z. B. Z. 4, 24f., 35f., 42, 49), in welcher Weise Aussage und Satzbau (Syntax) zusammenpassen!

3 Erzählt den ersten Teil der Geschichte (Z. 1–23) aus anderer Perspektive nach!
a Wählt die Perspektive der Tochter Elsa!
b Oder erzählt aus der Sicht der Mutter!

4 An einigen Stellen des Textes (z.B. Z. 4,11,18f. oder 21) wäre theoretisch auch ein anderer Fortgang denkbar. Gestaltet eine dieser Stellen oder einen anderen Passus aus!

Aussage und Stil (Syntax und Wortwahl):

1. Ein Beispiel aus dem Text: Z. 4 heißt es:

Also doch! → Ellipse als Ausruf

Wie immer, wie *fast* immer. → Ellipse als Aussage

Es könnte auch heißen:

S P MA TA S P Ad. Attr.

Mutter stört also doch wieder. Es ist die übliche Tour, die sie fast immer versucht.

Erweiterter Aussagesatz — Nebensatz als Attributsatz — HS mit Prädikatsnomen

2. Um einen *dichterischen Text* besser zu verstehen, ist es sinnvoll, nicht nur auf den Inhalt zu sehen, sondern auf den Wechselbezug zwischen *Aussage* (Problem, Stimmung und erkennbare Tendenz) und *Form* (Syntax, Interpunktion, Wiederholung, Sprechrhythmus und Wortwahl) zu achten.

3. Über verschiedene *Methoden* kann die Gestaltung des Autors erfahren werden:
   - *Leises* und *lautes Lesen* (mit verschiedenen Betonungen, unterschiedlichem Tempo, längeren oder kürzeren Pausen) ergeben einen *Höreindruck.*
   - *Umformungen* verschiedener Art lassen das Original in seiner Eigenart besser erkennen:
     - Z. B. die Erweiterung von *Einwortsätzen* in Aussagesätze;
     - die Ausgestaltung von *Ellipsen* in einfache oder erweiterte Aussagesätze;
     - die Umformung *erweiterter Aussagesätze* in Satzgefüge oder Satzreihen;
     - die Verkürzung von *Satzgefügen* in erweiterte Aussagesätze;
     - die Umgestaltung von *Ausrufesätzen* in Aussage- oder Fragesätze und umgekehrt.
   - Auch *Umstell-* und *Weglassproben* sind geeignete Verfahren, um Eigenarten von Sprache zu erschließen.
   - Über *Ersatzproben* (z.B. von Verben, Adjektiven) lassen sich Dynamik bzw. Farbigkeit von Sprache erkennen.
   - Ebenso können *Reduktionsproben* („Wortsparer"-Proben) und *Erweiterungsproben* („Wortverschwender"-Proben) den besonderen Charakter des Originals deutlich machen.

Interpretationshilfe 1: **Stilistische Sprachbetrachtung** ist eine wichtige Methode, um *Eigenarten der Sprache* in der Dichtung und in Sachtexten zu erfassen:
- Eigenarten der *Ausdrucksweise* (in der Wortwahl und nach den Wortarten = der Lexik) lassen sich durch Ersatz-, Reduktions- und Erweiterungsproben erkennen.
- Eigenarten des *Satzbaus* (der Syntax) sind über Lese-, Umformungs-, Umstell- und Weglassproben zu ermitteln.

Kenntnisse in Grammatik werden unerlässlich für das richtige Verstehen von Texten, deren Beschreibung und Deutung (die Interpretation).

9 Helmut Heißenbüttel (1921–1996): das Sagbare sagen

das Sagbare sagen
das Erfahrbare erfahren
das Entscheidbare entscheiden
das Erreichbare erreichen
das Wiederholbare wiederholen
das Beendbare beenden

das nicht Sagbare
das nicht Erfahrbare
das nicht Entscheidbare
das nicht Erreichbare
das nicht Wiederholbare
das nicht Beendbare

das nicht Beendbare nicht beenden

10 Paul Fleming (1609–1640): An sich

Sei dennoch unverzagt, gib dennoch unverloren,
Weich keinem Glücke nicht, steh höher als der Neid,
Vergnüge dich an dir und acht es für kein Leid,
Hat sich gleich wider dich Glück, Ort und Zeit verschworen.

Was dich betrübt und labt, halt alles für erkoren[1],
Nimm dein Verhängnis an, lass alles unbereut.
Tu, was getan muss sein, und eh man dir's gebeut.[2]
Was du noch hoffen kannst, das wird noch stets geboren.

Was klagt, was lobt man doch? Sein Unglück und sein Glücke
Ist ihm ein jeder selbst. Schau alle Sachen an:
Dies alles ist in dir. Lass deinen eitlen Wahn,

Und eh du förder[3] gehst, so geh in dich zurücke.
Wer sein selbst Meister ist und sich beherrschen kann,
Dem ist die weite Welt und alles untertan.

Helmut Heißenbüttel wurde 1921 in Rüstringen bei Wilhelmshaven geboren. Er studierte nach schwerer Kriegsverwundung (1941) Architektur, Kunstgeschichte sowie Germanistik und arbeitete als Verlagslektor (1955–1957), Rundfunkredakteur (1959–1981), Gastdozent für Dichtungswissenschaft (Poetik) in Frankfurt (1963). Später lebte er als freier Schriftsteller in Glückstadt. In seiner Lyrik und seinen theoretischen Schriften (Essays) fallen seine Sprachexperimente und seine fast abstrakte Sprachgestaltung auf. Ein Teil seiner Lyrik wird der sog. *konkreten Poesie* zugerechnet, in der Sprache als akustisches oder optisches Material benutzt wird, z.T. bewusst sinnfrei und alogisch.

Arbeitsanregungen:

1 Beide Gedichte können z.T. auf die vorausgehenden Texte bezogen werden. Sucht für Helmut Heißenbüttel oder zu Paul Fleming den am besten „passenden" Prosatext und führt ein Fachgespräch!

2 Findet gemeinsame Merkmale für die Kurzgeschichten aus den Texten 4, 6 und 8!

3 „An sich" ist ein Sonett. Beschreibt seinen Aufbau und sein Metrum möglichst genau!

---

[1] erkoren (< mhd. erkiesen = erwählen): hier: vorherbestimmt
[2] gebeut: altertümliche Form zu gebietet, erfordert
[3] förder oder fürder(hin) (< ahd. furdir = weiter nach vorn, weiter fort, weg): hier: weitergehst

2. Werben für mich? – Bewerbung, Lebenslauf und Vorstellungsgespräch

1 Die Weichenstellung

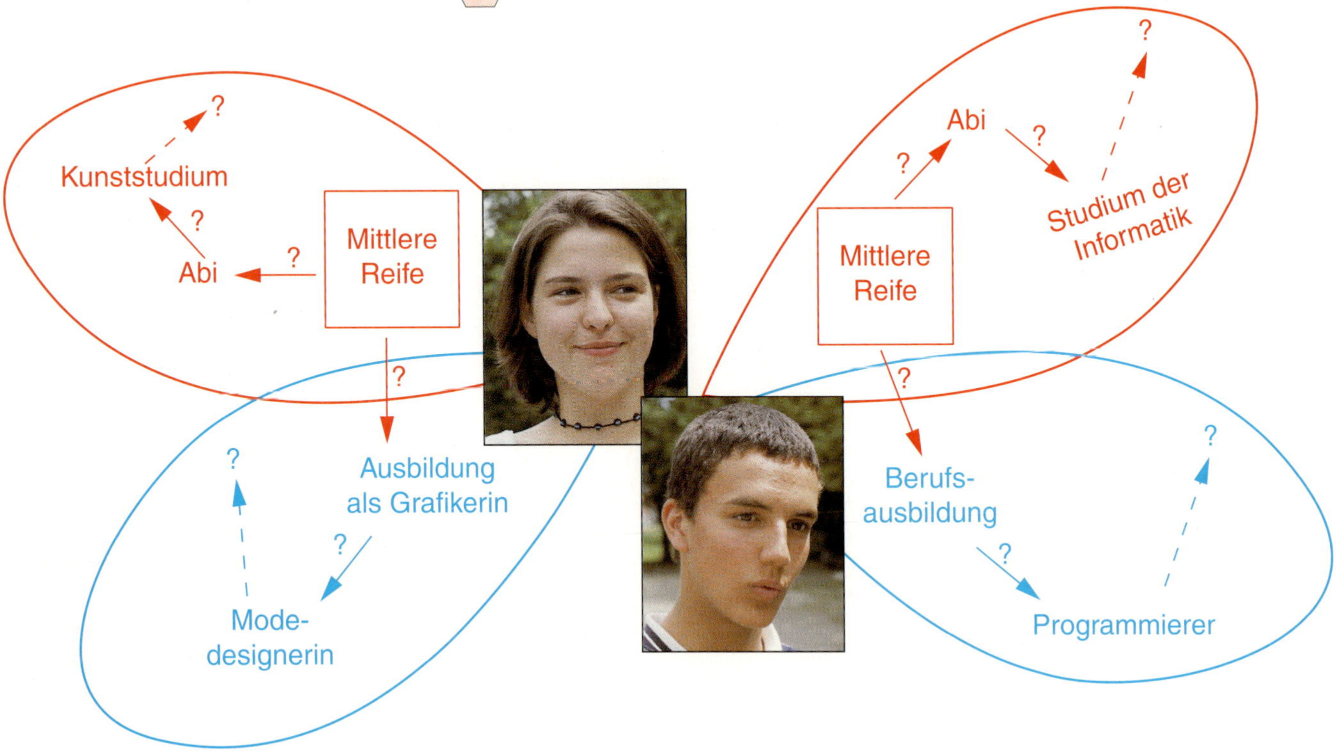

Arbeitsanregungen:

1 Wenn es mehrere Möglichkeiten gibt, muss man sich entscheiden.
a Notiert Pro- und Contra-Argumente für den einen oder anderen Weg!

Schule und Studium		Berufsausbildung und Beruf	
pro	contra	pro	contra

b Vergleicht und ergänzt in Partnerarbeit die Pro- und Contra-Argumente!

2 „Der Modus gibt den Reiz in Martis Gedicht!“

2 Kurt Marti (*1921) Wo kämen wir hin?

Wo kämen wir hin,
wenn jeder sagte:
„Wo kämen wir hin!“
– Und keiner ginge,
um mal zu sehen,
wohin man käme,
wenn man ginge.

3 Marion und Jörg im Gespräch

MARION: Ich hab' die Schule satt. Ich lern' nach der Zehnten etwas Praktisches.

JÖRG: Ja, den Frust kenn' ich auch. Ganz entschieden bin ich noch nicht, aber …

MARION: Mensch Jörg, bei deinen Noten ist es doch klar, dass du weitermachst!

JÖRG: Es kommt nicht nur auf die Noten an. Mein Vater ist schon ein halbes Jahr arbeitslos …

MARION: Du bekommst doch vielleicht ein Stipendium oder staatliche Beihilfe, Bafög oder wie das heißt, aber ich würde den Eltern voll auf der Tasche liegen. Und das eigene Geld ist mir viel wert.

JÖRG: Natürlich ist finanzielle Unabhängigkeit schön, aber die Berufsausbildung ist zunächst hart und schlecht bezahlt. Durch Ferienjobs und Aushilfen am Wochenende stelle ich mich auch als Schüler nicht schlecht.

MARION: Wenn ich wüsste, dass ich das Abi gut schaffe, würde ich es mir auch gründlich überlegen. Aber Mathe, Physik, Chemie, du kennst mich ja! Und mein Französisch ist auch nicht umwerfend.

JÖRG: Aber in Kunst bist du Spitze!

MARION: Eben, daraus kann ich etwas machen. Ganz praktisch, verstehst du?

JÖRG: Schon klar, aber mit einem Studium könntest du vielleicht noch mehr machen, andere Bereiche testen, nicht nur Modegrafik …

MARION: Aber das macht mir am meisten Spaß, außerdem interessiert mich Mode am meisten.

JÖRG: Ja, das sieht man, aber Spaß beiseite. […]

3 a Prüft die Argumentation im Gespräch Marions und Jörgs.

b Führt den Dialog so weiter, dass Marion und Jörg ihr eigentliches Ziel noch einleuchtender begründen können!

4 Wollen – Können – Suchen – Finden

„Biologie und Chemie interessieren mich am meisten."

„Eine möglichst selbstständige Arbeitsweise ist mir wichtig."

„Ich muss mit Menschen Kontakt haben."

„Körperlich sollte die Arbeit nicht zu anstrengend sein, weil ich zart gebaut bin."

„In einem engagierten Team bin ich am glücklichsten."

„Ein stiller Arbeitsplatz ist mir lieber."

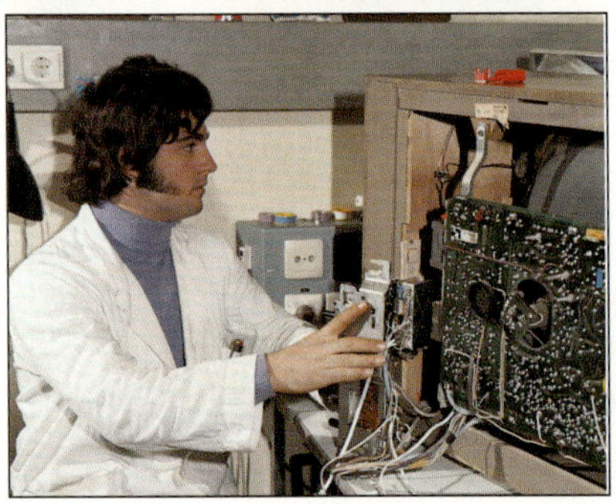

„Etwas genau zu kalkulieren, zu berechnen und darzustellen, das macht mir Spaß."

„Bei Wind und Wetter zu arbeiten, ist nicht meine Sache."

„Anderen helfen, etwas erklären, ist mein Wunsch."

„Die besten Gedanken fallen mir nur in freundlicher Umgebung ein."

„Nur theoretisch zu arbeiten ist zu trocken für mich."

„Meine Hauptstärken liegen in Sprachen und Literaturkenntnis."

„Für andere Verantwortung zu tragen, ist mir wichtiger als Mathematik."

„In technischen Belangen bin ich besonders geschickt."

„Komplizierte technische Dinge verstehen, Fehler finden und beheben, das liegt mir."

„Gute Luft, Teamarbeit und eine freundliche Umgebung sind entscheidend."

„Der unmittelbare Kontakt mit der Natur, die Erforschung des Lebens allgemein, ist mir wichtiger als viel Geld."

„Ideen entwickeln und im Team zu diskutieren, das gefällt mir."

„Ich habe eine künstlerische Begabung, was sich besonders im Malen und Töpfern zeigt."

„Kreativ möchte ich tätig sein, etwas Schönes produzieren, an dem man seine Freude haben kann."

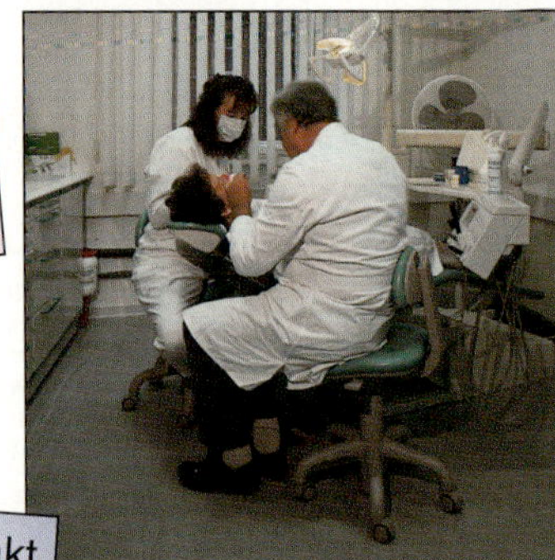

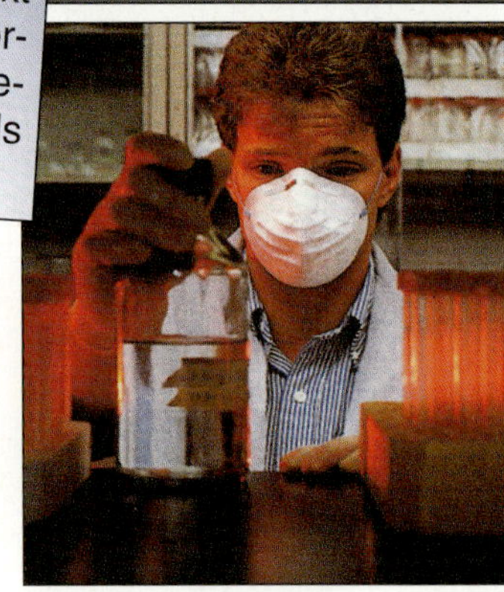

4 a Wählt in Partnerarbeit einen der gezeigten Berufe oder euren Wunschberuf und ordnet ihm aus den Zitaten in Form eines Clusters möglichst viele wichtige Qualifikationen zu!
b Tauscht die Ergebnisse zur Überprüfung und Ergänzung aus!

5 a Informiert euch über Berufsbilder nach den genannten Möglichkeiten 1 und 2!
b Recherchiert arbeitsteilig die Möglichkeiten bei einer der genannten örtlichen Institutionen und berichtet über die Ergebnisse!
c Sammelt aus der Tageszeitung Stellenangebote für Ausbildungsplätze!

Nach Auskunft des Arbeitsamtes gibt es heute über 500 **Ausbildungsberufe** mit festgelegten Bildungsvoraussetzungen, Ausbildungsinhalten und -zeiten sowie klar beschriebenen Prüfungsbedingungen und -verfahren. Um einen Überblick über die Berufsmöglichkeiten zu erhalten, sind verschiedene *Informationsquellen* zu benutzen:

1. Ein *Berufequiz* in eurer Klasse ist geeignet, um euer bisheriges Wissen zu sammeln und zu erweitern.

– Zerschneidet eine Folie in DIN-A4-Format in acht „Kärtchen“!
– In der Gruppe beschriftet jeder ein „Kärtchen“ mit der Berufsbezeichnung seiner Wahl und *einem* charakteristischen Berufsmerkmal. Unten rechts nennt er seinen Namen.
– Die „Kärtchen“ laufen in der Gruppe um und werden durch weitere Informationen ergänzt.
Z.B.: über Eignung des Berufs für Mädchen oder/und Jungen, über Arbeitsbedingungen und -zeiten, über Vor- und Nachteile, besondere Schwierigkeiten, Verdienst- und Aufstiegsmöglichkeiten usw.
– Ihr könntet jetzt mit den „Kärtchen“ eurer Gruppe in der Klasse ein „Beruferaten“ veranstalten, wenn ihr nur die Informationen vorlest.
– Wenn ihr die „Kärtchen“ mit anderen Gruppen tauscht, können diese weitere Informationen eintragen. Volle „Kärtchen“ gehen an den Schüler/die Schülerin zurück, der/die den Beruf genannt hat.
– „Kärtchen“ mit der geringsten Eintragung werden vom jeweiligen Schüler am Tageslichtprojektor vorgestellt, erläutert und ergänzt.
– „Kärtchen“ mit gleicher oder ähnlicher Berufsbezeichnung werden gleichzeitig projiziert und verglichen.
– Auch ausgewählte andere Berufe lassen sich auf diese Weise vorstellen und besprechen.

Arzthelferin
– Menschen
– …
– …
– …
– …
Isabell

Buchhändler
– Literatur
– …
– …
– …
– …
Ingo

Ingenieur
– Technik
– …
– …
…
– …
Manuel

Lehrerin
– Unterrichten
– …
– …
– …
– …
Silke

2. Über *Fragebogen,* die ihr nach der Auswertung der „Kärtchen“ entwerfen könnt, lassen sich bei Bekannten und Verwandten weitere Berufsbilder gewinnen, die in der Klasse ausgehängt werden können.

3. Weitere *Informationen* sind auf lokaler und überregionaler Ebene von den zuständigen *Institutionen* zu erhalten:
– in den Berufsinformationszentren (z.B. am BIZ-Computer) der Arbeitsämter, der Industrie- und Handelskammer, den Handwerksinnungen, den großen Firmen, den Orts- und Ersatzkassen;
– bei den *Zentralverbänden* der Arbeitgeber, der Industrie, der Gewerkschaften;
– bei der *Bundesanstalt für Arbeit* in Nürnberg;
– bei den *Arbeits- und Sozialministerien* der Länder und des Bundes.
– Auch im *Internet* werden Stellen angeboten und Bewerbungen abgegeben: http://www.jobs.de ...
– Das BIZ-Computerprogramm „Bewerbung um eine Ausbildungsstelle“ kann gegen eine Schutzgebühr von ca. 20 DM als PC-Version bezogen werden von:
DKF Multimedia GmbH • Mainzer Straße 35
65239 Hochheim • Fax: 06146/834714
Auch an Computerplätzen der Stadtbibliotheken ist das Programm einzusehen.

5 Ein Junge – zwei Einschätzungen

a. Selbstcharakteristik

Ein Riese bin ich nicht gerade. Mit 1,70 Größe und 62 Kilogramm gehöre ich eher zu den Kleinen und Schmächtigen meiner Klasse. Aber in allen Lauf-

disziplinen und bei Mannschaftsspielen sind meine Schnelligkeit und Wendigkeit bekannt. Leichtathletik und Fußball sind nicht umsonst meine Lieblingssportarten. Als Mittelfeldspieler bin ich in der Lage, ein großes Laufpensum zu erfüllen. Aber das Wichtigste ist mir der mannschaftsdienliche Spielaufbau mit überraschendem Flankenwechsel und mit Dribblings, die mit blitzschnellen Steilvorlagen abzuschließen sind. Kämpfen mit Kopf und Herz und nie aufgeben ist meine Devise, die mir immer viel genützt hat und natürlich auch meiner Mannschaft, die ich oft mitreiße. Wenn wir ein Spiel verlieren, ärgere ich mich schon. Aber aggressiv werde ich deshalb nicht.
In der Schule haben es mir vor allem die Sprachen angetan. Dies begann damit, dass ich schon im Kindergarten, mit vier oder fünf Jahren, alles in Druckschrift schreiben konnte. In der Grundschule waren es dann die kleinen Aufsätze und Diktate, die mir nie Schwierigkeiten, sondern eigentlich nur Freude bereiteten. Zu Hause sprachen wir zweimal pro Woche nur Englisch miteinander. Meine Mutter wollte es so, damit wir möglichst früh die erste Weltsprache beherrschen sollten. Auch Französisch, meine zweite Fremdsprache, war gut vorbereitet. Jährlich waren wir mit dem Wohnwagen in Frankreich. Und durch die französischen Geschäftspartner meines Vaters gab es viel Kontakte zu deren Kindern, was zu einem netten Briefwechsel führte: Wir schrieben in französischer, die jungen Franzosen in deutscher Sprache.
Erdkunde, Geschichte und Biologie sowie Sport, Musik und Kunst gehören auf dem Gymnasium zu den Fächern, die ich auch gerne habe. Dagegen können mich Mathematik, Physik und Chemie nicht so begeistern.
Die anregendste Nebentätigkeit aber ist für mich die Redaktionsarbeit bei unserer Schülerzeitung „Volltreffer“. Nicht nur die Berichterstattung über Sportveranstaltungen, Theateraufführungen und Schulfeste interessieren mich, sondern auch alles, was mit der Gestaltung (dem Layout) der Zeitung zu tun hat. Die Textverarbeitungsprogramme meines Computers sind mir dabei natürlich eine große Hilfe. Früher wurde der „Volltreffer“ nur in den großen Pausen verkauft. Seit ich die Rubrik „Klassenspiegel“ eingerichtet und in jeder Klasse einen Pressereferenten gewonnen habe, hat sich der Verkauf mehr als verdoppelt.

Achim

b. Fremdcharakteristik

Groß ist er nicht, unser Achim, aber er ist wieselflink und im Fußball ist weder seine Kondition noch sein Teamgeist zu übertreffen. Vor allem seine Vorlagen sind große Klasse. Natürlich verlangt er auch von seinen Mitspielern größten Einsatz, sonst wird er sehr unangenehm. Wenn er spielt, erscheinen auch viele Mädchen der Parallelklasse auf dem Platz, denn er ist äußerst beliebt, nicht nur, weil er mit seiner dunklen Mähne und den schwarzen Augen gut aussieht, sondern vor allem, weil er ein geduldiger Zuhörer, anregender Gesprächspartner und prima Kumpel ist.
Sein Bekanntheitsgrad hat viel mit seiner Tätigkeit für den „Volltreffer“ zu tun. Seine Artikel sind wirklich gut, witzig und sprachlich sehr gewandt. Durch seine Einfälle hat sich der Absatz gewaltig erhöht. Obwohl er in allen Sprachen, aber auch in den meisten anderen Fächern gut oder sehr gut ist, wird er nie arrogant. Er gesteht auch freimütig seine Schwächen in Mathe, Chemie und Physik ein. Wenn er am Ende des Schuljahrs das Gymnasium verlässt, werden wir ihn sehr vermissen.

Jens

6 a Vergleicht die Selbst- mit der Fremdcharakteristik und beachtet die Charakterisierungsart (direkt – indirekt)!
b Erstellt nach dieser Selbst- und Fremdcharakteristik ein Zielcluster und überlegt Berufe, die für Achim interessant sein könnten!
c Entwirf ein ähnliches „Selbstporträt“ von dir!
d Bitte einen Freund (eine Freundin) um ein „Fremdporträt“ von dir und vergleiche mit deiner Selbstcharakteristik!

Da es im Folgenden im Ernstfall um orthographisch absolut korrektes Schreiben geht, ist es unerlässlich, sich der wichtigsten **Rechtschreibregeln** – der nach wie vor gültigen sowie der neuen – zu erinnern und sich sattelfest zu machen.

1. Der *erste Schritt* ist die Wiederholung der maßgeblichen Veränderungen aus dem Gedächtnis.
2. Den *zweiten Schritt* ermöglicht die Rechtschreib-Satire in Text 6.
3. Im *dritten Schritt* sollten aufgekommene Fragen durch Nachschlagen in einschlägigen Rechtschreibwörterbüchern geklärt werden.

7 a Exzerpiert und ordnet die Wörter in reformierter Rechtschreibung und klärt Doppelformen bei Fremdwörtern!
b Der Text 6 enthält einige freiwillige und unfreiwillige Rechtschreibfehler!
c Begründet die Kommasetzung und die Satzschlusszeichen in Text 6!

6 Gerd Karpe: Auf der Wörterwiese

Für alle, die ihre Schulzeit hinter sich haben, wird es jetzt ernst. Die Rechtschreibreform ist in Kraft getreten. Wir fühlen uns belämmert wie die kleinen Schafe, denen auf der neuen Wörterwiese die Orientierung verloren gegangen ist.

Schlechte Zeiten sind für das h angebrochen. Ein rauer Wind hat es hie und da fortgeblasen. Dem stolzen Panter ist etwas von seiner Eleganz genommen worden. Was wird der Tunfisch tun? Fragt sich der Delfin. Der Kuh hat man das h gelassen. Als Ku wäre sie vermutlich nach Asien ausgewandert. Da wäre dann doch mancher Landwirt vom Stängel gefallen.

Mit dem ß wird kurzer Prozess gemacht. Schluss damit! Doch zum Glück nicht überall. Unter den eifrigen Wortlandschaftsgärtnern genießt es stellenweise einen gewissen Artenschutz. Nach langem Vokal wie bei Straße oder Buße darf es weiterhin ein karges Dasein fristen. Auf Schweizer Wortalmen ist schon 1921 radikal gegen das ß vorgegangen worden. Es wurde als unerwünschter Wildwuchs in der Sprachlandschaft restlos getilgt. Derartiger Übereifer treibt dem Leser die Tränen in die Augen. Sei es aus Trauer oder wegen der unfreiwilligen Komik, die ab und zu aufblitzt. Was ist davon zu halten, wenn einem jungen Mädchen, das sich als Model bewerben möchte, folgendes mitgeteilt wird: Ausser dem Ganzbildfoto benötigen wir Ihre Körpermasse. – Es geht, versteht sich, um die Schönheitsmasse für den Wettbewerb. Bewerberinnen gibt es bekanntlich massenhaft.

Unsere italienischen Freunde finden es wahrscheinlich gar nicht lustig, wenn wir aus den hochverehrten Spaghetti kurzerhand Spagetti machen, die infolgedessen nach italienischem Sprachgebrauch zu „Spajetti" werden. Auf Ketschab – pardon, Ketchup – wird natürlich nicht verzichtet. Eingriffe dieser Art sind schwer verdaulich und führen bei sensiblen Naturen leicht zu Magen- und Darmkatarr. Andere, die sich genervt fühlen, lassen die Rollladen endgültig runter.

Überraschenderweise haben sich die Experten gescheut, aus dem idyllischen Wörthersee einen Wörtersee zu machen, was ja bei der Beschäftigung mit der Wortmaterie nahegelegen hätte. Auf der Suche nach dem Heil hat sich in den vergangenen Jahren manch einer nach Indien aufgemacht. Zu seinem Guru. Nun winkt ein neues Ziel. Auf nach Australien! Zum Känguru.

Aus: Schwäbische Zeitung vom 9.1.1999

Korrekturhilfe 1: Grundregeln der **Kommasetzung**, wobei *Muss-Regelungen* von *Kann-Regelungen* zu unterscheiden sind.

1. *Kommas* (Kommata) müssen stehen zwischen
   a. *gleichrangigen Hauptsätzen* einer Satzreihe;
   Z.B.: Mein Spiel ist schnell, ich gebe genaue Vorlagen.
   b. *Haupt- und Nebensätzen;*
   Z.B.: Mein Spiel ist erfolgreich, weil es so schnell ist
   c. *gleichrangigen Wortgruppen oder Wörtern* in der Aufzählung;
   Z.B.: Ich hatte versprochen, die Artikel zu schreiben, das Layout zu machen und den Vertrieb zu organisieren. Die schnellen, überraschenden und präzisen Ballwechsel […]
   d. Anreden, Ausrufe und Ausdrücke der Stellungnahme, die besonders hervorgehoben werden sollen, grenzt man durch Komma ab.
   Z.B.: Achim, höre gut zu! Au, das war ein grobes Foul!
   Ja, kämpfen müsst ihr schon!
2. a. Sind gleichrangige Teilsätze, Wortgruppen und Wörter durch *und, oder, bzw., sowie, wie (= und), entweder … oder, nicht … noch, sowohl … als (wie) auch, weder … noch* verbunden, so setzt man kein Komma.
   b. Bei gleichrangigen Teilsätzen in der Satzreihe *kann* aber ein Komma auch vor *und, oder* etc.

stehen, wenn die Gliederung besonders betont werden soll.
c. Dieselbe *Kann-Regelung* gilt für Infinitiv-, Partizipial- und Adjektivgruppen, wenn die Gliederung besonders deutlich sein soll.
Z.B.: Er ist bereit (,) zu der neuen Aufgabe seinen Beitrag zu leisten.
Ich rate allen (,) zu kämpfen.
Durch die Pause gestärkt (,) werden wir in der zweiten Halbzeit noch schneller spielen.
Etwas Schöneres (,) als gut Fußball zu spielen (,) gibt es nicht.

3. Da Kommata *Gliederungszeichen* sind und den Rhythmus eines Textes prägen, liegt es oft im Ermessen des Schreibenden, ob er zusätzlich zu den Grundregeln und Kann-Bestimmungen Kommas setzen will.

Arbeitsanregungen:

1 a Nennt Eigenarten und Interessen aus Achims Selbstcharakteristik (Text 5), die ihn vor allem veranlasst haben, sich für das Stellenangebot in der Schwäbischen Zeitung zu interessieren!
b Welche „Schwachpunkte“ seiner Selbsteinschätzung ließen Achim möglicherweise etwas zögern?
c Skizziert ein denkbares Gespräch mit einem vertrauten Menschen über seine Bewerbungsabsicht!

2 In Wirklichkeit ist das Stellenangebot etwa doppelt so groß.
a Notiert Auffälligkeiten der äußeren Form!
b Exzerpiert sprachliche Eigenarten!
c Informiert euch über das Berufsbild des Industriekaufmanns/der Industriekauffrau!

3 a Nur einen Augenblick hatte Achim erwogen, seine Selbstcharakteristik an die Schwäbische Zeitung zu senden, dann verwarf er den Gedanken kopfschüttelnd …
b Prüft und beurteilt beide Bewerbungsschreiben!

7 Ein Stellenangebot

Schwäbische Zeitung **Sieh mal an!**

Baden-Württembergs größte Abonnementzeitung
mit über einer halben Million Lesern.

Ihr Einstieg in eine erfolgreiche berufliche Zukunft...

eine **Ausbildung** für

Industriekaufleute

mit dem Schwerpunkt Zeitungsherstellung ab 1. September 1999.

Den Grundstein für eine erfolgreiche und qualifizierte Ausbildung bei der Schwäbischen Zeitung in Leutkirch legen Sie mit Ihrem Abitur oder der mittleren Reife.

Wenn Sie leistungsbereit, flexibel, aufgeschlossen und kooperativ sind, erwartet Sie eine abwechslungsreiche und vielseitige Ausbildung.

Haben wir Ihr Interesse geweckt?
Dann machen Sie den ersten Schritt in Ihre berufliche Zukunft.

Schicken Sie Ihre aussagefähigen Bewerbungsunterlagen an:

Schwäbischer Verlag KG
- Personalabteilung -
Rudolf-Roth-Str. 18
88299 Leutkirch

Wir freuen uns auf Ihre Bewerbung!

Aus: Schwäbische Zeitung vom 6.3.1999

8 Zwei Bewerbungen

a. *Monikas Schreiben*

Ulm, 10.3.1999

Sehr geehrte Herren!

Ihre Anzeige in der Schwäbischen Zeitung vom 6.3.1999 interessiert mich sehr. Ich würde gerne eine Ausbildung zur Industriekauffrau machen. Ich bin selbst eine eifrige Leserin Ihrer Zeitung und ich würde gerne im Vertrieb arbeiten.
Bitte, teilen Sie mir mit, was Sie unter „aussagefähigen Bewerbungsunterlagen“ verstehen.

Mit freundlichen Grüßen

Monika Mutschler

b. *Achims Schreiben*

Achim Schreiber
Sonnenweg 7
88250 Weingarten
Tel.: 0751/71429

Weingarten, 8.3.1999

Schwäbischer Verlag KG
- Personalabteilung -
Rudolf-Roth-Str. 18

88299 Leutkirch

Bewerbung um die Ausbildung zum Industriekaufmann
Ihr Stellenangebot vom 6.3.1999

Sehr geehrte Damen und Herren,

für die in der Schwäbischen Zeitung vom 6.3.1999 ausgeschriebene Ausbildungsstelle für Industriekaufleute möchte ich mich bewerben.
Die von Ihnen erwarteten Voraussetzungen glaube ich zu erfüllen.
Seit dem achten Schuljahr bin ich als Redakteur, als Gestalter (Layouter) unserer Schülerzeitung „Volltreffer" und in deren Vertrieb erfolgreich tätig. Planungen zur Verkaufssteigerung, Teamarbeit und Textverarbeitung am Computer machen mir Freude. Meine guten Leistungen in Deutsch und in den modernen Fremdsprachen erleichtern mir den Umgang mit Menschen im In- und Ausland. Zurzeit besuche ich die 10. Klasse des Albert-Einstein-Gymnasiums Ravensburg. Mit Abschluss des Schuljahrs werde ich die mittlere Reife besitzen, so dass ich zum 1. September 1999 in Ihren Betrieb eintreten könnte.
Gerne will ich meine Kenntnisse und Fähigkeiten in Ihren Dienst stellen und ich würde mich über die Einladung zu einem Vorstellungsgespräch sehr freuen.

Mit freundlichen Grüßen

Achim Schreiber

Anlagen:
Lebenslauf mit Lichtbild
Kopie des letzten Halbjahreszeugnisses

Offizielle Schreiben sind der „Ernstfall" schriftlicher Darstellung, der über die berufliche Zukunft entscheiden kann. Deshalb müssen die Texte sorgfältig erarbeitet und korrigiert werden, damit sie strengsten Anforderungen genügen.

1. Versetze dich in die Situation eines Personalchefs, der dich nur über Bewerbungsunterlagen kennt! Was erwartet er? Was befremdet ihn? Was schreckt ihn ab?
2. Arbeite mit Stichwortzettel zur Grobgliederung, entwirf ein Konzept, lies es nach einem Zeitabstand laut wieder, trage es vertrauten Personen vor!
3. Überarbeite den Text genau nach
   – Zielen, Inhalt und Aufbau!
   – Prüfe Syntax und Wortwahl und tilge Wiederholungen sowie Floskeln!
4. Lege die Texte einem sachverständigen Leser zur Kontrolle vor!
5. Gib die Unterlagen in je eine Klarsichtfolie, um sie vor Schmutz- und Knitterspuren zu bewahren!
6. Verwende ein Kuvert mit versteiftem Rücken und achte auf korrekte Beschriftung (genaue Anschrift, genauen Absender) sowie ausreichende Frankierung!

4 a Erstellt eine Gliederung zum Aufbau von Achims Berwerbungsschreiben und vergleicht mit den Hinweisen des Merkkastens!
b Besprecht, warum man das Bewerbungsschreiben zum „offiziellen" Schreiben zählt!

Absicht und Stilformen
Anschauliches Beschreiben, Erzählen und Schildern gelingt am besten durch die Verwendung farbiger, eindringlicher und dynamischer Verben. Dies ergibt den sog. **Verbalstil.**
In der Sprache der Verwaltung und Wissenschaft dominieren häufig Substantive, oft als Fachbegriffe sowie Komposita, und ergeben einen trockenen, spröden, aber oft raffenden Stil, den sog. **Nominalstil.**

Eine gründliche Korrektur der **Rechtschreibung** empfiehlt sich vor allem in den kritischen Bereichen:

- der *Groß- oder Kleinschreibung;*
- der Schreibung von *Fachbegriffen* und *Fremdwörtern;*
- der *Getrennt-* oder *Zusammenschreibung;*
- der sog. *Schärfung* und *Dehnung;*
- der *Zeichensetzung* am Satzende, bei Aufzählungen, im Satzgefüge und in der Satzreihe.
- Wer seinen persönlichen *Fehlerschwerpunkt* kennt, hat eine zusätzliche „Suchbrille".

Das Bewerbungsschreiben ist eine wichtige Form des sog. *offiziellen Schreibens* und hat – ähnlich wie der sachliche Brief – nach äußerer Form, Aufbau, Inhalt und Sprache strengen Anforderungen zu genügen.

Der Briefkopf	Name, Anschrift / Ort, Datum	DIN-A4-Bogen, weiß, unliniert
	Adressat	Breiter Rand (3 cm)
	Betreffzeile Bezugzeile	
	Anrede	Mit Namen oder „Sehr geehrte Damen und Herren"
Der Hauptteil	Text der Bewerbung in 5 Punkten:	
	• Bezug und Bewerbung	① Bewerbungsformel und Quelle
	• Eignung	② Qualifikation und Vorkenntnisse
	• Gründe	③ Interessen, Vorstellung
	• Termin	④ Antrittstermin
	• Schlussformel	⑤ Bitte um Vorstellungsgespräch
Der Schlussteil	Gruß Unterschrift	
	Anlagen	Lebenslauf mit leicht angeklebtem Passfoto (mit Name und Adresse auf der Rückseite), Kopie des letzten Zeugnisses

Das Bewerbungsschreiben ist die *„Visitenkarte"* des Bewerbers und muss deshalb
– in Schriftbild, Aufbau und Sprache fehlerfrei,
– inhaltlich gegliedert,
– und sprachlich korrekt und sachlich sein.
Eine übertriebene Selbstdarstellung und überhebliches Auftreten sind ebenso unangemessen wie ein schmeichlerischer oder unterwürfiger Ton. Gefragt sind Informationen zum Grund der Bewerbung und Aussagen zur Ergänzung des Lebenslaufs. Gelungen ist das Bewerbungsschreiben, wenn es sachlich informiert, gut begründet und den Adressaten auf den Bewerber neugierig macht.

9 Achim entwirft zwei Lebensläufe

a. *Der tabellarische Lebenslauf*

Lebenslauf

Name:	Schreiber
Vorname:	Achim
Anschrift:	Sonnenweg 7 88250 Weingarten
Geburtsdatum:	24.1.1983
Geburtsort:	Weingarten
Eltern:	Elmar Schreiber, Industriekaufmann Marion Schreiber, Auslandskorrespondentin
Geschwister:	zwei jüngere Schwestern, einen älteren Bruder
Staatsangehörigkeit:	Deutscher
Schulbildung:	1989–1993: Grundschule in Weingarten 1993–1999: Albert-Einstein-Gymnasium in Ravensburg; Abschluss mit dem Zeugnis der mittleren Reife im Juli 1999
Lieblingsfächer:	Deutsch, Englisch, Französisch, Musik und Sport
Besondere Fähigkeiten und Interessen:	Fußball, Leichtathletik, Redaktion der Schülerzeitung, Textverarbeitung mit dem Computer, Literatur

Weingarten, 8.3.1999

Achim Schreiber

b. *Der ausführliche Lebenslauf in Textform*

Achim Schreiber
Sonnenweg 7
88250 Weingarten

Lebenslauf

Am 24.1.1983 wurde ich als Sohn des Industriekaufmanns Elmar Schreiber in Weingarten geboren. Meine Mutter arbeitet als Auslandskorrespondentin. Ich bin Deutscher und habe zwei jüngere Schwestern (10 und 14 Jahre) sowie einen älteren Bruder (18 Jahre).

Der **Lebenslauf** ist – anders als die Autobiografie – eine Form des *sachlichen Schreibens,* in dem es um sorgfältige äußere Form (vgl. Bewerbungsschreiben), genaue, aber nüchterne Informationen zur Person, Herkunft, Familie, Schulbildung, über besondere Kenntnisse, Fähigkeiten und Hobbys geht. Ein auf der Rückseite mit Name und Adresse beschriftetes *Passfoto* ergänzt die Vorstellung.

- Der *tabellarische Lebenslauf* bietet einen raschen Überblick und ist stichwortartig in zwei Spalten angelegt.
- Der ausführliche *Lebenslauf in Textform* kann nach denselben Aspekten gegliedert werden, bringt die Informationen aber in einen deutlicheren Zusammenhang und muss sprachlich sorgfältig auf Satzbau, Satzanfänge und Wortwahl überarbeitet werden.
  Oft wird ein handschriftlicher Lebenslauf verlangt, der formal korrekt und sprachlich fehlerfrei sein muss, soll er eine „Visitenkarte" darstellen. Werden keine speziellen Anforderungen geäußert, wird er mit Schreibmaschine oder dem PC auf unliniertem, weißem DIN-A4-Bogen geschrieben.

5 a Vergleicht die Informationen und den Stil beider Formen des Lebenslaufs!
b Besprecht die Vor- und Nachteile beider Formen!
c Vergleicht mit einem autobiografischen Text (S. 33ff., Text 1)!

Von 1989–1993 besuchte ich in Weingarten die Grundschule und danach ab 1993 das Albert-Einstein-Gymnasium in Ravensburg, das ich im Sommer 1999 mit dem Zeugnis der mittleren Reife verlassen werde. Meine Lieblingsfächer sind Deutsch, Musik, Sport und moderne Fremdsprachen, wobei mir die privat früh geübte Konversation in Englisch und Französisch sehr nützlich ist.
Die Mitarbeit in der Schülerzeitung als Redakteur, Layouter und im Vertrieb macht mir viel Freude, zumal mir dabei meine Fertigkeiten in Textverarbeitung sehr nützlich sind.
Neben meinem großen Interesse für Jugendbücher und vor allem Novellen des 19. Jahrhunderts treibe ich in meiner Freizeit viel Sport in der Leichtathletik- und Fußballabteilung meines Vereins, wobei mir das Mannschaftsspiel am meisten Spaß macht.

Weingarten, 8.3.1999

Achim Schreiber

6 Erarbeitet vollständige Bewerbungsunterlagen:
a Ein Bewerbungsschreiben auf ein konkretes Stellenangebot!
b Einen Lebenslauf (tabellarisch und in Textfassung)!
c Die Anlagen!

10 Die Einladung

So könnte ein Einladungsschreiben der Schwäbischen Zeitung aussehen:

Schwäbischer Verlag KG
- Personalabteilung -
Rudolf-Roth-Str. 18 • 88299 Leutkirch
Tel.: 07561/80-0 • Fax: 07561/80-134

Leutkirch, 26.4.1999

Herrn
Achim Schreiber
Sonnenweg 7

88250 Weingarten

Ihre Bewerbung um eine Ausbildung zum Industriekaufmann vom 8.3.1999

Sehr geehrter Herr Schreiber,

für die Zusendung Ihrer Bewerbungsunterlagen bedanken wir uns. Gerne möchten wir Sie zu einem Vorstellungsgespräch in unsere Personalabteilung nach Leutkirch einladen. Wäre es Ihnen möglich, uns am Donnerstag, 6.5.1999, 15.00 Uhr, zu besuchen? Sollte Ihnen der Termin nicht genehm sein, bitten wir um eine kurze Rücksprache.

Mit freundlichen Grüßen

Ralf Gilles (Personalchef)

Arbeitsanregungen:

1 Achim wundert sich ein wenig, dass die Einladung so „dürr“ ist.

Mündlich und schriftlich
Mündliche Äußerungen sind stark von der Situation und dem Temperament der Sprecher geprägt: Sie sind spontan, in Wortwahl und Satzbau einfacher und planloser.
Schriftliche Darstellung ist distanzierter, aber auch planvoller in Wortwahl, Syntax, Aufbau und Inhalt, weil sie meist verschiedene Phasen eines *Schreibprozesses* durchläuft mit Planung, Konzeptentwürfen, Gliederung, „Reinschrift“ und Korrektur.

11 Achim bereitet sich vor

Achims bester Freund Jochen hat alle Überlegungen zur Bewerbung gespannt verfolgt. Das Eintreffen der Einladung sagte er zwar voraus, aber nun ist die Erleichterung bei beiden deutlich zu spüren. Jochen ist nicht nur Achims Fußballfreund, sondern ein „Experte“ in Bewerbungsfragen, denn er ist seit einem Jahr zufriedener Auszubildender in einem Grafik-Design-Betrieb.

ACHIM: Ein Glück, dass ich neue Klamotten zur Konfirmation erhalten habe …

JOCHEN: Da hätte ich meine Bedenken. Du gehst nicht zu einer Modenschau, mein Lieber. Ein gutes Outfit ist schon wichtig, aber du solltest dich darin wohl fühlen und es soll korrekt, aber „normal“ sein. Du musst aber vor allem etwas wissen über den Betrieb, musst mit Nachfragen zu deinen persönlichen Daten rechnen und bei kniffligen Fragen gut reagieren.

ACHIM: Mensch, übertreib' nicht, die wissen doch schon alles über mich, und ich will den Betrieb doch erst kennen lernen.

JOCHEN: Wer Interesse hat, informiert sich über die künftige Arbeitsstätte! Wie willst du der Forderung „leistungsbereit, flexibel, aufgeschlossen und kooperativ“ zu sein genügen, wenn du gar nichts über Größe, Verbreitungsgebiet der Zeitung und Anforderungen weißt. Ein Bewerber muss auch Nachfragen zufrieden stellend beantworten können. Was ist zum Beispiel mit dieser mageren Drei in Mathe? Da muss ein künftiger Kaufmann was dazu sagen können.

ACHIM: Das klingt ja nach mündlicher Prüfung!

JOCHEN: Ja, in manchem schon. Aber keine Angst, der Betrieb zeigt ja Interesse an dir. Das Vorstellungsgespräch ist sicher kein gemütlicher Plausch, das müssen wir vorbereiten und üben.

ACHIM: Üben? Mit dir als Personalchef?

JOCHEN: Ja, sicher – und umgekehrt! Vergiss das Schreibzeug nicht, vielleicht gibt es einen Test! […]

2 a Besprecht die Auffassungen Achims und Jochens!
b Setzt das Gespräch so fort, dass konkrete Vorschläge für die Stufen der Vorbereitung sichtbar werden!

Informationen sammeln kann in verschiedenen Stufen erfolgen.

1. Was wissen meine Eltern und Bekannten über den Beruf des Industriekaufmanns bei einer Tageszeitung?
2. Wie lassen sich Charakter, Machart, Verbreitungsgebiet und Ausbildungsbedingungen der Schwäbischen Zeitung erkunden?
   - Hat der Verlag einen Jahresbericht, eine Broschüre oder eine Festschrift herausgegeben?
   - Lässt sich im Internet eine Homepage abrufen?
3. Sind spezielle Informationen über die Tageszeitungen in Deutschland, speziell über Regionalzeitungen, über die Berufsinformation des Arbeitsamtes, der Bundesanstalt für Arbeit, des Zentralverbandes der Zeitungs- und Zeitschriftenverleger zu erhalten?

Die **Körpersprache** ist für alle Formen mündlicher Kommunikation, also auch für Vorstellungs- und Bewerbungsgespräche, sehr wichtig. Körpersprache ist eine non-verbale Sprache, die viel über den momentanen Gefühlszustand der Person, aber auch über Wesenseigenarten, verrät.

- *Negative Signale* der Körpersprache sind vor der Brust verschränkte Arme und das Sitzen auf der äußersten Stuhlkante. Sie zeigen Abwehr, Abweisung, ja z.T. sogar Fluchtgedanken.

- *Verlegenheitsgesten* sind z.B.: Das Zupfen am Ohr, an den Barthaaren, das Anfassen der Nase, das Spielen mit den Haaren, das Nesteln an der Krawatte.
- *Positive Signale* der Körpersprache sind ein offener Blickkontakt, der auch die aufrechte Körperhaltung bedingt, ein freundliches Lächeln (kein übertriebenes Zähneblecken!), eine lebendige Mimik (keine verkrampfte Maskenstarre!), das den Worten Nachdruck verleihende Spiel der Hände (kein aufgeregtes Gestikulieren!).

12 Das Vorstellungsgespräch als Rollenspiel

a. Jochen als Personalchef

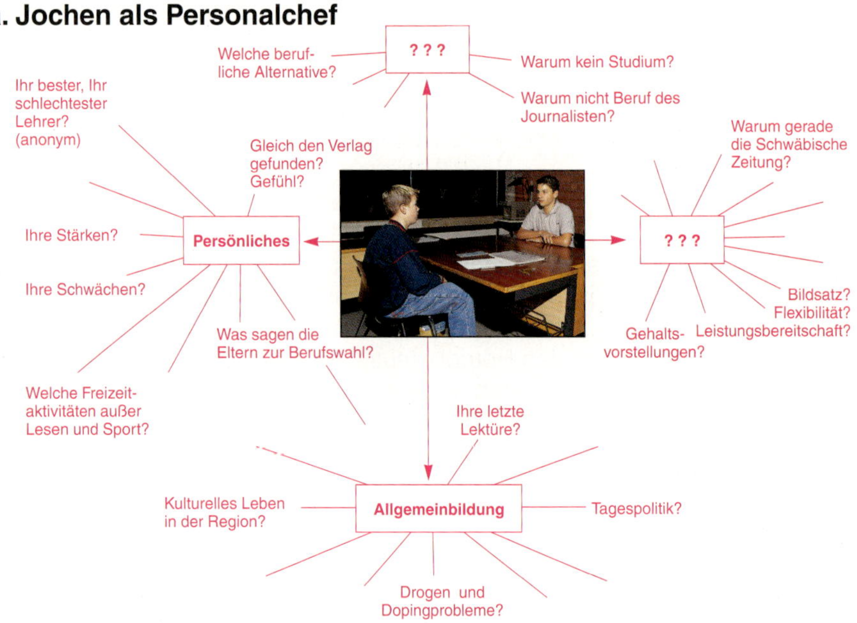

b. Achim als Bewerber

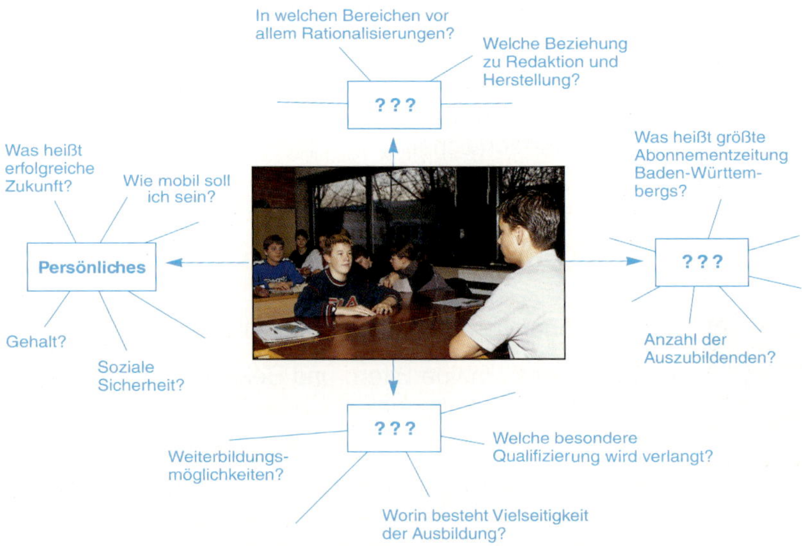

3 a Prüft, übernehmt und ergänzt die Cluster Jochens und Achims!
b Führt das Vorstellungsgespräch in der Gruppe, so dass zwei spielen und Beobachter Auffälliges notieren!
Nehmt das Gespräch mit Kassettenrekorder auf!
c Wechselt die Rollen zwischen Personalchef und Bewerber und vergleicht!

13 Auszüge aus den Beobachternotizen

a. *Über Achim:*

- Achim sollte nicht so locker hereinkommen.
- Er muss warten, bis der Personalchef die Hand reicht.
- Sich vor dem Chef zu setzen, ist unhöflich.

– Er sollte nicht an seiner Nase reiben und an seiner Krawatte herumnesteln, das lässt auf Nervosität schließen.
– Achim sollte aufrechter, nicht so lässig sitzen und nicht die Füße übereinander schlagen.
– Wieso verschränkt er die Arme vor der Brust?
– Die etwas belegte Stimme wirkt unsicher.
– „Hier ist es ganz schön warm“, sollte er nicht sagen.
– Mit Ja und Nein ist es nicht getan. *Er* will sich vorstellen! […]

b. *Über Jochen als Personalchef*

– So von oben herab sollte er nicht reden.
– Er muss zu Beginn einige freundliche Sätze sagen, die entspannend wirken.
– Die vielen kurzen Fragen wirken zu sehr wie ein Verhör.
– Jochen redete selbst zu viel.
– Er sollte nicht so oft „springen“: vom Sport zum Vertrieb, von den Eltern zu den Gehaltsfragen usw. […]

4 a Besprecht die Beobachternotizen!
b Versucht Kriterien eines guten Vorstellungsgesprächs und eine Art „Verhaltenskatalog“ für den Personalchef und den Bewerber aufzustellen!

5 a Entwickelt in der Gruppe, etwa mit Hilfe der „Folienkärtchen“, weitere Cluster für Personalchef und Bewerber!
b Probt im Rollenspiel weitere Vorstellungsgespräche mit Beobachtergruppe!

Das **Vorstellungsgespräch** ist eine Art *Befragungsgespräch* (Interview), in dem der Personalchef einen *persönlichen Eindruck* des Bewerbers gewinnen will, zusätzlich zu den schriftlichen Unterlagen *Informationen* sucht und auch die charakterliche *Eignung* des Kandidaten *prüft.* Manchmal ist ein *Gruppengespräch* dem Einzelgespräch vorgeschaltet.

1. Zwar wird der Fragende zunächst die führende Rolle spielen, aber die größeren Sprechanteile sollten insgesamt beim Bewerber liegen.
   – Denn er will sich genau vorstellen: seine Persönlichkeit, seine Interessen, seine Erwartungen, seine besonderen Fähigkeiten.
   – Der Bewerber sollte auch gut überlegen, was er über den Betrieb wissen möchte. Ein vorbereiteter Fragenkatalog könnte dabei nützlich sein.
   – Er sollte die an ihn gerichteten Fragen aufmerksam und kritisch verfolgen, um die Beweggründe (Motive) und Ziele des Gesprächspartners zu erkennen. Während des Gesprächs können auch kurze Notizen gemacht werden.
2. Nach guter Vorbereitung kannst du ohne Angst mit *Selbstvertrauen* und gesundem *Selbstbewusstsein* in das Gespräch gehen. Erfahrene Personalchefs helfen dir über die ersten Unsicherheiten freundlich hinweg.
   – Erscheine pünktlich, tritt höflich, aber sicher und äußerlich gepflegt in korrekter Kleidung auf!
   – Beachte bei der Begrüßung und beim Platznehmen allgemeine Anstandsregeln!
   – Sprich in normalem Ton und hochsprachlich möglichst zusammenhängend, überlegt und argumentativ!

Die richtige **Sprachebene** zu wählen, setzt eine große Beweglichkeit (Rollenflexibilität) voraus:

– *Die Einheitssprache* (oder Standard-, Gemein- oder Hochsprache) hat die größte Verbreitung im deutschen Sprachraum, die größte kommunikative Reichweite, und wird bei offiziellen Anlässen, in den Medien, in der Schule, bei Referaten, Diskussionen, i.d.R. bei Vorstellungsgesprächen gesprochen.
– *Die Umgangssprache* zeigt regionale, oft auch mundartliche Elemente und ist in Satzbau und Wortwahl einfacher. Sie ist die praktische Sprache des Alltags, am Arbeitsplatz und in der Freizeit. Verwandt ist der *Jargon* (< frz.: Kauderwelsch) mit oft salopper oder derber Ausdrucksweise einer bestimmten gesellschaftlichen oder beruflichen Gruppe, z.B. als Schülersprache.
– *Der Dialekt* (die Mundart) ist auf bestimmte größere oder kleinere Regionen beschränkt und darüber hinaus schwer verstehbar. Er wird vor allem im Alltag und im Privatbereich gesprochen.

- Lasse dich durch kritische oder versteckte Fragen und ironische Anspielungen nicht aus der Ruhe bringen!
- Versuche das Gespräch auf Punkte zu lenken, in denen du den Erwartungen des Gesprächspartners in besonderer Weise entsprechen kannst!
- Erwarte keine sofortige Zusage, erkundige dich aber nach dem wahrscheinlichen Zeitpunkt der Entscheidung!
- Vergiss am Schluss nicht den Dank für das ermöglichte Vorstellungsgespräch!

3. Auch eine Absage ist keine Katastrophe. Du darfst den Mut nicht verlieren.
   - Berate dich mit Eltern, Bekannten und suche bei der Berufsberatung Hilfe!
   - Überlege Alternativen bei ähnlichen Berufen, prüfe das Branchenverzeichnis des Telefonbuchs und die Stellenangebote der Tageszeitung!
   - Rufe die Personalabteilung von Betrieben an, die in Frage kommen und achte auf die Grundregel: „Der Ton macht die Musik!“
   - Auch die Überlegung, eine weiterführende Schule zu besuchen, ist sinnvoll.

14 Konstellationen

a.

b.

c.

15 Auch ein Vorstellungsgespräch

CHEF: Na, junger Mann, nun wollen wir Sie mal auf Herz und Nieren prüfen!

BEWERBER: Ja, ich bin gespannt auf Ihre Fragen und freue mich auf das Gespräch.

CHEF: Sie schrieben uns, dass Sie „aufgeschlossen und flexibel“ seien. Nun erzählen Sie mal, wo sie das schon erprobt haben.

BEWERBER: Als Klassensprecher musste ich oft genug in ärgerlichen Fällen vermitteln zwischen Lehrern und Schülern sowie der Schulleitung. Auch für Schulfeste habe ich öfters mit Firmen über Spenden verhandelt.

6 a Dialogisiert und beschreibt in Partnerarbeit jeweils eine der drei Kommunikationssituationen!
b Zum Vergleich könnt ihr im Rollenspiel auch die Partner vertauschen.
c Versucht eine Darstellung in einem Kommunikationsmodell!

7 a Vergleicht die Partner des Gesprächs in Text 15 mit den Konstellationen in Text 14!
b Wechselt den Bewerber mit dem der Konstellation a aus!

Im **Kommunikationsmodell** (< lat. communicare = vereinigen) können Beziehungen zwischen Menschen dargestellt werden:

1. Die wichtigsten *Faktoren* der Kommunikation sind:
   - Die *Situation:* z.B. einladend <–> abstoßend, angespannt <–> entspannt;
   - Die *Kommunikationspartner* (oft auch als Sender und Empfänger bezeichnet): z.B. mächtig <–> schwach oder gleichberechtigt;

CHEF: Das klingt alles so mühelos und glatt, geben Sie doch ein Beispiel Ihres Verhandlungsgeschicks.

BEWERBER: Ja, da sollte unserer Klasse eine Exkursion gesperrt werden, weil zwei Drittel einen Nachtermin für eine Mathematikarbeit geschwänzt hatten. Ich konnte den Fachlehrer zunächst überzeugen, dass sein Termin schlecht gewählt war, weil für diesen Zeitpunkt längst der Plan für das Hallenhandballturnier feststand, zu dem wir zwei Mannschaften gemeldet hatten. Auch der Direktor sah die Schwierigkeiten ein und vermittelte uns einen neuen Klausurtermin.

CHEF: Und die Exkursion?

BEWERBER: Die konnte stattfinden, weil allen Beteiligten klar gemacht werden konnte, dass weder Sabotage noch Drückebergerei im Spiel war.

CHEF: Kommen wir zu Ihrer Erfahrung in Teamarbeit. […]

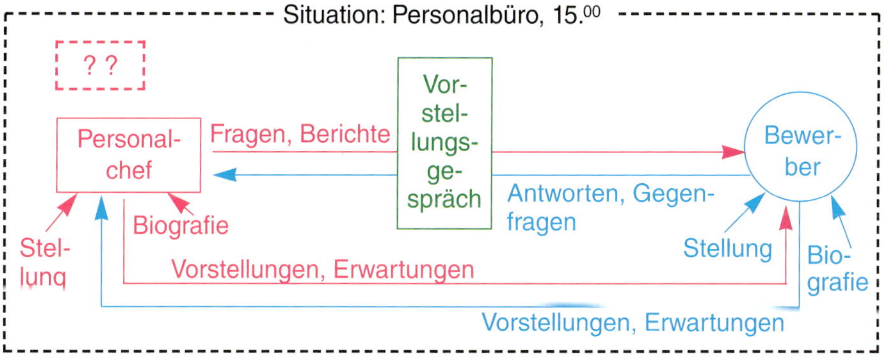

– Das *Thema:* z.B. schwierig oder vertraut für den einen, für beide;
– Die *Vorstellungen* über den Partner bzw. die Erwartungen an ihn (sog. Partnerhypothesen): freundlich <–> streng, gebildet <–> ungebildet;
– Die *Sprache* (z.B. theoretisch oder praktisch, herrisch oder einfühlsam) und die *nicht sprachlichen* (non verbalen) *Signale* (Mimik, Gestik, Bewegung).

2. Auch bei Partnern unterschiedlicher Stellung kann es sich um eine mehr
   – *symmetrische Kommunikation* handeln, wenn sich die Partner um Gleichberechtigung bemühen.
   – *Asymmetrisch* ist die Kommunikation, wenn Überlegenheit und Macht ausgespielt werden.

8 Beschreibt die Faktoren und Beziehungen des Kommunikationsmodells und bezieht es auf die Konstellationen in Text 14!

3. „So ist das Leben!“ – Der Alltag im Tagebuch und in der Satire

1 Jutta Richter (*1955): Tagebuch einer Austauschschülerin

Ich bin ein YfU[1]-Austauschschüler für ein ganzes Jahr. Das bedeutet DM 2400,- für das Ticket und die Versicherung, und im Übrigen leben in einer amerikanischen Familie. Mr. und Mrs. Th. Stoplansky, sieben Kinder und zwei Hunde. Ich bin noch fünfzehn. Ich war Einzelkind.

Detroit, 4. September

Mein erster Schultag. Wieder ein erster Schultag. Was soll ich anziehen? Was ziehen sie an in Regina Highschool, wenn sie noch keine Uniform haben?
Am ersten Tag hatte mich Mom gefragt, auf welche Schule ich gehen wolle. „Ich weiß nicht, Mom.“ – „Du kannst auf eine Publicschool gehen nach Osborn, aber

Eine Highschool in den USA

[1] YfU (< engl. Youth for Understanding): „Jugend für Verständigung“ ist ein Schüleraustauschprogramm.

Publicschools sind nicht gut; wenn du lernen willst, dann ist Regina besser. Eine Privatschule ist das. Eine Mädchenschule, eine Nonnenschule."

Ich kenne das, und ich liebe meine Schule zu Hause. Da sind Direx und Tatze; und Schwester Clementis, die mal gesagt hat, wer keine Sorgen hat, der macht sich welche, die immer von ihren Perlen redet, die so gut in Deutsch waren, und von dem Mädchen, das in der Sexta diesen tollen Aufsatz von ihrer Puppe geschrieben hat.

Ja, ich mag Nonnenschulen.

Heute ist also mein erster Schultag. Dad bringt mich hin. Ein langer Kasten aus Ziegeln, flach und rot. Mit einem Rasen davor, und oben über der Eingangsfront steht „Regina Highschool". Neben den Kaufhausglastüren ist ein Kreuz aus schwarzem Metall an der Mauer. Und eine Madonnenstatue in Weiß steht auf dem Rasen.

Wir gehen durch eine der Glastüren. Die Eingangshalle kühl und groß. „Office" steht an der ersten Tür rechts, „Principal" an der nächsten. Und lauter Leute drängen sich, eilen hierhin und dorthin. Dad klopft. Wir gehen 'rein. Eine kleine graue Frau mit großen Augen und Brille sagt, die Direktorin käme gleich und wir sollten Platz nehmen. Dann huscht sie hinaus. Der Raum ist schlicht, an der Wand hängen Urkunden, überall das Wort „Regina Highschool".

Es ist hell hier. Ein großer Schreibtisch steht vor der Fensterwand. Blaues Glas. Draußen sieht man Bäume, kleine, blaugrüne Bäume. Auf dem Schreibtisch liegen Papiere, und ein Kreuz steht da.

Ich habe Angst. Dad lächelt mir zu. Er passt irgendwie nicht hierher. Ich wünschte, ich wäre wieder zu Hause. 19324 Goolburn – zu Hause – wie komisch das klingt. Bei Grandma und Sue und Peggy und Greg.

Dann die Direktorin, sie ist gleich so unerhört anwesend, dass ich gar nicht dazukomme, sie zu betrachten, über sie nachzudenken. Meine Pläne für den Lehrstoff?

„Ich weiß nicht, welche Fächer gibt es denn?"

Sie holt zwischen den Papieren auf ihrem Schreibtisch einen großen Zettel vor. „Es gibt da Englisch, das musst du nehmen; dann Religion, auch Pflicht –. Wie viele Fächer hast du denn in Deutschland schon belegt!"

Ich versuche zu zählen: „Sechs Jahre Mathe, sechs Jahre Deutsch, sechs Jahre Englisch, vier Jahre Latein, zwei Jahre Französisch, und dann Erdkunde, Geschichte – Europäische Geschichte –, Biologie, Chemie, Physik, Musik, Sport, Nadelarbeit, Kunst – ich glaube, das ist alles."

Für einen Moment scheint die Managerin überrascht zu sein.

„Oh", sagt sie, „das ist mehr, als ich erwartet habe."

„Ja", sage ich, „unser Schulsystem ist anders."

Dann blickt sie wieder auf den Zettel. „Ich würde dir Maschineschreiben empfehlen."

„Nein, ich möchte nicht Maschineschreiben lernen. Mein Vater schreibt zu Hause immer, und meine Mutter kann auch schreiben."

Ich hasse den Lärm einer Schreibmaschine, und außerdem würde ich jedes Mal an Mama und Papa denken müssen – einmal täglich – eine Stunde – jeden Tag.

„Nun", sagt die Direktorin, „da gibt es noch Homemaking, das ist ein sehr interessantes Fach."

Im **literarischen Tagebuch** kann die *Sprache* sehr absichtsvoll *stilisiert* sein. Bei Jutta Richter ist es z.B. die Mischung aus Hochsprache, Jargonelementen, Fachbegriffen und Amerikanismen, die mit dem Wechsel zwischen knappsten Aussagesätzen und schildernden Passagen eine eindrucksvolle Wirkung erzielen.

Komisch, schon bei dem Wort Homemaking denke ich an Kochen, Backen, Putzen und Nähen. „Was lernt man denn da?"
Sie sagt: „Kinderbetreuung und Dekorieren von Räumen und Farbenlehre und Financing."
Das klingt entschieden wichtiger als „Einteilen von Haushaltsgeld", auch wenn's darauf hinausläuft. Ja, Spaß machen könnte das schon.
Plötzlich, ganz plötzlich merke ich, wie allein ich doch eigentlich bin. Der ganze Raum versinkt um mich – nur ein Wort bleibt stehen – ein Wort, das ich verstanden habe, ein langsam gesprochenes Wort einer fremden Sprache, einer fremden Welt. Und dann sehe ich mich in einer Uniform – blau-weiß-grau-karierter Faltenrock, blauer Blazer mit dem weiß eingestickten R, rhombenförmig umrahmt, weiße Kniestrümpfe, weiße Bluse mit Peter-Pan-Kragen – in einer dieser Stunden sitzen, in diesem Ziegelsteinkasten mit Kaufhaustüren, zwischen fremden Mädchen, alle älter, vor einer fremden Lehrerin, und nur diese Uniform, die man hier trägt, wird uns ähnlich machen. Am liebsten würde ich weglaufen vor Angst, und keiner weiß das, und die Managerin sitzt da und verströmt all diese Kälte und Distanz, die ich tief in mich aufnehmen muss und die den Raum versinken ließ für Sekunden.
Ja, Homemaking macht sicher Spaß. Sie schreibt auf einen Zettel: Homemaking, dann Englisch und Geschichte und Government und Religion.
„Hast du denn schon mal Health gehabt – Gesundheitswissenschaft?" – „Nein." – „Dann musst du das auch noch nehmen, das ist hier Pflicht, ein Erster-Hilfe-Kursus ist auch dabei."
So sieht also mein „selbst gewählter" Stundenplan aus:
1. Stunde Englisch Pflicht.
2. Stunde Health – Pflicht.
3. Stunde Religion – Pflicht.
Eine halbe Stunde Lunch.
4. Stunde History – Pflicht.
5. Stunde Government – Pflicht.
6. Stunde Homemaking – nicht Pflicht.
Ein ganzes Schuljahr dieselben Stunden – Tag für Tag; in derselben Uniform, Tag für Tag, und doch freue ich mich jetzt irgendwie darauf. Hier kann ich vielleicht beweisen, wer ich bin, wirklich bin: nicht das schüchterne kleine Mädchen aus Deutschland mit dem süßen Akzent, dem man alles dreimal sagen muss – sondern ich werde Jutta Richter werden – eine von ihnen, eine Freundin, ein Kamerad, eine Schülerin, die auch in Deutschland schon was gelernt hat. Auch diese Managerin kann mir meine Hoffnung nicht wegnehmen, und ein guter Wille prallt nicht einfach an einer Schule mit Kaufhaustüren und fremden Gesichtern ab. Jeden Tag von 7.30 bis 2.45 Uhr werde ich das sein können, was ich sein will. Ganz neu kann ich jetzt anfangen.
Ganz allein und ganz von vorne. Die Angst, zerstört zu werden, hat auf einmal der Freude, entdecken zu können, Platz gemacht!
Ja, dieses kühle Lächeln hinter dem Kreuz auf dem Schreibtisch macht mir Mut!
[…]

Arbeitsanregungen:

1 a Beim Lesen mit verteilten Rollen werden die Situations- und Stimmungswechsel gut hörbar.
b Versucht die Wechsel zu erklären!

2 a Charakterisiert die Austauschschülerin!
b Exzerpiert Eigenarten des amerikanischen Schulsystems!

3 „Eine eigenartige Sprache, mal knapp, mal genau …"
a Sucht Auffälligkeiten in Syntax und Wortwahl!
b Versucht die Eigenarten, z.B. Z. 17f., durch eine Umstell- und Umformungsprobe zu erfassen!

4 Schreibt über eine außerordentliche Situation – eine erste Begegnung, den ersten Tag an der neuen Schule etc. – eine ähnliche Geschichte aus der Ich-Perspektive!

Eine Stildeutung durch unterschiedliche Methoden:

S P S P DO
Z.B. Z. 32f.: Ich habe Angst. Dad lächelt mir zu.
S P MA LA
Er passt irgendwie nicht hierher.

1. Die *Syntaxbeschreibung* ergibt eine Reihung von Parataxen aus einem einfachen Aussagesatz und erweiterten Aussagesätzen. Die Knappheit und Kürze löst Fragen aus:
   - Was alles verursacht die Angst?
   - Wie äußert sie sich (Beklemmung, Schwitzen, Drücken in der Magengegend etc.)?
   - Wieso lächelt Dad gerade jetzt?
   - Warum passt er nicht hierher?

2. Die *Umstellprobe* könnte Folgendes ergeben:

Angst habe ich.	D.h. das Gefühl würde durch die Erststellung im Satz noch mehr betont.
Irgendwie passt er nicht hierher. Hierher passt er irgendwie nicht.	Im Original ist der Bezug zum zweiten Satz, der entscheidend ist für das Mädchen, viel enger als durch die vorangestellten Adverbiale.

3. Die *Erweiterungsprobe* könnte folgende Sätze ergeben:

   S P_1 TA Ad.Attr.
   Ich habe plötzlich eine unbestimmte Angst,
   P_2 Ad.Attr. AO
   und ich fühle einen großen Druck in der
   LA
   Magengegend. (Zwei erweiterte Aussagesätze)

   Ich habe plötzlich eine große Angst, die mich sehr verloren macht und die in der Magengegend drückt. (Satzgefüge aus HS und Attributsätzen)

4. Die *Ersatzprobe* würde den Textsinn völlig verändern: Ich habe *Bedenken: Herr Stoplansky zwinkert* mir zu.
   Mit dieser Ausdrucksweise wäre die Gefühlslage des Mädchens verharmlost und neben ihm stünde ein fremder Mann. Im Ergebnis zeigt sich, dass die Reihung knapper Aussagesätze an dieser Stelle die Fantasie der Leser und damit ihre Anteilnahme in viel stärkerem Maße herausfordert als eine farbige und genaue Ausmalung der Situation.

Ein **Lesetagebuch** könnte ein guter Begleiter bei der Lektüre von Literatur sein:

- Ein Heft (Tagebuch) oder ein Ringbuch wäre geeignet.
- Alle Einträge (spontane Eindrücke, Gedanken, Beurteilungen, auch Fragen, kritische Anmerkungen) sollten auf einer jeweils neuen Seite beginnen, Autor und Titel nennen, sowie ein Datum tragen. (Bei Textsammlungen und bei ausgeliehenen Büchern ist ein Hinweis auf die genaue Fundstelle bzw. auf Verlagsort, Verlag, Erscheinungsjahr und Seitenzahl hilfreich.)
- Sehr interessant sind mehrere Einträge zum gleichen Text zu einer anderen Zeit, in anderem Lesezusammenhang und aus anderer Stimmung.
- Bei Erzählungen und Romanen erleichtert ein Übersichtssatz die spätere Orientierung.

2 Heike Doutiné (*1945): Eine Frau wie Sie

Sind Sie ein junger, politisch interessierter

Redakteur,

der eine ungewöhnlich gute Chance
für seine berufliche Zukunft sucht? In unserem Pressedienst –
Schwerpunkt landespolitische Berichterstattung –
wartet ein Platz auf einen Kollegen,
dessen Freude an der Arbeit mit der Freiheit wächst,
diese Arbeit selbstständig zu gestalten.

Bitte richten Sie Ihre Bewerbung mit tabellarischem
Lebenslauf und nicht zu knappen Stilproben an –

Sie ging am Treibhaus für Telefonistinnen vorbei. Eilig muss man tun, dachte sie. Nur nicht stocken. Nur vorwärts. Grüßen. Bekannt wirken. Ihre wohlausgetuschten Augen prüften sorgsam die kleinen Namensschildchen von Tür zu Tür. VORZIMMER VON. Sie ging noch eine Tür weiter. ERNST SCHNEIDER. Angelehnt. Schräg ein Blick hinein. Sie sah auf seinen Rücken. Blickte den kurz rasierten Nacken hinauf. Dachte, während er sich umdrehte, jetzt dreht er sich um, und blickte schon auf einen freien Stuhl gleich neben der Vorzimmertür, auf den sie sich setzen würde.

Na, so eine Überraschung!

Er sieht mich als ein Christpaket, dachte sie.

Ja, aber! Und da dachte ich immer, H. REIBER wäre ein Mann!

Setzen Sie sich doch, sagte er, weil sie sich schon gesetzt hatte.

Also erst einmal guten Tag.

Sie dachte an ihren Absender H. REIBER. An ihre Unterschrift H. REIBER. Sie hatte ein H vorgeschoben. Sollte er doch an HANS denken, an einen HERBERT. Sie wollte sichergehen, den Job bekommen. Nicht umsonst hatte sie sofort den Vorschlag ihres Professors angenommen, sich um diese Redakteurstelle zu bewerben. Sie, als Historikerin, das wäre doch was! Schließlich sind aus meinen Seminaren für Schneiders Politikabteilung schon viele Redakteure hervorgegangen. Und warum nicht auch mal eine Frau?

Götze hatte dabei gelächelt. So wie Schneider jetzt lächelte. Und diese Lächelei über das WARUM NICHT AUCH MAL EINE FRAU war es gewesen, die sie Professor Götze die Bewerbung aus der Hand nehmen ließ, damit er nicht eine Hannelore Reiber vorschlüge, sondern Hannelore Reiber einen H. Reiber. Sie hatte sich auf Götzes Vorschlag berufen.

Sehr geehrter Herr Dr. Schneider. Nicht zuletzt durch Prof. Götzes Vermittlung. Schreibe ich Ihnen heute. Bitte um einen Termin. Politik war eines meiner Hauptfächer. Ich hoffe. Ich verbleibe. Mit Grüßen. Freundlichen. H. Reiber.

Das IHR hatte sie ausgeklammert, um nicht IHRE schreiben zu müssen. Und nun saß sie da vor ihrem festen Termin, und Herr Ernst Schneider sagte: Nun ja, ich habe Professor Götze ja auch gar nicht mehr gesprochen. Dann hätte ich natürlich gewusst, dass Sie. Aber es macht ja auch nichts. Im Gegenteil.

Die Satire wird als Begriff unterschiedlich erklärt: Einmal wird er abgeleitet von lat. satura lanx = eine mit verschiedenen Früchten gefüllte Opferschale, allgemein auch Füllsel, buntes Allerlei; zum andern gibt es die Herleitung von lat. satur = satt, reichlich, voll.

- Die *Absicht* der Satire in Prosa- oder Versform ist die *Kritik* an Missständen, die *Verspottung* von Fehlentwicklungen und Unsitten sowie die *Entlarvung* des Allzumenschlichen.
- *Stileigenarten* sind u.a. kuriose Sprachschöpfungen und Wortspiele, kontrastierende Sprachebenen, pointierter Witz, bissige Parodie, die Montage von widersprüchlichen Zitaten, die Häufung von Ausdrücken (die Kumulation) und die absichtliche Übertreibung (die Hyperbolik < gr. hyperbole = das Darüberhinauswerfen, das Übermaß, z.B.: der Balken im Auge.)

Korrekturhilfe 2:
Von **Substantivierung** spricht man, wenn Adjektive, Verben, Pronomen sowie andere kleingeschriebene Wortarten und Buchstaben als Substantive gebraucht werden. Man erkennt Substantivierungen an folgenden „Nachbarschaften“:

1. Substantivierung durch *vorausgehende Artikel* (der, die, das; ein, eine, ein), *Präpositionen* (im = in dem Grünen, am = an dem Laufen), *Pronomen* (dieser, jener, meine, keine, etwas, nichts, alle) oder unbestimmte *Zahlwörter,* sog. Mengenwörter (ein paar, genug, viel, wenig).
2. Substantivierung durch vorausgestelltes *adjektivisches Attribut:* Das *ewige* Hin und Her ..., *holperiges* Deutsch ...; *schmerzliches* A und O.

Im Gegenteil, dachte sie. Ich brauche mich jetzt nicht zu entschuldigen, dass ich eine Frau bin. Oder sollte ich mich entschuldigen?

Trinken Sie lieber Sherry oder Whisky? Frauen mögen oft nichts Scharfes. Er lächelte. Vielleicht etwas Süßes, Lieblicheres? Er lächelte. Alles an ihm war kurz rasiert. Wimper. Braue. Haar. Ein kleingeraspeltes Gesicht. Er sagte: Ich will mal eben den Hermann rufen. Also, der Götze, das ist aber auch ein Witzbold! Fräulein Weber, wie ist doch die Nummer?

Er stieß die Tür zum Vorzimmer auf.

Dreidrei zweivier!

Jetzt klingelt er das Haus zusammen, dachte sie und überlegte sich, warum sie nicht HANNELORE REIBER geschrieben hatte. IHRE HANNELORE REIBER.

Wissen Sie!

Schneider kam aus dem Vorzimmer und roch nach Parfüm, Kaffee und Zigaretten. Brachte den Vorzimmergeruch mit in das Zimmer des Herrn Ernst Schneider.

Wir sind hier in der politischen Redaktion nur Männer. Ich meine, sicher, eine Frau wie Sie.

Er lächelte.

Aber diese Kraft, sich so durchzusetzen.

Er lächelte.

In der Kulturredaktion. Haben Sie sich schon einmal mit –?

Er stockte. Hermann, sagte er zu einem breitschultrigen Mann, der gerade ins Zimmer getreten war, und blond und blauäugig wie er war, sicherlich vor ein paar Jahrzehnten mehr Aufmerksamkeit auf sich gezogen hätte.

Hermann, sagte Schneider. Darf ich bekannt machen?

Aha, weiblicher Nachwuchs, sagte Hermann und setzte in seine Augen Windstärke drei.

So was Charmantes hatten wir ja noch nie. Wenn das unsere Redaktion wüsste, wie wir uns die Zeit mit schönen Frauen versüßen.

Süßes, dachte sie. Liebliches. Frau gleich Frauen. Sie saß als Plural auf ihrem Stuhl. Sie wusste einfach nicht mehr, was sie jetzt sagen sollte. Sollte sie ihr Zeugnis vorzeigen? Staatsexamen mit Auszeichnung? Sollte sie sich die Haare abrasieren und sich ein Übergewicht von einem halben Zentner zulegen? Sollte sie sich entschuldigen, dass sie nicht HANS geworden war? Weil in dieser politischen Redaktion eine Frau wie sie? Eine Frau wie ich, dachte sie. Und der blauäugige Hermann saß vor ihr auf dem Teppich. Schneidersitz aus der Turnstunde. Sagte: Sie sollten eigentlich gar nicht arbeiten, sondern in einem Museum ausgestellt werden.

Wahrscheinlich dachte er an seine Frau, die er in seinem Vierzimmermuseum ausstellte. Wie einen Elektroherd. Oder einen Fernsehapparat. Vollautomatisiert.

Tja, sagte Schneider. Aus Ihrem Brief ging ja alles hervor.

Wie wär's denn, sagte Hermann, wenn sie mal zu Frau Dr. Breege runterginge? FRAU UND GESELLSCHAFT braucht noch eine tüchtige Kraft. Auf Götze kann man sich ja verlassen.

Ich werde von ihnen hören, dachte sie. Mit Auszeichnung, dachte sie. Da war ich so stolz auf meine Auszeichnung und sitze nun hier. Frauen mögen oft nichts Scharfes, dachte sie. Warum nicht auch mal eine Frau, dachte sie. Warum nicht mal wieder? Warum nicht mal wieder nicht, dachte H. Reiber, stand auf, gab Schneider die Hand, ließ Hermann in seinem Schneidersitz hocken.

Entschuldigen Sie, dass ich eine Frau bin.

Sie sagte das ganz ruhig, blickte Schneider dabei in seine kurz rasierten Augen und sah, wie er lächelte.

Aber, aber – dachte sie.

Ich verstehe Sie nicht, hörte sie.

Sie werden von uns hören, hörte sie.

So eine charmante Person. Sie hat uns den Nachmittag versüßt, dachte sie und ging an den Namensschildchen vorbei mit wohlausgetuschten Augen. Eilig muss man tun, dachte H. Reiber, nur nicht stocken, bekannt wirken – und ließ ein Gewächshaus für Telefonsekretärinnen hinter sich.

3 Dieter E. Zimmer (*1934): Stellenteil

Passen Sie so wie Sie aussehen
in ein gediegenes Unternehmen?
Verbreiten Sie keine Missdüfte
in einer gepflegten Arbeitsatmosphäre?
Sind Sie rücksichtslos zukunftsorientiert?
Sind Sie unbegrenzt durchsetzungsfähig?
Sind Sie von liebenswürdigem Wesen
und bis ins Letzte kostenbewusst?
Verbinden Sie charakterliche Festigkeit
mit ausdauernder Flexibilität?
Würden Sie sich mit einer gesunden Portion Aggressivität
in unsere harmonisierende Betriebsgemeinschaft einfügen?
Sind Sie unseren verschiedenen Sozialleistungen gewachsen?
Behalten Sie ein einnehmendes Erscheinungsbild
auch angesichts des Teams unserer Führungskräfte?
Sind Sie belastbar durch Fußtritte?
Können Sie Abschusslisten zusammenstellen?
Geht Ihnen die Überzeugungskraft nicht aus,
wenn Sie selber angeschossen werden?
Sind Sie denn überhaupt leistungsbereit?
Möchten Sie etwa Ihrem Untergang zuvorkommen?
Nässt Sie der Regen?
Zerwühlt Ihnen der Sturm die Frisur?
Zerfrisst Ihnen das Salz nicht die Stiefel?
Knautscht Ihre Hose das Einwinkeln der Knie?
Kratzen Glasscherben Ihre Haut blutig?
Verfallen Sie mit den Jahren?
Werfen Epidemien Sie um?
Verformt sich Ihr Gesicht im freien Fall?

Wenn Sie unsern Ansprüchen zu genügen glauben
dann bieten Sie sich uns an
und wir kaufen Sie uns

Arbeitsanregungen:

1 a Besprecht die Wirkung der Texte 2 und 3 auf euch!
b Beschreibt, worin ihre Eigenarten bestehen!

2 Beide Texte eignen sich gut für Gestaltungsaufgaben. Wählt eine der folgenden Möglichkeiten aus!
a Hannelore Reiber macht nach der Vorstellung einen Tagebucheintrag oder berichtet ihrer Freundin/ihrem Freund.
b Hannelore Reiber hat ein Gespräch mit Professor Götze.
c Professor Götze schreibt einen Brief an Herrn Schneider.
d Herr Schneider und Herr Hermann unterhalten sich nach der Begegnung mit Frau Reiber.
e Rekonstruiert aus Text 3 eine Stellenanzeige, auf die sich Dieter E. Zimmer beziehen könnte!
f Entwerft zu einem selbst gewählten Stellenangebot eine Parallelgestaltung zu Text 3!

Aus den USA kommen Forderungen nach **political correctness,** wobei im Umgang der Geschlechter und zwischen gesellschaftlichen Gruppen Korrektheit, Rücksichtnahme und Fairness gefordert werden, ohne sprachliche Diskriminierung.

deren Mitteln des Ausdrucks suchen. Während ich über meinem Tagebuch brütete, öffnete sich die Tür, und mein Vater trat ein. Er sah mich am Schreibtisch hocken, bei irgendwelchen Beschäftigungen, an denen er nie teilhaben durfte, er sah, wie hastig etwas in der Schublade verschwand. Was treibst du denn da, fragte er. Ich mache meine Schulaufgaben, sagte ich. Ja, darüber wollte ich gern mit dir sprechen, sagte er. Eine peinliche Spannung trat ein, wie immer bei solchen Gesprächen. Du bist jetzt alt genug, sagte er, dass ich einmal mit dir über Berufsfragen sprechen muss. Wie denkst du dir eigentlich deine Zukunft. Ich konnte auf diese quälende Frage nichts antworten. Mit einer Stimme, die verständnisvoll sein wollte und die etwas von einem Gespräch von Mann zu Mann hatte, sagte er, ich schlage vor, dass du in die Handelsschule eintrittst und dann in mein Kontor[1] kommst. Ich murmelte etwas davon, dass ich erst noch die Schule absolvieren wollte, damit konnte ich immerhin Zeit gewinnen. Mein Vater sagte, jetzt mit wachsender Ungeduld, dazu scheinst du doch kaum zu taugen, ich glaube nicht, dass du begabt genug dazu bist, und zum Studieren fehlt dir jede Ausdauer, du gehörst ins praktische Berufsleben. Sein Gesicht war grau und vergrämt. Wenn man vom Leben sprach, musste man grau und vergrämt sein. Leben war Ernst, Mühe, Verantwortung. Mein Gesicht, das Gesicht eines Nichtskönners und Tagediebs, verzog sich zu einem verlegenen, stereotypen[2] Grinsen. Gekränkt sagte mein Vater, du brauchst gar nicht zu lachen, das Leben ist kein Spaß, es wird Zeit, dass du einmal wirklich arbeiten lernst. Vielleicht spürte er eine Regung von Zärtlichkeit für mich, doch als er meinen schiefen, feindlichen Blick sah, musste er sich hart machen und seinen festen Willen zeigen. Mit der flachen Hand schlug er auf den Tisch und rief, wenn dieses Schuljahr zu Ende ist, dann ist es Schluss mit den Träumereien, dann wirst du dich endlich der Realität des Daseins widmen.

2 Erklärt, welche Rolle die Gedanken und Vorstellungen von der großen Stadt für den Jungen spielen!

3 Mit Mutter und Vater gibt es nur jeweils einen „Wortwechsel".
a Skizziert die jeweilige Situation in einem Kommunikationsmodell!
b Schreibt einen der „Wortwechsel" so um, dass eine symmetrische Kommunikation entsteht!

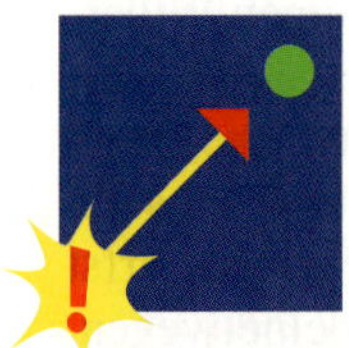

Eine **Aufbauskizze** hilft, den Text besser zu verstehen:

1. Die *Tagträume* des Jungen: (Z. 1–14) → Hannibals Grab, d. h. ? → Die Großstadt, d. h.?

2. Das *Eindringen der Mutter:* (Z.14–30) → Schularbeiten, d.h.? → Kein Widerspruch, d.h.?

3. Der *Junge allein:* (Z. 30–38) → Modell der unvollendeten Zukunftsstadt, d.h.? → Tagebuch: als neues Mittel des Ausdrucks, d.h.?

4. Das *Eindringen des Vaters:* (Z. 38–62) → Vorwürfe, d.h.? → Beruf: im Kontor, d.h.?

[1] Das Kontor (< frz. comptoir = Zahltisch): Büro, Geschäftszimmer, Handelsniederlassung

[2] stereotyp (< gr. stereos = starr, fest und typos = Abdruck): mit feststehender Schrift abgedruckt; feststehend, unveränderlich; bildhaft: ständig wiederkehrend, immer gleich, formelhaft

2 Reiner Kunze (*1933): Ordnung

Die Mädchen und Jungen, die sich auf die Eckbank der leeren Bahnhofshalle setzten, kamen aus einem Jazz-Konzert. Ihr Gespräch verstummte rasch. Einer nach dem anderen legten sie den Kopf auf die Schulter ihres Nebenmanns. Der erste Zug fuhr 4.46 Uhr.
Zwei Transportpolizisten, einen Schäferhund an der Leine, erschienen in der Tür, wandten sich der Bank zu und zupften die Schlafenden am Ärmel. „Entweder Sie setzen sich gerade hin, oder Sie verlassen den Bahnhof, Ordnung muß sein!“
„Wieso Ordnung?“ fragte einer der Jungen, nachdem er sich aufgerichtet hatte. „Sie sehen doch, daß jeder seinen Kopf gleich wiedergefunden hat.“
„Wenn Sie frech werden, verschwinden Sie sofort, verstanden?“ Die Polizisten gingen weiter.
Die jungen Leute lehnten sich nach der anderen Seite. Zehn Minuten später kehrte die Streife zurück und verwies sie des Bahnhofs.
Draußen ging ein feiner Regen nieder. Der Zeiger der großen Uhr wippte auf die Eins wie ein Gummiknüppel.

(Aus lizenzrechtlichen Gründen ist dieser Text nicht in reformierter Rechtschreibung abgedruckt.)

Arbeitsanregungen:

1. „Wieso Ordnung?“, fragte einer der Jungen?
2. Besprecht mögliche Zusammenhänge zwischen den beiden Texten mit dem gleichen Thema!

3 Timm Ulrichs (*1940): ordnung – unordnung

ordnung ordnung
ordnung ordnung
ordnung ordnung
ordnung ordnung
ordnung ordnung
ordnung unordn g
ordnung ordnung
ordnung ordnung
ordnung ordnung
ordnung ordnung
ordnung ordnung

Als **konkrete Dichtung** (< lat. concretus = gegenständlich) wird die moderne internationale Lyrik (seit etwa 1950) bezeichnet, die Sprache – in Gestalt von Wörtern, Silben oder Buchstaben – als „konkretes“ Material benutzt. Losgelöst von inhaltlichen und syntaktischen Bezügen werden visuell oder akustisch wahrnehmbare Sprachgebilde gestaltet. E. Gomringer, R. Döhl (z.B. „Apfelgedicht“) und E. Jandl (z.B. „Sprechgedichte“) sind bekannte deutschsprachige Autoren.

4 Gina Ruck-Pauquèt (*1931): Das dritte Opfer im Kriminalfall X

„Am frühen Abend des 4.11.77 wurde auf den 65-jährigen Inhaber eines Schreibwarengeschäftes ein Raubüberfall verübt. Der alte Mann wurde dabei niedergeschlagen. Stunden später nahm die Polizei einen arbeitslosen 18-Jährigen fest. Die Beute, bestehend aus 250,- DM in bar und einer goldenen Uhr, wurde sichergestellt.“

Die Perspektive
(< lat. perspicere = mit dem Blick durchdringen, durch-, hineinsehen) bezeichnet in der Literatur den Erzählerstandpunkt, von dem aus ein Ereignis dargestellt wird.

1. Die *auktoriale Perspektive* des *allwissenden* Erzählers: Wie aus erhöhtem Standort hat er die umfassende Übersicht über alle Faktoren der äußeren und inneren Handlung und mischt sich gelegentlich kommentierend ein.
2. Die *personale Perspektive* zeigt die Sicht einer bestimmten Person der Handlung und ist dementsprechend begrenzt und gebrochen durch deren Charakter.
3. Die *Ich-Perspektive* des Erzählers bezieht diesen mit in das Geschehen ein und ist ebenso geprägt durch seine Art wie sie in ihrer Reichweite begrenzt ist.

Diese Einteilung kann differenziert werden durch *subjektivere* oder *objektivere Betrachtungsweisen* und durch den absichtsvollen *Perspektivenwechsel* innerhalb eines Textes, wie z.B. in Alfred Anderschs „Sansibar oder der letzte Grund."

Der alte Mann hatte das Geschäft schon längst aufgeben wollen. Immer abends, wenn er im Bett lag, stellte er sich vor, dass er nicht mehr hinterm Ladentisch stehen musste.
Er stellte sich den Park vor, in dem er spazieren gehen würde. Und dass es ein Ende hätte mit den Kindern. Ein großer Teil der Kunden des alten Mannes waren Kinder.
„Einen Bleistift, einen Radiergummi, ein Heft mit Linien."
Der alte Mann hatte Kinder nie besonders gemocht. Vielleicht wäre das anders gewesen, wenn sein Sohn nicht gleich nach der Geburt gestorben wäre. Aber so war es nun mal.

Der junge Mann hatte schon lange ein Ding drehen wollen. Wegen der anderen. Um es ihnen zu zeigen. Weil sie sagten, dass er ein Schwächling war.
Was würde sein, wenn sie ihn nicht mehr mitnahmen? Seit er keine Arbeit hatte, war er noch mehr auf sie angewiesen.
Manchmal, wenn er vor dem Spiegel stand, schaute er sich selber in die Augen, bis ihm die Tränen kamen.

Die Frau hatte schon lange vor, mit dem Jungen zu reden. Er war verändert in der letzten Zeit.
Sicher gab es viele, die keine Arbeit hatten. Aber ihm setzte es zu. Er war immer empfindsam gewesen. Vielleicht lag es daran, dass er ohne Vater aufgewachsen war. So hatte er sich nur an ihr orientiert.
Die Frau wusste nicht, was der Junge den ganzen Tag tat. Wenn sie aus der Fabrik kam, aßen sie zu Abend. Dann ging er, um seine Freunde zu treffen.

Dass der alte Mann dann sein Geschäft doch nicht aufgab, lag an den Sonntagen. Morgens freute er sich noch, weil so viele Stunden vor ihm lagen, in denen er frei war.
Aber mittags schon spürte er, dass die Stunden so leer waren wie Kuverts, in denen keine Briefe steckten.
Als seine Frau noch lebte, hatten sie manchmal gelacht. Er wusste nicht mehr, worüber sie gelacht hatten. Sie hatten auch gestritten damals. Dann hatte sie geweint.

Dass der junge Mann das Ding bisher nicht gedreht hatte, lag daran, dass er Angst hatte. Er hatte Angst, es zu tun.
Daneben hatte er Angst vor dem Spott der anderen. Er war halt niemand Besonderes. Die anderen wussten besser, wo's langging.
Als er Jimbi kennen lernte, brachte sie ihm eine dritte Angst. Es war die Angst, sie wieder zu verlieren. Jimbi war vorher mit einem Typ zusammen gewesen, der wusste, wie man zu Geld kam.
Der Junge konnte ihr nichts bieten. Er war der Einzige von allen, der nicht mal ein Motorrad hatte.

Dass die Frau dann doch nicht mit dem Jungen sprach, lag daran, dass er ihr gleich das Wort abschnitt. Er strich ihr über den Arm und sagte, sie solle sich keine Sorgen machen.
Und weil die Frau müde war, blätterte sie noch ein bisschen in Illustrierten oder strickte, bis sie darüber einschlief.

An dem Tag, an dem es geschah, hatte der alte Mann schon morgens Sodbrennen gehabt. Eigentlich hatte er den Laden schließen wollen.
Aber die Vorstellung, in der einen Hälfte des Doppelbettes zu liegen, bis endlich die Dämmerung ins Zimmer kroch, hatte ihn davon abgehalten.

An dem Tag, an dem es geschah, hatte Jimbi zum zweiten Mal gesagt, dass sie auch was vom Leben haben wolle. Da war die Angst, wieder allein zu sein, stärker gewesen als die Angst, es zu tun.
Der junge Mann hatte längst ein Auge auf den Schreibwarenladen geworfen. Als er sich dahin aufmachte, war das Hemd unter seinen Armen nass geschwitzt.
Er dachte kurz an seine Mutter. Sie erschien ihm schon lange sehr weit entfernt.

An dem Tag, an dem es geschah, war nichts anders als sonst. Als die Frau am Fließband stand, dachte sie an den Jungen. Er hatte als Kind immer an die See gewollt.
Wenn es Überstunden gab, konnten sie vielleicht für ein paar Tage hin. Ein wenig hatte die Frau gespart. Sie schloss kurz die Augen und sah ihn im Sand spielen. Dann machte sie die Augen wieder auf und schüttelte den Kopf. Sie vergaß manchmal, dass er erwachsen war.

Als plötzlich der Kerl mit der Pistole vor ihm stand, hatte der alte Mann für den Bruchteil einer Sekunde gewünscht, es möge nun alles vorüber sein.
Dann hatte er angefangen zu schreien.

Als der junge Mann die Gaspistole hob, fing der Alte an zu schreien. Sein Mund war weit aufgerissen, und er schrie so laut, dass im nächsten Moment die Regale zusammenstürzen würden. Die Schaufensterscheibe würde bersten, und Menschen würden hereinquellen.
In diesem Augenblick wuchsen die Ängste zusammen, wurden eine Angstlawine, die den Jungen zu ersticken drohte.
Da schlug er dem alten Mann die Gaspistole auf den Kopf. Der Körper sackte mit einem matten Geräusch seitlich weg. In der Kasse waren 250,- DM und eine goldene Uhr.

Als der Junge heimkam, wusste die Frau gleich, dass etwas passiert war. Er schloss sich im Bad ein.
Kurz darauf kam die Polizei.
Die Frau wollte den Jungen in die Arme nehmen, aber das konnte sie dann nicht. Es war zu vieles unterlassen worden zwischen ihnen. Er ging mit den Männern hinaus, und sie sah ihm vom Fenster aus nach.

Später kam der alte Mann wieder zu sich. Er lag nun doch im Bett. Es ging ihm schlechter als vorher. Sein Schädel dröhnte, wie er es nie erlebt hatte.
Er versuchte zu fliehen, davor zu fliehen, in den Schlaf hineinzukriechen. Aber es gelang ihm nicht. Erst als eine Frau die Hand auf seine Stirn legte, schlief er ein.

Später, als der junge Mann ausgesagt hatte, sperrten sie ihn in eine Zelle. Er setzte sich auf sein Bett und weinte. Er hatte sich lange nicht so wohl gefühlt wie in diesem Augenblick.

Wenn der Übersichtssatz den Kern eines Textes wiedergibt und somit die knappste Form der Inhaltsangabe darstellt, spricht man auch von einem **Resümee** (das Resümee < frz. résumé = Zusammenfassung). Auch einen Sachverhalt, ein Gespräch, einen Diskussionsstand oder ein Ergebnis kann man *resümieren* (zusammenfassen).

Später stand die Frau in der Mitte des Zimmers. Sie war ganz allein. Man hatte sie nicht ins Krankenhaus gebracht, und sie war nicht vernommen worden. Niemand hatte ihr die Hand auf die Stirn gelegt. Keiner hatte ihr zugehört.

Die Frau hatte ihr Zimmer mit dem Sofa, dem Fenster, dem Kühlschrank mit Wurst und Käse darin, die Illustrierten und den angefangenen Pullover.

Aber die Frau hatte keine Ruhe, auf dem Sofa zu sitzen. Wenn sie zum Fenster hinausschaute, sah sie die Wohnungen der Leute, die schon morgen mit Fingern nach ihr zeigen würden.

Ihr Sohn hatte einen Menschen überfallen.

Die Frau hatte keinen Hunger. In den Illustrierten fände sie zwischen den Zeilen nur Hinweise auf ihre eigene Schuld. Und der Pullover, an dem sie gestern noch Masche um Masche zu stricken freute, bedeutete nichts mehr.

Es wurde Nacht.

Der Verletzte kriegte ein Schlafmittel.

Der Täter hatte nun keine Angst mehr.

Die Frau stand in der Mitte des Zimmers.

Am anderen Morgen lasen die Leute die Meldung in der Zeitung. Ein alter Mann wurde das Opfer eines Verbrechens, ein junger Mann das Opfer seiner Angst.

Dass es in diesem Fall ein drittes Opfer gab, blieb unbekannt.

Arbeitsanregungen:

1. Klärt, inwieweit drei Menschen zum „Opfer“ werden können!
2. Macht eine Stoffsammlung, indem ihr folgende Aspekte zu erfassen sucht:
   a) Eigenarten der Personen,
   b) Merkmale des Aufbaus,
   c) Auffälligkeiten der Sprache und
   d) den Kern der inneren Handlung!
3. Versucht den Text zu deuten (zu interpretieren), indem ihr Übersichtssatz, Hauptteil und Schlusswertung zu einem Textganzen verbindet!
4. a) Besprecht Stellen, an denen die Erzählung einen anderen Verlauf nehmen könnte!
   b) Lasst die Frau und den Sohn ein verständnisvolles Gespräch oder ein Streitgespräch führen!

Je besser es gelingt, das Wechselspiel von Inhalt, Aufbau und Spracheigenarten zu erfassen, desto überzeugender werden **Textbeschreibung** und **Textdeutung** (die Interpretation < lat. interpretatio = Auslegung, Deutung). Erinnert euch, was ihr früher bei Gedichten über die *drei Phasen* gelernt habt:

1. Phase: Der *erste Leseeindruck* kann sich auf den ganzen Text beziehen (als vorläufiger Gesamteindruck) oder bestimmten Teilen bzw. Auffälligkeiten gelten.

Auf einem DIN-A4-Blatt können die Beobachtungen und vor allem Fragen festgehalten werden, wobei nicht Platz gespart werden sollte. Ist mit dem Text eine Aufgabenstellung verbunden, so ist diese in einer sog. *Themenanalyse* genau zu erschließen.

Merke: Ohne genaue Fragen gibt der Text keine „Antworten“!

Z.B.:
- Opfer und Täter und Mutter (oder drei Opfer?!)
  (alt) (jung) (älter)
- Polizeibericht am Anfang → Wieso die Vorwegnahme der Aufklärung? (Daten, Fakten des Raubüberfalls)
- Keine fortlaufende Erzählung, sondern Springen von Person zu Person → Wieso diese Montage?
- Keine Eigennamen → Was soll dies?
- Auch der Titel bleibt unbestimmt → Fall X, was heißt dies?
- Häufige Wiederholungen von Satzanfängen → Warum so wenig Abwechslung?

2. Phase: Nach mehrmaligem Lesen sollen Auffälligkeiten und Probleme des *Inhalts* (das Problem, die Ursachen, die Schuldfrage etc.) und Merkmale des *Aufbaus* (chronologisch erzählt oder Montage von Teilen) sowie der *Form* (beschreibende, erzählende Sprache, Sprachebene, Syntax und Wortwahl, Bilder, Vergleiche etc.) in ihrer *Wechselbeziehung* genau beschrieben werden.

a. *Einzelbeobachtungen*

– *alter* Mann ◄——► *junger* Mann
- müde
- einsam

- drei Ängste
- will etwas gelten

→ Gleiche Satzanfänge
- zeigen, wer jeweils gemeint ist und
- verstärken den Eindruck.

will sprechen (große Distanz)

verhindert Aussprache

Die Frau (Mutter)

b. Die *Ordnung der Stoffsammlung* sollte so erfolgen, dass die Zusammenhänge zwischen Inhalt – Aufbau – und Spracheigenarten optisch deutlich werden.

Zeilen	Inhalt ⇄	Aufbau ⇄	Form (Stilmittel) ⟹	Deutung
1–5	Raubüberfall	Zeitungsbericht als „Vorspann“	nüchterne Daten und Fakten, Präteritum	Das äußere Geschehen sollte von Anfang an klar sein.
6–15	1. Der alte Mann – Tätigkeit – Stimmung – Pläne	1. „Baustein“	Beschreibung im Plusquamperfekt und Prät.; wörtliche Rede (Präsens)	Die Situation sollte deutlich werden.
16–21	2. Der junge Mann – ein Ding drehen – angeben – arbeitslos – Angst vor Einsamkeit	2. „Baustein“	knappe Sätze (Plusquamperfekt und Prät.); Jargon: „ein Ding drehen“ (zeigt Milieu); Konjunktiv (Unsicherheit)	Er ist aber kein wirklicher Ganove, eher ein Täter aus Not.
22–28	3. Die Frau – will reden – Junge ist sensibel – vaterlos – weiß fast nichts über den Sohn …	3. „Baustein“ …	genaue Beobachtungen, Vermutungen, Erklärungsversuche …	Die Mutter ist sensibel, aber ohne Vertrauensverhältnis zum Sohn. …
99	Meldung über den Raubüberfall		Sprache der Nachricht	Was wird aus dem dritten Opfer?

Das Motiv (< mittellat. motivus = bewegend) ist alltagssprachlich der *Beweggrund* einer Handlung oder Haltung:
Z. B.: Ihre sozialen Motive waren entscheidend. Aus egoistischen Motiven wurde er zum Betrüger.
Literarische Motive sind spezielle *inhaltliche Elemente,* die ein Geschehen „in Bewegung bringen“. Z.B.: Liebe, Hass, Machtstreben, Leidenschaft, der nicht erkannte Heimkehrer, die feindlichen Brüder, Eifersucht, Rache etc.
In der *Lyrik* kommen häufig folgende Motive vor: Gestirne, Nacht, Traum, Sehnsucht, Freundschaft, Liebesglück und Liebesleid, Einsamkeit, Natur, Stadt, Hoffnung, Tod u.a.

Merke: Je genauer die Beobachtungen und je klarer die Gliederung ist, desto besser gelingt die Ausarbeitung.

3. Phase: Die *Ausarbeitung* in einem zusammenhängenden Text und die *Korrektur:*
a. Ein *Übersichtssatz* mit Autor, Titel, Textart und Gesamteindruck oder Kern
b. *Darstellung* in chronologischer Abfolge oder nach Schwerpunkten gegliedert, wenn es sich um eine Montage von „Bausteinen" oder „Elementen" handelt:
Z.B.: Der Raubüberfall – der alte Mann – der junge Mann – die Frau – die Reaktion der Leser.
c. Alle Beobachtungen, die in der Darstellung des Hauptteils beschrieben und gedeutet wurden, sollen am Ende zu einem *begründeten Gesamtverständnis,* einer *Schlusswertung* zusammengefasst werden.

- Dabei kann der erste Leseeindruck bestätigt werden. Z.B.: Der junge Mann wird aus Angst zum Kriminellen.
- Er kann aber auch korrigiert werden. Z.B.: Der junge Mann hätte das Gespräch mit seiner Mutter führen müssen und nicht versuchen sollen, fragwürdigen „Freunden" zu imponieren. Oder z.B.: Wenn man von drei Opfern spricht, sollte man trotzdem genau unterscheiden, denn …
- Am Ende steht die persönliche *Wertung* des Textes, wobei es auf die überzeugende Begründung ankommt, unabhängig davon, ob das Urteil positiv oder negativ ist.
  Z.B.: Obwohl der Kriminalfall durch den Zeitungsbericht schon zu Beginn aufgeklärt wird und damit die äußere Spannung fehlt, hat mir die Erzählung gut gefallen, weil […]

Eine gründliche *Korrektur* nach Inhalt, Aufbau und Form muss sich anschließen.

Merke: Eine Textinterpretation (als genaue Beschreibung und Deutung von Inhalts- und Formmerkmalen) soll ein *Textganzes* darstellen, in dem Übersichtssatz, Ausführungen des Hauptteils und Schlusswertung zusammenpassen müssen.

2. Du und ich – Das Thema „Liebe" in Prosa und Lyrik

1 Bertolt Brecht (1898–1956): Liebe zu wem?

Von der Schauspielerin Z hieß es, sie habe sich aus unglücklicher Liebe umgebracht. Herr Keuner sagte: „Sie hat sich aus Liebe zu sich selbst umgebracht. Den X kann sie jedenfalls nicht geliebt haben. Sonst hätte sie ihm das kaum angetan. Liebe ist der Wunsch etwas zu geben, nicht zu erhalten. Liebe ist die Kunst, etwas zu produzieren mit den Fähigkeiten des anderen. Dazu braucht man von dem andern Achtung und Zuneigung. Das kann man sich immer verschaffen. Der übermäßige Wunsch, geliebt zu werden, hat wenig mit echter Liebe zu tun. Selbstliebe hat immer etwas Selbstmörderisches."

Arbeitsanregungen:

1. „Eine echte Keuner-Geschichte!" Führt ein Fachgespräch über den Text!
2. Versucht eine Beispielgeschichte zu diesem Thema aus der Perspektive einer Frau zu schreiben!

2 Matthias Claudius (1740–1815): Die Liebe

Die Liebe hemmet nichts; sie kennt nicht Tür noch Riegel,
Und dringt durch alles sich;
Sie ist ohn Anbeginn, schlug ewig ihre Flügel,
Und schlägt sie ewiglich.

3 Ludwig Uhland (1787–1862): Heimkehr

O brich nicht, Steg, du zitterst sehr!
O stürz nicht, Fels, du dräuest schwer!
Welt, geh nicht unter, Himmel, fall nicht ein,
Eh ich mag bei der Liebsten sein!

4 Wolfgang Weyrauch (1907–1981): Gleichung

Ich bin die Hälfte von Dir,
Du bist die Hälfte von mir,
ich habe kein Auge
ohne Dein Auge,
Du hast kein Ohr
ohne mein Ohr.

Ich habe keinen Mund
ohne Deinen Mund,
Dein Fuß kann
ohne meinen Fuß nicht gehn,
meine Hand kann
ohne Deine Hand nicht fassen.

5 Jürgen Theobaldy (*1944): Gedicht

Ich möchte gern ein kurzes Gedicht schreiben
eins mit vier fünf Zeilen
nicht länger
ein ganz einfaches
eins das alles sagt über uns beide
und doch nichts verrät
von dir und mir

6 Hans Joachim Schädlich (*1935): Apfel auf silberner Schale

Bine wollte raus am Sonntag. Ich? Hatte selber Frischluft nötig. Also wir los. Ich kenn ’ne Obstplantage, um die Zeit is da keiner. So halb auf ‘m Berg, mit Fernblick auf die LPG[1], da kannste stundenlang in der Sonne liegen. Haste Kohl-

[1] LPG: Landwirtschaftliche Produktionsgenossenschaft (= großer landwirtschaftlicher Betrieb in der ehemaligen DDR)

Eigenarten von Lyrik können sich auf Folgendes beziehen:

- *Inhaltlich* z. B. auf Thema, Teilthemen, Motive (z. B. Natur, Jahreszeit, Wetter, Einsamkeit, Sehnsucht, Liebe, Trauer), auf die Aussage des Titels (Angabe der Sinnrichtung oder „Verschlüsselung“), im Erzählgedicht und der Ballade auf äußere bzw. innere Handlung, auf Charakterisierung oder Typisierung.
- *Formal* z. B. auf die Wortwahl (anschauliche Verben und Adjektive oder attributloser Nominalstil, Denotation oder Konnotationen, Modus des Indikativs, Konjunktivs oder Imperativs), auf den Satzbau (Parataxe, Hypotaxe oder Ellipse), auf das Verhältnis von Syntax und Vers (Zeilenstil bzw. Hakenstil mit Enjambements), Bildlichkeit, Metrum, Rhythmus, Reimformen, Gebrauch des Tempus.

Arbeitsanregungen:

1 Versucht in Gruppenarbeit je eines der Gedichte zu rezitieren, zu beschreiben und zu deuten (interpretieren)!

2 Sucht im Fachgespräch Ähnlichkeiten und Unterschiede zum Thema „Liebe“ in Text 1!

Hans-Joachim Schädlich wurde 1935 in Reichenbach (Vogtland) geboren. Er studierte Germanistik, promovierte zum Dr. phil. und war von 1959–1976 Mitarbeiter der Ost-Berliner Akademie der Wissenschaften. Nach dem Protest gegen die Ausbürgerung Biermanns (1976) wurde er entlassen und lebte als freier Schriftsteller in Hamburg und West-Berlin. Seine sehr genaue und stilistisch vielfältige Prosa gilt vor allem dem Thema von Individuum und totalitärer Gewalt in der ehemaligen DDR. „Versuchte Nähe“ (Erzählungen, 1977), „Der Sprachabschneider“ (Kinderbuch, 1980), „Tallhover“ (Roman, 1986) und „ostwestberlin“ (Prosa, 1987) sind wichtige Werke.

dampf, schüttelste 'n Baum. Brauchst die Vitamine bloß aufsammeln. Gras gibt's auch, schön weich. Wir also 'n ganzen Tag Adam und Eva. So zwischen fünfe sind wir abgehauen. Bine wollte noch tanzen gehen. Bloß, es fuhr kein Bus. Wir stehen und stehen.

Lieber zelt ich hier als jetzt tippeln, sagt Bine.

Die braucht nich lange warten. Hält so 'n Typ mit 'm blauen Fiat, Marke Polski. Bine sitzt schon halb, da komm ich.

Na schön, sagt der.

Bine vorn, ich hinten. Stellt sich raus, der Clown fährt gar nich in die Stadt. Is bestimmt 'ne Finte, denk ich, und siehste, der muss auf seine, sagt der doch tatsächlich Datsche. Schönschön, Bine in der Laube von dem Onkel da, aber ich bin auch noch hier, was hat sich denn die Halbglatze ausgedacht?

Die Zweitwohnung von dem hättste sehen sollen, Mensch. Ich dacht immer, so was gibt's bloß hinter der Grenze, wo das andere Land wuchert. 'ne komplette Villa am See. Ich erst mal rein und das ganze Ding abgeleuchtet. Ich musst immer an Kutte denken, wie der wohnt mit seinen Wurzeln.

Dieser aufgeschwemmte Komiker grinst bloß, schenkt uns was ein, Whisky, für achtzig Mark die Flasche oder von drüben, und Bine, das Stück, tut glatt, als kotzt sie der ganze Mist nich an. Aalt sich im Ledersessel, der Onkel schmeißt seine Anlage an, 'ne original Rhythmusmaschine, Platten hat er auch, viel zu schade für den, und Bine hilft sich hoch, Zigarette zwischen den Zähnen, und tanzt, solo.

Öde. Ich geh auf die Terrasse, die Tür lass ich offen, bisschen atmen. Mal sehen, was der Bootsschuppen macht, ich steig runter, vielleicht rudern, is aber alles dicht. Ich steh so am Ufer, eine rauchen.

Wieder zurück, Musik is immer noch, ich komm rein, sitzt doch Bine auf dem Clown sei'm Schoß. Wenn ich dadran denk, kommt mir wieder der Kaffee hoch.

Ich sag, Bine, lass den Sabbel, wir ziehen jetzt Leine.

Aber denkste. Die rotzfrech, sagt, Käs nicht rum, gib mir lieber 'ne Zigarette.

Und jetzt auch der Komiker, Nimm dir was zu trinken, Junge, schieß doch nich quer, ihr könnt hier übernachten, undsoweiter.

Nach jedem zweiten Wort kullert der die ganz irre an.

Ich sag noch mal, Der geht mir auf'n Senkel, was willst du denn mit so 'm verschimmelten Affengesicht.

Aber Bine sagt bloß, Mensch, mir schießt gleich 's Wasser in de Augen. Lass mich doch. Mir gefällt 's hier. Noch drei Jahre, und ich seh aus wie 'n alter Apfel. Dann kann ich immer noch unterm Baum liegen.

Ich steh so da und krieg 'ne unheimliche Wut. Bine links und rechts 'n paar kleben, dem Onkel mit 'm Kaminhaken eins über die Rübe, die ganze Bude in Klump hauen, die Gläser, die Fensterscheiben, rumbrüllen, dass die Scherben klirren, das wär jetzt fällig.

Plötzlich denk ich, Mann, den ganzen Scheiß muss ich schon mal irgendwo im Kino gesehen haben. Lieber lauf ich die ganze Nacht als noch drei Sekunden bleiben.

Ich reiß die Tür auf und raus, raus hier.

Bine hab ich sofort vergessen. Und ihr neuer Typ, so was is für mich gestorben, aber das lebt.

Arbeitsanregungen:

1 a Findet die beste Art, den Text wirkungsvoll vorzutragen!
b Erklärt die Eigenarten der Sprache!
c Versucht den Titel zu deuten!

2 Erzählt die Geschichte aus der Perspektive Bines, des „Typs“ oder eines allwissenden Erzählers und vergleicht mit dem Original!

3 Schreibt eine Interpretation nach dem Drei-Phasen-Modell mit Übersichtssatz, Hauptteil und Schlusswertung!

Das 1. Kapitel im Blickfeld

Sprechen und Schreiben

1. Die **Bewerbung** ist eine Form des *offiziellen Schreibens,* die – ähnlich wie der Lebenslauf (s.u.) – in äußerer Form, Aufbau und Sprache an strenge Normen gebunden ist und durch absolute Korrektheit eine „Visitenkarte" des Bewerbers sein soll:
   - Die äußere Form ist einem sachlichen Brief sehr ähnlich in der Wahl des *Papiers* (weißer DIN-A4-Bogen, unliniert) und im *Aufbau* (Briefkopf, Betreff- und Bezugzeile, Anrede, 5-gliedriger Text, Gruß, Unterschrift und Anlagen).
   - Die Informationen zum *Grund* der Bewerbung und zur Qualifikation sollen weder schmeichlerisch noch überheblich, sondern angemessen dargestellt werden.
   - *Sprachlich* muss die Bewerbung sachlich-genau und fehlerfrei sein.

2. Die **Charakteristik** ist die treffende und faire Beschreibung äußerer Merkmale des *Erscheinungsbildes* (Gestalt, Größe, Gesicht, Gestik und Mimik) und des *Wesensbildes* einer Person oder literarischen Figur. Je nach der Perspektive unterscheidet man direkte und indirekte *Fremd-* und *Selbstcharakteristik.* Die *Typologie der Temperamente* (Sanguiniker, Phlegmatiker, Choleriker und Melancholiker) kann für die Charakteristik nur Tendenzen angeben, da Charaktere i.d.R. gemischt sind.

3. Die **Interpretation** ist ein Verfahren der *Textbeschreibung* und *-deutung,* bei dem der Zusammenhang zwischen *Inhalt, Aufbau* und *Sprache* eines Textes möglichst genau erfasst werden soll.
   Bewährt hat sich eine Methode in drei Phasen:
   - In der *ersten Phase* sollen der erste Leseeindruck (zum Ganzen oder zu Teilen) und Fragen zum Text übersichtlich festgehalten und die Themenanalyse gemacht werden.
   - In der *zweiten Phase* sind Merkmale des Inhalts, des Aufbaus und der Sprache in ihrer Wechselbeziehung als Stoffsammlung darzustellen und zu gliedern.
   - In der *dritten Phase* geht es um eine *Ausarbeitung* des Hauptteils, ein begründetes *Gesamtverständnis* und eine *Schlusswertung* sowie die *Korrektur* des Textes.

4. Das **Kommunikationsmodell** ist eine grafische Darstellung, in der die Art und Weise des Zusammenhangs von *Kommunikationspartnern* (Sender und Empfänger), *Thema* und *Situation* erfasst wird.
   - Um eine *symmetrische Kommunikation* handelt es sich, wenn die Kommunikationspartner gleichberechtigt sind.
   - In einer *asymmetrischen Kommunikation* prägen Überlegenheit und Unterlegenheit der Partner den Ablauf und das Ergebnis.

5. Der **Lebenslauf** als Teil der Bewerbung (s.o.) ist – im Gegensatz zur autobiografischen Selbstcharakteristik – ebenfalls eine Form des *sachlichen (offiziellen) Schreibens.* Er gibt in sorgfältiger äußerer Form (weißer und unlinierter DIN-A4-Bogen) nüchterne Informationen zur Herkunft und Schulbildung der Person, über ihre besonderen Kenntnisse, Fähigkeiten und Hobbys. Ein *Passfoto* ergänzt das Bild.
   - Der *tabellarische Lebenslauf* ist stichwortartig in zwei Spalten angelegt.
   - Der *Lebenslauf in Textform* enthält dieselben Informationen, stellt sie aber in sachlogischem Zusammenhang dar.

   Auch der Lebenslauf ist eine „Visitenkarte" und muss formal und sprachlich fehlerfrei sein. Er kann auf der Schreibmaschine oder auf dem PC verfasst sein, wird jedoch z.T. auch handschriftlich verlangt.

6. Der **Leserbrief** ist eine Mischform, einerseits aus *sachlichem Schreiben* mit sachkundiger und argumentativer Darstellung, andererseits zeigt er Merkmale eines *persönlichen Briefes,* weil er aus emotionalem Engagement und oft persönlicher Betroffenheit verfasst ist.

7. Während **mündliche Äußerungen** stark von der Situation, dem Temperament der Sprecher sowie der Spontaneität abhängen und damit sprachlich einfacher und planloser sind, ist die **schriftliche Darstellung** distanzierter, planvoller und anspruchsvoller in

Inhalt, Wortwahl, Syntax und Aufbau.

8. Die **Rechtschreibung** des ersten Kapitels befasst sich mit drei Themen:
   a. Die **Anknüpfung** an die **Rechtschreibreform** dient der *Wiederholung* und *Anwendung* von Kenntnissen und der Übung im Gebrauch von *Nachschlagewerken.* Die Hinweise zur **Korrektur** zielen auf den individuellen *Fehlerschwerpunkt* und die hauptsächlichen *Fehlerquellen.*
   b. Die **Kommasetzung** folgt einerseits *Muss-Regeln:* Kommas (Kommata) trennen gleichrangige Hauptsätze, Haupt- und Nebensätze sowie gleichrangige Wortgruppen und Wörter in der Aufzählung. Die *Kann-Regelung* gilt vor allem für Infinitiv-, Partizipial- und Adjektivgruppen.
   c. Bei der **Substantivierung** werden Wortarten und Buchstaben (das A und O) als Substantive gebraucht, wenn ihnen Artikel, Präpositionen, Pronomen und unbestimmte Zahlwörter vorausgehen. Z.B.: ein Ganzes, beim Spielen, mein Liebstes, viel Überflüssiges.

9. Das **Resümee** ist die knappste Form der Inhaltsangabe, reduziert auf den Kern eines Textes oder eines Sachverhalts.

10. Das **Vorstellungsgespräch,** eine Art *Befragungsgespräch* (Interview), ist Teil der *Bewerbung* (s.o.). Zusätzlich zu den schriftlich vorliegenden Unterlagen sollen z.T. in Gruppen-, aber vor allem in Einzelgesprächen zusätzliche Informationen über den Bewerber gewonnen werden. Dabei spielen spezielle Kenntnisse, Allgemeinbildung, Aufgeschlossenheit, Reaktionsvermögen, charakterliche Eignung, aber auch das Interesse an der künftigen Arbeit und die Neugier auf den Betrieb eine wichtige Rolle.

Literatur und Medien

1. **Fiktionale Texte** sind alle erdachten und erfundenen Formen von Literatur: Während *epische Texte* in Klein- und Großformen unterschiedliche Arten des Erzählens zeigen, sind *lyrische Texte* oft viel subjektiver und zeichnen sich durch eine besonders kunstvolle, oft metrisch und rhythmisch gegliederte und häufig gereimte Sprache aus. *Dramatische Texte* als Hörspiel oder Drama entwickeln die Handlung über Dialog und Monolog. Während das *Hörspiel* ganz von Stimmen, Musik und Geräuschen lebt, wird das *Drama* vom Haupt- und Nebentext sowie vom Bühnenbild, von Requisiten und Kostümen geprägt.

2. Als **konkrete Dichtung** wird ein Teil der modernen Lyrik (etwa seit 1950) bezeichnet, der Sprache „nur noch" als „konkretes" Material benutzt, um visuell oder akustisch wahrnehmbare Wirkungen zu erzielen, die oft ohne erkennbare Sinn- und Syntaxbezüge bleiben.

3. Die **Kurzgeschichte** als *offene Form* des Erzählens (ohne Einleitung und Schluss) beleuchtet einen Ausschnitt des Alltags und verwendet eine dem Alltäglichen angenäherte Sprache, die aber oft sehr kunstvoll gestaltet (stilisiert) ist, wie die Texte von R. Kunze, W.H. Fritz, H. Doutiné, u.a. zeigen.

4. Das **literarische Tagebuch** ist von Anfang an für die Veröffentlichung bestimmt. Erlebnisse, Beschreibungen und Erörterungen werden in absichtsvoller Tendenz und in *stilisierter* (gestalteter) *Sprache* dargestellt.

5. Zu den **offiziellen Schreiben** zählen vor allem *Bewerbung* und *Lebenslauf,* die strengen Regeln zu folgen haben, was ihre äußere Form, den Inhalt, Aufbau und die Sprache betrifft. Sie müssen absolut korrekt und fehlerfrei sein.

6. Die **Perspektive** bezeichnet in der Literatur den *Erzählerstandpunkt,* von dem aus ein Ereignis dargestellt wird.
   - Die *auktoriale (allwissende) Perspektive* ermöglicht die umfassende Übersicht über alle Faktoren des äußeren und inneren Geschehens.
   - Die *personale Perspektive* zeigt die begrenzte Sicht einer bestimmten Person.
   - Die *Ich-Perspektive* bezieht den Erzähler ein und ist ebenfalls begrenzt.

   Absichtsvoller *Perspektivenwechsel* innerhalb eines Textes kommt vor allem in der modernen Literatur häufig vor.

7. Die **Satire** in Prosa- oder Versform übt Kritik an Missständen, entlarvt und verspottet auf witzige oder scharfe Weise. Eine sehr bewusste Sprachgestaltung amüsiert, verblüfft, erschreckt oder führt durch Pointierung zu überraschenden Einsichten.

8. Das **Sonett** (das „Klinggedicht") ist ein 14-zeiliges gereimtes Gedicht, das aus zwei *Vierzeilern* (Quartetten) und zwei *Dreizeilern* (Terzetten) besteht und häufig in einem sechshebigen *Jambus* (Alexandriner) mit einer Zäsur nach der dritten Hebung gestaltet ist. Dadurch können in den Quartetten Gegensätze (These und Antithese) besonders gut dargestellt werden. In den Terzetten erfolgt dann oft die Synthese.

9. Das **Stellenangebot** ist eine pragmatische Darstellungsform, die Informationen über offene Stellen vermittelt, Ansprüche an die Bewerber stellt, durch Versprechen (Offerten) Anreize bietet und durch optisch geschickte Präsentation (z. B. durch Schriftart und -größe, Gliederung und eventuell Farbgebung) die Aufmerksamkeit der Leser zu wecken und ihr Interesse zu gewinnen sucht.

Sprachbetrachtung

1. **Absicht und Stilformen** müssen in engem Zusammenhang gesehen werden:
   - Der *Nominalstil* ist vor allem durch Substantive (häufig Komposita und Fachbegriffe) geprägt. In Verwaltung und Wissenschaft dient er der raschen und genauen Informationsvermittlung, klingt aber meist spröde und oft hölzern.
   - Der *Verbalstil* zielt auf farbiges, lebendiges und auch dynamisches Beschreiben, Erzählen und Schildern und ist vor allem durch Verben bestimmt.

2. Je nach dem Ziel und den Umständen (mündlich oder schriftlich) werden **Sprachebenen** gewählt.
   - Die *Einheitssprache* (Standard-, Gemein- oder Hochsprache) besitzt die größte kommunikative Reichweite.
   - Die *Umgangssprache* zeigt regionale und oft mundartliche Elemente und ist die Sprache der alltäglichen Verständigung. Der Übergang zum Jargon ist fließend.
   - Der *Dialekt* (die Mundart) ist auf größere und kleinere Regionen begrenzt und in sich vielfach differenziert.

   Political correctness ist heute eine Forderung, in allen Formen der Kommunikation Diskriminierungen zu vermeiden.

3. Die **stilistische Sprachbetrachtung** und **-deutung** ist ein wichtiger Teilaspekt der Interpretation fiktionaler und nicht-fiktionaler Texte: Eigenarten der Wortwahl und der Syntax, aber auch der poetologischen Formen (z. B. Metaphern, Reim, Rhythmus, Symbole etc.), werden in ihrer Wechselbeziehung zu Inhalt und Aufbau gesehen. Über bestimmte *Methoden* (z.B. durch genaue Beschreibung, Umstell-, Reduktions-, Erweiterungs- und Ersatzproben) können Eigenarten eines Textes erschlossen werden.

ZWEITES KAPITEL

Spannende menschliche Beziehungen

Auguste Renoir (1841–1919): Der Tanz im Moulin de la Galette, 1876

I. Außenseiter?

1. Einen Standort suchen – Über das Fachgespräch zum Unterrichtsprotokoll

1 Beziehungen

Arbeitsanregungen:

1 Sieben unterschiedliche Gesprächssituationen.
   a Sucht Überschriften zu den einzelnen Szenen!
   b Dialogisiert arbeitsteilig je eine Szene!

2 Ordnet die entscheidenden Kommunikationsfaktoren in einem Kommunikationsmodell!

2 Schüler sprechen über Bilder

VERONIKA: Auf diesen Bildern sind ja die verschiedensten Arten von Beziehungen dargestellt.

THOMAS: Immerhin steht auf vier der sieben Bilder die Beziehung Mann-Frau im Mittelpunkt.

KATHARINA: Ja, aber es sind doch wohl verschiedene Arten von Beziehungen.

SIMON: Lasst uns systematisch vorgehen. Sprechen wir zuerst über die von euch gemeinten Bilder, dann über die anderen. Das junge Paar in der Disco scheint recht verliebt und glücklich.

KATHARINA: Andere Bilder sind nicht so klar. Der Blick des jungen Mannes auf dem Foto oben rechts scheint ernst. Schimpft er mit der Frau? Wahrscheinlich ist er böse mit ihr, er hält sie fest am Nacken umklammert. Der erhobene Zeigefinger wirkt belehrend.

ANTONIA: Warum strahlt sie ihn dann aber an?

SABINE: Verstehe ich auch nicht. Vielleicht scherzen die beiden nur.

JULIAN: Dagegen ist doch bei dem Zeitungsleser alles ganz klar. Die Frau ist sauer auf den Mann und schimpft mit ihm, recht heftig sogar, wie die erhobenen Hände zeigen. Er hat sich von ihr abgewandt und lässt sich gar nicht stören. In dem Fall würde ich nicht von „Beziehung" sprechen.

VERONIKA: Warum? Bei einem solchen Verhalten wäre ich auch sauer, aber man kann sich doch nach einer Aussprache wieder vertragen.

PIT: Was fällt euch zu dem Bild oben links ein?

ANNETTE: Schon die alten Griechen und Römer …

MIKE: Na ja, ein Mann, vermutlich ein Soldat, er trägt einen Speer, begrüßt mit einem Handschlag eine sitzende Frau, zu deren Füßen ein Kind sitzt. Daneben befindet sich noch ein kleiner Hund. Ich glaube, die Römer haben Tote in sitzender Position dargestellt. Hier wäre dann eine Erinnerung an eine vergangene Beziehung zu sehen.

FRANZISKA: Das ist eine gute Überleitung zu den beiden anderen Bildern. Ein alter und ein junger Mann sitzen gleichberechtigt nebeneinander auf einer Bank und unterhalten sich. Auf den Stufen oben sitzen vermutlich Schüler auf der gleichen Ebene wie ihre Lehrerin, der bis auf einen Jungen alle ihr Gesicht zugewandt haben.

SABINE: Das finde ich auch gut so, dass die Menschen von gleich zu gleich miteinander umgehen. Das ist doch längst vorbei, dass Männer über Frauen stehen oder alte Leute über jungen Menschen oder Lehrer über Schülern.

SIMON: Aber findest du nicht, dass ein bisschen Abstand nötig ist, wenn man gut miteinander auskommen will?

JULIAN: Wir dürfen verschiedene Dinge nicht durcheinander bringen. Die Beziehung zwischen einem Lehrer und seinen Schülern ist doch etwas anderes als die zwischen zwei Menschen, die sich lieben. […]

3 a Exzerpiert in Partnerarbeit die wichtigsten Gesichtspunkte dieses Schülergespräches und haltet sie auf einer Folie fest!
b Vergleicht die von euch gefundenen Aspekte mit denen des Textes 2!

4 a Entwerft arbeitsteilig Kommunikationsmodelle zu den einzelnen Situationen!

Kommunikationsmodell:

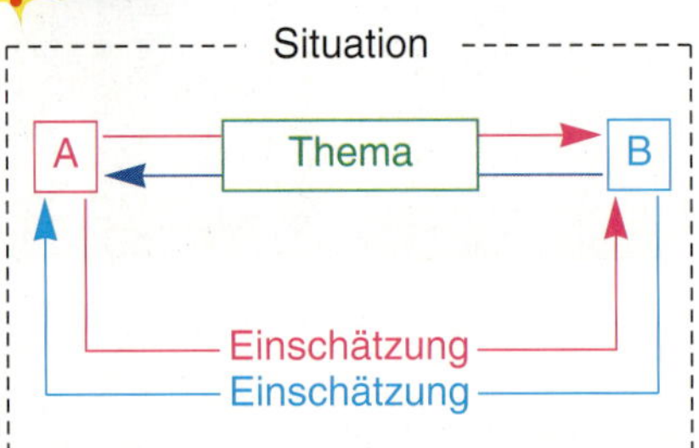

b Führt das Gespräch (Text 2) fort und klärt, was ihr unter einer Beziehung versteht!

3 **Aidan Chambers (*1934): Tanz auf meinem Grab** [Auszug]

Der Ich-Erzähler, der 16-jährige Hal, muss sich vor Gericht verantworten, weil er von der Polizei dabei überrascht worden ist, wie er nachts auf dem Grab des bei einem Motorradunfall tödlich verunglückten Barry Gorman getanzt hat. Barry hat Hal aus der Themse gerettet, die beiden haben dann viel Zeit miteinander verbracht und sich ineinander verliebt. Jeder hat dem anderen versprochen, im Falle eines frühen Todes auf dem Grab des Betroffenen zu tanzen. Als Barry sich in die norwegische Austauschschülerin Kari verliebt, macht Hal ihm eine Szene. Barry rast nach dem Streit mit seinem Motorrad in den Tod. Der völlig gebrochene Hal versucht das Geschehene zu verarbeiten und spricht mit Kari. Sie streiten sich über ihre jeweilige Beziehung zu Barry.

[…] „Ich werde noch viel kränker werden, wenn du jetzt gehst."
„Nein, das wirst du nicht", sagte sie lachend. „Du bist krank, weil es dir zu schaffen macht, dass dein Freund gestorben ist. Das ist ganz natürlich."
„Es ist mehr. Und das weißt du auch. Diese Kopfschmerzen. Die haben nicht nur mit Barrys Tod zu tun. Die haben mit mir zu tun." Die Worte sprudelten aus mir heraus, ohne dass ich sie mir vorher überlegt hatte. Als ob irgendetwas eine Membran[1] angestochen hätte. Und nun alles durch den Schlitz hervorgesprudelt kam. „Sie kommen, sobald ich versuche, über Barry und mich nachzudenken und über das, was wir gemacht haben … nein … was wir *waren*. Ja, das ist es. Was wir *waren*. Die ganze Geschichte am Grab ist nur ein Teil davon. Ich dachte, du könntest mir vielleicht helfen. Aber du tust nichts weiter als – Schweigen."
Kari stand neben meinem Bett und sah auf mich herunter. Sie runzelte die Stirn. „Wenn man seinen Freunden sagt, was man wirklich denkt", sagte sie, – „die Wahrheit über sie – dann nehmen sie's einem übel."
Sie setzte sich neben mich auf die Bettkante und musterte mich eingehend.
„Versuch's doch mal", sagte ich, eine Spur zu trotzig.
Sie lächelte. „Du bist sehr nett, Hal. Aber du möchtest andere Leute auffressen." Sie hob die Hand und hielt sie über meinen Mund, ohne mich zu berühren. „Sag nichts. Ich kann sonst vielleicht nicht mehr weiterreden. Es ist schwierig, verstehst du. Ich habe mir Gedanken über dich und Barry gemacht. Über alles, was du mir neulich erzählt hast. Ich kann verstehen, warum du Barry gemocht hast und mit ihm befreundet sein wolltest. Er war aufregend. Mir gefiel er auch. Er war voller Leben, voller Energie. Er hatte Spaß am Leben. Hatte eine Menge zu sagen. Aber bei dir war da, glaube ich, noch etwas anderes."
Sie hielt einen Augenblick inne, vermutlich, um sich noch einmal zu überlegen, was sie sagen wollte. Oder vielleicht auch, um darüber zu befinden, ob sie es wirklich sagen sollte. Jedenfalls legte sie ihre Stirn wieder in Falten.
„Ich habe gesagt, du willst andere Menschen auffressen. Vielleicht ist es aber genau andersrum. Vielleicht sollte ich lieber sagen, du möchtest aufgefressen werden. Was ich meine, ist, dass du Barry mochtest, weil er –" Sie fahndete in meinem Gesicht nach einer Reaktion, die ihr sagen konnte, ob es richtig war, dies al-

Arbeitsanregungen:

1 Lest den Text mit verteilten Rollen!

2 a Erarbeitet in Gruppen die Position von Hal bzw. von Kari, vergleicht sie miteinander und untersucht, wie beide argumentieren!
b Sprecht über die Beziehungen der beiden zu Barry! Bestimmt zwei Mitschüler, die ein Verlaufsprotokoll schreiben!

---

[1] Die Membran (< lat. membrana = die Haut): zarte, dünne Haut im Körper; Oberflächenhäutchen der Zelle

les auszusprechen. „ – weil er dich zum Leben erweckte. Er brachte dich dazu, Dinge zu tun, die du allein nie getan hättest. Die du dich nie getraut hättest. Er traf alle Entscheidungen für dich. Stimmt's? Alle wichtigen. Wo du hingehen solltest, was du machen solltest, wie du alles machen solltest. Sogar was du anziehen, wie du dir die Haare kämmen und was du essen solltest. Wenn er nicht bei dir war, hast du darauf gewartet, dass er zurückkam. Und wenn er bei dir war, hast du alles gemacht, was er wollte.“ […]

Interpretationshilfe 3:
Parataxe und Hypotaxe (Funktion)
Wenn ein Dichter für *Klarheit und Überschaubarkeit* der Entwicklung eines Geschehens sorgen will, dann stellt er oft gleichberechtigte Hauptsätze nebeneinander. Man spricht dann von einer **Parataxe**, einer **Satzreihe**. Will er aber abstufen, gliedert er seine Gedanken in Hauptsätze und Gliedsätze. Man spricht dann von einem **Satzgefüge**, der **Hypotaxe**.

3 Hal spricht ganz unterschiedlich.
a Vergleicht die Zeile 4 mit den Zeilen 8ff., indem ihr den Satzbau beschreibt!
b Erklärt die Unterschiede!

Korrekturhilfe 3:
Die **Großschreibung** von Wörtern und Texteinheiten dient der **Hervorhebung** für den Leser und erfolgt:
1. Bei *Überschriften,* Werktiteln und Satzanfängen;
2. Bei *Substantiven,*
- die Lebewesen, Gegenstände, abstrakte Begriffe bezeichnen (z.B.: Mensch, Haus, Geist);
- die mit Verben und Präpositionen Bestandteile fester Gefüge bilden (z.B. **R**ad fahren, **R**echt haben, in **K**auf nehmen, in/mit **B**ezug, zu **H**änden von, auf **S**eiten, außer **A**cht lassen);

4 Hals Argumentation

„Ich werde noch viel kränker werden, wenn du jetzt gehst.“ (Z. 1)

Behauptung	Bedingung
HS	GS → konditional

„Es ist mehr. Und das weißt du auch. Diese Kopfschmerzen.“ (Z. 4)

Behauptung	Behauptung	Behauptung
HS	HS	HS

5 Zwei Unterrichtsprotokolle

a. *Huberts Verlaufsprotokoll*

Erich-Kästner-Gymnasium | Estadt, 1.12.

Verlauf der Deutschstunde der Klasse 9c am 30.11.

Ort:	Klassenzimmer der 9c
Zeit:	1. Stunde, 7.45–8.30 Uhr
Anwesend:	Alle 29 Schüler der 9c
Abwesend:	–
Leitung:	Herr Müller, Deutschlehrer
Protokoll:	Hubert Schmid
Thema der Stunde:	Aidan Chambers: „Tanz auf meinem Grab“ – Hals und Karis Beziehungen zu Barry

Zu Beginn der Stunde stellten Veronika, Katharina und Thomas den Textausschnitt aus dem Roman vor, der ihnen als der geeignete erschien, um die Beziehungen Hals und Karis zu Barry zu untersuchen. Sie lasen ihn der Klasse mit verteilten Rollen überzeugend vor, so dass man die Verfassung beider gut nachempfinden konnte. Anschließend untersuchten wir den Text in Gruppen, um herauszuarbeiten, welche Position Hal in seiner Beziehung zum inzwischen tödlich Verunglückten vertritt bzw. wie Kari sich zu dieser Beziehung wie auch zu ihrem Verhalten zu Barry stellt. Die einzelnen Gruppen hielten die Ergebnisse ihrer Untersuchung auf Folienschnipseln fest, die wir im Plenum zu einem Tafelanschrieb zusammenfassten. Hier das Ergebnis:

Hal – Kari – Barry

Hal und Barry aus Hals Sicht:	Jeder von uns war ein Teil des anderen. (Vgl. Z. 9f.)
Hal und Barry aus Karis Sicht:	Hal brauchte Barry, weil dieser ihn „zum Leben er-

weckte" (Z. 33), weil er ihn dazu brachte, Dinge zu tun, die er sich „nie getraut" hätte. (Z. 34), weil er alle wichtigen Entscheidungen für ihn traf (vgl. Z. 34ff.).

Kari und Barry aus Hals Sicht: –

Kari und Barry aus Karis Sicht: „Er war aufregend. Mir gefiel er auch. Er war voller Leben, voller Energie. Er hatte Spaß am Leben. Hatte eine Menge zu sagen." (Z. 22ff.)

Die folgende Diskussion drehte sich um den Aspekt, dass Hal Barry wohl geliebt haben müsse. Mike konnte das nicht nachvollziehen, schließlich handle es sich ja um zwei Jungen. Franziska wollte das Problem so nicht sehen. Einige Mitschüler teilten diese Auffassung. Andere wollten das Thema differenzierter beleuchten und Thomas fasste dann einige Beiträge so zusammen, dass Hal wohl von Barry abhängig gewesen sein müsse, denn er habe ihn ja gebraucht, um zu sich selbst zu finden. Karis Beziehung zu Barry schien weniger schwierig, sie dürfte eher oberflächlich gewesen sein („gefiel"). Deshalb, so die Meinung aller, sei Kari das distanzierte Betrachten von Hal und Barry wohl leicht gefallen.
Nachdem die Schüler den Tafelanschrieb in ihre Ordner übertragen hatten, stellte Herr Müller am Ende der Unterrichtsstunde folgende Hausaufgabe:
Schreibt über Barrys vermutliche Beziehung zu Hal einen Tagebucheintrag!

Protokollführer: *Hubert Schmid* Deutschlehrer: *Georg Müller*

b. *Julianes Verlaufsprotokoll*

Unsere Deutschstunde am 30.11.

Ich protokolliere hier unsere Deutschstunde vom 30.11., in der Herr Müller, unser Deutschlehrer, mit uns über Hals und Karis Beziehungen zu Barry in Aidan Chambers Roman „Tanz auf meinem Grab" sprach.
Veronika, Katharina und Thomas haben zunächst einen Textausschnitt aus dem Roman vorgestellt, indem sie ihn in der Klasse vorgelesen haben. Anne musste immer lachen, wenn Thomas las, wahrscheinlich fand sie sein Lesen zu schnulzig. Anschließend untersuchten wir den Text ziemlich lange in Gruppen, um die einzelnen Beziehungen herauszufinden. Die Ergebnisse wurden auf Folien präsentiert und von allen abgeschrieben. Dabei ging es in der Klasse recht laut zu, denn einige finden es schon komisch, was da über zwei Jungs geschrieben steht.
Die folgende Diskussion habe ich nicht so recht verstanden, weil die hinter mir immer so blöde Sprüche gerissen haben. Aber ich glaube, es ging um echte Liebe bzw. um eine nur oberflächliche Beziehung.
Schließlich stellt Herr Müller noch die Hausaufgabe und die Stunde ist vorbei.

Juliane

Herr Müller meinte nach der Lektüre des Protokolls, dass es für den weiteren Unterrichtsverlauf genügen würde, wenn jeweils die Ergebnisse der Unterrichtsstunden festgehalten würden. Hubert machte sich also daran, sein Verlaufsprotokoll zu kürzen und nur die Ergebnisse aufzuschreiben.

3. Bei *Substantivierungen* von Wortarten und Buchstaben durch Artikel, Pronomen, Präpositionen, unbestimmte Zahlwörter und Attribute (z.B. das (ein) **G**rün, dieses **R**auschen, zum **H**eulen, im **K**laren sein, viel **S**üßes, kein **Z**weiter, großes **D**urcheinander, ein **X** für ein **U** vormachen);
4. Bei *Eigennamen* von Personen (z.B.: Gertrud von Le Fort, der Alte Fritz), bei geographisch-politischen Eigennamen (z.B.: Vereinigte Staaten von Amerika, Freie und Hansestadt Hamburg, Alter Markt, Unter den Linden, Thüringer Wald, Kap der Guten Hoffnung), bei Eigennamen von Objekten (z.B.: Großer Bär, die Große Mauer, das Blaue Band), bei Eigennamen von Institutionen (z.B.: Deutscher Bundestag, Deutscher Gewerkschaftsbund, Bibliographisches Institut);
5. Bei *Ableitungen* von geographischen Eigennamen auf -er (z.B.: der Schweizer Käse, das Bad Buchauer Kurgebiet);
6. Bei *Adjektiven* (und Zahlwörtern) bestimmter substantivischer Wortgruppen:
   - bei Titeln (z.B.: der Heilige Vater, die Königliche Hoheit, der Erste Bürgermeister);
   - bei besonderen Kalendertagen (z.B.: der Heilige Abend, der Erste Mai, der Weiße Sonntag);
   - bei bestimmten historischen Ereignissen (z.B.: der Westfälische Friede, der Zweite Weltkrieg, die Goldenen Zwanziger);
   - bei fachsprachlichen Bezeichnungen (z.B.: das Fleißige Lieschen, die Schwarze Witwe, der Rote Milan).
7. Beim *Anredepronomen Sie* und dem Possessivpronomen *Ihr* sowie den zugehörigen flektierten Formen (z.B. Ihnen, Ihrer).
8. Bei nicht substantivischen Wörtern und Buchstaben am *Anfang von Zusammensetzungen* mit Bindestrich (z.B.: der Trimm-dich-Pfad, die Ad-hoc-Entscheidung, die X-Beine, die S-Kurve, UV-empfindlich, T-förmig).

4 Vergleicht Huberts und Julianes Protokolle formal und inhaltlich!

Huberts Protokoll	Julianes Protokoll
formal:	
– übersichtliche Gliederung	– unübersichtlich
– …	– …
– …	– …
inhaltlich:	
– fasst den Verlauf der Stunde sachlich und genau zusammen	– ungenau – geschwätzig – lückenhaft
– …	– …
– …	– …
sprachlich:	
– nach Art eines Berichtes	– unsachlich
– …	– …
– …	– …

5 Stellt Regeln für ein Verlaufsprotokoll auf und verfasst einen Artikel für ein Schülerlexikon: Ein Verlaufsprotokoll …

Verlaufs- und Ergebnisprotokoll

Man kann **zwei Arten** des Protokolls unterscheiden, das **Verlaufsprotokoll** und das **Ergebnisprotokoll.**
Das **Verlaufsprotokoll** hält den Verlauf einer Unterrichtsstunde, einer Sitzung, einer Besprechung, einer Zusammenkunft oder einer Tagung fest. Es berichtet im Präteritum über die einzelnen Teile der Veranstaltung in der Reihenfolge ihres Ablaufs. Es informiert in der entsprechenden Reihenfolge auch über Diskussionsbeiträge und Meinungsäußerungen.
Das **Ergebnisprotokoll** fasst dagegen nur die erzielten Ergebnisse bzw. von Diskussionen nur die einzelnen Standpunkte zusammen und informiert über Anträge, gefasste Beschlüsse und Zahlenverhältnisse bei Abstimmungen.
Beide Arten von Protokollen müssen im Kopf Ort, Zeit, Datum, Teilnehmer, Leitung, den Namen des Protokollführers und das Thema enthalten. Durch die Unterschrift des Leiters der Veranstaltung und des Protokollführers wird das Protokoll zu einem verbindlichen Dokument, auf das man sich jederzeit berufen kann.

6 Ein Ergebnisprotokoll

Erich-Kästner-Gymnasium Estadt, 1.12.

Ergebnisprotokoll der Deutschstunde der Klasse 9c vom 30.11.

Ort: Klassenzimmer der 9c
Zeit: 1. Stunde, 7.45–8.30 Uhr
Anwesend: Alle 29 Schüler der 9c
Abwesend: –
Leitung: Herr Müller, Deutschlehrer
Protokoll: Hubert Schmid
Thema der Stunde: Aidan Chambers: „Tanz auf meinem Grab“
– Hals und Karis Beziehungen zu Barry

1. Vorstellung von Textstellen (Lesen mit verteilten Rollen), die die Beziehungen Hals und Karis zu Barry verdeutlichen.

2. …
…

3. …
…

4. …

…
…
…

Protokollführer: *Hubert Schmid*
Deutschlehrer: *Georg Müller*

6 Erarbeitet nach Huberts Vorbild aus Text 5a ein Ergebnisprotokoll!

Auch dichterische Texte lassen sich mit Hilfe des Kommunikationsmodells beschreiben und deuten.

7 Ilse Aichinger (*1921): Das Fenster-Theater [Auszug]

Der größte Berufswunsch der am 1.11.1921 in Wien geborenen **Ilse Aichinger** war, Ärztin zu werden. Er ging nie in Erfüllung. Da ihre Mutter Jüdin war, konnte sie auf Grund der nationalsozialistischen Rassegesetzgebung nicht Medizin studieren. Nach dem Krieg, als sie endlich an der Universität eingeschrieben war, brach sie das Studium nach fünf Semestern ab, um einen bereits begonnenen Roman zu beenden. „Die größere Hoffnung" erschien 1950. Sie arbeitete dann bei einem Verlag in Frankfurt und an der Hochschule für Gestaltung in Ulm. 1953 heiratete sie den Schriftsteller Günter Eich, den sie auf einer Tagung der Gruppe 47 kennen gelernt hatte. Das Schriftstellerehepaar lebte mit den Kindern Clemens und Mirjam bis zum Tod Günter Eichs 1972 in einem kleinen Ort bei Salzburg. Ilse Aichinger zog es über Frankfurt 1989 wieder zurück nach Wien, wo sie als hoch geehrte und vielfach ausgezeichnete Autorin lebt.

Die Frau lehnte am Fenster und sah hinüber. Der Wind trieb in leichten Stößen vom Fluss herauf und brachte nichts Neues. Die Frau hatte den starren Blick neugieriger Leute, die unersättlich sind. Es hatte ihr noch niemand den Gefallen getan, vor ihrem Haus niedergefahren zu werden. Außerdem wohnte sie im vorletzten Stock, die Straße lag zu tief unten. Der Lärm rauschte nur mehr leicht herauf. Alles lag zu tief unten. Als sie sich eben vom Fenster abwenden wollte, bemerkte sie, dass der Alte gegenüber Licht angedreht hatte. Da es noch ganz hell war, blieb dieses Licht für sich und machte den merkwürdigen Eindruck, den aufflammende Straßenlaternen unter der Sonne machen. Als hätte einer an seinen Fenstern die Kerzen angesteckt, noch ehe die Prozession die Kirche verlassen hat. Die Frau blieb am Fenster. Der Alte öffnete und nickte herüber. Meint er mich?, dachte die Frau. Die Wohnung über ihr stand leer, und unterhalb lag eine Werkstatt, die um diese Zeit schon geschlossen war. Sie bewegte leicht den Kopf. Der Alte nickte wieder. Er griff sich an die Stirne, entdeckte, dass er keinen Hut aufhatte, und verschwand im Innern des Zimmers.

Gleich darauf kam er in Hut und Mantel wieder. Er zog den Hut und lächelte. Dann nahm er ein weißes Tuch aus der Tasche und begann zu winken. Erst leicht und dann immer eifriger. Er hing über die Brüstung[1], dass man Angst bekam, er würde vornüber fallen. Die Frau trat einen Schritt zurück, aber das schien ihn nur zu bestärken. Er ließ das Tuch fallen, löste seinen Schal vom Hals – einen großen bunten Schal – und ließ ihn aus dem Fenster wehen. Dazu lächelte er. Und als sie noch einen weiteren Schritt zurücktrat, warf er den Hut mit einer heftigen Bewegung ab und wand den Schal wie einen Turban um seinen Kopf. Dann kreuzte er die Arme über der Brust und verneigte sich. Sooft er aufsah, kniff er das linke Auge zu, als herrsche zwischen ihnen ein geheimes Einverständnis. Das bereitete ihr so lange Vergnügen, bis sie plötzlich nur mehr seine Beine in dünnen, geflickten Samthosen in die Luft ragen sah. Er stand auf dem Kopf. Als sein Gesicht gerötet, erhitzt und freundlich wieder auftauchte, hatte sie schon die Polizei verständigt.

Und während er, in ein Leintuch gehüllt, abwechselnd an beiden Fenstern erschien, unterschied sie schon drei Gassen weiter über dem Geklingel der Straßenbahnen und dem gedämpften Lärm der Stadt das Hupen des Überfallkommandos. Denn ihre Erklärung hatte nicht sehr klar und ihre Stimme erregt geklungen. Der alte Mann lachte jetzt, so dass sich sein Gesicht in tiefe Falten legte, streifte dann mit einer vagen Gebärde darüber, wurde ernst, schien das Lachen eine Sekunde in der hohlen Hand zu halten und warf es dann hinüber. Erst als der Wagen schon um die Ecke bog, gelang es der Frau, sich von seinem Anblick loszureißen.

Sie kam atemlos unten an. Eine Menschenmenge hatte sich um den Polizeiwagen gesammelt. Die Polizisten waren abgesprungen und die Menge kam hinter ihnen und der Frau her. Sobald man die Leute zu verscheuchen suchte, erklärten

---

[1] Die Brüstung: hier: Teil der Wand zwischen Fensterunter- und Fußbodenoberkante

sie einstimmig, in diesem Hause zu wohnen. Einige davon kamen bis zum letzten Stock mit. Von den Stufen beobachteten sie, wie die Männer, nachdem ihr Klopfen vergeblich blieb und die Glocke allem Anschein nach nicht funktionierte, die Tür aufbrachen. Sie arbeiteten schnell und mit einer Sicherheit, von der jeder Einbrecher lernen konnte. Auch in dem Vorraum, dessen Fenster auf den Hof sahen, zögerten sie nicht eine Sekunde. Zwei von ihnen zogen die Stiefel aus und schlichen um die Ecke. Es war inzwischen finster geworden. Sie stießen an einen Kleiderständer, gewahrten den Lichtschein am Ende des schmalen Ganges und gingen ihm nach. Die Frau schlich hinter ihnen her. […]

Arbeitsanregungen:

1 a Schreibt die Geschichte zu Ende und begründet euren Schluss!
b Wer den Text schon kennt, schreibt eine Nacherzählung!

2 a Vergleicht euren Schluss mit dem von Ilse Aichinger!
b Skizziert die Situation der Frau bzw. des Mannes in einem Kommunikationsmodell!
(Zur Perspektive vergleiche im ersten Kapitel, S. 44!)

8 „Verbesserungsvorschlag" durch Sabine

Die Frau lehnte am Fenster, damit sie besser hinübersehen konnte. Der Wind trieb in leichten Stößen vom Fluss herauf, aber er brachte nichts Neues …

3 Ilse Aichinger arbeitet in ihrer Kurzgeschichte geschickt mit Parataxen und Hypotaxen.
a Schreibt die parataktischen Sätze in den Zeilen 5f.,11,13f. nach dem Vorbild von Text 8 um und diskutiert die Wirkung!
b Schreibt Hypotaxen, z. B. Z. 43ff., in parataktische Reihungen um! Lest euch die Ergebnisse vor und vergleicht mit dem Original!

Rechtschreibprobleme und Hilfen:

„Dass man Substantive großschreibt, das ist mir schon klar", wirft Mike ein, „aber solche Wörter wie ‚nichts Neues' bereiten mir nach wie vor Probleme."
„Da können wir helfen", meint Franziska, „‚nichts Neues' schreibt man groß, weil Adjektive nach Mengenwörtern großgeschrieben werden. Nenne uns doch noch weitere Problemwörter." „Nichts lieber als das", entgegnet Mike, „hier sind noch einige: …"
(Vgl. die Übersicht, S. 58f.!)

2. Extreme Situationen – Literarische Figuren charakterisieren

1 Merkmale eines Wildwestfilms

	Wildwestfilm		
– Held		– Bösewicht	– Prärie
– …		– …	– …
–…	– Indianer	– Postkutsche	

Arbeitsanregungen:

1 Ergänzt den Tafelanschrieb, indem ihr nach den Fotos und aus eurer Erfahrung weitere Merkmale von Wildwestfilmen sammelt!

2 Siegfried Sommer (1914–1996): Kinohelden

Es handelt sich um den sensationellen Banditenfilm „Morgenstund hat Blei im Schlund". So etwas beginnt meistens mit einem galoppierenden Reiter, der, auf der Filmleinwand von rechts unten kommend, in die billigen Parkettplätze hineinsprengt. Im Hintergrund die blauen Berge. Mit fünf Schritt Abstand folgt des Helden getreuer, aber älterer Freund, der nur drei Finger hat, einen Bart wie wild gewachsenes Sauerkraut und einen knochentrockenen Humor. Nachdem die zwei durch eine aufspritzende Flussfurt parforciert[1] sind, gelangen sie auf die staubige Hauptstraße von Bloody Hill. Dort binden sie ihre Mustangs[2] an ein Geländer, das unter dem Balkon angebracht ist. Dies ist notwendig, weil im dritten Akt eine Szene vorkommt, bei der sie mit gegrätschten Staffeleibeinen aus dem Zimmer der Colorado-Lilly direkt auf die parkenden Pferderücken springen. Die geduldigen Rösser versinken dabei nicht, wie erwartet, bis zum Sattelknauf im roten Sand von Arizona, sondern wiehern entzückt und sind nicht mehr einzuholen. Auch nicht von Bill MacGovern und seiner Bande.

Vorerst steht aber der Held an der Bar und lässt sich von der mäßig beleumundeten[3] Lilly bedienen, die aber absichtlich so tief gesunken ist, weil sie für ihren kranken Bruder Geld verdienen muss. Plötzlich kommt der Schurke und sagt: „Was, du willst mir einen Drink ausschlagen? Kalkuliere, dir gefällt meine Visage nicht!" Daraufhin schütten sie sich gegenseitig aus Sechszehntelgläsern den Whisky zu, ohne jedoch den Mund zu treffen. Dann folgt ein Boxkampf, den man bis San Antonie (Bezirksamt Kneetown) hört. Kaum ist des Bösewichts Faust gesättigt, greift sie tückisch nach dem Colt. Das sieht natürlich der Dreifinger-Mann im großen Spiegel über der Bartheke. Blitzschnell zieht er seine Kugelspritze und pumpt den schuftigen Slim so voll Blei, dass dieser in Anbetracht seines erhöhten spezifischen Gewichts zwangsläufig zu Boden geht.

1 parforcieren (< lat.-fr. par force = mit Gewalt, heftig): mit großer Anstrengung reiten; Parforceritt = Gewaltritt
2 Der Mustang (< span.-engl.): wild lebendes Präriepferd in Nordamerika
3 mäßig beleumundet: die Person hat keinen guten Ruf

Die Parodie (< gr. parodos = der Weg an etwas vorbei) vespottet, verzerrt oder übertreibt ein schon vorhandenes ernst gemeintes Werk. Die Komik entsteht durch die nur aus dem Vergleich mit dem Original verständliche Abwandlung von Form oder Inhalt. Ihr Zweck ist die Aufdeckung von Schwächen und Unzulänglichkeiten.

Möbelstück des Chippendalestils

Durch seine Brust scheinen die letzten Strahlen der Abendsonne. Rauschendes Aufschnaufen zeugt von der Genugtuung der Kinobesucher. Die männlichen werden von ihren Bräuten prüfend am Oberarm angefasst.

In der Schlussszene geht der Dreifinger-Bob mit gemäßigten Chippendale[1]-Beinen durch die menschenleere Hauptstraße; denn im Gefängnis schmachtet sein einziger Freund. Dieser aber entdeckt im letzten Augenblick, bevor er gehängt werden soll, dass die Zellenstäbe genau so weit auseinander sind, um den Wächter mühelos heranzulocken, niederzuschlagen und der Schlüssel zu berauben. Sein Pferd steht schon seit Tagen mit eingeschaltetem Taxameter[2] an der hinteren Tür.

Nunmehr beginnt es zu knallen. 16 Schüsse fallen, 18 Banditen sinken aus ihren Sätteln. Der Ausbrecher trägt Wildlederhandschuhe und schießt aus der Hüfte. Nach der letzten Patrone bläst er das Rauchwölkchen von der Revolvermündung und galoppiert zur Lilly. Er legt die Aufschluchzende quer vor sich über den Sattel wie einen blonden Sack. Dann reitet er in den Abend hinein, knapp an der Sonne vorbei. Den Dreifinger-Bob aber, der den Abmarsch deckte, hat's erwischt. Mit fünf Unzen Blei in der Milzgegend macht er sich auf die große Reise. Sterbend verlangt er noch eine auf C-Dur gestimmte Mundharmonika, um dem jungen Paar das letzte Liebeslied zu spielen: „Braune Rose, jippi jippi jei." So treu ist er.

124 junge Helden verlassen stumm und mit schleppenden Schritten das Kino. Schurken sind auch darunter. Well.

Die Typisierung (< gr. typos = Schlag, Gestalt) verzichtet bei der Darstellung von Personen auf die differenzierte Beschreibung von persönlichen Merkmalen, Eigenheiten oder Charaktereigenschaften. Sie beschränkt sich auf allgemeine Eigenschaften und vereinfacht stark, z.B. durch eine Anhäufung von *Floskeln* und durch *Übertreibungen.* Weil Abstufungen und Zwischentöne fehlen, entstehen oft Fehleinschätzungen. Schriftsteller verwenden Typisierungen absichtsvoll, wenn sie Missstände kritisieren oder Fehlentwicklungen anprangern wollen, z.B. in Satiren. Vor allem in der Trivialliteratur, der untersten Stufe von Unterhaltungsliteratur, kommen Typisierungen häufig vor.

2 Stellt in Partnerarbeit die für den Autor typischen Elemente eines Western zusammen und vergleicht sie mit den von euch gesammelten Merkmalen!

Zeile	Text 2	Ersatzprobe
1	sensationell	beeindruckend
…	…	…

3 a Stellt in Abteilungen die Attribute, Adverbien, Substantive und Vergleiche zusammen, mit denen Siegfried Sommer seine Figuren näher bestimmt, und ersetzt diese durch treffendere, d.h. weniger übertreibende Ausdrücke!

b Sprecht über die Wirkung!

c Schreibt den Text arbeitsteilig in „normale" Sprache um und erklärt, was kennzeichnend ist für den Stil!

3 Günther Weisenborn (1902–1969): Zwei Männer

Als der Wolkenbruch, den sich der argentinische Himmel damals im Februar leistete, ein Ende gefunden hatte, stand das ganze Land unter Wasser. Und unter Wasser standen die Hoffnungen des Pflanzers von Santa Sabina. Wo ein saftgrü-

[1] Chippendale (< engl. Thomas Chippendale, 1718–1779): englischer Tischler, bekannt für seinen Möbelstil: Möbelstück in charakteristisch leichter und zweckmäßiger Form; hier: die Beine des Cowboys sind zum Reiten zweckmäßig geformt, d. h. er hat O-Beine.

[2] Der Taxameter (< gr. tachys = schnell, metron = Maß): Fahrpreisanzeiger in einem Taxi

nes Vermögen in Gestalt von endlosen Teefeldern mit mannshohen Yerbabüschen[1] gestanden hatte, dehnte sich morgens ein endloses Meer. Der Farmer war vernichtet, das wusste er. Er saß auf einer Maiskiste neben seinem Haus und zählte die fetten Blasen, die an seine Schuhe trieben und dort zerplatzten. Das Maisfeld glich einem See. Der Rancho[2] des Peons[3] war darin verschwunden. Sein Schilfdach trieb im Strom davon, eine nickende Straußenleiche vor sich herschiebend. Der Peon hatte sich zu seinem Herrn geflüchtet und saß neben ihm. Er war ein Indio[4], der mit breitem, eisernem Gesicht ins Leere starrte. Seine Frau war ertrunken, als sie sich losließ, um ihre Hände zur Madonna[5] zu erheben. Der Peon hatte drei Blasen gezählt. Ihre Hand hatte die letzte Blase zerschlagen.

Der Farmer hatte seine Frau in der Stadt. Sie würde vergeblich auf seinen Schritt vor der Tür warten. Denn der Farmer gab sich noch eine Nacht. Es ist unter Männern Brauch, dass man sich in gewissen Lagen die letzte Zigarette teilt. Der Farmer, im Begriff nach Mannesart zu handeln, wurde von seinem Peon unterbrochen. „Herr!", rief der Indio, „der Parana[6]! Der Strom kommt …!" Er hatte Recht. Man hörte in der Ferne ein furchtbares Donnern. Der Parana, angeschwollen von Wasser und Wind, brach in die Teeprovinzen ein. Parana, das heißt der größte Strom Argentiniens. Dieses Donnern war das Todesurteil für die Männer von Santa Sabina. Sie verstanden sich auf diese Sprache, die Männer. Sie hatten tausendmal dem Tod ins Auge gesehen.

Sie hatten das Weiße im Auge des Pumas gesehen und der Korallenschlange ins kalt strahlende Gesicht. Sie hatten dem Jaguar gegenübergestanden und der großen Kobra, die sich blähte. Sie hatten alle diese Begegnungen für sich entschieden, denn ihr Auge war kalt und gelassen ihre Hand.

Jetzt aber halfen keine Patronen und kein scharfes Auge. Dieser Feind hier, das Wasser, war bösartig wie hundert Schlangen, die heranzischten, und todesdurstig wie der größte Puma auf dem Ast. Man konnte das Wasser schlagen, es wuchs. Man konnte hineinschießen, es griff an. Es biss nicht, es stach nicht, das Wasser, es suchte sich nur mit kalten Fingern eine Stelle am Mann, seinen Mund, um ihn aufzufüllen, bis Blasen aus der Lunge quollen. Das Wasser war gelb und lautlos. Und man sah vor Regen den Himmel nicht.

Auf einer kleinen Insel, halb unsichtbar in der triefenden Finsternis, saß der Farmer mit seinem Peon vor seinem Haus.

Dann kam der große Parana. Er kam nicht mit Pauken und Posaunen. Nein, man merkte ihn gar nicht. Aber plötzlich stand der Schuh des Farmers im Wasser. Er zog ihn zurück. Aber nach einer Weile stand der Schuh wieder im Wasser, weiß der Teufel … Und wenn man die Maiskiste zurücksetzte, so musste man sie bald noch ein wenig zurücksetzen, denn kein Mann sitzt gern im Wasser.

Günther Weisenborn, geboren am 10.7.1902 in Velbert, war ein enger Mitarbeiter Bertolt Brechts, bevor er 1930 Deutschland verließ, um in Argentinien zu leben. 1937 kehrte er zurück und schloss sich dem Widerstand gegen den Nationalsozialismus an. 1942 wurde er dafür ins Gefängnis geworfen, aus dem er erst 1945 wieder befreit wurde. Danach arbeitete er als Schriftsteller, bis zu seinem Tod am 26.3.1969 in Berlin. Die Mehrzahl seiner Werke behandelt den Widerstand gegen den Nationalsozialismus.

---

1 Der Yerbabusch (< lat.-span. = Mate): Pflanze, deren Blätter als Tee verwendet werden (Mate-Tee)

2 Der Rancho (< span.): kleiner Wohnplatz, Hütte im spanischsprachigen Amerika

3 Der Peon (< lat.-span.): in Argentinien Bezeichnung für einen Pferdeknecht bzw. Viehhirten

4 Der Indio (< span.): süd- oder mittelamerikanischer Indianer

5 Die Madonna (< ital. ma donna = meine Herrin): Maria, die Mutter Jesu; hier: Figur der Mutter Gottes, von der sich die Frau Schutz erhoffte

6 Der Parana (Betonung auf der letzten Silbe): 3700 km langer Strom in Südamerika; entspringt in Brasilien und fließt durch Paraguay und Argentinien, wo er mit einem bis zu 70 km breiten Delta in den Rio de la Plata mündet.

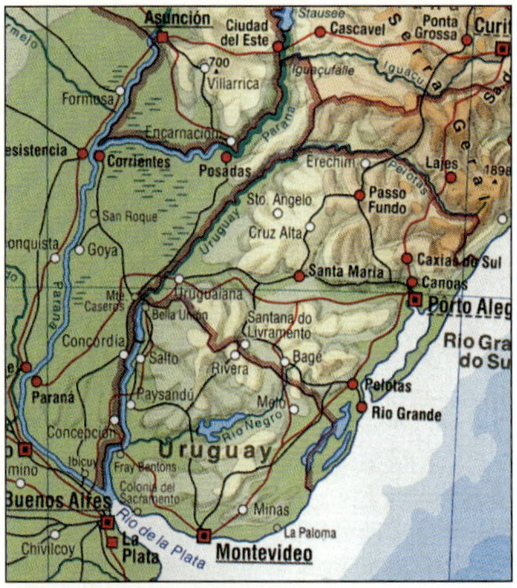

Der Parana

Das war alles, aber das war der Parana.

Gegen Abend fiel das Hühnerhaus um. Man hörte das halb erstickte Kreischen der Vögel, dann war es wieder still. Später zischte es plötzlich im Wohnhaus auf, denn das Wasser war in den Herd gedrungen.

Als es dunkel wurde, standen der Farmer und sein Peon bereits bis zum Bauch im Wasser. Sie kletterten auf das Schilfdach. Dort auf dem Gipfel saßen sie schweigend, dunkle Schatten in der dunkelsten aller Nächte, indes Töpfe und Kästen aus den Häusern hinausschwammen. Ein Stuhl stieß unten das Glasfenster in Scherben. Das Wasser rauschte. Die Blasen platzten. Ein totes Huhn schwamm im Kreise vor der Haustür.

Als das Wasser das Dach erreicht hatte, stieß es die Hausmauern nachlässig um. Das Dach stürzte von den gebrochenen Pfosten, schaukelte und krachte, dann drehte es sich um sich selbst und trieb in die rauschende Finsternis hinaus.

Das Dach ging einen langen Weg. Es fuhr kreisend zu Tal. Es trieb am Rande der großen Urwälder vorbei. Es segelte durch eine Herde von Rindern, die mit himmelwärts gestreckten Beinen totenstill auf dem wirbelnden Wasser trieben. Glotzäugige Fische schossen vor dem Schatten des Daches davon. Schwarze Aasgeier trieben, traubenweise an ein Pferd gekrallt, den Strom hinab. Sie blickten mordlustigen Auges herüber … Blüten, Möbel und Leichen vereinigten sich zu einem Zug des Todes, der talwärts fuhr, einem undurchsichtigen Ende entgegen.

Gegen Morgen richtete sich der Farmer auf und befahl seinem Peon, nicht einzuschlafen. Der Indio verwunderte sich über die harte Stimme seines Herrn. Er wäre bedenkenlos dem Farmer um die Erde gefolgt. Er war Indio und wusste, was ein Mann ist. Aber er wusste auch, dass ein Mann ein schweres Gewicht hat. Wenn nur ein Mann auf dem Dach sitzt, so hält es natürlich länger, nicht wahr, als wenn es unter dem schweren Gewicht zweier Männer auseinander bricht und versinkt. Und dann gute Nacht …

Er glaubte nicht, dass der Farmer gutwillig das Dach verlassen würde, aber man konnte ihn hinunterkippen, denn es ging hier um Leben und Tod. Das dachte der Indio, und er rückte näher. Sein Gesicht war steinern, es troff von Regen.

Das Dach würde auf keinen Fall mehr bis zum Morgen schwimmen. Jetzt schon brachen einzelne Bündel ab und schwammen nebenher. Die Männer mitten auf dem furchtbaren Strom wussten nicht, wo sie waren. Dichter Nebel fuhr mit ihnen. Ringsum das Wasser schien still zu stehen. Fuhren sie im Kreis? Sie wussten es nicht. Sie sahen sich an.

Da folgte der Farmer dem Brauch aller Männer, zog seine letzte Zigarette, brach sie in zwei Teile und bot dem Indio eines an. Sie rissen das Papier ab und kauten den Tabak, da sie kein Feuer hatten.

Er ist ein guter Kamerad, dachte der Peon. Es hat keinen Zweck. Es soll alles seinen Weg gehen. Als er den würzigen Geschmack des Tabaks fühlte, wurde aus der Feindschaft langsam ein Gefühl der Treue. Was willst du? Der Peon hatte seine Frau verloren und sein Kind. Sie hatte die letzte Blase ihres Atems mit ihrer Hand zerschlagen. Er hatte nichts mehr, was ihn zu leben verlockte. Das Schilfdach sank immer tiefer. Wenn er selbst ins Wasser sprang, hielt das Dach vielleicht noch und trug seinen Herrn bis zum Morgen.

Der Dienst ist aus, adios[1], Senor[2]! Der Peon kletterte über den Giebel bis an den

---

[1] adios (< span.): Abschiedsgruß, Lebewohl
[2] Der Senor (< span.): Bezeichnung für Herr

Rand des Daches, als er plötzlich im dunklen Wasser Kaimane[1] rauschen sah, Jaquares[1], die ihn aufmerksam anstarrten. Zum ersten Mal verzog der Indio sein Gesicht, dann hielt er den Atem an und sprang. Aber er wurde im selben Moment von seinem Herrn gehalten, der ihn wieder aus dem Wasser zog und seinen Peon zornglühend anschrie. Kreideweiß, mit rot geränderten Augen und triefenden Haaren, beugte sich der Farmer über ihn, nannte ihn den Vater allen Unsinns und rüttelte ihn. Dann befahl er ihm, seinen Platz einzunehmen und den Mut nicht zu verlieren, verdammt noch mal …!

Gegen Morgen trieben sie an Land, sprangen über Baumäste und wateten stundenlang, bis sie ins Trockene kamen. Sie klopften den Boden mit Stöcken nach Schlangen ab, und ehe sie sich zum Schlafen in das Maisfeld legten, sagte der Farmer:

„Morgen gehen wir zurück und fangen wieder an."

„Bueno[2]", sagte der Indio. Der Regen hörte auf.

Arbeitsanregungen:

1 a Lest den Text still und notiert den ersten Gesamteindruck oder den Kern!
b Bildet eine Lesestaffel und tragt die Erzählung sinngestaltend vor!

2 a Gebt den Abschnitten Überschriften!
b Fasst arbeitsteilig in Partnerarbeit den Inhalt der einzelnen Abschnitte zusammen!

4 Zwei Schülerbeispiele

a. *Susis und Michaels Ergebnis*

1. Teil: Nach dem Wolkenbruch auf der Farm (Z. 1–52)

Nach einem Wolkenbruch mit starken Regenfällen steht das gesamte Farmland eines argentinischen Teepflanzers unter Wasser. Seine Existenzgrundlage ist vernichtet. Er fürchtet gemeinsam mit seinem Landarbeiter, seinem Peon, sterben zu müssen. Denn der Parana, der größte argentinische Fluss, ist über seine Ufer getreten und bedroht die bereits vom Wasser umgebenen Männer. Diese belastet besonders, dass sie sich gegen die Fluten nicht wehren können […]

2. Teil: Auf dem Parana (Z. 53–102)

Das Hochwasser zerstört das Haus. Die beiden Männer …

b. *Katharinas und Simons Gliederungsvorschlag*

1. Teil: Nach dem Wolkenbruch (Z. 1–20)
…
2. Teil: Der Parana kommt (Z. 20–52)
…
3. Teil: Die Männer und der Tod (Z. 53–65)
…
4. Teil: Überlegungen des Peon (Z. 66–92)
…
5. Teil: Die Rettung (Z. 92–103)
…

3 a Ergänzt die beiden ersten Schülerbeispiele und vergleicht sie mit euren Lösungen!
b Beurteilt die beiden Gliederungsvorschläge (Texte 4a und b)!

4 Untersucht den Text arbeitsteilig genauer!
a Arbeitet z.B. heraus, wie die Gefahr die Stimmung und die Verhaltensweisen der Männer prägt!
b Untersucht, mit welchen sprachlichen Mitteln die jeweilige Situation gestaltet ist (z.B. Z. 53–63)!

---

1 Kaimane und Jaquares (< indian.-span.): südamerikanische Gruppen der Alligatoren (< span. el lagarto = die Eidechse): Familie der Krokodile im tropischen und subtropischen Amerika

2 Bueno (< span.): gut

5 Ergebnisse der Textbeschreibung

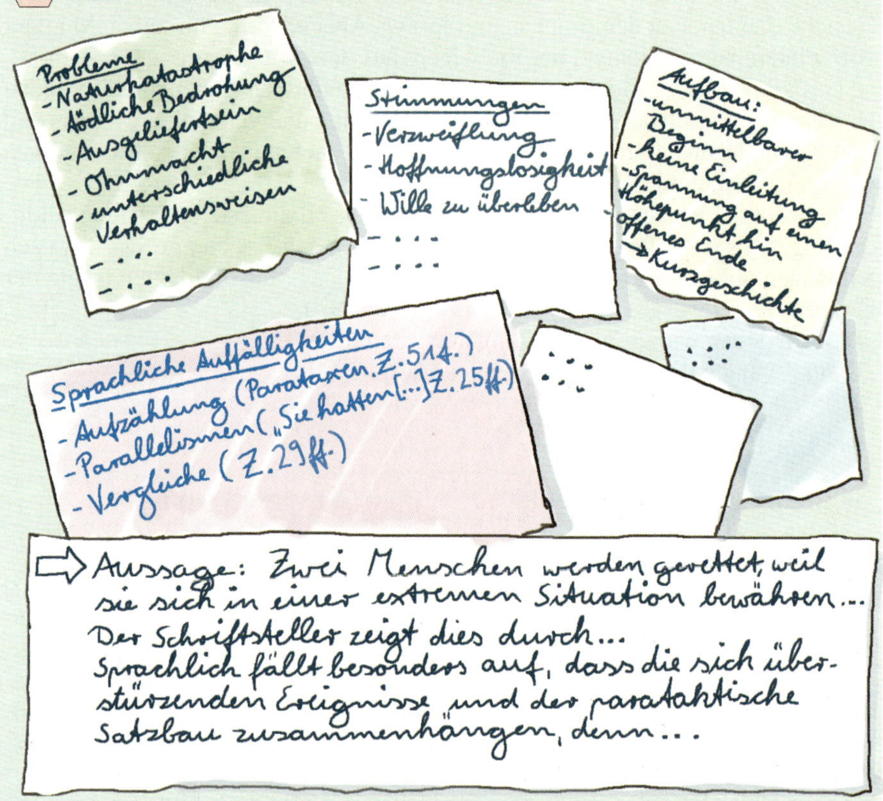

5 Ergänzt Text 5 durch eure Beispiele!

Julian gefällt dieses Ergebnis noch nicht. „Die beiden Männer spielen in der Kurzgeschichte von Günther Weisenborn eine zentrale Rolle. Das sagt ja schon der Titel. Diese zwei müssen wir noch genauer betrachten."

6 Der Farmer und der Peon – Charakterisierungen

Der Farmer

Selbstcharakteristik		Fremdcharakteristik	
direkt	indirekt	direkt	indirekt
			– schicksalsergeben (vgl. Z. 5f.)
	– resigniert (vgl. Z. 15f.) – mannhaft (vgl. Z. 16f.)		
		– mutig, kalt, gelassen (vgl. Z. 25ff.)	
– gibt nicht auf (Z. 101) ...			

Der Peon

Selbstcharakteristik		Fremdcharakteristik	
direkt	indirekt	direkt	indirekt
			– treu (vgl. Z 10f.) – schichsalsergeben (vgl. Z. 11ff.)
	– aufmerksam (vgl. Z. 19f.)		
		– mutig, kalt, gelassen (vgl. Z. 25ff.) – bereit zu morden (vgl. Z. 71ff.)	
	– opferbereit (vgl. Z. 88ff.)		
– seinem Herrn ergeben (Z. 102)			
…			
…			
…			
…			

6 Ergänzt in Partnerarbeit die Tabellen von Text 6 und schreibt arbeitsteilig je eine Charakterisierung des Farmers und seines Peon!

7 Herbert Malecha (*1927): Die Probe

Redluff sah, das schrille Quietschen der Bremsen noch in den Ohren, wie sich das Gesicht des Fahrers ärgerlich verzog. Mit zwei taumeligen Schritten war er wieder auf dem Gehweg. „Hat es Ihnen was gemacht?" Er fühlte sich am Ellbogen angefasst. Mit einer fast brüsken[1] Bewegung machte er sich frei. „Nein, nein, schon gut. Danke", sagte er noch, beinah schon über die Schulter, als er merkte, dass ihm der Alte nachstarrte.

Eine Welle von Schwäche stieg von seinen Knien auf, wurde fast zur Übelkeit. Das hätte ihm gerade gefehlt, angefahren auf der Straße liegen, eine gaffende Menge und dann die Polizei. Er durfte jetzt nicht schwach werden, nur weiterlaufen, unauffällig weiterlaufen zwischen den vielen auf der hellen Straße. Langsam ließ das Klopfen im Halse nach. Seit drei Monaten war er zum ersten Mal wieder in der Stadt, zum ersten Mal wieder unter so vielen Menschen. Ewig konnte er in dem Loch sich ja nicht verkriechen, er musste einmal wieder raus, wieder Kontakt aufnehmen mit dem Leben, überhaupt raus aus allem. Ein Schiff musste sich finden lassen, möglichst noch, bevor es Winter wurde. Seine Hand fuhr leicht über die linke Brustseite seines Jacketts, er spürte den Pass, der in der Innentasche steckte; gute Arbeit war dieser Pass, er hatte auch nicht schlecht dafür bezahlt.

Die Autos auf der Straße waren zu einer langen Kette aufgefahren. Nur stockend schoben sie sich vorwärts. Menschen gingen an ihm vorbei, kamen ihm entgegen; er achtete darauf, dass sie ihn nicht streiften. Einem Platzregen von Gesich-

[1] brüsk: schroff, barsch

Arbeitsanregungen:

1 Sammelt Aspekte, die euch zum Stichwort „Probe" einfallen! Z. B.: Bevor man ein neues Fahrrad kauft, unternimmt man eine Probefahrt: >„Probe" heißt hier also „Prüfung".

Mehrdeutigkeit

Die **Grundbedeutung** eines Wortes nennt man die **Denotation** (< lat. denotare = bezeichnen, kenntlich machen), z.B. die Probe (< lat. probare = untersuchen, prüfen): die Prüfung.
Wenn sich mit der Grundbedeutung **Nebenbedeutungen** verbinden, spricht man von **Konnotationen** (< lat. con = mit, zusammen; notare = bezeichnen, kennzeichnen). **Mehrdeutigkeiten** und damit Missverständnisse lassen sich nur aus dem Textzusammenhang, dem Kontext, klären bzw. vermeiden.

Konnotationen von „Probe“ können z. B. sein:
- Kleine Menge von etwas, um die Beschaffenheit zu erkennen
- Vorbereitung von Künstlern vor einer Aufführung

tern war er ausgesetzt, fahle Ovale, die sich mit dem wechselnden Reklamelicht verfärbten. Redluff strengte sich an, den Schritt der vielen anzunehmen, mitzuschwimmen in dem Strom. Stimmen, abgerissene Gesprächsfetzen schlugen an sein Ohr, jemand lachte. Für eine Sekunde haftete sein Blick an dem Gesicht einer Frau, ihr offener, bemalter Mund sah schwarz gerändert aus. Die Autos fuhren jetzt an, ihre Motoren summten auf. Eine Straßenbahn schrammte vorbei. Und wieder Menschen, Menschen, ein Strom flutender Gesichter. Sprechen und hundertfache Schritte. Redluff fuhr unwillkürlich mit der Hand an seinen Kragen. An seinem Hals merkte er, dass seine Finger kalt und schweißig waren.
Wovor hab' ich denn eigentlich Angst, verdammte Einbildung, wer soll mich denn schon erkennen in dieser Menge, sagte er sich. Aber er spürte nur zu genau, dass er in ihr nicht eintauchen konnte, dass er wie ein Kork auf dem Wasser tanzte, abgestoßen und weitergetrieben. Ihn fror plötzlich. Nichts wie verdammte Einbildung, sagte er sich wieder. Vor drei Monaten war das ja noch anders, da stand sein Name schwarz auf rotem Papier auf jeder Anschlagsäule zu lesen, Jens Redluff; nur gut, dass das Foto so schlecht war. Der Name stand damals fett in den Schlagzeilen der Blätter, wurde dann klein und kleiner, auch das Fragezeichen dahinter, rutschte in die letzten Spalten und verschwand bald ganz.
Redluff war jetzt in eine Seitenstraße abgebogen, der Menschenstrom wurde dünner, noch ein paar Abbiegungen, und die Rinnsale lösten sich auf, zerfielen in einzelne Gestalten, einzelne Schritte. Hier war es dunkler. Er konnte den Kragen öffnen und die Krawatte nachlassen. Der Wind brachte einen brackigen[1] Lufthauch vom Hafen her. Ihn fröstelte.
Ein breites Lichtband fiel quer vor ihm über die Straße, jemand kam aus dem kleinen Lokal, mit ihm ein Dunst nach Bier, Qualm und Essen. Redluff ging hinein. Die kleine, als Café aufgetakelte[2] Kneipe war fast leer, ein paar Soldaten saßen herum, grelle Damen in ihrer Gesellschaft. Auf den kleinen Tischen standen Lämpchen mit pathetisch[3] roten Schirmen. Ein Musikautomat begann aus der Ecke zu hämmern. Hinter der Theke lehnte ein dicker Bursche mit bloßen Armen. Er schaute nur flüchtig auf.
„Kognak, doppelt“, sagte Redluff zu dem Kellner. Er merkte, dass er seinen Hut noch in der Hand hielt, und legte ihn auf den leeren Stuhl neben sich. Er steckte sich eine Zigarette an, die ersten tiefen Züge machten ihn leicht benommen. Schön warm war es hier, er streckte seine Füße lang aus. Die Musik hatte gewechselt. Über gezogen jaulenden Gitarrentönen hörte er halblautes Sprechen, spitzes Lachen vom Nachbartisch. Gut saß es sich hier.
Der Dicke hinter der Theke drehte jetzt seinen Kopf nach der Tür. Draußen fiel eine Wagentür schlagend zu. Gleich darauf kamen zwei Männer herein, klein und stockig der eine davon. Er blieb in der Mitte stehen, der andere, im langen Ledermantel, steuerte auf den Nachbartisch zu. Keiner von beiden nahm seinen Hut ab.
Redluff versuchte hinüberzuschielen, es durchfuhr ihn. Er sah, wie der Große sich über den Tisch beugte, kurz etwas Blinkendes in der Hand hielt. Die Musik

[1] brackig: nicht trinkbar (Brackwasser: ein Gemisch aus Salz- und Süßwasser)
[2] aufgetakelt (die Takelage [< fr.]: Segelausrüstung eines Schiffes): aufgedonnert, geschmacklos hergerichtet
[3] pathetisch (< gr. Pathos = leidenschaftlicher Ausdruck, [abwertend] Gefühlsüberschwang): ausdrucksvoll, (abwertend) übertrieben gefühlvoll, empfindungsvoll

hatte ausgesetzt. „What's he want?", hörte er den Neger vom Nebentisch sagen. „What's he want?" Er sah seine wulstigen Lippen sich bewegen. Das Mädchen kramte eine bunte Karte aus ihrer Handtasche. „What's he want?", sagte der Neger eigensinnig. Der Mann war schon zum nächsten Tisch gegangen. Redluff klammerte sich mit der einen Hand an die Tischkante. Er sah, wie die Fingernägel sich entfärbten. Der rauchige Raum schien ganz leicht zu schwanken, ganz leicht. Ihm war, als müsste er auf dem sich neigenden Boden jetzt langsam samt Tisch und Stuhl auf die andere Seite rutschen. Der Große hatte seine Runde beendet und ging auf den anderen zu, der immer noch mitten im Raum stand, die Hände in den Manteltaschen. Redluff sah, wie er zu dem Großen etwas sagte. Er konnte es nicht verstehen. Dann kam er geradewegs auf ihn zu.
„Sie entschuldigen", sagte er, „Ihren Ausweis, bitte!" Redluff schaute erst gar nicht auf das runde Metall in seiner Hand. Er drückte seine Zigarette aus und war plötzlich völlig ruhig. Er wusste es selbst nicht, was ihn mit einmal so ruhig machte, aber seine Hand, die in die Innentasche seines Jacketts fuhr, fühlte den Stoff nicht, den sie berührte, sie war wie von Holz. Der Mann blätterte langsam in dem Pass, hob ihn besser in das Licht. Redluff sah die Falten auf der gerunzelten Stirn, eins, zwei, drei. Der Mann gab ihm den Pass zurück. „Danke, Herr Wolters", sagte er. Aus seiner unnatürlichen Ruhe heraus hörte Redluff sich selber sprechen. „Das hat man gern, so kontrolliert zu werden wie –" er zögerte etwas, „ein Verbrecher!" Seine Stimme stand spröde im Raum. Er hatte doch gar nicht so laut gesprochen. „Man sieht manchmal jemand ähnlich", sagte der Mann, grinste, als hätte er einen feinen Witz gemacht. „Feuer?" Er fingerte eine halbe Zigarre aus der Manteltasche. Redluff schob seine Hand mit dem brennenden Streichholz längs der Tischkante ihm entgegen. Die beiden gingen.
Redluff lehnte sich in seinen Stuhl zurück. Die Spannung in ihm zerbröckelte, die eisige Ruhe schmolz. Er hätte jubeln können. Das war es, das war die Probe, und er hatte sie bestanden. Triumphierend setzte der Musikautomat wieder ein. „He, Sie vergessen Ihren Hut", sagte der Dicke hinter der Theke. Draußen atmete er tief, seine Schritte schwangen weit aus, am liebsten hätte er gesungen. Langsam kam er wieder in belebtere Straßen, die Lichter nahmen zu, die Läden, die Leuchtzeichen an den Wänden. Aus einem Kino kam ein Knäuel Menschen, sie lachten und schwatzten, er mitten unter ihnen. Es tat ihm wohl, wenn sie ihn streiften. „Hans", hörte er eine Frauenstimme hinter sich, jemand fasste seinen Arm. „Tut mir Leid", sagte er und lächelte in das enttäuschte Gesicht. Verdammt hübsch, sagte er zu sich. Im Weitergehen nestelte er an seiner Krawatte. Dunkel glänzende Wagen sangen über den blanken Asphalt. Kaskaden[1] wechselnden Lichts ergossen sich von den Fassaden, Zeitungsverkäufer riefen die Abendausgaben aus. Hinter einer großen, leicht beschlagenen Spiegelglasscheibe sah er undeutlich tanzende Paare; pulsierend[2] drang die Musik abgedämpft bis auf die Straße. Ihm war wie nach Sekt. Ewig hätte er so gehen können, so wie jetzt. Er gehörte wieder dazu, er hatte den Schritt der vielen, es machte ihm keine Mühe mehr. Im Sog der Menge ging er über den großen Platz auf die große Halle zu mit ihren Ketten von Glühlampen und riesigen Transparenten. Um die Kassen vor dem Einlass drängten sich Menschen. Von irgendwoher flutete Lautsprechermusik. Stand dort nicht das Mädchen von vorhin? Redluff stellte sich hinter

---

Interpretationshilfe 4: Bei der Textbeschreibung fallen Gedichte und Prosaformen auf mit häufigen bzw. seltenen **Attributen** bzw. **Attributsätzen.**

– Das *Erkennen der Funktion* ist dabei entscheidend: Attribute – meist aus Adjektiven, Adverbien oder Partizipien – schaffen *Genauigkeit* (z. B.: Es ist nicht das weiße, sondern das *blaue* Haus.), ermöglichen differenzierte *Abstufungen* (z. B.: grell – greller – am grellsten), lassen erhellende *Vergleiche* zu (z. B.: Ihr Gesicht war fahl wie Asche.) und schaffen *Atmosphäre* (z. B.: Komm in den totgesagten park und schau [...], Stefan George).
– Als *Stilmittel* ist das treffende Attribut entscheidend, nicht die wuchernde Häufung, die oft die Trivialliteratur kennzeichnet. Wo die moderne Lyrik und Prosa bewusst auf Attribute verzichtet, will sie Verknappung und Kargheit ausdrücken.
– Fünf *Attributarten* lassen sich in *Attributsätze* umformen:
  • Das *Adjektivattribut:* Der grelle Schein [...]; Der Schein, der grell ist.
  • Das *Adverbialattribut:* Der Schein hier [...]; Der Schein, der hier leuchtet [...]
  • Die *Apposition:* Der Schein, gleißendes Licht, [...]; Der Schein, der gleißendes Licht verursacht [...]
  • Das *Genitivattribut:* Der Schein des Lichts [...]; Der Schein, den das Licht wirft, [...]
  • Das *Präpositionalattribut:* Der Schein im Stadion [...]; Der Schein, der das Stadion erhellt, [...]

---

[1] Die Kaskade (< lat.-fr.): künstlicher stufenförmiger Wasserfall
[2] pulsierend: rhythmisch dem Pulsschlag entsprechend schlagen, klopfen

sie in die Reihe. Sie wandte den Kopf, er spürte einen Hauch von Parfüm. Dicht hinter ihr zwängte er sich durch den Einlass. Immer noch flutete die Musik, er hörte ein Gewirr von Hunderten von Stimmen. Ein paar Polizisten suchten etwas Ordnung in das Gedränge zu bringen. Ein Mann in einer Art von Portiersuniform nahm ihm seine Einlasskarte ab. „Der, der!“, rief er auf einmal und deutete aufgeregt hinter ihm her. Gesichter wandten sich, jemand im schwarzen Anzug kam auf ihn zu, ein blitzendes Ding in der Hand. Gleißendes Scheinwerferlicht übergoss ihn. Jemand drückte ihm einen Riesenblumenstrauß in die Hände.

Zwei strahlend lächelnde Mädchen hakten ihn rechts und links unter, Fotoblitze zuckten. Und zu allem dröhnte eine geölte Stimme, die vor innerer Freudigkeit fast zu bersten schien: „Ich darf Ihnen im Namen der Direktion von ganzem Herzen gratulieren, Sie sind der hunderttausendste Besucher der Ausstellung!“ Redluff stand wie betäubt. „Und jetzt sagen Sie uns Ihren werten Namen“, schmalzte die Stimme unwiderstehlich weiter. „Redluff, Jens Redluff“, sagte er, noch ehe er wusste, was er sagte, und schon hatten es die Lautsprecher dröhnend bis in den letzten Winkel der riesigen Halle getragen.

Der Kordon[1] der Polizisten, der eben noch die applaudierende Menge zurückgehalten hatte, löste sich langsam auf. Sie kamen auf ihn zu.

2 a Haltet euren ersten Leseeindruck fest!
b Schreibt dazu die Fragen auf, die ihr an den Text habt!
c Sucht andere passende Überschriften!

Inhalt, Aufbau, Sprache und Deutung gehören zusammen

Zeile(n)	Inhalt und Aufbau ⇄	Form (Stilmittel) →	Deutung
1–6	– Redluff verursacht beinahe einen Unfall und wehrt sich gegen Hilfe; – abrupter Beginn ohne Einleitung	– nüchterne, sachliche Sprache – Beschreibung – knapper Dialog	– Redluff ist im Straßenverkehr unsicher. Er war wohl lange nicht mehr in einer Stadt. Kontakte sucht er zu meiden.
7–18	– Redluff denkt in seiner Schwäche an die Einsamkeit der letzten Zeit, an Flucht und an seinen gefälschten Pass; Rückblick	– … – …	– … – …
…	…	…	…
…	…	…	…

[1] Der Kordon (< frz. cordon = Schnur, Seil): polizeiliche Absperrung

8 Lösungsvorschläge von Schülern

a. *Erste Leseeindrücke*

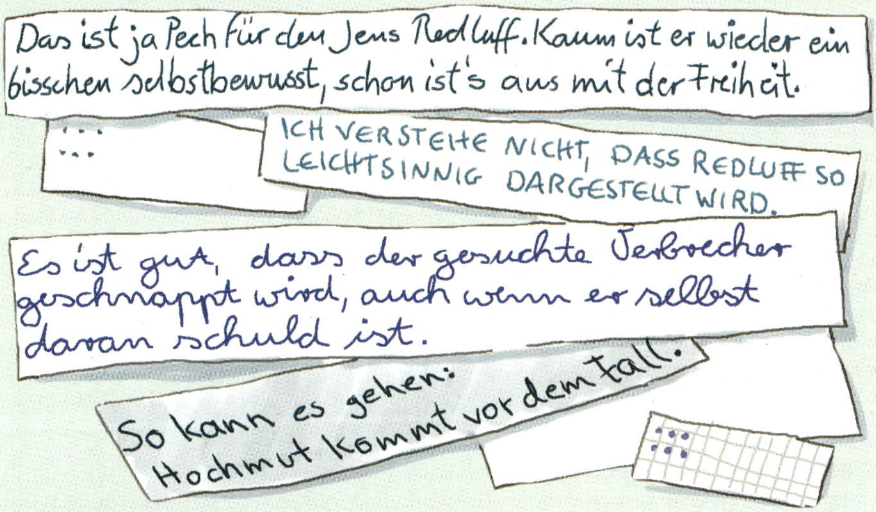

b. *Was Julian aufgefallen ist*

- Kurzgeschichte
- knappe, einfache Sätze
- emotionsloser Stil
- überraschender, unerwarteter Schluss
- Redluffs körperliche Reaktionen auf seine Angst (z.B. Z. 68ff.)
- offensichtlich will der Verfasser zeigen, dass sich ein Mensch eben nicht verleugnen kann
- …
- …

…

c. *Katharinas Fragen an den Text*

- Wird Redluffs Charakter in seinem Verhalten sichtbar?
- Was ist das für ein Mensch?
- Ist es Eitelkeit, die ihn ins Rampenlicht treibt?
- In dem Text kommt sehr häufig Wasser vor, bzw. etwas, das mit Wasser zu tun hat.
  Welle von Schwäche (Z. 7)
  Platzregen von Gesichtern (Z. 21f.)
  …
  …
  Scheinwerferlicht *übergoss* ihn (Z. 117f.)
  …
  Was bedeuten diese Wassermetaphern?
- …
- …

…

3 a Vergleicht die ersten Leseeindrücke!
b Ergänzt die Beobachtungen und Fragen!

4 a Schreibt einen Übersichtssatz!
b Sammelt Aspekte, nach denen sich die Kurzgeschichte beschreiben und deuten ließe!

Wenn ihr einen **Text beschreiben und deuten,** also **interpretieren** wollt, müsst ihr in einer *ersten Phase* den Text gut durcharbeiten und einen **ersten Leseeindruck** als vorläufigen Gesamteindruck festhalten. Dieser kann sich auf den ganzen Text beziehen oder auf bestimmte Teile bzw. Auffälligkeiten. Besondere Beobachtungen oder Fragen sollten gesondert aufgeschrieben werden (vgl. S. 46f. im ersten Kapitel!).

An den folgenden drei Texten will die Klasse 9c die Methode der Interpretation üben. Angewandt werden sollen folgende drei Phasen:

- Festhalten des ersten Leseeindrucks und eventueller Fragen an den Text,
- Beschreibung und Deutung von Merkmalen des Inhalts, des Aufbaus und der Form in ihrer Wechselbeziehung als tabellarische Stoffsammlung,
- Ausarbeitung mit Einleitung und Schluss sowie Korrektur.

Der Erste Weltkrieg warf den am 17.2. 1891 in Regensburg geborenen Beamtensohn **Georg Britting** aus der geplanten Karriere als Volkswirt. Als Soldat wurde er mehrfach schwer verwundet. Nach Kriegsende gründete er mit einem Freund eine literarische Zeitschrift, die aber ihr Erscheinen schon bald wieder einstellen musste. Britting zog nach München und arbeitete ab 1919 bis zu seinem Tod am 27.4.1964 als erfolgreicher Schriftsteller. Er erhielt für seine Prosaarbeiten und vor allem für seine Gedichte zahlreiche Auszeichnungen und Preise.

3. Auf Leben und Tod – Prosatexte interpretieren

1 Georg Britting (1891–1964): Brudermord im Altwasser[1]

Das sind grünschwarze Tümpel, von Weiden überhangen, von Wasserjungfern[2] übersurrt, das heißt: Wie Tümpel und kleine Weiher und auch große Weiher ist es anzusehen, und es ist doch nur Donauwasser, durch Steindämme abgesondert vom großen grünen Strom, Altwasser, wie man es nennt. Fische gibt es im Altwasser, viele, Fischkönig ist der Bürstling, ein Raubtier mit zackiger, kratzender Rückenflosse, mit bösen Augen, einem gefräßigen Maul, grünschwarz schillernd wie das Wasser, darin er jagt. Und wie heiß es hier im Sommer ist! Die Weiden schlucken den Wind, der draußen über dem Strom immer geht. Und aus dem Schlamm steigt ein Geruch wie Fäulnis und Kot und Tod. Kein besserer Ort ist zu finden für Knabenspiele als dieses grün dämmernde Gebiet. Und hier geschah, was ich jetzt erzähle.

Die drei Hofberger Buben, elfjährig, zwölfjährig, dreizehnjährig, waren damals im August jeden Tag auf den heißen Steindämmen, hockten unter den Weiden, waren Indianer im Dickicht und Wurzelgeflecht, pflückten Brombeeren, die schwarzfeucht, stachlig geschützt, glänzten, schlichen durch das Schilf, das in hohen Stangen wuchs, schnitten sich Weidenruten, rauften, schlugen auch wohl einmal dem Jüngsten, dem Elfjährigen, eine tiefe Schramme, dass sein Gesicht rot beschmiert war wie eine Menschenfressermaske, brachen wie Hirsche und schreiend durch Buschwerk und Graben zur breit fließenden Donau vor, wuschen den blutigen Kopf, und die Haare deckten die Wunde dann, und waren gleich wieder versöhnt. Die Eltern natürlich durften nichts erfahren von solchen Streichen, und sie lachten alle drei und vereinbarten wie immer: „Zu Hause sagen wir aber nichts davon!"

Die Altwässer ziehen sich stundenweit der Donau entlang. Bei einem Streifzug einmal waren die drei tief in die grüne Wildnis vorgedrungen, tiefer als je zuvor, bis zu einem Weiher, größer, als sie je einen gesehen hatten, schwarz der Wasserspiegel, und am Ufer lag ein Fischerboot angekettet. Den Pfahl, an dem die Kette hing, rissen sie aus dem schlammigen Boden, warfen Kette und Pfahl ins Boot, stiegen ein, ein Ruder lag auch dabei, und ruderten in die Mitte des Weihers hinaus. Nun waren sie Seeräuber und träumten und brüteten wilde Pläne. Die Sonne schien auf ihre bloßen Köpfe, das Boot lag unbeweglich, unbeweglich stand das Schilf am jenseitigen Ufer, Staunzen[3] fuhren leise summend durch die dicke Luft, kleine Blutsauger, aber die abgehärteten Knaben spürten die Stiche nicht mehr.

[1] Das Altwasser: ehemalige(r) Flussarm(e) mit stehendem Wasser, z.B. durch Begradigung des Flusses entstanden
[2] Die Wasserjungfern: Libellen
[3] Die Staunze (bayer.-mundartlich): Stechmücke

Der Dreizehnjährige begann das Boot leicht zu schaukeln. Gleich wiegten sich die beiden anderen mit, auf und nieder, Wasserringe liefen über den Weiher, Wellen schlugen platschend ans Ufer, die Binsen[1] schwankten und wackelten. Die Knaben schaukelten heftiger, dass der Bootsrand bis zum Wasserspiegel sich neigte und das aufgeregte Wasser ins Boot hineinschwappte. Der Kleinste, der Elfjährige, hatte einen Fuß auf den Bootsrand gesetzt und tat jauchzend seine Schaukelarbeit. Da gab der Ältere dem Zwölfjährigen ein Zeichen den Kleinen zu schrecken, und plötzlich warfen sie sich beide auf die Bootsseite, wo der Kleine stand, und das Boot neigte sich tief, und dann lag der Jüngste im Wasser und schrie und ging unter und schlug von unten gegen das Boot und schrie nicht mehr und pochte nicht mehr und kam auch nicht mehr unter dem Boot hervor, unter dem Boot nicht mehr hervor, nie mehr.

Die beiden Brüder saßen stumm und käsegelb auf den Ruderbänken in der prallen Sonne, ein Fisch schnappte und sprang über das Wasser heraus. Die Wasserringe hatten sich verlaufen, die Binsen standen wieder unbeweglich, die Staunzen summten bös und stachen. Die Brüder ruderten das Boot wieder ans Ufer, trieben den Pfahl mit der Kette wieder in den Uferschlamm, stiegen aus, trabten auf dem langen Steindamm dahin, trabten stadtwärts, wagten nicht sich anzusehen, liefen hintereinander, achteten der Weiden nicht, die ihnen ins Gesicht schlugen, nicht der Brombeersträucherstacheln, die an ihnen rissen, stolperten über Wurzelschlangen, liefen, liefen und liefen.

Die Altwässer blieben zurück, die grüne Donau kam, breit und behäbig, rauschte der Stadt zu, die ersten Häuser sahen sie, sie sahen den Dom, sie sahen das Dach des Vaterhauses. Sie hielten, schweißüberronnen, zitterten verstört, die Knaben, die Mörder, und dann sagte der Ältere wie immer nach einem Streich: „Zu Hause sagen wir aber nichts davon!" Der andere nickte, von wilder Hoffnung überwuchert, und sie gingen, entschlossen ewig zu schweigen, auf die Haustüre zu, die sie wie ein schwarzes Loch verschluckte.

Interpretationshilfe 5:
Durch das **Tempus** (die Zeitform) kann vor allem in der Erzählung ein Geschehen als abgeschlossen, gegenwärtig oder zukünftig vermittelt werden. Durch **Tempuswechsel** lassen sich interessante Wirkungen erzielen.

- Das *Präteritum* ist die „klassische" Erzählzeit. Vorausliegendes wird im Plusquamperfekt dargestellt.
- Das *Präsens* macht ein Geschehen unmittelbar gegenwärtig. Im Perfekt erscheint das an die Gegenwart Heranreichende.
- *Futur I* bezeichnet Zukünftiges. Das selten gebrauchte Futur II drückt etwas Abgeschlossenes aus, das in der Zukunft liegt. Z.B.: Der wird sich aber gewundert haben.

Arbeitsanregungen:

1 a Haltet eure ersten Leseeindrücke schriftlich fest!
b Vergleicht sie mit denen von Veronika (Text 2)!

2 Veronikas erste Leseeindrücke, Beobachtungen und Fragen

- Zwei Jungen bringen unglücklicherweise ihren Bruder beim Spiel um.
- So wild, wie die Jungen beschrieben werden, musste so etwas ja einmal passieren.
- Sie wollen zu Hause nichts sagen, aber das wird bei dem tragischen Fall nicht gehen.
- Warum beginnt der Text wie eine Erzählung und endet wie eine Kurzgeschichte?
- Die Naturbeschreibung ist sehr emotional gefärbt. Warum?
- Sind z.B. der „Bürstling, ein Raubtier" (Z. 5f.), oder die Blut saugenden „Staunzen" (Z. 35ff.) Dingsymbole?
- Sind die Knaben wirklich Mörder (vgl. Titel und Z. 62)?

2 a Verfasst eine geordnete Stoffsammlung, so dass die Zusammenhänge zwischen Inhalt – Aufbau – Spracheigenarten optisch deutlich werden!
b Vergleicht eure Lösung mit der Julians (Text 3)!

[1] Die Binsen: grasähnliche Sumpfpflanzen

3 Julians geordnete Stoffsammlung

Zeile(n)	Inhalt	Aufbau	Form (Stilmittel)	Deutung
1–11	Schilderung der Altwasser der Donau als idealer Platz für sommerliche Knabenspiele	Einleitung	zu Beginn sachliche Beschreibung, bald aber emotionsgeladene Wörter der Schilderung, die Vorahnungen wecken auf ein schlimmes Ende; aneinander gereihte Aufzählung („und"), oft hypotaktischer Satzbau	Der Autor erklärt dem Leser den Schauplatz. Es drängt ihn aber immer heftiger, zum eigentlichen Geschehen zu kommen und dafür Spannung aufzubauen.
12–23	Charakterisierung der drei Hofberger Buben	Überleitung	ein Satz über 10 Zeilen, dann nur noch ein weiterer, kurzer Satz mit einer direkten Rede	Der Autor braucht diesen Abschnitt, damit der Leser das Kommende besser versteht, aber er drängt vehement vorwärts und baut dadurch eine ungeheure Spannung auf. Was passiert jetzt wohl?
24–37	Streifzug durch die Altwässer und Diebstahl eines Fischerbootes	Erstes Vergehen	Adjektive, die Unheil verkünden: grün > schwarz > schlammig > wild	Die Buben stehlen ein Boot. Man spürt aber, dass es noch schlimmer kommen wird, denn die Luft wird „dick" (Z. 35). Die Dickfelligkeit der Buben, ihre Unempfindlichkeit, wird hervorgehoben.
…	…	…	…	…
…	…	…	…	…

3 a Prüft und ergänzt die Stoffsammlung!
b Interpretiert (beschreibt und deutet) die Erzählung!

4 a Beurteilt diesen Schluss!
b Vergleicht ihn mit anderen Lösungen in eurer Klasse!

5 Schreibt die Geschichte vom „Brudermord im Altwasser" weiter, indem ihr vom ersten Zusammentreffen der beiden Jungen mit den Eltern erzählt!

Achtet darauf, dass eure Einleitung (möglichst ein Übersichtssatz mit Autor, Titel, Textart und Gesamteindruck), die Ausführungen des Hauptteils und die Schlusswertung zusammenpassen.

4 Franziskas Schlusswertung

Der Text von Georg Britting hat mich sehr nachdenklich gestimmt. Da wollen zwei Knaben ihrem jüngeren Bruder einen Streich spielen und der stirbt dabei. Das ist furchtbar. Die Reaktion der beiden Überlebenden kann ich gut nachvollziehen. Sie sind so schockiert, dass sie gar nicht bewusst wahrnehmen, was sie tun. Brittings Einschätzung der beiden als Mörder kann ich nicht teilen, denn sie haben die Tat ja nicht geplant und nicht in der Absicht begangen, ihren kleinen Bruder zu töten. Gleichwohl müssen sie für den Rest ihres Lebens damit klarkommen. Ich möchte nicht in einer solchen Situation stecken.
Georg Brittings Art, dieses Unglück zu beschreiben, hat mich sehr beeindruckt. Ich war von der Lektüre gleich ganz gefesselt, denn mir war früh bewusst, dass etwas Schreckliches passieren würde. Ich bedauere ein bisschen, dass uns der Autor mit dem offenen Ende allein lässt. Andererseits bietet dieser offene Schluss auch Anregungen zum Nachdenken und zur Diskussion.

5 Elisabeth Langgässer (1899–1950): Saisonbeginn

Die Arbeiter kamen mit ihrem Schild und einem hölzernen Pfosten, auf den es genagelt werden sollte, zu dem Eingang der Ortschaft, die hoch in den Bergen an der letzten Passkehre lag. Es war ein heißer Spätfrühlingstag, die Schneegrenze hatte sich schon hinauf zu den Gletscherwänden gezogen. Überall standen die Wiesen wieder in Saft und Kraft; die Wucherblume verschwendete sich, der Löwenzahn strotzte und blähte sein Haupt über den milchigen Stängeln; Trollblumen, welche wie eingefettet mit gelber Sahne waren, platzten vor Glück, und in strahlenden Tümpeln kleinblütiger Enziane spiegelte sich ein Himmel von unwahrscheinlichem Blau. Auch die Häuser und Gasthöfe waren wie neu: ihre Fensterläden frisch angestrichen, die Schindeldächer gut ausgebessert, die Scherenzäune ergänzt. Ein Atemzug noch: dann würden die Fremden, die Sommergäste, kommen – die Lehrerinnen, die mutigen Sachsen, die Kinderreichen, die Alpinisten, aber vor allem die Autobesitzer in ihren großen Wagen … Röhr und Mercedes, Fiat und Opel, blitzend von Chrom und Glas. Das Geld würde anrollen. Alles war darauf vorbereitet. Ein Schild kam zum andern, die Haarnadelkurve zu dem Totenkopf, Kilometerschilder und Schilder für Fußgänger: Zwei Minuten zum Café Alpenrose. An der Stelle, wo die Männer den Pfosten in die Erde einrammen wollten, stand ein Holzkreuz, über dem Kopf des Christus war auch ein Schild angebracht. Seine Inschrift war bis heute die gleiche, wie sie Pilatus[1] entworfen hatte: J. N. R. J. – die Enttäuschung darüber, dass es im Grund hätte heißen sollen: er behauptet nur, dieser König zu sein, hatte im Lauf der Jahrhunderte an Heftigkeit eingebüßt. Die beiden Männer, welche den Pfosten, das Schild und die große Schaufel, um den Pfosten in die Erde zu graben, auf ihren Schultern trugen, setzten alles unter dem Wegkreuz ab; der dritte stellte den Werkzeugkasten, Hammer, Zange und Nägel daneben und spuckte ermunternd aus.

Nun beratschlagten die drei Männer, an welcher Stelle die Inschrift des Schildes am besten zur Geltung käme; sie sollte für alle, welche das Dorf auf dem breiten Passweg betraten, besser: befuhren, als Blickfang dienen und nicht zu verfehlen sein. Man kam also überein, das Schild kurz vor dem Wegkreuz anzubringen, gewissermaßen als Gruß, den die Ortschaft jedem Fremden entgegenschickte. Leider stellte sich aber heraus, dass der Pfosten dann in den Pflasterbelag einer Tankstelle hätte gesetzt werden müssen – eine Sache, die sich von selbst verbot, da die Wagen, besonders die größeren, dann am Wenden behindert waren. Die Männer schleppten also den Pfosten noch ein Stück weiter hinaus bis zu der Gemeindewiese und wollten schon mit der Arbeit beginnen, als ihnen auffiel, dass diese Stelle bereits zu weit von dem Ortsschild entfernt war, das den Namen angab und die Gemeinde, zu welcher der Flecken gehörte. Wenn also das Dorf den Vorzug dieses Schildes und seiner Inschrift für sich beanspruchen wollte, musste das Schild wieder näher rücken – am besten gerade dem Kreuz gegenüber, so dass Wagen und Fußgänger zwischen beiden hätten passieren müssen.

Dieser Vorschlag, von dem Mann mit den Nägeln und dem Hammer gemacht,

---

1 Pontius Pilatus (?–39 n. Chr): römischer Statthalter der Provinz Judäa von 26–36 n. Chr. Verurteilte Jesus auf Drängen der jüdischen Bevölkerung zum Tode und wusch sich anschließend die Hände, um seine Unschuld zu demonstrieren.

Arbeitsanregungen:

1 Schreibt eine Minute lang auf einen Stichwortzettel, was euch zu „Saisonbeginn" einfällt!

Elisabeth Langgässer

23.2.1899: geboren in Alzey
1909: Umzug nach Darmstadt nach dem Tod des Vaters; dort Schule und Abitur
1929: Geburt der Tochter Cordelia, nach pädagogischer Ausbildung Dozentin für Pädagogik und Methodik in Berlin
1930: Arbeit als freie Schriftstellerin
1935: Heirat mit dem Philosophen Wilhelm Hoffmann
1936: Schreibverbot durch die Nazis
1942: Erkrankung an multipler Sklerose
1944: Zwangsverpflichtung als Arbeiterin in einer Munitionsfabrik
1946: Der Roman „Das unauslöschliche Siegel" begründet ihren Ruf als bedeutende Schriftstellerin
25.7.1950: Tod in Rheinzabern

Oft kann es passieren, dass sich Fragen, die sich in der ersten Phase der Interpretation an den Text ergeben, nur mit Hilfe von Informationen beantworten lassen, die außerhalb des Textes zu finden sind (= **textexterne Informationen).**
Hilfsmittel können dann z.B. sein
- *Sachwörterbücher, z.B. ein Literaturlexikon,*
- *Geschichtslexika,*
- *Geschichtsbücher.*

Sollten sich mehrere Fragen aus verschiedenen Teilgebieten ergeben, könnt ihr diese auch mit Hilfe von **Referaten** zu beantworten versuchen.

fand Beifall. Die beiden anderen luden von neuem den Pfosten auf ihre Schultern und schleppten ihn vor das Kreuz. Nun sollte also das Schild mit der Inschrift zu dem Wegekreuz senkrecht stehen; doch zeigte es sich, dass die uralte Buche, welche gerade hier ihre Äste mit riesiger Spanne nach beiden Seiten wie eine Mantelmadonna[1] ihren Umhang entfaltete, die Inschrift im Sommer verdeckt und ihr Schattenspiel deren Bedeutung verwischt, aber mindestens abgeschwächt hätte.
Es blieb daher nur noch die andere Seite neben dem Herrenkreuz, und da die erste, die in das Pflaster der Tankstelle überging, gewissermaßen den Platz des Schächers[2] zur Linken bezeichnet hätte, wurde jetzt der Platz zur Rechten gewählt und endgültig beibehalten. Zwei Männer hoben die Erde aus, der dritte nagelte rasch das Schild mit wuchtigen Schlägen auf; dann stellten sie den Masten gemeinsam in die Grube und rammten ihn rings von allen Seiten mit größeren Feldsteinen an.

Ihre Tätigkeit blieb nicht unbeachtet. Schulkinder machten sich gegenseitig die Ehre streitig, dabei zu helfen, den Hammer, die Nägel hinzureichen und passende Steine zu suchen; auch einige Frauen blieben stehen, um die Inschrift genau zu studieren. Zwei Nonnen, welche die Blumenvase zu Füßen des Kreuzes aufs Neue füllten, blickten einander unsicher an, bevor sie weitergingen. Bei den Männern, die von der Holzarbeit oder vom Acker kamen, war die Wirkung verschieden: Einige lachten, andere schüttelten nur den Kopf, ohne etwas zu sagen; die Mehrzahl blieb davon unberührt und gab weder Beifall noch Ablehnung kund, sondern war gleichgültig, wie sich die Sache auch immer entwickeln würde. Im Ganzen genommen konnten die Männer mit der Wirkung zufrieden sein. Der Pfosten, kerzengerade, trug das Schild mit der weithin sichtbaren Inschrift, die Nachmittagssonne glitt wie ein Finger über die zollgroßen Buchstaben hin und fuhr jeden einzelnen langsam nach wie den Richtspruch auf einer Tafel …
Auch der sterbende Christus, dessen blasses, blutüberronnenes Haupt im Tod nach der rechten Seite geneigt war, schien sich mit letzter Kraft zu bemühen, die Inschrift aufzunehmen: Man merkte, sie ging ihn gleichfalls an, welcher bisher von den Leuten als einer der ihren betrachtet und wohl gelitten war. Unerbittlich und dauerhaft wie sein Leiden, würde sie ihm nun für lange Zeit schwarz auf weiß gegenüberstehen.
Als die Männer den Kreuzigungsort verließen und ihr Handwerkszeug wieder zusammenpackten, blickten alle drei noch einmal befriedigt zu dem Schild mit der Inschrift auf. Sie lautete: „In diesem Kurort sind Juden unerwünscht.“

2 a) Lest den Text von Elisabeth Langgässer laut!
b) Gliedert ihn und untersucht, welche eurer Assoziationen zum Text passen!
c) Vergleicht die Unterschiede!

3 a) Sprecht über das Verhältnis von Anfang und Ende des Textes!
b) Exzerpiert Elemente, die auf etwas Besonderes hindeuten!
c) Deutet die Reaktionen der Augenzeugen (Z. 60ff.)!

4 Stellt in Partnerarbeit auf Folie Fragen an den Text zusammen und klärt, welche textexternen Informationen ihr zum Verständnis der Erzählung braucht!

5 Begründet, warum es sich um eine Kurzgeschichte handelt!

---

1 Mantelmadonna: Darstellung der Mutter Gottes mit einem weiten Mantel, unter dem die Menschen Schutz finden.

2 Schächer (< bibl. = Räuber, Mörder): Mit Jesus wurden zwei Verbrecher gekreuzigt; der zu seiner linken Seite verspottete ihn, der zu seiner rechten bat um Erlösung nach dem Tod.

6 Informationssuche

Elisabeth Langgässer?

J.N.R.J.?

„Saisonbeginn“

…

…

Symbol des sterbenden Christus?

Juden unerwünscht?

J.N.R.J.

Jesus Nazarenus Rex Judaeorum:
Jesus aus Nazareth, König der Juden

7 „Die Rechtslage“

Mit der Ernennung Adolf Hitlers zum Reichskanzler am 30.1.1933 begann die von NSDAP, SA und SS organisierte Verfolgung der Juden in Deutschland. Bereits im März kam es zu Razzien, Verhaftungswellen und Aufrufen jüdische Geschäfte zu boykottieren. Die gesellschaftliche Ächtung der Juden wurde verstärkt durch antijüdische Gesetze im April 1933: So mussten z.B. alle jüdischen Beamten entlassen werden, jüdische Rechtsanwälte verloren ihre Zulassung, jüdische Ärzte, soweit sie nicht Frontkämpfer des Ersten Weltkrieges waren, durften nicht mehr praktizieren. Am 15. September 1935 wurden in Nürnberg auf dem Reichsparteitag der NSDAP das „Reichsbürgergesetz“ und das „Gesetz zum Schutze des deutschen Blutes und der deutschen Ehre“ erlassen, die so genannten „Nürnberger Gesetze“.

Das „Reichsbürgergesetz“ teilte die Bewohner des Deutschen Reiches in „Staatsangehörige“ und „Staats- oder Reichsbürger“ ein:

– Staatsangehöriger war, wer dem Schutzverband des Deutschen Reiches angehörte,

– Reichsbürger war nur der Staatsangehörige deutschen oder artverwandten Blutes, der durch sein Verhalten bewies, dass er gewillt und geeignet war, dem deutschen Volk in Treue zu dienen.

Alleiniger Träger aller politischen Rechte war nach diesem Gesetz nur der Reichsbürger; Juden hatten also keinerlei politischen Rechte mehr.

Das „Gesetz zum Schutze des deutschen Blutes und der deutschen Ehre“ sollte dem „Fortbestand des deutschen Volkes“ dienen.

– Eheschließungen zwischen Juden und Reichsbürgern wurden verboten, geschlossene Ehen für ungültig erklärt. Verstöße gegen dieses Gesetz wurden mit Zuchthaus bestraft.

– Außereheliche Intimbeziehungen zwischen Juden und Reichsbürgern wurde verboten, Verstöße mit Zuchthaus bestraft.

– Juden durften weibliche Reichsbürger unter 45 Jahren nicht mehr in ihrem Haushalt beschäftigen, andernfalls drohte Zuchthaus.

Staatlicherseits war damit die Trennung zwischen Juden und Nichtjuden vollzogen. Die erste „Durchführungsverordnung zum Reichsbürgergesetz“, der so genannte „Arierparagraph“, legte genau fest, was unter dem Begriff „Jude“ zu verstehen war: Als Jude galt, wer von mindestens drei der Rasse nach

[6] Exzerpiert aus Text 7 die Informationen, die zum Verständnis von „Saisonbeginn“ notwendig sind!

[7] Verfasst ein Referat über Leben und Werk von Elisabeth Langgässer! Als Quelle könnte z.B. dienen: Frederik Hetmann: Schlafe, meine Rose. Die Lebensgeschichte der Elisabeth Langgässer. Weinheim und Basel (Beltz) 1986.

Bei der **Vorbereitung** eines **Referates** solltest du an Folgendes denken:

1. *Das Thema:* Worüber genau soll ich referieren?
2. *Das Ziel:* Was will ich erreichen?
3. *Die Materialien und ihre Auswertung:* Wo finde ich die notwendigen Informationen, wie werte ich sie aus?
4. *Welche Medien* sind notwendig? Tafel, Karten, Tageslichtprojektor, Dias, Kassettenrekorder usw.?
5. *Aufbau und Gliederung*

6. *Die Präsentation:* Einstieg, Tempo, Blickkontakt, Medieneinsatz, Abrundung zum Schluss
7. Wie eröffne ich die *Diskussion des Referats,* wie steuere ich sie, wie fasse ich die Ergebnisse zusammen?

volljüdischen Eltern abstammte. Dabei galt als jüdisch auch der Großelternteil, der nur einer jüdischen Religionsgemeinschaft angehörte. Religionszugehörigkeit galt also als Tatbestand der „Rassenzugehörigkeit".
Die rechtliche Grundlage zur Verfolgung und Ermordung von Millionen von Juden in ganz Europa, die ab 1938 massiv einsetzte, war damit gegeben.

Josef Reding, der im deutschsprachigen Raum als „Meister der Kurzgeschichte" gilt, wurde am 20. 3. 1929 in Castrop-Rauxel geboren. Als 16-Jähriger geriet er noch in den Kriegseinsatz. Schon kurz nach dem Abitur veröffentlichte er sein erstes Buch „Silberspeer und Roter Reiher" (1952). Er studierte dann, auch in den USA, wo er Mitarbeiter Martin Luther Kings war, Psychologie, Kunstgeschichte, Germanistik und Anglistik. Josef Reding war mehrere Jahre in den Lepra- und Notgebieten Asiens, Afrikas und Lateinamerikas als Dokumentarfilmer tätig. Er lebt heute mit seiner Frau und drei Söhnen in Dortmund. Josef Redings wohl bekanntestes Werk ist der Geschichtenband „Nennt mich nicht Nigger", aus dem der vorliegende Text stammt. Der Autor wurde mit zahlreichen Preisen ausgezeichnet. In Holzwickede wurde 1988 sogar die Hauptschule nach ihm benannt.

8 Josef Reding (*1929): Während des Films …

Während des Films, als die Haut- und Knochenbündel der ermordeten Häftlinge wie Tierkadaver über einer hölzernen Rutsche in den Graben torkelten, dachte der 18-jährige Portokassenverwalter: Gräuelpropaganda![1] Man will uns verschaukeln. Uns fertig machen. Schuldkomplexe wecken. Das haben die Wiedergutmachungshausierer[2] vom Dienst fabriziert. Ausländer stellten den Film zusammen. Na also. Wahrscheinlich Juden. Die anderen sollen sich an ihre eigenen Nasen packen. Was machen die Franzosen mit den Algeriern? Die Amerikaner mit den Negern? Und damals? Was haben die Russen mit unseren Frauen gemacht? Und die englischen Luftgangster mit unseren Ruhrgebietsstädten? Hoffentlich kommt gleich wieder was vom Vormarsch. Rommels Panzer in Afrika …
… dachte der 30-jährige Filmkritiker Dr. Basqué: Hart, aber sicherlich mit der Wirklichkeit übereinstimmend. Unästhetisch![3] Aber es ist eben ein Dokumentarfilm[4]. Das Thema müsste mal dichterisch gemeistert werden. Man müsste eine überzeugende Story darum bauen. Vielleicht könnte ich meinen alten Stoff aus der Schreibtischlade holen, das Treatment[5] zu „Liebe vor düsterem Hintergrund". Die Journalistik befriedigt mich auf die Dauer nicht. Man sieht ja, wozu alles gerinnt: zum Foto, zum verregneten, unkünstlerischen Film. Ich werde das in meiner Kritik vermerken, gesperrt! …
… schloss die 52-jährige Lehrerin Bordeler die Augen. Ich hätte hier nicht hineingehen sollen, dachte sie. Wieder die konvulsivischen[6] Krämpfe im Magen. Aber der Film wurde im Kollegium als zeitgeschichtlich informativ empfohlen.

1 Die Propaganda (< lat. propagare = erweitern, ausdehnen): Verbreitung politischer oder weltanschaulicher Ideen und Meinungen mit dem Ziel, das öffentliche Bewusstsein in bestimmter Weise zu beeinflussen. Gräuelpropaganda: Verbreitung von übertreibenden oder erfundenen Berichten über Gewalttaten oder Verbrechen gegen die Menschlichkeit mit dem Ziel, den politischen Gegner herabzusetzen; hier: durch rechtsradikales Gedankengut bedingtes Leugnen der Nazi-Verbrechen.
2 Wiedergutmachung: Ausgleich für Schäden, die durch Verfolgungsmaßnahmen der Nazis entstanden sind. Wiedergutmachungshausierer: abfälliger Begriff für Menschen, Organisationen oder Staaten, die für zugefügte Schäden Ausgleich verlangt und bekommen haben.
3 ästhetisch (< gr. aisthanomai = fühlen, empfinden, wahrnehmen): geschmackvoll, stilvoll; unästhetisch = geschmacklos, stillos
4 Der Dokumentarfilm (< lat. documentum = Beispiel, Beweis, Probe): Film, der Begebenheiten möglichst genau den Tatsachen entsprechend schildern will
5 Das Treatment (< engl. to treat = betrachten, behandeln): erstes schriftliches Festhalten des Handlungsablaufes, der Schauplätze und der Personen eines Filmes als Vorstufe des Drehbuches
6 konvulsivisch (< lat.): krampfhaft, zuckend, krampfartig

Damals in der Frauenschaft hat man uns von diesen Furchtbarkeiten nichts gesagt. Wir haben Schulkinder gespeist und unverheirateten Müttern geholfen, spürbar und ohne Moralin[1]. Und der Kollege Jokodek? Von dem man bis heute noch nichts weiß? Er hatte Feindsender abgehört und die Meldungen verbreitet, und ich habe ihn angezeigt, wie es meine Pflicht war. Pflicht? Dummheit. Aber dafür habe ich gebüßt. Drei Jahre im Internierungslager. War auch kein Zuckerlecken. Ob Jokodek wohl zu Tode gekommen ist, wie – wie – die da – auf der Leinwand, auf dieser verfluchten, sachlichen Leinwand? Ich muss hinaus …

… aß der 45-jährige Prokurist Selbmann Erdnüsse, gesalzene Erdnüsse aus einer fröhlichbunten Frischhaltepackung. Er bemühte sich, ein Knistern der Tüte zu vermeiden. Niemand sollte gestört werden. Selbmann zerkaute die Nüsse sorgfältig …

… machte der Oberprimaner[2] Teppenbruch mit der Sprechstundenhilfe Lindenfeldt Schwitzehändchen. Schwitzehändchen, so hieß der Ausdruck für das Händchenhalten während der Vorstellung mit der Begleiterin. Der Oberprimaner hätte gern seinen Arm um die Schulter des Mädchens gelegt. Aber sein Taschengeld reichte nur für einen Parkettplatz in der Mitte des Kinos, und dort geniert er sich. Hoffentlich ist der Film bald zu Ende, dachte der Oberprimaner Teppenbruch. Ich muss aufpassen. Vielleicht fragt man beim Abi nach den Vorgängen von damals. Sollen die Alten doch selbst die Suppe auslöffeln, die sie sich eingebrockt haben. Wenn der Film vorüber ist, wird es draußen dunkel sein …

… dachte die Sprechstundenhilfe Lindenfeldt: Warum schleppt er mich in einen solchen Problemfilm? Aber wenn der Film vorüber ist, wird es draußen dunkel sein …

… verfiel die Eintrittskarte des Kriminalrats Mutt. Er hatte sie im Vorverkauf durch seine Tochter holen lassen, weil er fürchtete, vor dem Kino würde sich eine Schlange bilden. Doch dann entschloss sich Kriminalrat Mutt, auf den Besuch dieses Filmes zu verzichten. Man soll die Vergangenheit nicht unnötig aufwühlen, dachte er. Kriminalrat Mutt war früher Oberscharführer[3] Mutt …

… übergab die Kassiererin Trimborn dem Kinobesitzer Mengenberger die Abrechnung. „Außergewöhnlich!“, sagte Herr Mengenberger und lachte. „So gerammelt voll haben wir es lange nicht mehr gehabt, Trimbörnchen, was? Da müssen wir schon sehr weit zurückrechnen. Bis in die Kriegszeit hinein, ‚U-Boote westwärts.‘ Oder noch weiter zurück. ‚Sturmführer Westmar!‘[4] Jedenfalls irgendetwas mit West …

---

1 Das Moralin (< lat. mos = Sitte, Brauch): heuchlerische Entrüstung in moralischen Dingen, enge kleinliche Sittlichkeitsauffassung

2 Der Oberprimaner (< lat. prima = die erste): Früher wurden die höchsten Klassen der höheren Schulen in Unterprima (heute = 12. Klasse) und Oberprima (heute = 13. Klasse) eingeteilt.

3 Der Oberscharführer: Scharführer bzw. Oberscharführer waren Unteroffiziersdienstgrade in der SS, entsprechend dem Feldwebel bzw. Oberfeldwebel der Wehrmacht. Die SS (= Schutzstaffel) war zunächst die persönliche Leibgarde Adolf Hitlers. Später übernahm sie alle Polizeifunktionen im Deutschen Reich. Die SS war zuständig für die Konzentrationslager und stellte dort das Wachpersonal. Ihre Mitglieder waren in erster Linie für die Gräueltaten in den Lagern verantwortlich.

4 „U-Boote westwärts“ und „Sturmführer Westmar“ waren populäre Kriegsfilme der Nazizeit.

Arbeitsanregungen:

1 a Legt zu den Reaktionen der Personen ein Cluster an!
b Tragt die möglichen Gründe für die Reaktionen ein!

2 a Stellt Fragen an den Text und versucht diese zu beantworten!
b Versucht die eigenartige Gliederung zu erklären und beachtet die einleitenden Verben der Abschnitte!

3 Der Mediziner und Psychologe Alexander Mitscherlich (1908–1962) schrieb mit seiner Frau Margarete (*1917) das viel beachtete Buch „Die Unfähigkeit zu trauern“ (1967). Bezieht diesen Titel in die Besprechung mit ein!

4 a Verfasst eine Interpretation zu Josef Redings Text! (Vgl. im ersten Kapitel, S. 46ff.!)
b Vergleicht eure Lösung mit Text 9 und sprecht über Qualitätsmerkmale!
c Macht Vorschläge für mögliche sprachliche Verbesserungen und inhaltliche Ergänzungen!

5 Gestaltet die Interpretation (Text 9) aus, indem ihr einem der Beteiligten eure Meinung über sein Verhalten schreibt!

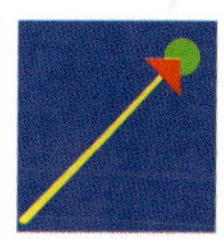

Die **Kurzgeschichte** (< engl. short story als Lehnübersetzung) ist eine Erzählform, die dem modernen Leben besonders entspricht, aber nicht immer ganz kurz sein muss:

- Ein *Ausschnitt* des Alltäglichen (z.B. aus einem Kinobesuch) wird wie in einem Lichtkegel „eingeblendet“.
- Dieser Ausschnitthaftigkeit entspricht die *offene Form,* die ohne Einleitung und ohne abrundenden Schluss viele Fragen zur Vorgeschichte und zu den Folgen offen lässt und auf diese Weise zum Nachdenken anregt.
- Die *Personen,* i.d.R. mittelmäßige Menschen, sind oft typisiert dargestellt.

- Die *Sprache* ist häufig knapp, bewusst schmucklos, öfters mit Elementen des Jargons und der Umgangssprache. Sie ist vielfach unterkühlt oder untertreibend (im understatement), lässt vieles unausgesprochen oder mehrdeutig und erzeugt so Assoziationsimpulse.
- *Verwandte Formen* sind Anekdote, Beispiel- und Kalendergeschichte, Skizze, Miniatur, Parabel und Kurznovelle.
- Die *Blütezeit* erlebte die Kurzgeschichte in Deutschland nach 1945 u.a. mit Autoren wie Ilse Aichinger, Hans Bender, Peter Bichsel, Heinrich Böll, Wolfgang Borchert, Georg Britting, Heike Doutiné, Walter Helmut Fritz, Max von der Grün, Reiner Kunze, Elisabeth Langgässer, Siegfried Lenz, Herbert Malecha, Gina Ruck-Pauquèt, Josef Reding, Hans Joachim Schädlich, Wolfdietrich Schnurre, Margret Steenfatt, Günther Weisenborn.

9 Interpretationsaufsatz: Josef Reding „Während des Films ...“

(Aus verschiedenen Schülerbeispielen erstellte Lösung)

In seiner Kurzgeschichte „Während des Films ...“ erzählt Josef Reding lose aneinander gereiht, was einige Personen beim Betrachten eines Filmes tun und denken. Der Filmausschnitt, auf den sich der Erzähler bezieht, handelt offensichtlich davon, wie die vielen Toten eines Konzentrationslagers nach dessen Befreiung beerdigt werden (vgl. Z. 1–3). Die Verhaltensweisen bzw. die Gedanken der einzelnen Betrachter des Films lassen auf deren Einstellung zu Konzentrationslagern und vor allem zu deren Errichtern, den Nationalsozialisten, schließen.

Ein 18-jähriger Portokassenverwalter regt sich über diejenigen auf, die den Film gedreht haben. In der Tradition der Sprache des NS-Regimes sucht er Ausreden und Ausflüchte. Er wirft in Gedanken anderen Staaten deren Gräueltaten vor und hofft, bald wieder, in seinem Sinne positive Bilder vom Zweiten Weltkrieg zu sehen.

Ein 30-jähriger Filmkritiker, der im Gegensatz zum Portokassenverwalter einen Namen hat, denkt streng beruflich darüber nach, was sich künstlerisch aus dem Filmstoff machen ließe. Das ist ihm wichtiger als das, was auf der Leinwand dargestellt wird.

Mit der Lehrerin Bordeler wird dann die erste direkt Betroffene vorgestellt. Die Gedanken an ihre Mitgliedschaft in der NS-Frauenschaft und an die Denunziation sowie das Schicksal ihres Kollegen Jokodek bereiten ihr solche Magenschmerzen, dass sie das Kino verlassen muss.

Prokurist Selbmann, 45, isst Erdnüsse. Sein großes Problem besteht darin, dass er niemanden mit dem Knistern seiner Nusstüte stören will.

Der Abiturient Teppenbruch hat sich mit seiner Freundin ins Kino geflüchtet, um mit ihr allein im Dunkeln zu sein. Seine Überlegungen schwanken zwischen möglichen Abiturfragen zum Thema des Filmes und den Aussichten, nach dem Film mit Fräulein Lindenfeldt allein draußen im Dunkeln sein zu können. Darauf hofft auch die Freundin, der dieser Film zu problematisch ist.

Kriminalrat Mutt hat seine Karte verfallen lassen. Die Begründung: Er will nicht an früher erinnert werden. Er stand auf der Seite der Täter, deren Opfer im Film beerdigt werden.

Große Freude empfindet der Kinobesitzer über den guten Besuch der Aufführung. Seit der Zeit der NS-Filme seien nicht mehr so viele Leute ins Kino gekommen.

Josef Reding will zum Nachdenken anregen. Formal sieht man das schon an den jeweils drei Punkten, die die Überschrift mit den acht einzelnen Teilen verbinden und die das Ende offen gestalten. Scheinbar zufällig hat der Autor die einzelnen Typen und Personen herausgegriffen, deren Denken und Tun er dem Leser näher bringt: den 18-Jährigen ohne Namen (steht er für alle Jugendlichen?), den intellektuellen Unbeteiligten, die studierte Täterin, den desinteressierten Prokuristen, das Liebespaar, das sich auf die Dunkelheit freut, den Täter, der die Vergangenheit nicht „unnötig aufwühlen“ (Z. 50f.) will, und den Kinobesitzer, der sich übers Geld freut, egal mit welchem Film es verdient wird. Sie alle rechtfertigen, vergessen, verdrängen, schieben Schuld weg oder denken nur an sich. Josef Reding wirft seinen Personen, die in der

Ein **Interpretationsaufsatz** muss als Textganzes verfasst werden, das Wechselspiel von Inhalt, Aufbau und Formeigenarten sollte überzeugend erfasst werden. Der Übersichtssatz, die Ausführungen des Hauptteils und die Schlusswertung müssen zusammenpassen.
Zu empfehlen ist das Vorgehen in drei Phasen:
1. Phase: Ein *erster Leseeindruck* kann sich auf den ganzen Text beziehen (als vorläufiger Gesamteindruck). Er kann sich aber auch auf bestimmte Teile oder Auffälligkeiten beziehen. Bei vorgegebener Aufgabenstellung ist eine *Themenanalyse* zu machen.

Bandbreite ihrer Berufe, ihres Alters und ihrer Interessen für alle stehen, nichts vor, er beschreibt nur, meist in der einfachen, sachlichen Sprache des Berichtes. Nur dort, wo er die Gedanken der Kinobesucher schildert, wird die Sprache emotional. Der innere Monolog verstärkt die einzelnen Interessen und klagt an: die Wegschauenden, die nach Ausreden Suchenden, die Lustlosen, die sich Verteidigenden, die Verdrängenden.
Für den wichtigsten Abschnitt halte ich die Schilderung der Gedanken der Lehrerin (Z. 20–30). Ihr Versuch, sich herauszureden, scheitert vor ihr selbst. Was sie als Pflicht empfand, sieht sie heute (es dürfte nicht allzu lange nach Kriegsende sein), in der Erzählgegenwart, als Dummheit (vgl. Z. 27). Die Erinnerung an ihre Schuld wiegt schwer, sie „muss hinaus“ (Z. 30). Davonlaufen als Ausweg?
Der Text gefällt mir trotz der aufgeworfenen Problematik recht gut. Der Autor schildert die Unfähigkeit, mit der Nazi-Vergangenheit fertig zu werden, ohne den moralischen Zeigefinger zu heben. Er beschreibt, der Leser soll nachdenken. Lösungen kennt auch Josef Reding nicht. Mit der Vergangenheit fertig zu werden, ist Sache jedes Einzelnen.

2. Phase: Nach mehrmaligem Lesen sollen Besonderheiten und Probleme des *Inhalts* und des *Aufbaus* sowie der *Form* in ihrer *Wechselbeziehung* genau beschrieben werden. Aus *Einzelbeobachtungen* sollte eine geordnete *Stoffsammlung* entstehen, aus der dann der *zusammenhängende Text* erarbeitet wird.
3. Phase: Am Ende werden alle Beobachtungen, die in der Darstellung des Hauptteils beschrieben und gedeutet wurden, zu einem *begründeten Gesamtverständnis,* einer *Schlusswertung* zusammengefasst.
Eine sorgfältige *Korrektur* schließt sich an. (Vgl. im vierten Kapitel, S. 173ff.)

10 Bertolt Brecht (1898–1956): Maßnahmen gegen die Gewalt

Als Herr Keuner, der Denkende, sich in einem Saale vor vielen gegen die Gewalt aussprach, merkte er, wie die Leute vor ihm zurückwichen und weggingen. Er blickte sich um und sah hinter sich stehen – die Gewalt. „Was sagtest du?“ fragte ihn die Gewalt.
„Ich sprach mich für die Gewalt aus“, antwortete Herr Keuner.
Als Herr Keuner weggegangen war, fragten ihn seine Schüler nach seinem Rückgrat. Herr Keuner antwortete: „Ich habe kein Rückgrat zum Zerschlagen. Gerade ich muß länger leben als die Gewalt.“
Und Herr Keuner erzählte folgende Geschichte:
In die Wohnung des Herrn Egge, der gelernt hatte, nein zu sagen, kam eines Tages in der Zeit der Illegalität[1] ein Agent, der zeigte einen Schein vor, welcher ausgestellt war im Namen derer, die die Stadt beherrschten, und auf dem stand, daß ihm gehören solle jede Wohnung, in die er seinen Fuß setzte; ebenso sollte ihm auch jedes Essen gehören, das er verlange; ebenso sollte ihm auch jeder Mann dienen, den er sähe.
Der Agent setzte sich in einen Stuhl, verlangte Essen, wusch sich, legte sich nieder und fragte mit dem Gesicht zur Wand vor dem Einschlafen: „Wirst du mir dienen?“ […]

(Aus lizenzrechtlichen Gründen ist dieser Text nicht in reformierter Rechtschreibung abgedruckt.)

Die Parabel
Eine Erzählung, die eine abstrakte Wahrheit oder eine Erkenntnis durch einen Vergleich mit einem anderen, anschaulichen Vorstellungsbereich erhellt und den Leser belehrt, nennt man **Parabel** (< gr. parabole = Abbild, Sinnbild).

Arbeitsanregungen:

1 a Stellt in Partnerarbeit Vermutungen über Herrn Egges Antwort und sein Verhalten an und begründet eure Vorschläge!
b Vergleicht eure Lösungen mit dem Original!

2 Besprecht die Frage, welche Absicht Brecht mit dieser kurzen Erzählung verfolgt!

3 Interpretiert den Text!

[1] Die Illegalität (< lat. lex = das Gesetz): Ungesetzlichkeit, Gesetzwidrigkeit; Zeit der Illegalität: Nach Auffassung der Nazi-Gegner, vor allem der Kommunisten, war Hitler gesetzwidrig, also illegal an die Macht gekommen; deshalb bezeichneten sie die Jahre der NS-Herrschaft (1933–1945) als Zeit der Illegalität.

II. Gestörte und gefährdete Beziehungen

1. Vorurteile und Gewalt – Probleme erkennen und erörtern

Arbeitsanregungen:

1 Notiert die Sinnrichtungen möglicher Geschichten, die der Titel „Masken" erwarten lässt!

Max von der Grün, geboren am 25. 5. 1926 in Bayreuth, wurde 1943 nach Abschluss einer kaufmännischen Berufsausbildung in die Wehrmacht einberufen. Nach seiner Rückkehr aus amerikanischer Kriegsgefangenschaft (1948) arbeitete er zunächst als Hilfsarbeiter auf dem Bau. 1951 zog Max von der Grün ins Ruhrgebiet, wo er Bergmann wurde. Sein erster Roman erregte 1962 Aufsehen, sein zweiter löste 1963 einen Skandal aus. In „Irrlicht und Feuer" beschrieb er die Bedingungen an seinem Arbeitsplatz. Das Erscheinen des Romans führte zur Entlassung Max von der Grüns. Seit 1964 lebt er, inzwischen vielfach ausgezeichnet, als Schriftsteller in Dortmund. Eines seiner bekanntesten Bücher heißt „Vorstadtkrokodile". Es erzählt die Geschichte eines behinderten Jungen, der mit viel Energie und Willenskraft die Vorurteile seiner Altersgenossen überwindet.

1 Max von der Grün (*1926): Masken

Sie fielen sich unsanft auf dem Bahnsteig 3a des Kölner Hauptbahnhofes in die Arme und riefen gleichzeitig: Du?! Es war ein heißer Julivormittag, und Renate wollte in den D-Zug nach Amsterdam über Aachen. Erich verließ diesen Zug, der von Hamburg kam. Menschen drängten aus den Wagen auf den Bahnsteig, Menschen vom Bahnsteig in die Wagen, die beiden aber standen in dem Gewühl, spürten weder Püffe noch Rempeleien und hörten auch nicht, dass Vorübergehende sich beschwerten, weil sie ausgerechnet vor den Treppen standen und viele dadurch gezwungen wurden, um sie herumzugehen. Sie hörten auch nicht, dass der Zug nach Aachen abfahrbereit war, und es störte Renate nicht, dass er wenige Sekunden später aus der Halle fuhr.

Die beiden standen stumm, jeder forschte im Gesicht des anderen. Endlich nahm der Mann die Frau am Arm und führte sie die Treppen hinunter, durch die Sperre, und in einem Café in der Nähe des Doms tranken sie Tee.

Nun erzähle, Renate. Wie geht es dir. Mein Gott, als ich dich so plötzlich sah … du … ich war richtig erschrocken. Es ist so lange her, aber als du auf dem Bahnsteig fast auf mich gefallen bist …

Nein, lachte sie, du auf mich.

Da war es mir, als hätte ich dich gestern zum letzten Male gesehen, so nah warst du mir. Und dabei ist es so lange her …

Ja, sagte sie. Fünfzehn Jahre.

Fünfzehn Jahre? Wie du das so genau weißt. Fünfzehn Jahre, das ist ja eine Ewigkeit. Erzähle, was machst du jetzt? Bist du verheiratet? Hast du Kinder? Wo fährst du hin? …

Langsam, Erich, langsam, du bist noch genau so ungeduldig wie vor fünfzehn Jahren. Nein, verheiratet bin ich nicht, die Arbeit, weißt du. Wenn man es zu etwas bringen will, weißt du, da hat man eben keine Zeit für Männer.

Und was ist das für Arbeit, die dich von den Männern fernhält? Er lachte sie an, sie aber sah aus dem Fenster auf die Tauben. Ich bin jetzt Leiterin eines Textilversandhauses hier in Köln, du kannst dir denken, dass man da von morgens bis abends zu tun hat und …

Donnerwetter!, rief er und klopfte mehrmals mit der flachen Hand auf den Tisch. Donnerwetter! Ich gratuliere.

Ach, sagte sie und sah ihn an. Sie war rot geworden.

Du hast es ja weit gebracht, Donnerwetter, alle Achtung. Und jetzt? Fährst du in Urlaub?

Ja, vier Wochen nach Holland. Ich habe es nötig, bin ganz durchgedreht. Und du, Erich, was machst du? Erzähle. Du siehst gesund aus.

Schade, dachte er, wenn sie nicht so eine Bombenstellung hätte, würde ich sie jetzt fragen, ob sie mich noch haben will. Aber so? Nein, das geht nicht, sie würde mich auslachen, wie damals.

Ich?, sagte er gedehnt, und brannte sich eine neue Zigarette an. Ich … ich … Ach weißt du. Ich habe ein bisschen Glück gehabt. Habe hier in Köln zu tun. Habe umgesattelt, bin seit vier Jahren Einkaufsleiter einer Hamburger Werft, na ja, was Besonderes ist das nun wieder auch nicht.

O, sagte sie und sah ihn starr an, und ihr Blick streifte seine großen Hände, aber sie fand keinen Ring. Sie erinnerte sich, dass sie vor fünfzehn Jahren nach einem kleinen Streit auseinander gelaufen waren, ohne sich bis heute wiederzusehen. Er hatte ihr damals nicht genügt, der schmal verdienende und immer ölverschmierte Schlosser. Er solle es erst zu etwas bringen, hatte sie ihm damals nachgerufen, vielleicht könne man später wieder darüber sprechen.

So gedankenlos jung war sie damals. Ach ja, die Worte waren im Streit gefallen und trotzdem nicht böse gemeint. Beide aber fanden danach keine Brücke mehr zueinander. Sie wollten und wollten doch nicht. Und nun? Nun hatte er es zu etwas gebracht.

Dann haben wir ja beide Glück gehabt, sagte sie und dachte, dass er immer noch gut aussieht. Gewiss, er war älter geworden, aber das steht ihm ganz gut. Schade, wenn er nicht so eine Bombenstellung hätte, ich würde ihn fragen, ja, ich ihn, ob er noch an den dummen Streit von damals denkt und ob er mich noch haben will. Ja, ich würde ihn fragen. Aber jetzt?

Jetzt habe ich dir einen halben Tag deines Urlaubs gestohlen, sagte er und wagte nicht, sie anzusehen.

Aber Erich, das ist doch nicht so wichtig, ich fahre mit dem Zug um fünfzehn Uhr. Aber ich, ich halte dich bestimmt auf, du hast gewiss einen Termin hier.

Mach dir keine Sorgen, ich werde vom Hotel abgeholt. Weißt du, meinen Wagen lasse ich immer zu Hause, wenn ich längere Strecken fahren muss. Bei dem Verkehr heute, da kommt man nur durchgedreht an.

Ja, sagte sie. Ganz recht, das mache ich auch immer so. Sie sah ihm nun direkt ins Gesicht und fragte: Du bist nicht verheiratet? Oder lässt du Frau und Ring zu Hause? Sie lachte etwas zu laut für dieses vornehme Lokal.

Weißt du, antwortete er, das hat seine Schwierigkeiten. Die ich haben will, sind nicht zu haben oder nicht mehr, und die mich haben wollen, sind nicht der Rede wert. Zeit müsste man eben haben. Zum Suchen, meine ich. Zeit müsste man haben. Jetzt müsste ich ihr sagen, dass ich sie noch immer liebe, dass es nie eine andere Frau für mich gegeben hat, dass ich sie all die Jahre nicht vergessen konnte. Wie viel?

Fünfzehn Jahre? Eine lange Zeit. Mein Gott, welch eine lange Zeit.

Und jetzt? Ich kann sie doch nicht mehr fragen, vorbei, jetzt, wo sie so eine Stellung hat. Nun ist es zu spät, sie würde mich auslachen, ich kenne ihr Lachen, ich habe es im Ohr gehabt, all die Jahre. Fünfzehn? Kaum zu glauben.

Wem sagst du das? Sie lächelte. Entweder die Arbeit oder das andere, echote er. Jetzt müsste ich ihm eigentlich sagen, dass er der einzige Mann ist, dem ich blind folgen würde, wenn er mich darum bäte, dass ich jeden Mann, der mir begegnete, sofort mit ihm verglich. Ich sollte ihm das sagen. Aber jetzt? Jetzt hat er eine Bombenstellung, und er würde mich nur auslachen, nicht laut, er würde sagen, dass … ach … es ist alles so sinnlos geworden.

Sie aßen in demselben Lokal zu Mittag und tranken anschließend jeder zwei Cognac. Sie erzählten sich Geschichten aus ihren Kindertagen und später aus ihren Schultagen. Dann sprachen sie über ihr Berufsleben, und sie bekamen Respekt voreinander, als sie erfuhren, wie schwer es der andere gehabt hatte bei seinem Aufstieg. Jaja, sagte sie; genau wie bei mir, sagte er.

Aber jetzt haben wir es geschafft, sagte er laut und rauchte hastig. Ja, nickte sie.

Eine produktive Auseinandersetzung mit einem dichterischen Text hast du schon oft erprobt. Sie wird als **gestaltendes Interpretieren** bezeichnet. Die so entstehenden *Zusatztexte* können aber nur gelingen, wenn der Ausgangstext, das Original, verstanden und gründlich erarbeitet ist. Folgendes Vorgehen bietet sich an:

1. Beachte die Hinweise im Merkkasten auf Seite 82f. zur Interpretation!
- Je nach Aufgabenstellung musst du zuerst eine Interpretation verfassen, der sich die weiterführende Gestaltung anschließt.
- Es kann aber auch sein, dass die Gestaltungsaufgabe im Mittelpunkt steht. Dann solltest du stichwortartig ein Konzept nach den drei Phasen anfertigen und auf deinem Textverständnis aufbauend die Gestaltungsaufgabe lösen.

2. Solche Gestaltungsaufgaben können sein:
- Fortsetzen der Erzählung,
- Tagebuch schreiben,
- Textstellen dialogisieren,
- einer Figur einen Brief schreiben bzw. eine Figur einen Brief schreiben lassen,
- eine neue Figur einführen,
- eine Situation aus einer anderen Perspektive darstellen,
- einen inneren Monolog verfassen,
- Parallelszenen schreiben,
- den Schluss umgestalten,
- die Geschichte aus einer anderen Zeit erzählen u.v.m.

3. Achte darauf, dass du die *Atmosphäre des Originals* triffst, dass du einen *engen Textbezug* herstellst und dass du *Aspekte des Textes*, z.B. Motive, einfallsreich weiterentwickelst. Auch die treffende und korrekte *sprachliche Form* ist wichtig für das Gelingen einer guten gestaltenden Interpretation.

Jetzt haben wir es geschafft. Hastig trank sie ihr Glas leer.

Sie hat schon ein paar Krähenfüßchen[1], dachte er. Aber die stehen ihr nicht einmal schlecht.

Noch einmal bestellte er zwei Schalen Cognac, und sie lachten viel und laut.

Er kann immer noch so herrlich lachen, genau wie früher, als er alle Menschen einfing mit seiner ansteckenden Heiterkeit. Um seinen Mund sind zwei steile Falten, trotzdem sieht er wie ein Junge aus, er wird immer wie ein Junge aussehen, und die zwei steilen Falten stehen ihm nicht einmal schlecht. Vielleicht ist er jetzt ein richtiger Mann, aber nein, er wird immer ein Junge bleiben.

Kurz vor drei brachte er sie zum Bahnhof.

Ich brauche den Amsterdamer Zug nicht zu nehmen, sagte sie, fahre bis Aachen und steige dort um. Ich wollte sowieso schon lange einmal das Rathaus besichtigen.

Wieder standen sie auf dem Bahnsteig und sahen aneinander vorbei. Mit leeren Worten versuchten sie die Augen des andern einzufangen, und wenn sich dann doch ihre Blicke trafen, erschraken sie und musterten die Bögen der Halle.

Wenn sie jetzt ein Wort sagen würde, dachte er, dann …

Ich muss jetzt einsteigen, sagte sie. Es war schön, dich wieder einmal zu sehen. Und dann so unverhofft …

Ja, das war es. Er half ihr beim Einsteigen und fragte nach ihrem Gepäck.

Als Reisegepäck aufgegeben.

Natürlich, das ist bequemer, sagte er.

Wenn er jetzt ein Wort sagen würde, dachte sie, ich stiege sofort wieder aus, sofort.

Sie reichte ihm aus einem Abteil erster Klasse die Hand. Auf Wiedersehen, Erich … und weiterhin … viel Glück.

Wie schön sie immer noch ist. Warum nur sagt sie kein Wort. Danke Renate. Hoffentlich hast du schönes Wetter.

Ach, das ist nicht so wichtig, Hauptsache ist das Faulenzen, das kann man auch bei Regen.

Der Zug ruckte an. Sie winkten nicht, sie sahen sich nur in die Augen, so lange dies möglich war.

Als der Zug aus der Halle gefahren war, ging Renate in einen Wagen zweiter Klasse und setzte sich dort an ein Fenster. Sie weinte hinter einer ausgebreiteten Illustrierten.

Wie dumm von mir, ich hätte ihm sagen sollen, dass ich immer noch die kleine Verkäuferin bin. Ja, in einem anderen Laden, mit zweihundert Mark mehr als früher, aber ich verkaufe immer noch Herrenoberhemden, wie früher, und Socken und Unterwäsche. Alles für den Herrn. Ich hätte ihm das sagen sollen. Aber dann hätte er mich ausgelacht, jetzt, wo er ein Herr geworden ist. Nein, das ging doch nicht. Aber ich hätte wenigstens nach seiner Adresse fragen sollen. Wie dumm von mir, ich war aufgeregt wie ein kleines Mädchen, und ich habe gelogen, wie ein kleines Mädchen, das imponieren will. Wie dumm von mir.

Erich verließ den Bahnhof und fuhr mit der Straßenbahn nach Ostheim auf eine Großbaustelle. Dort meldete er sich beim Bauführer.

Ich bin der neue Kranführer.

Na, sind Sie endlich da? Mensch, wir haben schon gestern auf Sie gewartet. Also dann, der Polier zeigt Ihnen Ihre Bude, dort drüben in den Baracken. Kom-

[1] Krähenfüße: Falten um die Augen herum

2 a Vergleicht eure Assoziationen zum Titel mit dem Thema des Textes!
b Schreibt eine Inhaltsangabe mit Übersichtssatz und Wertung!
c Vergleicht eure Übersichtssätze mit den Beispielen von Text 2!

3 Gestaltet arbeitsteilig eine der folgenden Möglichkeiten!
a Stellt euch vor, Renate führt mit ihrer vertrauten Freundin bzw. Erich mit seinem besten Freund ein Gespräch über die Begegnung in Köln!

fortabel ist es nicht, aber warmes Wasser haben wir trotzdem. Also dann, morgen früh, pünktlich sieben Uhr.

Ein Schnellzug fuhr Richtung Deutz. Ob der auch nach Aachen fährt? Ich hätte ihr sagen sollen, dass ich jetzt Kranführer bin. Ach, Blödsinn, sie hätte mich nur ausgelacht, sie kann so verletzend lachen. Nein, das ging nicht, jetzt, wo sie eine Dame geworden ist und eine Bombenstellung hat.

b Formt die inneren Monologe Erichs und Renates in einen Dialog zwischen beiden um und spielt ihn!

c Gestaltet einen neuen Schluss, der nach einem offen geführten Dialog zwischen Renate und Erich denkbar wäre!

2 Übersichtssätze

3 Thema, Thesen, Argumente und Beispiele

Nach der Aussprache sieht die Tafel der 9c so aus:

Begründungen (Argumente)
[ungeordnet]

- weil keiner der Überlegene sein darf.
- weil Vertrauen zerstört wird.
- weil man nicht ehrlich ist.
- weil Offenheit Vertrauen schafft.
- weil man ja nicht weiß, was die Zukunft bringt.
- weil man sonst ganz schutzlos ist.
- weil falsche Einschätzungen oder Vorurteile entstehen können.

…

Thema: Imponiergehabe kann eine Beziehung zerstören

Behauptungen (Thesen)
[ungeordnet]

ja (pro)	nein (contra)
– In einer Beziehung muss Gleichberechtigung herrschen,	– Ein bisschen muss man sich ja anpreisen,
– In einer Beziehung darf keiner lügen,	– Ein paar kleine Geheimnisse sollte man schon haben,
– in einer Beziehung muss man offen miteinander umgehen,	– …
– …	…
…	…
…	

Beispiele
[ungeordnet]

- Viele Paare gehen auseinander.
- Im Fernsehen sind immer die erfolgreich, die angeben.
- Misstrauen führt zu Streit.
- …

…

…

4 Diskutiert über das Thema „Imponiergehabe kann eine Beziehung zerstören"! Sammelt eure Behauptungen (Thesen), eure Begründungen und eure Beispiele an der Tafel!

5 a Ergänzt auf einem Notizzettel den Tafelanschrieb durch eure Thesen, Argumente und Beispiele!

b Stellt eine sinnvolle Gliederung her!

Die Argumentation (< lat. argumentum = Beweisgrund) ist eine Beweisführung innerhalb einer *Diskussion* oder einer *schriftlichen Erörterung*. Wenn man einen Gesprächspartner von etwas überzeugen will, müssen drei Elemente zusammenpassen:

- *Die These* (< gr. thesis = das Setzen, die Behauptung): Die These ist der erste wesentliche Teil der Argumentation. Mit ihr wird etwas behauptet, das einem wissenschaftlichen Lehrsatz wie auch einem alltäglichen Problem gelten kann.
  Beispiel: Damit eine Beziehung gelingt, darf keiner der Partner den anderen anlügen.
- *Das Argument* (< lat. s.o.): Damit ich jemanden von der Richtigkeit meiner Behauptung überzeugen kann, muss ich diese begründen: Dies geschieht z.B. mit einem Nebensatz, der mit den Konjunktionen „weil" oder „denn" eingeleitet wird.
  Beispiel: […], weil Lügen kein Vertrauen entstehen lassen.
- *Das Beispiel* (oder der Beleg): Dadurch werden Beweisführungen anschaulich und konkret, also überzeugend.
  Beispiel: Viele Beziehungen misslingen, weil sich die Partner nicht vertrauen. Denk nur an die Eltern von Susi.
  Je schwerwiegender Argument und Beleg sind, um so überzeugender ist die Argumentation. Je überzeugender die Argumentation, desto besser die Erörterung.

Warum darf man in einem sozialistischen Wohnheim keine Bibel lesen? →

Zur Vorbereitung einer Diskussion kann es sinnvoll sein, dass man sich die wichtigsten Thesen stichwortartig notiert. Ein solches **Thesenpapier** kann man entweder selbst als Gedächtnisstütze verwenden, man kann es aber auch als Hilfsmittel für die Diskussion an alle Teilnehmer ausgeben. Zunächst solltest du dein Verständnis des Themas sowie zentraler Begriffe darlegen und dann deine Behauptungen (geordnet nach Pro und Contra sowie steigernd nach der Wichtigkeit) notieren. Möglicherweise kannst du auch bereits ein erstes Fazit ziehen. Ein Thesenpapier könnte z.B. so aussehen:

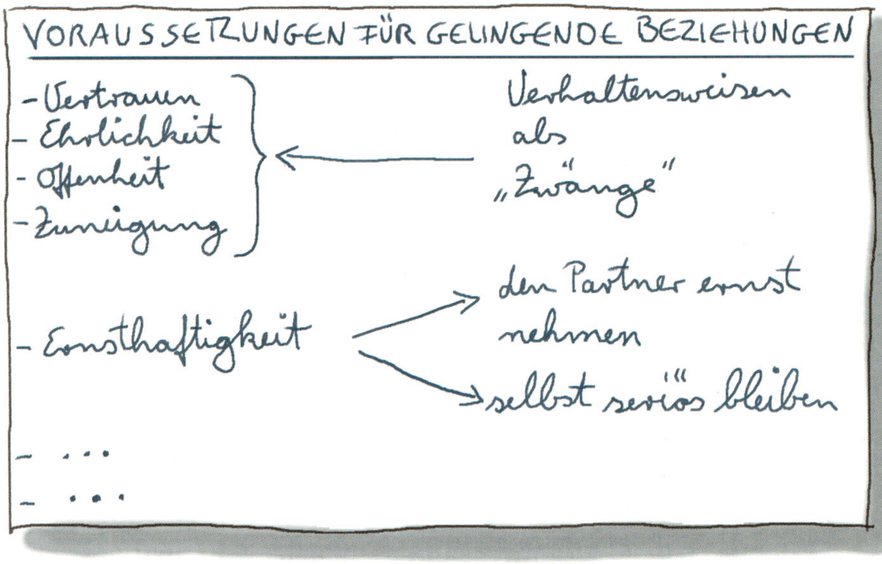

Die *Oberbegriffe* lassen sich bei Bedarf dann mit Unterbegriffen ergänzen. Diese erleichtern die Suche nach Beispielen. „Vertrauen" z. B. heißt, dass man sich auf den anderen verlassen kann, dass sein Wort gilt, dass Zweifel ausgeschlossen werden können etc. Ein Beispiel dafür findet sich in „Zwei Männer" (vgl. S. 64ff.).

4 Reiner Kunze (*1933): Element

Auf sein Bücherbrett im Lehrlingswohnheim stellte Michael die Bibel. Nicht, weil er gläubig ist, sondern weil er sie endlich einmal lesen wollte. Der Erzieher machte ihn jedoch darauf aufmerksam, daß auf dem Bücherbrett eines sozialistischen[1] Wohnheims die Bibel nichts zu suchen habe. Michael weigerte sich, die Bibel vom Regal zu nehmen. Welches Lehrlingswohnheim nicht sozialistisch

[1] Sozialismus (< lat.): eine politische Lehre, die bestehende gesellschaftliche Verhältnisse mit dem Ziel sozialer Gleichheit und Gerechtigkeit verändern will; eine nach diesen Prinzipien organisierte Gesellschaftsordnung sowie eine politische Bewegung, die diese Gesellschaftsordnung anstrebt. Der real existierende Sozialismus (Sowjetunion seit 1917, andere Staaten in Ost-, Südost- und Mitteleuropa [z.B. Polen, DDR, Ungarn, Bulgarien]

sei, fragte er, und da in einem sozialistischen Staat jedes Lehrlingswohnheim sozialistisch ist und es nicht zu den Obliegenheiten der Kirche gehört, Chemiefacharbeiter mit Abitur auszubilden, folgerte er, daß, wenn der Erzieher Recht behalte, in einem sozialistischen Staat niemand Chemiefacharbeiter mit Abitur werden könne, der darauf besteht, im Wohnheim auf sein Bücherbrett die Bibel stellen zu dürfen. Diese Logik, vorgetragen hinter dem Schild der Lessing-Medaille, die Michael am Ende der zehnten Klasse verliehen bekommen hatte (Durchschnittsnote Einskommanull), führte ihn steil unter die Augen des Direktors: Die Bibel verschwand, und Michael dachte weiterhin logisch. Die Lehrerin für Staatsbürgerkunde aber begann, ihn als eines jener Elemente zu klassifizieren, die in Mendelejews Periodischem System[2] nicht vorgesehen sind und durch das Adjektiv „unsicher" näher bestimmt werden.

Eines Abends wurde Michael zur Betriebswache gerufen. Ein Herr in Zivil legte ihm einen Text vor, in dem sich ein Ich verpflichtete, während der Weltfestspiele der Jugend und Studenten[3] die Hauptstadt[4] nicht zu betreten, und forderte ihn auf zu unterschreiben. – Warum? fragte Michael. Der Herr blickte ihn an, als habe er die Frage nicht gehört. – Er werde während der Weltfestspiele im Urlaub sein, sagte Michael, und unter seinem Bett stünden nagelneue Bergsteigerschuhe, die er sich bestimmt nicht zu dem Zweck angeschafft habe, den Fernsehturm am Alex zu besteigen. Er werde während der Weltfestspiele nicht einmal im Lande sein. – Dann könne er also unterschreiben, sagte der Herr, langte über den Tisch und legte den Kugelschreiber, der neben dem Blatt lag, mitten aufs Papier. – Aber warum? fragte Michael. Der Text klinge wie das Eingeständnis einer Schuld. Er sei sich keiner Schuld bewußt. Höchstens, daß er einmal beinahe in einem VW-Käfer mit westberliner Kennzeichen getrampt wäre. Damals hätten sich die Sicherheitsorgane[5] an der Schule über ihn erkundigt. Das sei für ihn aber kein Grund zu unterschreiben, daß er während der Weltfestspiele

← *Was ist ein sozialistischer Staat?*

← *Was ist ein unsicheres Element?*

← *... ?*

Der Alexanderplatz im Berlin der 70er-Jahre.

---

nach 1945) war gekennzeichnet durch gesellschaftliches Eigentum an Produktionsmitteln sowie das Prinzip gesamtgesellschaftlicher Planung durch den Staat. Durch die Partei der Arbeiterklasse als einzige oder dominierende Partei sollte der Arbeiter- und Bauernstaat im Interesse der Arbeiterklasse handeln. Die tatsächliche Herrschaft der Partei und ihrer Kontrollorgane und Unterdrückungsmechanismen in diesen Staaten führte letztendlich zu ihrem Verfall (seit Ende der Achtzigerjahre).

2 Mendelejews Periodisches System: Dimitri Iwanowitsch Mendelejew (1834–1907) war russischer Chemiker, der 1869 ein Periodensystem der Elemente aufstellte, eine systematische tabellarische Anordnung der chemischen Elemente nach ihrem Atombau und ihren davon abhängigen periodisch (< gr. = regelmäßig auftretend, wiederkehrend) sich wiederholenden chemischen und physikalischen Eigenschaften.

3 Weltfestspiele der Jugend und Studenten: internationales Kulturtreffen von Mitgliedern kommunistischer Jugendverbände in Ost-Berlin im Sommer 1973. Für die SED und ihre Jugendorganisation FDJ (= Freie Deutsche Jugend) war das Treffen so wichtig, dass die Trauerfeierlichkeiten für den während des Festivals verstorbenen Staatschef Walter Ulbricht (30.6.1893-1.8.1973) erst nach der Abreise der etwa 20000 Gäste aus aller Welt stattfanden.

4 Die Hauptstadt: gemeint ist die Hauptstadt der DDR, (Ost-)Berlin

5 Die Sicherheitsorgane: Staatssicherheitsdienst („Stasi") war die Bezeichnung für das Ministerium für Staatssicherheit der DDR. Die Stasi war, gegründet 1950, eines der wichtigsten Herrschaftsinstrumente der SED (= Sozialistische Einheitspartei Deutschlands, Staatspartei der DDR, Vorgängerpartei der PDS); sie verband die Sicherung der Parteiherrschaft nach innen mit der Spionage nach außen und wurde bis zum Ende der DDR (November 1989) ständig ausgebaut; sie hatte am Schluss 85000 hauptamtliche und über 100000 inoffizielle Mitarbeiter.

Die Hohe Tatra

nicht nach Berlin fahren werde. – Was für ihn ein Grund sei oder nicht, das stehe hier nicht zur Debatte, sagte der Herr. Zur Debatte stehe seine Unterschrift. – Aber das müsse man ihm doch begründen, sagte Michael. – Wer hier was müsse, sagte der Herr, ergäbe sich einzig aus der Tatsache, daß in diesem Staat die Arbeiter und Bauern die Macht ausübten. Es empfehle sich also, keine Sperenzien[1] zu machen. – Michael begann zu befürchten, man könnte ihn nicht in die Hohe Tatra[2] trampen lassen, verbiß sich die Bemerkung, daß er die letzten Worte als Drohung empfinde, und unterschrieb.

Zwei Tage vor Beginn seines Urlaubs wurde ihm der Personalausweis entzogen und eine provisorische Legitimation ausgehändigt, die nicht zum Verlassen der DDR berechtigte, und auf der unsichtbar geschrieben stand: Unsicheres Element.

DDR? →

Mit der topografischen[3] Vorstellung von der Hohen Tatra im Kopf und Bergsteigerschuhen an den Füßen, brach Michael auf zur Ostsee. Da es für ihn nicht günstig gewesen wäre, von Z. aus zu trampen, nahm er bis K. den Zug. Auf dem Bahnsteig von K., den er mit geschulterter Gitarre betrat, forderte eine Streife ihn auf, sich auszuweisen. „Aha", sagte der Transportpolizist, als er des Ausweispapiers ansichtig wurde, und hieß ihn mitkommen. Er wurde zwei Schutzpolizisten übergeben, die ihn zum Volkspolizeikreisamt brachten. „Alles auspacken!" Er packte aus. „Einpacken!" Er packte ein. „Unterschreiben!" Zum zweitenmal unterschrieb er den Text, in dem sich ein Ich verpflichtete, während der Weltfestspiele die Hauptstadt nicht zu betreten. Gegen vierundzwanzig Uhr entließ man ihn. Am nächsten Morgen – Michael hatte sich eben am Straßenrand aufgestellt, um ein Auto zu stoppen – hielt unaufgefordert ein Streifenwagen bei ihm an. „Ihren Ausweis, bitte!" Kurze Zeit später befand sich Michael wieder auf dem Volkspolizeikreisamt. „Alles auspacken!" Er packte aus. „Einpacken!" Diesmal wurde er in eine Gemeinschaftszelle überführt. Kleiner Treff von Gitarren, die Festival-Verbot hatten: Sie waren mit einem Biermann-Song[4] oder mit der Aufschrift ertappt worden: WARTE NICHT AUF BESSRE ZEITEN. Sein Name wurde aufgerufen. „Wohin?" – „Eine schweizer Kapelle braucht einen Gitarristen", sagte der Wachtmeister ironisch. Er brachte ihn nach Z. zurück. Das Konzert fand auf dem Volkspolizeikreisamt statt. „Sie wollten alle nach Berlin." – „Ich wollte zur Ostsee." – Der Polizist entblößte ihm die Ohren. „Wenn Sie noch einmal lügen, vermittle ich Ihnen einen handfesten Eindruck davon, was die Arbeiter-und-Bauern-Macht ist!" Michael wurde fotografiert (mit Stirnband, ohne Stirnband) und entlassen. Um nicht weiterhin verdächtigt zu werden, er wolle nach Berlin, entschloß er sich, zuerst nach Osten und dann oderabwärts zur Küste zu trampen. In F. erbot sich ein Kraftfahrer, ihn am folgenden Tag unmißverständlich weit über den Breitengrad von Berlin hinaus mitzunehmen. „Halb acht vor dem Bahnhof." Halb acht war der Bahnhofplatz blau von Hem-

---

[1] Die Sperenzien (< lat.): Umstände, Schwierigkeiten

[2] Die Hohe Tatra: Gebirge mit scharfgratigen Gipfeln (über 2650m hoch) und vielen Seen; auf seinem Kamm verläuft die Grenze zwischen Polen und der Slowakei (gehörte 1973 zum Ostblock, deshalb konnten DDR-Bürger unter bestimmten Bedingungen dort Urlaub machen).

[3] Die Topographie (< gr. Topos = der Ort, die Lage; graphein = schreiben, beschreiben): Beschreibung und Darstellung geographischer Örtlichkeiten; Lagebeschreibung; topographisch = die Topographie betreffend

[4] Biermann: mehr zu Wolf Biermann s. S. 98f.

Arbeitsanregungen:

1 a) Sammelt auf einem Stichwortzettel Grundbedeutung und Nebenbedeutungen des Wortes „Element"!
b) Lest den Text und notiert weitere Fragen!

2 a) Teilt ihn in sinnvolle Abschnitte und beantwortet in Gruppen Fragen zum Text!
b) Sucht in verschiedenen Informationsquellen Antworten auf eure Fragen und präsentiert die Ergebnisse euren Mitschülern!

Wichtige Informationsquellen können z. B. sein:
- die verschiedenen Suchmaschinen im Internet,
- Archive von Nachrichtenmagazinen, Tageszeitungen, Fernsehanstalten, Verlagen oder Parteien im Internet, Lexika, Darstellungen zur DDR-Geschichte.

3 Nähert euch „Element", indem ihr arbeitsteilig in Partnerarbeit verschiedene Texte verfasst:
- Bericht des Direktors des Lehrlingswohnheims an seinen Vorgesetzten,
- Bericht des Herrn in Zivil bei der Betriebswache,

den und Fahnen[1]. Man sammelte sich, um zu den Weltfestspielen nach Berlin zu fahren. Ein Ordner mit Armbinde fragte Michael, ob er zu einer Fünfzigergruppe gehöre. – „Sehe ich so aus?“ – Der Ordner kam mit zwei Bahnpolizisten zurück. „Ihren Ausweis!“ Michael weigerte sich mitzugehen. Er erklärte. Er bat. Sie packten ihn an den Armen. Bahnhofszelle. Verhör. Die Polizisten rieten ihm, eine Schnellzugfahrkarte zu lösen und zurückzufahren. Er protestierte. Er habe das Recht, seinen Urlaub überall dort zu verbringen, wo er sich mit seinem Ausweis aufhalten dürfe. – Er müsse nicht bis Z. zurückfahren, sagten die Polizisten, sondern nur bis D. Falls er jedoch Schwierigkeiten machen sollte, zwinge er sie, das Volkspolizeikreisamt zu verständigen, und dann käme er nicht zu glimpflich davon. Ein Doppelposten mit Hund begleitete ihn an den Fahrkartenschalter und zum Zug. „Wenn Sie eher aussteigen als in D., gehen Sie in U-Haft!“ Auf allen Zwischenstationen standen Posten mit Hund. In D. erwarteten ihn zwei Polizisten und forderten ihn auf, unverzüglich eine Fahrkarte nach Z. zu lösen und sich zum Anschlußzug zu begeben. Er gab auf. Auf dem Bahnsteig in Z. wartete er, bis die Polizisten auf ihn zukamen. Nachdem sie Paßbild und Gesicht miteinander verglichen hatten, gaben sie ihm den Ausweis zurück. „Sie können gehen.“ – „Wohin?“ fragte Michael.

(Aus lizenzrechtlichen Gründen ist dieser Text nicht in reformierter Rechtschreibung abgedruckt.)

- Bericht der Polizei in K. und Z.,
- Brief Michaels an einen Freund in der DDR,
- Brief Michaels an einen Freund im Westen!

4 a Führt eine Diskussion zum Thema Gewalt! Erstellt dazu Cluster und Thesenpapiere, auf denen ihr die verschiedenen Aspekte unter Oberbegriffen sammelt!
b Schreibt ein Ergebnisprotokoll über die Diskussion und erstellt gemeinsam eine geordnete Stoffsammlung zum Thema „Gewalt, ein Mittel der Politik – ja oder nein“!

5 a Vergleicht eure Lösungen mit dem Vorschlag der 9c des Erich-Kästner-Gymnasiums und ergänzt diesen!
b Beschreibt euer Vorgehen und das Verfahren der 9c!

5 Vorschläge der 9c für ein Thesenpapier mit einer geordneten Stoffsammlung

Thesenpapier

Gewalt: rücksichtslos angewandte Macht; unrechtmäßiges Vorgehen gegen Personen oder Sachen; physischer oder psychischer Zwang gegen eine oder mehrere Personen, um dieser Schaden zuzufügen oder um diese einer Herrschaft des Gewalt-Ausübenden zu unterwerfen.
Hier: Zwang von staatlichen Stellen, um die Bewohner des Staates gefügig zu machen.

Ja (Pro)	Nein (Contra)
– Staat will Mehrheit vor „Veränderern“ schützen.	– Staat muss Menschenrechte einhalten.
– Einzelne („Aufrührer“?!) wollen die Macht im Staat an sich reißen.	– Staat muss demokratisch aufgebaut sein: Gewaltenteilung.
– Regierung will Macht erhalten (Machtmonopol).	– Gesetze schützen die Staatsbürger.
– …	– …
– …	– …
…	– …
	…

Wenn ihr ein Thema in einem **Erörterungsaufsatz** erörtern wollt, empfiehlt sich zunächst folgendes Vorgehen:

1. Sammelt alles, was euch zu dem Thema einfällt! (Stichwortzettel → Cluster)
2. Überprüft, ob eure Punkte zum Thema passen!
3. Streicht Überflüssiges bzw. ergänzt Fehlendes!
4. Ordnet eure Gedanken nach ihrer Bedeutung (zuerst das weniger Wichtige)! Oberbegriffe können dabei helfen, die Gedanken zu gliedern.
5. Erklärt zentrale Begriffe!
6. Sucht für eure Thesen Begründungen und Beispiele!

Die Schwierigkeit besteht darin, dass ihr in einem Aufsatz Argumente für beide Seiten finden müsst. Die stichhaltigeren Begründungen und die besseren Beispiele ergeben dann eine Lösung, die am meisten überzeugt.

[1] blau von Hemden und Fahnen: Die Uniformen der FDJ waren blau.

6 Wolfdietrich Schnurre (1920–1989): Beste Geschichte meines Lebens

Beste Geschichte meines Lebens. Anderthalb Maschinenseiten vielleicht. Autor vergessen; in der Zeitung gelesen. Zwei Schwerkranke im selben Zimmer. Einer an der Türe liegend, einer am Fenster. Nur der am Fenster kann hinaussehen. Der andere keinen größeren Wunsch, als das Fensterbett zu erhalten. Der am Fenster leidet darunter. Um den anderen zu entschädigen, erzählt er ihm täglich stundenlang, was draußen zu sehen ist, was draußen passiert. Eines Nachts bekommt er einen Erstickungsanfall. Der an der Tür könnte die Schwester rufen. Unterlässt es; denkt an das Bett. Am Morgen ist der andere tot; erstickt. Sein Fensterbett wird geräumt; der bisher an der Tür lag, erhält es. Sein Wunsch ist in Erfüllung gegangen. Gierig, erwartungsvoll wendet er das Gesicht zum Fenster. Nichts; nur eine Mauer.

Arbeitsanregungen:

1 Fasst den Inhalt des Textes in einem Resümee zusammen!

2 a Sprecht darüber, wie die Überschrift zum Inhalt des Textes passt!
b Erörtert die Frage, ob man auf diese Art über ein solches Thema schreiben darf!

3 Versucht die Textart zu bestimmen und deren Merkmale zu beschreiben! (Vgl. im ersten Kapitel S. 37!)

Interpretationshilfe 6: Nach Goethes Definition enthält die Ballade als „Ur-Ei" der Dichtung *dramatische, epische* und *lyrische* Elemente. Ihr müsst also bei der Interpretation von Balladen an alle Aspekte denken, die ihr im Zusammenhang mit den drei *Hauptgattungen* (Drama, Epik, Lyrik) der Dichtung kennen gelernt habt. Die *drei Phasen der Interpretation* (vgl. S. 81f.) gelten auch für die Ballade. Es gehören aber auch **Fachbegriffe** der **Lyrik** und des **Dramas** dazu. Hier sind zur Erinnerung, völlig ungeordnet, ein paar solcher Fachbegriffe:
Spannung, Aufzug, Rhythmus, Höhepunkt, lyrisches Ich, Held, Vers, Reim, Anapher, Parallelismus, Personifikation, Strophe, Motiv, Konflikt, Lösung, Ellipse, Jambus, Enjambement, numinos, Vergleich, Alliteration, Handlung, Trochäus, Ideenballade, Metren, Gedankenlyrik, Rezitation, Stimmung, Klang, Bild, Kreuzreim, Vortrag, Textblatt, Metapher, erster Eindruck.
Mit Hilfe dieser Begriffe und den methodischen Hinweisen könnt ihr alles, was ihr bisher über die Interpretation gelernt habt, im Folgenden erproben und anwenden.

2. Schuld und Sühne – Balladen rezitieren und beschreiben

1 Johann Wolfgang von Goethe (1749–1832): Der Fischer

Das Wasser rauscht', das Wasser schwoll,
Ein Fischer saß daran,
Sah nach dem Angel ruhevoll,
Kühl bis ans Herz hinan.
Und wie er sitzt, und wie er lauscht,
Teilt sich die Flut empor;
Aus dem bewegten Wasser rauscht
Ein feuchtes Weib hervor.

Sie sang zu ihm, sie sprach zu ihm:
„Was lockst du meine Brut
Mit Menschenwitz und Menschenlist
Hinauf in Todesglut?
Ach wüsstest du, wie's Fischlein ist
So wohlig auf dem Grund,
Du stiegst herunter, wie du bist,
Und würdest erst gesund.

Labt sich die liebe Sonne nicht,
Der Mond sich nicht im Meer?
Kehrt wellenatmend ihr Gesicht
Nicht doppelt schöner her?
Lockt dich der tiefe Himmel nicht,
Das feuchtverklärte Blau?
Lockt dich dein eigen Angesicht
Nicht her in ew'gen Tau?"

Das Wasser rauscht', das Wasser schwoll,
Netzt' ihm den nackten Fuß;
Sein Herz wuchs ihm so sehnsuchtsvoll,
Wie bei der Liebsten Gruß.
Sie sprach zu ihm, sie sang zu ihm;
Da war's um ihn geschehn:
Halb zog sie ihn, halb sank er hin,
Und ward nicht mehr gesehn.

2 Friedrich Schiller (1759–1805): Die Kraniche des Ibykus

Zum Kampf der Wagen und Gesänge,
Der auf Korinthus' Landesenge
Der Griechen Stämme froh vereint,
Zog Ibykus, der Götterfreund[1].
Ihm schenkte des Gesanges Gabe,
Der Lieder süßen Mund Apoll[2],
So wandert' er, an leichtem Stabe,
Aus Rhegium[3], des Gottes voll.

Schon winkt auf hohem Bergesrücken
Akrokorinth[4] des Wandrers Blicken,
Und in Poseidons[5] Fichtenhain
Tritt er mit frommem Schauder ein.
Nichts regt sich um ihn her, nur Schwärme
Von Kranichen begleiten ihn,
Die fernhin nach des Südens Wärme
In graulichtem Geschwader ziehn.

„Seid mir gegrüßt, befreundte Scharen!
Die mir zur See Begleiter waren,
Zum guten Zeichen nehm ich euch,
Mein Los, es ist dem euren gleich.
Von fernher kommen wir gezogen
Und flehen um ein wirtlich Dach.
Sei uns der Gastliche gewogen,
Der von dem Fremdling wehrt die Schmach!“

Und munter fördert er die Schritte
Und sieht sich in des Waldes Mitte,
Da sperren, auf gedrangem Steg,
Zwei Mörder plötzlich seinen Weg.
Zum Kampfe muss er sich bereiten,
Doch bald ermattet sinkt die Hand,
Sie hat der Leier zarte Saiten,
Doch nie des Bogens Kraft gespannt.

Er ruft die Menschen an, die Götter,
Sein Flehen dringt zu keinem Retter,
Wie weit er auch die Stimme schickt,
Nichts Lebendes wird hier erblickt.
„So muss ich hier verlassen sterben,
Auf fremdem Boden, unbeweint,
Durch böser Buben Hand verderben,
Wo auch kein Rächer mir erscheint!“

Und schwer getroffen sinkt er nieder,
Da rauscht der Kraniche Gefieder,
Er hört, schon kann er nicht mehr sehn,
Die nahen Stimmen furchtbar krähn.
„Von euch, ihr Kraniche dort oben!
Wenn keine andre Stimme spricht,
Sei meines Mordes Klag erhoben!“
Er ruft es, und sein Auge bricht.

---

1 In Korinth fanden im Altertum die Isthmischen Spiele, sportliche und musische Wettkämpfe, statt. Benannt waren sie nach der Landenge, dem Isthmus (< gr. isthmos = Landenge), die den Golf von Korinth vom Saronischen Golf trennt. Seit 1893 verbindet ein Kanal die beiden Meere.

2 Apoll: griechischer Gott des Lichtes, der Dichtung und Musik, der Jugend, Heilkunde und Weissagung, aber auch strafender Bogenschütze und Todesgott

3 Rhegium: Stadt in Süditalien (Reggio di Calabria), 720 v.Chr. gegründet, 1908 durch ein Erdbeben zerstört

4 Akrokorinth (< gr. akros = oberster, höchster): Oberstadt bzw. hoch gelegene Burg über Korinth als Befestigungsanlage

5 Poseidon: griechischer Gott des Meeres; sein Symbol ist der Dreizack; ihm waren die Isthmischen Spiele geweiht.

Der nackte Leichnam wird gefunden,
Und bald, obgleich entstellt von Wunden,
Erkennt der Gastfreund in Korinth
Die Züge, die ihm teuer sind.
„Und muss ich so dich wieder finden,
Und hoffte mit der Fichte Kranz
Des Sängers Schläfe zu umwinden,
Bestrahlt von seines Ruhmes Glanz!“

Und jammernd hörens alle Gäste,
Versammelt bei Poseidons Feste,
Ganz Griechenland ergreift der Schmerz,
Verloren hat ihn jedes Herz.
Und stürmend drängt sich zum Prytanen[1]
Das Volk, es fordert seine Wut,
Zu rächen des Erschlagnen Manen[2],
Zu sühnen mit des Mörders Blut.

Doch wo die Spur, die aus der Menge,
Der Völker flutendem Gedränge,
Gelocket von der Spiele Pracht,
Den schwarzen Täter kenntlich macht?
Sinds Räuber, die ihn feig erschlagen?
Tats neidisch ein verborgner Feind?
Nur Helios[3] vermags zu sagen,
Der alles Irdische bescheint.

Er geht vielleicht mit frechem Schritte
Jetzt eben durch der Griechen Mitte,
Und während ihn die Rache sucht,
Genießt er seines Frevels Frucht.
Auf ihres eignen Tempels Schwelle
Trotzt er vielleicht den Göttern, mengt
Sich dreist in jene Menschenwelle,
Die dort sich zum Theater drängt.

Denn Bank an Bank gedränget sitzen,
Es brechen fast der Bühne Stützen,
Herbeigeströmt von fern und nah,
Der Griechen Völker wartend da,
Dumpfbrausend wie des Meeres Wogen;
Von Menschen wimmelnd, wächst der Bau
In weiter stets geschweiftem Bogen
Hinauf bis in des Himmels Blau.

Wer zählt die Völker, nennt die Namen,
Die gastlich hier zusammenkamen?
Von Kekrops' Stadt[4], von Aulis Strand[5],
Von Phokis[6], vom Spartanerland[7],
Von Asiens entlegner Küste,
Von allen Inseln kamen sie
Und horchen von dem Schaugerüste
Des Chores[8] grauser Melodie,

Der streng und ernst, nach alter Sitte,
Mit langsam abgemessnem Schritte,
Hervortritt aus dem Hintergrund,
Umwandelnd des Theaters Rund.
So schreiten keine irdschen Weiber,
Die zeugete kein sterblich Haus!
Es steigt das Riesenmaß der Leiber
Hoch über menschliches hinaus.

Ein schwarzer Mantel schlägt die Lenden,
Sie schwingen in entfleischten Händen
Der Fackel düsterrote Glut,
In ihren Wangen fließt kein Blut.
Und wo die Haare lieblich flattern,
Um Menschenstirnen freundlich wehn,
Da sieht man Schlangen hier und Nattern
Die giftgeschwollnen Bäuche blähn.

Der Kanal von Korinth heute

[1] Der Prytane (< gr. prytanis = Obmann, Vorsteher, Herrscher): Mitglied der regierenden Behörde in altgriechischen Staaten
[2] Die Manen (< lat. manes = die Seelen der Verstorbenen): die (guten) Geister der Toten
[3] Helios: griechischer Sonnengott
[4] Kekrops' Stadt = Athen; im Erstdruck stand: Theseus' Stadt. Theseus: sagenhafte Figur der griechischen Mythologie; bestand viele Abenteuer, bevor er König von Athen wurde, wo er als Nationalheld galt.
[5] Aulis: Ort in Griechenland; Sammelplatz der Griechen gegen Troja
[6] Phokis: Landschaft in Mittelgriechenland (um Delphi)
[7] Spartanerland: Sparta ist eine Stadt im Süden des Peloponnes; kämpfte im Altertum mit Athen um die Vorherrschaft in Griechenland.
[8] Der Chor (< gr. choros = Tanzplatz): In der Antike wurde der Ort, an dem zu Ehren der Götter gesungen wurde, Chor genannt. Durch Hinzukommen von Schauspielern entstand das Drama. Der Chor war dann Hauptbestandteil der griechischen Tragödie, er repräsentierte das Volk als Ganzes.

Das Theater in Epidaurus

Und schauerlich gedreht im Kreise
Beginnen sie des Hymnus Weise,
Der durch das Herz zerreißend dringt,
Die Bande um den Frevler schlingt.
Besinnungraubend, herzbetörend
Schallt der Erinnyen[1] Gesang,
Er schallt, des Hörers Mark verzehrend,
Und duldet nicht der Leier Klang:

„Wohl dem, der frei von Schuld und Fehle
Bewahrt die kindlich reine Seele!
Ihm dürfen wir nicht rächend nahn,
Er wandelt frei des Lebens Bahn.
Doch wehe, wehe, wer verstohlen
Des Mordes schwere Tat vollbracht,
Wir heften uns an seine Sohlen,
Das furchtbare Geschlecht der Nacht!

Und glaubt er fliehend zu entspringen,
Geflügelt sind wir da, die Schlingen
Ihm werfend um den flüchtgen Fuß,
Dass er zu Boden fallen muss.
So jagen wir ihn, ohn Ermatten,
Versöhnen kann uns keine Reu,
Ihn fort und fort bis zu den Schatten,
Und geben ihn auch dort nicht frei.“

Die Ballade (< ital. ballata = Tanzlied) stammt aus romanischen Ländern und war ursprünglich an strenge Formansprüche gebunden. Der Begriff wurde im 18. Jahrhundert in England auf leicht zu singende Erzähllieder übertragen, die in Dialogform, aber auch lyrisch ein besonderes Ereignis, oft eine Heldentat, darstellen. Das englische Wort „ballad“ wurde um 1770 in Deutschland eingebürgert und bezeichnet ebenfalls eine Form, die drei Grundgattungen vereint, so wie es Goethe in seiner Metapher vom „Ur-Ei“ ausdrückt. Vor allem drei *Balladenarten* werden unterschieden:

- Die *Heldenballade* (z. B. Theodor Fontanes „John Maynard“) stellt eine zielstrebig und beispielhaft-selbstlos handelnde Persönlichkeit in den Mittelpunkt.
- Die *Ideenballade* (z. B. Annette von Droste-Hülshoffs „Die Vergeltung“) zeigt, wie eine wichtige Idee, z. B. die Sühne, sich durchsetzt.
- Die *numinose Ballade* (z. B. Johann Wolfgang von Goethes „Der Fischer“) verdeutlicht den Einbruch des Dämonischen oder Göttlichen, der bedrohenden oder rettenden Macht, in das Leben der Menschen.
- Selbstverständlich gibt es auch *Mischformen,* in denen sich verschiedene Motive verbinden, z. B. die Idee der Sühne und das Einwirken von Dämonen in Friedrich Schillers „Die Kraniche des Ibykus“.
- *Moderne Balladen* (z. B. Wolf Biermanns „Ballade vom Briefträger William Moore aus Baltimore“) zeigen die Nähe zum Bänkelsang, zum politischen Gedicht und zum Song.

[1] Die Erinnyen (< gr. erinüs = Rachegeist, Fluch, Verderben): griechische Göttinnen der Rache

Poseidon-Darstellung in einem Mosaik

So singend, tanzen sie den Reigen,
Und Stille wie des Todes Schweigen
Liegt überm ganzen Hause schwer,
Als ob die Gottheit nahe wär.
Und feierlich, nach aller Sitte
Umwandelnd des Theaters Rund
Mit langsam abgemessnem Schritte,
Verschwinden sie im Hintergrund.

Und zwischen Trug und Wahrheit schwebet
Noch zweifelnd jede Brust und bebet
Und huldiget der furchtbarn Macht,
Die richtend im Verborgnen wacht,
Die unerforschlich, unergründet
Des Schicksals[1] dunkeln Knäuel flicht,
Dem tiefen Herzen sich verkündet,
Doch fliehet vor dem Sonnenlicht.

Da hört man auf den höchsten Stufen
Auf einmal eine Stimme rufen:
„Sieh da! Sieh da, Timotheus,
Die Kraniche des Ibykus!“ –
Und finster plötzlich wird der Himmel,
Und über dem Theater hin
Sieht man in schwärzlichtem Gewimmel
Ein Kranichheer vorüberziehn.

„Des Ibykus!“ – Der teure Name
Rührt jede Brust mit neuem Grame,
Und, wie im Meere Well auf Well,
So läufts von Mund zu Munde schnell:
„Des Ibykus, den wir beweinen,
Den eine Mörderhand erschlug!
Was ists mit dem? Was kann er meinen?
Was ists mit diesem Kranichzug?“ –

Und lauter immer wird die Frage,
Und ahnend fliegts mit Blitzesschlage
Durch alle Herzen. „Gebet Acht!
Das ist der Eumeniden[2] Macht!
Der fromme Dichter wird gerochen[3],
Der Mörder bietet selbst sich dar!
Ergreift ihn, der das Wort gesprochen,
Und ihn, an dens gerichtet war.“

Doch dem war kaum das Wort entfahren,
Möcht ers im Busen gern bewahren;
Umsonst, der schreckenbleiche Mund
Macht schnell die Schuldbewussten kund.
Man reißt und schleppt sie vor den Richter,
Die Szene wird zum Tribunal[4],
Und es gestehn die Bösewichter,
Getroffen von der Rache Strahl.

Die Tragik der „größten deutschen Dichterin“ (Ricarda Huch), der **Annette von Droste-Hülshoff,** bestand darin, dass sich die am 10. 1. 1797 bei Münster Geborene mit über 40 Jahren in den 17 Jahre jüngeren Levin Schücking verliebte, dessen Heirat mit einer anderen Frau sie völlig aus der Bahn warf. Die immer Kränkelnde erlebte in Meersburg zunächst bei ihrer Schwester und dann in dem von ihr erworbenen „Fürstenhäusle“ (heute eine Droste-Gedenkstätte) ihre glücklichste und schwierigste Zeit. Hier starb sie am 24. 5. 1848 nach einsamen Jahren, in denen das Schreiben ihr einziger Lebensinhalt war. Ihre Gedichte und ihre Novelle „Die Judenbuche“ haben sie berühmt gemacht, privates Glück blieb ihr versagt.

3 Annette von Droste-Hülshoff (1797–1848): Die Vergeltung

I

Der Kapitän steht an der Spiere[5],
Das Fernrohr in gebräunter Hand,
Dem schwarz gelockten Passagiere
Hat er den Rücken zugewandt.
Nach einem Wolkenstreif in Sinnen
Die beiden wie zwei Pfeiler sehn,
Der Fremde spricht: „Was braut da drinnen?“ –
„Der Teufel“, brummt der Kapitän.

---

1 Das Schicksal (gr. moira): Es ist die Macht, die in der Vorstellung der griechischen Mythologie das lenkt, was den Menschen und den Göttern widerfährt, die dem Schicksal unterworfen sind, unabhängig vom Wollen und Handeln.

2 Die Eumeniden (< gr. eumenos = wohlgesonnen, gnädig): anderer Name für die Erinnyen (s. Fußnote 1, S. 95)

3 gerochen: veraltete Form für gerächt

4 Das Tribunal (< lat. tribunal = Richterbühne): Gerichtshof

5 Die Spiere: Segelstange

Da hebt von morschen Balkens Trümmer
Ein Kranker seine feuchte Stirn,
Des Äthers[1] Blau, der See Geflimmer,
Ach, alles quält sein fiebernd Hirn!
Er lässt die Blicke, schwer und düster,
Entlängs dem harten Pfühle[2] gehn,
Die eingegrabnen Worte liest er:
„Batavia[3]. Fünfhundertzehn."

Die Wolke steigt, zur Mittagsstunde
Das Schiff ächzt auf der Wellen Höhn,
Gezisch, Geheul aus wüstem Grunde,
Die Bohlen weichen mit Gestöhn.
„Jesus, Marie! wir sind verloren!"
Vom Mast geschleudert der Matros',
Ein dumpfer Krach in aller Ohren,
Und langsam löst der Bau sich los.

Noch liegt der Kranke am Verdecke,
Um seinen Balken fest geklemmt,
Da kommt die Flut, und eine Strecke
Wird er ins wüste Meer geschwemmt.
Was nicht geläng' der Kräfte Sporne,
Das leistet ihm der starre Krampf,
Und wie ein Narwal[4] mit dem Horne
Schießt fort er durch der Wellen Dampf.

Heldenballade, Ideenballade oder numinose Ballade?

Wie lange so? – er weiß es nimmer,
Dann trifft ein Strahl des Auges Ball,
Und langsam schwimmt er mit der Trümmer
Auf ödem glitzerndem Kristall.
Das Schiff! – die Mannschaft! – sie versanken.
Doch nein, dort auf der Wasserbahn,
Dort sieht den Passagier er schwanken
In einer Kiste morschem Kahn.

Armsel'ge Lade! sie wird sinken,
Er strengt die heisre Stimme an:
„Nur grade! Freund, du drückst zur Linken!"
Und immer näher schwankt's heran,
Und immer näher treibt die Trümmer,
Wie ein verwehtes Möwennest;
„Courage[5]!", ruft der kranke Schwimmer,
„Mich dünkt, ich sehe Land im West!"

Nun rühren sich der Fähren Ende,
Er sieht des fremden Auges Blitz,
Da plötzlich fühlt er starke Hände.
Fühlt wütend sich gezerrt vom Sitz.
„Barmherzigkeit! ich kann nicht kämpfen."
Er klammert dort, er klemmt sich hier;
Ein heisrer Schrei, den Wellen dämpfen,
Am Balken schwimmt der Passagier.

Dann hat er kräftig sich geschwungen
Und schaukelt durch das öde Blau,
Er sieht das Land wie Dämmerungen
Enttauchen und zergehn in Grau.
Noch lange ist er so geschwommen,
Umflattert von der Möwe Schrei,
Dann hat ein Schiff ihn aufgenommen,
Viktoria[6]! nun ist er frei!

---

1 Der Äther (< gr. aither = der Himmel): Himmelsluft, wolkenlose Weite des Himmels
2 Die Pfühle: veraltet für: das Kissen
3 Batavia: bis 1950 Name von Jakarta, Hauptstadt von Indonesien; bis 1945 niederländische Kolonie (Die Bataver, ein germanischer Stamm, besiedelten im 1. Jahrhundert n. Chr. das Gebiet der heutigen Niederlande.)
4 Der Narwal: eine Art der Wale, bei der das männliche Tier einen 2–3m langen Stoßzahn trägt
5 Die Courage (< lat. cor = Herz, Mut): Beherztheit, Mut
6 Viktoria (< lat. victoria = Sieg): Sieg (als Ausruf)

II

Drei kurze Monde sind verronnen,
Und die Fregatte[1] liegt am Strand,
Wo mittags sich die Robben sonnen,
Und Bursche klettern übern Rand,
Den Mädchen ist's ein Abenteuer
Es zu erschaun vom fernen Riff,
Denn noch zerstört ist nicht geheuer
Das gräuliche Korsarenschiff[2].

Und vor der Stadt da ist ein Waten,
Ein Wühlen durch das Kiesgeschrill,
Da die verrufenen Piraten
Ein jeder sterben sehen will.
Aus Strandgebälken, morsch, zertrümmert,
Hat man den Galgen, dicht am Meer,
In wüster Eile aufgezimmert.
Dort dräut er von der Düne her!

Welch ein Getümmel an den Schranken! –
„Da kömmt der Frei – der Hessel jetzt –
Da bringen sie den schwarzen Franken,
Der hat geleugnet bis zuletzt.“ –
„Schiffbrüchig sei er hergeschwommen“,
Höhnt eine Alte: „Ei, wie kühn!
Doch keiner sprach zu seinem Frommen,
Die ganze Bande gegen ihn.“

Der Passagier, am Galgen stehend,
Hohläugig, mit zerbrochnem Mut,
Zu jedem Räuber flüstert flehend:
„Was tat dir mein unschuldig Blut!
Barmherzigkeit! – so muss ich sterben
Durch des Gesindels Lügenwort,
O, mög' die Seele euch verderben!“
Da zieht ihn schon der Scherge[3] fort.

Er sieht die Menge wogend spalten –
Er hört das Summen im Gewühl –
Nun weiß er, dass des Himmels Walten
Nur seiner Pfaffen Gaukelspiel[4]!
Und als er in des Hohnes Stolze
Will starren nach den Ätherhöhn,
Da liest er an des Galgens Holze:
„Batavia. Fünfhundertzehn.“

Wohl kaum ein Dichter verkörperte die Problematik des geteilten Deutschlands so typisch wie der am 15.11.1936 in Hamburg geborene **Wolf Biermann.** Der 1991 mit dem bedeutendsten deutschen Literaturpreis, dem Georg-Büchner-Preis, Ausgezeichnete war 1953 in die DDR gegangen, weil er sich dort einen seinen sozialistischen Idealen entsprechenden Staat vorstellte. Dieser aber wies ihn 1976 nach einem Konzert in Köln aus, denn die kritische Position, die Biermann immer zu allem einnahm, war den Machthabern zuwider. Die Protestaktionen vieler prominenter DDR-Künstler brachten den Staat ins

4 Wolf Biermann (*1936): Die Ballade vom Briefträger William Moore aus Baltimore

SONNTAG

Sonntag, da ruhte William L. Moore
von seiner Arbeit aus.
Er war ein armer Briefträger nur,
in Baltimore stand sein Haus.

MONTAG

Montag, ein Tag in Baltimore,
sprach er zu seiner Frau:

---

1 Die Fregatte: ein schnell segelndes Kriegsschiff
2 Der Korsar (< it.): Seeräuber; Korsarenschiff: Seeräuberschiff
3 Der Scherge: Handlanger eines Machthabers, Gehilfe des Henkers
4 Der Pfaffe: abwertend für: Geistlicher; Gaukelspiel: Was der Pfarrer erzählt, dient nur der Unterhaltung, ist ansonsten aber wertlos.

„Ich will nicht länger Briefträger sein,
ich geh nach Süden auf Tour (that's sure)"
BLACK AND WHITE, UNITE! UNITE!
schrieb er auf ein Schild.
White and black – die Schranken weg!
Und er ging ganz allein.

DIENSTAG
Dienstag, ein Tag im Eisenbahnzug,
fragte William L. Moore
manch einer nach dem Schild, das er trug,
und wünscht ihm Glück für die Tour.
BLACK AND WHITE, UNITE! UNITE!
stand auf seinem Schild ...

MITTWOCH
Mittwoch, in Alabama ein Tag,
ging er auf der Chaussee,
weit war der Weg nach Birmingham,
taten die Füße ihm weh.
BLACK AND WHITE, UNITE! UNITE!

DONNERSTAG
Donnerstag hielt der Sheriff ihn an,
sagte „Du bist doch weiß!"
Sagte „Was gehn die Nigger dich an?
Junge, bedenke den Preis!"
BLACK AND WHITE, UNITE! UNITE!

FREITAG
Freitag lief ihm ein Hund hinterher,
wurde sein guter Freund.
Abends schon trafen Steine sie schwer –
sie gingen weiter zu zweit.
BLACK AND WHITE, UNITE! UNITE!

SONNA'MT
Sonna'mt, ein Tag, war furchtbar heiß,
kam eine weiße Frau,
gab ihm ein'n Drink, und heimlich sprach sie:
„Ich denk wie Sie ganz genau."
BLACK AND WHITE, UNITE! UNITE!

LAST DAY
Sonntag, ein blauer Sommertag,
lag er im grünen Gras –
blühten drei rote Nelken blutrot
auf seiner Stirne, so blass.
BLACK AND WHITE, UNITE! UNITE!
steht auf seinem Schild.
White and black – die Schranken weg!
Und er starb ganz allein.
Und er bleibt nicht allein.

Wanken, gefallen ist er erst 1989. Der unbequeme Kritiker war auch im Westen immer umstritten. Sein „Dilemma" drückt sich wohl nirgends besser aus als in den Schlussversen seines Gedichtes „Und als wir ans Ufer kamen", wo es über die DDR heißt: „Ich möchte am liebsten weg sein / Und bleibe am liebsten hier / am liebsten hier".

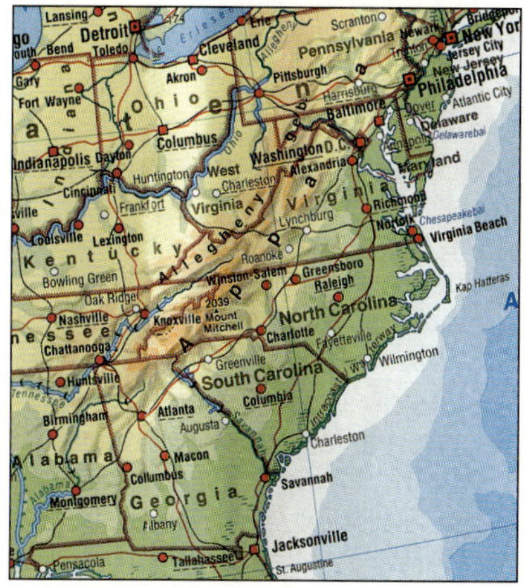

Arbeitsanregungen:

1 Arbeitet in Gruppen und wählt eine der vier Balladen aus!
  a Erprobt verschiedene Rezitationsmöglichkeiten!
  b Führt ein Fachgespräch und erarbeitet eine gegliederte Stoffsammlung!

2 Rezitiert die Ballade und stellt eure Ergebnisse der Klasse vor!

Erinnert euch an erprobte **Methoden** der Rezitation:
- *Szenisches Lesen* mit Hilfe eines Textblattes;
- *Inszenieren* einzelner Strophen;
- Rezitation und *Pantomime*;
- *Einzel-* und *Chorsprechen;*
- Vortrag mit *Musikunterlegung* bzw. mit Geräuschkulisse;
- Rezitation, unterstützt durch *Diaeinblendungen,* z. B. von illustrierenden Bildern;
- *Erklärungen* durch Karten, Skizzen, Figurenkonstellationen etc.

Das 2. Kapitel im Blickfeld

Sprechen und Schreiben

1. Ist jemand von einer Meinung zu überzeugen, muss **argumentiert** werden. Die Behauptung ist zu begründen und mit einem Beispiel zu unterstützen nach dem Schema: Ich behaupte, dass [...], weil [...], denn [...]. Je stichhaltiger Beispiel und Beleg, um so überzeugender wirkt das Argument.

2. Bei der **Erörterung** tauscht der Schreiber gewissermaßen mit sich selber Argumente für alle Seiten des Problems aus. Dabei müssen die überzeugenderen Argumente herausgearbeitet und dargestellt werden.
   Zur Vorbereitung eines **Erörterungsaufsatzes** empfiehlt sich folgendes Vorgehen:
   - Sammeln aller Einfälle zum Thema;
   - Überprüfen, ob die Punkte zum Thema passen;
   - Streichen des Überflüssigen und Ergänzen des Fehlenden;
   - Ordnen der Gedanken nach ihrer Bedeutung;
   - Erklären zentraler Begriffe;
   - Begründungen und Beispiele für die Thesen suchen.

   Die Schwierigkeit besteht darin, dass für beide Seiten eines Problems zu argumentieren ist.

3. Will man einen literarischen Text **interpretieren,** ihn also *beschreiben und deuten* mit Hilfe von Fachbegriffen aus der Sprachbetrachtung und Dichtungslehre (Poetik), ist am besten in **drei Phasen** vorzugehen:
   - *1. Phase:* Festhalten des *ersten Leseeindrucks.* Er kann sich als vorläufiger Gesamteindruck auf den ganzen Text oder auf Teile bzw. Auffälligkeiten beziehen. Beobachtungen und Fragen sollten auf einem großen Blatt notiert werden.
   - *2. Phase:* Beschreiben von Auffälligkeiten und Problemen des *Inhaltes, des Aufbaus* sowie der *Form* in ihrer *Wechselbeziehung.*
   - *3. Phase:* Die Interpretation ist dann als *zusammenhängender Text* (Übersichtssatz, Hauptteil) auszuarbeiten. Am Ende sollen alle Beobachtungen, die im Hauptteil beschrieben und gedeutet wurden, in einem *begründeten Gesamtverständnis, einer Schlusswertung,* zusammengefasst werden. Übersichtssatz, Hauptteil und Schlusswertung müssen zusammenpassen.
     Zum Schluss ist der Text sorgfältig zu *korrigieren.*

4. Das **Kurzreferat** verlangt zu seinem Gelingen Folgendes:
   - Eine klare *Zielsetzung* und *Themenstellung,* wozu geeignete Informationen und Materialien zu beschaffen sind;
   - einen sinnvollen *Aufbau* mit problemorientierter (sachlogischer) oder chronologischer Gliederung, motivierendem Einstieg und resümierendem Schluss, der Anstöße zur Diskussion vermitteln soll;
   - eine *Präsentation* (Darbietung) in halbfreiem Vortrag, mit Blickkontakt, angemessenem Sprechtempo, mit Pausen und gezieltem Medieneinsatz.
   - Bei einer anschließenden *Diskussion* in der Klasse kann der Referent die Aufgabe eines Diskussionsleiters übernehmen, der eröffnet, steuert und Ergebnisse bündelt bzw. zusammenfasst.

5. Wenn man die Geschehnisse einer Unterrichtsstunde oder Sitzung festhalten will, verfasst man ein **Protokoll.** Soll der Verlauf in Einzelheiten beschrieben werden, eignet sich ein **Verlaufsprotokoll.** Es berichtet im Präteritum über die einzelnen Teile und den Ablauf sowie über Diskussionsbeiträge und Meinungsäußerungen. Legt man nur Wert auf das Ergebnis einer Unterrichtsstunde, fasst man dieses zusammen in einem **Ergebnisprotokoll.** Es informiert bei Sitzungen über Anträge, Beschlüsse und Zahlenverhältnisse bei Abstimmungen. Jedes Protokoll folgt im *Aufbau* einem festgelegten Schema:
   - Kopf: Ort, Zeit, Datum, Teilnehmer, Leitung, Name des Protokollführers, Thema
   - Unterschrift: Protokollführer und Veranstaltungsleiter unterschreiben, um das Protokoll zu einem rechtsverbindlichen Dokument zu machen.

6. Die **Rechtschreibung** des Kapitels gilt den Formen der **Großschreibung** bei Überschriften und Titeln, in festen Gefügen (z.B.: in Kauf nehmen), bei Substantivierungen (durch Artikel, Pronomen, Präpositionen, unbestimmte Zahlwörter und Attribute), bei Eigennamen, Anredepronomen und in Zusammensetzungen mit Bindestrich.

7. Fragen, die sich an einen Text ergeben, kann man oft nur mit Hilfe von *Informationen* beantworten, die *außerhalb des Textes* zu finden sind. Diese nennt man **textexterne Informationen.** Hilfsmittel können u.a. sein: Sachwörterbücher, Geschichtslexika, Geschichtsbücher, das Internet (mit Suchmaschinen bzw. Verlagsarchiven etc.).

8. Ein **Thesenpapier** hilft bei der *Vorbereitung einer Diskussion.* Das Verständnis zentraler Begriffe sowie Behauptungen zum Problem können stichwortartig notiert und den anderen Diskussionsteilnehmern vor der Diskussion ausgehändigt werden. Hilfreich ist es, die Aspekte zu sammeln und unter *Oberbegriffen* zu ordnen, die einen besseren Überblick ergeben (z.B. Thema: Bedingungen für eine gelingende Beziehung; Aspekte: Vertrauen, Ehrlichkeit, Offenheit; Oberbegriff: „Zwänge", ohne die es nicht geht).

9. Die **Typisierung** beschränkt sich auf die Beschreibung typischer (allgemeiner) Eigenschaften. Sie unterscheidet sich von der differenzierenden Charakterisierung, weil sie zur Schwarz-Weiß-Darstellung neigt und so zu Vor- oder Fehlurteilen führen kann.

Literatur und Medien

1. Steht im Mittelpunkt einer **Ballade** eine Figur, die durch ihr entschlossenes und vorbildliches Handeln überzeugt, spricht man von einer **Heldenballade.**
   Steht ein Mensch im Mittelpunkt, der aktiv handelt und im Bereich menschlicher und göttlicher Grundsätze gezeigt wird, handelt es sich um eine **Ideenballade.**
   Tritt in einer Ballade das Göttliche oder Dämonische als unbegreifliche, Vertrauen oder Furcht erweckende Macht auf, spricht man von einer **numinosen Ballade.**

2. Eine **Kurzgeschichte** ist eine offene Erzählung, die ohne Einleitung und abrundenden Schluss einen Ausschnitt des Alltäglichen zeigt und verwandte Züge zu Anekdote, Beispiel- und Kalendergeschichte, Skizze, Miniatur, Parabel und Kurznovelle aufweist. In häufig knapper Sprache wird vieles nur angedeutet. Manches bleibt unausgesprochen oder mehrdeutig. Die Personen sind oft typisiert. Die Blütezeit der deutschen Kurzgeschichte war nach 1945.

3. Eine **Parabel** ist eine meist kurze, lehrhafte Erzählung. Oft wird eine Erkenntnis oder eine Wahrheit mitgeteilt, die zum besseren Verständnis in einem Vergleich aus einem anderen Vorstellungsbereich dargestellt wird.

4. Die **Parodie** verspottet ein bereits vorliegendes Werk. Ihre Komik wird nur verständlich, wenn das Original bekannt ist, dessen Schwächen aufgedeckt werden sollen.

Sprachbetrachtung

1. Mit **Attributen** und **Attributsätzen** lassen sich Genauigkeit, Nuancierungen, Vergleiche und eine bestimmte Atmosphäre erreichen:
   – Als *Stilmittel* absichtsvoll eingesetzt, können in Erzählungen und Schilderungen, aber auch in Natur- und Erlebnislyrik, Anschaulichkeit und Farbigkeit erzielt werden. In der modernen Literatur bedeutet der Verzicht auf Attribute aber auch den bewussten Ausdruck von Verknappung und Nüchternheit.
   – Die *Attribute* können aus Adjektiven, Partizipien und Adverbien gebildet werden; die Apposition sowie das Genitiv- und Präpositionalattribut sind Sonderformen.

2. In der **Bedeutungslehre** nennt man die Grundbedeutung eines Wortes **Denotation** (z.B. Probe = Prüfung). Mit dieser Grundbedeutung können Nebenbedeutungen verbunden sein. Diese nennt man **Konnotationen** (z.B. Probe = Vorbereitung eines Konzertes oder einer Theateraufführung.)

3. Ein Dichter setzt zumeist dann gleichberechtigte Hauptsätze nebeneinander, wenn er die Entwicklung eines Geschehens klar und überschaubar darstellen will. Dies nennt man **Parataxe** (Satzreihe). Wenn er seine Gedanken in Hauptsätzen und in abhängigen Gliedsätzen äußert, will er die Beziehungen und Gewichtungen ausdrücken. Man spricht dann von **Hypotaxe** (Satzgefüge).

4. Das **Tempus** und der **Tempuswechsel** sind wichtige Stilmittel, um z.B. das abgeschlossene Geschehen in der Erzählung (im Präteritum bzw. Plusquamperfekt) durch den Wechsel ins Präsens (bzw. Perfekt) zu kontrastieren oder zu vergegenwärtigen.

DRITTES KAPITEL

Menschen und ihre Sprachen

Pieter Brueghel (um 1525/30–1569): Der Turm zu Babel, 1563

I. Wie wir sprechen

1. Meine Sprachen, deine Sprachen, unsere Sprachen – Über Sprachverschiedenheiten (Sprachvarietäten) und wie Sprachebenen wechseln

1 Gesprächssituationen

a. „Do sogt der Schorsch, s'Marei waar eam lieba als wia ii." – „A geh … !"

b. „Doppelklick auf Format und dann die Enter-Taste drücken." – „Stürzt er dann nicht ab?"

c. „Ladies and gentlemen, your flight, Air France 7743, is now ready for boarding. Please refrain from smoking and keep your boarding-pass ready!"

e. „Echt geil, sag ich!" – „Ich fahr net so drauf ab."

d. „Du tragen das Eimer!" – „Nix Eimer! Ich Schaufel!"

f. „Die Bache führt gerade Frischlinge." – „Den alten Schwarzkittel hab' ich schon lange nicht mehr gesehen."

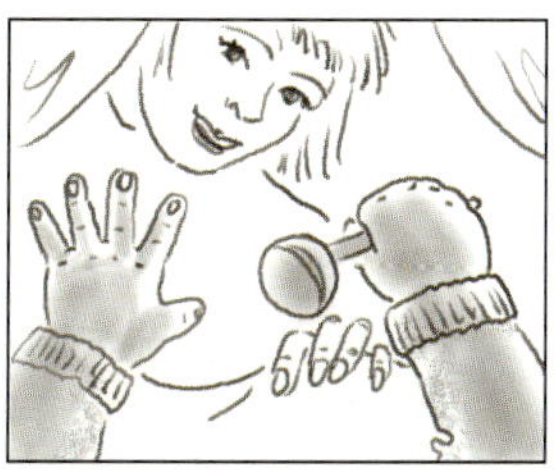

g. „Schön heia-heia machen, mein Schatz!" – „Gaga."

h. „Am Wochenend' fahr'n wir in die Berg' in'n Urlaub." – „Na, das ist doch schön für dich!"

i. „Sind Sie au scho im Schwarzwald gsi?" – „Wie bitte?" – „Sie moint g'wäa!"

j. „Wau, wau." – „Ja, komm, komm! Guter Hund!"

Arbeitsanregungen:

1 Verschiedene Äußerungsformen von Sprache! Versucht diese zu bezeichnen und zu ordnen!

2 Macht „Ersatzproben"!

a Welche Texte und Bilder lassen sich tauschen? Begründet!

b Erklärt, wo und warum der Tausch nicht möglich ist!

c „Bild j passt nicht ganz in diesen Zusammenhang!"

2 Haute-Couture, Mode, Klamotten

a. Probier doch 'mal die Schlaghose da!

b. Young Fashion Shirtjacke, Stretchqualität, Manschettenärmel, superleicht, black, New Age by Milestone € 119,90

c. Denn die stark gerafften, gepufften, gezupften, gerupften und drapierten Kleider aus Leinen oder Wolle waren häufig vorne übereinander gelegt und zusammengebunden, so dass die lebenden Modepuppen, die zunächst in bloßen Leichenhemden einherzuschreiten schienen, schließlich Umstandsmode spazieren trugen.

d. McQueen also zeigte Mode à la française mit einem Schuss Wildwest-Romantik. Frackähnliche Anzüge, Leder-Kostüme, weit ausgestellte grellgrüne Hosen – all das ist noch „comme il faut".

e. Ey, wo haste denn die geile Jacke her?

f. Der hängt doch immer in seiner alten Kluft 'rum.

h. Wo host'n du dei neia Husn kafft?

g. Für Gucci, eines der wichtigsten italienischen Modehäuser, brachte Designer Tom Ford unterschiedliche Einflüsse unter einen Hut: ein bisschen Dirndl, ein wenig Hippie, Perlenstickerei und ganz wunderbare, elegante Lederjacken, die mit Sicherheit ein Renner sein werden.

3 Aber meine Herren …!

Arbeitsanregungen:

1 Beim Thema „Mode" reden viele mit.
  a Ordnet die Texte nach Alltagssprache und Fachsprache! Begründet eure Entscheidung!
  b Versucht, die Texte nach Adressaten zu ordnen und begründet!

2 Übertragt einen der fachsprachlichen Texte in Umgangssprache, Jugendsprache oder Dialekt!

3 a Schreibt nach eigener Wahl einen fachsprachlichen Text!
  b Legt ihn dem Nachbarn vor zur Übertragung (in „normale" Sprache, in Dialekt usw.)!
  c Sprecht über die Schwierigkeiten!

4 a Verfasst einen passenden Kurzdialog zu dem nebenstehenden Foto in Dialekt, Jargon und Hochsprache!
  b Vergleicht die Ergebnisse!

4 Meine Sprachen

„Neulich hat meine Tante mich gefragt, wie viele Sprachen ich kann. Da hab ich gesagt: drei! Deutsch, Englisch und Sächsisch!“ – „Ha, ha, ha. Da hat sie bestimmt dumm aus der Wäsche geguckt!“ – „Naja, eigentlich stimmt es aber doch, oder?“ – „Hm, dann kann ich mehr als drei Sprachen. Schließlich verstehe ich seit meinem Segelkurs noch ein bisschen Seemannssprache.“ – „Ja, und wenn wir unter uns in der Clique reden, schnallt mein Alter rein gar nichts mehr!“

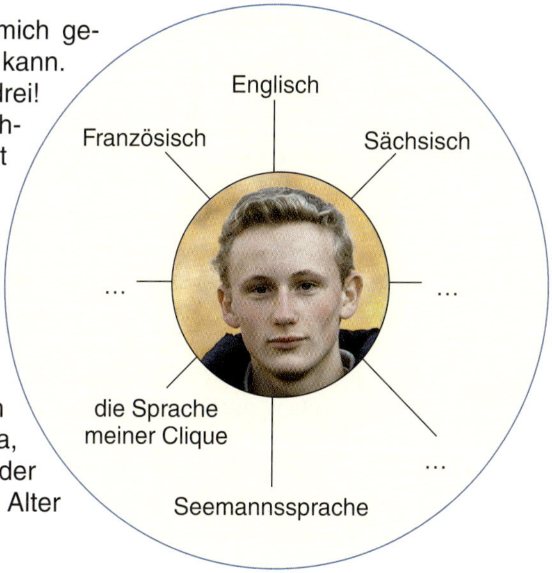

Arbeitsanregungen:

1 Erstellt nach dem nebenstehenden Beispiel ein Diagramm eurer Sprachen!

2 Sammelt in Partnerarbeit Redensarten mit „Sprache“ oder „sprechen“ und ergänzt das Diagramm!

3 Ordnet die „Sprachen“ nach Sammelbegriffen!

...	...	...	...
Deutsch	Bairisch	Computer-,	...
Türkisch	Sächsisch	Juristen-	...
...	...	sprache	...
...	...	...	...

5 Ein Lexikonartikel

Sprache ist ein Kommunikationsmittel, das von Menschen (mündlich/schriftlich, Gestik, Mimik) und im weiteren Sinne auch von Tieren (Laute, Gestik, Mimik) und Pflanzen (chemische und optische Signale) gebraucht wird. Im einfachsten Fall werden grundsätzliche Informationen ausgetauscht, die der Arterhaltung dienen. Anspruchsvollere Formen zeigt die menschliche Sprache, die verschiedenen Funktionen gerecht wird: Man kann Gefühle und Gedanken oder innere Erlebnisse ausdrücken und so anderen mitteilen. Es ist möglich, eine konkrete Situation, Fantasieentwürfe oder abstrakte Sachverhalte und Erinnerungen darzustellen. Appelle können an Mitmenschen gerichtet werden. Die Sprache des Menschen ist sehr differenziert durch ihre Möglichkeiten, verschiedene Tempusformen und Modi (Indikativ, Konjunktiv, Imperativ) zu wählen. Außerdem ist ein Sprechen über Sprache (Metasprache) mit Hilfe des grammatischen Systems und seiner Fachbegriffe möglich. Die menschliche Sprache lässt sich in Sprachfamilien gliedern, die miteinander verwandte Sprachen umfassen. Diese können sich mehr oder weniger ähneln, da sie sich im Laufe der Zeit durchaus voneinander weg entwickeln können, so dass ihr gemeinsamer Ursprung nur noch für den Sprachwissenschaftler erkennbar ist. Ca. 4000 Sprachen werden weltweit gesprochen. Darüber hinaus gibt es regional begrenzte Varianten (Dialekte) und die Spracheigentümlichkeit eines Einzelnen (den Idiolekt). Auch die soziale Stellung der Sprecher beeinflusst ihre Ausdrucksweise (den Soziolekt). Daneben bilden verschiedene Gruppen eigene Sprachvarietäten aus (Fachsprachen, Jugendsprache).

4 Dieser Lexikonartikel berücksichtigt nur einen Teil der bereits erarbeiteten Spracharten (Sprachvarietäten).
a Nennt mit Zeilenangabe die hier angeführten Arten von Sprache!
b Stellt fest, welche der in den Beispielen (S. 100, Text 1) aufgetretenen Sprachvarietäten in diesem Lexikonartikel nicht vorkommen!

5 Ergänzt nun den Lexikonartikel um Kurzdefinitionen der fehlenden „Sprachen“!

Sprachen und ihre Varietäten
Eine Sprache, wie Deutsch, Englisch, Französisch, Türkisch usw., weist in ihrer gesprochenen Form verschiedene Ausprägungen auf: z. B. Hoch- und Umgangssprache, Dialekt, Fachsprachen, Jugendsprache, Soziolekt und Idiolekt. Man bezeichnet diese Formen als Sprachvarietäten.

2. Die Jugendsprache oder Jugendsprachen? – Sprachvarietäten untersuchen

Gruppen von Jugendlichen pflegen eine eigene Sprachvarietät. Aber verstehen sich wirklich alle jungen Leute? Hier ein Beispiel aus der Bundesrepublik Deutschland der Fünfzigerjahre.

1 Szene aus dem Film „Die Halbstarken“ (1956)

FREDDY: Na, was ist denn nu mit heute Abend, Junge? Mmh? Wie steht's, heh?
KLAUS: Mensch, aber ich kann doch nicht. Er lässt mich doch nicht weg.
FREDDY: Ach, quatsch nicht! Du stehst Punkt 7 da wie 'ne 1 und aus.
KLAUS: Freddy, ich kann doch den Job hier nicht verlieren. Garezzo zahlt prima und ist großzügig.
FREDDY: Ach, kein Arsch interessiert sich für deine lumpigen Pfennige! Große Dinger musste machen, nicht unter 'ner Million.
GÜNTHER: Dann kannste ihm den Laden abkaufen.
GAREZZO: Dio mio! Was ist hier los?! Klaus?!
FREDDY: Wer ist der Scheich? Mir hat er sich noch nicht vorgestellt.
GÜNTHER: Sagen Sie bloß, sie sind hier der Boss?!
GAREZZO: Si, Signor! Ich bin der Boss. Und weil ich bin Boss von Klaus, will ich nicht haben, dass er ist weiter in schlechter Gesellschaft wie immer früher, capito?!
[…]
FREDDY: Also, ich geb' jetzt 'ne Pulle Sekt aus und dann ist gut, heh?!
[…]
FREDDY: Na los, Mister Prego! Fahr mal das Rülpswasser an.
GAREZZO: Bitte?
FREDDY: Na, 'ne Splitte! Gluck gluck! Durscht! Heh?!
GAREZZO: Haha! Gluck gluck! Bene!
[…]
FREDDY: Hey, ihr Pinsel! Schwingt die Keulen! Die Miezen wollen bewegt werden.
SISSY: Hey!
GÜNTHER: Hey, was is'n los?!
FREDDY: Hat wohl 'ne Mattscheibe, oder was.
GÜNTHER: Nicht nur'n bisschen, du.
FREDDY: Na, du guter Junge.
KLAUS: Ausgeschlossen! Ich komm' heute Abend nicht weg. Da lässt er einfach nicht mit sich reden.
GÜNTHER: Was heißt reden?
FREDDY: Vom Reden wird nichts, du Flaschenkopp! Hart sein musste. Tough.
KLAUS: Und wenn's schief geht?
GÜNTHER: Ha, schief gehen.
FREDDY: Ach Quatsch! Bei mir geht nichts schief. Bei mir geht alles mit Köpfchen. Musste langsam gemerkt haben. Übrigens, hab' jetzt 'n Verbindungsmann da sitzen, mmh!
KLAUS: Wo?
FREDDY: Erfährste alles heute Abend. […]

„Hey, was is'n los?!“

Typisierung oder Charakterisierung?

Arbeitsanregungen:

1 a Exzerpiert Stellen, die ihr nicht vollkommen versteht!
b Überlegt, woran es liegt, dass sie unverständlich bleiben!

2 Schreibt den Dialog arbeitsteilig so um, wie er sich eurer Meinung nach heute anhören würde!

3 a Vergleicht die Ergebnisse!
b Diskutiert die Auffassung von *der* Jugendsprache!
c Fertigt ein Ergebnisprotokoll eurer Diskussion an!

Das **Ergebnisprotokoll** entspricht im äußeren Aufbau dem Verlaufsprotokoll:
– Im *Protokollkopf* sind die Klasse, Stunde, das genaue Datum (mit Uhrzeit), die Zahl der Teilnehmer und die Namen der Abwesenden sowie das vollständige Stundenthema anzugeben.
– Im *Hauptteil* werden nicht alle Einzelheiten eines Stundenverlaufs, sondern nur die wichtigsten Ergebnisse knapp dargestellt.

1972 erschien in der DDR der Roman „Die neuen Leiden des jungen W." von Ulrich Plenzdorf, der die Geschichte des jugendlichen Ostberliner Aussteigers Edgar Wibeau erzählt, dem zufällig eine Ausgabe von Goethes „Die Leiden des jungen Werther" in die Hand gefallen ist. Obwohl Edgar die altertümliche Sprache des Werkes als „unmöglichen Stil" bezeichnet, fasziniert ihn die Geschichte des unglücklich verliebten Werthers und er beginnt sich mit ihm zu identifizieren.
Im folgenden Auszug sinniert er über die Jugendkultur, die ihren speziellen Ausdruck auch damals schon in der Kleidung fand.

2 Ulrich Plenzdorf (*1934): Die neuen Leiden des jungen W. [Auszug]

[…]
Natürlich Jeans! Oder kann sich einer ein Leben ohne Jeans vorstellen? Jeans sind die edelsten Hosen der Welt. Dafür verzichte ich doch auf die ganzen synthetischen Lappen aus der Jumo, die ewig tiffig aussehen. Für Jeans könnte ich überhaupt auf alles verzichten, außer der *schönsten Sache* vielleicht. Und außer Musik. Ich meine jetzt nicht irgendeinen Händelsohn Bacholdy, sondern echte Musik, Leute. Ich hatte nichts gegen Bacholdy oder einen, aber sie rissen mich nicht gerade vom Hocker. Ich meine natürlich echte Jeans. Es gibt ja auch einen Haufen Plunder, der bloß so tut wie echte Jeans. Dafür lieber gar keine Hosen. Echte Jeans dürfen zum Beispiel keinen Reißverschluss haben vorn. Es gibt ja überhaupt nur eine Sorte echte Jeans. Wer echter Jeansträger ist, weiß, welche ich meine. Was nicht heißt, dass jeder, der echte Jeans trägt, auch echter Jeansträger ist. Die meisten wissen gar nicht, was sie da auf dem Leib haben. Es tötete mich immer fast gar nicht, wenn ich so einen fünfundzwanzigjährigen Knacker mit Jeans sah, die er sich über seine verfetteten Hüften gezwängt hatte und in der Taille zugeschnürt. Dabei sind Jeans Hüfthosen, das heißt Hosen, die einem von der Hüfte rutschen, wenn sie nicht eng genug sind und einfach durch Reibungswiderstand oben bleiben. Dazu darf man natürlich keine fetten Hüften haben und einen fetten Arsch schon gar nicht, weil sie sonst nicht zugehen im Bund. Das kapiert einer mit fünfundzwanzig schon nicht mehr. Das ist, wie wenn einer dem Abzeichen nach Kommunist ist und zu Hause seine Frau prügelt. Ich meine, Jeans sind eine Einstellung und keine Hosen. Ich hab überhaupt manchmal gedacht, man dürfte nicht älter werden als siebzehn – achtzehn. […] Edel ist wieder, wenn einer auf Rente ist und trägt dann Jeans, mit Bauch und Hosenträgern. Das ist wieder edel. […]

3 Carinas Erörterung

Thema: „Jeans sind eine Einstellung und keine Hosen". Erläutere diese Behauptung!

Jeans sind nicht bloß Kleidungsstücke. Sie drücken auch etwas aus. Sie sind eine Einstellung, zum Leben nämlich.
Wenn man sich anschaut, wer heutzutage alles Jeans trägt, versteht man die Klage Edgar Wibeaus aus dem Roman „Die neuen Leiden des jungen W." von Ulrich Plenzdorf besser. Tatsächlich tragen nun nicht mehr nur Jugendliche diese Hosen, sondern auch Menschen aller Altersgruppen und

Für das Ergebnisprotokoll über eine Diskussion bedeutet dies, dass nicht die Beiträge einzelner Schüler wiedergegeben, sondern nur die wichtigsten *Standpunkte* (Positionen) gebündelt dargestellt werden sollen. Z.B.: Die Auffassung, dass es für eine gleichaltrige Jugendgruppe jeweils eine Jugendsprache gibt, wurde folgendermaßen begründet und belegt: …
Für das Bestehen jeweils verschiedener Jugendsprachen gab es folgende Argumente und Beispiele: … Die zweite Position erhielt eine deutliche Mehrheit.
- Am *Protokollende* stehen das Datum der Abfassung des Protokolls und der Name des Protokollführers (Protokollanten).

Arbeitsanregungen:

1 Exzerpiert sprachliche Auffälligkeiten und versucht diese zu erklären!

Zeile	Auffälligkeiten	mögliche Erklärung
2f.	synthetische Lappen	Kleidung aus Chemiefasern
…	…	…

2 Vergleicht jugendsprachliche Eigenarten dieses Textes mit denen im Gespräch aus der Filmszene (S. 106)!

3 „Jeans sind eine Einstellung und keine Hosen" (Z. 20).
a Notiert Stichworte (Argumente und Beispiele oder auch Gegenbehauptungen), die euch zu dieser These einfallen!
b Exzerpiert Argumente und Beispiele, die im Auszug aus Plenzdorfs Roman genannt werden!
c Ordnet eigene und fremde Gedanken zu einer Gliederung für eine Erörterung! (Vgl. im zweiten Kapitel, S. 87ff.!)

4 a Exzerpiert eigene und übernommene Argumente und Beispiele aus Carinas Erörterung!

Carinas		Edgar Wibeaus	
Argumente	Beispiele	Argumente	Beispiele

[b] Beurteilt Carinas Erörterung in der Form eines Kommentars!

Sobald das Aufsatzthema zweifelsfrei verstanden ist (achtet auf **Schlüsselwörter** und **Arbeitsanweisungen**!), sammelt ihr alles, was euch dazu ein- oder auffällt stichwortartig auf einem Konzeptblatt **(Brainstorming)**. Lasst euch dabei Zeit! Überprüft dann, ob eure Stichwörter und Gedanken der Aufgabenstellung entsprechen und sortiert sie zu **Stoffgruppen**. Manche passen gut zusammen und können nacheinander abgehandelt werden, andere dagegen müssen mit einer **Überleitung** eingeführt werden.

Arbeitsanregungen:

[1] So viel sei verraten: Text 4 enthält Ausschnitte aus einer Jugendzeitschrift, einer Zeitung und einem Wahlplakat. Sortiert!

[2] Bearbeitet in Gruppen je ein Beispiel für Jugendsprache (Texte 1, 2, 4)!

[a] Haltet den ersten Leseeindruck fest!

[b] Versucht die jeweilige Absicht des Verfassers zu ermitteln!

[3] [a] Macht bei Ausdrücken, die veraltet erscheinen, eine aktuelle Ersatzprobe!

[b] Versucht die Veränderung zu erklären!

[4] Überlegt euch Situationen, in denen ihr Hochsprache, Dialekt bzw. Jugendsprache gebraucht!

Werbung spricht gezielt bestimmte Konsumentenkreise an, z. B. Jugendliche, auf die Sprache, Aufmachung, Art der Werbung und das Produkt, für das geworben wird, speziell abgestimmt sind. Werbung versucht

jeglicher Figur. Sogar Röcke und Kleider werden aus diesem Stoff geschneidert.

Als Jeans Ende der Sechzigerjahre aufkamen, waren sie Ausdruck der jugendlichen Rebellion gegen das Establishment, die Welt der Erwachsenen, in der nur der Erfolgreiche zählte. Jeans wurden von dieser Gruppe gleichgesetzt mit „Sex, Drugs and Rock 'n Roll" und damit mit einer jugendlichen Subkultur, die die scheinbar wohl geordnete Welt der Erwachsenen erschüttern wollte und konnte.

Wer Jeans trug, identifizierte sich mit den Werten der rebellierenden Jugend und demonstrierte Unangepasstheit.

Schon durch den lockeren Sitz dieser Hüfthosen, die besonders beim Sitzen auf dem Boden tiefe Einblicke hinten zuließen, wurde die heile Welt der Etablierten moralisch torpediert und das Vorurteil gegen Jugendliche bekräftigt.

Es wäre damals undenkbar gewesen, in Jeans ein erfolgreiches Bewerbungsgespräch zu absolvieren. Als Theatergarderobe waren sie auch in den Siebzigerjahren noch verpönt.

Was Jeans bedeuteten, kann man auch am Beispiel der Turnschuhe sehen und welches Aufsehen es erregte, als Joschka Fischer damals in Hessen mit dieser Fußbekleidung seinen Ministereid ablegte.

Abschließend kann man also sagen, dass Jeans eine Lebenseinstellung waren und womöglich noch sind.

Man kann auch im Alltag immer mehr jugendsprachliche Texte entdecken. Urteilt selbst, ob sie euch ansprechen!

4 Jugendsprache in den Medien

a. Schmal und SEXY statt Schlabber-Look: Tanktop (H&M, 9,90 €) über einem Shirt (Gap, 15 €), dazu eine Hüfthose in Cord (US 40, 64,90 €) mit einem scharfen Nietengürtel (H&M, 9,90 €). Schuhe: Converse

b. In dem Schuppen zogen ein paar People schon eine heiße Show ab.

c. In der Politik sind alle gleich. Oder? Eben nicht. Denn: Auf den Typen kommt es an! Unser Typ heißt: Rolf Koltzsch.

d. Wenn es um Anmache geht, werden Girls aktiv. Sie holen sich, wen sie wollen – von wegen, nur die Jungs machen den ersten Schritt!

e. Es nervt Rolf Koltzsch ziemlich, dass viele von uns keine eigene Bude finden […]

f. Salvatore, 18: […] „Ich kann mit den Power-Girls ganz gut mithalten, das ist wirklich nicht mein Problem. Aber wenn sie mir schon frech kommt, dann muss sie auch hübsch sein, sonst wird's ätzend!"

g. Skaten absolut VERSCHÄRFT mit einem superangesagten Board von Vanflex

h. „Ich glaub', mich streift ein Bus", tönt Peter daraufhin, „pass lieber auf, dass du hier keine Taucherbrille erbst."

5 Jugendliche unter sich

Jugendsprache ist eine gruppenspezifische Sprachvarietät, die von Jugendlichen untereinander in der mündlichen Kommunikation gebraucht wird. Sie unterscheidet sich vom Hochdeutschen durch ihre meist nur Jugendlichen verständlichen Ausdrücke, ist aber der Umgangssprache verwandt. Sie variiert regional und ist auch abhängig von der sozialen Herkunft ihrer Sprecher. Auch veraltet sie rasch, da sie sich mit jeder neuen Jugendgeneration verändert.
Die Kreativität, Spontaneität, Direktheit und Flexibilität jugendlicher Kommunikation, aber auch unterschiedliche Aufnahmesituationen und wechselnde Gruppenzusammensetzungen lassen eine Vielzahl von Sprechstilen entstehen. So wird deutlich, dass es unmöglich ist, *eine* Jugendsprache schlechthin zu proklamieren.
Allerdings erwecken nicht zuletzt die Medien mit ihrer stilisierten Jugendsprache den falschen Eindruck, es gebe eine allgemein verbindliche, allen verständliche jugendliche Ausdrucksweise.
Über Zeit, Raum und Schichtzugehörigkeit hinweg ist aber jugendlichem Sprechen gemeinsam, dass es Ausdruck einer Gruppenzugehörigkeit ist. Die Mitglieder einer Peer-group[1] bilden eine eigenständige Sprechweise aus, die sich mehr oder weniger stark von anderen Gruppen unterscheidet.
Jugendsprache wird dabei durchaus auch als etwas Intimes empfunden und Jugendliche wenden sie selten gegenüber Aufsichtspersonen, Erwachsenen allgemein oder Respektspersonen im Besonderen, an. So ist auch zu erklären, was bei empirischen[2] Studien festgestellt wurde, nämlich, dass Jugendliche verstärkt auf einen umgangssprachlichen Stil zurückgreifen, sobald Erwachsene eine Gesprächssituation mitgestalten oder wenn durch ein Gesprächsthema besondere sprachliche Anforderungen gestellt werden, wie es beispielsweise in der fachspezifischen Diskussion der Fall ist.

6 Wann spreche ich wie?

Uli überlegt sich, in welcher Situation er sich der Hochsprache, des Dialekts bzw. der Jugendsprache bedient. Hier ist sein Konzeptblatt:

Verwendung der Hochsprache
- im Gespräch mit Lehrern ⇐ Respektsperson
- ... ...

Verwendung des Dialekts
- im Gespräch mit Gleichaltrigen aus unserer Gegend ⇐ kommt sonst arrogant an
- ... ...

Verwendung der Jugendsprache
- wenn ich Oma ärgern will ⇐ Abgrenzung
- ... ...

---

1 peer-group (engl.): In der pädagogischen Fachsprache nennt man so die Freundesgruppe der etwa Gleichaltrigen.
2 empirisch: aus der Erfahrung, der Beobachtung oder dem Experiment abgeleitet

zunehmend ein Lebensgefühl zu vermitteln, sie suggeriert, dass man mit dem Kauf eines bestimmten Produkts das vorgeführte Ideal leicht oder gar automatisch erreicht. Englische Ausdrücke bestimmen immer mehr die Sprache der Werbung. Damit werden Aktualität, Modernität, Flexibilität und Jugendlichkeit demonstriert. Besonders Letztere wird überbetont, so dass geradezu von einem Jugendwahn gesprochen werden kann.

Arbeitsanregungen:

1 a Exzerpiert aus diesem Sachtext, in welchen Situationen Jugendsprache verwendet wird!
b Überlegt, welche Funktion sie dann ausübt!
Legt eine Tabelle an:

Kommunikations-situation	Funktion der Jugendsprache
...	...

2 Ergänzt Ulis Notizen mit Hilfe eurer Überlegungen zu Arbeitsanregung 4 (Text 4) und dem Exzerpt aus Text 5!

3 Überlegt, ob ihr einem Politiker, der sich der Jugendsprache bedient, eure Wählerstimme geben würdet!

4 Sucht in verschiedenen Medien nach Werbeanzeigen, die Jugendsprache verwenden!
a Ersetzt in einem Abschnitt dieser Werbeanzeigen die jugendsprachlichen Ausdrücke durch hochsprachliche!
b Besprecht, ob euch dieser Text genauso, mehr oder weniger anspricht als das Original!

5 Verabredet ein Thema bzw. einen Werbebereich!
a Untersucht arbeitsteilig in Zeitungen/Zeitschriften, auf Plakaten und im Rundfunk/Fernsehen die Art der Werbung!
b Fasst eure Ergebnisse zusammen unter den Aspekten Ziele und Methoden der Produktwerbung!

7 Peter Schlobinski (*1954)/Gaby Kohl (*1960)/Irmgard Ludewigt (*1959): „Jugendsprache‘ gleich Mediensprache? [Auszug]

[…]
Ohne die Frage nach der Henne oder dem Ei beantworten zu können – eines ist sicher: Es besteht ein Zusammenhang zwischen der Medienwelt und der Jugendsprache. Nicht zufällig wird der Anfang des Booms der Jugendsprache immer wieder zu Beginn der Nachkriegszeit, zur Zeit des Wirtschaftswunders und des Rock und Pop lokalisiert, während davor Jugendsprache eher als marginales[1] Phänomen behandelt wurde. […]
Die Medien bieten zum einen Folien, auf die schablonenartig zurückgegriffen werden kann, wesentlich scheint uns aber die allgemein stilstrukturierende Funktion einzelner Medienbereiche zu sein. Welche dies im Einzelnen sind, hängt vom Rezeptionsverhalten[2] Jugendlicher bzw. jugendlicher Gruppen ab. Für den amerikanischen „college slang“ hat Eble (1985) aufgezeigt, dass Studenten auf die kulturellen Bereiche Musik, Film, TV und Sport zurückgreifen.
Dass „der Jugendton“ sich aus spezifischen medialen Quellen speist, die einen stilprägenden Unterbau für den Sprachgebrauch bilden, dafür scheint auch zu sprechen, dass in der Literatur *für* Jugendliche, der Jugendliteratur, die jugendspezifischen Merkmale nur eine untergeordnete Rolle spielen […].
Fassen wir das Verhältnis von Medien und Jugendsprache zusammen, so zeigt sich sowohl bei den Anglizismen als auch bei den Lautwörtern[3], dass es sich um durch Medien vorgeprägte Ausdrücke handelt, die übernommen werden können, wobei offen ist, wer, wann, wo, unter welchen Bedingungen diese spezifische Art der „Entlehnung“ vornimmt. Während spezifische Anglizismen bei jugendlichen Gruppen eine Rolle spielen, wie andere Anglizismen bei anderen Gruppen, sind Lautwörter in der gesprochenen Sprache von Jugendlichen marginal und primär auf einzelne Comics eingeschränkt. […]

Arbeitsanregungen:

1. Beschreibt den Aufbau dieses fachsprachlichen Textes!
2. Fasst die These der Autoren in einem Resümee zusammen und nennt Belege! (Vgl. im ersten Kapitel, S. 45!)

Verfahrensschritte zur **Textbeschreibung:**

1. Lies aufmerksam, notiere Erkenntnisse und Fragen!
2. Kläre die Fragen im Gespräch oder durch genaueres Lesen des Textes bzw. durch die Benutzung von Nachschlagewerken!
3. Finde Überschriften zu einzelnen Textabschnitten!
4. Skizziere stichwortartig die Gliederung!
5. Fasse die Textaussage in eigenen Worten zusammen!

8 Sepp Buchegger (*1949): Voll cool

Arbeitsanregungen:

1. Lasst die abgebildeten Personen in Text 8 zu Wort kommen!
   a „Der Grufti“ schildert seine Pistenerfahrung in erlebter Rede.
   b Eines der Kids führt einen inneren Monolog.
2. Erstellt auf der Grundlage der Texte 4–8 eine stichwortartige Gliederung für eine Erörterung zum Thema „Jugendsprache passt nicht für Erwachsene“!

1 marginal (< lat. marginalis = den Rand betreffend): am Rande, auf der Grenze liegend
2 Die Rezeption (< lat. receptio = Aufnahme, Annahme): die Art der Aufnahme, Reaktion
3 Lautwörter: Darunter versteht man lautnachahmende bzw. lautcharakterisierende Wörter, wie „knacks“, „peng“ bzw. „ächz“, „würg“. Sie sind häufig in Comics zu finden.

Jugendsprache ist eine Variante der *Umgangssprache,* die von Jugendlichen gesprochen wird. Sie verändert sich sehr stark im Laufe kurzer *Zeit.* Außerdem ist sie abhängig von *Sprechern,* sie unterscheidet sich je nach deren *sozialer* und *regionaler* Herkunft, und der *Gesprächssituation,* ob Erwachsene mit zuhören, ob man sich in der Schule befindet … Sie ist weniger durch eine bestimmte Syntax charakterisiert, eher durch die Wortwahl (Lexik), z. B. durch die Verwendung von Modewörtern, Sprachspielen und Stilbasteleien. Sie dient dem Ausdruck eines bestimmten Lebensgefühls unter Gleichaltrigen.

Die **erlebte Rede** erfolgt aus der Perspektive der erlebenden Person. Sie stellt eine *Zwischenform* zwischen direkter und indirekter Rede dar und steht in der 3. Person des Indikativs im Präteritum. Z.B.: Musste der Kerl so grob sein und ihn „Grufti“ schimpfen?

Der **innere Monolog** gibt die in Wirklichkeit unausgesprochenen, nur gedachten Gedanken einer Person in direkter Rede, in der Ich-Form und im Präsens wieder. Z.B.: „Ich raff' es nicht, sich so vergreist auf die Piste zu werfen!“

9 Äußerungen zur Jugendsprache

a. „Jargon einer bestimmten Sondergruppe [, der den] größeren und wertvolleren Teil der Jugend erniedrigt und beleidigt.“

b. „[Dieser] Halbstarkensprache [haftet] bei aller Unbekümmertheit etwas Infantiles[1] an; dass sie darüber hinaus ruppig und pöbelhaft klingt, ist unüberhörbar.“

c. „Rotwelsch[2] der Jugend“

d. „Das Klotzige, Protzige und Brutale ist wohl eines der wesentlichen Charakteristika des Jargons.“

e. „Die Witzigkeit des Jargons ist nur äußerlich, in Wahrheit spiegelt er sprachliche Verwilderung und emotionale Verrohung wider.“

3 Arbeitet in Gruppen und wählt je eine der Äußerungen zur Jugendsprache aus!

a Führt auf der Grundlage der inzwischen gewonnenen Kenntnisse über Jugendsprache eine Pro- und Contra-Diskussion!

b Oder schreibt einen argumentativen und durch Beispiele veranschaulichten Leserbrief!

4 Erklärt, warum in Text 9 Anführungszeichen bzw. eckige Klammern stehen!

Dem Begriff „Jugendsprache“ entsprechend, müsste diese Sprachvariante ausschließlich Jugendlichen vorbehalten sein. Dass und warum dies nicht so ist, soll die folgende Erörterung zeigen.

Eine fachspezifische Erörterung

Um eine Erörterung schreiben zu können, sind Fachwissen und allgemeine Kenntnisse notwendig. Dies ist nichts Neues, denn eine *Diskussion* – die mündliche Entsprechung zur schriftlichen Erörterung – gelingt auch nur auf solider Wissensgrundlage. Aber während bei der Diskussion die Gedanken von vielen Teilnehmern beigesteuert, geprüft und ergänzt werden, muss ein Schüler in der schriftlichen Erörterung dies alles selbst leisten.

Aber der *Inhalt* allein macht noch keinen guten Erörterungsaufsatz, sondern *Aufbau* und *Sprache* müssen ebenso gelingen. Im Folgenden wird nun Schritt für Schritt gezeigt, wie eine Erörterung zu entwickeln ist.

Textgenaues Arbeiten verlangt
- *wörtliche Zitate* in Anführungszeichen zu setzen und bei längeren Texten eine *Zeilenangabe* zu machen.
- *Sinngemäße Anleihen* bleiben ohne Anführungszeichen.
- Eigene *Zusätze* oder *Auslassungen* in Originaltexten werden in eckige Klammern […] gesetzt.

[1] infantil (< lat. infantilis = kindlich): kindlich, kindisch, unreif, unentwickelt, zurückgeblieben
[2] Das Rotwelsch (< rotw. rot = Bettler; falsch, untreu und welsch = unverständlich): Jargon der Landstreicher, Gaunersprache

– Bezieht man sich auf einen gedruckten Text, muss eine genaue *Quellenangabe* gemacht werden: Verfasser, Titel, Fundstelle (Buch, Zeitung etc.), Verlagsort, Verlag, Erscheinungsjahr und evtl. Auflage sowie Seitenangabe.

Ein genauer **Zeitplan** ist unerlässlich für eine erfolgreiche Arbeit. In der Regel stehen für einen Klassenaufsatz 90 Minuten zur Verfügung, die folgendermaßen eingeteilt werden können:
- 10 (15) Minuten für die *Themenanalyse*
- 25 (40) Minuten für *Stoffsammlung* und *Gliederung*
- 40 (70) Minuten für die *Ausarbeitung*
- 15 (25) Minuten für die *Korrektur*

(Die Zahlen in Klammern beziehen sich auf eine Prüfungszeit von 150 Minuten.)

Das Thema lautet:

Nicht nur Jugendliche verwenden Jugendsprache.
Lege dar, in welchen Bereichen dies geschieht und nimm Stellung dazu!

1. Phase: Spontane Einfälle und Themenanalyse

– Beim ersten Lesen eines gestellten Themas gibt es oft spontane Einfälle. Sie sollten auf einem Konzeptblatt (DIN-A4) festgehalten und später für die Stoffsammlung geprüft und verwertet werden, sofern sie sich als tauglich erweisen.

– Um ein Thema weder zu „verfehlen" noch wichtige Aspekte der Aufgabenstellung (der Arbeitsanweisungen) zu übersehen, muss eine sorgfältige *Themenanalyse* erfolgen. Sie bezieht sich auf das Thema i.e.S. (die These oder die Fragestellung) und auf die Aufgabenstellung, in der wichtige Imperative, sog. *Operatoren* (z.B. lege dar, skizziere, untersuche genau, beschreibe, erörtere usw.) auf die Richtung der verlangten Bearbeitung hinweisen und wo die Art und Weise (z.T. auch der Umfang) der Ausführung festgelegt werden.

a. Durch mehrmaliges sorgfältiges Lesen lassen sich die *Schlüsselwörter* erkennen und markieren (durch Unterstreichen oder farbige Hervorhebung).

Nicht nur Jugendliche verwenden Jugendsprache.
Lege dar, in welchen Bereichen dies geschieht und nimm Stellung dazu!

b. Werden die Schlüsselwörter miteinander in *Beziehung* gesetzt und durch *Fragen* sowie *Erläuterungen* kommentiert, wird das Thema als Ganzes (in unserem Beispiel die These und die Arbeitsanweisungen) erschlossen, d.h. in seinen Anforderungen durchsichtig. Je sorgfältiger die Themenanalyse gemacht wird, desto ergiebiger wird die Stoffsammlung und desto mehr Schreibsicherheit ist zu gewinnen.

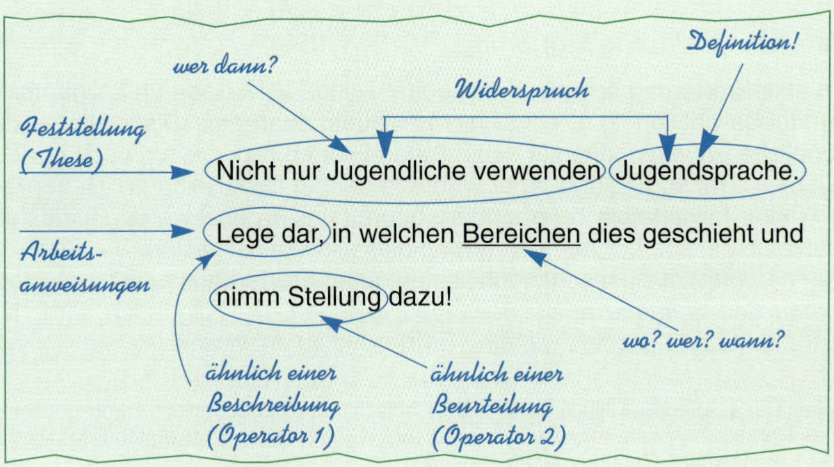

Arbeitsanregungen:

1 Prüft die Themenanalyse!

2. Phase: Stoffsammlung und Gliederung

a. Die *Schlüsselwörter* bleiben Ausgangs- und Orientierungspunkte der Arbeit an der Erörterung. Um zu einer ergiebigen *Stoffsammlung* zu kommen, gibt es verschiedene *Methoden:*

- Schreibe auf, was dir zu den Schlüsselwörtern der Themenanalyse einfällt (sog. Brainstorming)! Das Konzeptblatt aus der ersten Phase kann auf diese Weise erweitert werden.
- Stelle *W-Fragen* zu den Schlüsselwörtern und notiere die Antworten!

Z.B.:

Bereiche ← Wo? – im Alltag, z.B. durch Jugendleiter; in den Medien, z.B. durch Moderatoren von Jugendsendungen

← Wer? – Erwachsene, die sich der Jugend annähern bzw. anbiedern wollen
– Erwachsene, die zeigen wollen, wie „modern" oder „jung" sie sind

← Wann? – wenn Jugendliche und Ältere zusammen sind
– bei Diskussionen

- Entwirf ein *Cluster,* in dem Aspekte und Beziehungen deutlich werden!

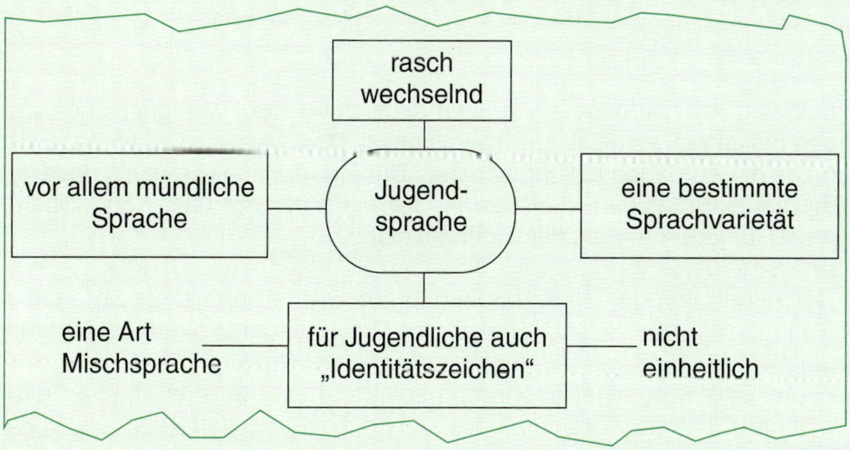

Welche Methode am geeignetsten ist, muss jeder für sich ausprobieren. Oft sind auch gemischte Verfahrensweisen sinnvoll.

b. Meist wirkt die Stoffsammlung zunächst ziemlich chaotisch. Aber je weniger am Platz gespart wurde – nicht zu klein schreiben und niemals auf der Rückseite des Blattes! –, desto rascher zeichnen sich Aspekte ab, die zusammen gehören, sog. *Stoffgruppen.* Mit Kringeln oder verschiedenen Farben lassen sich Beziehungen markieren.

2 a Betrachtet die vorgeschlagenen Methoden, wählt eine aus und versucht eine Stoffsammlung!
b Tauscht eure Ergebnisse aus und ergänzt eure Stoffsammlung!
c Sprecht über eure Erfahrungen mit den verschiedenen Methoden der Stoffsammlung!

Neben den bisher bekannten **Lesearten** für *dichterische Texte,* dem sinnerschließenden, sinngestaltenden und szenischen Lesen, sind für *Sachtexte* folgende Lesearten sehr wichtig:

- Das *orientierende (diagonale) Lesen,* das einen ersten Eindruck über die Sinnrichtung, die Eigenarten und Schwierigkeiten eines Textes vermitteln soll. Wer bestimmte Passagen oder Kapitel aus längeren Texten sucht oder wer sich über ein größeres Textangebot ungefähr informieren will, ist auf das orientierende Lesen angewiesen.
- Das *statarische Lesen* (< lat. statarius = feststehend, ruhig) meint die genaue, konzentrierte, verweilende und nur langsam fortschreitende Lektüre, die durch Erläuterungen (z.B. durch Fußnoten) und durch Nachschlagen (z.B. von Fachbegriffen und Fremdwörtern) häufig unterbrochen wird. Schwierige Sachtexte, vor allem wissenschaftliche Abhandlungen, sind nur durch statarisches Lesen zu verstehen.

3 a Markiert und verbindet zusammengehörende Aspekte, bildet sog. Stoffgruppen!
b Legt auf einem neuen DIN-A4-Blatt die Gliederung fest!

Z. B.:

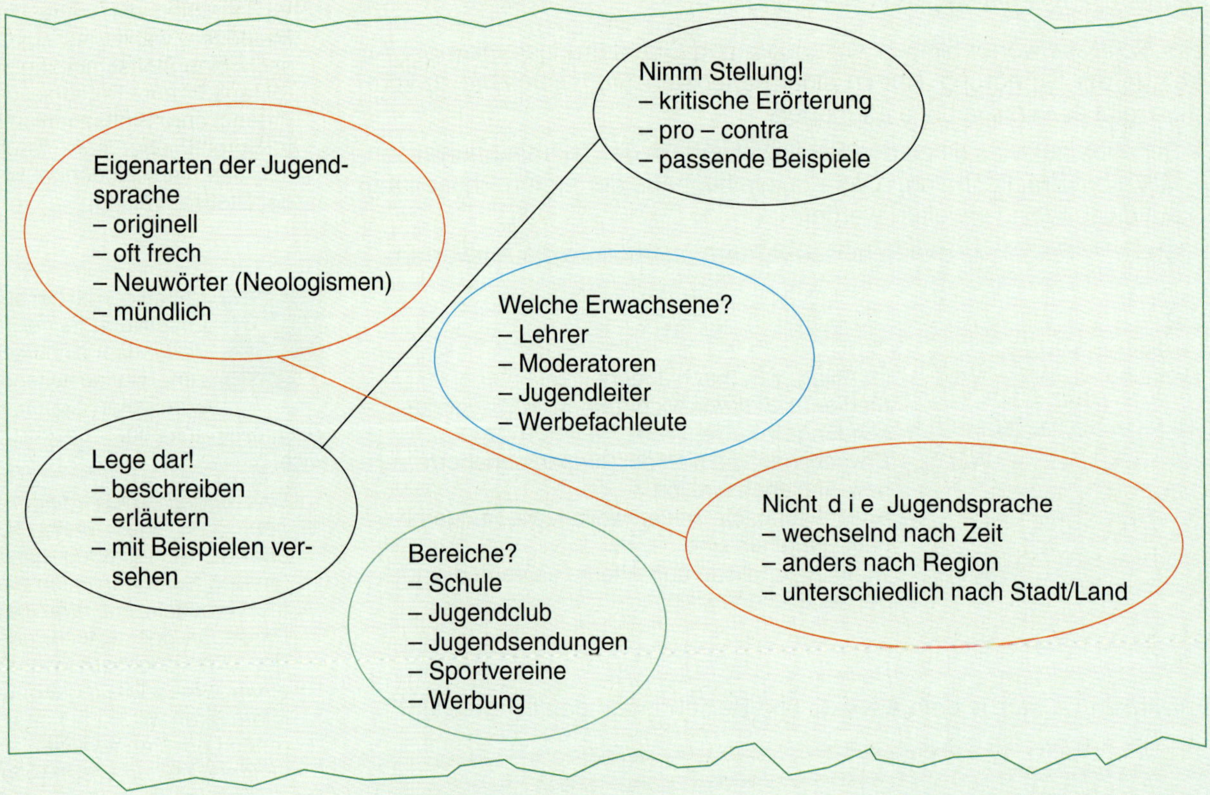

In dieser Arbeitsphase sollte auch deutlich werden, was gestrichen werden muss, weil es nicht zum Thema passt, bzw. was noch zu ergänzen ist, da es die Aufgabenstellung verlangt. Die Themenanalyse muss dabei immer im Blick bleiben, denn sie ist der Maßstab und das „Kontrollinstrument" für jeden Aspekt der Stoffsammlung.

c. Der Schritt von der Stoffgruppierung zur *Gliederung* gelingt am besten, wenn die für alle Aufsätze bekannte „Dreiergliederung" als Orientierung dient:
  – Die *Einleitung* einer Erörterung soll den Leser an das Thema heranführen, ihn orientieren über das Ziel (und evtl. das Verfahren) und vor allem auch sein Interesse an der Sache wecken.
    Z.B.:
    • Über eine persönliche Erfahrung kann zum Themenkern hingeführt werden.
    • Es kann auch – im Fall unseres Beispiels – vom Widerspruch ausgegangen werden, der in der Formulierung steckt.
    • Zugespitzt thesenhafte Themenformulierungen könnten zunächst mit einer Gegenthese in Frage gestellt werden.
    • Am Ende der Einleitung kann ein *Verfahrenshinweis* (ein Methodenhinweis) stehen, der dem Leser das Vorgehen knapp erläutert und als *Überleitung* zum Hauptteil dient.

Über den genauen **Quellennachweis**:
Vielleicht geht ihr bei eurer Suche nach Fachsprachen auch in die Bibliothek. Wenn ihr aus einem Buch exzerpiert, notiert euch unbedingt Autor, Titel, Verlag, Erscheinungsort, Erscheinungsjahr und die Seite(n), aus denen ihr euch etwas herausgeschrieben habt. Diese **Quellenangabe** braucht ihr auch, wenn ihr aus dem Buch zitiert, damit die Leser eures Textes nachschlagen können, wenn sie das Thema näher interessiert. Die Angaben können z. B. so aussehen:

Horst Wildemann: Optimierung von Entwicklungszeiten: Just-In-Time in Forschung & Entwicklung und Konstruktion, München (Transfer-Centrum), 1993.

Z.B.:

> Zunächst will ich zeigen, welche Erwachsenen sich in welchen Situationen vor allem der Jugendsprache bedienen und warum sie dies tun. Daran schließe ich meine kritische Stellungnahme an.

- Im *Hauptteil* sollen die Stoffgruppen in einer sinnvollen *Reihenfolge* so erörtert werden, dass eine sachgerechte und interessante Gliederung entsteht.
  - Der *Aufbau* kann z.B. vom Naheliegenden und Alltäglichen zum Entfernteren und Außerordentlichen verlaufen. Auf diese Weise entsteht eine *steigernde Gliederung.*
  - Bei manchen Themen – nicht dem oben gestellten – ist eine *Pro-Contra-Erörterung* sinnvoll, wobei der Schreiber entscheiden muss, ob er mit Pro oder Contra beginnen soll, um die beste Klärung und die interessanteste Wirkung zu erzielen. Dies wäre eine *dialektische Erörterung* (< gr. dialektike techne = Kunst des wissenschaftlichen Streitgesprächs), in der die Erkenntnisse und Einsichten durch ein Argumentieren in Gegensatzbegriffen gewonnen werden.

Aus Streitgesprächen und Diskussionen ist das *Argumentieren* (< lat. arguere = erhellen, beweisen) bekannt, das in einer Treppe dargestellt werden kann:

Eine Behauptung (These) aufstellen,

durch Argumente begründen und

durch Beispiele (Belege) veranschaulichen.

Da die Gliederungspunkte nicht einfach aneinander gereiht werden können, weil dies zu abrupt und rein additiv wirken würde, sind i.d.R. *Überleitungssätze* notwendig, die einen Gedanken oder Abschnitt mit dem nächsten verbinden.

Z.B.:

> Die Bereiche, in denen Erwachsene die Jugendsprache verwenden, kann man nicht beurteilen, ohne die jeweilige Absicht des Sprachgebrauchs zu untersuchen.

- Der *Schluss* kann auf verschiedene Weise gestaltet werden:
  - Sehr nüchtern ist die *Zusammenfassung* der Hauptergebnisse.
  - Eine persönliche *Bewertung* des Problems verdeutlicht abschließend den individuellen Standpunkt.
  - Ein Hinweis auf *offene Fragen* des Themas, die aus Zeitgründen (oder wegen der eingrenzenden Arbeitsanweisung) nicht erörtert wurden, ergibt einen Abschluss, der zum Weiterdenken anregt.
  - Auch eine *Kritik* an der Art der Themenstellung ist möglich.

Habt ihr einen Artikel aus einer Zeitschrift exzerpiert, notiert man Autor, Titel, Zeitschrift, Heftnummer, Erscheinungsjahr, Seite. Also z. B.:
Karen Wright: Auf dem Weg zum globalen Dorf. In: Spektrum der Wissenschaft, Mai 1990, S. 46–60.

Die **fachspezifische (freie) Erörterung** ist die schriftliche Entsprechung zu *Diskussion* und *Fachgespräch.* Erörtern bedeutet, den „Ort" eines Sachverhalts oder eines Problems zu bestimmen und möglichst vielseitig zu „beleuchten". Dazu werden Informationen dargestellt sowie Standpunkte begründet und durch Beispiele belegt.
- In einer *Behauptung (These)* muss *sachlich-argumentativ* und veranschaulicht durch *Beispiele (Belege)* Stellung genommen werden.
- In *drei Phasen* ist der Erörterungsaufsatz am erfolgreichsten abzufassen:
  1. Die *Themenanalyse* soll durch Markieren der Schlüsselwörter und Operatoren das Thema erschließen und die Aufgabenstellung verdeutlichen.
  2. In einer *Stoffsammlung* und *Gliederung* sollen möglichst viele Aspekte des Themas notiert, zu Stoffgruppen geordnet und in der Reihenfolge festgelegt werden.
  3. Die *Ausarbeitung* zu einem bündigen Text verlangt eine themengerechte inhaltliche Differenzierung, einen logischen und wirkungsvollen Aufbau sowie eine sachgerechte Sprache. Die *Korrektur* bezieht sich auf den Inhalt, den Aufbau und die Sprache und muss sorgfältig erfolgen.

4 Prüft die beiden Gliederungsbeispiele und macht Verbesserungsvorschläge!

a Betrachtet den Zusammenhang zwischen Einleitung und Beginn des Hauptteils!

b Beurteilt die Abfolge und den Inhalt der Gliederungspunkte!

Über das sachgerechte **Zitieren**:
Will man aus einem Text zitieren, übernimmt man ein Wort, mehrere Wörter oder Sätze. Beim *wörtlichen Zitat* darf kein Buchstabe ohne Markierung verändert werden. Man setzt die übernommene Stelle in Anführungszeichen. Will man das Zitat in einen eigenen Satz einbauen, kann es nötig sein, Wörter zu konjugieren oder zu deklinieren. Buchstaben, die dabei verändert werden, setzt man in eckige Klammern. Dies ist bei *sinngemäßer Wiedergabe* nicht nötig. Diese wird auch nicht durch Anführungszeichen markiert. Die *Zeilenangabe* steht am Ende in runden Klammern, erst danach setzt man den Punkt.

Beispiele aus Text 1, S. 118:

Wörtliches Zitat: Zu einem VR-System gehört „ein[em] oder [es gehören dazu] mehrere[n] Computer[n]“ (Z. 3f.).

Sinngemäße Wiedergabe: Ein VR-System besteht aus mehreren Komponenten (Z. 3ff.).

5 a Bewertet und verbessert die Einleitungen!

10 Zwei Gliederungsvorschläge zum Beginn des Hauptteils

a. *Einleitung:* persönliche, ärgerliche Erfahrung mit dem Missbrauch von Jugendsprache im Sportverein
Hauptteil:
- Moderator bei Jugendsendungen im Fernsehen:
  - Abbauen der Distanz: „Cool seht ihr aus!“
  - Anbiederung: „Wirklich affengeil, dieser Einfall!“ – „Ich bin überrascht, wie clever ihr analysiert, was längst oberfaul ist.“
- Autoritärer Vater, der den Kontakt verbessern will:
  - Annäherungsversuch: „Ein echter Szenen-Renner, dein Nietengürtel.“
  - Angebot, das Zuneigung und Vertrauen schaffen soll: „Deinen Schlabber-Look sollten wir etwas erneuern, er ist megaout.“
- Jugendleiter im Sportverein …

b. *Einleitung:* Klage über Aneignung der Jugendsprache durch „betagte“ Moderatoren im Fernsehen
Hauptteil:
- Junger Lehrer, der sich ganz „schülernah“ geben will:
  - lockerer Ton: „Hey Mädels, hey Jungs …“
  - Sympathiewerbung: „Ihr werdet sehen, Deutsch ist echt geil.“
  - …
- Konsumwerbung, die sich an die jugendlichen Käufer wendet:
  - Weckung von Aufmerksamkeit: „Megain durch Superhit!“
  - Anreiz des Kaufinteresses: „Ein cooles Schnäppchen zu heißen Preisen …“
- Freundesgruppe ärgert Erwachsene
  - Abgrenzung durch extreme Jugendsprache
  - …
- Welche Sprachvariante wählen?
  - Hochsprache, Dialekt oder Jugendsprache?
  - Jugendsprache „pur“ oder nur in einzelnen Wörtern?

11 Verschiedene Einleitungen

a. Vor ein paar Tagen regte sich ein Mitschüler furchtbar darüber auf, dass sein Vater versuche, nur noch jugendsprachliche Ausdrücke zu verwenden, um sich so bei ihm einzuschmeicheln. Er glaubt, die Distanz zu seinem beinahe erwachsenen Sohn abbauen zu können, indem er die Sprache der jungen Leute, die sie untereinander sprechen, nachahmt. Dabei merkt er gar nicht, wie lächerlich und komisch das wirkt, denn diese Sprachvariante passt nicht zu einem Erwachsenen.

b. Dass Jugendsprache nicht nur von Jugendlichen gesprochen wird, ist ein Widerspruch in sich. Diese Sprachvarietät trägt ihren Namen nicht zuletzt deshalb, weil sie überwiegend von Jugendlichen gebraucht wird, die sich damit von der Ausdrucksweise der Erwachsenen unterscheiden. Diese greifen aber zunehmend auf die Jugendsprache zurück, um zu demonstrieren, dass sie auch jung (geblieben) sind.

12 Aus einem Hauptteil

a. Es wird der Eindruck erweckt, der Anbieter verstehe die Jugendlichen besser als andere und er gehöre damit zu ihnen.

b. Als Beispiel für einen solchen Bereich kann die Werbung genannt werden.

c. Wendet sie sich speziell an Jugendliche, versucht sie deren Sprechweise aufzugreifen.

d. Man erwartet einen besseren Absatz der Ware, wenn sie jugendsprachlich angepriesen wird.

e. Eine Hose wird somit beispielsweise als „hipp“ bezeichnet.

3. Phase: Ausarbeitung der Erörterung und Korrektur

a. Die schlüssige Gliederung muss nun in einen zusammenhängenden *Text* gefasst werden, der nur bei großzügiger Arbeitszeit zunächst als „Konzept“ möglich ist. In der Regel entsteht er als sog. „Reinschrift“, die aber in der Korrekturphase inhaltliche und formale Veränderungen erlaubt.
Aspekte und Stoffgruppen, die verarbeitet sind, können auf dem Blatt mit der Gliederung „abgehakt“ (oder durchgestrichen) werden. Dies erleichtert die Übersicht und gibt die beruhigende Gewissheit, „voranzukommen“.
Die *Sprache* muss dem Ziel angemessen sein: „Erörtern“ bedeutet, den „Ort“ eines Sachverhalts oder Problems möglichst genau, überzeugend und anschaulich zu bestimmen. Deshalb eignet sich eine sachlich-beschreibende und argumentierende Sprache, die durch treffende Beispiele (Belege) konkret wird.

b. Die *Korrektur* der Erörterung verlangt ein ausreichendes Maß an Zeit und ist sinnvoll nicht in einem „Schnelldurchgang“ zu erledigen:
– Der *Inhalt* lässt sich am besten mit Hilfe der Themenanalyse und der Gliederung überprüfen.
• Fehlendes wird durch Fußnoten ergänzt, wobei über die Lücken hochgestellte Ziffern gesetzt werden, die am unteren Rand des Blattes oder am Ende des Aufsatzes aufgenommen und vor die fehlenden Textpassagen gesetzt werden. Erscheinen die Ergänzungen am unteren Rand, wird für jede Seite neu gezählt. Bei einem geschlossenen Ergänzungsteil am Schluss des Aufsatzes werden die Lücken über den ganzen Text durchgezählt.
• Überflüssiges wird durch einen waagrechten begrenzten Strich (├─┤) getilgt.
– Der *Aufbau* kann korrigiert werden, indem die einzelnen Abschnitte eine eckige Klammer erhalten und in der richtigen Reihenfolge nummeriert werden: 2[1[3[usw.
– Die *Sprache* muss vor allem auf die angemessene Stilebene hin und auf Ausdrucksfehler (z. B. monotone Wiederholungen, ungenaue Wendungen, Jargonausdrücke etc.), Grammatikmängel (z. B. falsches Tempus, fehlerhafter Modus, misslungene Satzanschlüsse) sowie auf Rechtschreibfehler korrigiert werden. Hilfreich ist es, besonders auf die persönlichen Hauptfehler zu achten.

b Stellt in Text 12 die richtige Reihenfolge der Sätze her und begründet eure Entscheidung!

Häufige **sprachliche Fehler** können durch Aufmerksamkeit vermieden bzw. korrigiert werden:
- Das *Verfehlen* der angemessenen *Sprachebene* ist besonders schwerwiegend: Z.B. durch erzählende statt beschreibend-argumentative Ausdrucksweise, Umgangssprache oder Jargon statt Hochsprache usw.
- *Wortwiederholungen* lassen sich umgehen durch die Verwendung von Pronomen (z.B. bei Personen), durch Synonyme, ähnliche Ausdrücke und Umschreibungen.
- Treffende *Konjunktionen* und *Adverbien* sind wichtig für abwechslungsreiche Satzanschlüsse und Überleitungen zu neuen Abschnitten.

6 Nach den Vorübungen und Beispielanalysen fällt es nun nicht mehr schwer, die Erörterung in einer „verbesserten Fassung“ zu schreiben: Nicht nur Jugendliche verwenden Jugendsprache. Lege dar, in welchen Bereichen dies geschieht und nimm Stellung dazu!

3. „Fachsimpeln“, aber wie? – Präzise Ausdrucksweise durch Fachsprachen

VR bereichert die englische Sprache um eine Fülle von **Neologismen** (und andere Sprachen um neue Fremdwörter): „Eye-Phone“, „tactor“, „Cyberspace“, „teledildonics“, „virtuphone“, „speaktacles“ „Simbin“ „automagically“, „telepresence“ und sogar „goggle-roving“ – das alles sind Wortneuschöpfungen, die in Aufsätzen oder Vorträgen von VR-Spezialisten benutzt wurden.

Unsere modernen Wissenschaften lassen sich in viele Fachbereiche gliedern. Einige Beispiele verdeutlichen, wie sich spezifische Fachsprachen entwickeln.

1 Barrie Sherman (*1938)/ Phil Judkins (*1949): Virtual Reality [Auszug]

[…] Wir können von drei Grundvariationen des VR-Themas ausgehen: mit Datenhelm, mit Videokamera und mit Flachbildschirm. […]

Das Grundgerüst eines VR-Systems besteht aus einem oder mehreren Computern, Sensoren (oder Eingabegeräten), Displays oder Bildanzeigegeräten und der Software. Der Hauptcomputer kann entweder dreidimensionale Bilder erzeugen, oder er muss mit „Grafik-Boards“ (oder „rendering engines“) verbunden werden. Die Benutzer sehen künstlich erzeugte 3-D-Bilder auf dem Display. Die Bilder können durch akustische Signale ergänzt werden, etwa das Geräusch einer zuschlagenden Tür, von fließendem Wasser oder einem Motor, der angelassen wird, und durch einen simulierten Tasteindruck über den Datenhandschuh oder einen Joystick. Durch die Bedienung verschiedener Eingabegeräte (die auf die Sensoren des Computers einwirken) interagieren die Benutzer mit den Bildern. Die Sensoren verfolgen unter anderem die Hand-, Kopf- oder Körperbewegungen des Benutzers, seine Stimme und seine Bewegungen der Videokamera. […]

Arbeitsanregungen:

1 a Überfliegt die Texte 1–3, notiert den jeweiligen Fachbereich und das Thema!

b Haltet die jeweiligen sprachlichen Auffälligkeiten bzw. die deutlichsten Verstehensprobleme fest!

Eine **Sprachbeschreibung** von **Sachtexten** muss ebenfalls – wie die Beschreibung fiktionaler Texte – die Eigenarten von Syntax und Wortwahl (Lexik) erfassen. Sie gelingt genau nur an einem charakteristischen Textausschnitt.

Z.B.: Barrie Sherman/Phil Judkins: Virtual Reality, (Text 1, Z. 3–5):

Text	Sprachliche Merkmale
S „Das Grundgerüst eines Attr. P VR-Systems besteht aus Attr. Attr. einem oder mehreren PO_1 PO_2 Computern, Sensoren (oder Eingabegeräten), PO_3 PO_4 Displays oder Bildanzeige- PO_5 geräten und der Software.“	Die relativ einfache **Syntax** besteht aus einem fünffach erweiterten Aussagesatz mit drei Attributen. Auffällig ist die Aufzählung der Objekte, die in ihrer Gesamtheit die Komplexität des „Grundgerüstes“ beschreiben. Die **Lexik** zeigt einen typischen *Nominalstil:* Einem Verb stehen drei fachsprachliche Komposita und vier fremdsprachliche Fachbegriffe gegenüber. Sie und die Verwendung von Kürzeln (VR) sind charakteristisch für eine Fachsprache, die nur Experten verständlich ist.

Verstehenshilfen bei schwierigen Sachtexten:

1. Die sog. *Kontextprobe:* Durch mehrmaliges stilles und/oder lautes Lesen – Satz für Satz – kann sich ein Verstehen aus dem Textzusammenhang (dem Kontext) einstellen.
2. Die sog. *Ersatzprobe:* Unklare Fachbegriffe und Fremdwörter werden durch sinngemäße oder bedeutungsähnliche Ausdrücke bzw. Übertragungen ersetzt.
3. Die sog. *Umschreibungsprobe:* Wenn die Sinnrichtung erkennbar ist, wird versucht, den Sachverhalt in eigenen Worten zu umschreiben (zu paraphrasieren).

2 Modetrends

Die Modelle dieses Sommers möchten Sie „einwickeln“, denn der Trend geht nicht nur wie schon im letzten Jahr hin zu Wickelröcken, sondern nun werden auch Wickelshirts, Wickelkleider und sogar Wickelhosen, mitunter auch Balihosen genannt, angeboten. Wer am Strand sich etwas überwerfen will, hüllt sich in einen Pareo, der vorne überkreuzt und im Nacken geknotet wird oder schulterfrei um den Körper gewickelt getragen werden kann. Um den Kopf windet sich die modebewusste Frau Tücher und feiert damit das Revival der Siebziger. Reminiszenzen an diese Zeit zeigen auch die Muster der Sommerkollektion: Blümchendrucke erinnern an die gute alte Flower-Power der Hippies.

4. Die sog. *Expertenhilfe:* Sachverständige des entsprechenden Fachbereichs – Mitschüler, Eltern, Bekannte, Lehrer etc. – werden befragt.
5. Die sog. *lexikalische Hilfe:* Wenn alle bisherigen Verfahrensweisen nicht ausreichen, sind Begriffs- und Sacherklärungen über Sprach- und Sachlexika sowie über das Register von Fachbüchern zu gewinnen.

3 Horst Wildemann (*1942): Optimierung von Entwicklungszeiten: Just-In-Time in Forschung & Entwicklung und Konstruktion [Auszug]

[...] Die Shainin-Methodik bewirkt durch das schrittweise Eingrenzen der Streuungsursachen und durch die Optimierung von Haupteinflussfaktoren bezüglich eines Qualitätsmerkmals eine bessere Übereinstimmung mit dem Zielwert, so dass auf aufwändige Prüfungen verzichtet werden kann. Gleichzeitig tritt ein Rückgang der Fehleranzahl bei der Herstellung und Verwendung der Produkte ein. Als methodische Ergänzung zu Versuchsmethodiken ist die Implementierung von Poka-Yoke-Prinzipien zur Vermeidung des zufälligen, unbeabsichtigten Fehlers bereits in der Entwicklungs- bzw. Planungsphase notwendig (vgl. Sondermann; Leist 1989, S. 662). Zufällig bedeutet in diesem Zusammenhang stochastisch, unbeabsichtigt unabhängig von der Personalqualifikation. Ziel ist eine Null-Fehler-Produktion, die durch einfache Gestaltungsprinzipien und Einrichtungen im Prozess erreicht werden soll. [...]

[2] Wählt einen der Texte 1–3 und untersucht ihn in Gruppen genauer!
[a] Erprobt verschiedene Methoden, um den gewählten Text zweifelsfrei zu verstehen!
[b] Fasst den jeweiligen Sachverhalt knapp in eigenen Worten zusammen und vergleicht eure Ergebnisse mit einer Gruppe, die denselben Text bearbeitet hat!
[c] Beschreibt an einem kurzen charakteristischen Abschnitt möglichst genau die Eigenarten der Syntax und Wortwahl!

[3] Verfasst einen kurzen Artikel über die Eigenarten der jeweiligen Fachsprache!

4 Thaddäus Troll (1914–1980): Rotkäppchen auf Amtsdeutsch [Auszug]

Im Kinderanfall unserer Stadtgemeinde ist eine hierorts wohnhafte, noch unbeschulte Minderjährige aktenkundig, welche durch ihre unübliche Kopfbekleidung gewohnheitsrechtlich Rotkäppchen genannt zu werden pflegt. Der Mutter besagter R. wurde seitens ihrer Mutter ein Schreiben zustellig gemacht, in welchem dieselbe Mitteilung ihrer Krankheit und Pflegebedürftigkeit machte, worauf die Mutter der R. dieser die Auflage machte, der Großmutter eine Sendung von Nahrungs- und Genussmitteln zu Genesungszwecken zuzustellen.
Vor ihrer Inmarschsetzung wurde die R. seitens ihrer Mutter über das Verbot betreffs Verlassen der Waldwege auf Kreisebene belehrt. Dieselbe machte sich infolge Nichtbeachtung dieser Vorschrift straffällig und begegnete beim Übertreten des amtlichen Blumenpflückverbotes einem polizeilich nicht gemeldeten Wolf ohne festen Wohnsitz. Dieser verlangte in gesetzwidriger Amtsanmaßung Einsichtnahme in das zu Transportzwecken von Konsumgütern dienende Korbbehältnis und traf in Tötungsabsicht die Feststellung, dass die R. zu ihrer verschwägerten und verwandten Großmutter eilend war. [...]

Arbeitsanregungen

[1] Vergleicht die Wirkung des Textauszugs bei stillem und lautem Lesen!

[2] [a] Beschreibt die Eigenarten der hier in satirischer Absicht verwendeten Fachsprache!
[b] Setzt den Text in passender Fachsprache fort!

[3] [a] Schreibt kurze Texte in Fachsprachen, die noch fehlen!
[b] Lasst die jeweilige Fachsprache durch die Klasse benennen!

Arbeitsanregungen:

1 Hier sind verschiedene Schülertexte in Fachsprache durcheinander geraten.

a Lest den Text laut und versucht zu erkennen, wie viele verschiedene Fachsprachen vermengt sind!

b Sortiert die Fachsprachen, benennt den Fachbereich und begründet eure Entscheidung!

2 Stellt in Kurzreferaten (oder in Gruppenarbeit) einige andere Fachsprachen vor!

a Gebt Leseproben aus charakteristischen Textpassagen!

b Gestaltet eine Wandzeitung, auf der Gemeinsamkeiten und Unterschiede einzelner Fachsprachen deutlich werden!

5 Kuddelmuddel

Der Hals wird vorwiegend aus Ahorn hergestellt, da es relativ unanfällig für unliebsame Verwindungen ist, jedoch können Dead spots durch Kunststoffhälse völlig vermieden werden, wobei mancher aber nicht auf das angenehmere Spielgefühl von Holzhälsen verzichten will. Künftig wird auch das Erstellen von Präsentationen auf Folie, schwarz-weiß oder in Farbe, mit der Möglichkeit, den Hintergrund farbig oder mit einem Bild zu hinterlegen, einen breiteren Raum einnehmen. Die rasche Verbreitung von PCs im privaten Bereich kann nur durch die enormen Möglichkeiten erklärt werden, die die moderne Elektronik dem User bietet. Auch eine Glaubensfrage unter Bassisten ist die Verwendung von aktiver oder passiver Elektronik. Bei Bedarf kann ein Beleg über die geleisteten Abgaben durch die Stellung eines formlosen Antrags in dreifacher Ausfertigung bei der oben genannten Behörde angefordert werden. Im Aufbau unterscheidet sich die E-Bassgitarre nicht wesentlich von anderen E-Gitarren. Textverarbeitung und Tabellenkalkulation sind Programme, die schon länger für die Erstellung von Referaten oder schriftlichen Arbeiten genutzt werden. Gegen diesen Bescheid können Rechtsmittel gemäß § 47 b, Absatz 3, Satz 1 eingelegt werden. Scannen, E-Mail, Zugang zum Internet, Anschluss von Boxen und Musikhören bei der Textverarbeitung oder einem Simulationsspiel zeigen die vielseitigen Nutzanwendungen eines Personalcomputers.

Fachsprachen entstehen aus dem Bedürfnis, bei zunehmender Arbeitsteilung und Spezialisierung die jeweiligen neuen Sachverhalte angemessen darstellen zu können (z.B. in der Fachsprache der Juristen, der Technik, der Wissenschaften, aber auch des Sports, der Unterhaltung, der Mode und in vielen anderen Bereichen). Am deutlichsten drückt sich die Eigenart der Fachsprachen im **Wortschatz** aus: Dabei werden z. B. vorhandene Ausdrücke *metaphorisch* gebraucht (z.B. „Maul" für die Öffnung am Schraubenschlüssel; „Knochen" für eine Art von Schraubenschlüssel; „Ameise" für ein kleines Transportfahrzeug mit Motorantrieb). Auch durch *Komposita* werden spezielle Unterscheidungen erreicht (z.B. Laufwerk und Diskettenlaufwerk). Einen großen Anteil aber machen *Fremdwörter* aus alten und neuen Sprachen aus, die als *Fachbegriffe* für bestimmte Disziplinen verwendet werden: z.B. Atom (< gr. atomos = unteilbar); Transplantation (< lat. trans = hinüber und plantare = pflanzen); Display (< engl. display = Schaustellung, Entfaltung). Der weltweite Austausch wissenschaftlicher und kommerzieller Arbeit, besonders in den innovativen Bereichen, fördert vor allem die Verwendung der englischen Sprache, die damit den Charakter einer *Weltsprache* annimmt.
Fachsprachen enthalten meist nur sehr wenige Verben, aber einen hohen Anteil an Substantiven. Der so entstehende **Nominalstil** wirkt oft sehr hölzern und vielfach schwerfällig, hat aber eine sehr hohe Informationsdichte, die für *Sachtexte* aller Disziplinen unerlässlich ist.

II. Dialekte und Hochsprache

1. Red'n, schwätza, klön'n, snak'n – Dialekte verraten die Herkunft des Sprechers

1 Ghom'sch

a.

b.

Der neue Lehrer in unserem Flecke
isst bsonders gerne Weinbergschnecke.
De Bürgermeister trifft en Kollege:
„Euer neuer Lehrer, des isch en Sege?"
„Ja, der hot's Herz am rechte Fleck
und frisst au 's O'geziefer weg!"

c.

Werner Kunkat aus Klackendorf trifft seinen Freund Ernst Orlowski in der Herrenstraße in Cranz und sagt: „Du hast mir doch näilich erzählt, du hättest in däinen Ferien äin hibsches Marjellche kennen jelernt. Sagtest du nich auch, sie wäre räich?" „Dat habe ick nich jesagt. Ich hab bloß jesagt, sie hat mehr Jeld als Verstand!!"

d.

In der Buchhandlung.
„Ich mechde gärne ä Band von Gehde."
„Welche Ausgabe?" „Da hammse nadierlich ooch wieder rächd. Da lass ich's liewer – Off Wiedorsähn!"

e.

De Hubert vom Dorf draus
isch's erste Mol im Opernhaus.
„A saumäßige Akustigg",
flüstert ihm ins Ohr sei Frau;
„Jetzt, wo du's sagsch, riech i's au!"

f.

Pätzold ist von einem Auto überfahren worden. „Is er dohd?", fragt seine weinende Frau den Arzt im Krankenhaus. „Ja." Da richtet sich Pätzold auf: „Nein, ich läwwe!" „Bisde ruhich! Dähr Doggdor würd's wohl bässer wissn!"

g.

„Was sinn Sie denn von Beruf?" „Straßenhändler." „Nu gugge da – Schdraßnhändler! Was gosd denn heidzudache so ne Schdraße?"

h.

i.

Elfriede Lyssewski ist Tippmamsell einer Firma in Mohrungen. Heute erzählt sie stolz ihrer Freundin Milli Juschka: „Du, Milli, ich glaube, mäin Scheff mag mich läiden!" „Und woran hast du das jemerkt?" „Er hat mir wat geschenkt!" „Und wat hat er dir denn geschenkt?" „Äin scheenes Buch!" „Un wie häißt denn das Buch?" „Duden, deitsche Rechtschräibung!"

Arbeitsanregungen:

1 a Benennt Dialekte, die ihr erkannt habt!
b Beschreibt, wie ihr sie identifizieren konntet!
c Versucht eine Übertragung in euren Dialekt und beschreibt die Wirkung!

2 Gerd Köhler: Immrhin

3 Michael Spohn (1942–1985): Grad mach-e s Maul zua!

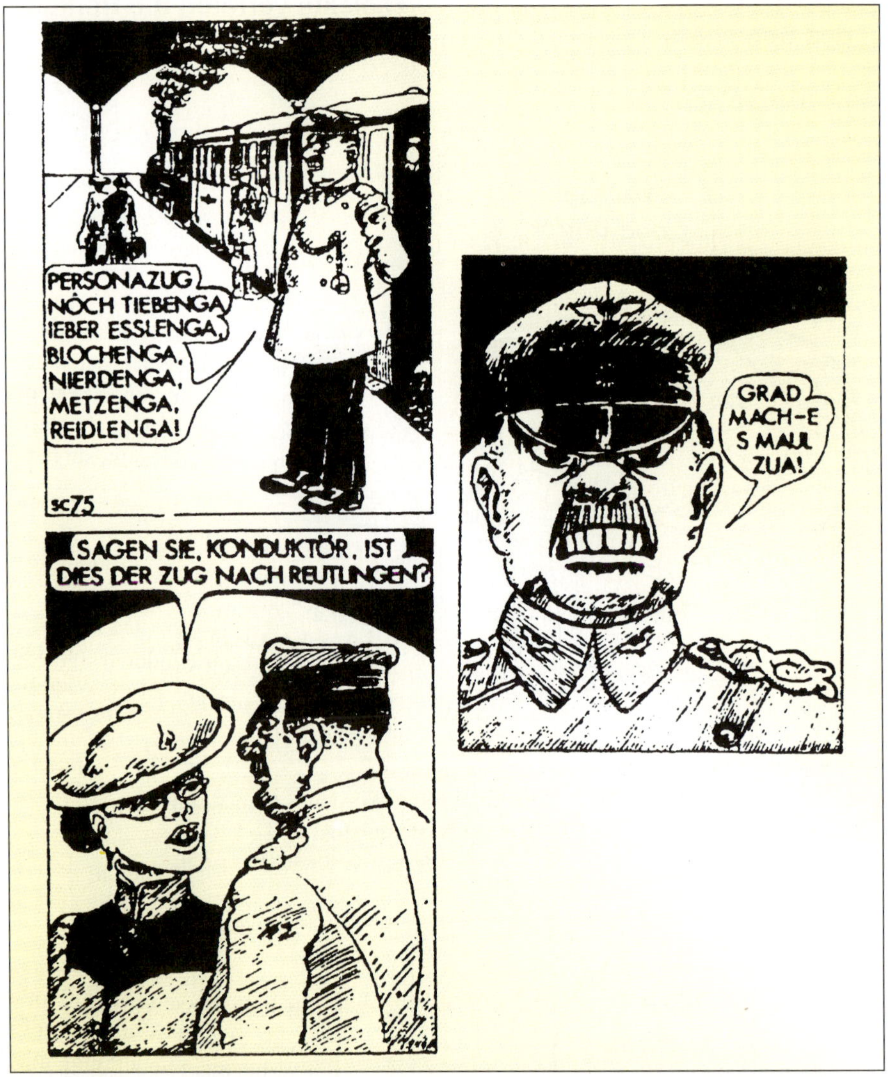

2 Dialektsprecher haben es nicht immer leicht. Hochdeutsch Sprechenden geht es aber unter Umständen auch nicht besser!

3 a Übersetzt die schwäbische Rede in euren oder einen anderen Dialekt!
b Beobachtet die Unterschiede!

4 a Beschreibt Eigenarten eures eigenen Dialekts genau!

Wortwahl	Schreibung	Klang
...	...	...

b Resümiert die Ergebnisse!

Die Denotation (< lat. denotare = bezeichnen) ist die Grundbedeutung eines Wortes, also eine

Auch in Dramen, Novellen und Romanen kommen Dialektsprecher vor.

4 Gerhart Hauptmann (1862–1946): Der Biberpelz [Auszug]

Frau Wolf, eine Waschfrau, spricht mit ihrem Mann, einem Schiffer, über die Bedeutung der Bildung.

[…]

FRAU WOLF Du hast keene Bildung, Julian. Von Bildung hast du ooch keene Spur. Wenn ich ne gewest wär, Julian! Was wär ock aus da Mädeln geworden? Ich hab se gebild't erzogen, verstehste. De Bildung is heutzutage de Hauptsache. Das geht nich a so uff eenen Hieb. Immer eens nach 'n andern, a pee a pee. Nu mag se mal erscht a Dienst kenn'n lern. Dann geht se meinswegen rein nach Berlin. Die is heite noch viel zu jung fersch Theater. […]

5 **Marie von Ebner-Eschenbach (1830–1916): Die Spitzin** [Auszug]

Zwei Jungen wollen einer Spitzin die frisch geborenen Welpen wegnehmen, um sie zu ertränken.

[…] „Dummes Viech, grausliches", schrie Anton und streckte halb zornig, halb ängstlich, die Hand nach einem der Hündchen aus. „Halt sie! halt sie! dass s' mi nit beißt!"
Schon recht, wenn s' di beißt, dachte Provi. […]
„No – also no!", rief er den Kameraden an: „Pack s'z'amm. Mach g'schwind!"
[…]

6 **Theodor Fontane (1819–1898): Der Stechlin** [Auszug]

Der Gutsbesitzer lässt sich von der „Buschen", einem Kräuterweiblein aus der Nachbarschaft, behandeln.

[…] „Ja, mit mir is nich mehr viel los, Buschen. Und nu is auch noch Sponholz weg. Und den neuen Berlinschen, den mag ich nicht. Ihr sollt ja Kossät Rohrbeckens Frau damals wieder auf die Beine gebracht haben. Mit mir is es auch so was. Habt Ihr Courage, mich in die Kur zu nehmen? Ich zeig Euch nicht an. Wenn einem einer hilft, is das andre alles gleich. Also nichts davon. Und es soll Euer Schaden nicht sein."
„Ick weet joa, jnäd'ger Herr … Se wihren joa nich. Un denn de Lüd, de denken ümmer, ick kann hexen un all so wat. Ick kann awer joar nix un hebb man blot en beten Liebstöckel un Wacholder un Allermannsharnisch. Un alles blot, wie't sinn muss. Un de Gerichten können mi nix dohn." […]

7 **Carl Zuckmayer (1896–1977): Der fröhliche Weinberg** [Auszug]

Der Weingutsbesitzer Gunderloch will einen Teil seines Besitzes verkaufen.

[…]
GUNDERLOCH Kurz und gut, meine Herrn, ihr habt ja Auge im Kopp, überzeugt euch selbst, wie's mit meine Weinberg steht.
HAHNESAND Für jed reif Traub möchte ich en Taler hawwe.
STENZ *im kölschen Tonfall* Die Lag ist jut, aber wie steht's mit de Rebläus?
GUNDERLOCH Wie überall, ma muss nur Vitriol spritze.
STENZ Det teure Zeug für die bettelige Lüs!
FRAU RINDSFUSS Die lohnende Aussicht, wo man hier hat! Und die erhebende Natur! Seht nur, wie der Rhein fließt!
HAHNESAND Ja, er kann's nit lasse.
FRÄULEIN STENZ Wirklich, eine hochromantische Natur!
RINDSFUSS *leise* Lobt nit so laut, sonst geht er mit dem Preis in die Höh!
[…]

Art sachliche „Beschreibung" oder „Inhaltsangabe".
Die **Konnotationen** (< lat. con = mit; notare = kennzeichnen), die Nebenbedeutungen, sind vom jeweiligen Zusammenhang (dem Kontext bzw. der Situation) abhängig und zeigen gefühlsmäßige, oft positiv oder negativ wertende Assoziationen.
So ist z.B. die Denotation von „Dialekt" eine besondere Sprachvarietät mit bestimmten Merkmalen. In der Situation eines Vorstellungsgesprächs aber kann „Dialekt" sehr negative Konnotationen erhalten: Z.B. kann der Dialektsprecher als ungebildet, provinziell, sprachlich ungewandt eingeschätzt werden. Dagegen kommen dem „Dialekt", etwa im Zusammenhang mit „Heimat" viele positive Nebenbedeutungen zu: z.B. vertraut, ursprünglich, gefühlsstark, warm, heimelig usw.

Elemente der Satire in den Texten?

Arbeitsanregungen:

1 Teilt euch in Arbeitsgruppen auf!
a Lest die verschiedenen Dialektproben der Texte 4–7 (Ihr könnt auch den „Hauptmann von Köpenick", S. 377ff. als weiteres Dialektbeispiel mit einbeziehen!) und beschreibt die Wirkung des Vortrags!
b Erläutert die Funktion, die der Dialekt in den Texten hat!
c Schreibt die Dialektpassagen ins Hochdeutsche um und vergleicht die Wirkung mit der des Originals!

2 a Fertigt eine Textbeschreibung an!

Autor und Text	Vermutliche Absicht	Wirkung	Eigenarten von Syntax und Wortwahl
…	…	…	…

b Vergleicht eure Ergebnisse!

3 Versucht die Dialekte geographisch einzuordnen!

Arbeitsanregungen:

1 Exzerpiert, durch welche Spracheigenarten sich die Herkunft des Entführers eingrenzen ließ!

2 Betätigt euch als Sprachforscher und beobachtet die Sprache eurer Schulkameraden! Ein Tonbandgerät kann dabei wichtige Dienste leisten.
   a Notiert, welche Besonderheiten auffallen!
   b Versucht, diese einem bestimmten Gebiet oder Dialekt zuzuordnen!

3 Ordnet mit Hilfe der Karte und der angegebenen Wortbeispiele die Dialekte aus den Texten 1–7, die ihr nicht identifizieren konntet, deutschen Landschaften zu!

Dialekte im deutschen Sprachraum

Bevor sich eine literarische Hochsprache (seit ca. 1200) herausbildet, beherrschen **Dialekte** (Mundarten) das deutsche Sprachgebiet. Entsprechend den alten deutschen Stämmen, die sich während der Völkerwanderung (5. Jh. n. Chr.) in den Gebieten der heutigen Bundesrepublik, der Schweiz und Österreichs niedergelassen haben, werden die Mundarten benannt, z. B. das Sächsische, Bairische … Innerhalb dieser Dialekte lassen sich weitere Differenzierungen bis in regionale Kleinsträume (von Ortschaft zu Ortschaft) vornehmen.
Die deutschen Dialekte weisen untereinander verschiedene Verwandtschaftgrade auf und lassen sich grob einteilen in das **Niederdeutsche** (z. B. das Plattdeutsche), **Mitteldeutsche** (z. B. das Sächsische) und **Oberdeutsche** (z. B. das Schwäbische).
Hauptsächliche Unterscheidungsmerkmale sind die Aussprache verschiedener **Konsonanten** (besonders p/pf, t/tz, k/ch) und die Bildungsweise der Vokale bzw. Diphthonge (offen oder geschlossen). Aber auch Sprechmelodie, Stimmlage, Sprechgeschwindigkeit und

8 Hermann Bausinger (*1926): Wie im Krimi – Dialekte als Identitätsmerkmal?

Im Jahre 1958 wurde in Stuttgart ein kleiner Junge entführt. Die Polizei schnitt die Anrufe des Erpressers auf Tonband mit. Die Aufnahmen wurden den Professoren Hugo Moser und Helmut Dölker vorgelegt und bald konnte über den Rundfunk der folgende Hinweis verbreitet werden: „Der Anrufer spricht keine eindeutige Mundart, sondern eine Umgangssprache, die sich bis jetzt nicht eindeutig lokalisieren lässt. Darum werden Sie aufgerufen, sich beim Hören Gedanken zu machen, wo seine Heimat ist. Gewisse Besonderheiten dürften in das Rhein-Ruhr-Gebiet weisen. So spricht der Anrufer deutlich stimmhaftes *s* und in vielen Fällen *g* als *ch*. Er sagt: *müssen Sie mich vertrauen* und *überm Gartentor geschmissen.* Er gebraucht neben *allein* auch die Form *alleine*. Er spricht die Vorsilbe *an* mit kurzem, klaren *a*; überhaupt sind die *a*-Laute sehr hell. Gelegentlich klingt ein *l* an, wie man es im rheinischen Raum hört. Damit nun dürften Süddeutschland und große Teile Nord- und Ostdeutschlands als seine Heimat ausscheiden. Doch muss er länger in Südwestdeutschland gelebt haben oder vielleicht mit Schwaben zusammengewesen sein, denn er hat den Ausruf *Ha!* übernommen. Für die Mischung seiner Sprache ist kennzeichnend, dass er neben der Form *Passen Sie auf!* auch *Passen Sie Acht!* verwendet.“ Die vorsichtigen Angaben der Expertise erwiesen sich als richtig, sie trugen mit dazu bei, dass der Mann gefasst werden konnte. Er stammte tatsächlich aus dem Rheinland und er hatte tatsächlich längere Zeit in Stuttgart gelebt.

9 Einteilung der deutschen Mundarten in der Gegenwart

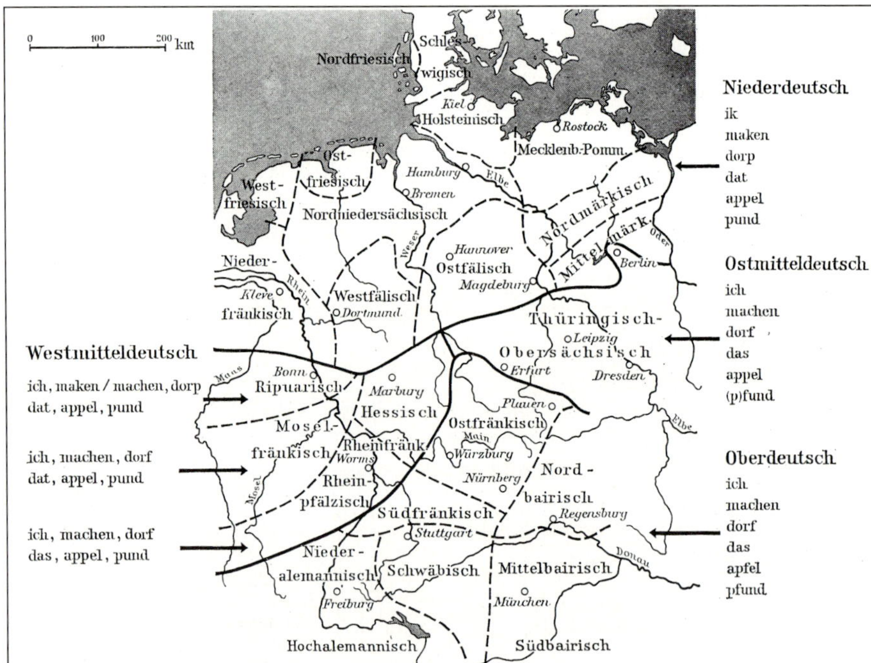

Nicht nur durch die Lautbildung (Phonetik) unterscheiden sich die deutschen Dialekte, sondern auch durch ihre Wortwahl (Lexik). Der Wortatlas zeigt, welche Bezeichnungen und Wörter in welchem Gebiet von den Sprechern bevorzugt verwendet werden.

10 Mundartbezeichnungen für „sprechen“

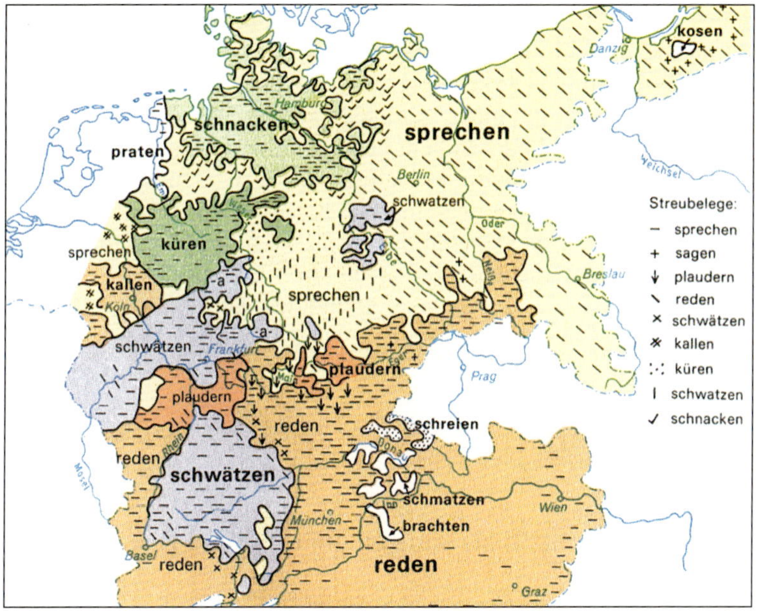

11 Mundartbezeichnungen für „Mädchen“

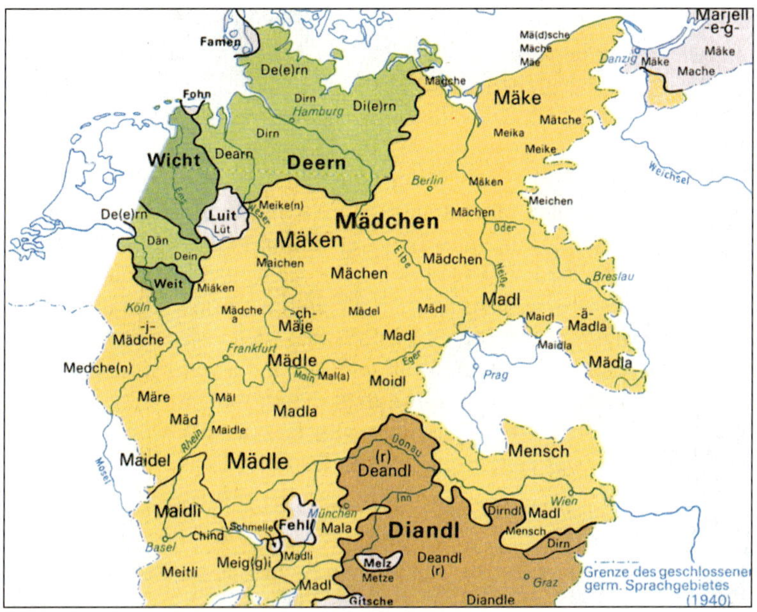

vieles mehr machen einen Dialekt unverwechselbar.

Nach dem Entstehen einer *nhd. Handels- und Verkehrssprache* (ab dem 14. Jh.) blieb der Dialekt zunehmend auf ländliche Sprecher beschränkt und wurde oft als einfältig, grob und bäuerisch abgewertet. Mit der Romantik (nach 1800) und der Dialektforschung (z.B. durch die Gebrüder Grimm) wurde die Mundart als ursprüngliche und natürliche Sprache wieder aufgewertet. Nach Phasen der Geringschätzung im 20. Jh. (u.a. durch die rasante Verstädterung und zunehmende Mobilität) wird der Dialekt seit einiger Zeit – vor allem in volkstümlichen Gedichten und Schauspielen – erneut geschätzt.

Im Alltag übernimmt die Mundart häufig auch die Funktion eines *Soziolekts,* der die Schichtzugehörigkeit eines Sprechers ausweist.

Arbeitsanregungen:

1 a Betrachtet die beiden Karten (Texte 10 und 11) und vergleicht einzelne Regionen!
b Nennt eure örtlichen Mundartausdrücke für „sprechen“ und „Mädchen“!

2 Schreibt ein Resümee eurer Ergebnisse zum Thema „Dialektgrenzen“!

2. Reden halten und reden lassen – Funktionen der Hochsprache

1 Martin Walser (*1927): Erfahrungen beim Verfassen einer Sonntagsrede [Auszug]

[…] Es gibt die Formel, dass eine bestimmte Art Geistestätigkeit die damit Beschäftigten zu Hütern oder Treuhändern des Gewissens mache; diese Formel finde ich leer, pompös, komisch. Gewissen ist nicht delegierbar. Ich werde andauernd Zeuge des moralisch-politischen Auftritts dieses oder jenes schätzenswerten Intellektuellen und habe selber schon, von unangenehmen Aktualitäten provoziert, derartige Auftritte nicht vermeiden können. Aber gleich stellt sich eine Bedingung ein, ohne die nichts mehr geht. Nämlich: etwas, was man einem anderen sagt, mindestens genauso zu sich selber sagen. Den Anschein vermeiden, man wisse etwas besser. Oder gar, man sei besser. Stilistisch nicht ganz einfach: kritisch werden und doch glaubwürdig ausdrücken, dass du nicht glaubst, etwas besser zu wissen. Noch schwieriger dürfte es sein, dich in Gewissensfragen einzumischen und doch den Anschein zu vermeiden, du seist oder hieltest dich für besser als die, die du kritisierst. […]

Martin Walser versucht in einem Essay[1] eine politische Erklärung der Bundesregierung in den Dialekt zu übersetzen, was nicht recht gelingen will.

2 Martin Walser: Bemerkungen über unseren Dialekt [Auszug]

[…] Die konkreten Dialektwörter zeigen sofort, so konkret darf das [in der Hochsprache] nicht gesagt werden. […] Der Dialekt entlarvt das Unhaltbare. Das schafft er durch seinen Mangel an Aufgeschlossenheit für den sprachlichen Zuwachs der letzten paar hundert Jahre. Müssten alle Kommuniqués oder auch alle Wahlreden in diesem Dialekt gehalten werden, und zwar in den originalen Wörtern dieses Dialekts, dann müsste, ohne Schaden, viel ungesagt bleiben. In anderen Ausdrucksbereichen allerdings darf man die Zurückgebliebenheit unseres Dialekts nicht zum Maß des Sagbaren machen, sonst müssten wir auf viel Zivilisation verzichten.
Unser Dialekt hat offenbar schon vor längerer Zeit aufgehört, sich Wörter einzuverleiben, die seitdem eine immer größere Rolle spielen im gesellschaftlichen Verkehr. […] Für das Alemannische ist etwa das Verbum *lieben* ein Lehnwort. Man kann zwar erlernen, zu sagen: ich liebe dich, man kann das vielleicht auch glaubhaft aussprechen, aber wenn man die ersten 15 oder 20 Jahre dafür immer *mögen* gebraucht hat, wenn man immer *ich mag dich* gedacht hat, dann wird man den Fremdwort-Schleier bei *ich liebe dich* nie mehr ganz durchdringen. Es tut den Wörtern offenbar nicht gut, wenn man, bevor man sie selber und von selbst gebraucht, schon ihre Bedeutung kennt. Das ist der Fall, wenn man Wörter zuerst durch Lektüre oder Belehrung kennen lernt. […]

---

[1] Der Essay (< engl. = Versuch): eine Abhandlung in knapper, geistvoller und allgemein verständlicher Form

Die **Rede** ist – im Gegensatz zum wissenschaftlichen Vortrag – eine mündliche Form, die je nach Situation und *Anlass* (z.B. Jubiläum, Preisverleihung, historisches Ereignis) durch gedankliche Originalität und stilistische Gewandtheit überzeugen will. Dabei sind Stimmführung (Modulation), Gestik und Mimik des Redners von großer Bedeutung.

Arbeitsanregungen:

1 Gibt es „Treuhänder des Gewissens"? Erörtert Martin Walsers Auffassung!

2 a Versucht den ersten Satz von Text 1 in Dialekt zu übertragen!
b Macht eine Sprachbeschreibung der Zeilen 1–3 (vgl. S. 118)!

3 Zeigt durch eine tabellarische Gegenüberstellung, wie Martin Walser in Text 2 Dialekt und Hochsprache bewertet!

4 Besprecht den Zusammenhang zwischen Zivilisation und Hochsprache (Text 2, Z. 8f.)!

5 Versucht mit „Denotation" und „Konnotationen" zu erklären, was mit der Unterscheidung von „lieben" und „mögen" gemeint ist!

6 „In einer immer kleiner werdenden Welt haben Dialekte keinen Platz mehr." Erörtert diese These!

Die **Hochsprache** dient als **Einheits-** und **Verkehrssprache**.
Sie ist allgemein gültiger als ein regional beschränkter Dialekt, sie kann zarteste Gefühle ausdrücken und differenzierte Inhalte vermitteln. Sie eignet sich daher auch als **Literatur-** und **Wissenschaftssprache**. Doch besteht – anders als im Dialekt – aber auch die Gefahr der leeren Phrasen, des hohlen Pathos oder der (bewussten) Verschleierung von Inhalten.

III. Generationen im Gespräch

1. Wenn wir den Mund aufmachen, reden 100 000 Ahnen mit – Sprachen entwickeln und verändern sich

Wir haben unsere Sprache weitgehend von unseren Vorfahren übernommen. Doch im Laufe der Jahrhunderte ändern sich Inhalte und Formen der Sprache, die Bedeutung einzelner Wörter, ihre Aussprache (Lautung), ihre Grammatik und Orthographie, die vor ca. 100 Jahren überhaupt erstmals vereinheitlicht wurde. Die Sprache ist ebenso lebendig wie ihre Sprecher und verändert sich genau betrachtet ständig: Modewörter kommen und gehen, neue Fremdwörter sickern ein, fremdsprachliche Ausdrucksformen und Schreibweisen werden übernommen.
Die folgenden Texte laden zu einer Reise in die Vergangenheit ein. Schrittweise gehen sie in originaler Rechtschreibung vom 18. Jahrhundert zurück ins frühe Mittelalter (ca. 8. Jh.). Wie schnell wird uns dabei unsere eigene Sprache fremd?

Der **persönliche Brief** ist meist nicht zur Veröffentlichung bestimmt. Er ist inhaltlich und stilistisch sehr individuell gehalten und in Anspielungen oft nur einem engen Kreis Vertrauter zugänglich. Erzählungen, Berichte, Beschreibungen und Erörterungen kennzeichnen den Stil ebenso wie Ausrufe und Fragen.

1 Catharina Elisabetha Goethe (1731–1808): Brief an ihren Sohn [Auszug]

den 24ten September 1795

Lieber Sohn!

Hier kommt der Juden kram – wünsche damit viel Vergnügen! Auch gratulire zum künftigen neuen Weltbürger – nur ärgert mich daß ich mein Enckelein nicht darf ins Anzeigblättgen setzen laßen – und ein öffendlich Freudenfest anstellen – doch da unter diesem Mond nichts Vollkommenes anzutrefen ist, so tröste ich mich damit, daß mein Häschelhans[1] vergnügt und glücklicher als in einer fatalen Ehe ist – Küße mir deinen Bettschatz und den kleinen Augst – und sage letzterem – daß das Christkindlein Ihm schöne Sachen von der Großmutter bringen soll. [...]

2 Hans Jakob Christoffel von Grimmelshausen (1621–1676): Der abenteuerliche Simplicissimus [Auszug]

[...] Er [der Vater] begabte mich mit der herrlichsten Dignität[2], so sich nicht allein bei seiner Hofhaltung, sondern auch in der ganzen Welt befand, nämlich mit dem Hirtenamt: Er vertraut' mir erstlich seine Säu, zweitens seine Ziegen, und zuletzt seine ganze Herd Schaf, daß ich selbige hüten, weiden, und vermittelst meiner Sackpfeifen (welcher Klang ohnedas, wie Strabo schreibet, die Schaf und Lämmer in Arabia fett macht) vor dem Wolf beschützen sollte; [...]

Die Entwicklung der **deutschen Rechtschreibung** verläuft über fast 400 Jahre:
- Schon im 16. Jh. bemühten sich Grammatikforscher, regionale Schreibungsvarianten zu vereinheitlichen. Sie orientierten sich an den Schreibungen der kaiserlichen Kanzlei, an Martin Luther und an Drucken aus Augsburg.
- Im 17. Jh. versuchten die barocken Sprachgesellschaften eine einheitliche Schreibung nach drei Prinzipien zu erreichen: nach Ursprung und Stamm, Aussprache und Gewohnheit.
- Im 18. Jh. machte Hieronymus Freyer in seiner „Anweisung zur Teutschen Orthographie“ (1722) den Vorschlag, das Prinzip der Analogie einzuführen. Johann Christoph Gottsched (1748) und Johann Christoph Adelung (1788) ergänzten die bisherigen Prinzipien und setzten sich für die generelle Großschreibung der Substantive ein, während bislang nur

1 Häschelhans (< hätscheln = liebkosen, verwöhnen): Kosename für Johann Wolfgang von Goethe
2 Die Dignität (< frz. dignité = Würde): hohes Amt, hohe Würde

Satzanfänge und Eigennamen großgeschrieben wurden.

- Im 19. Jh. setzte sich der Grundsatz, Schrift und Aussprache in Einklang zu bringen (das phonetische Prinzip), mehr und mehr durch. 1876 fand die I. Orthographische Konferenz in Berlin statt, doch fanden deren Regeln nicht in ganz Deutschland Anklang. Konrad Duden verfasste auf der Grundlage der preußischen und bayrischen Regeln 1880 das „Vollständige Orthographische Wörterbuch der deutschen Sprache". Dieser erste „Duden" fand rasch weite Verbreitung.
- 1901 tagte in Berlin die II. Orthographische Konferenz mit Vertretern der deutschen Länder und Österreichs. In kurzer Zeit einigten sich die Teilnehmer auf eine „kleine Lösung", die von allen deutschen Ländern, von Österreich und der Schweiz angenommen wurde und sich rasch durchsetzte. Dazu trug vor allem das „Orthographische Wörterbuch der deutschen Sprache" von Konrad Duden bei, das in der 7. Auflage (1902) auf den neuen Regeln fußte, aber weitere Reformen für notwendig hielt.
- Nach zahlreichen Reformansätzen, vor allem seit 1955, ist nach Verträgen der deutschsprachigen Länder (1.7.1996) die „neue Rechtschreibung" – trotz zahlreicher Einzel- und Sammelklagen – seit 1.8.1998 (mit einer Übergangs- und Erprobungszeit bis zum Jahr 2005) rechtsverbindlich nach dem Spruch des Bundesverfassungsgerichts. Das Ergebnis ist ein Kompromiss, in dem zwar einige Vereinfachungen erreicht wurden (z.B. in der Schreibung von s-Lauten, bei der Silbentrennung, in der Kommasetzung), bei der aber zahlreiche Unklarheiten und Schwierigkeiten bestehen blieben (z.B. in der Doppel-, Groß- und Kleinschreibung und in der Getrennt- oder Zusammenschreibung).

Aber indessen wieder zu meiner Herd' zu kommen, so wisset, daß ich den Wolf ebensowenig kennet', als meine eigene Unwissenheit selbst; derowegen war mein Knan[1] mit seiner Instruktion desto fleißiger. Er sagte: „Bub bis fleißig, loß die Schoff nit ze wit vunananger laffen, un spill wacker uff der Sackpfeiffa, daß der Wolf nit komm, und Schada dau, denn he is a solcher veirboinigter Schelm und Dieb, der Menscha und Vieha frißt, un wenn dau awer farlässi bist, so will eich dir da Buckel arauma[2]." Ich antwortet mit gleicher Holdseligkeit: „Knano, sag mir aa, wei der Wolf seihet? Eich huun noch kan Wolf gesien." „Ah dau grober Eselkopp", repliziert'[3] er hinwieder, „dau bleiwest dein Lewelang a Narr, geit meich wunner, was aus dir wera wird, bist schun su a grußer Dölpel, un waist noch neit, was der Wolf für a veirfeußiger Schelm is." Er gab mir noch mehr Unterweisungen, und wurde zuletzt unwillig, maßen er mit einem Gebrümmel fortging, weil er sich bedünken ließ, mein grober Verstand könnte seine subtilen Unterweisungen nicht fassen. [...]

3 Martin Luther (1483–1546): An den Sohn „Hänschen"

Zwei spielende Kinder. Kupferstich des Hausbuchmeisters

Gnade und Friede in Christo! Mein herzliebes Söhnchen! Ich sehe gern, daß du wohl lernst und fleißig betest. Tue also, mein Söhnchen, und fahre fort! Wenn ich heimkomme, so will ich dir einen schönen Jahrmarkt mitbringen.

Ich weiß einen hübschen lustigen Garten, da gehen viele Kinder innen, haben goldene Röcklein an und lesen schöne Äpfel unter den Bäumen und Birnen, Kirschen und Pflaumen, singen, springen und sind fröhlich, haben auch schöne kleine Pferdlein mit goldenen Zäumen und silbernen Sätteln. Da fragt ich den Mann, des der Garten ist, wes die Kinder wären. Da sprach er: „Es sind die Kinder, die gern beten, lernen und fromm sind." [...] Darum, liebes Söhnlein Hänschen, lerne und bete ja getrost und sage es Lippus und Jost auch, daß sie auch lernen und beten, so werdet ihr miteinander in den Garten kommen. Hiermit bist dem allmächtigen Gott befohlen und grüße Muhme Lenen und gib ihr einen Kuß von meinetwegen. Anno 1530.

Dein lieber Vater Martinus Luther.

An den Sohn „Hänschen",
Veste Coburg, Juni 1530

---

1 Der Knan (< mhd. g(e)nanne, gename = Namensvetter): schon im Mhd. als Anrede für „Vater" gebräuchlich

2 arauma: abräumen, ausklopfen

3 replizieren (< lat. replicare): antworten, entgegnen, erwidern

4 **Vigil Raber (um 1480 – 1552): Der Prozess gegen Rumpold**
[Auszug]

Zur Fastnachtszeit liebten die Menschen in den spätmittelalterlichen Städten derbe Theaterunterhaltung. Der folgende Auszug stammt aus einer Gerichtsverhandlung, in der der Knecht Rumpolt von dem Mädchen Mareth Olhuet und deren Mutter verklagt wird, er habe der Tochter die Ehe versprochen und wolle sie nun nicht heiraten.
Die Kirche besaß damals die ausschließliche Ehegerichtsbarkeit und damit musste ein geistlicher, also selbst zölibatär[1] lebender Richter über diesen Streit entscheiden. So wird die Geschichte noch pikanter und verspricht den Zuschauern ein deftiges Vergnügen.

[…]

OFFICIALIS *dicit*[2]

[…]

Et *subiungit ad Rumpolt*[3]

Rumpolt, nun sag an,
Hastu disn schadn getan,
Oder willdu sy nemmen zu der ee,
Das nit ander ubll darauss gee?

RUMPOLT *respondit officiali*[4]

Herr offnzagl[5], das thue ich nicht,
Oder ich sey ein verheyter postbicht.[6]
Sy biert[7] nimerr mein weib,
Und solt es geltn sell und leib

MATER PUELLE *ad Rumpolt*[8]

Ey, das dich der teuffl reytt,
Wie hastu mir mein tochter geheyt[9]!
Nun muestus zu ainem weib habm,
Oder dich essn kran[10] und rabm[11].
[…]

Fastnachtsspiele sind kurze komische Dramen, die vor Beginn der Fastenzeit, also in der Fastnacht (schwäb. Fasnet; bair. Fasching), zur Unterhaltung von gesellig Feiernden aufgeführt wurden. Die Darsteller waren keine Schauspieler, sondern Handwerksgesellen, die den Anwesenden persönlich bekannt waren, was den Spaß am Spiel noch erhöhte. Entsprechend dem Anlass war der Inhalt der Spiele komisch und derb. Die Städter amüsierten sich gerne über die dummen, einfältigen Bauern, ihre Fresslust und ihre Räusche, über die Untreue und Schlauheit ihrer Frauen. Diese Vorurteile werden in den Spielen ausgiebig gepflegt.
Die Fastnachtspiele entstanden in der Zeit zwischen 1430 und 1600. Hinweise auf Fastnachtspiele finden sich in den städtischen Akten und Chroniken des 15. und 16. Jhs. für den gesamten deutschen Sprachraum, jedoch besonders für Nürnberg (Hans Sachs) und Sterzing.

---

[1] zölibatär: im Zölibat lebend. Das (auch: der) Zölibat: pflichtmäßige Ehelosigkeit aus religiösen Gründen, besonders bei katholischen Geistlichen
[2] Der (geistliche) Richter spricht
[3] Und fährt zu Rumpolt gewandt fort
[4] Rumpolt antwortet dem Richter
[5] Offnzagl: Wortspiel mit „official" (zagl: Schwanz)
[6] Oder ich will ein verfluchter Bösewicht sein.
[7] biert: wird
[8] Die Mutter des Mädchens zu Rumpolt
[9] geheyt: geschändet
[10] kran: Krähen
[11] rabm: Raben

Kathrin hat sich „Matthias Lexers Mittelhochdeutsches Taschenwörterbuch" besorgt und sich Übersetzungshilfen notiert. In einer Reclam-Ausgabe des „Parzival" (Übersetzung und Nachwort von Wolfgang Spiewok) fand sie außerdem eine Übertragung ins Neuhochdeutsche.

Nhd. Übersetzung:

„Du sollst nicht davonziehen, ohne von mir einige gute Ratschläge zu erhalten. Ziehst du auf ungebahnten Wegen, so meide dunkle Furten; seichte und durchsichtig klare Furten kannst du ohne weiteres durchreiten. Zeige dich höflich und grüße alle Menschen, denen du begegnest. Hält dich ein alter, erfahrener Mann zu gutem Benehmen an, dann folge willig seiner Lehre und zürne ihm nicht. Kannst du von einer edlen Frau Ring und freundlichen Gruß erringen, so greife zu, denn es vertreibt alle trüben Gedanken. Zögere nicht lange beim Küssen und schließe sie fest in die Arme. Wenn sie keusch und rechtschaffen ist, erlangst du Glück und edlen Sinn. […]"

Urkunden zeugen nicht von diesem großen Dichter aus einem Ministerialengeschlecht in Mittelfranken, **Wolfram von Eschenbach,** (um 1170 – um 1220). Dennoch fehlt es nicht an schriftlichen Zeugnissen: Jeweils rund achtzigmal sind seine beiden großen Romane „Parzival" und „Willehalm" (Fragment) als Handschriften auf uns gekommen. Die Meistersinger, bürgerliche Lieddichter, die die Tradition des (adeligen) Minnesangs im 14. bis 16. Jh. fortführen, nennen Wolfram als einen der zwölf alten Meister. Obwohl uns von ihm nur acht Lieder überliefert sind, wird dieser Dichter Stilvorbild und legendär verklärt: In dem mhd. Gedicht vom Sängerkrieg auf der Wartburg (zweite Hälfte des 13. Jh.) besiegt er den Zauberer Klingschor.
Seit etwa 1203 hält Wolfram sich am Hofe des Landgrafen Hermann I. von Thüringen auf, der sein Mäzen wird. So

5 Wolfram von Eschenbach (ca. 1170 – ca. 1220): Parzival [Auszug]

Der junge Parzival wurde von seiner Mutter weltabgeschieden aufgezogen. Dennoch will er eines Tages ein Ritter werden. Da Herzeloyde ihn nicht aufhalten kann, kleidet sie ihn in ein Narrengewand, gibt ihm einen alten Ackergaul und seltsame Ratschläge mit auf den Weg, in der Hoffnung, dass er bald ausgelacht wird und zu ihr zurückkehrt.

[…]

'dune solt niht hinnen kêren,
-ne: Negationspartikel „nicht" von hier fort wenden
ich wil dich list ê lêren.
Weisheit, Klugheit früher, vor(her)
an ungebanten strâzen

soltu tunkel vürte lâzen:
Furt: Flussbett
die sîhte und lûter sîn,
hell, klar
dâ soltu al balde rîten in.
albalde: Verstärkung von „balde" mutig: schnell, sogleich
du solt dich site nieten,
Art und Weise, wie man lebt und handelt eifrig sein, streben
der werlde grüezen bieten.
Zeitalter: Welt; anreden, (an)bieten, darreichen
Menschheit, Leute ansprechen um zu grüßen
Ob dich ein grâ wîse man
wenn, falls
zuht wil lêren als er wol kan,
Lebensart, Anstand alsô: wie
dem soltu gerne volgen,

und wis im niht erbolgen.
gewis: sicher zornig werden
sun, lâ dir bevolhen sîn,
anvertrauen: anheim stellen
swa du guotes wîbes vingerlîn
wo auch Fingerring
mügest erwerben unt ir gruoz,
mügen, mugen: vermögen: können freundliches Ansprechen

daz nim: ez tuot dir kumbers buoz.
kumber, kummer: Schutt; bildl. Belastung *Besserung, Abhilfe*
du solt ze ir kusse gâhen
eilen
und ir lîp vast unbevâhen:
fest, stark *umfangen, umarmen*
daz gît gelücke und hôhen muot,
geben: geben, schenken *freudig erhöhte Stimmung, Hochherzigkeit*
ob si kiusche ist unde guot.
[…]'

entsteht sein Hauptwerk, das höfische Versepos „Parzival" (um 1200–1210 geschrieben), das den Weg und das Streben des Menschen schildert und damit einen frühen Entwicklungsroman der Weltliteratur darstellt.
Sein Werk zeugt von tiefer Frömmigkeit. Sein Grundmotiv ist die Erfüllung der Liebe in der Ehe, aber auch das christlichen Idealen verpflichtete Leben.
Wolframs Grab war noch im 17. Jh. in der Frauenkirche von Eschenbach (heute: Wolframseschenbach, bei Ansbach in Bayern) mit dem Wappen des Ostfranken, einem Henkeltopf mit fünf Blumen, zu sehen.

6 „Mädchen" und „Magd" im Süden des deutschen Sprachgebiets im 15. Jh.

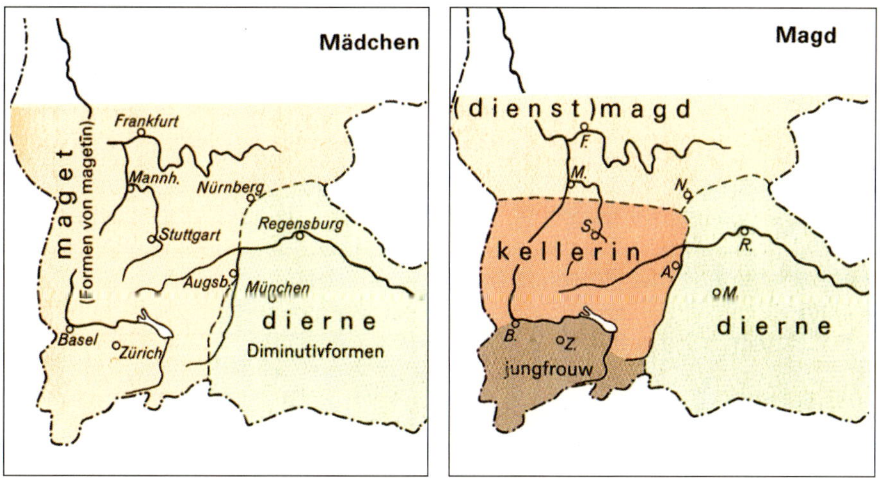

Die ersten **höfischen Romane** in mhd. *Verssprache* waren Übersetzungen aus dem Französischen. Die Romane zeigen den Werdegang einzelner Ritter. Hintergrund ist die idealisiert dargestellte Tafelrunde am Hof des Königs Artus. Der Held kann sich – trotz aller Irrwege – am Ende läutern und darf – in den christlichen Tugenden gefestigt – an den Artushof zurückkehren. Hartmann von Aues „Iwein", Wolfram von Eschenbachs „Parzival" und Gottfried von Straßburgs „Tristan und Isolde" sind u.a. berühmte Beispiele, die viel zur Ausbildung einer mhd. Literatursprache beitrugen.

7 Notker Labeo u. a. (frühes 11. Jh.): Sprichwörter

a. Ube man alliu dier furtin sal, nehein so harto so den man.
Wenn man alle Tiere fürchten soll, keines so sehr wie den Menschen.

b. Fone demo limble so beginnit tir hunt leder ezzen.
An dem Lederstückchen so lernt der Hund Leder fressen.

c. Tu nemaht nieht mit einero dohder zewena eidima machon.
Du kannst nicht mit einer Tochter zwei Schwiegersöhne machen.

Arbeitsanregungen:

1 Vergleicht die Texte 1–5!
a Welche sind heute noch gut, schlecht oder nicht mehr zu verstehen?
b Achtet auf die Orthographie!

2 Beschreibt einige Veränderungen, die die deutsche Sprache seit dem hohen Mittelalter aufweist!

3 a Verständigt euch über die Aussage der beiden Karten (Text 6)!
b Vergleicht die Karten mit Text 11 auf S. 125!

4 Auch die Texte 7–9 sind deutsch!

a Exzerpiert aus Text 7 Wörter, die heute noch ganz ähnlich sind!

ahd.	nhd.	Veränderungen
man	man	–
alliu	alle	Endung: ahd. iu > nhd. e
…	…	…

b Vergleicht in einem mittel- und althochdeutschen Wörterbuch einige bedeutungsgleiche Stichworte nach Gemeinsamkeiten und Unterschieden!

Seit der Zeit des römischen Imperiums war *Latein* die Sprache der Verwaltung und der Wissenschaften. Die *Volkssprache* zu benutzen, war derart außergewöhnlich unter Gelehrten, dass ein Mönch im St. Gallener Kloster es um das Jahr 1019/1020 in einem Brief als „ein bis dahin nahezu unerhörtes Unterfangen" bezeichnet, deutsch zu schreiben. Er tat dies „aus Liebe zu seinen Schülern", wie einer von diesen später schrieb, indem er schwer verständliche lateinische Schultexte nach jedem (Halb)satz kommentierend ins Deutsche (genauer ins Altalemannische) übersetzte. Der Mönch erwarb sich mit seiner Arbeit großes Ansehen und erhielt den Beinamen *Teutonicus* („der Deutsche"). Wegen seiner breiten Lippen hieß er: **Notker Labeo** (um 950–1022).

Er benutzte das Deutsche nicht nur als Hilfsmittel, sondern er stellte die deutsche Sprache auf eine Stufe mit der lateinischen, indem er ihr literarischen und wissenschaftlichen Rang zugestand.

Notker stammte höchstwahrscheinlich aus einem adeligen Grundherrengeschlecht, das im toggenburgischen Jonschwil (Schweiz, Kanton St. Gallen) ansässig und im Thurgau begütert war. Er trat wohl um 960 ins Kloster ein und starb über siebzigjährig an der Pest. Sein Name besteht wie viele althochdeutsche Namen aus zwei Elementen, nämlich *hnoton* = „Schwingen oder Schwung [eines Speeres]", verbunden mit *nôt* = „Not, Bedrängnis im Kampf" und *gêr* = „Speer". Damit hat Notker La-

d. Tu nemaht nieht follen munt haben melves unde doh blasen.
Du kannst nicht einen vollen Mund haben [mit] Mehl und doch blasen.

e. Ter der sturzzet, der vallet.
Der, der stürzt, der fällt.

f. Dir scolo dir scofficit io, unde dir gouh der guccot io.
Der Schuldner der macht Ausflüchte stets, und der Kuckuck der ruft kuckuck immerfort.

g. So iz regenot, so nazscent te bouma.
Wenn es regnet, werden die Bäume nass.

h. So iz wat, so wagont te bouma.
Wenn es weht, so schwanken die Bäume.

i. So diz rehpochchili fliet, so plecchet imo ter ars.
Wenn das Rehböcklein flieht, dann blitzt ihm der Arsch.

j. Sose snel snellemo pegagenet andermo,
so wirdet sliemo firsniten sciltriemo.
Wenn Tapferer Tapferem begegnet anderem,
so wird rasch zerschnitten Schildriemen.

Wer eine Reise unternimmt, bedient sich heute gerne kleiner Sprachführer, die die wichtigsten Redewendungen in der Landessprache aufführen. Auch in früheren Zeiten war es wichtig, sich in der Sprache der Einheimischen verständigen zu können. So gab es auch damals schon Listen mit alltäglichen Redewendungen, die Reisende häufig gebrauchen.

8 Anonym (um 820): Kasseler Glossen

wer pist du?
wanna[1] quimis[2]?
skir[3] min fahs[4]!
skir minan part!

[1] Ahd. wanna: wanana, wannana, wanna, guane (Adverb): woher, weshalb
[2] Ahd. quimis < queman, qhueman, quheman, q(h)weman, […] comon, chomen, chomin, cuman, cumen (starkes Verb): (an)kommen
[3] Ahd. skir < sceran (starkes Verb): scheren, schneiden
[4] Ahd. fahs (starkes Neutrum): Haar

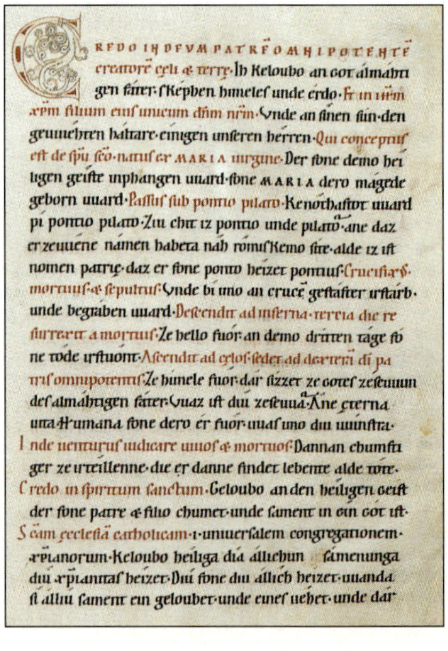

Das lateinische Glaubensbekenntnis (rot) mit der ahd. Übersetzung und Kommentierung Notkers des Deutschen (schwarz).

Der folgende Text ist leichter zu verstehen, wenn ihr ahd. „gu“ durch einen anderen Buchstaben ersetzt. Der Schreiber war nämlich vermutlich kein Deutscher und hat wahrscheinlich nur sehr schlecht verstanden, was er da aufzeichnet, denn er hat sich oft verschrieben, korrigiert und Wortgrenzen missachtet.

beo einen berühmten englischen Namensvetter, der sich auch um die volkssprachliche Literatur seiner Zeit (16./17. Jh.) verdient gemacht hat: William Shakespeare.

9 Anonym (um 900): Pariser Gespräche

Gueliche lande cumen ger . id est . de qua patria?
E guas mer in gene francia . id est . in francia fui
Guaez ger da daden – id est . quid fecisti ibi?
Enbez mer dar . id est . disnavi me ibi

5 a Übersetzt Text 8 und beschreibt die Veränderungen zum Neuhochdeutschen!
b Erschließt in etwa den Inhalt von Text 9!

2. diudisko > diutisc > diutisch > deutsch – Entwicklungsphasen des Deutschen

Abgesehen von neuen Fachbegriffen und Modewörtern oder einer Rechtschreibreform nehmen Menschen in ihrer Lebenszeit Veränderungen ihrer Sprache kaum wahr. Dies ist nicht verwunderlich, denn Entwicklungen im Laut- und Regelsystem sowie im Bedeutungsfeld einer Sprache vollziehen sich in langen Zeiträumen, die sich erst im Rückblick gliedern, beschreiben und systematisieren lassen. Dabei ergeben sich lautlich oft ganz geringe, aber bedeutungsmäßig (semantisch) sehr große Veränderungen, die auch regional oft ganz verschieden sein können.

1 Lautbild, Schriftbild und Bedeutung

In althochdeutschen (ahd.) und mittelhochdeutschen (mhd.) Wörterbüchern lassen sich Wörter finden, die auf den ersten Blick ganz ähnlich aussehen und klingen.

ahd.	mhd.	nhd.
arabeit, arbeit >	arebeit, arbeit >	Arbeit
thiorna, dirna >	dierne, diern >	Deern (niedersächs.)
	dirne, dirn >	Dirne (hochdt.)
marah-scalk >	marschalc >	Marschall
…	…	…

Das Beispiel mhd. arbeit > nhd. Arbeit zeigt – außer der Großschreibung – keinen Lautunterschied. Und doch ergibt der Blick in das Mittelhochdeutsche Taschenwörterbuch von Matthias Lexer, Stuttgart (Hirzel) ³⁷1983, S. 7, ein ganz anderes Bild:

arbeit, arebeit, erebeit, erbeit stfn(m). arbeit; das durch arbeit zu stande gebrachte, erworbene; mühe, mühsal, not, die man leidet od. freiwillig übernimmt; kampfesnot; strafe; kindesnöte.

Arbeitsanregungen:

1 Definiert den Begriff „Arbeit“ in seiner heutigen Bedeutung und vergleicht mit dem Bedeutungsumfang im Mhd.!

2 Informiert euch über die Bedeutung der beiden anderen Wortbeispiele in Mhd. und Nhd. und fasst die Ergebnisse mit Fachbegriffen zusammen!

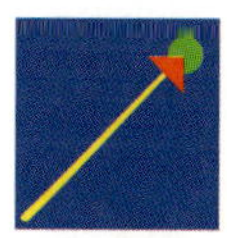

Der **Bedeutungswandel** eines Wortes kann sich ganz verschieden vollziehen:
- Die *Bedeutungsverengung* grenzt einen Begriffsumfang ein. Z.B. mhd. muot = jede Art von Sinn; nhd. Mut = Tapferkeit; mhd. arbeit > nhd. Arbeit. Bei mhd. gift = jede Gabe > nhd. Gift = „tödliche“ Gabe bedeutet die Verengung gleichzeitig eine *Bedeutungsverschlechterung.*
- Die *Bedeutungserweiterung* kann positiv oder negativ sein. Z.B.: mhd. schalc = Knecht; nhd. Schalk = früher hinterlistiger Mensch; heute vor allem spitzbübischer, lustiger, zu Streichen aufgelegter Kerl (Schelm); mhd. sache = Streitsache; nhd. Sache = jegliche Angelegenheit.

Wichtige **Lautveränderungen** vom Mhd. zum Nhd. lassen sich folgendermaßen beschreiben:

- Die Umwandlung langer mhd. Vokale in nhd. Doppellaute (z.B. mhd. lîp > Leib; mhd. liuhten > nhd. leuchten; mhd. gelûnet > nhd. gelaunt) nennt man **nhd. Diphthongierung**.
- Die Umwandlung mhd. Doppellaute in nhd. lang gesprochene Vokale (z.B. mhd. miete > nhd. Miete [ie = ī]; mhd. suochen > nhd. suchen; mhd. küen > nhd. kühn) nennt man **nhd. Monophthongierung**.
- Die Veränderung mhd. Diphthonge in ähnlich klingende nhd. Diphthonge (z.B. mhd. troum > nhd. Traum; mhd. heide > nhd. Heide [ei = ai]; mhd. höuboum > nhd. Heubaum/Wiesbaum (Stange über dem beladenen Heuwagen) nennt man **nhd. Diphthongwandel**.

2 Sprachgesetze selbst entdecken

Die Beispiele von Text 1 zeigen, dass Form und Bedeutung von Wörtern nicht zu trennen sind, wenn man Sprachentwicklung als geistigen Prozess begreifen will. Wenn im Folgenden das Augenmerk besonders auf die Vokalveränderungen gelegt wird, so geschieht dies, um Gesetzmäßigkeiten systematischer zu erfassen, die sich im Übergang vom Mhd. zum Nhd. vollzogen haben.

Das Ahd. (ca. 750–1050)	>	Das Mhd. (ca. 1050–1350)	>	Das Nhd. (ab ca. 1400)	Vokalveränderungen vom Mhd. zum Nhd.	Lautgesetz	Bedeutungsveränderungen
wîb (Weib, Ehefrau, Gemahlin)	>	wîp	>	Weib	î > ei	Doppellautung	Bedeutungsverengung (und -verschlechterung)
liut (Volk, Menschen, Leute)	>	liut	>	Leute	iu = [ū] > eu	???	???
hûs	>	hûs	>	Haus	û > au	???	???
…					…	…	…
…					…	…	…
…					…	…	…
liab (das Liebe)	>	liebe (das Wohlgefallen, Liebsein, Gunst, Liebe)	>	Liebe	ie > ie = [ī] (als Doppellaut gesprochen)	???	???
gruozzen (nennen, rufen, anreden, grüßen)	>	gruoz (freundliches Ansprechen, Gruß; Angriff, Leid, Anklage)	>	Gruß	uo > ū	???	???
guoti (Güte)	>	güete (Güte, Gutheit)	>	Güte	üe > ǖ	???	???
…					…	…	…
…					…	…	…
…					…	…	…
boum (Baum)	>	boum (Baum, Stammbaum, Stange, Leuchter)	>	Baum	ou > au	???	???
fleisk (Fleisch)	>	vleisch/fleisch (Fleisch, menschlicher Leib)	>	Fleisch	ei > ei = [ai]	???	???
oiga/ouga (Auge)	>	ougelîn (zu ouge)	>	Äuglein	öu > äu	???	???
…		…			…	…	…
…		…			…	…	…
…		…			…	…	…

Arbeitsanregungen:

1 a Übernehmt die Tabelle!

b Beschreibt die Vokal- und Bedeutungsveränderungen und versucht das Lautgesetz abzuleiten!

2 Prüft folgende mhd. Wörter und ordnet sie an der richtigen Stelle in die Tabelle ein: bî, bieten, reinen, hiute, kuoche, röuchen, rüemen, mûs, bruoder!

3 Keine Sprachgesetze ohne Ausnahmen

a. hûs und Haus

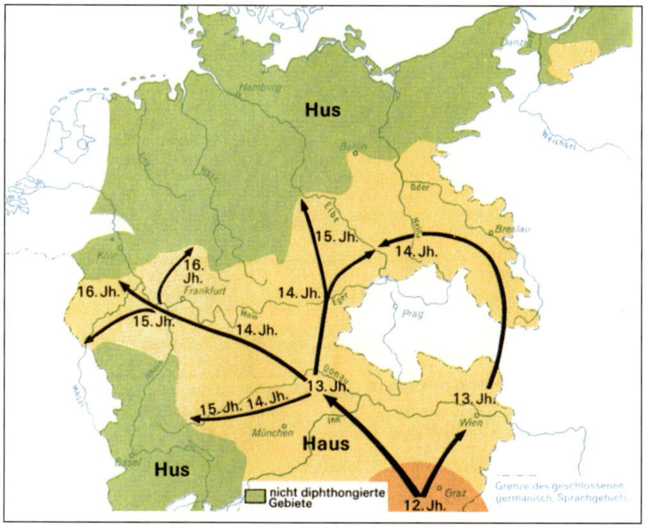

Ausbreitung der neuhochdeutschen Diphthongierung in schriftlichen Zeugnissen

b. bruoder – bruader und Bruder

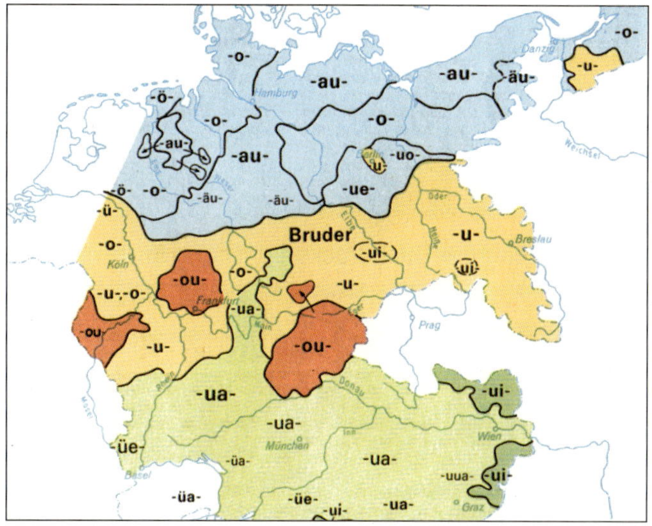

Die Geographie des Stammvokals von Bruder im ehem. dt. Sprachgebiet

4 Die nhd. Schriftsprache hat viele „Väter“

a. Schriftdialekte im Mhd.

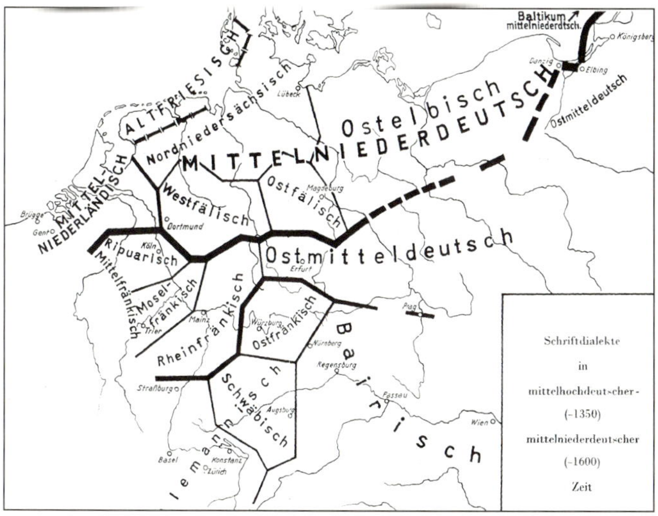

b. Gesprochene und geschriebene Sprache

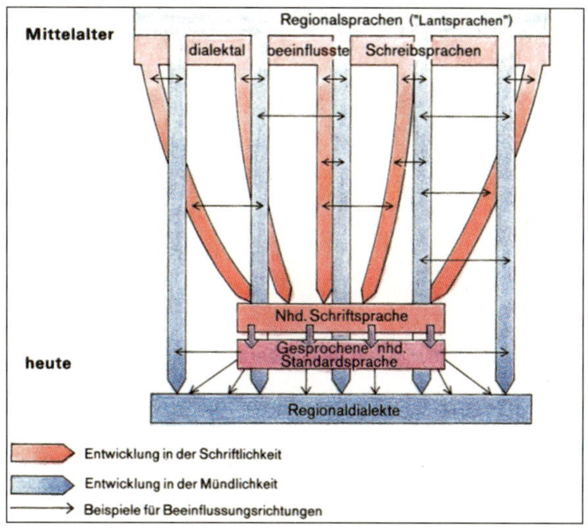

Arbeitsanregungen:

1 Beschreibt zu den Stichwörtern „Haus“ und „Bruder“ (Text 3a/b) die Sprachentwicklung!

2 Haltet fest, was die Karten (Text 4a–d) über die Entstehung der nhd. Schriftsprache aussagen!

c. Thesen von regionalen Zentren bei der Entstehung überregionaler Sprachformen des Deutschen

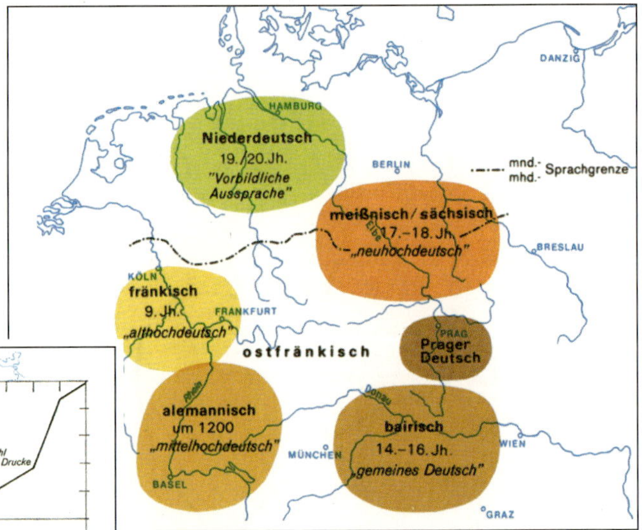

d. Verbreitung der Buchdruckerkunst im 15. Jh.

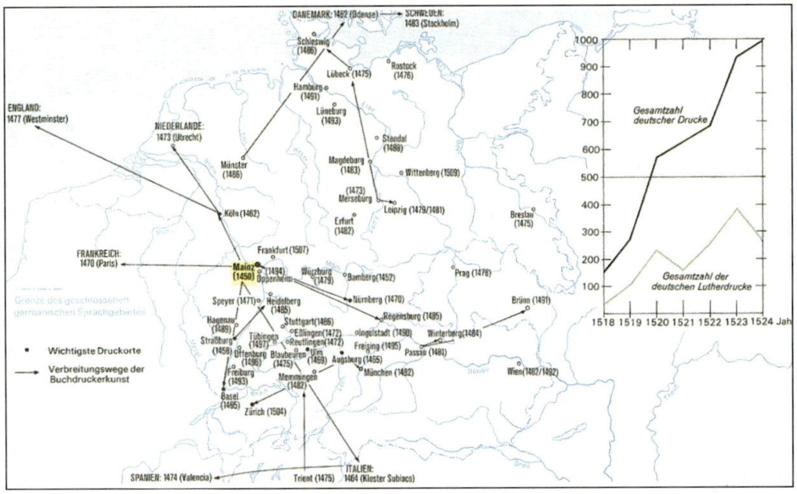

Martin Luther

Die **nhd. Hochsprache** als Einheits- oder Standardsprache ist eine *Schriftsprache,* in die Einflüsse des Mündlichen über den *Dialekt* eingingen. Die Einheitssprache entstand aus der Notwendigkeit einer überregionalen Verständigung, bedingt durch

e. Werner König: Martin Luther und das Nhd. [Auszug]

Auf **Martin Luther** als sprachl. Vorbild berufen sich Grammatiker und Schriftsteller bis ins 18. Jh. hinein vor allem im protestant. Bereich. Seine ungeheure Wirkung im Religiösen hat zu einer Überschätzung seines Einflusses bei der Entstehung der nhd. Schriftsprache geführt.

Die erste Auflage von Luthers Neuem Testament (1522) war trotz einer mutmaßlichen Auflage von 3–5000 nach zwei Monaten ausverkauft. Luthers Schriften gingen wie ein Lauffeuer durch das ganze Reich. Die dt. Drucke der damaligen Zeit bestehen zu einem hohen Anteil aus seinen Werken [...]. Dass sein Wortschatz aber nicht überall so ohne weiteres verstanden wurde, zeigt die Tatsache, dass der Basler Nachdrucker von 1522 eine Wortliste mitgibt, die „die ausländischen Wörter auf unser Teutsch anzeigt".

Luther war nicht der Erste, der die Bibel ins Deutsche übersetzt hat: aber er war der Erste, dessen Übersetzung sich in weiten Kreisen durchsetzte. Er will den Sinn, den Inhalt des Urtextes erfassen und ans Volk vermitteln, wenn er sich dabei auch oft von einer wörtlichen Übersetzung entfernt. So fügt Luther viele Modalwörter in seine Übersetzung ein, Wörter, die in der Vorlage selten sind, aber den Text flüssiger machen und zur Verdeutlichung des Sinnes beitragen. Solche „Würzwörter“ wie *allein, doch, nur, schon* geben seinen Schriften mehr Unmittelbarkeit, sie nähern sie der gesprochenen Sprache, appellieren an den Leser und vermitteln ein Verhältnis der Vertrautheit.

Luther hält einen Mittelweg zwischen Hypotaxen und Parataxen: während die Geschäfts- und Gelehrtensprache damals durch übermäßigen Gebrauch von Hypotaxen kaum verständlich war und eine volkstümlichere Sprachschicht vorwiegend parataktisch und damit relativ ungelenk war, verbindet Luther beides, indem er in ausgewogenem Gebrauch beider Satzbauprinzipien eine verständliche und auch beweglich glatte Prosa schafft, daher auch seine Tendenz, bei Überarbeitungen nominale Fügungen durch verbale zu ersetzen. So in Psalm 89, 10, wo er 1523 übersetzt: „Die Zeyt unser iare ist siebenzig iar“, der aber 1545 so aussieht: „Unser Leben wehret (währt) siebenzig Jahr.“

Luthers Ringen um den sinntreffenden Begriff hat viele Ausdrücke neu entstehen lassen, manches Wort erfuhr durch seine neue Theologie und seine Sprachkraft eine Umprägung seiner Bedeutung. So das Adj. *fromm* ‚tüchtig‘, ‚rechtschaffen‘, das durch Luther auf eine Bedeutung ‚gläubig‘, ‚gottergeben‘ eingeengt wurde, *Beruf* wurde ‚Amt‘, ‚Stand‘ gegenüber älterer Bed. ‚Berufung‘. Unter seine Wortneubildungen fallen u. a. *Bubenstücke, Feuereifer, friedfertig, Herzenslust, wetterwendisch, gastfrei, ihr Kleingläubigen, Glaubenskampf, Gnadenbild* und *gottesgelehrt, Ehescheidung, Lückenbüßer, Machtwort, Schwarmgeist.*

Zur Zeit Martin Luthers ist der Sprachausgleich im deutschen Sprachgebiet voll im Gange. Luther schafft keine neue Sprache (in grammatikalischer Hinsicht), auch kein neues Schreibsystem; in dieser Beziehung nimmt er das bereits Vorhandene auf und führt es in Richtung von schon länger wirksamen Tendenzen weiter. Bei Luther lassen sich keine syntaktischen Fügungen nachweisen, die nicht auch schon im Sprachgebrauch seiner Zeitgenossen vorhanden sind, wie der Ersatz der begründenden schwerfälligen Konjunktion *wan* (aus mhd. *wande*) durch *denn* bzw. *weil.* Seine Wortfolge steht in ihren freieren Variationsmöglichkeiten der der gesprochenen Sprache nahe. Sein Einfluss ist vor allem im stilistischen Bereich zu suchen und darin, dass er mit der Popularität seiner Schriften einer Schreibform, die sich bereits früher im ostmd., ostfränk.-bair. Raum herausgebildet hatte, zu weiter Verbreitung verhilft. Luther als „Schöpfer“ des Nhd. zu bezeichnen, ist verfehlt. Man muss sogar feststellen, dass Luther zeitlebens in einigen sprachlichen Erscheinungen hinter den Entwicklungen seiner Zeit zurückblieb (z.B fehlt ihm das *ä* weitgehend).

Luther bemüht sich bis an sein Lebensende, sein gedrucktes Werk vor allem in der Schreibung und im Bereich der Flexion zu vereinheitlichen, wobei er die vielen Varianten der frühen Drucke später zugunsten einer am überregionalen Gebrauch orientierten Schreibe aufgibt. [...]

großräumige Verwaltung und grenzüberschreitenden Handelsverkehr. Dies vollzog sich in einem langen Prozess über Jahrhunderte, in dem viele Einflüsse zusammenwirkten. Wichtig dafür waren u.a.

- die *mhd. Literatursprache* der Dichter um 1200;
- die kurfürstlich-sächsischen und die kaiserlichen *Kanzleisprachen,* die allmählich das Latein als Verwaltungssprache ablösten;
- bestimmte *Lautentwicklungen* (vor allem die nhd. Diphthongierung und Monophthongierung);
- die *Bibelübersetzung* mit der sprachschöpferischen Wortgewalt Martin Luthers;
- der *Buchdruck* auf dem gegenüber dem Pergament billigen Papier mit seinen Möglichkeiten der raschen Produktion und weiten Verbreitung von Schriften.

Trotzdem setzte sich die *nhd. Schriftsprache* erst allmählich durch: Denn noch um 1520 waren 90% aller gedruckten Bücher in Latein abgefasst, 1570 noch 70% und 1680 noch die Hälfte.

3 a Exzerpiert aus dem Text von Werner König, welchen Anteil Martin Luther an der Entwicklung des Nhd. hat!

b Schreibt ein Resümee über die Entstehung des Nhd.!

4 Durch Kurzreferate (vgl. im zweiten Kapitel, S. 79f.) ließen sich folgende Aspekte genauer klären:

a Die Entwicklung einer mhd. Literatursprache bei Walther von der Vogelweide u.a. Dichtern um 1200.

b Der Einfluss der kaiserlichen Kanzlei Karls IV. in Prag und der kursächsischen Kanzlei in Meißen für die Herausbildung einer einheitlichen Verwaltungs-, Verkehrs- und Handelssprache.

c Martin Luthers Grundsätze bei der Bibelübersetzung im „Sendbrief vom Dolmetschen“.

5 Die Geschichte der deutschen Sprache im Überblick

In der Schreibstube (8. Jh.)

Graf Konrad von Kirchberg (12. Jh.)

Venezianer bei der Buchführung (14. Jh.)

Grundherr empfängt abhängige Bauern (15. Jh.)

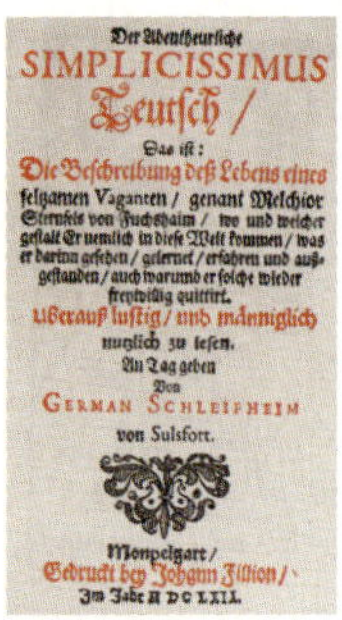

Der Abentheurliche
SIMPLICISSIMUS
Teutsch /
Das ist:
Die Beschreibung deß Lebens eines seltzamen Vaganten / genant Melchior Sternfels von Fuchshaim / wo und welcher gestalt Er nemlich in diese Welt kommen / was er darinn gesehen / gelernet / erfahren und außgestanden / auch warumb er solche wieder freywillig quittirt.
Überauß lustig / und männiglich nutzlich zu lesen.
An Tag geben
Von
GERMAN SCHLEIFHEIM
von Sulsfort.
Monpelgart /
Gedruckt bey Johann Fillion /
Im Jahr M DC LXIX.

Titelblatt der ersten Ausgabe des „Simplicissimus" (1669)

Da mündliche Tonaufzeichnungen erst aus jüngster Zeit bestehen, ist die Geschichte des Deutschen „nur" für die Entwicklung der Schriftsprache nachzuzeichnen.

Politische Geschichte	Kulturgeschichte	Sprach- und Literaturgeschichte
8. Jh. Karl der Große (742–814)	Angelsächsische Mission des Frankenreiches	*Ahd. Texte* (ca. 750–1050) – gr., lat., engl. Fremd- und Lehnwörter – religiöse Texte in ahd. Sprache, Zaubersprüche
11./12. Jh. Friedrich I. (um 1122–1190) Kreuzzüge Ostbesiedlung	– Ritterlich-höfische Kultur – Städtegründungen	*Mhd. Texte* (ca. 1050–1350) – frz., slaw., orient. Lehnwörter – Ausbildung einer mhd. Literatursprache durch Walther von der Vogelweide, Wolfram von Eschenbach, Gottfried von Straßburg u.a.
13./14. Jh. Rudolf I. von Habsburg (1218-1291)	Zunehmende Macht der Städte und Landesfürsten (Territorialisierung)	*Frühnhd. Texte* (ab 1350–17. Jh.) – lat., ital., frz. Fremdwörter – Herausbildung von Handels- und Verkehrssprachen
14.–16.Jh. Karl IV. (1316–1378) Karl V. (1500–1558)	– Humanismus/ Renaissance – Reformation – Buchdruck	– Vereinheitlichungstendenzen durch die kursächsische Kanzlei in Meißen und die kaiserliche Kanzlei in Prag – Martin Luthers Bibelübersetzung
17. Jh. 30-jähriger Krieg Absolutismus	Am Ende des 30-jährigen Krieges Barockstil	*Nhd. Texte* (ab 1650) – europäische Spracheinflüsse – Sprachgesellschaften: „Sprachreinigung" und Neubildungen – Martin Opitz, Andreas Gryphius u.a.
18./19. Jh. Französische Revolution Napoleon I. (1769–1821)	– Aufklärung/Sturm und Drang – Weimarer Klassik – Romantik – Realismus	– engl. und frz. Fremdwörter – Differenzierung der deutschen „Nationalsprache" vor allem durch Gotthold Ephraim Lessing, Johann Wolfgang von Goethe, Friedrich Schiller, Heinrich von Kleist u.a.
20. Jh. Erster und Zweiter Weltkrieg Diktaturen Demokratie	– Stilrichtungen der Moderne in Literatur und Kunst – „Post"-Moderne	– großer Einfluss des Englischen (Anglizismen) – Rechtschreibreformen (1902, 1998) – Differenzierung der deutschen Sprache durch Franz Kafka, Thomas Mann, Bertolt Brecht, Gottfried Benn, Günter Grass u.a.

Arbeitsanregungen:

1 Erstellt nach den Stichworten der historischen Übersicht in Gruppenarbeit eine „Sprachgeschichte"!
   a Wählt je eine Phase aus und bringt die Informationen der einzelnen Spalten in einen sinnvollen Textzusammenhang!
   b Vergleicht die Ergebnisse und sprecht über die jeweils gewählten Verfahren!

2 Besprecht, wodurch sich die Zusammenfassung (S. 136f.) von euren Lösungen unterscheidet!

IV. Europäische Sprachenwelt

1. Das englische Auto ist ein „Karren"! – Verwandte Sprachen untersuchen

Da viele Produkte heute europa- oder sogar weltweit verkauft werden, finden sich auf Verpackungen, Etiketten, Gebrauchsanweisungen usw. Texte in vielen Sprachen. Ein Vergleich bringt Erstaunliches zu Tage.

1 Lys = Licht?

HÅNDDYPPEDE LYS

Zwillingskerzen • Twin Candles
Bougies Jumelées

4 Styk
Stück
Pieces
Pièces

Selvslukkende: Lysene slukker selv, før flammen når bunden af lyset. For deres egen sikkerheds skyld skal De dog ikke lade lysene brænde uden opsyn.

◆

Selbstlöschend: Die Kerzen erlöschen selbsttätig kurz vor Erreichen des Kerzenendes. Zu Ihrer Sicherheit sollten Sie die Kerzen jedoch nie unbeaufsichtigt brennen lassen.

◆

Self-extinguishing: The candles put themselves out shortly before reaching the end of the candle. For your safety, however, you should not let the candles burn unattended.

◆

À auto-extinction: les bougies s´éteignent d´elles-même, juste avant d´arriver en fin de combustion. Pour votre propre sécurité, nous vous recommandons de ne pas les laisser brûler sans surveillance.

2 Enge Verwandte

Das Deutsche	Das Englische	Das Französische	Das Lateinische
Karre	car	…	carrus
Tafel	table	table	tabula
…	page	page	pagina
Seite	side	…	situs
Jalousie	…	jalousie	…
…	…	…	…

Arbeitsanregungen:

1 a Notiert Auffälligkeiten dieser viersprachigen Beschriftung!
b Macht die Verwandtschaft in einer Tabelle deutlich!

???	Deutsch	???	???
styk	Stück	pieces	pièces
selv-	selbst-	self-	auto-
slukkende	…	…	…
før	…	…	…
…	…	…	…

2 a Beschreibt die Vewandtschaftsmerkmale in Text 2!
b Sucht weitere derartige Beispiele!

3 Versucht eine Erklärung dieser Ähnlichkeiten!

3 Europäische Verwandtschaft

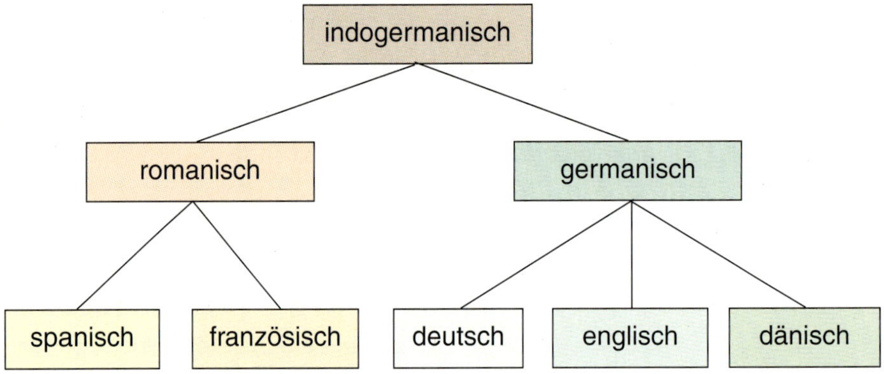

4 Übernehmt das Baumdiagramm und ergänzt es um weitere europäische Sprachen!

Von Europa bis Indien sind viele Sprachen miteinander verwandt, da sie wohl auf eine gemeinsame Ursprache zurückgehen, nämlich das **Indogermanische** oder **Indoeuropäische**. Außer dem Baskischen, Finnischen, Estnischen, Lappischen und Ungarischen gehören alle europäischen Sprachen zu dieser Familie. Da keine schriftlichen Zeugnisse dieser Ursprache erhalten sind, werden Silben, die man durch Sprachvergleich rekonstruiert hat, durch ein Sternchen * gekennzeichnet.

Das Deutsche gehört zu den **germanischen** Sprachen und steht damit in enger Verwandtschaft zum Englischen und Niederländischen. Vergleichsweise nahe stehen ihm auch Dänisch, Schwedisch, Isländisch und Norwegisch. Größer ist dagegen der Abstand zur **romanischen** Sprachfamilie, zu der u. a. Französisch, Italienisch und Spanisch gehören.

Wörter, die seit dem Indogermanischen innerhalb einer Sprache wie dem Deutschen vorhanden sind, nennt man **Erbwörter**. Man kann sie damit zurückverfolgen ins Mittelhochdeutsche, Althochdeutsche und Germanische, bis man zur indogermanischen Wurzel vorstößt. Wurden aus einer anderen Sprache (sei sie nun weiter oder enger verwandt) Wörter übernommen und der Entwicklung der eigenen Sprache angepasst, spricht man von **Lehnwörtern**. Hat diese Anpassung in Lautung, Schrift bzw. Deklination (noch) nicht stattgefunden, hat man es mit **Fremdwörtern** zu tun.

2. Kamen die Germanen außer Atem? – Lautveränderungen vom Indogermanischen zum Deutschen

Vor allem die Konsonanten wurden durch zwei sog. Lautverschiebungen – die erste im 1. Jahrtausend v. Chr., die zweite ab dem 6. Jh. n. Chr. – entscheidend verändert, wie schon der Blick auf das Englische zeigt.

1 Deutsch-englisches Puzzle

pound essen Herz Pfund
Pfeife apple make
foot water Affe sleep
cake
Fuß was
what eat
Wasser
ape das
Kuchen heart Apfel
machen
that schlafen pipe

Arbeitsanregungen:

1 a Vergleicht die Konsonanten der englischen und deutschen Wörter!

englisch	deutsch	Veränderungen
...	...	...

b Sammelt weitere Beispiele und versucht ein Lautgesetz abzuleiten!

2 Nur ein Sprachgeschichtchen?

Warum es zu solchen Konsonantenveränderungen kam, ist umstritten und letztlich wohl auch nicht eindeutig zu erklären. In einem lustigen, aber doch ernst gemeinten Erklärungsversuch wurde folgende kühne These aufgestellt: Während der Völkerwanderung (seit dem 5. Jh. n. Chr.) seien einige germanische Stämme, die später ahd. sprachen, auf ihrem Weg nach Süden in den Alpen außer Atem – „ins Schnaufen" – gekommen. Dadurch seien die „harten" Konsonanten (die Tenues) p, t, k beim Luftschnappen als Reibelaute (Spiranten) (p > ff) oder als sog. Affrikata (p > pf) ausgesprochen worden. So weit das Histörchen.

Exakt zu beschreiben sind nur die Verschiebungen der **zweiten (ahd.) Lautverschiebung**, je nach der Stellung der Konsonanten im Wort:

a. *Zwischen und nach Vokalen*

p >ff: as.[1] ski**p**es > ahd. sci**ff**es > mhd. schi**ff**es > nhd. des Schi**ff**es
as. ski**p** > ahd. sci**f** > mhd.schi**f** > nhd. Schi**ff**
(D.h., dass der Doppellaut im Auslaut und nach langem Vokal oft vereinfacht wurde.)

t > ʒʒ **(= ss):** as. lâ**t**an > ahd. lâʒan > mhd. lâʒen > nhd. la**ss**en

k > **hh, ch, h:** as. ma**k**on > ahd. ma**hh**ôn, ma**ch**ôn > mhd./nhd. ma**ch**en

Diese Verschiebungen erstrecken sich auf das gesamte hochdeutsche Sprachgebiet.

2 Versucht die Konsonanten in folgenden altsächsischen Wortformen ins Ahd., Mhd. und Nhd. zu „verschieben": ik, sittian, swart, skeppian, scarp, wekkian, werk!

[1] as. ist die Abkürzung für altsächsisch, das dem Germanischen sehr nahe steht.

b. *Im Anlaut, in der Verdopplung und in Verbindung mit anderen Konsonanten*

p > **pf, ph:** as. **p**lōh > ahd. **pf**luog > mhd. **ph**luoc > nhd. **Pf**lug
t > **tz,zz,z:** as. **t**îd > ahd. **z**ît > mhd. **z**ît > nhd. **Z**eit
k > **kch, ch:** as. **k**ind > ahd. **ch**ind (oberdt.) > mhd. **ch**int, **k**int > nhd. **K**ind

Nur die Verschiebung von t > tz erfasste den ganzen hochdeutschen Sprachraum; p > pf kommt vor allem im Oberdeutschen vor; k > kch trat nur in den bairischen und alemannischen Alpengegenden auf.

c. Im Blick auf die erste (germanische) und zweite (ahd.) Lautverschiebung ergibt sich folgende Übersicht:

idg.	p	t	k	b	d	g	bh	dh	gh
germ.	f	þ (th)	h	p	t	k	ƀ	đ	g
							b	d	g
ahd./mhd.	f	d	h	pf ff	tz ʒʒ (ss)	(kch) hh	b (p)	t	g (k)

[3] Beschreibt die Verbreitung der zweiten Lautverschiebung mit Hilfe der Dialektkarte (Text 9, S. 124)!

3 Knobeleien über „Familiendifferenzen“

Nach den Informationen über die Gesetze der zweiten Lautverschiebung und die Grenzen ihrer Verbreitung, könnt ihr ein paar sprachgeschichtliche Nüsse zu knacken versuchen. Verstreut sind die nhd. Wörter und die lateinischen Ursprünge.

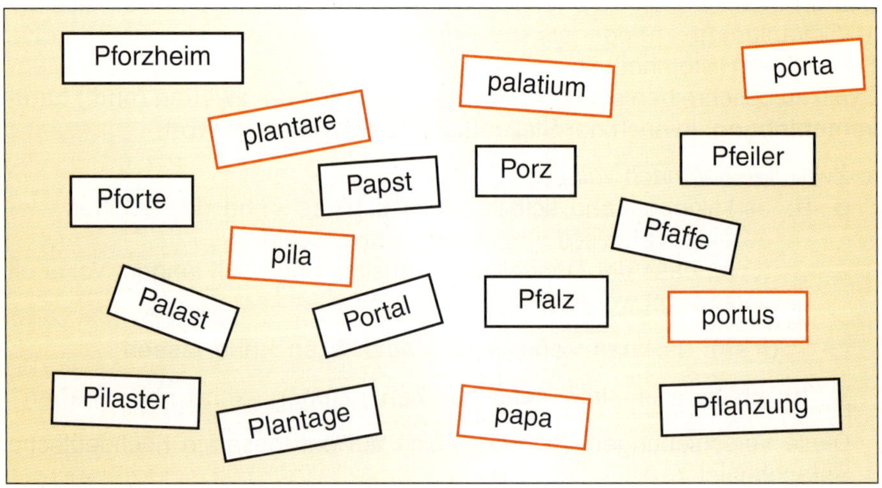

[4] Klärt mit Hilfe der sprachgeschichtlichen Informationen die „Familiendifferenzen“!

Das 3. Kapitel im Blickfeld

Sprechen und Schreiben

1. Beim **Argumentieren** in einer Diskussion oder innerhalb einer Erörterung stellt man *Thesen/Behauptungen* auf, die durch *Argumente* näher erklärt und durch *Beispiele* anschaulich, verständlich und nachvollziehbar belegt werden.

2. Die **Erörterung** entsteht nach dem Drei-Phasen-Modell:
   1. Phase: Themenanalyse: Thema und Aufgabenstellung klären, indem Schlüsselwörter markiert oder unterstrichen werden.
   2. Phase: Stoffsammlung und Gliederung: Mit Hilfe verschiedener Techniken wird Stoff für den Aufsatz gesammelt: Brainstorming, W-Fragen, Cluster. Dann wird der Aufschrieb überprüft, ob er zum Thema und zu der Aufgabenstellung passt. Meistens bilden sich bei der Durchsicht schon Stoffgruppen heraus und man überlegt sich eine sinnvolle Reihenfolge.
   3. Phase: Ausarbeitung und Korrektur: Nun wird das Konzept ausgestaltet. Evtl. müssen zuerst einige Schlüsselwörter definiert werden, damit klar ist, was man darunter zu verstehen hat. Beim Argumentieren ist auf die richtige Abfolge von These, Erörterung und Beispiel zu achten. Die *Korrektur* bezieht sich auf Inhalt, Aufbau, Ausdruck und Rechtschreibung. Sie orientiert sich zur Kontrolle an der Themenanalyse und am Konzept.

3. Beim **Exzerpieren** sollte man sich unbedingt notieren, aus welchem Buch oder Text der Aufschrieb stammt. Die *Quellenangabe* ist notwendig, um gegebenenfalls das Original rasch wiederzufinden. Folgende Angaben sind wichtig: Autor(en), Titel, Erscheinungsort, Verlag, Erscheinungsjahr, evtl. die Auflage und die Seitenzahl der Fundstelle. Oft ist es auch hilfreich, sich die Buchsignatur der Bibliothek zu notieren, damit man das Werk bei Bedarf schnell noch einmal einsehen kann.

4. Das Thema eines **Kurzreferats** muss eindeutig abgegrenzt und klar formuliert werden. Dann beginnt die Phase des *Informierens.* In Bibliotheken, Zeitungen, im Internet usw. werden Materialien bzw. Quellen gesucht. Wichtige Informationen müssen nun mit Quellenangabe *exzerpiert* werden.
   Die Notizen werden geordnet und zu einem zusammenhängenden Vortrag ausgearbeitet. Der Vortrag soll durch anschauliche Materialien mit Hilfe von *Medien* visualisiert werden. Dazu eignen sich Folien mit grafischen Darstellungen zu Aufbau und Ablauf; Dias, Bilder, Filmsequenzen oder Tonbandausschnitte dienen als Beispiel oder stellen dar, was mündlich übermittelt wird.
   Der *Vortrag soll halbfrei,* gestützt auf einen Stichwortzettel mit Blickkontakt zu den Zuhörern, in angemessenem Tempo, sinngerechter Betonung und beweglicher Stimmführung gehalten werden.

5. Die **Rechtschreibung** ist noch keine hundert Jahre allgemein verbindlich geregelt. Seit 1880 existiert der *Duden* als Nachschlagewerk und 1901 und 1996 (1998) veranlasste der Staat die Aufstellung von Rechtschreibregeln. Bis dahin konnten auch innerhalb eines Textes unterschiedliche Varianten auftreten. Problematisch war am Anfang der schriftlichen Aufzeichnung die Übernahme des lateinischen *Alphabets,* das nur unzulänglich die germanischen Laute wiedergeben konnte; so entstanden viele Schreibvarianten für ein und denselben Laut (z. B. *ev, ew* für *äu*).

6. Das **Resümee** fasst kurz und bündig den Inhalt eines Textes, einer Argumentation oder einer Diskussion zusammen. Als kürzeste Form der Inhaltsangabe ist es im Präsens und sachlich geschrieben.

7. Die **Textbeschreibung** nennt Autor, Titel, evtl. auch sonstige Quellenangaben und informiert den Leser darüber, wie ein Text nach Aufbau, Syntax und Wortwahl geschrieben ist und wie er auf den Leser wirkt.

8. Setzt man sich mit einem Text auseinander, wird man auch einzelne Wörter oder Wortgruppen daraus zitieren. Man unterscheidet **wörtliche Zitate** und **sinngemäße Wiedergaben.** Beim wörtlichen Zitieren dürfen kein Buchstabe und kein Satzzeichen des Originals ohne Kennzeich-

nung verändert werden. Man kennzeichnet solche Textauszüge durch *Anführungszeichen.* Ist eine Deklination, Konjugation oder Wortumstellung nötig, weil das Zitat in einen eigenen Satz eingebaut werden soll, müssen alle Veränderungen durch *eckige Klammern* gekennzeichnet werden. Auf diese Weise ist die Rekonstruktion des Originals jederzeit möglich. Man gibt außerdem am Ende des Zitats an, woher es stammt *(Quellenangabe)* und von welcher Seite bzw. aus welchem Abschnitt *(Seiten-* bzw. *Zeilenangabe).* Bei sinngemäßer Wiedergabe entfernt man sich weiter vom Original, das nur inhaltlich wiedergegeben wird. Deshalb werden nun auch keine Anführungszeichen gesetzt. Um zu zeigen, dass man diese(n) Gedanken übernommen hat, nennt man aber am Ende des Satzes oder des Abschnitts in runden Klammem die Quelle und gegebenenfalls die Seite oder Zeile.

Literatur und Medien

1. Der **persönliche Brief** ist eine Form, die meist nicht geschrieben wurde, um veröffentlicht zu werden. Er ist eine Art Dialog zwischen Absender und Adressat, weshalb auch Anspielungen vorkommen können, die nicht allgemein verständlich, sondern nur den beiden oder einem engen Kreis Vertrauter zugänglich sind.
   Meist weisen Briefe den Ort des Schreibens, das Datum des Tages, an dem sie geschrieben wurden, den Adressaten und die Unterschrift des Absenders auf.
2. Die **Fastnachtsspiele** sind kurze, komisch-derbe Stücke, die von Laiendarstellern aufgeführt wurden und meist zur Unterhaltung der städtischen Bürger dienten, die sich über die als dumm und grob gezeichneten Bauern amüsierten.
3. Die ersten **höfischen Romane** in Mittelhochdeutsch waren Übersetzungen französischer Ritterromane. Hintergrund ist immer König Artus' idealisierter Hof, an dessen Tafelrunde sich die besten Ritter ihrer Zeit vereinen. Die Romane zeichnen den Werdegang einzelner Ritter nach und zeigen, wie der Held trotz aller Irrwege und Fehlentscheidungen am Ende geläutert und christlich gefestigt in seinen Rittertugenden an den Ausgangspunkt seiner Abenteuerfahrt, den königlichen Hof, zurückkehrt.
4. Die **Rede** wird aufgrund eines konkreten *Anlasses* gehalten, z. B. für eine Preisverleihung, ein historisches Ereignis, ein Jubiläum ... Sie ist damit aus ihrem historischen und thematischen Zusammenhang heraus zu untersuchen. Modulation der Stimme, Gestik und Mimik des Redners sind besonders wichtig.
5. Der **Sachtext** bedient sich meist einer *Fachsprache*, um angemessen *informieren* zu können. Komposita, Fachbegriffe (oft aus Fremdsprachen) sowie überwiegend ein Nominalstil sind kennzeichnend.
6. **Werbetexte** – meist als Produktwerbung und Propaganda – sind auf bestimmte *Adressatenkreise* bezogen. Aufmachung und *Sprache* sind zielgerichtet und vermengen absichtsvoll Information und Überredung.

Sprachbetrachtung

1. In der **Bedeutungslehre** bezeichnet die *Denotation* die Grundbedeutung eines Wortes (z.B.: „Dialekt" = Mundart). Mit *Konnotationen* verbinden sich Nebenbedeutungen, die sich aus dem jeweiligen Zusammenhang oder Kontext einstellen können. (Z.B.: „Dialekt" kann als provinziell oder anheimelnd empfunden werden.)
2. Der deutschsprachige Raum gliedert sich in verschiedene **Dialekte** (Mundarten). Diese sind unterschiedlich stark miteinander verwandt. Man unterscheidet das Niederdeutsche (im Norden), das Mitteldeutsche (im Westen und Osten) und das Oberdeutsche (im Süden). Nicht nur im Lautstand, sondern auch in der Sprachmelodie und der Wortwahl unterscheiden sich die verschiedenen Dialekte.
   Historisch sind Dialekte interessant, weil sie die Entwicklung der mündlichen Sprache widerspiegeln, die sich von der Schriftsprache zuweilen stark unterscheidet.
3. **Fachsprachen** bilden sich aus dem Bedürfnis, sich angemessen über spezifische Sachverhalte austauschen zu können. So entstehen eigene Sprachvarietäten verschiedener Berufe, z. B. der Juristen, Jäger, Elektroniker ... Sie sind überregional den Spezialisten verständlich. Kennzeichnend für diese Sprachvarietät sind Komposita und Fach-

begriffe, die alle Wortarten betreffen können.

4. Da Dialekte nicht überregional verstanden werden, eignen sie sich nicht oder nur eingeschränkt als *Verkehrs- oder Literatursprache.* Die **Hochsprache** sucht den Ausgleich der stärksten Dialektunterschiede. Ihre Entwicklung lässt sich vorwiegend in der *Schriftsprache* fassen. Die Dichter des Mittelalters bemühten sich schon um eine mittelhochdeutsche *Literatursprache,* um ihren Werken eine weite Verbreitung zu sichern. Dann entstand in den landesherrschaftlichen und kaiserlichen *Kanzleien* sowie für die *Bibelübersetzung* Martin Luthers das Bedürfnis nach einer in einem größeren Gebiet verständlichen Sprache. Der *Buchdruck,* der ein möglichst großes Absatzgebiet suchte, übernahm die Hochsprache und verbreitete sie.

5. **Jugendsprache** ist eine Sprachvarietät, die in ihrer Ausprägung stark von der jeweiligen *Peergroup,* in der sie gepflegt wird, abhängig ist. Somit ist sie keine einheitliche Sprache, sondern regional, sozial und historisch bedingt. Auffallend ist die *Kreativität* jugendsprachlichen Ausdrucks: Wortspiele, Parallelbildungen, Zitate aus den Medien und dem Alltag der Jugendlichen u.v.m. Jugendsprache dient der Kommunikation Jugendlicher unter sich und damit auch einer Art *Abgrenzung* gegenüber Erwachsenen oder anderen Peer-groups.

6. Jede Sprache ist geschichtlichen Veränderungen unterworfen, die sich u. a. im **Lautwandel** zeigen. Wichtige sprachgeschichtliche Phänomene sind die *erste (germanische)* und die *zweite (ahd.) Lautverschiebung,* durch die sich das Germanische aus dem Indogermanischen und das Ahd. aus dem Germanischen entwickelt haben.
Andere germanische Sprachen, wie das Englische, haben den germanischen Lautstand weitgehend bewahrt und können daher heute noch als Vergleichsfolie herangezogen werden. Auch im Übergang vom Mhd. zum Nhd. kommt es zu Lautveränderungen, der *neuhochdeutschen Monophthongierung und Diphthongierung.*

7. Für die **Sprachgeschichte** bedeuten die *mhd. Literatursprache,* die *Kanzleisprachen,* Luthers *Bibelübersetzung,* der *Buchdruck,* die *Sprachgesellschaften* des Barock und die *Dichtersprache* seit dem 18. Jh. wichtige Etappen.

Sinn und Form

Robert Delaunay (1885–1941): Rhythmus, Lebensfreude (1931)
Öl auf Leinwand, Paris, Sammlung Delaunay

I. Durch Tag und Jahr

1. Tageszeiten – Motive und Stimmungen in Gedichten erfassen

1 Joseph von Eichendorff (1788–1857): Morgengebet

O wunderbares, tiefes Schweigen,
Wie einsam ists noch auf der Welt!
Die Wälder nur sich leise neigen,
Als ging' der Herr durchs stille Feld.

Ich fühl mich recht wie neu geschaffen,
Wo ist die Sorge nun und Not?
Was mich noch gestern wollt erschlaffen,
Ich schäm mich des im Morgenrot.

Die Welt mit ihrem Gram und Glücke
Will ich, ein Pilger, frohbereit
Betreten nur wie eine Brücke
Zu Dir, Herr, übern Strom der Zeit.

Und buhlt[1] mein Lied, auf Weltgunst lauernd,
Um schnöden Sold der Eitelkeit[2]:
Zerschlag mein Saitenspiel, und schauernd
Schweig ich vor Dir in Ewigkeit.

2 Joseph von Eichendorff: Mittag

_____ mir der Himmel
Vor Staube schier,
Herr, im _____
Zeig Dein Panier[3]!

Wie _____ ich sündlich!
Lässt Du von mir;
_____
Bin ich mit Dir!

Joseph Freiherr von Eichendorff (1788–1857) ist durch seine volkstümlichen Lieder bis heute bekannt. Geboren auf Schloss Lubowitz/Oberschlesien war er in einer weithin unberührten Landschaft um die Oder aufgewachsen. Sein Leben war geprägt durch eine katholische Erziehung, tiefes Gottvertrauen, Naturliebe und durch die Einflüsse eines Grenzlandes. Nach seiner Gymnasialzeit in Breslau studierte er in Halle und Wien Jura und Philosophie. In verschiedenen Funktionen war Eichendorff viele Jahre im preußischen Staatsdienst tätig. Vor allem durch eine sehr musikalische Sprache in seiner Naturlyrik und in Novellen (z. B. „Aus dem Leben eines Taugenichts", 1826) wurde er der bedeutendste Dichter der deutschen Hochromantik.

Arbeitsanregungen:

1 a „Z.T. ganz schön romantisch!"
b Füllt die Lücken der Texte 2 und 4, und vergleicht eure Vorschläge! Setzt das passende Wort ein: Getümmel, selig, schwank, wiegen, unüberwindlich, vergeht, stirbt, schwingt, blauer, beglückt!
c Versucht die Gedichte so zu lesen, dass die Eigenart der jeweiligen Tageszeit anschaulich wird!

2 Exzerpiert und ordnet arbeitsteilig die Motive der Texte 1–6!

---

[1] buhlen: in Liebesbeziehung stehen, kosen; um etwas buhlen: wetteifern; zu der/die Buhle (< mhd. buole = naher Verwandter, Geliebter, Liebhaber)
[2] Die Eitelkeit (< ahd., ital., engl. idle = leer): Selbstgefälligkeit, Putzsucht, hier: um gering zu schätzende Belohnung für Selbstgefälligkeit
[3] Das Panier (< frz. banniere = Banner): Banner, Feldzeichen; auch Wahlspruch, Motto

3 Heinrich Heine (1797–1856): Das Fräulein stand am Meere

Das Fräulein stand am Meere
Und seufzte lang und bang,
Es rührte sie so sehre
Der Sonnenuntergang.

Mein Fräulein! Sei'n Sie munter,
Das ist ein altes Stück;
Hier vorne geht sie unter
Und kehrt von hinten zurück.

3 a „Passt bei Heine die zweite Strophe überhaupt?“
b Sucht eine Antwort und bezieht dazu die Informationen über die Romantik mit ein!

4 Clemens Brentano (1778–1842): Hörst du, wie die Brunnen rauschen?

Hörst du, wie die Brunnen rauschen?
Hörst du, wie die Grille zirpt?
Stille, stille, lass uns lauschen,
_____, wer in Träumen _____!
Selig, wen die Wolken _____,
wenn der Mond ein Schlaflied singt!

O wie selig kann der fliegen,
dem der Traum die Flügel _____,
dass an _____ Himmelsdecke
Sterne er wie Blumen pflückt:
schlafe, träume, flieg – ich wecke
bald dich auf und bin _____!

Clemens Brentano wurde 1778 in Ehrenbreitstein (bei Koblenz) geboren und verbrachte seine Jugend in Frankfurt und Koblenz. Gegen den Willen seines Vaters wurde er nicht Kaufmann, sondern studierte in Halle und Jena Berg- und Kameralwissenschaften (Staats- und Finanzwissenschaften), interessierte sich aber früh für Literatur und hatte Kontakt zu Wieland, Goethe, Herder u.a. bedeutenden Dichtern und Philosophen seiner Zeit. Ab 1804 lebte Brentano in Heidelberg und gehörte dort zum Kern des Dichterkreises der Heidelberger Romantik. Er hatte Anteil an der Herausgabe der Volksliedsammlung „Des Knaben Wunderhorn“ (1806–1808) und schrieb Erzählungen, Märchen, Novellen, Dramen und den Roman „Godwi“. Am bedeutendsten war Brentano aber als Lyriker, weil er unmittelbare Ausdruckskraft mit hoher Musikalität der Sprachgestaltung zu verbinden wusste. 1842 starb er nach einem z.T. sehr unsteten Leben an einer schweren Krankheit in Aschaffenburg bei seinem Bruder.

Die **Romantik** ist eine literarische Epoche zwischen der Zeit um 1800 und 1835, die z.T. parallel, aber auch im Gegensatz zur Klassik (1786–1832) verläuft. Der Name ist abgeleitet von altfrz. roman, d.h. in der Volkssprache (lingua romana), im Gegensatz zum Lateinischen. Seit etwa 1700 gibt es im Deutschen das Wort *romantisch* (< engl. romantic), das so viel wie fantastisch, übertrieben und zügellos bedeutet. Gefühl, Gemüt, Seele, Traum, Illusion, Unbewusstes, auch Dämonisches und die freischaffende Fantasie waren ihr wichtiger als der nüchterne und oft kalte Verstand. Nacht, Natur, Sehnsucht nach der Ferne und nach dem Unendlichen, aber auch nach dem Geheimnisvollen und Abenteuerlichen sind ebenso bezeichnend wie die Rückwendung zum Mittelalter, das Sammeln von Volksliedern, von Märchen und Sagen.
Der Dichter Novalis (Friedrich von Hardenberg, 1772–1801) fand das Symbol der Romantik in der *blauen Blume,* die in der Literatur gesucht wird und ein ständiges Unterwegssein bedingt, das nur in der unendlichen Ewigkeit zur Ruhe kommt.

Nach einzelnen Orten und Regionen unterscheidet man verschiedene Phasen der Romantik:
- *Die Jenaer- oder Früh-Romantik* mit Novalis, F. und A.W. Schlegel, W.H. Wackenroder, L. Tieck u.a.
- *Die Heidelberger- oder Hochromantik* mit A.v. Arnim, C. Brentano, J. von Eichendorff, J. und W. Grimm u.a.
- *Die Schwäbische Romantik* mit L. Uhland, J. Kerner, G. Schwab und W. Hauff.
- *Die Spät-Romantik* mit E. Mörike, N. Lenau, H. Heine.

Erstmals spielten Frauen eine wichtige Rolle in der deutschen Literatur: vor allem Rahel Varnhagen von Ense, (1771–1833), Karoline von Günderode (1780–1806) und Bettina von Arnim (1785–1859).

Die **Arten des Lesens** und **Rezitierens** richten sich
- nach der *Textart* und *Absicht:* *sinnerschließend* bis der Text „lebt" und man erkennt, dass er gut verstanden ist; *sinngestaltend,* um das Verstehen in Lautung umzusetzen und es „hörbar" zu machen; *szenisch,* um verschiedene Stimmen lebendig werden zu lassen.
- Sie richten sich auch nach dem *Sinn und Ton* des Textes: heiter ↔ traurig, hell ↔ düster, leicht ↔ schwermütig, musikalisch-klingend ↔ stockend, sachlich ↔ gefühlvoll usw.

5 Theodor Storm (1817–1888): Meeresstrand

Ans Haff[1] nun fliegt die Möwe,
Und Dämmrung bricht herein;
Über die feuchten Watten[2]
Spiegelt der Abendschein.

Graues Geflügel huschet
Neben dem Wasser her;
Wie Träume liegen die Inseln
Im Nebel auf dem Meer.

Ich höre des gärenden Schlammes
Geheimnisvollen Ton,
Einsames Vogelrufen –
So war es immer schon.

Noch einmal schauert leise
Und schweiget dann der Wind;
Vernehmlich werden die Stimmen,
Die über der Tiefe sind.

6 Eduard Mörike (1804–1875): Um Mitternacht

Gelassen stieg die Nacht ans Land,
Lehnt träumend an der Berge Wand,
Ihr Auge sieht die goldne Waage nun
Der Zeit in gleichen Schalen stille ruhn;
Und kecker rauschen die Quellen hervor,
Sie singen der Mutter, der Nacht, ins Ohr
Vom Tage,
Vom heute gewesenen Tage.

Das uralt alte Schlummerlied,
Sie achtet's nicht, sie ist es müd;
Ihr klingt des Himmels Bläue süßer noch,
Der flüchtgen Stunden gleichgeschwungnes Joch.
Doch immer behalten die Quellen das Wort,
Es singen die Wasser im Schlafe noch fort
Vom Tage,
Vom heute gewesenen Tage.

[1] Das Haff: Ein Küstensee, der durch eine Nehrung (einen Landstreifen) vom offenen Meer getrennt ist.
[2] Das Watt, die Watten (< ahd. wat = Furt): der bei Ebbe trocken laufende Teil des Meeresbodens

Eduard Mörike wurde 1804 in Ludwigsburg als Sohn eines Arztes geboren, besuchte dort die Lateinschule, später das evangelische Seminar in Urach und wurde Pfarrer. Eine Vielzahl von Stellen, eine unglückliche Liebe, eine gelöste Verlobung und eine späte und unglückliche Ehe (seit 1851) sowie eine frühzeitige Pensionierung als Pfarrer (1843) kennzeichnen ein unstetes und vielfach leidvolles Leben. Von 1851–1866 war er in Stuttgart Lehrer für Literatur. Neben seiner Lyrik, die von Goethe, der Romantik und dem Volkslied stark beeinflusst ist, schrieb er Kunstmärchen (z.B. „Das Stuttgarter Hutzelmännlein"), Novellen (z.B. „Mozart auf der Reise nach Prag") und einen Künstlerroman („Maler Nolten"). Er starb sehr einsam und fast vergessen 1875 in Stuttgart.

2. Jahreszeiten – Gedichte nach Inhalt und Form interpretieren

„HERR: Es ist Zeit.“ – Interpretieren von Herbstgedichten in drei Phasen

Arbeitsanregungen:

1 a Bereitet in Gruppen Text 1 oder 2 zum Vortrag vor!
b Schreibt auf, was euch inhaltlich und an der Form auffällt!
c Haltet die Sinnrichtung eures Gedichts in einem Übersichtssatz fest!

2 Begründet oder kritisiert die im Buch vorgeschlagene Reihenfolge!

3 Versucht, zu einem der Gedichte eine weitere Strophe zu ergänzen!

1 Gottfried Benn (1886–1956): Astern

Astern – schwälende[1] Tage,
alte Beschwörung, Bann,
die Götter halten die Waage
eine zögernde Stunde an.

Noch einmal die goldenen Herden
der Himmel, das Licht, der Flor[2],
was brütet das alte Werden
unter den sterbenden Flügeln vor?

Noch einmal das Ersehnte,
den Rausch, der Rosen Du –
der Sommer stand und lehnte
und sah den Schwalben zu,

noch einmal ein Vermuten,
wo längst Gewißheit wacht:
die Schwalben streifen die Fluten
und trinken Fahrt und Nacht.

(Aus lizenzrechtlichen Gründen ist dieser Text nicht in reformierter Rechtschreibung abgedruckt.)

2 Theodor Storm (1817–1888): Über die Heide

Über die Heide hallet mein Schritt;
Dumpf aus der Erde wandert es mit.

Herbst ist gekommen, Frühling ist weit –
Gab es denn einmal selige Zeit?

Brauende Nebel geisten umher;
Schwarz ist das Kraut und der Himmel so leer.

Wär ich hier nur nicht gegangen im Mai!
Leben und Liebe, – wie flog es vorbei!

Paul Klee (1879–1940): Herbstlicher Ort, 1921, 104 Aquarell auf Papier; 33x22,5 cm

Interpretationshilfe 7: Ihr habt gelernt, **Fachbegriffe zur Lyrik** im Fachgespräch und für die Textbeschreibung richtig anzuwenden. Dabei gilt es verschiedene Bereiche zu unterscheiden:

- *Die Bildlichkeit* als Bild, Metapher, Chiffre, Symbol oder Vergleich;
- *Das Enjambement* (= Zeilensprung) als Vers- oder Strophenenjambement;
- *Das lyrische Ich* als Sprecher oder Sprecherin im Gedicht;
- *Das Metrum* als Jambus, Trochäus, Daktylus oder Anapäst;
- *Die Reime* als Anfangsreime, Binnenreim, Endreime, Kehrreim, Schlagreim etc.;
- *Den Rhythmus* als Gliederung der Laute – regelmäßig oder freirhythmisch;
- *Die Waisenzeile* u. a.

Einzelheiten dazu „Im Blickfeld“, S. 190f.

Die Furcht vor einer neuen Aufsatzform, die **Interpretation** heißt, ist weit verbreitet, aber unbegründet. Denn das Interpretieren ist „kein Hexenwerk“, sondern durch solide „Handwerksarbeit“ zu erlernen, zumal durch die Übung der dreigliedrigen Inhaltsangabe (Übersichtssatz, Hauptteil und Schlusswertung), durch die Beschreibung von Textauffälligkeiten und durch das Fachgespräch über Gedichte wichtige Voraussetzungen vorhanden sind.
In diesem Kapitel wollen wir uns insgesamt viermal mit Interpretation befassen (S. 151ff., 163ff., 167ff., 184ff.). Auf den nächsten Seiten sollt ihr in drei Phasen die „Bauelemente“ der Interpretation kennen lernen.

[1] schwälen = schwelen: langsam, ohne Flamme und mit starker Rauchentwicklung brennen; bildlich: unter der Oberfläche, unmerklich weiterleben
[2] Der Flor: alle Blüten einer Pflanze, Blumenfülle; bildlich: Zierde, Schmuck, Gedeihen

1. Phase: Leises und lautes *Lesen* (Rezitieren), *Auffälligkeiten* entdecken und aufschreiben sowie einen ersten vorläufigen Eindruck gewinnen und Fragen notieren sowie eventuell eine *Themenanalyse* machen.

3 Rainer Maria Rilke (1875–1926): Herbsttag

HERR: es ist Zeit. Der Sommer war sehr groß.
Leg deinen Schatten auf die Sonnenuhren,
und auf den Fluren lass die Winde los.

Befiehl den letzten Früchten voll zu sein;
gib ihnen noch zwei südlichere Tage,
dränge sie zur Vollendung hin und jage
die letzte Süße in den schweren Wein.

Wer jetzt kein Haus hat, baut sich keines mehr.
Wer jetzt allein ist, wird es lange bleiben,
wird wachen, lesen, lange Briefe schreiben
und wird in den Alleen hin und her
unruhig wandern, wenn die Blätter treiben.

4 Ein Blick auf verschiedene Notizzettel

	erster Eindruck	Auffälliges	Fragen
a.	klingt nicht schlecht – wie ein Gebet? Wie eine Bitte?	– HERR = groß! – Strophenlänge verschieden	– volle Früchte? (= reif?) – Herbst und Haus?
b.	„Guter“ Anfang, trauriger Schluss	– viele „Befehle“ – Rückblick und Ausblick	– Vollendung = Reife? – Herr = Gott? – Natur- oder Gedankenlyrik?
c.	Schönes Gedicht, es gefällt mir gut.	– Lob des Sommers – Noch bessere Ernte – 2x „wer“ (III. Str.)	– Bitte/Gebet/ Befehle? – Wieso jetzt kein Haus mehr?
d.	Dank für Sommer an „HERRN“ – aber auch Angst (Schluss)	– allein = einsam – „Befehle“ ohne Ausrufezeichen	– Wieso *lange* Briefe? – Wieso Schatten? (doch Herbstsonne!) – südlichere Tage?

Arbeitsanregungen:

1 a Schließt die Augen und notiert Assoziationen (Einfälle) zum Stichwort „Herbsttag“!
b Lest das Gedicht zuerst leise und dann mehrmals laut!

2 a Notiert euren ersten Eindruck sowie Auffälligkeiten des Inhalts und der Form!
b Haltet Fragen zu Stellen fest, die euch irritieren oder die unverständlich erscheinen!

Caspar David Friedrich (1774–1840): Wanderer über dem Nebelmeer

3 a Lest eure Notizen vor und vergleicht sie mit den Schülerbeispielen in Text 4!
b Haltet Beobachtungen und Fragen fest!

4 Schreibt einen Übersichtssatz, in dem der Name des Autors, der Titel, die Art des Gedichts und der erste Gesamteindruck verbunden sind!

Das **lyrische Ich** ist der Sprecher / die Sprecherin im Gedicht, aus dessen / deren Perspektive eine Aussage getroffen wird. Es ist nicht identisch mit dem Autor / der Autorin eines Textes, sondern zeigt nur jeweils eine Seite von dessen / deren Vielseitigkeit.

5 Alle Versuche in Text 5 sind mehr oder weniger unvollständig oder fehlerhaft.
a Sucht und besprecht den oder die Fehler!
b Ergänzt bzw. verbessert den Übersichtssatz, der eurer Auffassung nach am wenigsten fehlerhaft ist!

5 Übersichtssätze – aber leider mit Fehlern

a. In diesem schönen Herbstgedicht beschreibt der Dichter in einer Art Gebet einen stimmungsvollen „Reifungstag", der aber auch traurige Aussichten eröffnet.

b. Der Dichter Rainer Maria Rilke hat ein Naturgedicht über die letzte Reifung der Früchte und über die Einsamkeit des Einzelnen geschrieben.

c. In dem Text „Herbsttag" geht es dem Autor um Erntezeit und Einsamkeit.

d. In Rainer Maria Rilkes gebetsartigem Natur- und Gedankengedicht „Herbsttag" werden der Dank für den „großen Sommer" sowie die Bitte um noch mehr Wärme für die letzte Reifung dargestellt.

Der **Übersichtssatz** ergibt als Einleitung das erste „Bauelement" der Interpretation und enthält vier Aspekte:
- Den vollen *Namen* des Autors;
- Den *Titel* in Anführungszeichen;
- Die *Art* des Gedichts (z. B. Erlebnis-, Stimmungs- oder Naturgedicht; Gedankenlyrik, Ballade; es kann sich – wie in Text 3 – auch um eine Mischform aus Natur- und Gedankenlyrik handeln);
- Den ersten vorläufigen *Gesamteindruck*, der sich auch mit Angaben zum Thema oder zu den Motiven verbinden kann.

2. Phase: Stoffsammlung und Gliederung in zwei Teilschritten:
- Möglichst genaue Wahrnehmung und Beschreibung von *Auffälligkeiten* des *Inhalts* und der *Form* (zu Aufbau, Sprache, Stilfiguren, Reim, Metrum, Rhythmus, Lautmalerei und Melodie).
- Wichtig ist es, die *Beziehung* von Inhalts- und Formelementen und deren *Wirkung* zu erfassen und zu deuten.

Strophen und Zeilen	Merkmale von Inhalt und Aufbau →	← Formmerkmale (Stilmittel) ⟹	Wirkung und Deutung
I/1	HERR = Gott? – Art Dankgebet: „großer"= (reicher, guter, schöner) Sommer – als Feststellung und Wertung	Großbuchstaben x́∧|xxx́|xx́|xx́|xx́ I. Str.: nur drei Verse, je ein Satz (= Satzstil) a b ← Waisenzeile a oder Binnenreim? – uhren – Fluren	wie Art Gebet: feierlich, getragen Name des HERRN = groß, so wie in der Bibel (Ehrfurcht); also doch Gott?

Interpretationshilfe 8:
Aspekte der **Form** im Gedicht sind u.a.:
1. Der *Aufbau:* in Strophen (gleiche oder unterschiedliche Verszahl) oder in ungleichen Abschnitten
2. *Bildlichkeit:* bildliche Ausdrucksweise (z. B. Schatten auf Sonnenuhren), Metapher (z. B. „wandern" für nirgendwo zu Hause sein), Vergleich (z. B. so warme Tage wie im Süden), Symbol (z. B. „Haus" für Geborgenheit)

2 3	– Bitte oder Aufforderung (Befehl?) – „Fluren“= Felder, Wiesen, Gärten (abgeerntet) → Herbst als Jahreszeit	Schatten-Sonnenuhren = Bild „leg“ und „lass“ } ohne Ausrufezeichen	trübere Tage? Dem HERRN befiehlt man nicht! Wohl als „Bitte“ zu lesen?
II/1 …	– „Befiehl“ („du“ ist wohl zu ergänzen) „letzte Früchte“ … → Herbst als …	xx́ | xx́ | xx́ | xx́ | xx́ II. Str.: vier Verse mit Enjambement (II/3, 4) „voll“ = Metapher für „vollendet“ …	Klingt noch eindringlicher: Es ist später Herbst. …
III/1 2 3 …	– Sorge/Klage: im Herbst kein „Haus“ mehr zu bauen – Alleinsein – Folgen der Einsamkeit … → Herbst als …	xx́ | xx́ | xx́ | xx́ | xx́ III. Str.: fünf Verse „Wer jetzt“ „Wer jetzt“ } Parallelismus Enjambement über drei Zeilen (III/3–5) …	„Haus“ steht wohl für Geborgenheit, Heimat. Die Folgen der Einsamkeit gehören zusammen. … Nehmen die Probleme des Herbstes so zu wie die Zahl der Verse?

3. *Metren:* Jambus (xx́); Trochäus (x́x); Daktylus (x́xx); Anapäst (xxx́)
4. *Reimformen:* Alliteration (Stabreim); Binnenreim (= Innenreim); Kreuzreim (abab); Paarreim (aabb); umarmender Reim (abba). Eine einzelne Zeile, die sich am Ende nicht mit einer anderen reimt, ist eine *Waisenzeile.*
5. *Rhythmus:* die harmonische Gliederung (der Fluss) von Versen, wobei Metrum, Melodie/Klangfarbe, Betonung, Tempo und Pausen zusammenwirken.
6. *Satzbau:* z. B. Reihung von Aussagesätzen Zeile für Zeile = Zeilenstil oder das Fließen der Sätze über die Versgrenze = Zeilensprung (Enjambement)
7. *Wortwahl:* z. B. anschauliche Adjektive, dynamische Verben

6 a Übernehmt die tabellarische Stoffsammlung und ergänzt sie!
b Versucht diese tabellarische Anlage durch Pfeile zu erklären!

6 Interpretationsbeispiel zur ersten Strophe

[…] Im „Herbsttag“ nehmen die Schwierigkeiten des Herbstes so zu, wie die Tage abnehmen. Dies zeigt der Dichter durch die zunehmende Verszahl der drei Strophen.
Dieser Anfang der ersten Zeile ist besonders auffällig: Das Wort „HERR“ in Großbuchstaben ist nicht zu übersehen, aber auch nicht zu überhören. Denn das erste Wort des Gedichts hat den stärksten Ton und die deutlichste Pause durch den Doppelpunkt. Auch das Metrum der ersten Zeile – mit Trochäus, Anapäst und drei Jamben – ist anders als der sonst regelmäßige Jambus der übrigen Verse. Wer ist dieser „HERR“? Ein Herr der Zeit, der Schatten, der Winde und des Reifens? Aber warum wird er von dem Einsamen nicht angerufen? Warum heißt der „HERR“ nicht Gott oder Schöpfer? Vielleicht ist es ein „HERR“, den alle Religionen anerkennen. Umso verwunderlicher ist, dass das lyrische Ich sehr bestimmend ist, wenn es die Zeit festlegt und behauptet, „der Sommer war sehr groß“ (Z. 1). Mit „groß“ kann der Leser wohl verbinden, dass der Sommer lang, schön, reich und gut war. Das Präteritum „war“ macht deutlich: Der Sommer ist vorbei, jetzt ist es Herbst. Im zweiten und dritten Vers folgen Imperative – „leg“ (Z. 2) und „lass“ (Z. 3), die in der

Die Interpretation (< lat. interpretatio = Erklärung, Auslegung) ist die meist schriftliche *Beschreibung* und *Deutung* von Werken der Literatur und Kunst. Sie zeigt das Zusammenwirken von Inhalt, Aufbau und Eigenarten der Form (z. B. Ausdruck, Bildlichkeit, Metrum, Sprachmelodie, Reim und Rhythmus).

zweiten Strophe durch vier weitere Aufforderungen – „befiehl“ (Z. 4), „gib“ (Z. 5), „dränge“ und „jage“ (Z. 6) – noch ergänzt und damit in der Gesamtwirkung verstärkt werden. Befehle an den HERRN der Schöpfung? Dies ist ungewöhnlich. Weil die Ausrufezeichen fehlen, müssen diese Sätze möglicherweise als Bitte, vielleicht als eine Art Gebet verstanden werden. Dann könnte man zu den Verben wohl „bitte“ dazudenken und die Stelle entsprechend zurückhaltend vortragen.

Die „Sonnenuhren“ (Z. 2) schließen noch an den „großen“ Sommer an, der vermutlich strahlend und sonnig war. Aber jetzt ist Herbst und mit den „Schatten“ meint das lyrische Ich wohl den grauen Himmel, zu dem die „Winde“ (Z. 3) passen. Der zweite Vers erscheint zunächst als Waisenzeile, doch reimt sich – „uhren“ mit „Fluren“, obwohl dieses Wort in der Mitte der dritten Zeile steht. So entsteht eine Art Verbindung von End- und Binnenreim, die einen sehr dunklen Klang erzeugt.

Dieser wird in der zweiten Strophe jedoch nicht fortgesetzt. Ganz im Gegenteil […]

Die **Ausarbeitung** der Interpretation als Text, das zweite „Bauelement“, kann sich an die Abfolge der Strophen in der tabellarischen Stoffsammlung halten. In diesem Fall geht der Interpret *nacheinander* (sukzessiv) vor. Er kann aber auch das Gemeinsame mehrerer Strophen zusammenfassen (z. B. die unterschiedliche Verszahl und die Imperative). Dann verfährt er nach *Schwerpunkten* (problemorientiert).

- Auf dem Stichwortzettel sollen die Punkte *abgehakt* werden, die schon verarbeitet sind. Natürlich können auch neue Einfälle einbezogen werden. Was aus der Stoffsammlung nicht berücksichtigt wird, ist zu *streichen.*
- Wenn die Stoffsammlung quer (horizontal) auf einer Ebene gelesen wird, gelingt die Beschreibung der *Wechselbeziehung* von Inhalt, Aufbau und Form leichter.
- Schlüsselwörter des Gedichts erscheinen in der Interpretation als *Zitate* mit der Zeilenangabe in Klammern.
- Wo *Fachbegriffe* zweifelsfrei verfügbar sind, sollten sie verwendet werden.
- Wenn der/die Interpretierende *Fragen* hat, sollen diese geäußert werden. Mögliche, aber nicht sichere Antworten lassen sich als Vermutungen oder im Konjunktiv darstellen.

3. Phase: Ausarbeitung im Textzusammenhang und *Korrektur.*

- Durch die Abstimmung von Einleitung, Hauptteil und Schluss soll ein geschlossenes Ganzes entstehen, wobei neben der begründeten Gesamtwertung auch offene Fragen geäußert werden können. Besonders positiv zu beurteilen ist die Verbindung des Schlusses mit der Einleitung, wobei der erste Gesamteindruck bestätigt, erweitert oder korrigiert werden kann.
- Die sorgfältige *Korrektur* erfolgt im Vergleich mit der Stoffsammlung und bezieht sich auf Inhalt, Aufbau und Form.

7 a Lest nochmals die Stoffsammlung zur ersten Strophe und vergleicht mit dem Interpretationsbeispiel (Text 6)!
b Nennt die Stellen, an denen der Schreiber von der Stoffsammlung abweicht!
c Beurteilt, wie in dem Interpretationsbeispiel die Verbindung von Beobachtungen zum Inhalt und zur Form gelungen ist!

8 a Setzt die Interpretation in der begonnenen Art für die zweite und dritte Strophe fort!
b Vergleicht eure Ergebnisse!

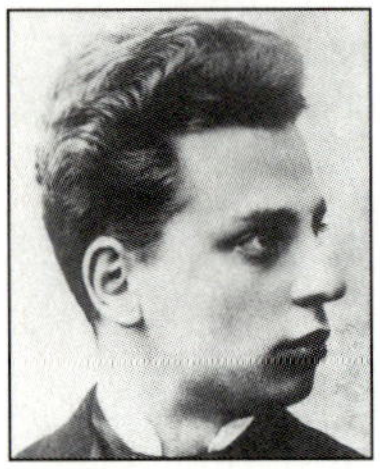

Rainer Maria Rilke, so sagte 1927 der österreichische Dichter Robert Musil (1880–1942) in seiner Totenrede, „war schlecht für diese Zeit geeignet. Dieser große Lyriker hat nichts getan, als dass er das deutsche Gedicht zum ersten Mal vollkommen gemacht hat.“
Rilke wurde 1875 in Prag geboren und auf den Namen René Karl Wilhelm Johann Josef Maria getauft. Die Eltern empfanden ihre Lebensverhältnisse stets als zu gering.
Der hoch begabte und überaus feinfühlige Sohn Rainer sollte eine glänzende Karriere als Offizier machen, aber wegen seines schlechten Gesundheitszustandes musste er diese Pläne aufgeben.
Erst als Zwanzigjähriger konnte er nach dem Besuch einer Privatschule das Abitur mit ausgezeichnetem Erfolg nachholen. Einige Zeit studierte er in Prag und München Literatur- und Kunstwissenschaft, auch Philosophie und kurze Zeit Jura, machte aber keinen Abschluss, sondern wandte sich ganz der Dichtung zu. Fortan führte er ein unstetes, oft gehetztes Leben mit vielen Reisen in Europa, Nordafrika und Ägypten, oft unterstützt von vermögenden adeligen und großbürgerlichen Gönnern. Erst 1920 fand er auf

7 Versuche zur Schlusswertung

a. Die erste Vermutung, dass es sich beim „Herbsttag“ um eine Art Gebet handelt, hat sich im Laufe der Beschreibung für die beiden ersten Strophen bestätigt. Gerade deshalb finde ich den „Befehlston“ des lyrischen Ichs nicht passend. Mir würde das Gedicht Rilkes noch besser gefallen, wenn es nur die beiden Strophen über die Natur gäbe. Ohne Zweifel gehört der Mensch auch zur Natur, aber sein Schicksal wird in der dritten Strophe doch in sehr düsteren Farben dargestellt. Wenn ich mehr Zeit hätte, könnte ich den Fragen nachgehen, warum das lyrische Ich Elemente von Natur- und Gedankenlyrik vermischt und warum es den einsamen Menschen nicht in seine drängenden Bitten aufnimmt.

b. Die Interpretation hat ergeben, dass mein erster Eindruck z.T. falsch, sicher aber zu einseitig war. In Rilkes Gedicht geht es noch nicht um Erntezeit, sondern um die letzte Reifung der Früchte sowie um den Menschen, der sich allerdings nicht vollendet im Herbst, sondern ohne Haus und Geborgenheit sehr einsam werden kann. Nach der zweiten Strophe kommt dieses Ende für mich sehr überraschend und wirkt extrem düster, was mir nicht gefällt.

c. Mein erster Eindruck, dass es sich um eine Art Gebet handelt, hat sich z.T. bestätigt, aber er wurde auch korrigiert: Es gibt die beiden Themen „Reifungszeit“ der Früchte und „Einsamkeit“ des Menschen, der allein ist. Durch die Interpretation habe ich die dritte Strophe besser verstanden. Zwar ist sie keine Bitte und kein Gebet, sondern eine Art von Klage, die aber sehr eindrucksvoll ausgedrückt wird.

d. Mein erster Eindruck vom „Herbsttag“ als Zeit der Reife, des Abschieds und der Einsamkeit des allein stehenden Menschen war richtig. Ich meine jetzt aber, dass die Überschrift besser zu den ersten beiden Strophen passt als zum Schluss, der eigentlich schon an den Winter denken lässt.

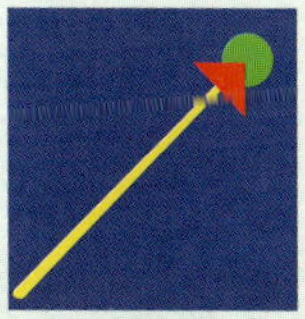

Die **Schlusswertung,** das dritte „Bauelement“, sollte folgende Aspekte enthalten:

- Durch den Bezug auf den Übersichtssatz entsteht ein *Rahmen:* Oft wird der erste Eindruck bestätigt, ist i.d.R. aber durch die Interpretation erweitert worden. Aber auch die Korrektur oder – im Extremfall – die vollständige Ablehnung des ersten Eindrucks ist keinesfalls negativ zu bewerten.
- Die persönliche *Wertung* (z.B. als düster, unverständlich, gut, eindrucksvoll etc.) kann sich auf das ganze Gedicht oder auf bestimmte Teile beziehen. In jedem Fall aber muss das Urteil überzeugend begründet werden.
- Auch wenn ein Gesamtverständnis erreicht wird und dieses gut begründet ist, können *Fragen* offen bleiben, weil etwas nicht verstanden wurde oder aus Zeitnot nicht mehr dargestellt werden konnte. In diesem Fall lässt sich dies abschließend als eine Art Ausblick erwähnen.

diese Weise im schweizerischen Wallis eine Bleibe. R.M. Rilke starb 1926 qualvoll an Leukämie und ist in Raron, im Wallis, begraben.
Neben dem autobiografischen Roman „Die Aufzeichnungen des Malte Laurids Brigge“ (1910) schrieb R.M.Rilke seit 1894 vor allem Gedichte von hoher Sensibilität und Sprachkunst. Nach seinen Anfängen in einer sehr bilderreichen und melodiösen Sprache, kam er später, vor allem in seiner Gedankenlyrik, zu einer strengen Form.

9 Die Schlusswertungen gehören zu den vier Beispielen von Text 5 (S. 152), sind aber in der Reihenfolge vertauscht.
a Versucht die Schlüsse den entsprechenden Übersichtssätzen zuzuordnen und begründet euren Vorschlag!
b Ergänzt die Schlusswertungen dort, wo die Begründungen fehlen oder unbefriedigend sind!

10 Schreibt nun eine begründete Schlusswertung, die zu eurem Übersichtssatz und zur Interpretation passt!

11 Schreibt zu Text 1 oder 2 (S. 150) eine Interpretation nach der Drei-Phasen-Methode!

Vincent van Gogh (1853–1890): Weiße Rosen

„Wer hat den Nebel, das Eis beschossen?“ – Wintergedichte

Alfred Sisley (1839–1899): Winter in Louveciennes

Peter Huchel wurde 1903 in Berlin-Lichterfelde geboren, verbrachte seine Jugend auf dem Hof seines Großvaters in der Mark Brandenburg. Aus diesen Erfahrungen ist seine Naturlyrik geprägt. Er studierte Literatur und Philosophie, lebte später mehrere Jahre als Landarbeiter und Übersetzer in Frankreich, auf dem Balkan und in der Türkei. Seit 1925 arbeitete er als freier Schriftsteller, lebte nach Kriegsdienst und russischer Gefangenschaft in Ost-Berlin, fiel 1962 in Ungnade und durfte 1971 aus der DDR ausreisen. Zwischen 1948–62 war er Herausgeber der wichtigen Literaturzeitschrift „Sinn und Form“. Ab 1972 lebte Peter Huchel in Staufen/Breisgau, wo er 1981 starb.

Typische Eigenarten der Lyrik?

Arbeitsanregungen:

1 a Versucht in der Gruppe, je ein Gedicht sinnerschließend zu lesen!
b Begründet euren Vortrag vor allem mit Motiven und der Sinnrichtung!

2 Gestaltet zu einem der Texte ein Parallelgedicht!

1 Franz Werfel (1890–1945): Und doch

Und doch! Sonne und Wälder toben vorbei,
Eis steht im Teich. Windmühlen wunderbar
tanzen am Himmel, und eine Vogelschar
hängt im Unendlichen frei.

2 Peter Huchel (1903–1981): Wintersee

Ihr Fische, wo seid ihr
mit schimmernden Flossen?
Wer hat den Nebel,
das Eis beschossen?

Ein Regen aus Pfeilen,
ins Eis gesplittert,
so steht das Schilf
und klirrt und zittert.

3 Christa Reinig (*1926): Der hirte

leute, kommt zu mir ans feuer
wer die nacht liebt, ist ein feind
fremde seid ihr, wenn nicht euer
angesicht im licht erscheint

wollte gott, dass friede werde
oder uns der gnadenstoß
der soldat jagt unsre herde
und der hirt ist waffenlos

wer hat noch die hände offen
und wer lügt nicht, wenn er spricht
und wir schweigen und erhoffen
einen gott, o glaubt es nicht

dass er kommt uns zu erlösen
und er hat es wohl bedacht
denn wir knien vor dem bösen
und beneiden seine macht

4 Rose Ausländer (1901–1988): Kreisen

Wieder ein Jahr als Ring
in den Baum gewachsen
der stillsteht und
ahnungslos kreist
mit der Erde

Auch die Geschöpfe
merken nicht dass sie kreisen
und Jahre sie einkreisen
atemstark
wie den Baum

Pieter Bruegel (um 1525–1569): Anbetung der Drei Könige im Schnee

„Wie Mörikes leiser Harfenton“ – Frühlingsgedichte im Vergleich

1 Joseph von Eichendorff (1788–1857): Die Sperlinge

Altes Haus mit deinen Löchern,
geiz'ger Bauer, nun ade!

denn der Winter ist vorbei!
tröpfelt lustig schon der Schnee,
tummeln wir in hellen Haufen
Sonne scheint, von allen Dächern
wetzen unsre Schnäbel wir,
um die Liebste uns zu raufen,
durch die Hecken rauf und runter,
und mit großem Kriegsgeschrei,
in dem Baume vor der Tür
draußen auf dem Zaune munter

2 Franz Werfel (1890–1945): Vorfrühling

Der Schnee des Rasens wird schon räudig[1],
Weil ihn ein kleiner Wind berennt.

Das Strauchwerk krampft den Arm nach oben.
Mit pöbelnder[2] Begehrlichkeit.
Der Himmel dehnt sich traurig-freudig,
Die Ruten dulden leidbereit,
Ein leerer Rekonvaleszent[3].
Dass Spatzenvölker sie durchtoben
Noch ist kein Schaft zu treiben willig,
Indes die Vogelwolke schrillig
Da er die Weckung nicht begreift,
Um Einlass schon und Anfang keift.

Giuseppe Arcimboldo (1527–1593): Der Frühling

3 Karl Krolow (1915–1999): Neues Wesen

Blau kommt auf
wie Mörikes leiser Harfenton.
Immer wieder
wird das so sein.
Die Leute streichen
ihre Häuser an.
Auf die verschiedenen Wände
scheint Sonne.
Jeder erwartet das.
Frühling, ja, du bist's!

Man kann das nachlesen.
Die grüne Hecke ist ein Zitat
aus einem unbekannten Dichter.

Die Leute streichen auch
ihre Familien an, die Autos,
die Boote,
Ihr neues Wesen
gefällt allgemein.

Vincent van Gogh (1853–1890): Blühender Mandelzweig

4 Friedrich von Logau (1604–1655): Der Mai

Dieser Monat ist ein Kuss, den der Himmel gibt der Erde
Dass sie jetzund seine Braut, künftig eine Mutter werde.

Arbeitsanregungen:

1. Rekonstruiert die beiden ersten Gedichte!
2. Vergleicht in Partnerarbeit die Gedichte 3–5 möglichst genau!
3. Macht die Unterschiede in sinngestaltendem Lesen hörbar!

---

1 räudig: mit Krätze (Schorf) behaftet; bildlich: elend, widerwärtig
2 pöbeln zu der Pöbel (< lat. populus = Volk): Abschaum des Volkes, gemeine rohe Volksmasse; anpöbeln: mit zudringlichen und gemeinen Reden bedrängen
3 Der Rekonvaleszent (< spätlat. reconvalescens = wieder erstarkend): der Genesende, Gesundende

5 Günter Eich (1907–1972): Langes Gedicht/Vorsicht

Die Kastanien blühn.
Ich nehme es zur Kenntnis,
äußere mich aber nicht dazu.

„Ein sanftes Rot erfüllt mich ganz“ – Sommergedichte als Form- und Klanggebilde

1 Arno Holz (1863–1929): Mählich durchbrechende Sonne

Schönes,
grünes, weiches
Gras.

Drin
liege ich.

Inmitten goldgelber
Butterblumen!

Über mir … warm … der Himmel:

Ein
weites, schütteres,
lichtwühlig, lichtblendig, lichtwogig
zitterndes
Weiß,
das mir die
Augen
langsam … ganz … langsam
schließt.

Wehende … Luft … kaum merklich
ein Duft, ein
zartes … Summen.

Nun
bin ich fern
von jeder Welt,
ein sanftes Rot erfüllt mich ganz,
und
deutlich … spüre ich … wie die
Sonne
mir durchs Blut
rinnt.

Minutenlang.

Versunken
alles … Nur noch
ich.

Selig!

Arno Holz wurde 1863 in Rastenburg (Ostpreußen) als Sohn eines Apothekers geboren. Seit 1875 lebte er in Berlin, besuchte dort das Gymnasium und betrieb literarische Studien. Ab 1881 war er Redakteur und freier Schriftsteller, lebte aber in sehr bescheidenen, oft gänzlich ungesicherten Verhältnissen und bestritt seinen Lebensunterhalt u.a. mit der Erfindung von Spielsachen. Als Begründer und erster wichtiger Theoretiker der kurzen literarischen Epoche des Naturalismus (1880 – 1900) wurde er als Schriftleiter der Literaturzeitschrift „Freie Bühne“ (später: „Neue Rundschau“), durch seine Lyrik, durch Novellen und Dramen bekannt. Arno Holz starb 1929 in Berlin.

Claude Monet (1840–1926):
Weg im Garten von Giverny

Arbeitsanregungen:

1 a Schreibt das Gedicht von Arno Holz als fortlaufenden Text!
b Macht Leseversuche und vergleicht mit dem Original!

2 Wilhelm Lehmann (1882–1968): Testament des Sommers

Mach mich schön, spricht Sommertag.
Ehe ich ___ ,
___ als den letzten Putz
Rose ihre Seide.

Meines Leichenhemdes Naht
Nähe ___ Faden.
Seidenraupe müsstest du
Ihn zu ___ laden.

___ mich die Lüfte auf,
Soll es niemand ___
Unbekannten Dichter lass
Ein paar Verse sagen.

2 a Füllt die Lücken des Textes 2 und wählt aus folgendem überzähligem Wortangebot: lege, hüpfe, streue, dünner, spinnen, lösen, weben, saugen, jammern, ablebe, klagen, glitzernd, verweile, verscheide, zarter!
b Beschreibt, wie im Gedicht Wilhelm Lehmanns Wortwahl und Ton die eigenartige Wirkung erzeugen!

II. Sein und Werden

1. Verse als Waffen? – Politische Gedichte nach Absicht und Gestaltung untersuchen

„Ich hatte einst ein schönes Vaterland." – Verschiedene Bereiche der Zeitkritik

1 Heinrich Heine (1797–1856): Ich hatte einst ein schönes Vaterland

Ich hatte einst ein schönes Vaterland.
Der Eichenbaum
wuchs dort so hoch, die Veilchen nickten sanft.
Es war ein Traum.

Das küsste mich auf deutsch und sprach auf deutsch
(man glaubt es kaum,
wie gut es klang) das Wort: „Ich liebe dich!"
Es war ein Traum.

2 Bertolt Brecht (1898–1956): Deutschland

O Deutschland, wie bist du zerrissen
Und nicht mit dir allein!
In Kält und Finsternissen
Läßt eins das andere sein.
Und hättst so schöne Auen
Und reger Städte viel;
Tät'st du dir selbst vertrauen
Wär alles Kinderspiel.

(Aus lizenzrechtlichen Gründen ist dieser Text nicht in reformierter Rechtschreibung abgedruckt.)

Arbeitsanregungen:

1 a Lest die Texte 1–6 und versucht, die politischen Bereiche und die jeweils geäußerte politische Idee zu bezeichnen!
b Untersucht arbeitsteilig an je einem der Gedichte die Eigenarten der Gestaltung!

Texte	Bereich der Politik	Leitende politische Idee	Eigenarten der Gestaltung

2 Klärt die Bedeutung von „politisch" in Text 6 und prüft die Aussagen für die heutige Zeit!

3 Wählt einen der Texte als Vorlage für ein politisches Parallel- oder Gegengedicht!

Verschiedene Sprachebenen in den Texten 1–6!

Arnold Leifert wurde 1940 in Soest (Westfalen) geboren, studierte Germanistik, Philosophie und evangelische Theologie. Bis 1975 arbeitete er für den Rundfunk, bis 1996 war er Lehrer. Seit 1996 ist Arnold Leifert freier Schriftsteller und lebt auf einem kleinen Bauernhof im Bergischen Land. Er veröffentlichte Hörspiele, Erzählungen, Gedichte sowie Essays und erhielt zahlreiche Literaturpreise. Seine Lyrik zeichnet sich aus durch hohe Sensibilität, äußerste Reduktion, Vielschichtigkeit und große geistige Spannkraft. Arnold Leifert ist sehr an unmittelbaren brieflichen Kontakten mit Jugendlichen interessiert. Auf Arbeiten zu seinen Texten und Fragen geht er gerne ein (Arnold Leifert, Hohn 5, 53804 Much).

3 Arnold Leifert (*1940): Gezeichnet

die Bäume
an der Straße
nach Frankfurt
sollten geschlagen
werden

jemand
hatte sie gezeichnet
mit einem
†

4 Arnold Leifert: Anzeige

Gepflegtes
freist. Bauernhaus
mit Stallung, Stadel
auf baumbest. gr. Wiesengrund,
Bau- und Zukaufmöglichkeit
vorhanden;

Beste Gelegenheit für
Pferdehaltung
oder
Gastarbeiterunterkunft;

Zuschriften
unter

Zitat aus: Südwest-Presse, Ulm

5 Günter Bruno Fuchs (1928–1977): Schularbeiten

Der Fortschritt
hat keene Lust, sich
zu kümmern um
mir. Und wat mir anjeht, habick
keene Lust, mir
um den Fortschritt
zu kümmern. Denn
unsereins
war ja
als Mensch
wohl zuerst da.

So, mein Kind, das
schreibste
in dein Schulheft
rein.

Friedrich Freiherr von Logau wurde 1604 in Brockut bei Nimptsch (Schlesien) als Spross eines alten Adelsgeschlechts geboren. Nach Gymnasialzeit und Pagendienst studierte er Jura in Frankfurt a.d.O., doch wurden die Studien öfters durch die Wirren des Dreißigjährigen Krieges unterbrochen. Der Krieg brachte ihn und sein Familiengut in große Not. Am Hofe des Herzogs von Brieg (später Liegnitz) war er Kanzlei- und Regierungsrat. Durch gedanklich und formal äußerst konzentrierte Epigramme (< gr. = Aufschrift, Inschrift), die im Deutschen auch „Sinngedichte" genannt werden, wurde er als Dichter gegen den Krieg bekannt.

6 Friedrich von Logau (1604–1655): Heutige Weltkunst

Anders sein und anders scheinen,
Anders reden, anders meinen,
Alles loben, alles tragen,
Allen heucheln, stets behagen,
Allem Winde Segel geben,
Bös' und Guten dienstbar leben,
Alles Tun und alles Dichten
Bloß auf eignen Nutzen richten:
Wer sich dessen will befleißen,
Kann politisch[1] heuer heißen.

---

[1] politisch: heute: die Politik betreffend, zu ihr gehörend, auf ihr beruhend (< gr. politike (techne) = die Kunst der Staatsverwaltung, von gr. polis = Stadt, Bürgerschaft, Staat abgeleitet

„Kummer, der das Mark verzehret“ – Gedichte über den Krieg und das Versagen der Politik

1 Friedrich von Logau (1604–1655): Des Krieges Buchstaben

Kummer, der das Mark verzehret,
Raub, der Hab und Gut verheeret,
Jammer, der den Sinn verkehret,
Elend, das den Leib beschweret,
Grausamkeit, die Unrecht lehret,
Sind die Frucht, die Krieg gewähret.

2 August Stramm (1874–1915): Patrouille

Die Steine feinden
Fenster grinst Verrat
Äste würgen
Berge Sträucher blättern raschlig
Gellen
Tod.

Das Akrostichon
(< gr. akros = höchste, äußerste und stichos = Zeile, Vers, also „Versspitze“) ist ein Gedicht, bei dem die Anfangsbuchstaben der Verse (oder auch Strophen) nacheinander gelesen ein Wort ergeben. Dieses kann eine Anspielung auf oder eine Huldigung an den Empfänger sein, aber auch Ereignisse „auf den Nenner bringen“, so wie in dem Beispiel Friedrich von Logaus.

3 Rainer Brambach (*1917): Paul

Neunzehnhundertsiebzehn
an einem Tag unter Null geboren,

rannte er wild über den Kinderspielplatz
fiel, und rannte weiter,

den Ball werfend über den Schulhof,
fiel, und rannte weiter,

das Gewehr im Arm über das Übungsgelände,
fiel, und rannte weiter

an einem Tag unter Null
in ein russisches Sperrfeuer

und fiel.

4 Ernst Jandl (1925–2000): vater komm erzähl vom krieg

vater komm erzähl vom krieg
vater komm erzähl wiest eingrückt bist
vater komm erzähl wiest gschossen hast
vater komm erzähl wiest verwundt wordn bist
vater komm erzähl wiest gfallen bist
vater komm erzähl vom krieg

5 Hans-Jürgen Heise (*1930): Dich

Dich haben sie erschossen
mich vertrieben

Und nun verteidigen sie
mit Gewehren
dein Grab
gegen meine Blumen

6 Bertolt Brecht (1898–1956): Ich, der Überlebende

Ich weiß natürlich: einzig durch Glück
Habe ich so viele Freunde überlebt. Aber heute nacht im Traum
Hörte ich diese Freunde von mir sagen: „Die Stärkeren überleben“
Und ich haßte mich.

(Aus lizenzrechtlichen Gründen ist dieser Text nicht in reformierter Rechtschreibung abgedruckt.)

Arbeitsanregungen:

1 a Notiert Assoziationen zu den sechs Titeln!
b Lest die Gedichte, notiert spontan einen Gedanken bzw. ein Gefühl zu jedem Text und vergleicht mit den Assoziationen!

2 Wählt ein Gedicht aus und interpretiert es!

2. „Und die Zeit beginnen.“ – Die Suche nach dem Ort des Menschen in Gedankenlyrik

1 Peter Härtling (*1933): ein andermal

Der Fisch im Stein,
ich möchte mit ihm
zurückfallen ins Meer.
Und die Zeit beginnen.
Nicht so, wie sie wurde,
und wie wir versteinerten.

2 Johann Wolfgang von Goethe: (1749–1832): Feiger Gedanken …

Feiger Gedanken
Bängliches Schwanken,
Weibisches Zagen,
Ängstliches Klagen
Wendet kein Elend,
Macht dich nicht frei.

Allen Gewalten
Zum Trutz sich erhalten,
Nimmer sich beugen,
Kräftig sich zeigen
Rufet die Arme der
Götter herbei.

3 Gottfried Keller (1819–1890): Abendlied

Augen, meine lieben Fensterlein,
Gebt mir schon so lange holden Schein,
Lasset freundlich Bild um Bild herein:
Einmal werdet ihr verdunkelt sein!

Fallen einst die müden Lider zu,
Löscht ihr aus, dann hat die Seele Ruh;
Tastend streift sie ab die Wanderschuh,
Legt sich auch in ihre finstre Truh.

Noch zwei Fünklein sieht sie glimmend stehn,
Wie zwei Sternlein innerlich zu sehn,
Bis sie schwanken und dann auch vergehn,
Wie von eines Falters Flügelwehn.

Doch noch wandl ich auf dem Abendfeld,
Nur dem sinkenden Gestirn gesellt;
Trinkt, o Augen, was die Wimper hält,
Von dem goldnen Überfluss der Welt!

4 Karl Krolow (1915–1999): Sich vergewissern

Ich versuche,
mich zu vergewissern,
dass ich vorkomme.
Im selben Augenblick
gibt es mich, bartlos,
mit bleichem Zahnfleisch
hinter der Lippe
und halb geöffneten Augen,
aus Furcht, zu viel
zu sehen, was anders ist
als Haut und Haar,
die sich im Zusehen
verlieren.
Ich bin da. Meine
rechte Hand fällt mir
nicht durch die Tasche.
Ich führe sie über Papier,
um aufzuschreiben,
dass ich lebe.

5 Wolf Biermann (*1936): Ermutigung

Du, lass dich nicht verhärten
In dieser harten Zeit
Die all zu hart sind, brechen
Die all zu spitz sind, stechen
und brechen ab sogleich

Du, lass dich nicht verbittern
In dieser bittren Zeit
Die Herrschenden erzittern
– sitzt du erst hinter Gittern –
Doch nicht vor deinem Leid

Du, lass dich nicht erschrecken
In dieser Schreckenszeit
Das wolln sie doch bezwecken
Dass wir die Waffen strecken
Schon vor dem großen Streit

Du, lass dich nicht verbrauchen
Gebrauche deine Zeit
Du kannst nicht untertauchen
Du brauchst uns, und wir brauchen
Grad deine Heiterkeit

Wir wolln es nicht verschweigen
In dieser Schweigezeit
Das Grün bricht aus den Zweigen
Wir wolln das allen zeigen
Dann wissen sie Bescheid

6 Bertolt Brecht (1898–1956): Ich habe gehört, ihr wollt nichts lernen

Ich habe gehört, ihr wollt nichts lernen
Daraus entnehme ich: ihr seid Millionäre.
Eure Zukunft ist gesichert – sie liegt
Vor euch im Licht. Eure Eltern
Haben dafür gesorgt, daß eure Füße
An keinen Stein stoßen. Da mußt du
Nichts lernen. So wie du bist
Kannst du bleiben.

Sollte es dann noch Schwierigkeiten geben, da doch die Zeiten
Wie ich gehört habe, unsicher sind
Hast du deine Führer, die dir genau sagen
Was du zu machen hast, damit es euch gut geht.
Sie haben nachgelesen bei denen
Welche die Wahrheiten wissen
Die für alle Zeiten Gültigkeit haben
Und die Rezepte, die immer helfen.

Wo so viele für dich sind
Brauchst du keinen Finger zu rühren.
Freilich, wenn es anders wäre
Müßtest du lernen.

(Aus lizenzrechtlichen Gründen ist dieser Text nicht in reformierter Rechtschreibung abgedruckt.)

Arbeitsanregungen:

1 Versucht die jeweils leitende Idee der sechs Gedichte zu ermitteln!

2 a In Partnerarbeit ließe sich über ein Gedicht, das euch besonders interessiert, ein Fachgespräch führen.
b Wer das Partnergespräch nicht sucht, könnte seine Eindrücke und Gedanken aufschreiben, wie dies in einem „Lesetagebuch“ geschieht.

Interpretationshilfe 9:
Mit Hilfe der **Modalität** lassen sich sprachlich wichtige Differenzierungen der Aussage erreichen:

- Im *Indikativ* (in der Wirklichkeitsform) wird eine tatsächlich gültige Aussage gemacht.
- Im *Imperativ* (der Befehlsform) richtet sich eine Aufforderung direkt an eine Person.
- Der *Konjunktiv I* wird für die Wiedergabe der indirekten (berichteten) Rede verwendet und ist vom Stamm des Präsens gebildet: Sie sagt, sie *nehme* […]. Für die Richtigkeit der Aussage übernimmt der Sprecher keine Gewähr. Der *Konjunktiv II* wird vom Stamm des Präteritums gebildet: Sie sagt, sie *nähme* […]. Er wird u.a. verwendet zum Ausdruck des nur Vorgestellten (der Irrealität), des Wunsches und der Möglichkeit.
- *Modalverben* (dürfen, können, mögen, müssen, sollen) und *Modaladverbien* (bestimmt, vielleicht, wahrscheinlich) dienen der genauen Nuancierung.

3 Überlegt die Sinnrichtung des Brecht-Gedichts und macht eine tabellarische Stoffsammlung!

7 Was sollen Einleitungen leisten?

a. *Hilmar:*

Beim Lesen des Gedichts „Ich habe gehört, ihr wollt nichts lernen“ von Bertolt Brecht hat man den Eindruck, dass Brecht von Schülern und ihrer Einstellung erzählt. Da der Autor mir bisher überwiegend durch „Keuner-Geschichten“ bekannt ist, suche ich eine Moral, die hier wohl erst am Schluss klar zu erkennen ist. Ob dieser erste Leseeindruck richtig ist, soll die folgende Interpretation klären.

b. *Sarah:*

In Bertolt Brechts Gedicht „Ich habe gehört, ihr wollt nichts lernen“ fühlt der Leser Mitleid für die Millionäre, da sie nichts wissen oder lernen müssen und deshalb keinen Lebenszweck und kein Lebensziel haben. Der Leser hat aber auch ein wenig Neid auf sie, da für die Reichen alle Probleme und Unannehmlichkeiten gelöst werden. Gründe für diese doppelte Einschätzung sucht die folgende Interpretation zu finden.

c. *Michael:*

Das Gedicht „Ich habe gehört, ihr wollt nichts lernen“ von Bertolt Brecht (1898–1956) scheint auf den ersten Blick ein belehrender Text zu sein, obwohl er allerdings fast zu sehr ironisch wirkt, wobei der Sinn der zweiten Strophe anfangs schwer zu erkennen ist. Ich werde jedoch versuchen, in der nachfolgenden Interpretation Klarheit zu schaffen.

4 a Betracht die drei Einleitungen, beschreibt ihren Aufbau und beurteilt sie!
b Notiert weitere Ideen für die Gestaltung einer Einleitung!

5 Verbessert die Lösung, die euch am unzulänglichsten erscheint!

Die **Einleitung** eines Interpretationsaufsatzes hat – wie die Einleitungen generell – verschiedene *Funktionen:*

1. Sie soll *informieren* über den Autor und den Text, deshalb erscheinen Titel, Gattung und Name des Dichters, wobei deren Reihenfolge wechseln kann.
2. Das vierte Element (erinnere dich an „die vier T's“!) kann entweder sein
   – der Hinweis auf den *Kern* (das Hauptthema, die These oder die Grundstimmung);
   – die Mitteilung des ersten *Gesamteindrucks* (lehrhaft, ironisch, heiter, unverständlich);
   – die Äußerung der ersten, ganz *subjektiven Einschätzung* (gefällt mir, finde ich zu schwierig, durchschaue ich gar nicht usw.). Natürlich ist auch eine Synthese von zwei oder drei Aspekten möglich.

   Aus den Elementen der Punkte 1 und 2 entsteht der *Übersichtssatz,* der dem Leser eine erste Orientierung vermittelt. Einleitungen, in denen die Kernaussage des Gedichts dargestellt werden soll, können verständlicherweise erst am Ende des Verstehensprozesses geschrieben werden.
3. Als *Überleitungssatz* zum Hauptteil empfiehlt es sich, auf die gewählte *Methode* (die Verfahrensweise) möglichst konkret einzugehen, um dem Leser das Verstehen zu erleichtern.
   Z. B.: Ich gehe vom Hauptaspekt, der Notwendigkeit des Lernens, aus und versuche Begründungen und Belege dafür zu finden.

Die **Gedankenlyrik** (auch philosophische Lyrik oder Ideenlyrik genannt) ist eine vorwiegend reflektierend-problemorientierte Lyrik: Fragen nach dem Sinn des Lebens, nach den Zielen und Aufgaben des Menschen, nach dem Zustand der Welt, nach Idealen, nach Zeit und Ewigkeit und die Erkenntnis einer religiösen Heilsbotschaft sind u.a. wichtige Themen. „Gedankenlyrik“ ist als Gegenbegriff zur sog. *Erlebnis- und Stimmungslyrik* heute umstritten, weil es in der Lyrik nicht um ein Entweder-Oder, sondern um unterschiedliche Akzente geht: Denn ebenso wie die Erlebnislyrik auch Gedankliches zum Ausdruck bringt, entsteht Gedankenlyrik immer auch aus dem Erleben und Ergriffensein von Ideen. Wo aber nur sachlich-nüchterne Botschaften vermittelt werden, spricht man von *Lehrdichtung.*

Oder: Mein erster Eindruck ist eine Irritation, weil „Lernen“ als ernsthaftes Ziel und die offensichtliche Ironie in der Darstellung nicht zusammenzupassen scheinen. In meiner Interpretation versuche ich, aus dem Kontrast der ersten und zweiten Strophe den scheinbaren Widerspruch aufzulösen und die dritte Strophe als Summe und Appell zu deuten.
Oder: Da es von der ersten zur dritten Strophe einen deutlichen Erkenntnisfortschritt gibt, folge ich dem inhaltlichen Aufbau des Gedichts.

8 Welche Funktion hat der Schluss?

a. *Hilmar:*
Im Gegensatz zu meinem ersten Eindruck muss ich nach genauerem Bearbeiten des Gedichts sagen, dass die „Moral“ doch sehr, sehr deutlich zu erkennen ist. Brecht beginnt schon in der II. Strophe damit, seine These, dass man lernen muss, zu untermauern. Durch die Metapher mit dem „Millionär“ bringt er den Kontrast zwischen „nicht lernen wollen“ und der Notwendigkeit für die Mehrheit, lernen zu müssen, gut zum Ausdruck. Bertolt Brecht ist mir in diesem Gedicht ein weiteres Mal als Autor von Texten mit „versteckter“ Moral in ironischem Gewand bekannt geworden.

b. *Sarah:*
Ich finde das Gedicht gelungen, da Bertolt Brecht gut die Merkmale, Probleme und „Macht“ der Millionäre dargestellt hat. Durch seine klaren Aussagen und Erklärungen versteht man gut, was das lyrische Ich den Millionären sagen will. Auch den Schluss (Z.17–20), den ich wie eine kurze Zusammenfassung empfinde, würde ich als „gut gelungen“ bezeichnen, da er den Lesern das Verhalten der Millionäre verständlicher und akzeptabler als zu Anfang erscheinen lässt.

c. *Michael:*
Ich habe das Gedicht als ironische Kritik an der Dekadenz der Reichen aufgefasst, mit der zentralen Aussage, auch Wohlhabende sollten etwas lernen. Bertolt Brecht hat diese Aussagen spitzfindig versteckt und gerade in der scheinbar offensichtlichen Bewunderung des Wohlstandes liegt die Ironie, denn die Aussagen lassen sich nur zwischen den Zeilen lesen. Das Gedicht hätte ohne Veränderung auch in Prosaform vorliegen können. Lediglich das Wort „lernen“ taucht immer wieder wie ein Refrain auf. Dadurch war es schwerer, den Text als Gedicht zu interpretieren.

9 Ein Interpretationsversuch von Alex

In dem Gedicht „Ich habe gehört, ihr wollt nichts lernen“ von Bertolt Brecht geht es um die Unmündigkeit von reichen Kindern, die sich um nichts kümmern müssen, weil ihre Zukunft gesichert ist, und die deshalb nichts lernen müssen.
In der ersten Strophe bilden die ersten beiden Zeilen die Einleitung: Brecht folgert aus der Aussage, dass sie nichts lernen wollen, dass sie Millionäre sein müssen. Weil ihre Zukunft schon gesichert ist und sie sich um nichts kümmern müssen, müssen sie auch nichts lernen. Brecht beschreibt dies durch Metaphern wie „sie liegt vor euch im Licht“ I/3/4, „Zukunft gesichert“ I/3 und „dass eu-

6 a Prüft die drei Schlüsse, beschreibt und beurteilt sie!
b Welche anderen Möglichkeiten für einen Schluss kennt ihr?

7 Schreibt den Schluss neu, den ihr für unzureichend haltet!

8 Kommentiert die Schülerinterpretation (Text 9) und schlagt eine Note vor!

9 a Gebt in Partnerarbeit Verbesserungsvorschläge für die inhaltlichen Hauptmängel!
b Schreibt eine Stelle neu, die sprachlich unzureichend ist!

Der **Schluss** einer Gedichtinterpretation dient der Abrundung und kann auf unterschiedliche Weise gestaltet werden:

1. Durch Anknüpfung an die Einleitung (z.B. den dort geäußerten ersten Eindruck oder die vorläufige Einschätzung) kann der Ersteindruck (Primäreindruck) bestätigt und differenziert oder korrigiert werden. Auf diese Weise entsteht eine *Rahmenstruktur,* in der der gewonnene Verstehensfortschritt deutlich wird.
2. Fragen oder Irritationen können – gestützt auf die Ergebnisse der Interpretation im Hauptteil – *beantwortet* oder aufgelöst werden.
3. Auch eine knappe *Zusammenfassung* des Hauptergebnisses ist möglich. Dabei ist allerdings die Gefahr zu vermeiden, bereits Erwähntes nur zu wiederholen.

4. Eine *begründete Wertung* des Gedichts ist eine anspruchsvolle Abrundung, sofern der Schreiber nicht auf kumpelhafte Weise dem Autor lobend oder tadelnd auf die Schulter klopft.
5. Auch die Nennung eines *ungelösten Problems* (aus Zeitgründen oder wegen der Schwierigkeit ungelöst) eignet sich gut als Schluss, weil auf diese Weise angezeigt wird, dass Verstehen im Grunde ein unabschließbarer Prozess ist.
6. Mit dem *Vergleich* eines Gedichts mit anderen Werken des Autors wird eine Einordnung versucht, die bestimmte Tendenzen eines Schaffens zeigt.
7. Bei guter Kenntnis des Werks und der Zeit, in der ein Autor steht, ist auch eine *literarische- und/oder gattungsgeschichtliche* Betrachtung denkbar.

Wie bei der Einleitung lässt sich auch ein Schluss in der Kombination mehrerer Möglichkeiten denken, doch darf er nicht eine „Verlängerung" des Hauptteils oder eine bloße Aufzählung werden.

re Füße an keinen Stein stoßen" I/5/6. Die ersten beiden Zeilen ragen auch dadurch heraus, dass sie als einzige Zeilen keine Zeilensprünge haben. In der zweiten Strophe wird ihre Unmündigkeit betont. Da ihnen, sobald es Schwierigkeiten gibt, die Entscheidung von „Führern" II/11, die immer wissen was richtig ist, abgenommen wird, brauchen sie nicht denken und nichts gelernt haben. Ihnen wird alles vorgegeben. In der dritten Strophe wird zusammengefasst, dass, wenn sich viele um einen kümmern, man selber nichts tun („brauchst du keinen Finger zu rühren" III/18) und lernen muss; wenn man aber auf sich allein gestellt ist, ist dem nicht so und man muss lernen, um zurechtzukommen.
Durch die Interpretation ist der erste Gesamteindruck bestätigt und verstärkt worden. Brecht will in diesem Gedicht zum Ausdruck bringen, dass, wenn man zu stark umsorgt wird, man nichts lernen muss, weil man keine Fehler machen kann und so unfähig wird, eigene Gedanken und Entschlüsse zu fassen, und man nichts lernen will, wenn man nicht muss.

10 Theodor Fontane (1819–1898): Summa Summarum

Eine kleine Stellung, ein kleiner Orden
(Fast wär' ich auch mal Hofrat[1] geworden),
Ein bisschen Namen, ein bisschen Ehre,
'ne Tochter „geprüft", ein Sohn im Heere,
Mit siebzig 'ne Jubiläumsfeier,
Artikel im Brockhaus und im Meyer[2].
Altpreußischer Durchschnitt. Summa summarum[3],
Es dreht sich alles um Lirum larum,
Um Lirum larum Löffelstiel,
Alles in allem, es war nicht viel.

11 Bertolt Brecht (1898–1956): Das Lied von der Moldau

Am Grunde der Moldau wandern die Steine
Es liegen drei Kaiser[4] begraben in Prag.
Das Große bleibt groß nicht und klein nicht das Kleine.
Die Nacht hat zwölf Stunden, dann kommt schon der Tag.

Es wechseln die Zeiten. Die riesigen Pläne
der Mächtigen kommen am Ende zum Halt.
Und gehn sie einher auch wie blutige Hähne
Es wechseln die Zeiten, da hilft kein Gewalt.

Am Grunde der Moldau wandern die Steine
Es liegen drei Kaiser begraben in Prag.
Das Große bleibt groß nicht und klein nicht das Kleine.
Die Nacht hat zwölf Stunden, dann kommt schon der Tag.

(Aus lizenzrechtlichen Gründen ist dieser Text nicht in reformierter Rechtschreibung abgedruckt.)

10 a Klärt, in welchen Bereichen Brecht seine Grundidee anschaulich macht!
b Zweimal dieselbe Strophe, was soll dies bewirken?

---

[1] Der Hofrat: Ehrentitel in Monarchien, heute z.B. noch in Österreich gebräuchlich
[2] Brockhaus und Meyer sind berühmte große Sachlexika
[3] Summa summarum (< lat.): Summe der Summen, d.h. alles in allem, insgesamt
[4] Kaiser Karl IV. (1316–1378), König Wenzel IV. (1361–1419), Kaiser Rudolf II. (1552–1612)

3. „Gedichte sind gemalte Fensterscheiben!“ – Symbolische Darstellung im Dinggedicht

1 Johann Wolfgang von Goethe (1749–1832): Gedichte sind gemalte Fensterscheiben[1]

Gedichte sind gemalte Fensterscheiben!
Sieht man vom Markt in die Kirche hinein,
Da ist alles dunkel und düster;
Und so sieht’s auch der Herr Philister:
Der mag denn wohl verdrießlich sein
Und lebenslang verdrießlich bleiben.

Kommt aber nur einmal herein!
Begrüßt die heilige Kapelle;
Da ist’s auf einmal farbig helle,
Geschicht’ und Zierrat glänzt in Schnelle,
Bedeutend wirkt ein edler Schein;
Dies wird euch Kindern Gottes taugen,
Erbaut euch und ergetzt die Augen!

Was ihr früher und in diesem Kapitel (vgl. S. 151ff. und S. 163ff.) an verschiedenen Gedichten unter einem bestimmten Aspekt zur **Interpretation** geleistet habt, wollen wir an einem kurzen Text „gebündelt“ versuchen:

- Durch Lesen, Hören und Beobachten;
- Durch eine erste persönliche Einschätzung;
- Durch genaue Beschreibung von Auffälligkeiten des Inhalts und der Form;
- Durch eine abschließende Gesamtwertung.

Eindrücke, Einfälle und Beobachtungen

- Gedichte —— sind dunkel von außen
  \\ leuchten von innen
- Gedichte = gemalte Fensterscheiben
  (Kein Vergleich, sondern Behauptung)
- Gegensatz Philister ←→ Kinder Gottes
- Hereinkommen = von innen sehen
- begrüßen = freundlich zuwenden
- helle sein = klar sein, leuchten
  - der Geschichten (des Inhalts)
  - der Verzierungen (der Stilmittel)
  - taugen = nützen
  - erbauen = stärken, aufrichten
  - ergötzen = erfreuen
  } Absicht: Alle drei wirken zusammen.
- auf den ersten Blick etwas eigenartiges Gedicht (Fensterscheiben, heilige Kapelle)

Arbeitsanregungen:

1 a Lest das Gedicht still sowie laut und notiert auf einem DIN-A4-Blatt, was euch auffällt!
b Schreibt dann auf, was ihr zu dem Gedicht meint, was euch gefällt, missfällt usw.!

Höreindruck	optischer Eindruck	erste persönliche Einschätzung

2 Versucht in Partnerarbeit das Gedicht genau nach Inhalt und Form zu beschreiben und herauszufinden, wie beides zusammenpasst!

3 Notiert in Einzelarbeit am Ende eine abschließende Gesamtwertung, die ihr begründen und mit der ersten Einschätzung vergleichen sollt!

erste persönliche Einschätzung	begründete Schlusswertung

[1] Dieses Gedicht gehört zu Goethes lyrischer Spruchdichtung, dem Alterswerk (ab 1812), und ist vom Dichter mit anderen Sprüchen unter dem Sammeltitel „Parabolisches“ veröffentlicht worden.

Durch ein Pfeildiagramm das Gedicht beschreiben

Für die Darstellung der Beobachtungen und Deutungen gibt es mehrere Möglichkeiten. Eine davon ist das **Pfeildiagramm,** wobei auf einem DIN-A4-Blatt um den Text, der in der Mitte steht, alles zu Inhalt und Form (z. B. auch zweifarbig) aufgeschrieben wird, was auffällt.

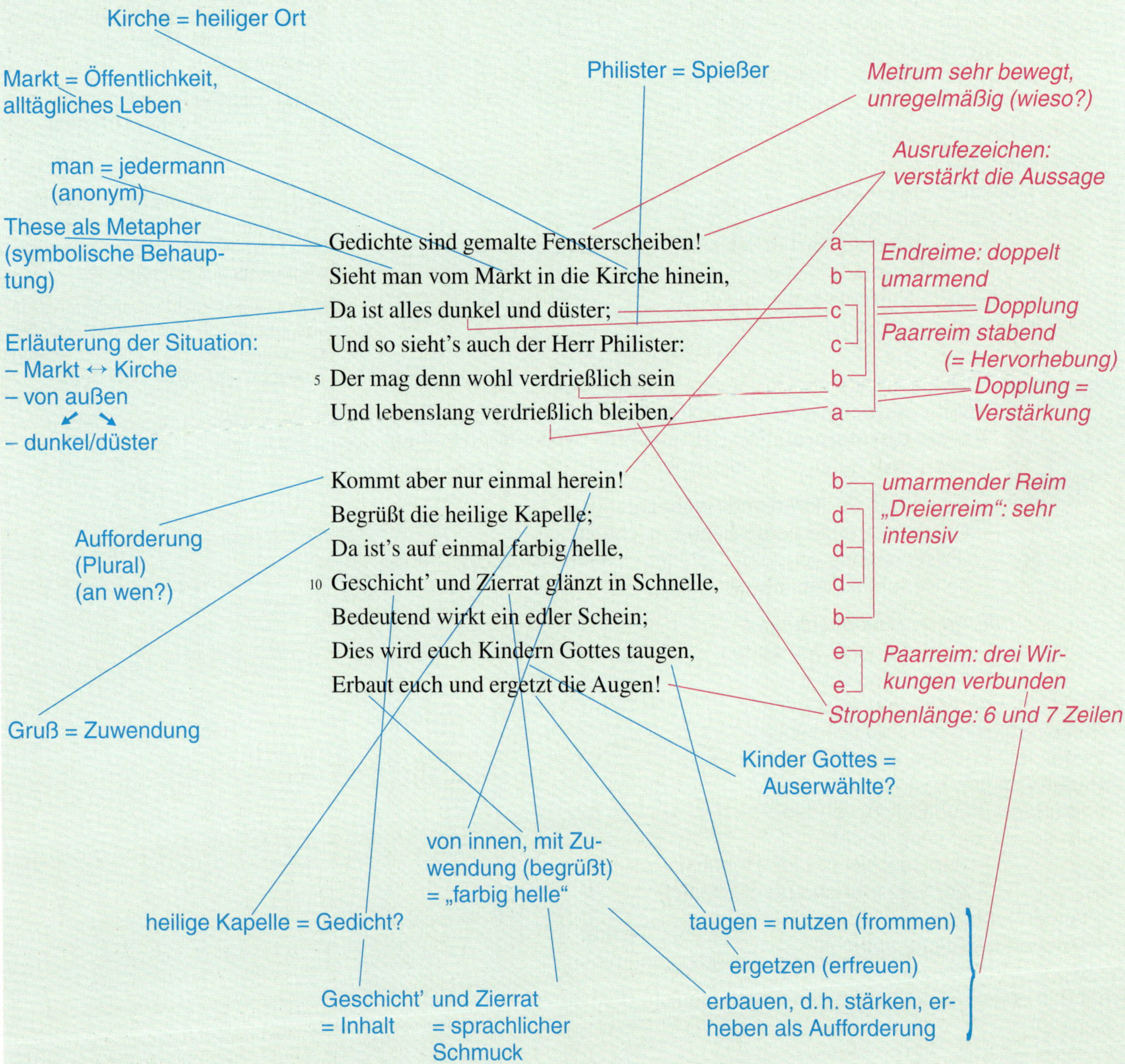

Eine tabellarische Darstellung zu Inhalt und Form

Zeilen	Merkmale von Inhalt und Aufbau ⟷	Formmerkmale (Stilmittel) ⟹	Wirkung und Deutung
1	Behauptung (These)	Aussagesatz mit Ausrufezeichen = Metapher „Gedicht“ in Erststellung	Verstärkung, bildhaft Nachdruck
2	Markt ⟷ Kirche = geschäftiges Leben (von außen) / = heiliger Ort (Z. 8), (von innen)	„Sieht“ auch in Erststellung, „man“	wirkt wie Frage allgemein, anonym
3	„alles dunkel und düster“	Verallgemeinerung, Dopplung, Stabreim; dunkel = Beschreibung und Metapher	dient der Nachdrücklichkeit, Verstärkung
4	„so sieht's“ Philister	„Herr Philister“ (Herr Spießer) „sieht's“ Reim mit „düster“	wirkt ironisch; apostrophiert = fast umgangssprachlich; düstere Stimmung und Philister werden durch Reim zusammengebunden
…	…	…	…

Epoche (< gr. epoche = Haltepunkt, Zeitpunkt eines bedeutsamen Ereignisses) ist die Bezeichnung für einen Zeitraum, der charakteristische Gemeinsamkeiten im Denken und in seiner Kultur aufweist. Literarische Epochen sind jedoch nur Hilfskonstruktionen zur Gliederung geschichtlicher Abläufe. Denn es dürfen keine festen Abgrenzungen angenommen werden. Auch hat jedes Kunstwerk individuelle Eigenarten, die sich nicht in ein Schema pressen lassen.

2 Katjas Interpretation

Mit seinem Gedicht „Gedichte sind gemalte Fensterscheiben“, das er zusammen mit anderen unter dem Sammeltitel „Parabolisches“ veröffentlicht hat und das auf mich einen recht heiteren und fröhlichen Eindruck macht, will Johann Wolfgang von Goethe durch Symbole und Vergleiche zeigen, dass jemandem erst nach eingehender und intensiver Beschäftigung mit einem solchen Werk der Sinn und die harmonische Schönheit erschlossen werden können.

In der ersten Strophe werden Gedichte mit gemalten Fensterscheiben verglichen, die von außen dunkel, düster und unansehnlich wirken. Damit soll gezeigt werden, dass sie auf den ersten Blick unverständlich und ohne tieferen Sinn erscheinen, wie wenn man von außen auf die bunten Glasscheiben

Arbeitsanregungen:

1. Die Seiten 167ff. zeigen Phasen eines Arbeitsprozesses:
   - a) Beschreibt die Eigenarten einer jeden Phase!
   - b) Setzt die tabellarische Stoffsammlung fort!
2. Beurteilt Katjas Interpretation!
   - a) Kommentiert die Deutung von Inhalt und Form des Gedichts und bewertet die Sprache des Aufsatzes!
   - b) Macht einen Notenvorschlag!

schaut, und ihre Schönheit nicht erkennen kann. Auch der Herr Philister, der Spießer, der hiermit gemeint ist, hat keinen Blick dafür, und er wendet sich bald wieder ab, ohne dass er es geschafft hätte, dieses „Geheimnis" zu entschlüsseln. Am Ende des ersten Verses steht ein Ausrufezeichen nach der Aussage „Gedichte sind gemalte Fensterscheiben", womit dieser Vergleich noch betont und bekräftigt werden soll, auf den dieses Gedicht aufbaut. Die erste Strophe ist in einem jambischen Metrum gehalten und hat sechs Verse mit drei umfassenden Reimen. Die Endreime haben bis auf das mittlere Reimpaar alle -ei-Laute. Doch dadurch, dass in der Mitte die beiden Wörter „düster" und „Philister" aus der Reihe fallen und eine Ausnahme bilden, werden sie besonders betont und ihre Zusammengehörigkeit wird gezeigt. Man soll erkennen, dass dieser Spießer genau zu dem „düster" passt, da er nicht bereit ist, sich auf ein Gedicht einzulassen. Johann Wolfgang von Goethe benutzt auch im dritten Vers eine Lautmalerei mit dem dumpfen Laut „u" bei den Worten „dunkel" und „düster", um die Finsternis und Farblosigkeit der Scheiben bzw. der Gedichte auf den ersten Blick von außen zu demonstrieren. Auch wird in der ersten Strophe versucht klarzumachen, dass Verdruss und vielleicht auch Resignation Ergebnis dafür sind, dass man die Schönheit nicht erkannt hat, d.h. dass jemand, der sich nicht eingehend mit einem solchen Werk beschäftigt hat, keine Freude daran haben kann, was der Dichter auch durch die Wiederholung des Wortes „verdrießlich" unterstreicht. Durch das apostrophierte „sieht's" wird das ganze Gedicht mehr in Umgangssprache gesetzt und der Leser fühlt sich wohl auch eher angesprochen.

Die zweite Strophe beginnt mit der direkten Aufforderung Goethes an den Leser, die Kapelle doch zu betreten, womit er meint, dass jener alle Vorurteile fallen lassen soll, um sich ganz dem Gedicht widmen zu können. Wenn einem das gelungen ist, erkennt der Leser auf einmal den Wert, die Helle und die Schönheit eines Gedichtes. Die zweite Strophe hat im Gegensatz zur ersten 7 Verse und sowohl einen umfassenden als auch einen Paarreim, wobei bei dem umfassenden Reim das Schema b d d d b ist, d.h. dass in der Mitte drei Verse mit dem gleichen Endreim stehen. Durch diese drei, „Kapelle", „helle" und „Schnelle", wird das plötzliche Aufleuchten beim Betreten der Kapelle bzw. die Freude beim ersten Erkennen gezeigt. Das erreicht Goethe auch durch viele freundlich klingende Vokale, wie z.B. -e, -a, -i, -ei. Hier soll demonstriert werden, wie sehr die Sicht von innen eine Freude sein kann. In den beiden letzten Versen – „Dies wird euch Kinder Gottes taugen, / Erbaut euch und ergetzt die Augen!" – zeigt der Dichter, wie sehr dieses Erfolgserlebnis verdient ist, und dass man es ruhig genießen soll.

Das Gedicht ist in zwei Hauptteile gegliedert. Im ersten werden die Düsternis und die Farblosigkeit beim oberflächlichen Betrachten beschrieben und im zweiten die Freude und die Helle sowie die Schätze, die erkannt werden, wenn man sich intensiv mit einem solchen Werk beschäftigt und den Sinn erschlossen hat. Goethe will mit diesem Gedicht zeigen, wie wichtig es ist, nicht sofort wieder aufzugeben, wenn man anfangs nicht zu erkennen scheint. Es wird deutlich, wenn man es dennoch schafft, das alles zu „entschlüsseln", wie die Freude darüber und das Erfolgserlebnis doppelt so groß sind.

Ich finde das Gedicht von Goethe sehr gut, da es zeigt, wie wichtig es ist, nicht von vornherein ablehnend zu sein und sich gerade auf ein Gedicht einzulassen. Auch fühlt man sich durch die Aufforderungen und den manchmal fast umgangssprachlichen Ton angesprochen. Meinen Eindruck zu Beginn möchte ich eigentlich bestätigen.

Es ist nichts Neues über Gedichte zu sprechen, Auffälligkeiten zu benennen, im Fachgespräch den Zusammenhang zu klären zwischen der *Aussage* und der *Form.* **Die Interpretation** (< lat. interpretatio = Erklärung, Auslegung) bezeichnet ein entsprechendes *Verfahren* zum Verstehen und auch dessen *Ergebnis.*

Am besten gelingt die Interpretation, wenn bestimmte *Phasen* der Auseinandersetzung beachtet werden:

1. Phase: Hier sollen ein erster *Gesamteindruck* gewonnen und eine *Themenanalyse* gemacht werden:

- Durch stilles und/oder lautes Lesen entsteht ein *Höreindruck.*
  Z. B.: lustig ↔ traurig, ernsthaft und gedankenschwer ↔ heiter-witzig etc.
- Durch die Wahrnehmung von Auffälligkeiten des Textbildes gewinnt der Leser einen *optischen Eindruck.*
  Z. B.: gleich lange Strophen oder unterschiedlich lange Abschnitte, auffällige Schlusszeichen (Frage-, Ausrufezeichen), über die Versenden fließende Sätze (Enjambements = Zeilensprünge)
- Durch eine *erste persönliche Einschätzung,* die ein Vor-Urteil sein darf, wird eine individuelle Beziehung zum Gedicht aufgebaut.
  Z. B.: gefällt mir sehr ↔ sagt mir gar nichts!; es spricht mich an ↔ ich blicke nicht durch!

Wichtig ist es, diese Wahrnehmungen auf einem DIN-A4-Blatt unbedingt zu notieren, auch wenn die ersten Eindrücke *vorläufig* sind und später ergänzt, korrigiert oder gar verworfen werden.

Höreindruck	optischer Eindruck	erste Einschätzung
…	…	…

2. Phase: Genaue Beschreibung (Stoffsammlung) von Auffälligkeiten des

– Inhalts	und der	Form
– Thema	Wie passen Inhalt ↔	– Aufbau
		– Sprache, Lautmalerei
– Teilthemen	und Form zusammen?	– Bilder, Metaphern
– Motive		– Metrum, Rhythmus
		– Reim

Auf dem Textblatt kannst du Eintragungen machen in einem *Pfeildiagramm,* wobei du Auffälligkeiten zum Inhalt und zur Form verschiedenfarbig so eintragen kannst, dass die Beobachtung auf die entsprechende Textstelle zeigt.

Eine Zeitleiste zur Literaturgeschichte

Nachträglich wurde die Literaturgeschichte in **Epochen** eingeteilt, die aber nicht wie „Schubfächer" zu verstehen sind, sondern jeweils vielfache Übergänge und Überlagerungen zeigen.

Epochenbezeichnung und Merkmale		Dichter
– …	2000	– … – … – W. Biermann – … – … – …
Stilrichtungen der Moderne ca. 1925–heute – … – …		
Gegenströmungen zum Naturalismus ca. 1890–1925		– Ch. Morgenstern – …
	1900	
Realismus/Naturalismus 1850–1890 / 1880–1900		– … – A. Holz – Th. Storm – …
Biedermeier/Junges Deutschland 1820–1850		– H. Heine –…
Romantik ca. 1798–1835 Klassik ca. 1786–1832		– K.v. Günderode – C. Brentano – …
	1800	
– Höhepunkte deutscher Dichtung		– …
Aufklärung/Empfindsamkeit/Sturm und Drang ca. 1720 – 1785 – Soziale Kritik – …		– F. Schiller – J.W. v. Goethe – G.E. Lessing – …
	1700	
Barock ca. 1600 – 1720 – Dichtung des 30-jährigen Krieges – Sonett – …		– F.v. Logau – …
Renaissance ca. 1470–1600		– …
	1600	
– …		
	1200	
Mittelalter ca. 750–1500 – mhd. Ritterdichtung – ahd. rel. Dichtung		– … – Walther von der Vogelweide – …

Arbeitsanregung:

Legt eine ähnliche Zeitleiste an und ergänzt sie durch weitere Eintragungen!

[a] Nehmt zwei DIN-A4-Blätter, die hochformatig zusammengeklebt werden, so dass für die Jahrhunderte ab 1600 etwa je 9 cm Platz bleiben!

[b] Zieht etwa in der Mitte vertikal den Zeitstrahl, notiert links die Epochenbezeichnung sowie die Merkmale und tragt rechts die Dichternamen ein!

Epochenmerkmale	Epochenbezeichnung	Dichternamen
…	…	2000

schwere, hämmernde Trochäen, (Kontrast zur 1. Zeile)

knapper Satz (indikativische Aussage)

Stabreime und Häufung verstärken das Negative

x́ x | x́ x | x́ x x | x́ x

Z. B.: „Da ist alles dunkel und düster; (Z. 3) c

[…] Philister:" c

Behauptung: Gedichte und Kirchen bleiben – von außen betrachtet (= oberflächlich, flüchtig gesehen) – unverständlich („dunkel")

enge Bindung (Paarreim) von Stimmung und Person

– Die Ordnung der Stoffsammlung gelingt in einer *tabellarischen Darstellung,* die auf einer Ebene den Zusammenhang zwischen Inhalt (Aussage) und Darstellungsform zeigt.

Zeilen	Merkmale von Inhalt und Aufbau ⇄	Formmerkmale (Stilmittel) ⇒	Wirkung Deutung

3. Phase: Das detaillierte und *begründbare Gesamtverständnis* steht am Ende des Verstehensprozesses und gibt die Grundlage für die schriftliche *Ausarbeitung* und *Korrektur* der **Interpretation:**

- Wenn ein *zentraler Aspekt* gefunden ist, kann die Beschreibung und Deutung des Textes (die Interpretation) beginnen.
- Dabei ist eine *Dreigliederung* sinnvoll:
  - *Einleitung* mit Titel, Autor, Gattung, erstem Gesamteindruck oder Aussagekern.
  - *Hauptteil* mit detaillierter Beschreibung und Deutung vom zentralen Aspekt aus. Z. B.: Gedichte = gemalte Kirchenfensterscheiben
  - *Schluss* mit begründeter Wertung, die an den ersten (vorläufigen) Gesamteindruck anknüpfen kann.
- *Korrektur* nach Inhalt, Aufbau und Form (vgl. S. 173f.).

Das **Dinggedicht** ist eine besondere Form der sog. Gedankenlyrik und stellt in lyrischer Sprache ein *Objekt* (einen Gegenstand des Alltags, ein Kunstwerk), aber auch *Tiere* und *Pflanzen* dar. Durch Einfühlung in das „Ding", durch Nachgestaltung von Einzelheiten und seiner Gesamtwirkung wird es in seinen Wesenszügen erfasst und oft symbolisch gedeutet.

3 Friedrich Schiller (1759–1805): Zwei Eimer …

Zwei Eimer sieht man ab und auf
In einem Brunnen steigen,
Und schwebt der eine voll herauf,
Muss sich der andre neigen.
Sie wandern rastlos hin und her,
Abwechselnd voll und wieder leer,
Und bringst du diesen an den Mund,
Hängt jener in dem tiefsten Grund,
Nie können sie mit ihren Gaben
Im gleichen Augenblick dich laben.

4 Conrad Ferdinand Meyer (1825–1898): Der römische Brunnen

Aufsteigt der Strahl und fallend gießt
er voll der Marmorschale Rund,
die, sich verschleiernd, überfließt
in einer zweiten Schale Grund;
die zweite gibt, sie wird zu reich,
der dritten wallend ihre Flut,
und jede nimmt und gibt zugleich
und strömt und ruht.

5 Rainer Maria Rilke (1875–1926): Der Panther

Im Jardin des Plantes, Paris

Sein Blick ist vom Vorübergehn der Stäbe
So müd geworden, dass er nichts mehr hält.
Ihm ist, als ob es tausend Stäbe gäbe
Und hinter tausend Stäben keine Welt.

Der weiche Gang geschmeidig starker Schritte,
Der sich im allerkleinsten Kreise dreht,
Ist wie ein Tanz von Kraft um eine Mitte,
In der betäubt ein großer Wille steht.

Nur manchmal schiebt der Vorhang der Pupille
Sich lautlos auf –. Dann geht ein Bild hinein,
Geht durch der Glieder angespannte Stille –
Und hört im Herzen auf zu sein.

Arbeitsanregungen:

1 a Bereitet in Partnerarbeit je einen der Texte 3–5 mit Hilfe eines Textblattes zum Vortrag vor!
b Vergleicht die Vortragsweisen desselben Gedichts!

2 Schreibt zu einem der Gedichte einen Interpretationsaufsatz, indem ihr die drei Phasen der Interpretation beachtet!

Für das Gelingen eines **Interpretationsaufsatzes** ist neben der richtigen *Zeiteinteilung* und den gut geplanten *Arbeitsphasen* auch eine sorgfältige **Korrektur** mitentscheidend. Du erinnerst dich, dass mit dem einfachen Durchlesen – auch mehrere Male – nicht viel gewonnen ist, sondern dass es auf eine gezielte Kontrolle ankommt, die Zeit und Aufmerksamkeit erfordert. Es empfiehlt sich ein bestimmter **Plan:**

1. Der *Zeitplan:* Je nach der zur Verfügung stehenden Stundenzahl solltest du dir eine angemessene *Zeiteinteilung* vornehmen. Angenommen, es stehen 150 (bzw. 180) Minuten zur Verfügung, hat sich folgende Einteilung bewährt:
   - 10 Minuten (bzw. 15) zur *Auswahl* (bei mehreren Themen) bzw. für erste *Einfälle* (Assoziationen) beim Lesen der Überschrift und des Textes sowie zur *Themenanalyse;*
   - 45 (bzw. 60) Minuten für eine sorgfältige *Stoffsammlung* (als Pfeildiagramm oder in einer dreispaltigen Tabelle, vgl. S. 168f.!);
   - 75 (bzw. 80) Minuten für die sorgfältige *Reinschrift;*
   - 20 (bzw. 25) Minuten für die *Korrektur* in mehreren Phasen.

Korrekturhilfe 4:
Die **Kleinschreibung** betrifft Wörter, die Merkmale eines Substantivs (festes Genus, Numerus und Kasus) eingebüßt und die Funktion anderer Wortarten übernommen haben:
1. Die Wörter *angst, bange, gram, leid, pleite, schuld* in Verbindung mit den Verben „sein“ und „bleiben“ werden als Adjektive gebraucht. (Z. B.: Die Firma ist *pleite.* Mir ist *angst* und *bange.*)
2. Den ersten Bestandteil unfest zusammengesetzter Verben (z. B.: stattfinden, irreführen, preisgeben, teilnehmen, wundernehmen) auch in getrennter Verwendung (z. B.: Es nimmt mich nicht wunder.)

3. Adverbien, Präpositionen Konjunktionen auf *-s* und *-ens* (z. B.: abends, schlechterdings, willens, hungers sterben, rechtens; abseits, angesichts, mangels, mittels, namens, seitens; falls, teils ... teils)
4. Folgende Präpositionen und unbestimmte Zahlwörter (z. B.: dank, kraft, laut, statt, an Kindes statt, trotz, wegen, von ... wegen, um ... willen, zeit seines Lebens; ein bisschen (= ein wenig), ein paar (= einige)
5. Bruchzahlen auf *-tel* und *-stel* vor Maßangaben, Uhrzeitangaben und unmittelbar vor Kardinalzahlen (z. B.: ein zehntel Liter, fünf hundertstel Sekunden; um viertel vier, gegen drei viertel sieben)
6. Adjektive, Partizipien und Pronomen, die sich auf ein vorausgehendes oder nachfolgendes Substantiv beziehen, obwohl sie entsprechende „Begleiter" haben (z. B.: Sie war die intelligenteste meiner Schülerinnen. Alte Schuhe sind meist bequemer als schöne neue.)
7. Bestimmte feste Verbindungen aus Präposition und Adjektiv (z. B.: von nah und fern, durch dick und dünn, über kurz oder lang, von klein auf, bis auf weiteres)
8. Adjektivische Ableitungen von Eigennamen auf *-(i)sch* (z. B.: die goethischen / goetheschen Dramen; aber groß mit Apostroph: Goethe'sche Dramen)
9. Adjektive in festen Verbindungen, die aber keine Eigennamen sind (z. B.: der italienische Salat, der blaue Brief, das neue Jahr, die gelbe Karte, der schnelle Brüter, das schwarze Brett, der weiße Tod)
10. Die Anredepronomen *du* und *ihr*, die entsprechenden Possessivpronomen *dein* und *euer* sowie das Reflexivpronomen *sich* schreibt man auch im Brief klein.

Erfahrungsgemäß wird in der Regel wertvolle Zeit am Anfang verloren, wo man sie im Überfluss zu haben glaubt. Leider fehlt die anfangs verbummelte Zeit dann meist bei der Korrektur.

2. Die *Aufgabenstellung* in der *Themenanalyse* genau zu beachten, ist Voraussetzung des Gelingens.
   – Also lies genau und hebe die Schlüsselwörter heraus!
   Z. B.: Interpretiere dieses Gedicht!
   Erläutere dabei auch die Rolle, die der Autor Gedichten zuspricht, und die poetischen Mittel, die er dazu einsetzt!
   „Interpretieren" ist der Oberbegriff, der alles umfasst: die Beschreibung und Deutung von Inhalt, Aufbau und allen wichtigen Stilmitteln. Der Zusatz in der Aufgabenstellung ist eine Hilfe, der steuern will:
   • Rolle von Gedichten?
   • poetische Mittel = alle formalen Elemente, die für die Aussage wichtig sind.
   – Oft heißt es nur „Interpretiere" oder „Vergleiche", dann müssen dir die Stichworte für eine umfassende Deutung selbst einfallen:
   • *Inhalt:* These bzw. Hauptaussagen, Schlüsselbegriffe dazu, Begründungen, Beispiele
   • *Aufbau:* regelmäßige Strophen oder unregelmäßige Abschnitte. Was wird in den einzelnen Teilen dargestellt? Wie verhalten sich die Teile zueinander?
   • *Stilmittel:* Wortwahl, Syntax, Bilder, Metaphern, Metrum, Rhythmus, Melodie, Reime, Enjambements oder Zeilenstil

3. Die *Korrekturphasen:* Leider reicht beim Korrigieren die Konzentrationskraft bei den meisten nicht aus, um auf a l l e möglichen Fehler auf einmal zu achten. Deshalb ist die oft geäußerte Rechtfertigung „Ich habe dreimal durchgelesen" nicht viel wert, wenn die Korrektur nicht gezielt erfolgt.
   – *Erste Phase:* Achte darauf, dass du die Anforderungen (Arbeitsanweisungen) bezüglich der *Inhalts- und Forminterpretation* erfüllt hast! Überprüfe deine Stoffsammlung und hake die berücksichtigten Aspekte ab, dann hast du eine Kontrolle!
   – *Zweite Phase:* Kontrolliere deine *Darstellungsweise* nach *Wortwahl* und *Grammatik!*
   – *Dritte Phase:* Überprüfe *Rechtschreibung* und *Zeichensetzung!* Dabei hast du besseren Erfolg, wenn du dich v o r der Arbeit nochmals über deine individuellen Hauptprobleme (z. B. die s-Laut-Schreibung oder die Substantivierung) informiert hast.

III. Liebeslyrik aus 800 Jahren

1. „Du bist mîn, ich bin dîn.“ – Wer spricht im Gedicht?

1 Anonym (um 1200): Du bist mîn …

Dû bist mîn, ich bin dîn:
des solt dû gewis sîn.
dû bist beslozzen
in mînem herzen:
verlorn ist daz slüzzelîn:
dû muost immer drinne sîn.

2 Anonym (um 1200): Chume, chume, geselle mîn …

Chume, chume, geselle[1] mîn,
ich enbîte harte dîn![2]
ich enbîte harte dîn,
chum, chum, geselle mîn.

Suozer roservarwer munt,
chum unde mache mich gesunt!
chum unde mache mich gesunt,
suozer roservarwer munt!

Das **Rollengedicht** ist eine lyrische Form, in der ein Autor die Gefühle und Gedanken einer Gestalt (einer liebenden Frau, eines Liebhabers, eines Wanderers usw.) als *Ichaussage* darstellt. Von der antiken Hirtendichtung über den mittelalterlichen Minnesang und das Volkslied der frühen Neuzeit bis ins 20. Jahrhundert (z.B. bei R.M. Rilke: Lied des Bettlers) reicht die Entwicklung des Rollengedichts.

3 Dietmar von Aist (um 1150): Ûf der linden

Ûf der linden obene   dâ sanc ein kleinez vogellîn.
vor dem walde wart ez lût: dô huop sich aber daz herze mîn
an eine stat da'z ê dâ was.   ich sach die rôsebluomen stân:
die manent mich der gedanke vil   die ich hin zeiner frouwen hân.

‚Es dunket mich wol tûsent jâr   daz ich an liebes arme lac.
sunder âne mîne schulde   fremdet er mich mangen tac.
sît ich bluomen niht ensach   noch hôrte kleiner vogele sanc,
sît was mir mîn fröide kurz   und ouch der jâmer alzelanc.‘

AUF DER LINDE

Auf dem Lindenwipfel oben
ein kleiner Vogel saß und sang.
Vor dem Walde ward er laut,
dass wieder sich das Herz mir schwang
an eine Statt, wo ich einst geweilt.
Ich sah die blühenden Rosen stehn:
Sie rufen viele Gedanken wach,
die hin zu einer Frauen gehn.

„Es dünkt mich wohl an tausend Jahr,
dass ich im Arm des Liebsten lag.
Ohne alle meine Schulden bleibt er fern mir Tag um Tag.
Seit ich Blumen nicht mehr sah,
nicht mehr hörte Vogelsang,
ward mir meine Freude kurz,
ward mir der Jammer überlang.“

Der **Bedeutungswandel** geht ein auf die Veränderung von Wortbedeutungen im Laufe der historischen Entwicklung: So unterscheidet man *Bedeutungserweiterungen* (z. B. mhd. frouwe = adelige Herrin > nhd. Frau), *Bedeutungsverengung* (z.B. mhd. wîp = Frau > nhd. Weib im abwertenden Sinne), *Bedeutungsverbesserung* (z.B. mhd. marschalc = Pferdeknecht > nhd. Marschall), *Bedeutungsverschlechterung* (z.B. mhd. dirne = Dienerin, Magd, Mädchen > nhd. Dirne).

1 geselle: ursprünglich Hausgenosse, dann Gefährte, Freund (Freundin), Geliebter (Geliebte)
2 ich enbîte harte dîn: ich mag nicht länger auf dich warten

4 Walther von der Vogelweide (um 1170–um 1230): Nemt, frouwe, disen kranz!

Walther von der Vogelweide ist der bedeutendste Lyriker des deutschen Mittelalters, der aber als Person so sehr hinter seinem Werk zurücktritt, dass nur eine einzige urkundliche Bezeugung über ihn erhalten ist: In einer Reiserechnung des Bischofs Wolfger von Passau heißt es unter dem Datum vom 12. November 1203: „Walthero cantori de Vogelweide sind 5 Solidi für den Kauf eines Pelzrocks geschenkt worden.“
Vermutlich ist der Dichter um 1170 im Herzogtum der Babenberger (im heutigen Österreich) geboren. Aber rund zwanzig Orte streiten sich um die Ehre, Walthers Heimat zu sein. Der Nachname Vogelweide (lat. avarium = Nist- und Fangplatz für Vögel) könnte eine Art Übername sein, welcher das Lebensschicksal eines fahrenden Sängers charakterisiert, der von Hof zu Hof reiste, um seine Minnelieder und seine politischen Gedichte (seine sog. Spruchdichtung) für Verpflegung und Unterkunft vor einem adligen Publikum vorzutragen, z.T. im Wettstreit mit anderen Sängern, z.B. am Wiener Hof mit Reinmar dem Alten (um 1203). Ein unstetes, oft sehr karges Leben und das Werben um die Gunst verschiedener Fürsten und Könige geht aus seinen Liedern hervor. Erst um 1220 erhielt er vom Stauferkaiser Friedrich II. (1194–1250) ein Lehen (= ein kleines bäuerliches Anwesen), vielleicht in der Nähe von Würzburg. Um 1230 verstarb Walther und ist vermutlich im Lusamgärtlein in Würzburg bestattet.

‚Nemt, frouwe, disen kranz!‘
alsô sprach ich zeiner wol getânen maget.
‚Sô zieret ir den tanz,
mit den schœnen blumen, als irs ûffe traget.
Het ich vil edele gesteine,
daz müest ûf iur houbet,
obe ir mirs geloubet.
seht mîne triuwe, daz ichz meine‘.

Si nam daz ich ir bôt
einem kinde vil gelîch daz êre hât.
Ir wangen wurden rôt
same diu rôse, dâ si bî der liljen stât.
Do erschampten sich ir liehten ougen:
doch neic si mir schône.
daz wart mir ze lône.
wirt mirs iht mêr, daz trage ich tougen.

‚Ir sît sô wol getân,
daz ich iu mîn schapel gerne geben wil,
So ichz aller beste hân.
wîzer unde rôter bluomen weiz ich vil.
Die stênt sô verre in jener heide.
dâ si schône entspringent
und die vogele singent,
dâ suln wir si brechen beide‘.

Mich dûhte daz mir nie
lieber wurde, danne mir ze muote was.
Die bluomen vielen ie
von dem boume bî uns nider an daz gras.
Seht, dô muost ich von fröiden lachen,
do ich sô wünneclîche
was in troume rîche,
dô taget ez und muos ich wachen.

Mir ist von ir geschehen,
daz ich disen sumer allen meiden muoz
Vast under d’ougen sehen:
lîhte wirt mir einiu: so ist mir sorgen buoz.
Waz obe si gêt an disem tanze?
frouwe, dur iur güete
rucket ûf die hüete:
owê gesæhe ichs under kranze!

„Nehmt, Herrin, diesen Kranz!“
So sagte ich zu einem schönen Mädchen.
„Dann schmückt Ihr den Tanz
mit den schönen Blumen in Euerm Haar.
Hätt ich Gold und Edelstein,
dann müssten sie auf Euer Haupt –
wie Ihr mir glauben werdet.
Wirklich, ich meine es ehrlich!“

Und sie nahm das Gebotene an
wie ein junges Mädchen annimmt, das wohlerzogen ist:
Sie errötete,
und die Farbe der Rose kam zu der der Lilie.
Scham ließ sie die Augen niederschlagen.
Doch dankte sie und neigte zart den Kopf.
Das war mein Lohn.
Schenkt sie mir noch mehr dafür, dann werde ich das heimlich für mich behalten.

„Ihr seid so schön,
dass ich Euch meinen Kranz schenken muss –
den schönsten den ich hab.
Ich weiß, wo viel weiße und rote Blumen stehn.
Die stehn da fern auf jener Heide.
Da wo sie blühen
und die Vögel singen,
da wollen wir sie brechen.“

Mir schien dass ich nie
glücklicher war als da.
Und immerfort rieselten die Blüten
der Bäume zu uns nieder aufs Gras.
Ja seht – da musste ich lachen in all meinem Glück,
als ich so wunderbar
im Traum beschenkt wurde,
da kam der Tag und weckte mich.

Nun hat sie mich so weit gebracht,
dass ich diesen Sommer allen Mädchen
tief in die Augen sehen muss:
Vielleicht finde ich sie – dann bin ich allen Kummer los.
Wie, wenn sie diesen Tanz mitmachte?
Meine Damen, bitte,
rückt die Hüte ein wenig aus der Stirn!
Ach, erblickte ich sie doch unter dem Kranz!

Die **Minnelyrik** (< ahd. minna > mhd. minne = Liebe, Zuneigung, Freude, liebendes Gedenken) ist – außer dem sog. donauländischen Minnesang (um 1150–1170) um die Dichter von Kürenberg, Meinloh von Sevelingen, Dietmar von Aist u.a. – keine persönliche und erlebnishaft gestaltete Liebeslyrik. Sie ist vielmehr eine *höfische Gesellschaftsdichtung:* Vor einem adligen Publikum trug der Minnesänger, der i.d.R. den Text und die Melodie verfasste, seine Lieder vor: Die adelige Herrin, bei Walther auch das einfache Mädchen und die verehrungswürdige Frau schlechthin, werden als Vorbilder gepriesen. Diese Verehrung gilt der Frau als Verkörperung der Idee des Guten und Schönen und hatte in der rauen Wirklichkeit einer ritterlichen Männergesellschaft große erzieherische Kraft. Während Walther von der Vogelweide in seinen sog. „Mädchenliedern“, die nicht an die adelige Herrin, sondern an einfache Mädchen gerichtet waren, die Gestaltung einer ganzheitlichen Ich-Du-Beziehung gelang, stand der Minnesang in Gefahr, sich entweder zu blutleerer Formkunst zu entwickeln, z. B. bei Reinmar von Hagenau (dem Alten), oder zu derber Direktheit und Parodie, z. B. bei Neidhart von Reuenthal.

5 **Anonym: Lass ab, es ist umsonst** [Volkslied]

Mit Lieb bin ich umfangen,
Herzallerliebste mein!
Nach dir steht mein Verlangen,
Wenn es nur könnt gesein!
Könnt ich dein Gunst erwerben,
Käm ich aus großer Not,
Viel lieber wollt ich sterben,
Wünschen mir selbst den Tod.

Herzlieb, gedenk an die Treue,
Die du mir verheißen hast!
Und lass dichs nit gereuen
Stetig ohn Unterlass.
Dein Treu hast mir versprochen
In rechter Stetigkeit;
Es bleibt seltn ungerochen[1],
Feinslieb[2], nit von mir scheid!

Wie soll ich von dir lassen?
Es kost mir meinen Leib;
Darzu bringt mich ohne Maßen,
Dass ich nit von dir scheid.
Dir hab ich mich ergeben,
Herzallerliebste mein,
Dieweil ich hab das Leben:
Mein Schatz, vergiss nicht mein!

„Junger Gsell, lass doch dein Werben,
Du erlangest meiner nicht!
Wöllest du gleich darum sterben,
Es ist vergebens gewiss.
Du hast mich lieb im Herzen?
Da weiß ich wenig nur;
Fürwahr es ist kein Scherzen:
Lass ab, es ist umsonst!“

[1] ungerochen: ungesühnt
[2] Das Feinslieb: feines Liebchen

Das **Volkslied,** der Begriff stammt als Lehnübersetzung aus dem Englischen (popular song) von Johann Gottfried Herder (1744–1803), bezeichnet einfache, gereimte Texte, die mit einer leicht singbaren Melodie verbunden sind und in den Allgemeinbesitz breiter Volksschichten eingingen. Heute geht man von einem persönlichen Verfasser aus, der aber bei den frühen Beispielen oft unbekannt ist. Aber auch Gedichte großer Dichter (z. B. J.W. von Goethes „Heidenröslein“ oder H. Heines „Lorelei“) sind zu Volksliedern geworden.
Herder selbst sammelte Volkslieder (1778/79) und veröffentlichte sie in zweiter Auflage 1807 als „Stimmen der Völker in Liedern“. Die berühmteste Sammlung von Volksliedern stammt von den romantischen Dichtern Achim von Arnim (1781–1831) und Clemens von Brentano (1778–1842): „Des Knaben Wunderhorn“ (1806–1808).

Das Sonett (< lat. sonare = tönen > ital. sonetto = Klinggedicht) ist ein 14-zeiliges gereimtes Gedicht, das aus zwei Vierzeilern (Quartetten) und zwei Dreizeilern (Terzetten) aufgebaut ist. Häufig ist das Versmaß ein sechshebiger Jambus, der sog. *Alexandriner,* der durch seine Zäsur nach der dritten Hebung sich gut für die Darstellung von Gegensätzen (Kontrasten) eignet. Aus diesem Grund und wegen der strengen Form waren Sonette in der *Barockdichtung* besonders beliebt. Aber auch Dichter des 20. Jahrhunderts, z.B. R.M. Rilke, schätzten diese Gedichtform.
Dem äußeren *Aufbau* entspricht die *innere Struktur* des Sonetts: Die Quartette stellen i.d.R. in These und Antithese die Themen des Gedichts dar. Die Terzette führen die Themen bis zur Synthese durch.

Arbeitsanregungen:

1 Drei der sieben Texte sind Beispiele für sog. Rollengedichte. Erklärt, wer in diesen Strophen spricht!

2 Die Texte 6 und 7 stammen aus der Zeit des Dreißigjährigen Krieges. Besprecht die Eigenarten, die auf diesen Zeithintergrund hindeuten!

Barocklyrik
(etwa 1600–1720; der oder das Barock < portugiesisch barocco = unregelmäßige Form von Perlen > frz. baroque = metaphorisch für bizarr und exzentrisch) in der Zeit der Gegenreformation, des Dreißigjährigen Krieges und des Absolutismus war geprägt durch ein stark gegensätzliches (antithetisches) Lebensgefühl: Todesangst und Lebensgier, Gottvertrauen und ausschweifendes Leben, schlimmste Brutalität des Krieges und gefühlvollste Seelenaussage (in der religiösen Dichtung, der sog. Mystik).

6 Georg Rudolf Weckherlin (1584–1653): Die Lieb ist Leben und Tod

Das Leben, so ich führ, ist wie der wahre Tod,
Ja über den Tod selbst ist mein trostloses Leben.
Es endet ja der Tod des Menschen Pein und Leben,
Mein Leben aber kann nicht enden dieser Tod.

Bald kann ein Anblick mich verletzen auf den Tod,
Ein andrer Anblick bald kann mich wiedrum beleben,
Dass ich von Blicken muss dann sterben und dann leben,
Und bin in einer Stund bald lebendig, bald tot.

Ach, Lieb! Verleih mir doch nunmehr ein anders Leben,
Wenn ich ja leben soll, oder den andern Tod:
Denn weder diesen Tod lieb ich, noch dieses Leben.

Verzeih mir, Lieb, ich bin dein lebendig und tot.
Und ist der Tod mit dir ein köstlich süßes Leben,
Und Leben, von dir fern, ist ein ganz bittrer Tod.

7 Martin Opitz (1597–1639): Ach Liebste, lass uns eilen

Ach Liebste, lass uns eilen,
Wir haben Zeit:
Es schadet das Verweilen
Uns beiderseit.
Der edlen Schönheit Gaben
Fliehn Fuß für Fuß,
Dass alles, was wir haben,
Verschwinden muss.
Der Wangen Zier verbleichet,
Das Haar wird greis,
Der Äuglein Feuer weichet,
Die Brunst[1] wird Eis.
Das Mündlein von Korallen
Wird ungestalt,
Die Händ als Schnee verfallen,
Und du wirst alt.
Drum lass uns jetzt genießen
Der Jugend Frucht,
Eh denn wir folgen müssen
Der Jahre Flucht.
Wo du dich selber liebest,
So liebe mich,
Gib mir, dass, wann da gibest,
Verlier auch ich.

[1] Die Brunst (< ahd. brunst < ahd. brinnan = brennen): leidenschaftliche Liebesglut

2. „Im Frühlingsschatten fand ich Sie." – Veränderungen in Motiven und Stimmungen

1 Friedrich Gottlieb Klopstock (1724–1803): Das Rosenband

Im Frühlingsschatten fand ich Sie;
Da band ich Sie mit Rosenbändern[1]:
Sie fühlt es nicht, und schlummerte.

Ich sah Sie an; mein Leben hing
Mit diesem Blick an Ihrem Leben:
Ich fühlt es wohl, und wusst es nicht.

Doch lispelt ich Ihr sprachlos zu,
Und rauschte mit den Rosenbändern:
Da wachte Sie vom Schlummer auf.

Sie sah mich an; Ihr Leben hing
Mit diesem Blick an meinem Leben,
Und um uns ward's Elysium[2].

Friedrich Gottlieb Klopstock wurde 1724 in Quedlinburg/ Harz geboren. Nach Gymnasium und Studium der Theologie arbeitete er als Hauslehrer, fasste aber früh den Entschluss zum Dichterberuf. Nach einer Berufung an den Königshof in Kopenhagen (zwischen 1751–1770) lebte Klopstock ab 1770 in Hamburg, wo er 1803 starb. Der heute kaum mehr bekannte Dichter war als Epiker („Der Messias", 1748), Dramatiker und Lyriker (Oden) der bedeutendste Anreger für die großen Dichter der Klassik: Er schuf die *Erlebnisdichtung,* in der persönliche Bekenntnisse und Gefühlsaussagen erstmals in der deutschen Dichtung vorkamen. Gleichzeitig verfeinerte er die Ausdrucksmöglichkeiten der Dichtersprache, gab ihr neue Wortprägungen, Musikalität und Bilderreichtum.

2 Johann Georg Jacobi (1740–1814): Erinnerung

Glück der Engel, wo geblieben?
Wo geblieben, schöner Tag,
Als mit unbesorgtem Lieben
Ihre Hand auf meinem Herzen lag?
O sie fühlte jeden Schlag,
Und in jedem lauter Lieben!
Wo geblieben,
Glück der Engel, schöner Tag?

3 Johann Wolfgang von Goethe (1749–1832): Nähe des Geliebten

Ich denke dein, wenn mir der Sonne Schimmer
Vom Meere strahlt;
Ich denke dein, wenn sich des Mondes Flimmer
In Quellen malt.

Ich sehe dich, wenn auf dem fernen Wege
Der Staub sich hebt;
In tiefer Nacht, wenn auf dem schmalen Stege
Der Wandrer bebt.

Ich höre dich, wenn dort mit dumpfem Rauschen
Die Welle steigt;
Im stillen Haine geh ich oft zu lauschen,
Wenn alles schweigt.

Ich bin bei dir, du seist auch noch so ferne,
Du bist mir nah!
Die Sonne sinkt, bald leuchten mir die Sterne.
O wärst du da!

---

1 Das Rosenband: ein mit Rosenmustern versehenes Zierband
2 Das Elysium (< gr. elysion pedion = Wohnsitz der Seligen): Paradies

Karoline von Günderode wurde 1780 in Karlsruhe geboren. Sie war 1797–1799 Stiftsdame in einem evangelischen Damenstift (einer weltlichen adeligen Gemeinschaft) in Frankfurt. Sie kam in Beziehung mit den Romantikern. Die äußerst fantasievolle und empfindsame Frau, die aber auch stark melancholische Züge aufwies, schrieb neben sehr überschwänglichen Dramen vor allem Gedichte. Wegen einer unglücklichen und unerfüllten Liebe erdolchte sie sich 1806 auf dem Friedhof in Winkel a. Rh.

4 Karoline von Günderode (1780–1806): Die eine Klage

Wer die tiefste aller Wunden
Hat in Geist und Sinn empfunden,
Bittrer Trennung Schmerz;
Wer geliebt, was er verloren,
Lassen muss, was er erkoren,
Das geliebte Herz.

Der versteht in Lust die Tränen
Und der Liebe ewig Sehnen
Eins in Zwei zu sein,
Eins im andern sich zu finden,
Dass der Zweiheit Grenzen schwinden
Und des Daseins Pein.

Wer so ganz in Herz und Sinnen
Konnt ein Wesen lieb gewinnen,
Oh! den tröstet's nicht,
Dass für Freuden, die verloren,
Neue werden neu geboren:
Jene sind's doch nicht.

Das geliebte, süße Leben,
Dieses Nehmen und dies Geben,
Wort und Sinn und Blick,
Dieses Suchen und dies Finden,
Dieses Denken und Empfinden
Gibt kein Gott zurück.

5 Theodor Storm (1817–1888): Die Nachtigall

Das macht, es hat die Nachtigall
Die ganze Nacht gesungen;
Da sind von ihrem süßen Schall,
Da sind in Hall und Widerhall
Die Rosen aufgesprungen.

Sie war doch sonst ein wildes Kind;
Nun geht sie tief in Sinnen,
Trägt in der Hand den Sommerhut
Und duldet still der Sonne Glut
Und weiß nicht, was beginnen.

Das macht, es hat die Nachtigall
Die ganze Nacht gesungen;
Da sind von ihrem süßen Schall,
Da sind in Hall und Widerhall
Die Rosen aufgesprungen.

Detlev von Liliencron wurde 1844 in Kiel geboren. Er trat in den preußischen Militärdienst ein, wurde Offizier, machte seit 1864 verschiedene Feldzüge und den deutsch-französischen Krieg von 1870/71 mit, wurde verwundet und musste 1875 wegen Überschuldung die Armee und später auch den Verwaltungsdienst verlassen.
Nach erfolglosen Versuchen in Amerika (u.a. als Pianist und Stallmeister) lebte er als freier Schriftsteller an verschiedenen Orten in Deutschland. Seit 1901 erhielt er ein Ehrengehalt Wilhelms II. Die Universität Kiel verlieh ihm den Ehrendoktor. Als Lyriker vertrat er den deutschen Impressionismus (vgl. S. 181!) am konsequentesten und wirkte maßgeblich auf die moderne Lyrik der Jahrhundertwende. Weniger erfolgreich waren seine Kriegsnovellen, Romane und Dramen. 1909 starb er in Alt-Rahlstedt bei Hamburg.

6 Detlev von Liliencron (1844–1909): Einen Sommer lang

Zwischen Roggenfeld und Hecken
Führt ein schmaler Gang;
Süßes, seliges Verstecken
Einen Sommer lang.

Wenn wir uns von ferne sehen,
Zögert sie den Schritt,
Rupft ein Hälmchen sich im Gehen,
Nimmt ein Blättchen mit.

Hat mit Ähren sich das Mieder
Unschuldig geschmückt,
Sich den Hut verlegen nieder
In die Stirn gerückt.

Finster kommt sie langsam näher,
Färbt sich rot wie Mohn;
Doch ich bin ein feiner Späher,
Kenn die Schelmin schon.

Noch ein Blick in Weg und Weite,
Ruhig liegt die Welt,
Und es hat an ihre Seite
Mich der Sturm gesellt.

Zwischen Roggenfeld und Hecken
Führt ein schmaler Gang;
Süßes, seliges Verstecken
Einen Sommer lang.

Den **Impressionismus** (< lat. impressio = Eindruck) kennzeichnet eine wirklichkeitsnahe, stark von unmittelbarer Stimmung geprägte farbige und oft lautmalerische Sprache. Der Begriff für diese „Eindruckskunst“ wurde von der französischen Freilichtmalerei im letzten Viertel des 19. Jahrhunderts auf die Dichtung von 1890–1910 übertragen. Die genaue Schilderung rasch vorübergehender Augenblicksstimmungen und einmaliger Seelenzustände erreichte jetzt feinste Differenzierungen. Neben Detlev von Liliencron, Peter Altenberg, Peter Hille und Arthur Schnitzler gehören auch der junge Hugo von Hofmannsthal sowie der junge Rainer Maria Rilke dieser Richtung an.

Else Lasker-Schüler wurde 1869 als Tochter eines jüdischen Bankiers und Architekten in Elberfeld geboren. Sie lebte in Berlin / Halensee und führte aber auch ein z.T. sehr unstetes Wanderleben. Sie war befreundet u.a. mit Georg Trakl und Gottfried Benn und gefördert von Karl Kraus. 1933 musste sie in die Schweiz emigrieren, 1934 ging sie nach Jerusalem, wo sie 1945 starb. Sie schrieb Erzählungen und Dramen, wurde aber vor allem als Lyrikerin bekannt. Ein intensives Gefühl, eine tiefe jüdische Religiosität und eine schwärmerische Sinnenhaftigkeit voll kraftvoller Fantasie prägen ihre Gedichte und beeinflussten vor allem die Dichter des Expressionismus.

7 Else Lasker-Schüler (1869–1945): Ich liebe dich …

Ich liebe dich
Und finde dich
Wenn auch der Tag ganz dunkel wird.

Mein Lebelang
Und immer noch
Bin suchend ich umhergeirrt.

Ich liebe dich!
Ich liebe dich!
Ich liebe dich!

Es öffnen deine Lippen sich …
Die Welt ist taub,
Die Welt ist blind

Und auch die Wolke
Und das Laub –
– Nur wir, der goldene Staub
Aus dem wir zwei bereitet:
– Sind!

8 Ivan Goll (1891–1950): Dein Zauber

Wenn ich mit dir vorübergeh
Erlebt die ärmste nordgewandte Straße
Auch einmal eine Morgenröte!
Die Fenster sind aus Gold gegossen,
Die Pflanzen auf den Bildern blühn,
Die Heringe der Spezerein[1] erglänzen wie Juwelen.

Doch komme ich allein,
Da blättert aller Glanz wie Tünche von der Erde,
Die Straßen werden alt und kalt,
Die Heringe sind nur geräuchert,
Ich bin ein Fremder der verschlossnen Türen,
Ein Schatten unter Schatten
Regengrau.

Arbeitsanregungen:

1 Im Wandel der Motive der Texte 1–8 zeigt sich auch die Veränderung der Zeiten.
   a Stellt arbeitsteilig die wichtigsten Motive und Stimmungen zusammen!
   b Exzerpiert aus einer Literaturgeschichte Informationen über die unbekannten Dichter und tragt die Biografien in Kurzreferaten vor!
   c Achtet auf auffällige Sprachmerkmale des Zeitstils!

2 Gestaltet mit einem der vorgeschlagenen Texte oder einem anderen Liebesgedicht eine Collage, sprecht die Strophen und unterlegt die Rezitation mit einer passenden Hintergrundmusik!

[1] Die Spezerei (< lat. species = Art): Gewürzware, feine überseeische Essware; hier: Lebensmittelladen

IV. Die spitze Feder spritzt!

1. „Als ob sie Emma hießen" – Mit der Sprache spielen

1 Christian Morgenstern (1871–1914): Möwenlied

Die Möwen sehen alle aus,
als ob sie Emma hießen.
Sie tragen einen weißen Flaus
und sind mit Schrot zu schießen.

Ich schieße keine Möwe tot,
ich lass sie lieber leben –
und füttre sie mit Roggenbrot
und rötlichen Zibeben[1].

O Mensch, du wirst nie nebenbei
der Möwe Flug erreichen.
Wofern du Emma heißest, sei
zufrieden, ihr zu gleichen.

2 Christian Morgenstern: Das ästhetische Wiesel

Ein Wiesel
saß auf einem Kiesel
inmitten Bachgeriesel.

Wisst ihr,
weshalb?

Das Mondkalb
verriet es mir
im Stillen:

Das raffinier-
te Tier
tats um des Reimes willen.

Christian Morgenstern wurde 1871 als Sohn eines Kunstprofessors in München geboren. Schon mit zehn verlor er seine Mutter und mit zwölf Jahren zeigten sich auch bei ihm Anzeichen von Tbc, an der die Mutter gestorben war. Christian Morgenstern verbrachte fortan lange Zeit in Heilstätten. Trotzdem studierte er zeitweise Volkswirtschaft, Jura, Philosophie und Kunstgeschichte und arbeitete ab 1894 als Redakteur, Journalist und freier Schriftsteller in Berlin. Obwohl er sehr gedankentiefe Liebeslyrik und religiöse Gedichte schrieb, wurde er vor allem berühmt durch seine „Galgenlieder" (1905), „Palmström" (1910) und „Der Gingganz" (1919). Mit einem fast kindlichen Spieltrieb erfand er Fantasiewesen (z. B. das Mondschaf) und Klangbilder von oft grotesker Sprachkunst. Er war aber alles andere als ein oberflächlicher Spaßvogel. Ein tiefgründiger Humor und ein ironischer Witz stecken hinter seinen Versen. 1914 starb er in Meran, wo er vier Jahre zuvor geheiratet hatte.

3 Christian Morgenstern: Vice versa[2]

Ihn aber blickt hinwiederum
des Glaubens, niemand sähe diese.
betrachtet voll gehaltnen Fleißes
vom vis-à-vis gelegnen Berg
ein Gott von fern an, mild und stumm
Ein Hase sitzt auf einer Wiese,
ein Mensch den kleinen Löffelzwerg.
Doch, im Besitze eines Zeißes,

1 Die Zibebe (< arab. zibiba): Rosine
2 vice versa (< lat.): umgekehrt

4 Christian Morgenstern (1871–1914): Der Seufzer

Ein Seufzer lief Schlittschuh auf nächtlichem Eis
und träumte von Liebe und Freude.
Es war an dem Stadtwall, und schneeweiß
glänzten die Stadtwallgebäude.

Der Seufzer dacht an ein Maidelein
und blieb erglühend stehen.
Da schmolz die Eisbahn unter ihm ein –
und er sank – und ward nimmer gesehen.

5 Joachim Ringelnatz (1883–1934): Die Schnupftabaksdose

Es war eine Schnupftabaksdose,
Die hatte Friedrich der Große
Sich selbst geschnitzelt aus Nussbaumholz.
Und darauf war sie natürlich stolz.

Da kam ein Holzwurm gekrochen.
Der hatte Nussbaum gerochen.
Die Dose erzählte ihm lang und breit
Von Friedrich dem Großen und seiner Zeit.

Sie nannte den alten Fritz generös[1].
Da aber wurde der Holzwurm nervös
Und sagte, indem er zu bohren begann:
„Was geht mich Friedrich der Große an!“

6 Eugen Roth (1895–1976): Ungleicher Kampf

Ein Mensch von ______ Gewicht
Liebt eine Frau. Doch sie ihn nicht.
Doch dass sie ihn nicht ganz ______,
Tut sie, als ob sie ihn erhöre.
Der Mensch hofft deshalb ______
Sie habe ihn ins Herz geschlossen,
Darin er, zwar noch ______,
Bald wachse, einer ______ ähnlich.
Doch sieh, da kommt schon
einszweidrei
Ein eitler junger Fant[2] herbei,
Erlaubt sich einen kleinen ______,
Gewinnt im Fluge Hand und Herz.
Ein Mensch, selbst als gereifte Perle,
ist machtlos gegen solche Kerle.

7 Eugen Roth: Ausnahme

Ein Mensch fällt jäh in eine Grube,
Die ihm gegraben so ein Bube.
Wie? denkt der Mensch,
das kann nicht sein:
Wer Gruben gräbt, fällt selbst hinein! –
Das mag vielleicht als Regel gelten:
Ausnahmen aber sind nicht selten.

8 Eugen Roth: Ein Mensch

Ein Mensch erblickt das Licht der Welt
Doch oft hat sich herausgestellt
Nach manchem trüb verbrachten Jahr,
Dass dies der einzige Lichtblick war.

[1] generös (< frz. généroux): großzügig, großmütig, freigebig, edelmütig, hochherzig
[2] Der Fant (< lat. infans = Kind): unreifer junger Bursche, Geck, eitler Laffe

Arbeitsanregungen:

[1] Stellt in Text 3 die Abfolge der Verse und in Text 6 den vollständigen Wortlaut her!

[2] [a] Versucht in Gruppen an je zwei Texten die wirkungsvollste Rezitationsweise!
[b] Beschreibt, wodurch die heiter-ironische Wirkung entsteht!

[3] Verfasst ein Parallel- oder Gegengedicht zu einem der Texte!

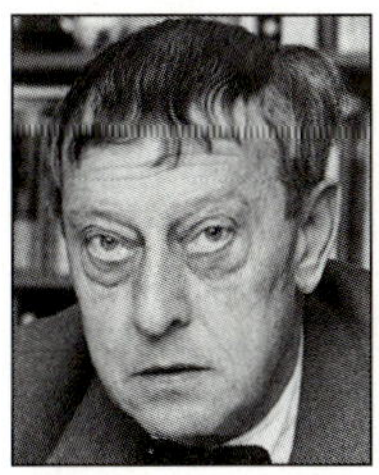

Eugen Roth wurde 1895 in München geboren. Nach schwerer Verwundung als Kriegsfreiwilliger 1914 studierte er dann Germanistik, Geschichte und Kunstgeschichte. Nach Promotion und großen Reisen in Europa und Afrika arbeitete er als Redakteur und freier Schriftsteller in München, wo er 1976 starb. Er schrieb Erzählungen und Gedichte, wurde aber vor allem bekannt durch seine heiter-besinnlichen Verse über menschliche Schwächen.

2. „Meine Mutter liebte Vatern sehr" – Die „Machart" der Parodie im Textvergleich

Theodor Fontane wurde 1819 in Neuruppin (Mark Brandenburg) als Sohn eines Apothekers geboren, dessen Vorfahren aus religiösen Gründen als Hugenotten (= Anhänger der kalvinistischen Lehre) aus Frankreich auswandern mussten. (Im 16. Jh. gab es acht sog. Hugenottenkriege.) Ohne Abschluss des Gymnasiums machte er ab 1836 eine Lehre als Apothekergehilfe in Berlin. Nach Stationen in Leipzig und Dresden arbeitete er nach seiner Militärdienstzeit (1844) bis 1849 als Apotheker in Berlin. Als freier Schriftsteller konnte er lange Zeit seinen Lebensunterhalt nicht bestreiten. Deshalb war er Hilfsangestellter in einem Ministerbüro und Berichterstatter für Berliner Zeitungen, mehrere Jahre auch in England. Schon in jungen Jahren begann Fontane Gedichte zu schreiben. Bekannt wurde er zunächst durch seine Balladen nach schottischem Vorbild und die „Wanderungen durch die Mark Brandenburg" (Reiseschilderungen von 1862–1882). Erst ab 1878 erschienen Novellen und mehr als ein Dutzend große Gesellschaftsromane über Adel und Bürgertum, Liebes- und Eheprobleme sowie Fragen der Ehre und der sozialen Verhältnisse. „Irrungen und Wirrungen" (1888), „Frau Jenny Treibel" (1892), „Effi Briest" (1895) und „Der Stechlin" (1899) wurden am bekanntesten und zeigen die hohe Kunst Fontanes, Menschen durch Dialoge zu charakterisieren. 1898 starb der Dichter in Berlin.

1 Theodor Fontane (1819–1898): Lied des James Monmouth

Es zieht sich eine blutige Spur
Durch unser Haus von alters,
Meine Mutter war seine Buhle nur,
Die schöne Lucy Walters.

Am Abend war's, leis wogte das Korn,
Sie küssten sich unter der Linde,
Eine Lerche klang und ein Jägerhorn –
Ich bin ein Kind der Sünde.

Meine Mutter hat mir oft erzählt
Von jenes Abends Sonne,
Ihre Lippen sprachen: Ich habe gefehlt!
Ihre Augen lachten vor Wonne.

Ein Kind der Sünde, ein Stuartkind[1],
Es blitzt wie Beil von weiten:
Den Weg, den alle geschritten sind,
Ich werd ihn auch beschreiten.

Das Leben geliebt und die Krone geküsst
Und den Frauen das Herz gegeben,
Und den letzten Kuss auf das schwarze Gerüst –
Das ist ein Stuart-Leben.

2 Theodor Fontane: James Monmouth

Ich heiße James Monmouth und bin der Sohn
Karl Stuarts und Lucy Walters,
Ich wurde geköpft vor Jahren schon,
Das war so Mode vor alters.

Meine Mutter liebte Vatern sehr,
Und sie küssten sich unter 'ner Buche,
Sie sahn sich oft und dann nicht mehr
Und stehn nicht im Kirchenbuche.

Und das ist mein Pech, Potzsapperment,
Dass sie nie die Ringe gewechselt,
So hieß ich zeitlebens ein „Prätendent"[2],
Bis den Kopf sie mir abgedrechselt.

Ich hab' es bezahlt mit meinem Blut'
Und fühle noch das Messer, –
Und die Moral, die lautet: *Ja, Lieb' ist gut,*
Doch die Ehe, die ist besser.

---

1 Die Stuart: eine schottische Dynastie, regierte seit 1370 in Schottland, 1603–1649 und 1660–1714 in England und Schottland

2 Der Prätendent (< frz. prétendant = Bewerber): jemand, der Ansprüche auf ein Amt erhebt; hier: Bewerber um die Krone

Arbeitsanregungen:

1 a Lest beide Gedichte und macht Notizen über den Gesamteindruck und die Auffälligkeiten!
b Versucht den inhaltlichen Hauptaspekt beider Texte zu benennen!

Dies ist ein seltenes Beispiel für die **Parodie** des eigenen Textes: Es entstand als Gelegenheitsgedicht zum Polterabend seines Dichterfreundes Paul Heyse (1830–1914) am 14.5.1854.
Der **Vergleich** von Original und Parodie verläuft ganz ähnlich wie die Interpretation eines Einzeltextes.

1. Phase: Leises (und wenn es geht lautes) mehrmaliges *Lesen* beider Gedichte – zuerst des Originals, dann der Parodie, danach in umgekehrter Reihenfolge. Neben dem *Gesamteindruck*, den *Auffälligkeiten* und *Fragen* sollte auch der inhaltliche *Hauptaspekt* beider Texte notiert werden. Auf diese Weise entsteht ein *Vergleichsrahmen* für die genauere Untersuchung.
Die *Themenanalyse* zeigt, dass es vor allem um den Vergleich des „inhaltlichen Hauptaspekts" geht.

3 Marions Notizzettel

„James Monmouth"

schreckliches Schicksal des unehelichen Sohnes

Fontane: Original (5 Str.)	**Fontane: Parodie (4 Str.)**
- Stuart → Blutspur	- Ich heiße ...
- Mutter Buhle nur	- „Köpfen" war „Mode"
- Liebesidylle	- Mutter liebt Vatern sehr
- Kind der Sünde	- Nicht im Kirchenbuche
- Mutter erzählte davon	- Pech – Potzsapperment
- Schuld ↔ Wonne	- Den Kopf „abgedrechselt"
- Kind der Sünde	- Bezahlt mit Blut
- Stuart Kind: Beil droht	- Moral: Lieb' gut, Ehe besser!
- Leben und Frauen geliebt, Krone geküsst	
- Letzter Kuss auf Todesgerüst	
→ Jambus, meist vierhebig	→ unregelmäßiger Jambus,
→ lyrisch-feierliche Sprache	→ Jargon, Fluch, saloppe Sprache
...	...

2. Phase: Stoffsammlung und *Gliederung:*
Weil die Strophen- und Reimform sowie das Metrum von Original und Parodie sehr ähnlich sind, richtet sich das Hauptaugenmerk auf die vergleichende Beschreibung der inhaltlichen und sprachlichen *Veränderungen* und die dadurch erzielte *Wirkung*.

Die Parodie
(< gr. = Gegengesang) ist eine komisch oder ironisch-satirisch wirkende Umgestaltung eines Originals, wobei zur beibehaltenen Form ein ganz anderer, meist völlig unpassender Inhalt tritt. Je größer der Unterschied zwischen Vorlage und Parodie ist, desto komischer ist die Wirkung. Die Parodie umfasst alle literarischen und musikalischen Formen und reicht vom Wiegenlied („Schlaf Kindchen schlaf/Deine Mutter ist ein Schaf/ [...]) bis zu Werken berühmter Dichter. Z. B. heißt es zu Friedrich Schillers Ballade „Der Ring des Polykrates" („Er stand auf seines Daches Zinnen [...]") in der Parodie: „Er saß auf einem Sack voll Linsen [...]"
Die Parodie reizt nicht nur zum Lachen, sondern bewirkt, dass oft auch das Original anders, meist kritischer gelesen wird. – Verwandt ist die *Travestie* (< ital. travestire = verkleiden), bei der der Inhalt beibehalten und die Form unpassend verändert wird.

2 a Beschreibt und beurteilt Marions Versuch!
b Ergänzt die Beobachtungen zur Form!

3 Prüft die drei Beispiele zum Übersichtssatz und analysiert die Unterschiede!

4 Beschreibt den Vorschlag genauer, der euch am besten gelungen erscheint!

5 a Ergänzt die Ausführungen zur ersten Strophe!
b Vergleicht dazu die übrigen Strophen!

Leonardo da Vinci (1452–1519): Mona Lisa

4 Übersichtssätze

a) Autor: Theodor Fontane
Titel: „Lied des James Monmouth"/„James Monmouth"
Gedichtart: Ballade/Parodie
Kern: blutiges Stuart-Schicksal
Gesamteindruck: ernst, fast feierlich<->scherzhaft, flapsig

b) In Theodor Fontanes Ballade „Lied des James Monmouth" und seiner Selbstparodie „James Monmouth" geht es um einen Stuart-Sohn.

c) Theodor Fontane parodiert in „James Monmouth" seine Ballade „Lied des James Monmouth", wobei die Unterschiede in der Gestaltung des tragischen Stuartschicksals im folgenden Vergleich untersucht werden sollen.

3. Phase: Ausarbeitung des Vergleichs und *Korrektur:* Innerhalb des Vergleichsrahmens gibt es zwei Gliederungsmöglichkeiten: Der Interpretation des Originals kann die Deutung der Parodie entgegengestellt werden. Der Aufbau zeigt dann ein Nacheinander, er erfolgt *diachron.* Es können aber auch gegensätzliche Aspekte beider Texte auf einer Ebene (zeitgleich = *synchron*) verglichen werden. Dies ist erheblich schwieriger, aber als Lösung eindrucksvoller.

5 Vorschläge zum Vergleich der ersten Strophen

a. Die erste Strophe der Ballade zeigt an, dass nichts Gutes für die Zukunft zu erwarten ist. Denn „unser Haus" ist durch eine „blutige Spur" gekennzeichnet. Dagegen beginnt die Parodie ganz „locker" mit der Vorstellung und der Abstammung. Bis hierher klingt die Strophe wie eine Biografie. Deshalb kommen die Zeilen drei und vier ganz unerwartet. Weil es „geköpft" und nicht „enthauptet" heißt und weil „Mode" gar nicht zu einer Hinrichtung passt, wirkt alles sehr unernst. […]

b. Obwohl das tragische Schicksal des unehelichen Sohnes James im Original und in der Parodie gleich schrecklich ist, überrascht den Leser von Anfang an der unterschiedliche „Ton": Jeweils handelt es sich um einen Rückblick aus der Perspektive James auf das Stuart-Schicksal: Im Original klingt der Ton von der ersten Zeile an sehr düster, ja er erscheint wie ein unabänderliches Verhängnis: „blutige Spur", „unser Haus", „von alters" deuten darauf hin und zeichnen das Bild des anhaltenden Schreckens. In der Parodie stellt sich der Sohn viel persönlicher vor – „Ich heiße James […]" – und beschreibt sein Schicksal schon in der ersten Strophe ganz drastisch: Mit den Ausdrücken „geköpft“ und „Mode vor alters“ wird das blutige Geschehen aber sehr umgangssprachlich und salopp ausgedrückt. Was im Original wie eine Tragödie wirkt, klingt in der Parodie wie eine derbe Komödie. […]

c. Da macht sich einer lustig, ist der spontane Gedanke, wenn man in der Parodie die erste Strophe gelesen hat. In Fontanes Original dagegen packt mich ein Schauder, obwohl die „blutige Spur“ noch nicht ganz mit der Beschreibung der schönen Mutter („seine Buhle nur“) zusammenzubringen ist. Wenn man aber von „geköpft“ und von „Mode“ spricht, passt die Ausdrucksweise nicht zum traurigen Inhalt. […]

Auch beim Vergleich geht es im Schluss um eine *begründete Gesamtwertung:* Neben der Aussage darüber, was dir besser gelungen erscheint, ist es im Falle der Parodie zusätzlich sinnvoll, ein Urteil darüber abzugeben, wie gut die komische Umgestaltung gemacht ist.

Marcel Duchamp (1887–1968): L.H.O.O.Q, 1919

6 Drei Schlüsse

a. Die Parodie gefällt mir besser als das Original, weil ich den Ernst von so traurigen Balladen nicht schätze, sondern lieber herzhaft lache.

b. Die Ballade „Lied des James Monmouth“ ist mir lieber, weil ein tragisches Schicksal nicht nur ernsthaft, sondern auch sprachlich sehr eindrucksvoll und mit viel Anteilnahme dargestellt ist. Die Parodie ist mir zu flapsig und in der Wortwahl nicht so treffend.

c. Original oder Parodie? Ich kann nicht entscheiden, was besser gelungen ist. Es kommt auf die Situation an, in der die Texte gelesen bzw. vorgetragen werden: Für den Polterabend ist die Parodie mit der deutlichen Moral viel geeigneter als das Original, das besser für einen Rezitationsabend passt.

6 Alle drei Schreiber haben ihren Schluss anders angelegt.
a Untersucht die jeweilige „Machart“!
b Findet zu jedem Beispiel eine kurze Beurteilung!

7 Johann Wolfgang von Goethe (1749–1832): Nachtgesang

O gib, vom weichen Pfühle[1],
Träumend, ein halb Gehör!
Bei einem Saitenspiele
Schlafe! was willst du mehr?

Bei meinem Saitenspiele
Segnet der Sterne Heer
Die ewigen Gefühle;
Schlafe! was willst du mehr?

Die ewigen Gefühle
Heben mich, hoch und hehr,
Aus irdischem Gewühle;
Schlafe! was willst du mehr?

Vom irdischen Gewühle
Trennst du mich nur zu sehr,
Bannst mich in diese Kühle;
Schlafe! was willst du mehr!

Bannst mich in diese Kühle,
Gibst nur im Traum Gehör.
Ach, auf dem weichen Pfühle
Schlafe! was willst du mehr?

[1] Der Pfühl (< lat. pulvinus = Polster, Kissen): Bett, weiches Lager, Ruhebett

7 Zu „Nachtgesang“ gibt es verschiedene Parodien.
a Beschreibt die Form von Text 7 möglichst genau!
b Versucht eine Parodie, wobei die Strophenzahl des Goethe-Gedichtes unter- oder überschritten werden kann!

Das 4. Kapitel im Blickfeld

Sprechen und Schreiben

1. Die **Ausgestaltung** von Gedichten bezieht sich auf folgende Möglichkeiten:
   a. Das Ausfüllen von *Lücken,* wobei es darauf ankommt, den Inhalt und die Form (vor allem das Metrum, den Rhythmus und den Reim) zu treffen.
   b. Die *Fortsetzung* von Gedichten setzt voraus, dass die Sinnrichtung, die Abfolge der Motive und die Strophenform (Metrum und Endreime) erfasst sind.
   c. Während bei *Gegengestaltungen* die Aussage im Kontrast zum Original steht, sind *Parallelgestaltungen* in Inhalt und Form genau nach der Vorlage zu richten.
   d. Die *Rekonstruktion* von Gedichten aus Textverrätselungen gelingt am besten, wenn Merkmale der Gattung oder des Genres (z. B. eines Sonetts), die Sinnrichtung, das Metrum und die Reimform erkannt sind.

2. Für das **Beschreiben** von Textauffälligkeiten ist es hilfreich, auf den *Zusammenhang* zwischen *Inhalt* und *Form* (Aufbau, Syntax, Wortwahl, Bildlichkeit, Metrum, Rhythmus und Reim) zu achten und sich eine *tabellarische Stoffsammlung* anzulegen, die Wechselbeziehungen zeigt.

3. Das **Exzerpieren** konnte in diesem Kapitel vor allem an *Motiven* von Gedichten und *Daten* zur Biografie von Dichtern geübt werden. Die Angabe der Titel bzw. der entsprechenden Informationsquellen erleichtert die Arbeit wesentlich.

4. Das **Fachgespräch** über Gedichte sollte vom *Gesamteindruck* ausgehen und darauf achten, dass auch gegensätzliche Deutungen ernst genommen werden. In jedem Fall müssen alle Teilnehmer bemüht sein, ihre Behauptungen am Text zu belegen und eine Wertung erst am Schluss begründet zu treffen.

5. Das schriftliche **Interpretieren** ist grundsätzlich verwandt mit dem literarischen Fachgespräch: Auch bei der **Interpretation** wird ein Text möglichst genau nach Inhalt und Form *beschrieben* und *gedeutet.* Sehr viel hängt vom *Verfahren* (der Methode) ab, wobei sich ein Vorgehen in drei Phasen bewährt hat:
   a. In der *ersten Phase* sollen durch leises und lautes Lesen ein Gesamteindruck gewonnen, Auffälligkeiten und Fragen übersichtlich notiert werden, so dass jederzeit Ergänzungen möglich sind. Entsprechend der Aufgabenstellung ist eine *Themenanalyse* notwendig.
   b. Die *zweite Phase* dient der genauen *Stoffsammlung* und *Gliederung,* so dass die Beziehungen von Inhalts- und Formeigenarten übersichtlich, am besten tabellarisch notiert und danach im Zusammenhang dargestellt werden.
   c. Mit der *dritten Phase* sollen in der *Ausarbeitung* ein begründetes Gesamtverständnis (mit Schlusswertung) erreicht und eine *Korrektur* durchgeführt werden.

6. Vor allem für **Klassenarbeiten,** die eine Interpretation zum Gegenstand haben, ist für das Gelingen Folgendes zu beachten:
   a. Ein *Zeitplan,* der je nach der Gesamtarbeitszeit unterschiedlich sein kann, verhindert, dass zu Beginn kostbare Minuten vertändelt werden, die am Ende fehlen.
   b. Nur wenn die *Aufgabenstellung* genau analysiert ist, lässt sich vermeiden, dass Teile übersehen werden oder gar das Hauptthema verfehlt wird.
   c. Für die *Korrektur* genügt es nicht, die Reinschrift einmal flüchtig zu lesen. In einem Korrekturgang ist es nicht möglich zu prüfen, ob die Aufgabenstellung erfüllt sowie Wortwahl, Grammatik und Zeichensetzung korrekt sind.

7. Die **Kleinschreibung** betrifft vor allem Wörter, die Merkmale eines Substantives eingebüßt haben (z. B.: angst, dank), und gilt für den ersten Bestandteil unfest zusammengesetzter Verben (z. B.: preisgeben, stattfinden).

8. Der **Vergleich** von Gedichten verlangt, dass zunächst ein *Vergleichsrahmen* (z. B. Mutterliebe, Freundschaft) gefunden wird, innerhalb dessen die vergleichende Interpretation gemacht werden kann.

1. Das **Akrostichon** (die „Versspitze“) ist ein Gedicht, bei dem die Anfangsbuchstaben der Verse ein bedeutungsvolles Wort (z. B. „Liebe“ oder „Krieg“) ergeben.

2. Die **Arten des Lesens** und **Rezitierens** richten sich auch in der Lyrik nach *Textart* und *Absicht* sowie nach *Sinn* und *Ton* des Gedichts: Je nachdem kann entschieden werden, ob sinnerschließendes oder sinngestaltendes, ob szenisches Lesen oder Gruppenrezitation (z. B. auch im Chor) angemessener ist. Das *Textblatt* ist die beste Form, um einen guten Vortrag vorzubereiten.

3. Bei den **Arten von Gedichten** geht es nicht um strenge Abgrenzungen:
   a. Die sog. *Erlebnislyrik* (z. B. als Natur- oder Liebesgedicht) und die sog. *Gedankenlyrik* (z. B. als politisches Gedicht oder als Dinggedicht) grenzen sich nicht durch den Gegensatz von „Gefühlen“ und „Gedanken“ ab, sondern nur durch die unterschiedlichen Anteile beider. Wo ausschließlich nüchterne Gedanken in belehrender Absicht mitgeteilt werden, spricht man von *Lehrgedichten.*
   b. Die *Minnelyrik* des Mittelalters ist von der sehr persönlichen Liebesdichtung dadurch zu unterscheiden, dass sie der Verehrung einer fremden Frau dient und dass sie öffentlich (als sog. Gesellschaftsdichtung) geschieht.
   c. Beim *Rollengedicht* werden Gedanken und Gefühle einer Gestalt (z. B. einer Frau oder eines Mannes) als Ichaussage dargestellt.
   d. *Das Sonett* bringt durch den Aufbau in zwei Quartetten und zwei Terzetten vor allem Gegensätze und deren Lösung zum Ausdruck.
   e. Im *Volkslied* handelt es sich um individuell verfasste, aber oft nur noch anonym überlieferte einfache, gereimte Texte, die mit einer leicht singbaren Melodie verbunden und in den Allgemeinbesitz breiter Volksschichten eingegangen sind. Aber auch Gedichte großer Dichter, z. B. Goethes „Heidenröslein“, sind zu Volksliedern geworden.

4. **Assoziationen** (spontane Einfälle) zu *Titeln* und *Schlüsselwörtern* erleichtern das Einlesen in ein Gedicht und ermöglichen es schneller, die *Sinnrichtung* zu erfassen.

5. **Collagen** zu einem Gedicht oder zu mehreren Texten lassen sich so gestalten, dass die *Motive* eines Textes oder die Motive themengleicher Gedichte um die Strophen herum bildlich dargestellt werden: Entweder mit eigener Bebilderung durch Fotos oder mit Ausschnitten aus Illustrierten, Prospekten u. Ä. Über *Rezitation* und entsprechende *Musikunterlegung* lässt sich eine wirkungsvolle multimediale Präsentation erreichen.

6. **Epochen der Literaturgeschichte** sind geeignete Gliederungsmöglichkeiten, wenn dabei beachtet wird, dass es nur ungefähre Abgrenzungen sowie vielfältige Überschneidungen und Überlagerungen in historischen Abläufen gibt und dass einzelne Dichter in ihrer Entwicklung verschiedenen Epochen angehören können. So gehörte J.W. von Goethe in seiner Frühzeit der Epoche des Sturm und Drang an (z. B. mit den schönsten Natur- und Liebesgedichten sowie „Götz von Berlichingen“), in der Reifezeit der Klassik (z. B. mit dem Drama „Iphigenie auf Tauris“ und dem Roman „Wilhelm Meister“) und in seinem Alterswerk (z. B. in „Faust, Zweiter Teil“) finden sich Elemente der Romantik. In diesem Kapitel sind folgende Epochen durch wichtige Dichter vertreten:
   a. Das *hohe Mittelalter* (um 1200) durch die Minnelyrik Walthers von der Vogelweide vor allem, in der die edle Herrin und das einfache Mädchen als Vorbilder verehrt werden.
   b. Die *Barockzeit* (ca. 1600–1720), in der z. B. durch F. von Logau, M. Opitz und G.R. Weckherlin die Schrecken des 30-jährigen Krieges sowie Lebenslust und Lebensangst dargestellt werden.
   c. Die *Empfindsamkeit* (ca. 1740–1780) wird repräsentiert durch M. Claudius und F.G. Klopstock, die durch Gefühlstiefe, Bilderreichtum und Musikalität einen großen Einfluss auf den jungen Goethe hatten.
   d. Die *Klassik* (ca. 1786–1832) ist vor allem durch J.W. von Goethe und F. Schiller vertreten. In ihr kommen hohe Ideale (z. B. das Gute, Wahre und Schöne) in einer vollendeten Form zum Ausdruck.
   e. Die *Romantik* (ca. 1798–1835) erschließt durch Gefühlsreichtum und Fantasie neue Bereiche der Dichtung, führt ins Reich der Träume und in die Vergangenheit. C. Brentano, J.

von Eichendorff, K. von Günderode, L. Uhland, z.T. auch E. Mörike und H. Heine sind wichtige Autoren.

f. In der Zeit des *Biedermeier* (ca. 1820–1850) spielt das Private (Familie und Heimat) eine wichtige Rolle, z.B. bei A. von Droste-Hülshoff, N. Lenau und E. Mörike.

g. Der Bewegung des *Jungen Deutschlands* (ca. 1830–1850) gehören vor allem H. Heine und G. Herwegh an, die sehr stark an sozialen und politischen Fragen interessiert waren.

h. Die Epoche des *Realismus* (etwa 1850–1890) stand stark unter dem Eindruck der gescheiterten Revolution von 1848 und dem Aufkommen der Naturwissenschaften und Technik. Der Stil wurde nüchterner, an Sachen und Dingen orientiert, wirklichkeitsnäher. Th. Fontane, Th. Storm, C.F. Meyer und G. Keller sind wichtige Autoren dieser Zeit.

i. Die kurze Phase des *Naturalismus* (1880–1900) wollte mit genauester Darstellung der Umstände den Menschen als durch das soziale Milieu geprägt darstellen. Im „Sekundenstil" von Arno Holz sollte diese Lebensauffassung auch in der Lyrik ausgedrückt werden.

k. Gegenbewegungen zum Naturalismus – wie *Impressionismus* (ca. 1890–1910) und *Expressionismus* (ca. 1910–1920) sowie viele *Stilrichtungen der Moderne* (ab 1920) haben die Epochen abgelöst und die Zuordnung von Autoren sehr schwierig gemacht.

7. Das **Lesetagebuch** ist ein besonders geeignetes Medium, um die persönliche Auseinandersetzung mit Literatur zu unterstützen und den eigenen Leseprozess zu beobachten, wenn Eintragungen zu verschiedenen Lesephasen erfolgen.

8. Die **Parodie** ist ein komisch oder ironisch wirkender „Gegengesang", in dem der Inhalt des Originals verändert, die Form aber beibehalten wird.
Verwandt ist die *Travestie,* die umgekehrt verfährt.

9. Die **Poetik der Lyrik** (< gr. poietike techne = Dichtungslehre) stellt hier zusammen, was zum Verstehen und Interpretieren von Gedichten an Fachbegriffen notwendig ist:
Der Name **Lyrik** (von Lyra = Leier) weist auf den Ursprung aller Dichtung in der Musik hin: Rhythmisch, klanglich und bilderreich gestaltete Sprache in Versen ist Lyrik.

   a. **Bildlichkeit** ist der Oberbegriff für verschiedene Formen dichterischer Veranschaulichung:
   - *Das Bild* i.e.S. ist ein geschlossenes Sprachgebilde, das aus sich selbst wirkt.
     Z.B.: A.v. Droste-Hülshoff: „Wie lauscht, vom Abendschein umzuckt, / Die strohbedeckte Hütte, […] („Das Haus in der Heide")
   - *Die Metapher* (< gr. metapherein = übertragen) bezeichnet einen nicht im ursprünglichen, sondern übertragenen Sinne gebrauchten Ausdruck.
     Z.B.: J.v. Eichendorff: „O Herr! auf dunkelschwankem Meere / Fahr ich im schwachen Boot, […] („In der Nacht")
   - *Die Synästhesie* (< gr. synaisthesis = das Zugleichempfinden) ist eine Form des metaphorischen Ausdrucks, wobei zwei oder mehrere Sinneseindrücke gemischt sind. Z.B.: C. Brentano: *„Golden* wehn die *Töne* nieder, […]" („Abendständchen")
   - *Das Symbol* (< gr. symballein = zusammenwerfen, vergleichen) ist ursprünglich ein Erkennungszeichen (z.B. ein Stab, ein Ring), der von Partnern geteilt und beim Wiedersehen nach langer Zeit zusammengefügt wurde. In der Dichtung ist das Symbol ein bildkräftiges Zeichen von besonderer Bedeutung, die aber nur dem damit Vertrauten zu erschließen ist.
     Z.B.: Die Taube als Friedenszeichen, das Kreuz als Zeichen für Tod und Auferstehung
     Die Chiffre (< arab. cifr = Null) ist in der modernen Dichtung oft das zum Zeichen vereinfachte Symbol.
   - *Der Vergleich* stellt die Beziehung zwischen zwei Bereichen her, zwischen denen eine Gemeinsamkeit besteht. In der Regel wird er mit „wie – so" eingeleitet.
     Z.B.: J. von Eichendorff: „Wünsche *wie* Wolken sind" („Die Nacht")
     Wenn der Vergleich ausgestaltet wird, spricht man von einem *Gleichnis* oder einer selbstständigen *Gleichniserzählung* (Parabel).

   b. Das **Metrum** (< gr. metron = Maß) oder das **Versmaß** wird nach der *regelmäßigen Tonfolge,* d.h. nach Abstand und Zahl der stark betonten Silben bestimmt:
   - *Der Jambus* (< gr. iambos < iaptein = schleudern; die Jam-

ben) ist der „Steiger“: xx́ | xx́ | xx́ | xx́
Z. B.: H. Heine: „Das Fräulein stand am Meere […]“

- *Der Trochäus* (< gr. trochaios = laufend; die Trochäen) ist der „Faller“: x́x | x́x | x́x | x́x
Z. B.: C. Brentano: „Hörst du, wie die Brunnen rauschen?“
- *Der Daktylus* (< gr. daktylos = der „Finger“; die Daktylen), der „Doppelfaller“, lässt auf eine betonte Silbe zwei unbetonte Silben folgen: x́xx | x́xx
Z. B.: Neulinge, Heilige
- *Der Anapäst* (< gr. anapaistos = aufgestoßen, rückwärts geschlagener Daktylus; die Anapäste), der „Doppelsteiger“, besteht im Deutschen aus zwei unbetonten Silben und einer betonten Silbe: xxx́ | xxx́
Z. B.: Malerei, nebenbei, Paradies
F. Hölderlin: „Wie mein Glück, ist mein Lied“
Oft wird der Anapäst im Wechsel mit dem Jambus gebraucht.
Z. B.: J. W. von Goethe:
x x́ | x x x́ | x x
„Nur einer der trippelt und
x́ | x x x́
stolpert zuletzt […]“
(„Der Totentanz“)

c. Nach Art und Stellung unterscheidet man folgende **Reimfolgen:**

- *Die Alliteration* (< lat. littera = Buchstabe; der Stabreim) ist als Buchstabenreim der gleichlautende Anlaut – konsonantisch oder vokalisch – von betonten Stammsilben.
Z. B.: Bei **W**ind und **W**etter
R. M. Rilke: „Jetzt **r**eifen schon die **r**oten Berbe**r**itzen […]“ („Das Stundenbuch“)
- Der *Anfangsreim,* bei dem sich die ersten Wörter zweier aufeinander folgender Verse reimen:
Z. B.: J. W. von Goethe:
„Krieg! ist das Losungswort
„Sieg! und so klingt es fort.
[…]“ („Faust“, Zweiter Teil)
- Der *Binnenreim,* bei dem sich das Versende mit einem Wort des Versinnern reimt.
Z. B.: F. von Spee: „Bei stiller *Nacht* zur ersten *Wacht* […]“ („Trauergesang von der Not Christi am Ölberg“)
- *Der Kehrreim* (Refrain), bei dem eine Zeile am Schluss der Strophe wiederholt wird. Vor allem im Volkslied ist der Refrain beliebt.
- *Der Kreuzreim* nach dem Schema: abab
- *Der Paarreim* nach dem Schema: aa bb …
Z. B. G. Keller: „Augen, meine lieben Fensterlein, / Gebt mir schon so lange holden Schein […]“ („Abendlied“)
- *Der Schlagreim,* in dem die aufeinander folgenden Wörter in einer Zeile sich reimen
Z. B.: R. M. Rilke: *„Und dann und wann* ein kleiner Elefant […]“ („Das Karussell“)
- *Der umarmende Reim* mit dem Schema: abba
- *Die Waisenzeile* steht für sich, ohne Endreimbindung mit anderen Versen.

d. **Der Rhythmus** (< gr. rhythmos = gleichmäßige Bewegung; < gr. rhein = fließen) ist die Gliederung von Lauten beim Sprechen, wobei der *Akzent* (die Einzelbetonung und der Tonfall insgesamt), das *Metrum,* die *Pausen,* das *Tempo* und die *Klangfarbe* (z. B. helle oder dunkle Vokale) zusammenwirken. Wenn Gedichte unterschiedlich lange Verszeilen haben und keinem regelmäßigen Metrum folgen, spricht man von einem **freien Rhythmus.**

e. In Gedichten kommen häufig folgende **Satz-, Wort- und Klangfiguren** vor:

- *Die Akkumulation* (< lat. accumulare = anhäufen) reiht mehrere Unterbegriffe statt eines Oberbegriffs, so dass alles sehr bildhaft wird.
Z. B.: P. Gerhardt: „Nun ruhen alle Wälder / Vieh, Menschen, Städt und Felder.“ D. h., es ruht die ganze Welt.
- *Die Anapher* (< gr. anapherein = heraufholen, zurückführen): Mehrere Sätze (oder Verse bzw. Strophen) beginnen mit denselben Worten, so dass die Aussage besonders nachdrücklich wird.
Z. B.: J. W. von Goethe: *„Will* dich fassen, / *Will* dich halten […]“ („Der Zauberlehrling“)
- *Die Ellipse* (< lat. ellipsis = Auslassung) verkürzt Aussagesätze zur Steigerung der Wirkung.
Z. B.: Was nun?
- *Die Inversion* (< lat. inversio = Umkehrung) verändert die reguläre grammatikalische Abfolge von Worten bzw. Satzteilen, um eine Aussage hervorzuheben.
Z. B.: A. von Droste-Hülshoff: „Hinducket das Knäblein zage.“ („Der Knabe im Moor“)
- *Der Parallelismus* (< gr. parallelos = gleichlaufend) ist der *Gleichlauf* der Wortfolge in übereinstimmendem Satzbau und hat, ähnlich wie die Anapher, verstärkende Wirkung.
Z. B.: J. W. von Goethe: „Wie das Becken schwillt! / Wie sich jede Schale […] füllt!“
(„Der Zauberlehrling“)

f. Der **Zeilen- und Hakenstil:** Während beim Zeilenstil das Satzende mit dem Versende zusammenfällt, setzt sich beim Hakenstil die syntaktische Einheit über den Vers oder die Strophe fort. Auf diese Weise entsteht ein sog. *Zeilensprung,* ein *Vers-* oder *Strophenenjambement* (< frz. Überschreitung).
Z.B.: E. Kästner: „Sonne lag krank im Bett." („Der März" = Zeilenstil)
G. Britting: „Himmlisches Eis / sprang mir auf den Tisch, [...]" („Am offenen Fenster bei Hagelwetter" = Hakenstil)

Sprachbetrachtung

Die Sprachbetrachtung dieses Kapitels betrifft vor allem folgende Bereiche.

1. Die **Anwendung** von grammatikalischem Wissen und von Fachbegriffen beim Verstehen und Interpretieren von Lyrik:

   a. In der **Syntax** (Satzlehre) kommt es neben dem Beherrschen der Fachbegriffe und dem Benennen von Satzarten vor allem auf die *Funktionsbeschreibung* an.
   Z.B.: Was bedeutet es, dass in dieser Strophe Satzende und Versende zusammenfallen? – Welche Wirkung hat die Inversion (Umstellung der Abfolge von Worten und Satzgliedern) auf den Rhythmus des Verses? – Welche Bedeutung haben Ellipsen (unvollständige Aussagesätze) für die Nachdrücklichkeit einer Aussage?

   b. In der **Lexik** (Wortlehre) ist die Betrachtungsweise ganz ähnlich: Es ist nicht getan mit einer Aufzählung von dominierenden Wortarten im Text, sondern es geht darum, die *stilistische Funktion* zu erfassen.
   Z.B.: Welche Aussage- und Klangwirkung verursacht die Häufung von Bewegungsverben, in denen die hellen Vokale dominieren? – Welche Gefühlswerte entstehen durch hart und kalt klingende oder warm und weich tönende Adjektive? – Wie wirkt der Verzicht auf Wortarten (z.B. auf anschauliche Adjektive) auf den „Ton" eines Gedichts?

   c. Durch die **Modalität** (Indikativ, Konjunktiv I und II sowie durch den Imperativ) lassen sich wichtige sprachliche Differenzierungen erreichen.

2. In der **Bedeutungslehre** (Semantik) werden vor allem historisch bedingte Veränderungen sichtbar.

   a. Eine *Bedeutungserweiterung* wird z.B. fassbar im mhd. frouwe = ursprünglich adelige Herrin, Gebieterin im Gegensatz zu wip = Weib. Walther von der Vogelweide durchbrach diese Begrenzung, indem er frouwe auf alle Frauen bezog.

   b. Eine *Bedeutungsverschlechterung* und z.T. *-verengung* liegt vor beim mhd. maget = Jungfrau, Mädchen; das nhd. Wort Magd ist „nur" noch die Bezeichnung für sozial niederstehende Dienstboten.

3. In der **Sprachgeschichte** werden in der Entwicklung vom Mittelhochdeutschen (Mhd.) zum Neuhochdeutschen (Nhd.) verschiedene Spracheigenarten des Zeitstils deutlich.

   a. Im *Mhd.* gibt es Begriffe, die im Nhd. verloren gegangen sind, wie z.B. das Adjektiv mhd. tougen = heimlich, verborgen, dunkel, finster.
   Oder es haben sich bei ähnlich klingenden Wörtern (z.B. Frau < mhd. frouwe, Magd < mhd. maget) die Bedeutungen völlig verändert (s.o.).

   b. Im *Barock* (ca. 1600–1720) gewann die deutsche Sprache neben der Prägnanz auch Zierlichkeit (durch schmückende Beiwörter) und farbige Bildhaftgkeit (z.B. bittersüß).

   c. Die *Empfindsamkeit* (ca.1740 –1785) bereicherte die deutsche Dichtersprache durch Differenzierung der Gefühlsaussagen, was für den Stil der Klassik und Romantik sehr wesentlich wurde.

   d. Während der *Impressionismus* (ca. 1890–1910) größtmögliche Genauigkeit anstrebte und die Klangfülle bis ins Lautmalerische steigerte, wurde die Sprache im *Expressionismus* (etwa 1910–1920) durch Ausdrucksstärke (Expressivität) und z.T. Rauschhaftigkeit geprägt.

   e. In der sog. *neuen Sachlichkeit* (zwischen 1920 und 1930), u.a. bei B. Brecht, E. Kästner, wurde das Subjektiv-Gefühlsbeladene und oft Pathetische des späten Expressionismus zurückgenommen. Eine betont tatsachenorientierte nüchterne Sprache prägte diesen Stil, der auch in der deutschen Literatur nach 1945 z.T. bestimmend blieb.

FÜNFTES KAPITEL

Unerhörte Begebenheiten

Edvard Munch (1863 –1944): Tanz des Lebens (1899/1900), Oslo, Nationalgalerie

I. Folgenreiche Entscheidungen

1. Geisterhaftes und Menschliches – Novellen und ihre Merkmale

1 Stoff für außerordentliche Geschichten

Arbeitsanregungen:

1 Lasst euch wie die Dichter von verschiedenen Stoffen zu Geschichten anregen!

a Jeder wählt sich dazu eine der Abbildungen a–e aus, überlegt sich, welche Art von Text es werden könnte und skizziert die mögliche Sinnrichtung!

Stoff: Roman – Gedicht – Novelle – Kriminalgeschichte – Drama – Grafik – Gespenstergeschichte

b Tragt zu jedem Bild mehrere Entwürfe vor, besprecht und vergleicht sie!

Übersetzung: „Wenn du dich diesem Orte nahest, so wird es dir ergehen, wie du mir getan.“

Der Tod eines wertvollen Vogels stürzt einen Menschen in größtes Unglück und verhilft einem anderen zu höchstem Glück.

2 Verhängnisvolle Geschichten? – Zwei Anfänge

Zwei Schüler haben sich für den Stoff a entschieden und jeweils die Gestaltung einer Novelle versucht. Hier ihre Anfänge:

a. Der Baum im Park

Der Park mit den vielen alten Bäumen war der Treffpunkt für die Liebespaare der Stadt. Auch Hanna und Peter trafen sich dort oft heimlich und schworen sich ewige Treue. Hanna war die älteste Tochter einer vielköpfigen Krämerfamilie und musste bereits im Laden aushelfen, obwohl sie noch zur Schule ging. Peter sollte nach dem Abitur eine Ausbildung machen und dann später die Kanzlei des Vaters übernehmen. Seine Eltern sahen es überhaupt nicht gerne, dass er sich mit dem Krämermädchen herumtrieb. […]

b. Die Freundesesche

Die mächtige, weit ausladende Esche stand unmittelbar am Weg ins benachbarte Städtchen. Doch die Dorfbewohner machten stets einen großen Bogen um den Baum und nahmen stattdessen, wann immer irgend möglich, einen langen Umweg auf sich. Verhängnisvolle, schreckliche Geschehnisse sollen sich in unmittelbarer Nähe des Baumes zugetragen haben, schauderhafte Geschichten und beklemmende Erinnerungen zeugten davon.
Es muss wohl im Verlauf des Sommers 1933 gewesen sein, dass die gemiedene Esche zum geheimen Treffpunkt der Jungen wurde. David und Heinz hatten sich nie vorstellen können, dass je etwas ihre Freundschaft trüben könnte. Doch seit kurzer Zeit stellte sich Heinz' Vater, der Wirt vom „Guten Tropfen", gegen die Freundschaft seines Sohnes mit dem stillen David. Nie zuvor hatte er sich für die Freunde seines Sohnes interessiert, doch nun schien er alles daransetzen zu wollen, gerade diese Freundschaft zu unterbinden. […]

Die Novelle (< ital., eigentlich = kleine Neuigkeit, zu lat. novus, novellus = neu)

- erzählt von einem außergewöhnlichen Ereignis, das tatsächlich geschehen sein könnte,
- hat einen strengen, zielgerichteten Aufbau mit einem Höhepunkt, in dem der zentrale Konflikt gipfelt, und einen oder mehrere Wendepunkte,
- ist ein Prosatext von überschaubarer Länge.

2 Besprecht, welcher Vorschlag zum Beginn einer Novelle besser gelungen ist!

3 a Notiert in Partnerarbeit weitere mögliche Erzählschritte für den besseren Entwurf!
b Beurteilt eure Ergebnisse auch danach, ob Merkmale der Novelle berücksichtigt sind!

3 Ein Ereignis – Zwei Zeitungsausschnitte

a.

Tragischer Brandfall

Locarno, 11. Okt. 1810. Beim Brand eines Schlosses in den Bergen bei Locarno kam der Besitzer ums Leben. Die anderen Bewohner konnten das Anwesen, das bis auf die Grundmauern abbrannte, rechtzeitig verlassen. Die näheren Umstände des Unglücks konnten noch nicht geklärt werden.

b.

Wahnsinnstat: Selbsttötung im flammenden Inferno

Locarno, 11. Okt. 1810. Unter noch ungeklärten merkwürdigen Umständen wurde ein idyllisches Schloss nahe Locarno zum Schauplatz eines fürchterlichen Geschehens. Der Besitzer des Schlosses soll, in einem plötzlichen Anfall von Wahnsinn, in einem der Zimmer Feuer gelegt haben. Während sich seine Frau und das Gesinde vor den Flammen retten konnten, kam er selbst darin aufs Entsetzlichste ums Leben. Das herrschaftliche Schloss brannte bis auf die Grundmauern nieder.

Arbeitsanregungen:

1 Eine der beiden Zeitungsmeldungen regte einen Autor zur Gestaltung einer Novelle an.

2 Entwerft in Partnerarbeit eine Handlungsskizze (einen Handlungsplot) für eine Novelle!

a Benutzt für die Findungsphase die Darstellungsweise des vorgegebenen Clusters, ergänzt ihn durch eigene Einfälle und nummeriert die Stichworte, um eine sinnvolle Abfolge zu erhalten!

b Gestaltet einzelne Handlungsschritte aus!

c Tragt einige eurer Entwürfe vor und vergleicht sie!

Über die Hintergründe des Geschehens bestehen bisher lediglich Vermutungen. Es wird von gespenstischen Erscheinungen erzählt, die sich seit geraumer Zeit in einem der Schlossräume ereignet haben sollen. Der Spuk, der in Zusammenhang mit einer unglücklich zu Tode gekommenen Bettlerin gebracht wird, soll Interessenten vom Kauf des Schlosses abgeschreckt und den Schlossherrn in die seelische Zerrüttung getrieben haben.

Die Methode des **Clusterings** ist besonders geeignet, um von einem Tatbestand (Handlungskern) auf mögliche Hintergründe und Folgen zu schließen:

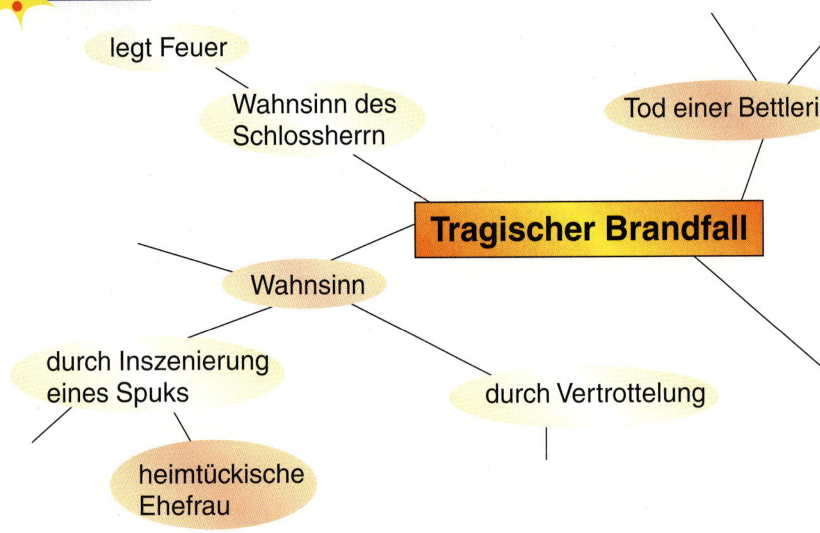

4 Heinrich von Kleist (1777–1811): Das Bettelweib von Locarno

Am Fuße der Alpen, bei Locarno im oberen Italien, befand sich ein altes, einem Marchese[1] gehöriges Schloss, das man jetzt, wenn man vom St. Gotthard kommt, in Schutt und Trümmern liegen sieht: ein Schloss mit hohen und weitläufigen Zimmern, in deren einem einst, auf Stroh, das man ihr unterschüttete, eine alte kranke Frau, die sich bettelnd vor der Tür eingefunden hatte, von der Hausfrau aus Mitleiden gebettet worden war. Der Marchese, der, bei der Rückkehr von der Jagd, zufällig in das Zimmer trat, wo er seine Büchse abzusetzen pflegte, befahl der Frau unwillig, aus dem Winkel, in welchem sie lag, aufzuste-

[1] Der Marchese (gesprochen: markese; ital. < mhd. marcgrave = Markgraf): italienischer Adelstitel im Rang zwischen Graf und Herzog

hen, und sich hinter den Ofen zu verfügen. Die Frau, da sie sich erhob, glitschte mit der Krücke auf dem glatten Boden aus, und beschädigte sich, auf eine gefährliche Weise, das Kreuz; dergestalt, dass sie zwar noch mit unsäglicher Mühe aufstand und quer, wie es vorgeschrieben war, über das Zimmer ging, hinter den Ofen aber, unter Stöhnen und Ächzen, niedersank und verschied.

Mehrere Jahre nachher, da der Marchese, durch Krieg und Misswachs, in bedenkliche Vermögensumstände geraten war, fand sich ein florentinischer Ritter bei ihm ein, der das Schloss, seiner schönen Lage wegen, von ihm kaufen wollte. Der Marchese, dem viel an dem Handel gelegen war, gab seiner Frau auf, den Fremden in dem oben erwähnten, leer stehenden Zimmer, das sehr schön und prächtig eingerichtet war, unterzubringen. Aber wie betreten war das Ehepaar, als der Ritter mitten in der Nacht, verstört und bleich, zu ihnen herunterkam, hoch und teuer versichernd, dass es in dem Zimmer spuke, indem etwas, das dem Blick unsichtbar gewesen, mit einem Geräusch, als ob es auf Stroh gelegen, im Zimmerwinkel aufgestanden, mit vernehmlichen Schritten, langsam und gebrechlich, quer über das Zimmer gegangen, und hinter dem Ofen, unter Stöhnen und Ächzen, niedergesunken sei.

Der Marchese erschrocken, er wusste selbst nicht recht warum, lachte den Ritter mit erkünstelter Heiterkeit aus, und sagte, er wolle sogleich aufstehen, und die Nacht zu seiner Beruhigung, mit ihm in dem Zimmer zubringen. Doch der Ritter bat um die Gefälligkeit, ihm zu erlauben, dass er auf einem Lehnstuhl, in seinem Schlafzimmer übernachte, und als der Morgen kam, ließ er anspannen, empfahl sich und reiste ab.

Dieser Vorfall, der außerordentliches Aufsehen machte, schreckte auf eine dem Marchese höchst unangenehme Weise, mehrere Käufer ab; dergestalt, dass, da sich unter seinem eigenen Hausgesinde, befremdend und unbegreiflich, das Gerücht erhob, dass es in dem Zimmer, zur Mitternachtsstunde, umgehe, er, um es mit einem entscheidenden Verfahren niederzuschlagen, beschloss, die Sache in der nächsten Nacht selbst zu untersuchen. Demnach ließ er, beim Einbruch der Dämmerung, sein Bett in dem besagten Zimmer aufschlagen, und erharrte, ohne zu schlafen, die Mitternacht. Aber wie erschüttert war er, als er in der Tat, mit dem Schlage der Geisterstunde, das unbegreifliche Geräusch wahrnahm; es war, als ob ein Mensch sich von Stroh, das unter ihm knisterte, erhob, quer über das Zimmer ging, und hinter dem Ofen, unter Geseufz und Geröchel niedersank. Die Marquise[1], am andern Morgen, da er herunterkam, fragte ihn, wie die Untersuchung abgelaufen; und da er sich, mit scheuen und ungewissen Blicken, umsah, und, nachdem er die Tür verriegelt, versicherte, dass es mit dem Spuk seine Richtigkeit habe: so erschrak sie, wie sie in ihrem Leben nicht getan, und bat ihn, bevor er die Sache verlauten ließe, sie noch einmal, in ihrer Gesellschaft, einer kaltblütigen Prüfung zu unterwerfen. Sie hörten aber, samt einem treuen Bedienten, den sie mitgenommen hatten, in der Tat, in der nächsten Nacht, dasselbe unbegreifliche, gespensterartige Geräusch; und nur der dringende Wunsch, das Schloss, es koste was es wolle, loszuwerden, vermochte sie, das Entsetzen, das sie ergriff, in Gegenwart ihres Dieners zu unterdrücken, und dem Vorfall irgendeine gleichgültige und zufällige Ursache, die sich entdecken lassen müsse, unterzuschieben. Am Abend des dritten Tages, da beide, um der Sache auf den Grund zu kommen, mit Herzklopfen wieder die Treppe zu dem Fremdenzimmer

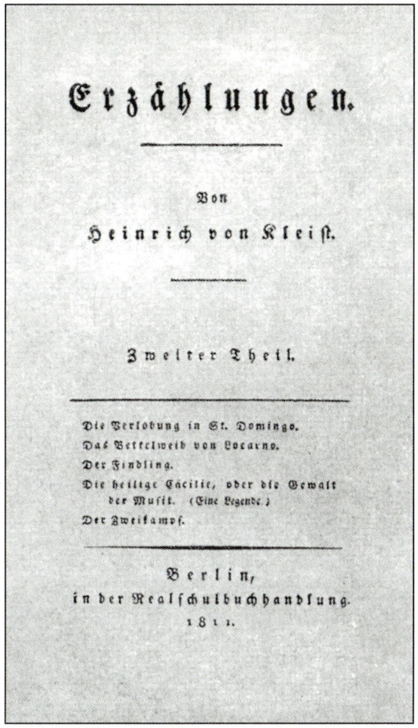

Erzählungen.

Von

Heinrich von Kleist.

Zweiter Theil.

Die Verlobung in St. Domingo.
Das Bettelweib von Locarno.
Der Findling.
Die heilige Cäcilie, oder die Gewalt der Musik. (Eine Legende.)
Der Zweikampf.

Berlin,
in der Realschulbuchhandlung.
1811.

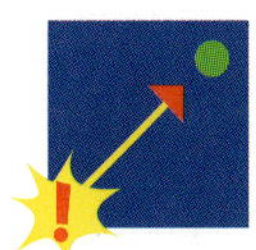

Im **Metaplan** lassen sich an der Pinnwand Eindrücke, Wertungen, Gedanken usw. sammeln, im Unterrichtsgespräch ordnen und durch Ober- und Unterbegriffe gliedern. Eine arbeitsteilige Untersuchung der entstandenen Bereiche kann sich anschließen.

1 Die Marquise: franz. Entsprechung zu Marchesa, der weiblichen Form zu Marchese

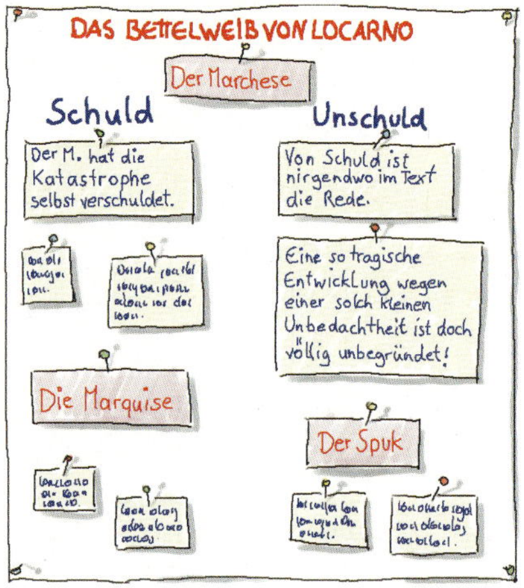

Arbeitsanregungen:

1 a Notiert euren ersten Leseeindruck auf einem Zettel!
b Erstellt zu euren Eindrücken einen Metaplan!

2 Der Erzähler lässt die Schuldfrage offen!

? Beispiele für Dehnung und Raffung?

bestiegen, fand sich zufällig der Haushund, den man von der Kette losgelassen hatte, vor der Tür desselben ein; dergestalt, dass beide, ohne sich bestimmt zu erklären, vielleicht in der unwillkürlichen Absicht, außer sich selbst noch etwas Drittes, Lebendiges, bei sich zu haben, den Hund mit sich in das Zimmer nahmen. Das Ehepaar, zwei Lichter auf dem Tisch, die Marquise unausgezogen, der Marchese Degen und Pistolen, die er aus dem Schrank genommen, neben sich, setzen sich, gegen eilf Uhr, jeder auf sein Bett; und während sie sich mit Gesprächen, so gut sie vermögen, zu unterhalten suchen, legt sich der Hund, Kopf und Beine zusammengekauert, in der Mitte des Zimmers nieder und schläft ein. Drauf, in dem Augenblick der Mitternacht, lässt sich das entsetzliche Geräusch wieder hören; jemand, den kein Mensch mit Augen sehen kann, hebt sich, auf Krücken, im Zimmerwinkel empor; man hört das Stroh, das unter ihm rauscht; und mit dem ersten Schritt: tapp! tapp! erwacht der Hund, hebt sich plötzlich, die Ohren spitzend, vom Boden empor, und knurrend und bellend, grad als ob ein Mensch auf ihn eingeschritten käme, rückwärts gegen den Ofen weicht er aus. Bei diesem Anblick stürzt die Marquise, mit sträubenden Haaren, aus dem Zimmer; und während der Marquis, der den Degen ergriffen: wer da? ruft, und da ihm niemand antwortet, gleich einem Rasenden, nach allen Richtungen die Luft durchhaut, lässt sie anspannen, entschlossen, augenblicklich, nach der Stadt abzufahren. Aber ehe sie noch einige Sachen zusammengepackt und aus dem Tore herausgerasselt, sieht sie schon das Schloss ringsum in Flammen aufgehen. Der Marchese, von Entsetzen überreizt, hatte eine Kerze genommen, und dasselbe, überall mit Holz getäfelt wie es war, an allen vier Ecken, müde seines Lebens, angesteckt. Vergebens schickte sie Leute hinein, den Unglücklichen zu retten; er war auf die elendiglichste Weise bereits umgekommen, und noch jetzt liegen, von den Landleuten zusammengetragen, seine weißen Gebeine in dem Winkel des Zimmers, von welchem er das Bettelweib von Locarno hatte aufstehen heißen.

5 Auszug aus einem literarischen Fachgespräch

In der 9c entstand ein lebhaftes Gespräch über einen möglichen Schuldzusammenhang zwischen dem Verhalten des Marchese gegenüber dem Bettelweib und seinem tragischen Tod viele Jahre danach.

THOMAS: Der Marchese verhält sich völlig Menschen verachtend gegenüber dem alten Bettelweib. Er wird am Ende zu Recht dafür bestraft.

MELANIE: Ja, er markiert den absoluten Macho, für den das Bettelweib nur Dreck darstellt, den es in die hinterletzte Ecke zu kehren gilt. Er eilt ihr auch nicht zu Hilfe, als sie ausrutscht.

KATHRIN: Die Marquise ist nicht so verhärtet und herrisch wie der Marchese, denn sie hatte Mitleid mit der alten, kranken Frau. Wahrscheinlich konnte sie sich deshalb am Ende retten.

BENEDIKT: Also, ich finde, dass nirgendwo im Text steht, dass der Marchese etwas Böses tut und damit ein so tragisches Ende verdient hat. Überhaupt würde es mich auch erst mal gehörig nerven, wenn in meinem Zimmer irgendwer Zerlumptes rumliegen würde. Dass man dann erst mal was Ungehaltenes, Unbedachtes sagt, ist doch verständlich. Den Sturz konnte der Marchese doch gar nicht voraussehen und den Tod des Bettelweibs

? Denotat und Konnotationen von „zufällig"?

hatte er doch auch nicht beabsichtigt. Das war doch nur ein dummes Unglück.

ANNE: Ich ärgere mich zwar auch über das Verhalten des Marchese, aber Benedikt hat da was Wichtiges gesagt. Wenn man nämlich mal den zweiten Satz anschaut, dann stößt man doch auf den Widerspruch, dass der Marchese *„zufällig"* in das Zimmer kommt, in das „er seine Büchse abzusetzen *pflegte"*. Das macht für mich bloß einen Sinn, wenn das Wort „zufällig" bedeutet, dass der Marchese uninformiert, also ohne dass seine Frau ihm zuvor was über das Bettelweib erzählen konnte, in das Zimmer trat. Sein ungehaltenes Verhalten würde somit zumindest nachvollziehbar.

TOBIAS: So einfach scheint die Schuldfrage also gar nicht zu lösen zu sein. Man müsste sich dafür das Nacheinander der einzelnen Handlungsschritte genauer anschauen.

KATHRIN: Die komplizierten Sätze sorgen aber allein schon für genug Verwirrung. Die sollte man auch genauer betrachten. [...]

Arbeitsanregungen.

1 Fasst die Positionen des Fachgesprächs zusammen!

2 Klärt euer eigenes Verständnis über ein mögliches Fehlverhalten des Marchese!
a Möglich wäre die Form eines Plädoyers für bzw. gegen die Figur.
b Denkbar wäre auch ein Erörterungsaufsatz zum Thema:
Der Marchese, ein Menschen verachtender Täter oder ein bedauernswertes Opfer?

6 Collage aus Stationen der Novelle

Erneute Überprüfung des Spuks

Wahnsinnstat des Marchese

Schloss als Mahnmal

Vorfall zwischen Marchese und Bettelweib mit tödlicher Folge

Erste persönliche Spukerfahrung

Schloss in Trümmern

Bericht des Ritters über einen Spuk

Überprüfung des Spuks

Arbeitsanregungen:

1 Bringt die einzelnen Stationen der Novelle in eine inhaltlich stimmige Abfolge!

Eine gute Übersicht über den inhaltlichen Aufbau der Novelle ergibt sich, wenn die einzelnen Stationen des Geschehens in einer Art **Lesezettel** festgehalten werden. Den Stationen können dabei auch besondere Novellenmerkmale zugewiesen werden, z. B. tatsächlich sich ereignetes Geschehen, folgenschwere Entscheidung, unerhörte Begebenheit, Höhepunkt, Wendung/en, Lösung.

Zeilen	Stationen des Geschehens	Merkmale der Novelle	Beobachtungen und Fragen
Z. 1-3	– Schloss in Trümmern	– real vorstellbares Ereignis (s. Ortsangabe)	– ...
Z. ...		– ...	– ...

2 a Entscheidet euch für eine Kurve!
b Übernehmt die von euch ausgewählte Grafik und beschriftet sie mit den entsprechenden Stationen des Geschehens! Macht diese Eintragungen oberhalb der Kurve!
c Sprecht über den Höhepunkt bzw. die Höhepunkte der Novelle!

3 a Tragt mit Farbe in eure Kurve ein, wann im Präsens erzählt wird!
b Erklärt, was der Tempuswechsel bewirkt!

4 „Viermal dasselbe Geschehen, aber jeweils eine andere Reaktion des Marchese.“
a Tragt unterhalb eurer Kurve andersfarbig nach dem folgenden Beispiel die jeweilige Reaktion des Marchese ein!

äußeres Geschehen	Bericht über den Spuk (Z. 19–25) …
Reaktion des M. (inneres Geschehen)	betreten, erschrocken, lacht erkünstelt (Z.) …

b Denkt euch in den Marchese hinein und notiert, was in ihm vorgegangen ist!
c Besprecht eure Ergebnisse und entwerft arbeitsteilig in Partnerarbeit zu je einer Begegnung des Marchese mit dem Unheimlichen einen inneren Monolog!

5 Sprecht nochmals über euer Verständnis der Novelle „Das Bettelweib von Locarno“ und haltet es in einem Ergebnisprotokoll fest!

6 a Lest den zweiten Satz laut vor!
b Übertragt die Satzskizze, benennt die Satzglieder des Hauptsatzes und die Art der Gliedsätze!

7 a Lest nur den Hauptsatz, danach den Kleist'schen Satz und vergleicht!
b Macht eine Ersatzprobe zu den kursiv hervorgehobenen Wörtern!
c Schreibt den Satz mit der heute üblichen Kommasetzung und macht die vergleichende Leseprobe!

Neben einer inhaltlichen Darstellung kann man die Novelle auch **grafisch** veranschaulichen.

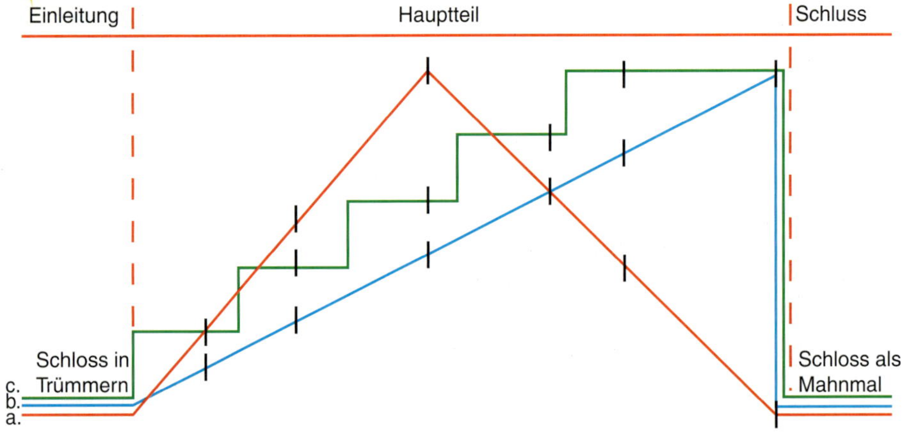

Einen einprägsamen, im selben oder im annähernd gleichen Wortlaut wiederkehrenden Sachverhalt, der einer bestimmten Situation, Stimmung oder Gefühlslage zugeordnet ist, nennt man **Leitmotiv.** Durch das mehrfache Auftreten wirkt es gliedernd und akzentuierend. Es kann auf Zusammenhänge vorausdeuten oder diese rückverweisend hervorheben sowie zur literarischen Symbolbildung eines Werkes beitragen.

7 Ein Satz, und was für einer!

Nicht nur der Aufbau der Kleist'schen Novelle ist sehr kunstvoll, sondern auch die Sätze sind raffiniert gestaltet. An einem der Sätze – insgesamt besteht die Novelle aus 20 Sätzen – lässt sich das Zusammenwirken von Satzbau, Wortwahl und Kommasetzung zeigen. Hier der zweite Satz:

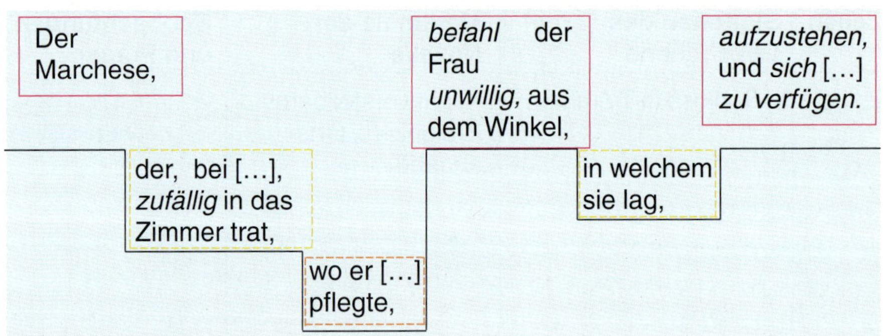

8 Ein Fachgespräch über Kleist'sche Sprachkunst

FRANZISKA: Diese Sätze von dem Kleist sind gehörige Brocken. Die sind derart ineinander verschachtelt und mit einem ständigen Auf und Ab, da kennt man sich fast nicht mehr aus.

THOMAS: Wenn es nur der komplizierte Satzbau wäre! Aber darin sind die einzelnen Gliedsätze gar nicht eindeutig zu bestimmen.

TOBIAS: Genau, weil oft die einleitenden Konjunktionen fehlen. Da braucht's besondere Sprachexperten. Bei mir schaltet's da ab!

MEIKE: Auf was noch gar nicht hingewiesen wurde, das ist die eigenwillige Kommasetzung von Kleist. Die korrekten Regeln hat der wohl auch nicht gekannt.

BENEDIKT: Halt, da muss ich widersprechen! Wie ist denn das mit der dichterischen Freiheit? Ich vermute, die häufigen Kommas haben eine ganz besondere Funktion. […]

9 „Null Bock auf Kleist'sche Sprachkunst" – Ein Gegenvorschlag

Aus Ärger über die Analyse des ersten Novellensatzes hatte ein Schüler die Idee, Kleists Satz zu vereinfachen:

Am Fuße der Alpen befand sich ein altes Schloss. Es lag bei Locarno im oberen Italien. Es gehörte einem Marchese. Man sieht es, wenn man vom St. Gotthard kommt. Jetzt liegt es in Schutt und Trümmern. Es war ein Schloss mit hohen und weitläufigen Zimmern. In eines war einst eine alte kranke Frau gebettet worden... Auf Stroh, das man ihr unterschüttete. Sie hatte sich bettelnd vor der Tür eingefunden. Aus Mitleiden hatte die Hausfrau sie aufgenommen.

Der Vergleich von Original und „Gegenvorschlag" führt zu einer **Tabelle**, in der die Eigenart von Satzbau und in der Wirkung festgehalten werden.

	Merkmale des Satzbaus	Wirkung
Kleist	– Gliedsätze unterschiedlichen Grades – …	– hektisch, atemlos – …
Gegenvorschlag	– Reihung von Aussagesätzen (Parataxe) – …	– beschreibend – …

Fachbegriffe zur Syntax und deren Abkürzungen:

P	=	Prädikat
PN	=	Prädikatsnomen
S	=	Subjekt
AO	=	Akkusativobjekt
DO	=	Dativobjekt
GO	=	Genitivobjekt
PO	=	Präpositionalobjekt
KA	=	Kausaladverbial
LA	=	Lokaladverbial
MA	=	Modaladverbial
TA	=	Temporaladverbial
Ad. Attr.	=	Adjektivattribut
Gen. Attr.	=	Genitivattribut
Pr. Attr.	=	Präpositionalattribut

Fachbegriffe für Satzarten, ihre Kürzel und ihre farbliche Kennzeichnung:

HS = Hauptsatz

NS = Nebensatz z. B. Attributsatz

GS = Gliedsatz z. B. Kausalsatz

Arbeitsanregungen:

1 a Besprecht die einzelnen Positionen des Fachgesprächs!
b Führt das Fachgespräch fort!

2 Der Gegenvorschlag traf auf stürmische Zustimmung: „Super Idee! Doch das ist Tobias und nicht Kleist!"
a Macht die Leseprobe, und vergleicht mit der Originalfassung!
b Notiert, was euch auffällt!

3 a Wendet das „Experiment" der Umformung durch Vereinfachung auf den zweiten Novellensatz an!
b Wiederholt die Leseprobe! Versucht danach in Partnerarbeit die Wirkung der verschieden gestalteten Sätze festzuhalten!
c Besprecht eure Ergebnisse in der Klasse und ergänzt sie!

4 a Schreibt den ersten Novellensatz in der heute üblichen Kommasetzung!
b Macht die vergleichende Leseprobe und notiert in Partnerarbeit die unterschiedliche Wirkung!

5 a Schreibt den Satz (Text 10) mit großem Zeilenabstand ab, setzt Kommas nach den heute geltenden Regeln und schreibt die jeweilige Begründung darüber! (Vgl. im ersten Kapitel, S. 23!)
b Macht die vergleichende Leseprobe mit dem Kleist'schen Originalsatz und sprecht über die Wirkung!

6 Verfasst abschließend eine Inhaltsangabe der Novelle mit Übersichtssatz, Hauptteil (mit Aufbau und Spracheigenarten) sowie Schlusswertung!

Unter **Zeitstil** (oder Epochalstil < lat. stilus = Schreibstift, Schreibart) fasst man die Stilelemente einer bestimmten Zeitspanne zusammen, die – über den Individualstil einzelner Autoren hinaus – das *gemeinsame Stilbild* einer Epoche prägen (z. B. die wirklichkeitsgetreue und sprachlich detailgenaue Darstellung im sog. Realismus). Besonders im *Wortschatz* sind sehr deutlich geschichtliche Veränderungen fassbar: Manche Ausdrücke älterer Literatur muten heute ungewöhnlich an oder sind gar unverständlich. Aber auch heutige Modewörter werden späteren Lesern so erscheinen. Eine gerechte Einschätzung eines Epochenstils ist jeweils nur aus der Kenntnis von Tendenzen einer entsprechenden Zeit möglich.

10 Schreiben mit heutiger Kommasetzung

Die Frau da sie sich erhob glitschte mit der Krücke auf dem glatten Boden aus und beschädigte sich auf eine gefährliche Weise das Kreuz dergestalt dass sie zwar noch mit unsäglicher Mühe aufstand und quer wie es vorgeschrieben war über das Zimmer ging hinter den Ofen aber unter Stöhnen und Ächzen niedersank und verschied.

Interpretationshilfe 10:
Die **Syntax**, die **Wortwahl** (Lexik) sowie die **Kommasetzung** sind Eigenarten Kleists.

– Die typische Verschachtelung der Kleist'schen Sätze führt zu einem sich ständig steigernden Erzähltempo, das aber gleichzeitig durch Einschübe und eine eigenwillige Kommasetzung gehemmt wird. Dies bewirkt insgesamt einen unruhigen Rhythmus. Die eigentümliche Kommasetzung liegt darin begründet, dass Kleist (wie auch andere Autoren, z. B. Johann Peter Hebel) neben den grammatisch notwendigen Kommas zusätzlich stilistisch begründete Kommas setzt.

– Bei der Bestimmung wichtiger Gliedsätze helfen die unterordnenden Konjunktionen, die verschiedene Typen von Adverbialsätzen einleiten.

Adverbialsätze	Konjunktionen	Funktion
1. **Adversativsatz**	anstatt dass, während	gibt den Gegensatz an
2. **Finalsatz**	dass, damit	drückt die Absicht aus
3. **Instrumentalsatz**	indem, dadurch dass	informiert über das Mittel
4. **Kausalsatz**	weil, da	begründet einen Sachverhalt
5. **Komparativsatz**	wie, als	macht einen Vergleich
6. **Konditionalsatz**	wenn, falls, sofern	zeigt eine Bedingung auf
7. **Konsekutivsatz**	(derart) dass, (so) dass	beschreibt die Folge einer Handlung
8. **Konzessivsatz**	obwohl, obgleich, wenn auch, wenngleich, wiewohl	schränkt einen Sachverhalt ein
9. **Lokalsatz**	wo, wohin, woher	gibt den Ort an
10. **Modalsatz**	wie, indem, dadurch dass	informiert über die Art und Weise
11. **Temporalsatz**	bevor, als, während, nachdem, seit, ehe	informiert über Zeitverhältnisse

2. Annäherungen an Heinrich von Kleist – Werk und Autor in Gruppenarbeit vorstellen

1 Erzählkerne geben Gestaltungs- und Leseanreize

a. […] Josephe war, auf ihrem Gang zum Tode, dem Richtplatze schon ganz nahe gewesen, als durch den krachenden Einsturz der Gebäude plötzlich der ganze Hinrichtungszug auseinander gesprengt ward. Ihre ersten entsetzensvollen Schritte trugen sie hierauf dem nächsten Tore zu; doch die Besinnung kehrte ihr bald wieder, und sie wandte sich, um nach dem Kloster zu eilen, wo ihr kleiner, hülfloser Knabe zurückgeblieben war. Sie fand das ganze Kloster schon in Flammen, und die Äbtissin, die ihr in jenen Augenblicken, die ihre letzten sein sollten, Sorge für den Säugling angelobt hatte, schrie eben, vor den Pforten stehend, nach Hülfe, um ihn zu retten. […]

Aus: Heinrich von Kleist: Das Erdbeben in Chili (1807)

b. […] ein fürchterlicher Neger, namens Congo Hoango […] lauerte […] den Reisenden auf, die in bewaffneten Haufen das Land durchkreuzten; bald fiel er am hellen Tage die in ihren Niederlassungen verschanzten Pflanzer selbst an, und ließ alles, was er darin vorfand, über die Klinge springen. Ja, er forderte, in seiner unmenschlichen Rachsucht, sogar die alte Babekan mit ihrer Tochter, einer jungen funfzehnjährigen Mestize[1], namens Toni, auf, an diesem grimmigen Kriege, bei dem er sich ganz verjüngte, Anteil zu nehmen; und weil das Hauptgebäude der Pflanzung, das er jetzt bewohnte, einsam an der Landstraße lag und sich häufig, während seiner Abwesenheit, weiße oder kreolische[2] Flüchtlinge einfanden, welche darin Nahrung oder ein Unterkommen suchten, so unterrichtete er die Weiber, diese weißen Hunde, wie er sie nannte, mit Unterstützungen und Gefälligkeiten bis zu seiner Wiederkehr hinzuhalten. Babekan, welche in Folge einer grausamen Strafe, die sie in ihrer Jugend erhalten hatte, an der Schwindsucht litt, pflegte in solchen Fällen die junge Toni, die, wegen ihrer ins Gelbliche gehenden Gesichtsfarbe, zu dieser grässlichen List besonders brauchbar war, mit ihren besten Kleidern auszuputzen; sie ermunterte dieselbe, den Fremden keine Liebkosung zu versagen, bis auf die letzte, die ihr bei Todesstrafe verboten war: […]

Aus: Heinrich von Kleist: Die Verlobung in St. Domingo (1811)

c. […] aber kaum hatte Herr Friedrich aus den Händen des Herolds das Schreiben erhalten, als er es, nach einem flüchtig hingeworfenen Blick, von oben bis unten zerriss, und die Stücken, samt seinem Handschuh, die er zusammen wickelte, mit der Erklärung dem Grafen Jakob dem Rotbart ins Gesicht warf: dass er ein schändlicher und niederträchtiger Verleumder, und er entschlossen sei, die Schuldlosigkeit Frau Littegardens an dem Frevel, den er ihr vorgeworfen, auf Tod und Leben, vor aller Welt, im Gottesurteil zu beweisen! […]

Aus: Heinrich von Kleist: Der Zweikampf (1811)

Arbeitsanregungen:

1 a Wählt zu zweit einen der Erzählkerne aus!
b Fertigt zu diesem Kern einen Cluster an und entwerft einen Handlungsplot!

Erinnert euch an die Organisation der **Gruppenarbeit**:

- In der *Plenumsphase I* bespricht die ganze Klasse die Anforderungen des Themas, die Aufteilung in Teilthemen und erstellt einen Arbeits- und Zeitplan.
- Während der *Differenzierungsphase* erarbeitet jede Gruppe ihren Teilbereich entweder gemeinsam im Gespräch oder arbeitsteilig mit abschließender Ergebniszusammenführung.
- In der *Plenumsphase II* werden die Gruppenergebnisse der Klasse vorgetragen. Dabei ist eine anschauliche Präsentation, z. B. mit Bildern, Skizzen, Dias, Tonbandmaterial etc., anzustreben. Die Klasse bespricht und bewertet die Gruppenergebnisse und hält sie in Form eines Resümees fest.

2 Stellt in arbeitsteiliger Gruppenarbeit die zu den Erzählkernen gehörigen Novellen aus Kleists erzählerischem Werk vor!
a Lest dazu die jeweils ausgewählte Novelle, besprecht sie und verteilt einzelne Aufgaben (z. B. Inhalt, Personen, Aufbau, Stil, Empfehlung etc.)!
b Überlegt euch, wie ihr die Novelle anschaulich und anregend vorstellen könnt!

Das Geburtshaus Heinrich von Kleists wurde im Zweiten Weltkrieg zerstört.

1 Der Mestize (< span. mestizo): Mischling mit weißen und indianischen Eltern
2 Der Kreole (< frz. créole < port. crioulo zu lat. creare = erzeugen): Nachkomme europäischer Kolonisten in Südamerika

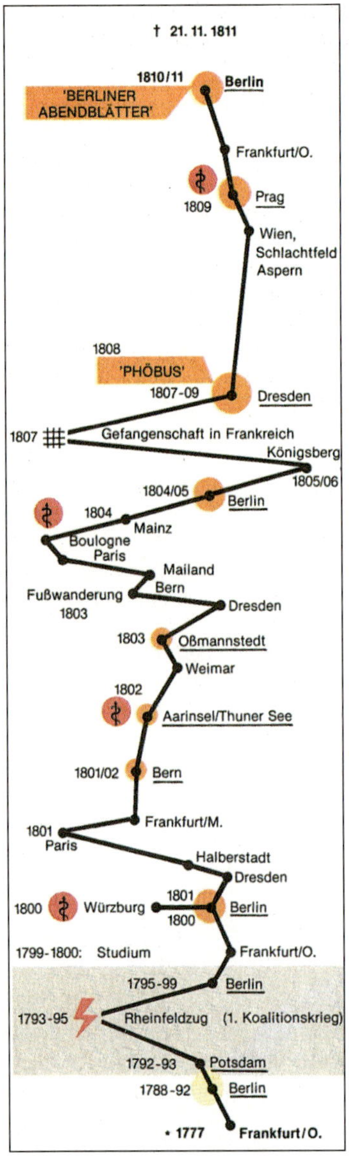

3 Stellt Leben und Eigenarten Heinrich von Kleists in arbeitsteiliger Gruppenarbeit vor!

a Befasst euch zunächst mit den Materialien und überlegt, welche weiteren Informationen ihr noch benötigt!

b Verteilt einzelne Aufgaben für Kurzreferate! Z. B.: „Kleists Leben im Überblick“; „Kleist – ein schwieriger Charakter“; „Heinrich und Ulrike – eine besondere Geschwisterbeziehung“. Reizvoll kann es auch sein,

Eine Novelle vorstellen – Schritte der Erarbeitung

Nachdem sich Gruppen gebildet haben und die Auswahl des Textes getroffen worden ist, kann mit der Erarbeitung der entsprechenden Novelle begonnen werden:

1. *Lesen* des Textes und Festhalten des Inhalts und möglicher Fragen mit Hilfe eines *Lesezettels:*

Zeile(n)	Person(en)	Wichtige Schauplätze und Zeitpunkte	Wichtige Ereignisse, Probleme bzw. Lösungen	Beobachtungen und Fragen zum Text

2. *Besprechen* der Novelle und eventueller inhaltlicher Probleme in der Gruppe
3. *Verteilen inhaltlicher Fragestellungen,* z. B.:
   – Thema
   – Aufbau der Handlung
   – Personenkonstellation
   – Auffälligkeiten der Sprache
4. *Vorstellen* und Besprechen der *Ergebnisse* in der Gruppe; Überlegungen zur anschaulichen und anregenden *Präsentation* in der Klasse
5. *Vorstellen der Novelle* in der Klasse

2 Ein schwieriges Leben – Stationen aus der Biografie

a. Porträts und Wappen

„Das Dilettantenporträt“ Heinrich von Kleists entstand während seiner französischen Gefangenschaft auf der Jura-Festung Fort de Joux im Jahre 1807 und ist wahrscheinlich eine der beiden einzigen authentischen Darstellungen des Dichters. Das Porträt trägt folgende Beschriftung: „Henry de Kleist Poète Prussian“.

Die Kleist-Miniatur von Peter Friedel aus dem Jahr 1801. Neben dem „Dilettantenporträt“ wahrscheinlich die einzige authentische Darstellung von Kleist.

b. Steckbrief

Name: Bernd Heinrich Wilhelm von Kleist.
Lebensdaten: Geburtsort: Frankfurt an der Oder; Geburtsdatum unsicher: laut Kirchenbuch und Taufzeugnis am 18.10.1777, 1 Uhr nachts, nach eigener Aussage am 10.10.1777. – Tod durch Selbstmord (Pistole, Fabrikat ‚Lazarino Cominazzo') am 21.11.1811, gegen 16 Uhr, bei Potsdam (‚Neuer Krug' am Kleinen Wannsee); zuvor Erschießung (Tötung auf Verlangen) der einunddreißigjährigen Henriette Sophie Adolphine Vogel, geb. Keber (hinterlässt Ehemann und neunjährige Tochter). Begraben daselbst (Denkmal!).
Körpergröße: 5 Fuß 3 Zoll [= 1,70 m] (1807) • 5 Fuß 6 Zoll (1811).
Gesichtsbildung: Nase klein, Mund mittelgroß, Kinn rund, Gesicht oval.
Haarfarbe: kastanienbraun (1807) • schwärzliche Haare, schwärzlicher Bart (1811).
Augenfarbe: blau.
Gesamterscheinung: kräftig, aber nur im treuherzigen Lächeln seiner Augen anmutig • von mittlerer Größe und ziemlich starken Gliedern (1808) • ein untersetzter Zweiunddreißiger, mit einem erlebten runden, stumpfen Kopf, gemischt launig, kindergut, arm und fest (1810).
Gesundheitszustand: kränkliche Konstitution (angeblich mit einem „chronischen Übel" behaftet [1806]; gute Zähne.
Sprechweise: „Da in seinem Äußern etwas Finsteres und Sonderbares vorherrschte, so gab ein Fehler am Sprachorgan seinem Eifer in geistreichen Unterhaltungen einen Anschein von eigensinniger Härte, die seinem Charakter wohl nicht eigen war. Wie ein der Meerestiefe entsteigender Taucher sich wenigstens in den ersten Augenblicken nicht auf alles Große und Schöne besinnt, was er in der Wasserwelt gesehen, und es nicht zu erzählen vermag, so schien es bisweilen bey Heinrich von Kleist der Fall zu seyn." (1805/06) • eine etwas schwere Zunge (1808) • eine gewisse Unbestimmtheit in der Rede, die sich dem Stammeln nähert und in seinen Arbeiten durch stetes Ausstreichen und Abändern sich äußert (1810).
Charakter: sehr melancholisch und finster, spricht sehr wenig (1799) • gemütliches, zuweilen schwärmerisches, träumerisches Wesen, worin sich immerdar der reinste Seelenadel offenbart (1802) • etwas Rätselhaftes und Geheimnisvolles, das tiefer in ihm zu liegen scheint, als dass man es für Affektation[1] halten könnte (1803) • überspannter Mensch (1803) • mit naturkräftigen, zugleich aber wie von einem schmerzhaften, inneren Weh gebundenen Schwingen (1808) • keinen Strahl von Zärtlichkeit, also von Sicherheit, wirft sein Auge (1810) • eine eigentümliche, ein wenig verdrehte Natur, wie das fast immer der Fall, wo sich Talent aus der alten preußischen Montierung durcharbeitete (1810) • ein sehr kurioser, guter, grober, bornierter, dummer, eigensinniger, mit langsamem Konsequenztalent herrlich ausgerüsteter Mensch (1810) • das Unglück und die Gedrücktheit spricht sich in seinem zerrissenen Wesen sehr deutlich aus, ungeachtet er immer viel spricht und lacht (1810).
Vorlieben: nach Zeugenaussage einer der größten Virtuosen auf der Flöte und der Klarinette; passionierter Pfeifenraucher.
Abneigungen: hasst Katzen.
Porträts: authentisch sind allein die Miniatur – wahrscheinlich von Peter Friedel –, die Kleist („ich wollte er hätte mich ehrlicher gemalt") im Frühjahr 1801 für Wilhelmine von Zenge hat anfertigen lassen, sowie das Ölbild eines unbekannten Dilettanten aus dem Jahr 1807. […]

Aus: Peter Staengle: Heinrich von Kleist. dtv-portrait. München 1998.

das Leben Kleists unter einem übergeordneten Aspekt zu betrachten: Z. B.: „Heinrich von Kleist. Ein Leben wie der Spannungsbogen einer Novelle".

4 a Überlegt euch, wie ihr euer Autorenporträt möglichst spannend und anschaulich präsentieren könnt!
b Besprecht die Vorschläge, die in der Klasse 9c gemacht wurden!
- *Bildcollage:* Um ein Porträt Kleists werden Bilder ihm nahe stehender Personen gruppiert. Unterschiedliche Entfernungen zeigen Differenzierungen.
- Darstellung von Kleists *Aufenthaltsorten* und Reisen auf einer Karte der damaligen Zeit (etwa 1800)
- Kleist in den Augen einiger *Zeitgenossen:* Collage aus Zitaten und Bildern

Heinrich von Kleist zwischen Klassik und Romantik

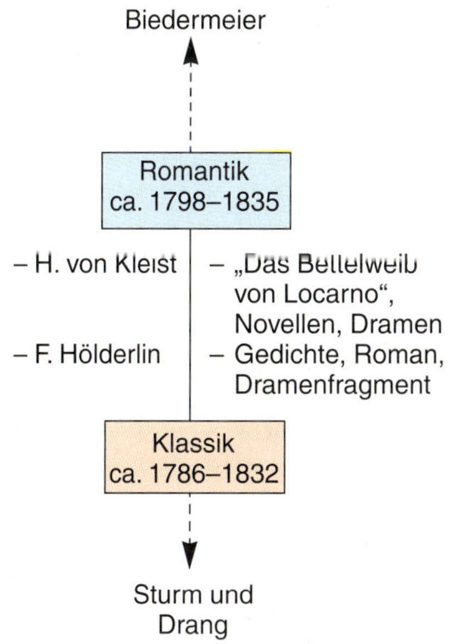

Ausschnitt aus **Zeitleiste**
(Vgl. im vierten Kapitel, S. 171!)

[1] Die Affektation (< lat. affectatio): Ziererei, Getue

Ulrike von Kleist

Wilhelmine Charlotte von Zenge

c. Kleist an Ulrike von Kleist Berlin, 5. Februar 1801

[…] Ach, Du weißt nicht, wie es in meinem Innersten aussieht. Aber es interessiert Dich doch? – O gewiß! Und gern möchte ich Dir alles mitteilen, wenn es möglich wäre. Aber es ist nicht möglich, und wenn es auch kein weiteres Hindernis gäbe, als dieses, daß es uns an einem Mittel zur Mitteilung fehlt. Selbst das Einzige, das wir besitzen, die Sprache taugt nicht dazu, sie kann die Seele nicht malen, und was sie uns gibt sind nur zerrissene Bruchstücke. Daher habe ich jedesmal eine Empfindung, wie ein Grauen, wenn ich jemandem mein Innerstes aufdecken soll; nicht eben weil es sich vor der Blöße scheut, aber weil ich ihm nicht *alles* zeigen kann, nicht *kann*, und daher fürchten muß, aus den Bruchstücken falsch verstanden zu werden. […]

d. Briefstelle von Wilhelmine von Zenge, der Verlobten Kleists

Meine Ausbildung, und Veredlung lag ihm sehr am Herzen. […] Er gab mir nützliche Bücher zu lesen, und ich muste ihm meine Urtheile darüber sagen, oder auch Auszüge daraus machen. Er laß mir Gedichte vor, und ich muste sie nachlesen oder franzosisch übersetzen. Auch schärfte er meinen Witz und Scharfsinn durch Vergleiche, welche ich ihm schriftlich bringen muste.

Wilhelmine von Zenge, 16. Juni 1803

e. „Denkübungen“ für Wilhelmine

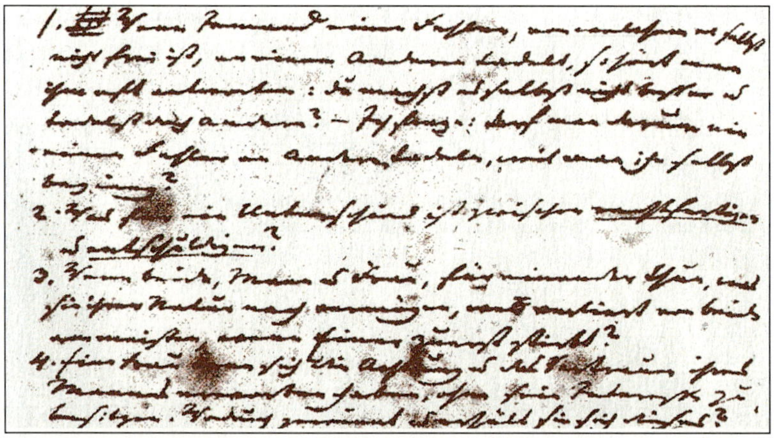

f. An Ulrike von Kleist

Noch niemals, meine theuerste Ulrike, bin ich so erschüttert gewesen, wie jetzt. Nicht sowohl über die Zeit – denn das, was eingetreten ist, ließ sich, auf gewisse Weise, vorhersehen; als darüber, daß ich bestimmt war, es zu überleben.

[…] Kurz, meine theuerste Ulrike, das ganze Geschäfft des Dichtens ist mir gelegt; denn ich bin, wie ich mich auch stelle, in der Alternative, die ich dir so eben angegeben habe.

Die große Noth, in der ich mich nun befinde, zwingt mich, so ungern ich es thue, den Kaufmann Ascher in Dreßden, dem ich zu Johanny[1] mit einer Schuld verfallen bin, um Prolongation[2] des Termins zu bitten. Es bleibt mir nichts Anderes übrig, wenn ich mir auch nur, bis ich wieder etwas ergriffen habe, meine Existenz fristen will. In Verfolg dieser Maasregel bitte ich dich, mir die 272 rh, oder was aus den Pfandbriefen der Tante Massow herauskommen mag, in Conv. Münze[3], nach Prag zu schicken, Ich bitte dich, es sobald als möglich ist, zu thun, um mich aus Prag, wo ich sonst gar nicht fort könnte, frei zu machen. Was ich ergreifen werde, wie gesagt, weiß ich nicht; denn wenn es auch ein Handwerk wäre, so würde, bei dem, was nun die Welt erfahren wird, nichts herauskommen. Aber Hoffnung muß bei den Lebenden sein. – Vielleicht, daß die Bekanntschafften, die ich hier habe, mir zu irgend etwas behülflich sein können. – Adieu, lebe wohl, und erfreue bald mit einer Antwort

deinen Bruder,
HeinrichvKl.

Prag, d 17^{t} Juli, 1809.
Kleine Seite, Brückengasse,
Nmr. 39.

g. Kleist an Marie von Kleist

Berlin, 10. November 1811

Aber ich schwöre Dir, es ist mir ganz unmöglich länger zu leben; meine Seele ist so wund, daß mir, ich möchte fast sagen, wenn ich die Nase aus dem Fenster stecke, das Tageslicht wehe tut, das mir darauf schimmert. Das wird mancher für Krankheit und überspannt halten; nicht aber Du, die fähig ist, die Welt auch aus andern Standpunkten zu betrachten als aus dem Deinigen. Dadurch daß ich mit Schönheit und Sitte, seit meiner frühsten Jugend an, in meinen Gedanken und Schreibereien, unaufhörlichen Umgang gepflogen, bin ich so empfindlich geworden, daß mich die kleinsten Angriffe, denen das Gefühl jedes Menschen nach dem Lauf der Dinge hienieden ausgesetzt ist, doppelt und dreifach schmerzen. [...]

h. Zum Tod Kleists ein Zeugnis von Clemens Brentano

„Gestern erhielt ich von Savigny[4] die Nachricht, daß Heinrich von Kleist sich vor vierzehn Tagen ... erschossen. Diese Nachricht hat mich wenigstens wie ein Pistolenschuß erschreckt. Der arme gute Kerl, seine poetische Decke war ihm zu kurz, und er hat sein Leben lang ernsthafter als irgend ein neuer Dichter daran gereckt und gespannt. Er ist allein so weit gekommen, weil er keinen recht herzlichen Menschen gekannt und geliebt, und grenzenlos eitel war."

(In den Texten c–h wurde die Originalrechtschreibung belassen.)

---

1 Johanny: Johannistag (24.6.) zu Ehren von Johannes dem Täufer
2 Die Prolongation (< lat. prolongatio): Verlängerung einer Frist, Aufschub, Stundung
3 Conv. Münze: konvertierbare oder konvertible (umwechselbare) Münze
4 Friedrich Karl von Savigny (1779–1861) war ein bedeutender deutscher Jurist, der die historische Wandelbarkeit des Rechts behauptete.

Bei der Vorbereitung eines **Kurzreferates** muss man Folgendes bedenken:

- *Das Thema:* Worüber soll ich informieren?
- *Das Ziel:* Was will ich erreichen?
- *Die Materialien:* Wo finde ich notwendige Informationen? Wer könnte Rat wissen?
- *Den Aufbau:* Wie gliedere ich das Referat, so dass es informativ, anregend und gut verständlich wird?
- *Die Präsentation:*
  – spannender Einstieg
  – halbfreies Sprechen
  – Blickkontakt mit den Zuhörern
  – Einsatz von Medien (Tafel, Dias, Bilder etc.)
  – Zusammenfassung
- *Die Diskussion/Fragen:*
  – Wie eröffne ich die Diskussion?
  – Wie steuere ich sie?
  – Wie bündele ich die Ergebnisse?

Kleists Kusine Marie von Kleist

Literaturhinweise: Darstellungen zu Leben und Werk Heinrich von Kleists

– Sabine Doering: Heinrich von Kleist. Literaturwissen für Schule und Studium. Stuttgart (Reclam) 1996.
– Curt Hohoff: Heinrich von Kleist. Rowohlts Monographien. Reinbek (Rowohlt) 1958.
– Heinrich Pleticha (Hrsg.): dtv-junior. Literaturlexikon. Berlin und München (Cornelsen und dtv) ^{9}1996.
– Eberhard Siebert: Heinrich von Kleist. Leben und Werk im Bild. Frankfurt 1980.
– Peter Staengle: Heinrich von Kleist. dtv-portrait. München (Deutscher Taschenbuch Verlag)1998.

3. Erzählen in Zeiten der Pest? – Wie das Unerhörte zum Symbol werden kann

1 Der schwarze Tod

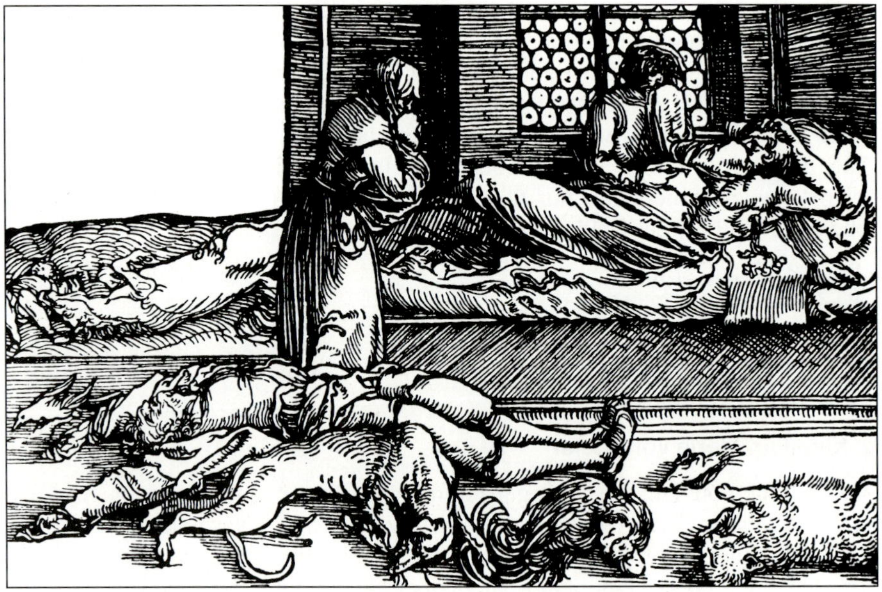

1348 wütet in Florenz die Pest, eine verheerende Seuche, die auch der „Schwarze Tod“ genannt wird. Die Menschen sind dieser äußerst ansteckenden Krankheit wehrlos ausgeliefert, ein wirksames Arzneimittel gibt es nicht. Es kommt zu einem entsetzlichen Massensterben, dem zwei Drittel der Einwohner von Florenz zum Opfer fallen. (Erst 1894 werden die Pestbakterien[1] entdeckt. Sie werden durch Flöhe, vor allem durch den Rattenfloh, auf den Menschen übertragen.)

Zwischen 1349 und 1353 verfasste in Florenz der Dichter Giovanni Boccaccio eine Novellensammlung, die die Pest zum düsteren Hintergrund hatte. In diesem Werk mit dem Titel „Das Dekameron“ flüchtet eine Gruppe von sieben Frauen und drei jungen Männern vornehmen Standes aus der von Tod und Entsetzen beherrschten Stadt Florenz auf ein Landgut. Zum Zeitvertreib, aber auch um sich abzulenken, zu erheitern und zu erbauen, beschließen sie, einander lebensbejahende Geschichten zu erzählen.

Die Geschichten eines jeden Tages dienen der Erläuterung eines bestimmten Themas; dieses wird wechselweise von einem Mitglied des Kreises bestimmt. Die Gesellschaft bleibt im Ganzen vierzehn Tage auf dem Lande, aber da am Freitag und Samstag mit Rücksicht auf die religiöse Bedeutung der Tage nicht erzählt wird, ergeben sich genau zehn Tage, in denen hundert Geschichten vorgetragen werden. (Der Titel des Werkes „Dekameron“ ist abzuleiten von griech. deka hemerai, zehn Tage.)

---

[1] Nach einer neuen englischen Untersuchung soll der Übeträger ein Virus gewesen sein: Susan Scott/Christopher Duncan: Biology of Plagues, Camebridge (University Press) 2001.

Arbeitsanregungen:

1 Der Holzschnitt zeigt, welche verheerenden Auswirkungen die Pest auf das Leben der Menschen hatte.
   a Betrachtet die Abbildung eingehend!
   b Notiert in Partnerarbeit, was der Künstler abgebildet hat und was damit zum Ausdruck kommt! Arbeitet mit einer Tabelle!

Bildelemente	Bedeutung
…	…

2 a Informiert euch über die Pest, ihr Auftreten, ihre Auswirkungen und die Mittel zu ihrer Bekämpfung! Verfasst dazu ein Kurzreferat!
   b Sprecht darüber, welche modernen Erfahrungen heute wohl der Erfahrung einer Pestkatastrophe am nächsten kommen!

3 a Eine außerordentliche geschichtliche Situation!
   b Exzerpiert die kennzeichnenden Merkmale der Situation um 1348 in Florenz!

2 Stoffe, aus denen Novellen sind

- Überheblichkeit führt zu Entfremdung.
- ein Mord aus Habgier und gekränktem Stolz
- ein mächtiges Bauwerk als Lebensplan
- ein verarmter großmütiger Adliger mit einem wertvollen Vogel
- eine wunderschöne reiche Dame mit einem kranken Kind
- ein Junge mit einem letzten Wunsch
- die Aufopferung eines letzten Besitzes
- Ein zwielichtiger Mann, der seinen Neffen zu kriminellen Handlungen anstiftet.
- Ein Kleinbürger schafft einen großen gesellschaftlichen Aufstieg.

Arbeitsanregungen:

1 a Sucht aus den Stoffelementen die heraus, die eine Liebesgeschichte ergeben könnten!

b Skizziert in Stichworten den Handlungsgang einer außerordentlichen Liebesgeschichte! Das Anlegen eines Clusters ist dabei hilfreich.

2 Tragt einige Ergebnisse vor, besprecht und vergleicht sie!

Als **Stoff** einer Dichtung – auch *Fabel* genannt – bezeichnet man die mündlich oder schriftlich überlieferte Quelle, die rein sachliche Vorlage. Aber erst die dichterische Ausgestaltung eines Themas mit Motiven und Ideen, mit Konflikten und Lösungen in einer absichtsvoll gewählten Form macht die künstlerische Leistung aus. Die Originalität einer Dichtung wird durch übernommene Stoffe nicht beeinträchtigt.

3 Giovanni Boccaccio (1313–1375): Falkennovelle

[…] In Florenz [lebte] einst ein junger Mann […], mit Namen Federigo, aus dem Hause des Filippo Alberighi, der in Bezug auf Waffentaten und Freigebigkeit über jeden toskanischen Edelmann erhoben wurde. Dieser verliebte sich, wie es häufig bei Edelleuten geschieht, in eine vornehme Dame, mit Namen Frau Giovanna, die zu ihrer Zeit als eine der schönsten und anmutigsten Damen in Florenz galt. Um sich die Liebe dieser Dame zu erwerben, hielt Federigo Turniere, Waffenübungen, stellte Feste an, machte Geschenke und verschwendete sein Vermögen ohne alles Maß und Ziel. Sie aber war ebenso tugendhaft als schön und bekümmerte sich weder um seine Anstalten noch um ihn selbst im Mindesten. Da nun Federigo über seine Kräfte verschwendete und nichts einnahm, schwand natürlicherweise sein Reichtum, und er wurde ganz arm, so dass ihm nichts mehr blieb als ein kleines Gütchen, von welchem er notdürftig lebte, und außerdem hatte er noch einen sehr guten Falken[1]. Obgleich er nun immer noch von der nämlichen Liebe entzündet war, sah er doch ein, dass er in der Stadt nicht mehr so leben könne, wie er gerne wollte, und zog daher aufs Land, ließ sich auf seinem Gütchen nieder, vergnügte sich hier mit Vogelstellen, indem er so, niemandes bedürfend, seine Armut geduldig ertrug. Nun geschah es einst, dass, als Federigo schon ganz verarmt war, der Mann der Frau Giovanna erkrankte, und als er sich dem Tode nahe sah, ein Testament machte, wodurch er seinen schon ziemlich erwachsenen Sohn zum Erben seines bedeutenden Reichtums ernannte. Da er jedoch seine Gattin Giovanna sehr liebte, bestimmte er sie für den Fall, dass sein Sohn ohne gesetzliche Erben sterben sollte, zum Erben seines Vermögens und starb. Als nun Frau Giovanna sich verwitwet sah, zog sie, wie unsere Frauen zu tun pflegen, im Sommer mit ihrem Sohne auf das Land, auf ein Gut, das nahe bei dem Gütchen Federigos lag. Dadurch geschah es, dass der junge Sohn mit Federigo in ein vertrautes Verhältnis kam und sich mit ihm an Vögeln und Hunden ergötzte, und als er den Falken Federigos oft hatte fliegen sehen, ge-

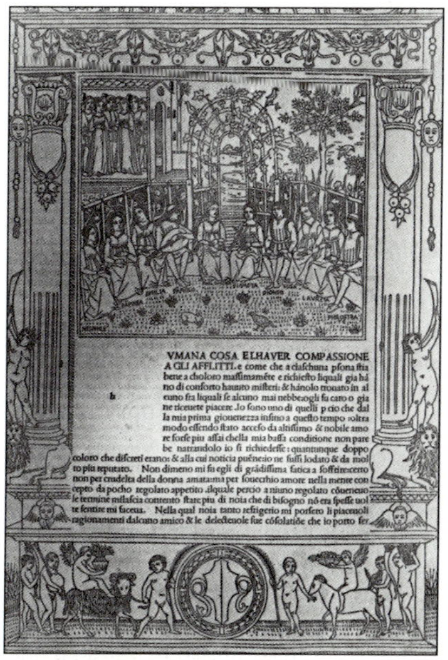

Titelblatt der ersten gedruckten „Decamerone"-Ausgabe in Bildern

[1] Im Mittelalter war die Jagd mit Falken sehr beliebt. Sie jagten Vögel und andere kleine Tiere, zum Beispiel Kaninchen. Aber bis die Falken gehorchten, musste man sie viele Jahre trainieren. Deshalb waren sie auch sehr wertvoll.

Andrea del Castagno: „Dominus Johannes Boccaccius“, um 1450.

Giovanni Boccaccio (1313–1375) wurde 1313 als unehelicher Sohn eines Mitarbeiters und späteren Teilhabers des mächtigen Bankhauses der Bardi und einer Unbekannten in Florenz geboren. Er wuchs bei seinem Vater auf, der inzwischen eine Frau aus wohlhabendem Hause geheiratet hatte. Vernachlässigt wurde der Junge jedoch nicht, denn der Vater ließ ihm Lesen und Schreiben und damit auch das Lateinische beibringen.

Als der Vater 1327 nach Neapel übersiedelte, wurde der junge Giovanni dort in eine Banklehre gegeben. Doch die Ausbildung widerstrebte ihm und schließlich ließ ihn sein Vater Kirchenrecht studieren. Nach kurzer Zeit brach Giovanni jedoch auch dieses Studium ab, um sich nur noch der Literatur zu widmen, zu der er sich schon früh hingezogen gefühlt hatte.

Als Sohn des Partners eines am königlichen Hofe einflussreichen Bankhauses konnte Boccaccio das Leben eines wohlhabenden jungen Mannes führen und sogar am Hofe Zugang finden.

fiel er ihm ungemein, und er wünschte sehnsüchtig ihn zu besitzen; doch wagte er es nicht, ihn darum zu bitten, da er sah, wie teuer er ihm war. So standen die Sachen, als der Jüngling plötzlich krank wurde, worüber die Mutter sich außerordentlich grämte, da er ihr einziger Sohn war und sie ihn aufs Innigste liebte. Sie blieb den ganzen Tag bei ihm und hörte nicht auf, ihm Mut zuzusprechen; oft fragte sie ihn, ob er etwas wünsche, und bat ihn, er möchte es ihr entdecken, mit der Versicherung, wenn es ihr nur irgend möglich sei, so werde sie es ihm verschaffen. Nachdem der Jüngling diese Anerbietungen oft gehört hatte, sagte er endlich: „Liebe Mutter, wenn Ihr mir den Falken Federigos verschaffen könnt, dann glaube ich sogleich zu genesen.“ Als die Dame dies hörte, bedachte sie sich und wusste nicht, was sie tun sollte; sie wusste, dass jener sie lange geliebt hatte, ohne von ihr je auch nur einen Blick erhalten zu haben. Daher sprach sie zu sich: „Wie sollte ich zu Federigo senden oder zu ihm gehen, um ihn um diesen Falken zu bitten, der, soviel ich höre, der beste ist, der je in der Luft flog, und der überdies noch seinen Herrn erhalten muss? Wie kann ich nur so rücksichtslos sein, um einen Edelmann, dem kein anderes Gut mehr geblieben ist, dieses letzte entreißen zu wollen?“ Solchen Gedanken nachhängend, gab sie, obgleich sie überzeugt war, dass sie ihn erhalten würde, wenn sie ihn darum bäte, ihrem Sohne keine Antwort, weil sie nichts zu sagen wusste. Endlich war jedoch die Liebe zu dem Sohne so mächtig, dass sie den Entschluss fasste, um ihn zufrieden zu stellen, an Federigo nicht zu senden, sondern selbst zu ihm zu gehen und ihn zur Gewährung der Bitte zu bewegen. Sie antwortete: „Mein Sohn, tröste dich und hoffe auf deine Genesung; ich verspreche dir, dass das Erste, was ich morgen tun werde, das sein wird, zu Federigo zu gehen und dir den Falken zu bringen.“ Hierüber war der Jüngling hocherfreut, und noch am gleichen Tage zeigte sich eine Besserung in seinem Befinden. Am folgenden Morgen machte sich die Dame in Begleitung einer Freundin auf den Weg, ging nach dem Häuschen des Federigo und ließ ihn rufen. Dieser befand sich, weil es eben keine Zeit war zum Vögelfangen, in seinem Garten, wo er kleine Arbeiten verrichtete. Als er hörte, dass Frau Giovanna ihn an der Türe erwartete, war er hocherstaunt und ging voll Freude zu ihr. Da sie ihn kommen sah, erhob sie sich mit weiblicher Anmut, ging ihm entgegen, und nachdem sie ihn ehrfurchtsvoll begrüßt hatte, sagte sie zu ihm: „Gott sei mit dir.“ Dann fuhr sie fort: „Ich bin gekommen, um dir die Verluste zu ersetzen, die du um meinetwillen gehabt hast, indem du mich mehr liebtest, als es gut für dich war, und dieser Ersatz soll darin bestehen, dass ich mit dieser meiner Freundin heute freundschaftlich bei dir speisen will.“ Demütig antwortete Federigo: „Meine Dame! Ich erinnere mich nicht, irgendeinen Verlust durch Euch erlitten zu haben, im Gegenteil habe ich so viel Gutes durch Euch erhalten, dass, wenn ich je irgendeinen Wert hatte, ich dies Eurer Trefflichkeit und der Liebe, die ich zu Euch hegte, verdanken musste: Fürwahr, dieser Euer freiwilliger Besuch ist mir weit teurer, als wenn ich wieder das Vermögen zurückerhielte, das ich verschwendet habe, obgleich Ihr heute in ein armes Haus gekommen seid.“

Mit diesen Worten führte er sie verschämt in sein Haus, von diesem in seinen Garten, und da er niemand hatte, der ihnen Gesellschaft leisten konnte, so sprach er: „Meine Dame, weil niemand anders da ist, so wird diese brave Frau, die Gattin dieses Landmanns, euch Gesellschaft leisten, bis ich die Tafel bereitet habe.“ Trotz seiner äußersten Armut hatte er bis auf diesen Tag die Not noch nicht gefühlt, in die er sich durch seine übermäßige Verschwendung gestürzt hatte, aber als er diesen Morgen nichts fand, womit er der Dame, der zuliebe er einst Unzählige geehrt und bewirtet hatte, eine Ehre erweisen konnte, fühlte er sich ganz verwirrt; sein böses Schicksal innerlich verfluchend, lief er wie außer sich da und dort hin; aber er fand weder Geld noch irgendetwas von Wert. Da es nun schon spät war und er aufs Sehnsüchtigste wünschte, die Dame zu bewirten, und doch weder seinen Arbeiter noch vollends jemand anders angehen mochte, fiel ihm sein Falke in die Augen, den er im Hausflur auf seiner Stange sah. Von allen andern Mitteln abgeschnitten, ergriff er den Falken, und da er ihn fett fand, so dachte er, dieser sei eine würdige Speise für eine solche Dame. Ohne weitere Bedenklichkeiten riss er ihm den Kopf ab und ließ ihn, gerupft und zugerichtet, durch eine Dienerin an den Bratspieß stecken und sorgfältig braten. Dann deckte er den Tisch mit einem weißen Tuche, deren er noch einige hatte, und kehrte dann mit heiterem Antlitz zu der Dame in den Garten zurück, mit der Meldung, dass das Mahl, das er ihr bieten könne, bereitet sei. Die Dame erhob sich mit ihrer Begleiterin und ging zu Tische, und ohne zu wissen, was sie verspeisten, aßen sie, indem Federigo sie mit aller Aufmerksamkeit bediente, den guten Falken. Nach aufgehobener Tafel, nachdem sie unter anmutigen Gesprächen noch eine Zeit lang bei ihm verweilt hatte, schien es der Dame an der Zeit, ihr Anliegen vorzubringen, und sie wandte sich daher freundlich an Federigo: „Wenn du dich an dein vergangenes Leben erinnerst und an meine Ehrbarkeit, die du unglücklicherweise für Härte und Grausamkeit gehalten hast, so zweifle ich keinen Augenblick daran, dass du über meine Vermessenheit staunen wirst, wenn du die Veranlassung erfährst, die mich heute zu dir hergeführt hat; aber wenn du Kinder hättest oder gehabt hättest, an denen du fühlen könntest, wie mächtig die Liebe ist, die man zu ihnen hegt, so würdest du mich ganz gewiss großenteils entschuldigen. Indessen, wenn du auch keine hast, so kann doch ich, die ich einen Sohn habe, mich den allgemeinen Gesetzen der mütterlichen Liebe nicht entziehen; ihrer Gewalt weichend, muss ich, so Leid es mir tut, und so sehr es der allgemeinen Sitte widerspricht, dich um ein Geschenk bitten, von dem ich weiß, dass du es über alles liebst, und mit Recht; denn dein hartes Geschick hat dir keine andere Freude, keine andere Ergötzung, keinen andern Trost mehr gelassen. Und dieses Geschenk ist dein Falke, den mein Sohn so lieb gewonnen hat, dass ich fürchte, wenn ich ihm den nicht bringe, könnte sich seine Krankheit dadurch so verschlimmern, dass ich seinen Verlust beweinen müsste. Daher bitte ich dich – nicht bei der Liebe, die du zu mir hegst und zu der du in keiner Rücksicht verbunden bist, sondern bei deinem edlen Sinne, der sich ganz besonders in deiner Freigebigkeit ausgesprochen hat –, es möge dir gefallen, mir ihn zu schenken, damit ich sagen kann, durch dieses Geschenk habe ich meinen Sohn am Leben erhalten, und dir fühle ich mich dadurch auf ewig verpflichtet." Als Federigo hörte, was die Dame verlangte, und einsah, dass er ihr nicht dienen konnte, weil er ihr den Falken als Speise vorgesetzt hatte, fing er vor ihren Augen zu weinen an, ehe er irgendein Wort erwidern konnte; dieses Weinen schrieb die Dame zuerst dem Schmerze zu, den er darüber fühlte, dass er sich von einem so guten Falken trennen müsste, und sie hätte beinahe gesagt, sie wolle ihn nicht; doch hielt sie an sich und wartete auf Federigos Antwort, der zu ihr sprach: „Meine Dame, nachdem es Gott gefallen hat, dass ich in Euch verliebt würde, war mir das Schicksal in vielen Dingen feindlich, und in mancher Rücksicht habe ich mich darüber gegrämt, aber alles dies ist nichts gegen den Schmerz, den ich jetzt empfinde. Nie werde ich mich mit dem Schicksal versöhnen können, wenn ich daran

In dieser Zeit verfasste er neben Übersetzungen lateinischer Autoren etliche erzählende Werke.
Nach seiner Rückkehr nach Florenz 1340/41 lebte er im väterlichen Haus. Dort entstand in den Jahren 1349–53 Boccaccios Hauptwerk, die Novellensammlung *Il Decamerone.* Sie verschaffte ihm großes Ansehen und wirkte über Jahrhunderte in vielen Ländern nach, so dass Bocciacco heute vor allem als Schöpfer der europäischen Novelle bekannt ist.
1375 starb Boccaccio in Certaldo, einem Städtchen nahe Florenz.

Giovanni Boccaccio: „Falkennovelle" (Il Decamerone, V, 9), französische Handschrift, um 1430; Paris. Bibliotheque Nationale.

Dehnung und **Raffung** sind wichtige dichterische *Erzähltechniken:* Indem wichtige Details der äußeren und inneren Handlung (Gefühle, Gedanken) sehr detailliert („gedehnt") dargestellt werden, entstehen Lebendigkeit, Eindringlichkeit und Spannung. Die sog. *Erzählzeit* ist dann dementsprechend lang. Wo ein Geschehen knapp zusammengefasst („gerafft" erzählt) wird, weil es weniger wichtig ist oder in der Einleitung bzw. im Schluss eine Rolle spielt, können z. B. große Zeiträume – die sog. *erzählte Zeit* – rasch vorgestellt werden.

Im 14. Jahrhundert begannen sich einige Gelehrte der „klassischen" Kunst und Wissenschaft der alten Griechen und Römer zuzuwenden. Sie achteten weniger darauf, was die Kirche von ihnen forderte, sondern erarbeiteten sich eigenständig neue Erkenntnisse. Diese Neuentdeckung antiken Wissens und die Anfänge einer neuen Denkweise werden als **Renaissance** (frz. „Wiedergeburt") bezeichnet.
Die Bewegung der Renaissance (1350–1600) hatte ihren Ursprung in Italien, von wo aus sich das neue Gedankengut rasch ausbreitete, eine Blütezeit der Künste einleitete und die europäischen Wissenschaften erneuerte. Als einer der Wegbereiter der Renaissance gilt der italienische Dichter Francesco Petrarca (1304–1374). Er liebte antike Handschriften und wertvolle Bücher, suchte ganz Frankreich und Italien nach ihnen ab und forderte seine Freunde dazu auf, ihm auf ihren Reisen bei seiner Sammlung zu helfen. Die so entstandene Bibliothek stellte er allen interessierten Gelehrten zur Verfügung. Petrarca selbst schrieb die ersten modernen Werke, indem er gegen den herrschenden Zeitstil allgemeine Lebensprobleme zum literarischen Thema erhob.
Neben Petrarca war es vor allem Giovanni Boccaccio (1313–1375), der in seiner Novellensammlung „Il Decamerone" die Welt der neuen Gesellschaft schilderte, nämlich die der Bürger, Kaufleute und Kleriker, sowie deren Lebens- und Liebesfreuden.
Die größten Gelehrten der Renaissance waren Vertreter des **Humanismus.** Die Humanisten gingen von der Bedeutung und Würde des Individuums aus: Der Mensch soll seine Gedanken über die Welt frei entfalten und seinem Wissensdrang nachgehen können, anstatt überlieferte Ideen lediglich hinzunehmen. Kunst und Literatur bekommen einen neuen Eigenwert und stehen nicht mehr in erster Linie im Dienst der Religion. Von diesen neuen Überzeugungen fühlten sich u. a. Dichter dazu angeregt, neue Ideen (z.B. neue literarische Formen wie Tagebücher oder Reise- und Lebensberichte) zu erproben.

denke, dass Ihr hierher in meine arme Hütte gekommen seid, die Ihr, als ich noch reich war, nicht betreten mochtet, und ein kleines Geschenk von mir wollt, das ich Euch unglücklicherweise nicht geben kann. Warum dies nicht möglich ist, will ich Euch in Kürze sagen: Als ich hörte, dass Ihr mir die Ehre antun wolltet, hier zu speisen, hielt ich es, in Betracht Eurer hohen Vortrefflichkeit und Tugend, für würdig und angemessen, Euch, soweit es mir möglich war, mit einer kostbareren Speise zu bewirten, als man gewöhnlich andern Personen vorsetzt; ich gedachte des Falkens, den Ihr von mir verlangt, und an seine Güte, und hielt ihn für eine würdige Speise für Euch. Diesen Morgen hattet Ihr ihn gebraten auf dem Teller. Ich hatte ihn auf diese Weise trefflich verwendet, aber da ich jetzt sehe, dass Ihr ihn auf eine andere Weise wünschtet, so macht mir meine Unfähigkeit, Euch diesen Dienst zu leisten, so viel Schmerz, dass ich mich nie darüber trösten werde." Nachdem er diese Worte gesprochen hatte, ließ er ihr zum Zeugnis für seine Worte die Federn und die Füße und den Schnabel des Falken vorlegen.

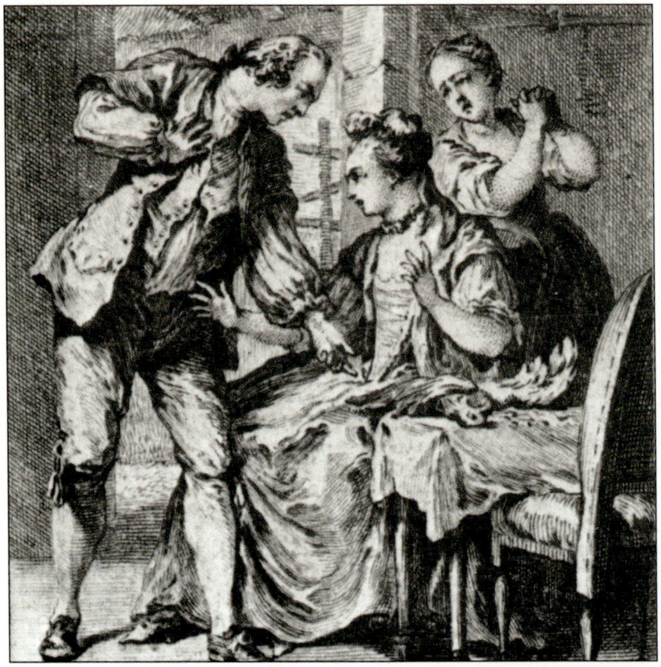

Stich von François Boucher (1703–1770) aus der „Londoner Ausgabe" des „Decamerone". Federigo zeigt den Damen Flügel und Kopf des geschlachteten Falken.

Als die Dame dies gesehen und gehört hatte, tadelte sie ihn zuerst, dass er einen solchen Falken getötet habe, um einer Frau ein Essen vorzusetzen. Alsdann aber musste sie seinen hohen Sinn, der durch die Armut nicht geschwächt werden konnte, bei sich selbst ungemein schätzen; aber ohne Hoffnung, den Falken zu erhalten, und deshalb an der Genesung ihres Sohnes zweifelnd, trat sie traurig den Rückweg an und kehrte zu ihrem Sohne heim. Nach wenigen Tagen musste dieser, entweder aus Schwermut darüber, dass er den Falken nicht erhalten konnte, oder infolge der Krankheit allein, den Geist aufgeben, zum größten Schmerz seiner Mutter. Nachdem sie eine Zeit in Tränen und Trauer verbracht hatte, wurde sie, da sie im Besitze eines sehr großen Reichtums und noch sehr jung war, oft von ihren Brüdern aufgefordert, sich wieder zu verheiraten. Sie aber wollte dies nicht. Da sie sich jedoch beständig durch solche Aufforderungen gequält sah, dachte sie an die Trefflichkeit Federigos und an seine letzte schöne Handlung, als er, um sie zu bewirten, seinen schönen Falken getötet hatte. Sie sprach daher zu ihren Brüdern: „Gerne bliebe ich unverheiratet, wenn ihr jedoch wollt, dass ich einen Mann heiraten soll, so werde ich fürwahr keinen andern nehmen als Federigo Alberighi.“ Hierüber spotteten die Brüder und sagten: „Törin, was sagst du da? Warum willst du gerade ihn, der auf der Welt nichts hat?“ Hierauf antwortete sie: „Meine Brüder! Ich weiß recht gut, dass es so ist, wie ihr sagt; aber ich will lieber einen Mann, der Reichtum nötig hat, als Reichtum, der einen Mann nötig hat.“ Da ihre Brüder diese Gesinnung hörten und Federigo, obgleich er arm war, als einen wackern Mann kannten, gaben sie ihre Schwester, ihrem Willen gemäß, mit allen ihren Reichtümern Federigo zur Frau. Als dieser sich im Besitz einer so trefflichen und so sehr von ihm geliebten Frau und überdies eines so bedeutenden Reichtums sah, wurde er ein besserer Haushalter und beschloss seine Tage fröhlich mit ihr.

4 Verlaufskurve nach der materiellen Situation Federigos

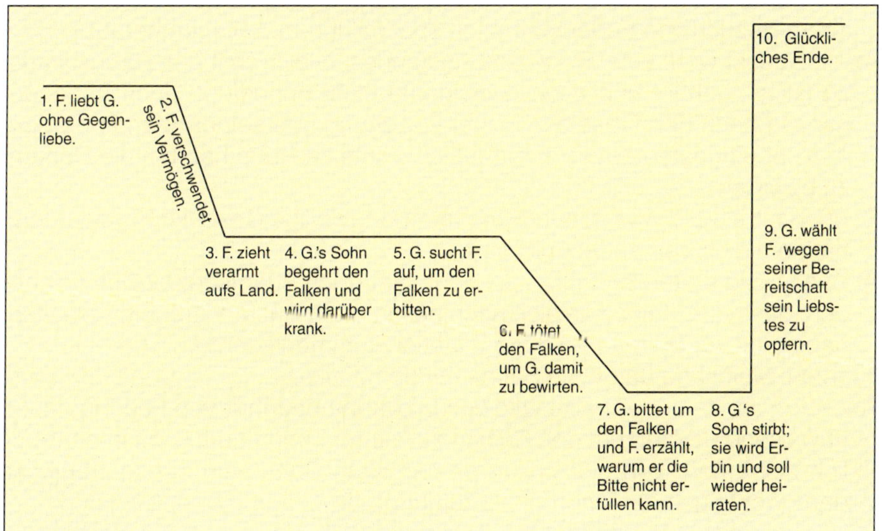

Novellen enthalten häufig ein so genanntes **Dingsymbol** (< gr. symbolon = Wahrzeichen, Merkmal; von symballein = Zusammenhalten von Erkennungszeichen, die bei der Trennung auseinander gebrochen und beim Wiedersehen der Partner zusammengefügt wurden). Das Dingsymbol ist ein Gegenstand, ein Tier oder eine Pflanze und tritt wiederholt an bedeutsamen Stellen der Erzählung auf. Dort gibt der Text über die inhaltliche Aussage hinaus einen bedeutungsvollen Hinweis, z. B. auf die Armut einer Person, auf einen sehnlichen Wunsch, auf die Liebe usw.

Die Hinweise stiften dann in ihrer Verknüpfung einen *Verweisungs- und Bedeutungszusammenhang,* der den Leser z. B. das Wirksamwerden von großer Opferbereitschaft und Liebe erkennen und verstehen lässt.

Arbeitsanregungen:

1 a Eine außergewöhnliche Geschichte in einer außerordentlichen Situation!
b Warum Falken- und nicht Liebesnovelle?

2 a Entwerft in Partnerarbeit eine mögliche Alternative zu Federigos Entscheidung und skizziert in Stichworten den daraus folgenden Handlungsverlauf!
b Besprecht mehrere Lösungen und bedenkt dabei die Charakteristika der Novelle!

3 a Federigo, ein Verschwender ohne Maß oder eine großzügige Natur
b Giovanna, eine eiskalte Schönheit oder ein Abbild an Tugend?
Exzerpiert Textstellen und schreibt zu einer Person eine Charakteristik!

4 Schreibt einen Übersichtssatz, der das Wesentliche der Novelle erfasst!

5 Exzerpiert aus dem Novellenanfang (Z. 1 – Z. 29) Wendungen, die nicht mehr gebräuchlich sind, ersetzt sie durch Ausdrücke der Gegenwartssprache und vergleicht!

altertümliche Sprache	Gegenwartssprache
– aus dem Hause	– aus der Familie
– …	– …

6 a Übernehmt die Grafik (Text 4) und tragt an den wichtigsten Stellen das Falkensymbol ein!
b Zitiert diese Stellen und erklärt deren Bedeutung!

Zeile	Auftreten des Falken	Bedeutung des Falken
Z. 11ff.	„[…] hatte er noch einen sehr guten Falken.“	allerletzter Besitz Federigos

5 Auszug aus einem literarischen Fachgespräch

Im Gespräch über die Falkennovelle gab es in der 9c zunächst Unklarheiten zu besprechen.

SIMONE: Ich verstehe nicht, weshalb Federigo seine Liebe zu einer verheirateten Frau in aller Öffentlichkeit präsentiert. Hatte er denn keine Schwierigkeiten mit einem womöglich eifersüchtigen Ehemann zu erwarten?

ELKE: Soweit ich mich erinnere, war das damals im Mittelalter doch so üblich, dass schöne, verheiratete Damen von Stand angebetet wurden. Die Frauen konnten ihre große Tugendhaftigkeit unter Beweis stellen und die ritterlichen Männer konnten sich veredeln und vervollkommnen.

ANDREAS: Na ja, Federigo hat's in die völlige Armut gestürzt. Von Veredlung keine Spur!

KATHRIN: Aber nur weil er sich und seiner großen Opferbereitschaft bis ins Äußerste treu bleibt, kann er Giovanna so beeindrucken, dass sie ihn schließlich zum Mann nimmt.

THOMAS: Die Giovanna verhält sich doch auch komisch. Warum rückt sie bei ihrem Besuch von Federigo erst so spät mit ihrem Anliegen heraus?

ANNE: Das ist wohl eine Frage des Anstandes. Gleich „mit der Tür ins Haus zu fallen“ gehört sich doch auch heute nicht unbedingt. Auch Federigo handelt nach den Gesetzen seiner Erziehung und seines Standes, wenn er nicht eingesteht, dass er eigentlich nichts im Haus hat, um die Damen zu bewirten.

BENEDIKT: Es wäre ja wohl auch eine recht langweilige Geschichte geworden, hätten die beiden anders reagiert.

ANDREAS: Sie hätten sich nicht gekriegt, glaub' ich. Klar ist eigentlich geworden, dass nur, weil beide sich nach bestimmten Anstandsregeln verhalten haben, es zu der ausweglosen Situation kommen konnte.

KATHRIN: Meinst du damit die Sache mit dem Falken?

ANDREAS: Ja, denn der Falke wird von Giovanna begehrt, von Federigo aber unwissend getötet, um den Schein zu wahren, und damit kann er schließlich nicht mehr von Nutzen für den kranken Sohn sein. Diese Tragik ist dann wohl auch das unerhörte Ereignis. […]

Arbeitsanregungen:

1 Fasst die Positionen des Fachgesprächs und die Einsichten aus der Besprechung der ersten Arbeitsanregung auf S. 213 in einem Ergebnisprotokoll zusammen! (Vergleicht im dritten Kapitel, S. 106f.!)

2 Erörtert folgende Behauptungen!
a Federigo bringt ein großes Opfer, aber Giovanna auch!
b Die eigentliche Tragik liegt in der Nutzlosigkeit der Opfer.

6 Ein Brief verändert den Blickwinkel

Die Freundin, die Giovanna zu Federigo begleitete, schreibt abends einen Brief.

Landgut bei Florenz, 18. August 1335

Liebe Maria!

Was für ein Vormittag! Welch ein Wechselbad der Gefühle! Ich bin noch vollkommen aufgewühlt von den Vorkommnissen im Gütchen Federigos.

Giovanna hatte mich gebeten sie zu Federigo zu begleiten, da sie es unschicklich fand ihn alleine aufzusuchen. Auch fiel ihr wohl der ungewohnte Gang leichter in Begleitung einer Vertrauten, denn sie war äußerst aufgeregt. Ständig zupfte sie an ihrem Kleid herum, dessen Auswahl sie sehr sorgfältig bedacht hatte. Wiederholt fragte sie mich nach ihrem Aussehen. Noch auf dem Weg sinnierte sie darüber, wie sie ihre Bitte um den Falken vortragen sollte, damit Federigo sie ihr nicht ausschlagen könne. Um so beeindruckender war dann jedoch, wie sie beim Zusammentreffen mit Federigo ihre innere Unruhe bezwang und es ihr gelang, ihr eigentliches Anliegen zunächst noch zurückzustellen. Federigo hingegen schien völlig aus dem Häuschen [...]

3 a Setzt den Brief fort, indem ihr das Geschehen bis einschließlich Z. 90 aus der Sicht der Freundin schildert!
b Lest einige eurer Entwürfe vor und macht die vergleichende Leseprobe mit dem Original (Z. 53–90)!
c Notiert in Partnerarbeit die unterschiedliche Wirkung!

Ein **Perspektivenwechsel** ermöglicht einen anderen Blick auf ein Geschehen und die beteiligten Personen.
Durch die persönliche Sichtweise der Freundin, die das Geschehen selbst miterlebt, gewinnt vor allem die Figur der Giovanna an Lebendigkeit und Farbigkeit. Die von ihr subjektiv dargestellte Situation ist geprägt durch ein Mehr an emotionalen und persönlichen Details. Gleichzeitig müssen parallel laufende Handlungen (hier: Federigos Bemühen um eine angemessene Mahlzeit) ausgeblendet bleiben, da sie sich der Kenntnis der Freundin entziehen.
Demgegenüber hat bei Boccaccio der *auktoriale Erzähler* den Überblick über das gesamte Geschehen. Seine Aufgabe ist es jedoch, die Handlung auf das entscheidende Ereignis hin zu konzentrieren und deshalb muss er weniger Wesentliches beiseite lassen.

Einen Novellenauszug interpretieren

In den vorausgegangenen Kapiteln habt ihr die **Interpretation** an kurzen Texten (Gedichten, Kurzgeschichten) eingeübt. Der Interpretationsaufsatz zu einer Novelle bezieht sich lediglich auf einen bestimmten Textauszug. Zur Deutung dieses Auszugs wird dann der Gesamttext unter Betrachtung ausgewählter Aspekte miteinbezogen.

Thema und Arbeitsanweisungen für eine Interpretation von Boccaccios „Falkennovelle" können z. B. lauten:

Interpretiere den Textausschnitt Z. 102–115!
- Beschreibe knapp, was der dargestellten Situation vorausgeht!
- Untersuche, wie Giovanna ihre Bitte um den Falken vorträgt!
- Zeige, welche besondere Bedeutung der Falke für den Ausgang der Novelle hat!

Arbeitsanregungen:

1 Analysiert das Thema, indem ihr die Schlüsselwörter unterstreicht und Fragen dazu stellt bzw. Erläuterungen gebt!

Was zu den drei Arbeitsphasen bisher gesagt wurde, gilt grundsätzlich auch hier.

1. Phase: Nach der sorgfältigen Lektüre des Textausschnitts sollten der *erste Leseeindruck* festgehalten und für die *Analyse des Themas* ausreichend Zeit genommen werden. Durch Unterstreichen der Schlüsselwörter und Notieren von Stichworten können Anforderungen deutlich gemacht und die Gefahr vermieden werden, das Thema zu verfehlen oder wesentliche Teile des Themas zu übersehen.

– Beschreibe knapp, (was) der dargestellten Situation vorausgeht!
  → kurz skizzieren → die wichtigsten inhaltlichen Zusammenhänge → vom Novellenanfang

  → D.h. knappe Inhaltsangabe des vorausgegangenen Geschehens, soweit dies zum Verständnis des Textausschnitts nötig ist.

– Untersuche, (wie) Giovanna ihre Bitte um den Falken vorträgt!
  → Stoff sammeln, aufzeigen und deuten

Inhalt	Aufbau	Formmerkmale (Stilmittel)
– Federigo zwar keine Kinder – Gesetze der mütterlichen Liebe – …	– Die äußeren Umstände der Bitte werden vorgetragen, ohne dass diese selbst schon genannt wird. – …	– komplexe, umständliche Satzgefüge; unsicher, um Verständnis bittend – …

2 a Vergleicht diese Themenanalyse mit euren eigenen Versuchen!
b Ergänzt die unvollständig oder nicht analysierten Arbeitsanweisungen!

– Zeige, welche (besondere Bedeutung) der Falke für den Ausgang der Novelle hat!
  → D.h., …

2. Phase: Nach mehrmaligem Lesen sollen Merkmale des *Inhalts* und des *Aufbaus* sowie der *Sprache* in ihrer Wechselbeziehung genau beschrieben werden.

a. *Einzelbeobachtungen* zum Textauszug und zur Einordnung

„Geschenk“
Äußerung der Bitte mit Verzögerung, d.h., …

„Gesetze“ der Mutterliebe ↔ Sitte („Gewalt“)
D.h., …

Werben um Verständnis

„Falke“

Vorausgehender Gesamttext

⑥ Mutterliebe (Z. 29–35; Z. 46–51)

③ tugendhafter Charakter Giovannas (Z. 8–10)

④ Bedeutung des Falken für Federigo (Z. 10–13; Z. 80–85)

⑦ Wissen Giovannas um Wert des Falken (Z. 39–44)

⑤ Sehnsüchtiger Wunsch des kranken Sohnes (Z. 25–29; Z. 35–37)

② Liebe Federigos (Z. 3–8; Z. 80–85)

① Charakter Federigos (Z. 1–3; Z. 13–17; Z. 63–70; Z. 75–87)

7 Giovanni Boccaccio (1313–1375): Die Falkennovelle [Auszug]

„[…] Indessen, wenn du auch keine [Kinder] hast, so kann doch ich, die ich einen Sohn habe, mich den allgemeinen Gesetzen der mütterlichen Liebe nicht entziehen; ihrer Gewalt weichend, muss ich, so Leid es mir tut, und so sehr es der allgemeinen Sitte widerspricht, dich um ein Geschenk bitten, von dem ich weiß, dass du es über alles liebst, und mit Recht; denn dein hartes Geschick hat dir keine andere Freude, keine andere Ergötzung, keinen andern Trost mehr gelassen. Und dieses Geschenk ist dein Falke, den mein Sohn so lieb gewonnen hat, dass ich fürchte, wenn ich ihm den nicht bringe, könnte sich seine Krankheit dadurch so verschlimmern, dass ich seinen Verlust beweinen müsste. Daher bitte ich dich – nicht bei der Liebe, die du zu mir hegst und zu der du in keiner Rücksicht verbunden bist, sondern bei deinem edlen Sinne, der sich ganz besonders in deiner Freigebigkeit ausgesprochen hat –, es möge dir gefallen, mir ihn zu schenken, damit ich sagen kann, durch dieses Geschenk habe ich meinen Sohn am Leben erhalten, und dir fühle ich mich dadurch auf ewig verpflichtet.“

Nachfolgender Gesamttext

F. klärt G. über Tod des Falken auf; er ist unversöhnlich mit seinem Schicksal (Z. 121–138)

G. erkennt seinen hohen Sinn (Z. 140–143) und ist traurig wegen ihres Sohnes (Z. 143–145)

Tod des Falken → Tod des Sohnes (Z. 145–148)

G. erbt und soll wieder heiraten (Z.148–150)

G. wählt F. wegen seiner Bereitschaft, den Falken, sein Liebstes, zu opfern (Z. 151–156)

→ Glückliches Ende (Z. 162–165)

D.h., …

instängige Bitte wegen
– des edlen Sinns
– …
D.h., …

Wiederholung der Bitte

vierfache Wiederholung, d.h., …

du ich
in häufiger Wiederholung, d.h., …

3 a Besprecht die Stichworte zum vorausgehenden Gesamttext und überprüft die Nummerierung!
b Verfasst eine knappe Inhaltsangabe zum vorausgehenden Text!

4 Übernehmt die Textanmerkungen zu Inhalt und Form auf ein Blatt und ergänzt sie!

5 Prüft die Einträge zum nachfolgenden Text und stellt dar, welche Bedeutung der Falke für den Ausgang der Novelle hat!

b. *Entwicklung einer gegliederten Stoffsammlung*

Für die Interpretation des Textauszugs bedarf es einer genauen Textanalyse, die die einzelnen Aspekte der Arbeitsanweisungen erfasst und Überlegungen zur Deutung beinhaltet. Eine optisch klare Gliederung wie sie in einer tabellarischen Darstellung (DIN-A4-Blatt quer) möglich ist, ist die Voraussetzung für eine gute Ausarbeitung.

8 **Stoffsammlung in tabellarischer Darstellung**

Zeilen	Inhalt ⇄	Aufbau ⇄	Formmerkmale (Stilmittel) ⇒	Deutung von Absichten und Zielen
Z. 102–104	– keine Kinder – Gesetze der mütterlichen Liebe	– Die Bitte wird sehr zögernd vorgetragen: – … – … – …	– komplexe, umständliche Satzgefüge – Das „Ich" versteckt sich hinter den äußeren Bedingungen, die Druck ausüben. – ausufernde Begründungen	– Bitte, Appell um Verständnis und Einfühlung aus einer ungewohnten, unsicheren Position; – Wunsch, eine positive Haltung des Gegenüber zu erreichen
Z. 104–105	– „so Leid es mir tut" – „der allgemeinen Sitte widerspricht" – ein Geschenk erbitten	– … – …	– Nur indirekt wird das eigentlich Gewünschte angesprochen.	– Die ungebührliche Bitte der tugendhaften Frau weist auf ihre große Bedrängnis hin.
Z. 106–107	– du „über alles liebst" – „keine andere Freude" – „keine andere Ergötzung" – „keinen anderen Trost"	– … – …	– … – …	– … – …
Z. 108–110	– Falke, den der Sohn lieb gewonnen – Krankheit verschlimmern – „Verlust beweinen"	– erstmals Nennung des Erwünschten	…	…
…	…		…	…

Arbeitsanregungen:

1 Übernehmt die tabellarische Stoffsammlung und ergänzt sie!

c. Skizze zu einem Einzelaspekt

Für die Darstellung von Schwerpunkten kann es erforderlich sein, zusätzlich zur tabellarischen Stoffsammlung ein strukturiertes Konzept anzulegen.

9 Giovannas Argumentationsweise

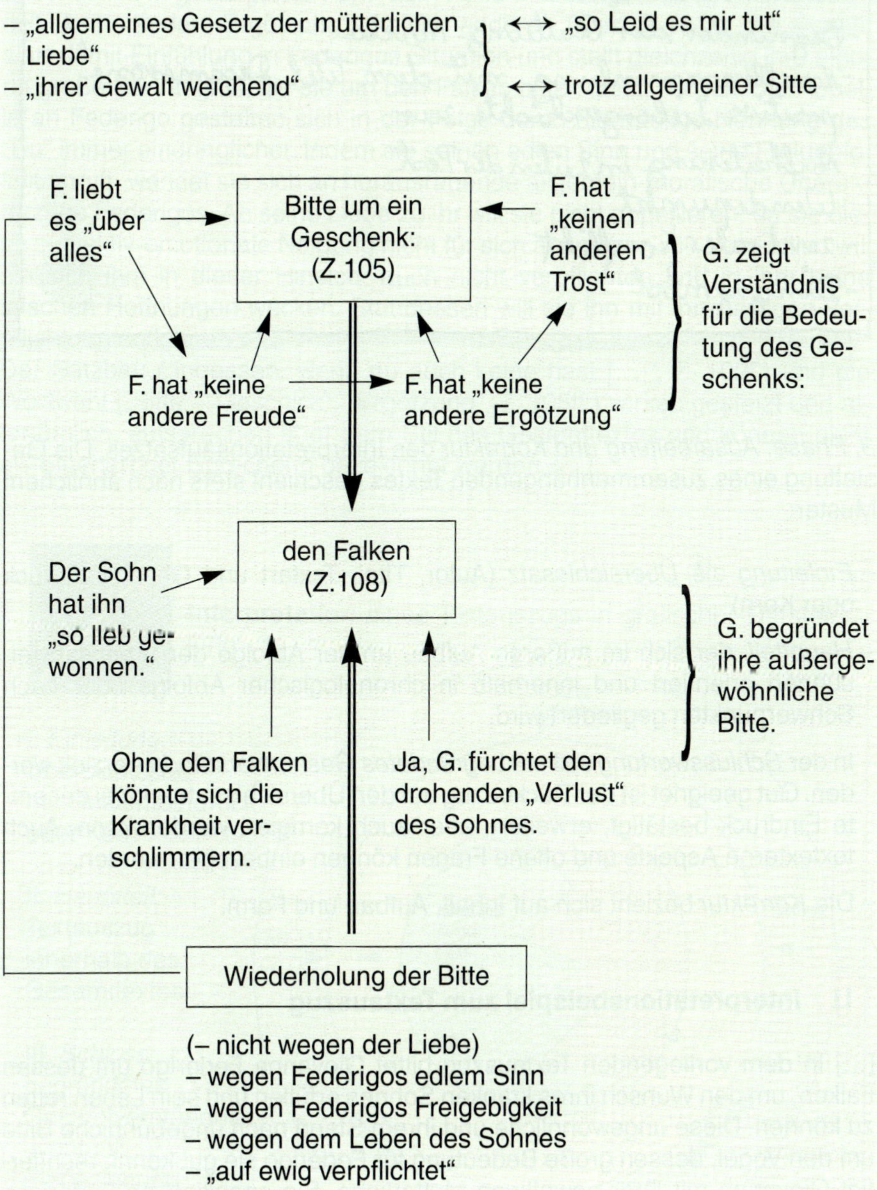

2 Giovannas Argumentationsweise ist zentral für das Verstehen des Textausschnitts.

a Erläutert, welcher Zusammenhang durch diese Darstellung verdeutlicht wird!

b Schreibt eine Textfassung dieses Abschnitts!

Interpretationshilfe 11: Die **Syntax** ist entscheidend für die Dichte und Wirkung eines Textes.

- Die *Parataxe* (< gr. para = neben und taxis = Ordnung), das Nebeneinander gleichberechtigter Hauptsätze (die *Satzreihe*), ist geeignet, Sachverhalte reihend (additiv) darzustellen. Parataktische Fügungen haben etwas bestimmt Setzendes, können aber auch nüchtern und karg wirken.
- Die *Hypotaxe* (< gr. hypo = unter und taxis = Ordnung) meint die Unterordnung von Satzteilen und Sätzen im *Satzgefüge.* Komplizierte Gedankengänge und ein vertracktes Geschehen können oft nur hypotaktisch, in „Schachtelsätzen“, angemessen ausgedrückt werden.

Die **Novelle** (< ital. novella = kleine Neuigkeit; von lat. novus, novellus = neu) berichtet von einer „Neuigkeit" als einer tatsächlichen oder doch real vorstellbaren Begebenheit. Meist geht es darum, wie das Schicksal eines Menschen in einer schwierigen Situation, in einer inneren oder äußeren Krise, eine Änderung erfährt und plötzlich eine Wende nimmt.

Die Novelle entfaltet einen *zentralen Konflikt,* der inhaltlich meist auf einem Gegensatz von Außergewöhnlichem oder Neuartigem mit dem Gewohnten und Althergebrachten beruht. Dies bedingt formal eine zielgerichtete, straffe, meist *einlinige Handlungsführung.* In *Höhe-* und *Wendepunkten* wird der Konflikt gestaltet und häufig werden Vorausdeutungs- und Integrationstechniken wie *Titelgebung, Leitmotive, Dingsymbole* benutzt.

Die eigentliche Entwicklung der Gattung beginnt im 14. Jahrhundert, in den Anfängen der Renaissance, mit Boccaccios „Decamerone". Darin sind durch eine Rahmenhandlung hundert Novellen zusammengefasst, die sich eine Gruppe von Adligen reihum erzählen, um auf diese Weise die furchtbare Pest von 1348 zu überdauern.

In Deutschland nimmt als Erster Goethe im Zeitalter der Klassik in den „Unterhaltungen deutscher Ausgewanderten" (1795) das Thema (Flucht) und den Aufbau (Geschichten in einer Rahmenhandlung) des „Decamerone" auf. Zwischen Klassik und Romantik vollzieht sich bei Heinrich von Kleist der Übergang von der geselligen Rahmennovelle zur Einzelnovelle. Seine Erzählungen, wie z. B. „Das Bettelweib von Locarno" und „Die Verlobung von St. Domingo", sind vor allem durch die Übermacht des Schicksalhaften bestimmt. Romantiker, wie Clemens Brentano und E. T. A. Hoffmann, folgen Kleist mit psychologisierenden Märchennovellen. Für die Zeit des Biedermeier ist Annette von Droste-Hülshoffs „Die Judenbuche" hervorzuheben. Zu einer Blüte der Novelle kommt es im Realismus mit Autoren wie Theodor Storm und Gottfried Keller. Im 20. Jahrhundert haben u. a. Thomas Mann, Stefan Zweig, Hugo von Hofmannsthal, Ricarda Huch, Isolde Kurz, Hermann Hesse, Robert Musil, Gertrud von Le Fort, Werner Bergengruen und Stefan Andres Novellen geschrieben.

Aufgrund ihrer Aktualität und ihres Realitätsbezugs unterscheidet sich die Novelle von Legende, Fabel und Märchen, durch die straffe Ausgestaltung des Konflikts und ihre Geschlossenheit von der Kurzgeschichte, durch ihre Konzentration auf *ein* Ereignis und *einen* Konflikt vom Roman.

II. Novellen und ihre Formen

1. Das Unerhörte im Alltäglichen – Handlungsverläufe rekonstruieren

1 Neun Bausteine zu drei Novellen

a. Ein Buch! Und wie ein Schuss durchzuckte mich der Gedanke: stiehl dir das Buch! Vielleicht gelingt es, und du kannst dir's in der Zelle verstecken und dann lesen, lesen, lesen, endlich wieder einmal lesen! Der Gedanke, kaum in mich gedrungen, wirkte wie ein starkes Gift; mit einem Mal begannen mir die Ohren zu brausen und das Herz zu hämmern, meine Hände wurden eiskalt und gehorchten nicht mehr. Aber nach der ersten Betäubung drängte ich mich leise und listig noch näher an den Mantel, ich drückte, immer dabei den Wächter fixierend, mit den hinter dem Rücken versteckten Händen das Buch von unten aus der Tasche höher und höher. Und dann: ein Griff, ein leichter, vorsichtiger Zug, und plötzlich hatte ich das kleine, nicht sehr umfangreiche Buch in der Hand. Jetzt erst erschrak ich vor meiner Tat. Aber ich konnte nicht mehr zurück. Jedoch wohin damit? Ich schob den Band hinter meinem Rücken unter die Hose an die Stelle, wo sie der Gürtel hielt, und von dort allmählich hinüber an die Hüfte, damit ich es beim Gehen mit der Hand militärisch an der Hosennaht festhalten könnte. Nun galt es die erste Probe. Ich trat von der Garderobe weg, einen Schritt, zwei Schritte, drei Schritte. Es ging. Es war möglich, das Buch im Gehen festzuhalten, wenn ich nur die Hand fest an den Gürtel presste.

Dann kam die Vernehmung. Sie erforderte meinerseits mehr Anstrengung als je, denn eigentlich konzentrierte ich meine ganze Kraft, während ich antwortete, nicht auf meine Aussage, sondern vor allem darauf, das Buch unauffällig festzuhalten.

b. „Erzählt, erzählt nur, Schulmeister", riefen ein paar der Jüngeren aus der Gesellschaft.

„Nun freilich", sagte der Alte, sich zu mir wendend, „will ich gern zu Willen sein; aber es ist viel Aberglaube dazwischen und eine Kunst, es ohne diesen zu erzählen."

„Ich muss Euch bitten, den nicht auszulassen", erwiderte ich; „traut mir nur zu, dass ich schon selbst die Spreu vom Weizen sondern werde!" Der Alte sah mich mit verständnisvollem Lächeln an: „Nun also!", sagte er. „In der Mitte des vorigen Jahrhunderts, oder vielmehr, um genauer zu bestimmen, vor und nach derselben, gab es hier einen Deichgrafen[1], der von Deich- und Sielsachen mehr verstand, als Bauern und Hofbesitzer sonst zu verstehen pflegen; aber es reichte doch wohl kaum, denn was die studierten Fachleute darüber niedergeschrieben, davon hatte er wenig gelesen; sein Wissen hatte er sich, wenn auch von Kindesbeinen an, nur selber ausgesonnen. Ihr hörtet wohl schon, Herr, die Friesen rechnen gut, und habet auch wohl schon über unsern Hans Mommsen von Fahretoft reden hören, der ein Bauer war und doch Bussolen[2] und Seeuhren, Teleskopen[3] und Orgeln machen konnte. Nun, ein Stück von solch einem Manne war auch der Vater des nachherigen Deichgrafen gewesen; freilich wohl nur ein kleines. Er hatte ein paar Fennen[4], wo er Raps und Bohnen baute, auch eine Kuh graste, ging unterweilen im Herbst und Frühjahr auch aufs Landmessen und saß im Winter, wenn der Nordwest von draußen kam und an seinen Läden rüttelte, zu ritzen und zu prickeln, in seiner Stube. Der Junge saß meist dabei und sah über seine Fibel oder Bibel weg dem Vater zu, wie er maß und berechnete, und grub sich mit der Hand in seinen blonden Haaren.

c. Sie waren unter der Buche angelangt. „Ich sehe nichts", sagte Herr von S. – „Hierher müssen Sie treten, hierher, an diese Stelle!" – Wirklich, dem war so: der Gutsherr erkannte seine eigenen abgetragenen Schuhe. – „Gott, es ist Johannes! Setzt die Leiter an! – So – nun herunter! – Sacht, sacht! Lasst ihn nicht fallen! – Lieber Himmel, die Würmer sind schon dran! Macht dennoch die Schlinge auf und die Halsbinde!" – Eine breite Narbe ward sichtbar; der Gutsherr fuhr zurück. – „Mein Gott!", sagte er; er beugte sich wieder über die Leiche, betrachtete die Narbe mit großer Aufmerksamkeit und schwieg eine Weile in tiefer Erschütterung. Dann wandte er sich zu den Förstern: „Es ist nicht recht, dass der Unschuldige für den Schuldigen leide; sagt es nur allen Leuten: der da" – er deutete auf den Toten – „war Friedrich Mergel." – Die Leiche ward auf dem Schindanger verscharrt.

Dies hat sich nach allen Hauptumständen wirklich so begeben im September des Jahres 1789. – Die hebräische Schrift an dem Baume heißt:

„Wenn du dich diesem Orte nahest, so wird es dir ergehen, wie du mir getan hast."

---

1 Der Deichgraf: als Deichhauptmann Vorsteher der Deichverwaltung
2 Die Bussole (< frz. boussole = Schiffskompass): Kompass
3 Das Teleskop (< gr. tele = fern, weit und skopein = blicken, spähen, schauen): Fernrohr
4 Das Fenn (< ahd. fenna = Sumpf): nordd. für Sumpf-, Moorland; hier: ein durch Gräben eingehegtes Stück Marschland

Titelbild von Alfred Kubin zu „Die Judenbuche“

d. Auf dem großen Passagierdampfer, der um Mitternacht von New York nach Buenos Aires abgehen sollte, herrschte die übliche Geschäftigkeit und Bewegung der letzten Stunde. Gäste vom Land drängten durcheinander, um ihren Freunden das Geleit zu geben, Telegrafenboys mit schiefen Mützen schossen Namen ausrufend durch die Gesellschaftsräume, Koffer und Blumen wurden geschleppt, Kinder liefen neugierig treppauf und treppab, während das Orchester unerschütterlich zur Deck-show spielte. Ich stand im Gespräch mit einem Bekannten etwas abseits von diesem Getümmel auf dem Promenadendeck, als neben uns zwei- oder dreimal Blitzlicht scharf aufsprühte – anscheinend war irgendein Prominenter knapp vor der Abfahrt noch rasch von Reportern interviewt und fotografiert worden. Mein Freund blickte hin und lächelte. „Sie haben da einen raren Vogel an Bord, den Czentovic.“ Und da ich offenbar ein ziemlich verständnisloses Gesicht zu dieser Mitteilung machte, fügte er erklärend bei: „Mirko Czentovic, der Weltschachmeister. Er hat ganz Amerika von Ost nach West mit Turnierspielen abgeklappert und fährt jetzt zu neuen Triumphen nach Argentinien.“

e. Friedrich war nicht mehr dort. Eine große, unerträgliche Schmach hatte ihn getroffen, da der Jude Aaron, ein Schlächter und gelegentlicher Althändler aus dem nächsten Städtchen, plötzlich erschienen war, und nach einem kurzen, unbefriedigenden Zwiegespräch ihn laut vor allen Leuten um den Betrag von zehn Talern für eine schon um Ostern gelieferte Uhr gemahnt hatte. Friedrich war wie vernichtet fortgegangen und der Jude ihm gefolgt, immer schreiend: „O weh mir! Warum hab' ich nicht gehört auf vernünftige Leute! Haben sie mir nicht hundertmal gesagt, Ihr hättet all Eur Gut am Leibe und kein Brod im Schranke!“ – Die Tenne tobte von Gelächter; manche hatten sich auf den Hof nachgedrängt. – „Packt den Juden! Wiegt ihn gegen ein Schwein!“, riefen einige; andere waren ernst geworden. – „Der Friedrich sah so blass aus wie ein Tuch“, sagte eine alte Frau, und die Menge teilte sich, wie der Wagen des Gutsherrn in den Hof lenkte.

f. „Mein Kind! O Elke, o getreue Elke!“, schrie Hauke in den Sturm hinaus. Da sank aufs Neu ein großes Stück des Deiches vor ihm in die Tiefe, und donnernd stürzte das Meer sich hinterdrein; noch einmal sah er drunten den Kopf des Pferdes, die Räder des Gefährtes aus dem wüsten Gräuel emportauchen und dann quirlend darin untergehen. Die starren Augen des Reiters, der so einsam auf dem Deiche hielt, sahen weiter nichts. „Das Ende!“, sprach er leise vor sich hin; dann ritt er an den Abgrund, wo unter ihm die Wasser, unheimlich rauschend, sein Heimatsdorf zu überfluten begannen; noch immer sah er das Licht von seinem Hause schimmern; es war ihm wie entseelt. Er richtete sich hoch auf und stieß dem Schimmel die Sporen in die Weichen; das Tier bäumte sich, es hätte sich fast überschlagen; aber die Kraft des Mannes drückte es herunter. „Vorwärts!“, rief er noch einmal, wie er es so oft zum festen Ritt gerufen hatte: „Herr Gott, nimm mich; verschon die andern!“
Noch ein Sporenstich; ein Schrei des Schimmels, der Sturm und Wellenbrausen überschrie; dann unten aus dem hinabstürzenden Strom ein dumpfer Schall, ein kurzer Kampf.
Der Mond sah leuchtend aus der Höhe; aber unten auf dem Deiche war kein Leben mehr als nur die wilden Wasser, die bald den alten Koog[1] fast völlig überflutet hatten. Noch immer aber ragte die Werfte[2] von Hauke Haiens Hofstatt aus dem Schwall hervor, noch schimmerte von dort der Lichtschein, und von der Geest[3] her, wo die Häuser allmählich dunkel wurden, warf noch die einsame Leuchte aus dem Kirchturm ihre zitternden Lichtfunken über die schäumenden Wellen.“

---

[1] Der Koog: eingedeichtes Marschland, Polder

[2] Die Werft = Warft oder Wurt: künstlich aufgeworfener Erdhügel im Marschland und auf den Halligen (den nordfriesischen Inseln im Wattenmeer)

[3] Die Geest: im Gegensatz zum Marschgebiet hoch gelegenes, sandiges, trockenes Küstenland

g. „Es muss gehen!“, sprach er bei sich selbst. „Sieben Jahr im Amt; sie sollen nicht mehr sagen, dass ich nur Deichgraf bin von meines Weibes wegen!“
Noch immer stand er, und seine Blicke schweiften scharf und bedächtig nach allen Seiten über das grüne Vorland; dann ging er zurück, bis wo auch hier ein schmaler Streifen grünen Weidelands die vor ihm liegende breite Landfläche ablöste. Hart am Deiche aber schoss ein starker Meeresstrom durch diese, der fast das ganze Vorland von dem Festlande trennte und zu einer Hallig machte; eine rohe Holzbrücke führte nach dort hinüber, damit man mit Vieh und Heu- und Getreidewagen hinüber und wieder zurückgelangen könne. Jetzt war es Ebbzeit, und die goldene Septembersonne glitzerte auf dem etwa hundert Schritte breiten Schlickstreifen und auf dem tiefen Priel[1] in seiner Mitte, durch den auch jetzt das Meer noch seine Wasser trieb. „Das lässt sich dämmen!“, sprach Hauke bei sich selber, nachdem er diesem Spiele eine Zeit lang zugesehen; dann blickte er auf, und von dem Deiche, auf dem er stand, über den Priel hinweg, zog er in Gedanken eine Linie längs dem Rande des abgetrennten Landes, nach Süden herum und ostwärts wiederum zurück über die dortige Fortsetzung des Priels und an den Deich heran. Die Linie aber, welche er unsichtbar gezogen hatte, war ein neuer Deich, neu auch in der Konstruktion seines Profiles, welches bis jetzt nur noch in seinem Kopf vorhanden war.

h. „Um Gottes willen“, flüsterte er mit blassen Lippen. „Habe ich etwas Unsinniges gesagt oder getan … bin ich am Ende wieder …?“
„Nein“, flüsterte ich leise. „Aber Sie müssen sofort die Partie abbrechen, es ist höchste Zeit. Erinnern Sie sich, was der Arzt Ihnen gesagt!“
Dr. B. stand mit einem Ruck auf. „Ich bitte um Entschuldigung für meinen dummen Irrtum“, sagte er mit seiner alten höflichen Stimme und verbeugte sich vor Czentovic. „Es ist natürlich purer Unsinn, was ich gesagt habe. Selbstverständlich bleibt es Ihre Partie.“ Dann wandte er sich zu uns. „Auch die Herren muss ich um Entschuldigung bitten. Aber ich hatte Sie gleich im Voraus gewarnt, Sie sollten von mir nicht zu viel erwarten. Verzeihen Sie die Blamage – es war das letzte Mal, dass ich mich im Schach versucht habe.“
Er verbeugte sich und ging, in der gleichen bescheidenen und geheimnisvollen Weise, mit der er zuerst erschienen. Nur ich wusste, warum dieser Mann nie mehr ein Schachbrett berühren würde, indes die anderen ein wenig verwirrt zurückblieben mit dem ungewissen Gefühl, mit knapper Not etwas Unbehaglichem und Gefährlichem entgangen zu sein. „Damned fool!“, knurrte McConnor in seiner Enttäuschung. Als Letzter erhob sich Czentovic von seinem Sessel und warf noch einen Blick auf die halb beendete Partie.
„Schade“, sagte er großmütig. „Der Angriff war gar nicht so übel disponiert[2]. Für einen Dilettanten[3] ist dieser Herr eigentlich ungewöhnlich begabt.“

Szenenfoto aus der deutschen Filmversion der „Schachnovelle“ (1960, Regie: Gerd Oswald; u.a. mit Mario Adorf und Curd Jürgens)

---

1 Der Priel: schmaler Wasserlauf im Watt
2 disponieren (< lat. disponere = einteilen, anordnen): gliedern, ordnen; hier: anlegen
3 Der Dilettant (< ital. dilettante = Liebhaber einer Kunst): Laie, Liebhaber; Nichtfachmann, der eine Tätigkeit nicht berufsmäßig, sondern aus Spaß betreibt.

Arbeitsanregungen:

1 Die neun Bausteine beinhalten Anfang, Kern und Schluss der Novellen „Die Judenbuche“, „Der Schimmelreiter“ und „Die Schachnovelle“.
  a Ordnet in Partnerarbeit die entsprechenden Novellenbausteine einander zu!
  b Versucht, ob über die Sprache eine zeitliche Einordnung der drei Novellen, die 1842, 1888 und 1942 erschienen sind, möglich ist! Schreibt dazu auffällige Wendungen des Zeitstils heraus!

2 Untersucht die Bausteine eurer Novelle auf vorhandene Novellenmerkmale (Realitätsbezug des Geschehens, Wendepunkt, Höhepunkt, zentraler Konflikt, folgenschwere Entscheidung, Dingsymbol, Lösung)!

3 Versucht in Gruppen arbeitsteilig den Handlungsverlauf zwischen den Textstellen zu schließen, indem ihr Stichworte einer möglichen Handlung notiert!

4 Arbeitet mit Hilfe der Bausteine a–i eine Personenkonstellation heraus und setzt, wenn nötig, weitere Personen dazu, um die Hauptpersonen in ein novellistisches Spannungsfeld zu bringen!

5 a Verschafft euch mit Hilfe verschiedener Literaturlexika einen Überblick über den tatsächlichen Inhalt der Novelle!
  b Vergleicht mit euren eigenen Ergebnissen!

6 Stellt eure Gruppenergebnisse möglichst anschaulich vor!

7 Sprecht darüber, welche der drei Novellen euch am meisten zu lesen reizt!

i. Friedrich Mergel, geboren 1738, war der einzige Sohn eines so genannten Halbmeiers oder Grundeigentümers geringerer Klasse im Dorfe B., das, so schlecht gebaut und rauchig es sein mag, doch das Auge jedes Reisenden fesselt durch die überaus malerische Schönheit seiner Lage in der grünen Waldschlucht eines bedeutenden und geschichtlich merkwürdigen Gebirges. Das Ländchen, dem es angehörte, war damals einer jener abgeschlossenen Erdwinkel ohne Fabriken und Handel, ohne Heerstraßen, wo noch ein fremdes Gesicht Aufsehen erregte und eine Reise von dreißig Meilen selbst den Vornehmeren zum Ulysses[1] seiner Gegend machte – kurz, ein Fleck, wie es deren sonst so viele in Deutschland gab, mit all den Mängeln und Tugenden, all der Originalität und Beschränktheit, wie sie nur in solchen Zuständen gedeihen. Unter höchst einfachen und häufig unzulänglichen Gesetzen waren die Begriffe der Einwohner von Recht und Unrecht einigermaßen in Verwirrung geraten, oder vielmehr, es hatte sich neben dem gesetzlichen ein zweites Recht gebildet, ein Recht der öffentlichen Meinung, der Gewohnheit und der durch Vernachlässigung entstandenen Verjährung.

2 Rekonstruktion von Handlungsverläufen

Handlung	– Friedrich Mergel: ärmliche Herkunft – Dorf B. – Recht und Unrecht durcheinandergeraten	– *ungewolltes, ungeliebtes Kind* *→ will was gelten: beschafft sich Golduhr* – *zögert Bezahlung hinaus (allgemein üblich im Dorf)*	– Friedrich erleidet große Schmach: Bloßstellung durch Juden wegen unbezahlter Golduhr	– … – … – – –	– Friedrich erhängt an Buche – Inschrift – wirklich so begeben 1789
Novellenmerkmale	• …	• …	• Höhepunkt / Wendepunkt	• …	• unerhörte Begebenheit • Dingsymbol Buche • tatsächlich ereignet

3 Mögliche Personenkonstellation der „Schachnovelle“

Erzähler

Mirko Czentovic (Weltschachmeister) – einstiger Widersacher von Dr. B.?

Schachspiel
←→
Rache?
Genugtuung?

Dr. B. (der einstige Gefangene?)

McConnor

3 Ulysses = Odysseus: hier i. S. von Irrfahrer

2. Konflikte des Einzelnen in seiner Zeit – Eine Novelle lesen und interpretieren

Materialien und Methoden zu Theodor Storm: „Der Schimmelreiter“

1 Haukes Weg: Aufsteiger und Außenseiter

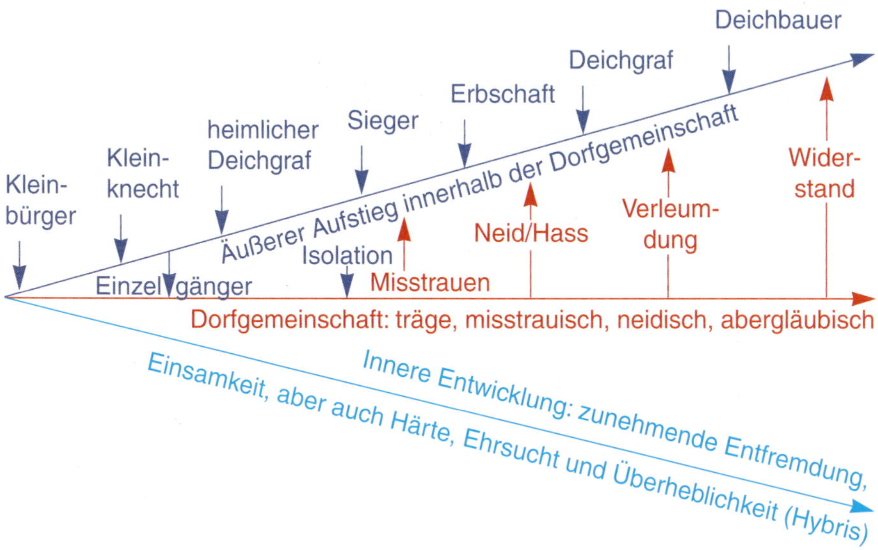

Für die Erarbeitung und Besprechung einer **Großnovelle** wie dem „Schimmelreiter“ gibt es verschiedene Verfahrensschritte:

- Auswahl und Vorbereitung der Lektüre, evtl. bereits Vergabe von Themen für Kurzreferate;
- Sorgfältiges Lesen mit Bleistift und evtl. Anfertigen eines Lesezettels;
- Besprechen des ersten Leseeindrucks;
- Herausarbeiten von weiteren Themen und Verteilen von Schülerreferaten für Einzelne oder Gruppen;
- Besprechen der Novelle und Referate zu den Themen in einer festgelegten Reihenfolge.

2 Hauke Haien im Spannungsfeld von Anlagen, Zielen und Herausforderungen

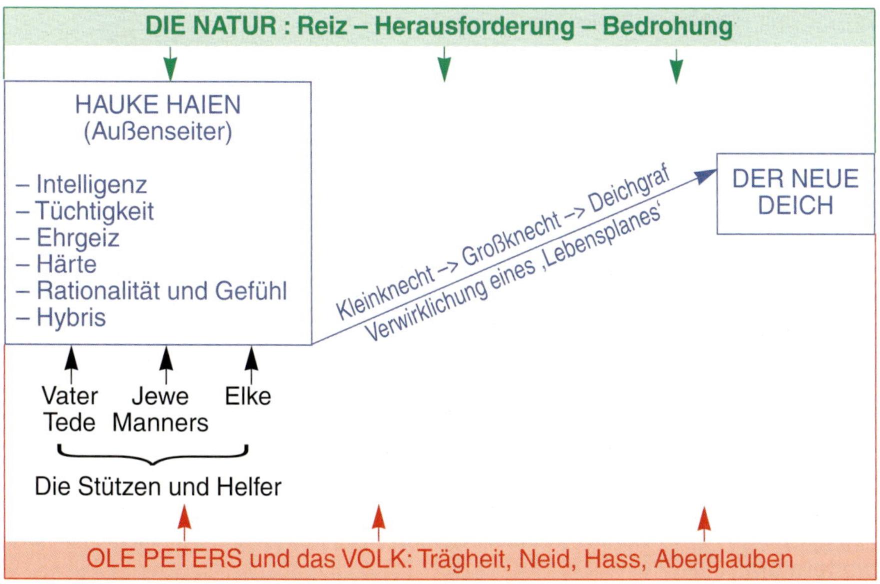

Arbeitsanregungen:

1 Die abgebildeten Texte, Strukturen und Bilder bieten Anregungen für mögliche Themen und die Art ihrer Darstellung.
a Sichtet die Materialien und überlegt, wie ihr sie verwenden könnt und welche weiteren Informationen ihr noch benötigt!
b Erarbeitet Themen, die die Materialien miteinschließen, und verteilt sie!

2 Die Struktur von Text 3 ist unvollständig.

a Übernehmt die Skizze und ergänzt die Stichworte zur Handlung!

b Verfasst arbeitsteilig Inhaltsangaben zur Rahmenhandlung und zu den fünf Stationen der Kernhandlung!

3 „Der Schimmelreiter“ als Rahmennovelle: Inhalt und Aufbau

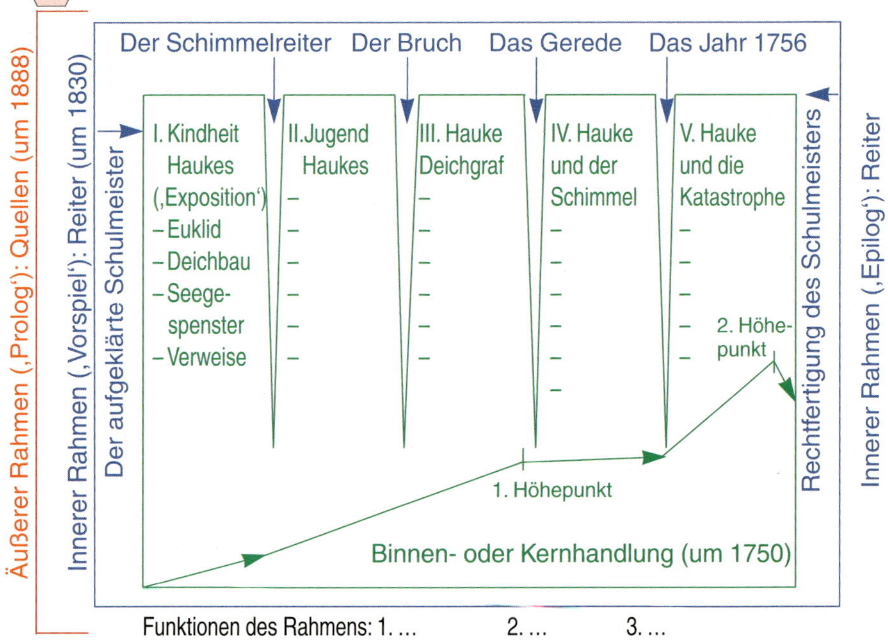

Funktionen des Rahmens: 1. … 2. … 3. …

Mögliche Themen für **Kurzreferate:**

1. Haukes Kindheit: Herkunft, Wesen, Einflüsse, Interessen, Ziele
2. Hauke als Jugendlicher: Tötung des Katers, Begegnung mit Elke, Versorgung des Vaters, dessen Tod
3. Tede Haien und Hauke Haien: Eigenschaften des Vaters und Verhältnis von Vater und Sohn
4. Hauke Haien und Ole Peters: ihr Verhältnis, Begründungen dafür?
5. Hauke als Deichgraf: sein Deich, Reaktionen der Dorfbewohner, Aberglauben, Deichbruch, Schuldfrage
6. Tede Volkerts und Elke Volkerts: Eigenschaften und Verhältnis von Vater und Tochter?
7. Elke und Hauke: Verhältnis der Liebenden und des Ehepaars
8. Die Rolle der Natur im „Schimmelreiter“
9. Der Aufbau der Novelle: Wer sind die Erzähler, wann erzählen sie und woher kennen sie die Ereignisse, von denen sie berichten? Wo beginnt und endet die Geschichte Hauke Haiens, an welchen Stellen ist die Handlung unterbrochen?
10. Anstöße und Quellen für Storms „Schimmelreiter“
11. Informationen zu Storms Leben und Werk

4 Eine Inhaltsangabe mit Lücken

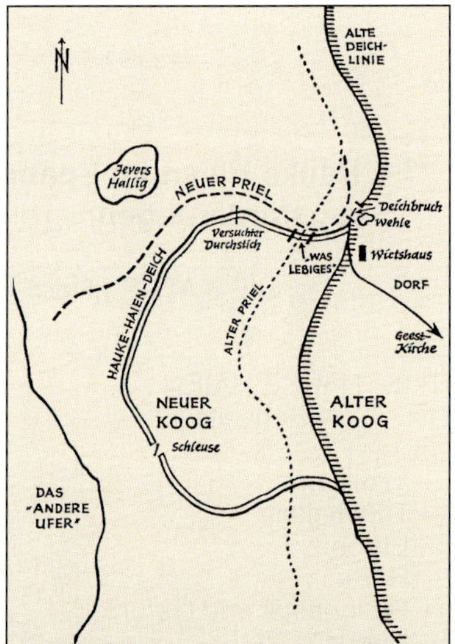

Der Schauplatz der Novelle

In „Der Schimmelreiter“, […]

Diese Geschichte erzählt ein Dorfschullehrer einem Unbenannten, der bei einem Unwetter die widergängerische Erscheinung des Schimmelreiters mit eigenen Augen wahrgenommen hat.
Hauke Haien ist technisch hoch begabt und erwirbt bereits als Kind im Eigenstudium grundlegende Kenntnisse der Deichbaukunst. […]

Nur unter großen Mühen gelingt es ihm, einen architektonisch völlig neuartigen Deichbau durchzusetzen. Seine übergroßen Anstrengungen bei fehlender Unterstützung und privates Unglück – durch schwere Krankheit seiner Frau Elke und die Geburt eines schwachsinnigen Kindes – lassen Hauke Haien innerlich versteinern und ihn zusehends Verachtung und Hass gegenüber seinen Mitmenschen empfinden. […]

Bei diesem Anblick stürzt er sich selbst mit seinem Schimmel in die Fluten. Als gespenstischer Schimmelreiter geht er nun, laut Sage, bei schweren Unwettern um.

„Der Schimmelreiter“ ist eine **Rahmennovelle** mit einem *äußeren* und *inneren* Rahmen**.**

Sie enthält drei Zeitschichten:

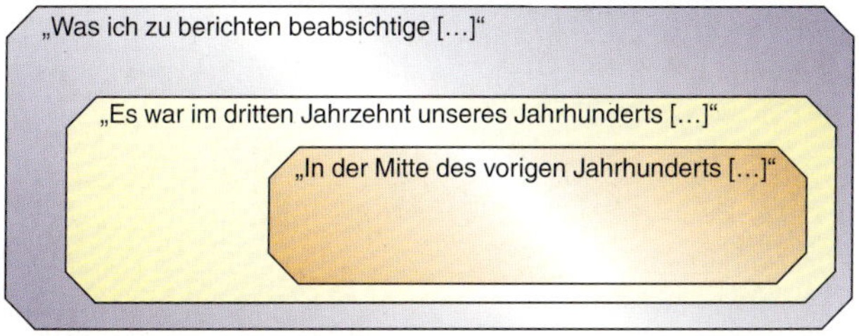

Die eigentliche Erzählung des um die Mitte des 18. Jahrhunderts lebenden Deichgrafen Hauke Haien, die sog. *Kern-* oder *Binnenerzählung,* ist dadurch in einen *doppelten Rahmen* eingebettet:
Der *äußere Rahmen* verleiht dem erzählten Geschehen durch den Verweis auf die Quelle Authentizität. Der *innere Rahmen* ermöglicht es einem Erzähler, als Berichterstatter der unerhörten Begebenheit aufzutreten, die Erzählhandlung durch Unterbrechungen zu gliedern, Vergangenheit und Gegenwart zu verbinden und über das Geschehen zu reflektieren.

5 Der Dichter Theodor Storm

* 14. 9. 1817 in Husum
† 4.7.1888 in Hademarschen

Theodor Storm (1887)

Storm war der Familientradition gefolgt und studierte Jura in Kiel und Berlin. Erst hier fand er den Weg zum eigenen Schreiben. In Gemeinschaftsarbeit mit seinem Freund, dem Historiker Theodor Mommsen, und dessen Bruder Tycho entstand 1843 das *Liederbuch dreier Freunde.* Aber erst, als er nach Abschluss des Studiums in seine Geburtsstadt Husum zurückkehrte, schrieb er seine ersten Novellen, darunter *Immensee,* die ihn bekannt und berühmt machte. Sie eröffnet die Reihe der so genannten Erinnerungsnovellen, in denen Storm sehnsuchtsvoll auf vergangene Tage zurückschaut.
Nach seinen eigenen Worten ist sein Erzählen aus der Lyrik geboren. Deshalb übt das Musikalisch-Stimmungsvolle, die schlichte Einfachheit in Form und Aussage in seinen Erzählungen auch einen eigenartigen Reiz auf den Leser aus.

Hinweise zur **Aufgabenstellung:**

1. Die Themen der Kurzreferate (1–9) orientieren sich ausschließlich am Text der Novelle: Die Referenten suchen die Textstellen, bearbeiten diese und fertigen einen Stichwortzettel. Sekundärliteratur braucht in der Regel nicht verwendet zu werden (Ausnahme: die Themen 10 und 11).

2. Der Vortrag vor der Klasse (ca. 10 Minuten) erfolgt *halbfrei,* d. h. die Referenten sprechen mit Hilfe ihrer Stichwortzettel und gestützt auf den Text:
- Sie erläutern das Thema und geben eine Gliederung ihres Kurzreferats.
- Sie schreiben Namen und Fachbegriffe an die Tafel, entwerfen einfache Skizzen (z. B. zur Personenkonstellation) und erläutern diese.
- Sie fügen kurze Textzitate als Belege ein und erläutern diese.
- Sie versuchen eine Zusammenfassung bzw. persönliche Stellungnahme zu Wertungsfragen
- Sie stellen sich Fragen der Mitschüler bzw. einer Disskusion.

3. Die Zuhörer fertigen ein *Stichwortprotokoll* als Grundlage für die Diskussion bzw. für die gemeinsame Erstellung eines Tafelanschriebs, einer Skizze etc.

4. Schüler und Lehrer versuchen eine Beurteilung des Kurzreferats nach Aspekten des Inhalts und der Vermittlung.

Arbeitsanregungen:

1 Schreibt zum Abschluss der Novellenbesprechung eine Inhaltsangabe!
Die Vorgaben der Inhaltsangabe (Text 4) können dafür übernommen werden.

2 a Macht eine Stoffsammlung zu einem der folgenden Themen!
- Zeigt „Der Schimmelreiter“ die Tragödie des schöpferischen Menschen?
- Untersuche die Gründe für Hauke Haiens zunehmende Isolierung innerhalb der Dorfgemeinschaft!

– Erörtere die unterschiedliche Haltung Haukes und der anderen Dorfbewohner gegenüber der Natur!

[b] Schreibt die Erörterung mit Einleitung und Schlusswertung!

Wie bei der Interpretation gelten auch für die **literarische Erörterung** folgende Phasen:

1. *Phase:* spontane Einfälle und Themenanalyse
   - Notieren erster Gedanken und Einfälle
   - Anforderungen des Themas klären
2. *Phase:* differenzierte Stoffsammlung und Gliederung
   - Entwicklung einer gegliederten Stoffsammlung
   - Stichworte zur Einleitung und zum Schluss
3. *Phase:* Ausarbeitung und Korrektur
   - Ausarbeitung eines zusammenhängenden Textes mit Übersichtssatz als Einleitung
   - Verfassen einer Schlusswertung
   - Korrektur des Aufsatzes

Das Arbeitszimmer des Dichters mit dem Schreibtisch, an dem die „Schimmelreiter"-Novelle vollendet wurde.

Sein *Weihnachtslied* und *Knecht Ruprecht* begeisterten ebenso wie das *Oktoberlied, Abseits, Die Stadt, Meeresstrand* und das humorvolle Gedicht *Von Katzen* Generationen von Lesern. Obwohl er sich nicht zu gesellschaftlichen und politischen Problemen äußerte, protestierte er öffentlich gegen die Besetzung von Schleswig durch die Dänen. Er wurde daraufhin seines Amtes enthoben und musste Husum verlassen. Erst nach dem für die Dänen verloren gegangenen Krieg kehrte Storm 1864 als Landvogt zurück. Nun begann auch seine große Zeit als Dichter; es entstanden u. a. die Novellen *Viola tricolor, Aquis submersus, Carsten Curator, Hans und Heinz Kirch* oder *Bötjer Basch.* Sein Einfühlungsvermögen in junge Menschen zeigen auch die Novelle *Pole Poppenspäler* und das Märchen *Der kleine Häwelmann.* Untrennbar mit Storms Namen verbunden bleibt sein Meisterstück *Der Schimmelreiter* (1888), die kunstvoll in eine Rahmenhandlung eingebettete Geschichte Hauke Haiens, der sich aus ärmlichen Verhältnissen zum Deichgrafen emporarbeitet und bei einem Dammbruch Frau, Kind und schließlich auch sein eigenes Leben verliert.

Aus: Heinrich Pleticha (Hrsg.): dtv-junior. Literaturlexikon. – Berlin und München (Cornelson und dtv) [9]1996, S. 200.

Das Geburtshaus Theodor Storms, Husum, Markt 9 (Zeichnung von Jan Hamkens)

Das 5. Kapitel im Blickfeld

Sprechen und Schreiben

1. Das **Ausgestalten** von Handlungsvorgaben (z.B. Erzählkernen) kann nur gut gelingen, wenn ihr Stil sowie die inhaltliche Sinnrichtung erfasst sind und das Original mit der eigenen, erfundenen Handlung sinngerecht verknüpft wird. Beim Skizzieren einer Novellenhandlung gilt es zudem, die Merkmale der Gattung zu beachten. Zum Notieren von Handlungseinfällen eignet sich u. a. das Anlegen eines *Clusters.*

2. Beim **Exzerpieren** werden aus einem Text unter einer bestimmten Fragestellung wichtige Informationen herausgeschrieben. Das auf diese Weise entstandene *Exzerpt* ist Grundlage für jede Bearbeitung von Themenstellungen, wie z.B. bei Referaten oder bei Unterrichtsgesprächen zu einem bestimmten Thema. Besonders wichtige Stellen können wortwörtlich als Zitate (in Anführungszeichen) übernommen werden, ansonsten werden lediglich die Schlüsselwörter notiert. Stets ist aber die genaue *Quellenangabe* notwendig. Sie dient als Nachweis für den Leser und ermöglicht das Nachschlagen.

3. Im **Fachgespräch** über Novellen gilt es zunächst, den ersten, vorläufigen Leseeindruck wiederzugeben, aber auch *Fragen* zu stellen und diese mit Hilfe des Textes zu beantworten. Der *Gesamteindruck* ist Ausgangspunkt für eine Besprechung des Textverständnisses. Beobachtungen zu Inhalt und Form sollen zueinander in Beziehung gesetzt und auf ihre Wirkung hin beschrieben werden. Dabei kann es durchaus zu gegensätzlichen Deutungen kommen. Behauptungen sollen stets am Text belegt werden und erst am Schluss gilt es, eine begründete Wertung zu treffen.

4. Die **Inhaltsangabe** fasst einen Text in sachlicher Sprache im Präsens zusammen. Ihr Aufbau besteht aus Übersichtssatz (mit Autor, Titel, Gattung und Kern oder Gesamteindruck), gegliedertem Hauptteil und begründeter Wertung. Bei einer umfangreichen Ganzschrift, wie z.B. einer Novelle, muss von der *Haupthandlung* und den *Hauptpersonen* ausgegangen werden. Die Nebenhandlungen und die Nebenfiguren sind entsprechend einzubeziehen. Ein tabellarisch gegliederter *Lesezettel* mit abschnittsweise eingetragenen Notizen erleichtert die Stoffsammlung.

5. Bei der **Interpretation** einer Ganzschrift, einer Novelle oder eines Romans, steht zunächst ein *Textauszug* im Mittelpunkt. Dieser wird möglichst genau nach Inhalt und Form beschrieben und gedeutet. Zur Einordnung dieses Auszugs wird dann der Gesamttext unter Betrachtung ausgewählter Aspekte miteinbezogen.

   Die Erarbeitung erfolgt in drei Phasen:
   - In der *ersten Phase* wird das Thema durch Unterstreichen der Schlüsselwörter auf seine Anforderungen hin analysiert. Erste Eindrücke, Beobachtungen und Fragen zum Textauszug werden notiert.
   - In der *zweiten Phase* sind Merkmale des Inhalts und der Form in ihrem Wechselbezug als *Stoffsammlung* tabellarisch darzustellen.
   - In der *dritten Phase* werden ein Text ausgearbeitet, durch Belege gestützt und gedeutet sowie ein begründetes *Gesamtverständnis* angestrebt und eine *Schlusswertung* verfasst. Eine sorgfältige *Korrektur* schließt sich an.

6. Das **Kurzreferat** zielt auf eine anschaulich vermittelte Information über einen Sachverhalt (z.B. über die Pest) oder über das Leben und das Werk eines Autors (z.B. über Heinrich von Kleist). Voraussetzungen dafür sind
   - die *Vorbereitung* mit Sammeln und Sichten von Informationsquellen, dem Erstellen von Exzerpten und der Bereitstellung von Materialien (z.B. von Bildern, Karten, Folien etc.);
   - der *Aufbau* in chronologischer oder problemorientierter Abfolge;
   - eine durchdachte *Präsentation* mit Interesse weckendem Einstieg, einem halbfreien Vortrag, der den Blickkontakt zu den Zuhörern ermöglicht, einem sinnvollen Medieneinsatz und einer Zusammenfassung. Abzuschließen ist mit einem Anstoß zur Diskussion.

7. Im **Metaplan** lassen sich an der Pinnwand Eindrücke, Informationen (z. B. aus Exzerpten, Wertungen usw.) sammeln, im Unterrichtsgespräch ordnen und durch Ober- und Unterbegriffe gliedern.
8. Durch einen **Perspektivenwechsel** wird der Blickwinkel auf ein Geschehen verändert. Er kann einen Zugewinn an situativen und emotionalen Details bewirken, wobei jedoch der Gesamtüberblick verloren gehen kann.
9. **Rechtschreibung**
   a. Durch die Schreibung mit **Bindestrich** lassen sich die *Zusammensetzungen* mit Einzelbuchstaben (z. B.: T-Shirt) und substantivisch gebrauchten Fügungen (z. B.: das Make-up), *Hervorhebungen* (z. B. die Ich-Erzählung) sowie *Ableitungen* (z. B.: baden-württembergisch) darstellen.
   b. Bei der **Kommasetzung** gelten *Mussregeln:* Kommas trennen gleichrangige Hauptsätze, Haupt- und Nebensätze sowie gleichrangige Wortgruppen und Wörter in der Aufzählung. Kommas *kann* man setzen zur Abtrennung von Infinitiv- und Partizipialgruppen und wenn in einer Satzreihe Hauptsätze, die inhaltlich eng zusammengehören, durch „und“, „oder“ bzw. „sowie“ verbunden werden.
10. Beim **Zitieren** ist darauf zu achten, die wiederzugebende Textstelle inhaltlich und grammatikalisch richtig zu übernehmen, in Anführungszeichen zu setzen und dahinter in Klammern die korrekte Fundstelle zu verzeichnen. Eventuell nötige erläuternde Zusätze werden in eckige Klammern gesetzt: *[...] Von Giovanna erzählt Boccaccio, „sie blieb den ganzen Tag bei ihm [ihrem Sohn] und hörte nicht auf, ihm Mut zuzusprechen“ (Z. 32). [...]*

Literatur und Medien

1. Die **Novelle** berichtet von einem real vorstellbaren, doch außergewöhnlichen Ereignis, das in streng gebauter „dramatischer“ Handlung einem Höhepunkt zustrebt und mit einer glücklichen oder tragischen Lösung endet. Um die Sinnrichtung der Handlung stärker zu verdeutlichen, werden in der Novelle häufig *Dingsymbole* eingesetzt. Dies sind Gegenstände, Tiere oder Pflanzen, die wiederholt an bedeutsamen Stellen der Erzählung auftreten und dort einen Teilaspekt der Handlung (z. B. den Charakter des Helden) besonders veranschaulichen (etwa Federigos Falke als Ausdruck seiner Armut und seiner Opferbereitschaft). Eine andere Vorausdeutungs- und Integrationstechnik der Novelle ist die Verwendung von *Leitmotiven,* wiederkehrenden Sachverhalten, die einer bestimmten Situation oder Stimmung zugeordnet sind (z. B. die viermalige Wiederholung der Bettelweibszene).
   a. Ein besonderes Strukturmerkmal mancher Novellen ist die *Rahmentechnik.* Es finden sich einerseits Novellensammlungen, die durch einen gemeinsamen Rahmen zusammengehalten werden (vgl. G. Boccaccio: „Das Decamerone“), andererseits auch gerahmte Einzelnovellen (z. B. in Theodor Storms „Der Schimmelreiter“). Der Rahmen vermittelt den Eindruck von Authentizität und stellt Distanz her. Er trägt zu einer Gliederung der Binnenerzählung bei und erlaubt die Reflexion über das Geschehen.
   b. Die **Entwicklung der Gattung Novelle** beginnt in Italien in den Anfängen der Renaissance (1350–1600) mit G. Boccaccios „Decamerone“ (1349–1353), einer Sammlung von hundert Novellen. In Deutschland greift J. W von Goethe in seinen „Unterhaltungen deutscher Ausgewanderten“ (1795) das Muster Boccaccios auf. Mit H. von Kleist wird eine Wende eingeleitet: Die gesellige Rahmennovelle wird zur Einzelnovelle, die das Schicksalhafte hervorhebt. Romantiker wie C. Brentano und E. T. A. Hoffmann folgen Kleist mit psychologisierenden Märchennovellen. Im Biedermeier ist A. von Droste-Hülshoff mit der „Judenbuche“, im Realismus, einer Blütezeit der Novelle, sind Th. Storm und G. Keller und im Naturalismus Gerhart Hauptmann bedeutende Autoren von Novellen. Nachdem es um die Jahrhundertwende, z. B. mit Stefan Zweig und Arthur Schnitzler, zu einem starken Wiederaufleben der Novelle kommt, ist im literarischen Schaffen der zweiten Hälfte des 20. Jahrhunderts eine zunehmende Auflösung der strengen Form der Novelle und eine Annäherung an die Er-

zählung (besonders an die Kurzgeschichte) zu beobachten.

c. Die Novelle kann aufgrund typischer Merkmale von anderen **Prosaformen abgegrenzt** werden:
   - Aktualität und Realitätsbezug unterscheiden sie von Legende, Fabel und Märchen,
   - die straffe Ausgestaltung des Konflikts und ihre Geschlossenheit von der Kurzgeschichte,
   - die Konzentration auf *ein* Ereignis und *einen* Konflikt vom Roman.

d. Verschiedene **Novellentheorien** bezeichnen jeweils *einen Aspekt* als wesentlich:
   - das alles bestimmende *Ereignis,* die „unerhörte Begebenheit“ (J.W. von Goethe);
   - den zielgerichteten dramatischen *Aufbau,* Novelle als „Schwester des Dramas“ (Th. Storm);
   - die prägende *Symbolik,* dies ist z.B. „der Falke“ (P. Heyse);
   - eine plötzlich hereinbrechende *„geistige Erregung“,* „eine Erschütterung“ (R. Musil).

2. Als **Stoff** einer Dichtung, als *Fabel,* bezeichnet man die rein sachliche Vorlage, oft auch Quelle genannt. Die Originalität des Werks liegt nicht im Stoff, sondern in dessen geistiger und formaler Gestaltung.

3. Durch **Verlaufskurven** lassen sich u.a. Aufbau (z.B. die äußere und innere Handlung), Spannungsmoment, Höhe- und Wendepunkte sowie der Ort von Dingsymbolen und Leitmotiven anschaulich darstellen.

4. Auf einem **Zeitstrahl** können – chronologisch gegliedert – literarische *Epochen, Autoren* und *Werke* aufgeführt werden.

Sprachbetrachtung

1. Der **stilistische Sprachgebrauch**, die absichtsvoll verwendete Sprache, lässt sich u.a. unter folgenden Aspekten beschreiben:

   a. Ein Autor kann durch *Tempuswechsel* (z.B. vom Präteritum ins Präsens) den Leser direkter an Erlebnissen teilnehmen lassen. Der Wechsel zu diesem Erzählpräsens ist also ein Mittel, um Spannung zu erzeugen.

   b. Durch die gezielte Wahl der *Syntax* sind komplizierte Verhältnisse z.B. durch *Hypotaxe* (Satzgefüge) darzustellen. Demgegenüber wirkt die *Parataxe* in der Reihung von Aussagesätzen klar beschreibend, eindeutig feststellend und oft additiv reihend.

   c. Über die grammatisch notwendige Kommasetzung hinaus können Autoren, z.B. H. von Kleist und J. P. Hebel, zusätzliche, *stilistisch begründete Kommas* setzen. Auf diese Weise entsteht ein charakteristischer Rhythmus mit ganz besonderer Aussagekraft.

   d. Verwendet ein Autor (z. B. in Sachtexten) viele Substantive, spricht man vom *Nominalstil.* Werden viele Verben benutzt, um (z. B. in Erzählungen) eine höhere Anschaulichkeit des Geschehens zu erreichen, nennt man dies *Verbalstil.*

2. Über die **Umformungsprobe** bei Satzarten und die **Ersatzprobe** zur Wortwahl können die Absicht und Wirkung des Originals anschaulich erfahren werden.

3. Unter **Zeitstil** versteht man die zeittypischen Eigenarten von Texten, nach denen sich die Darstellungsweise maßgeblicher Autoren einer bestimmten Epoche (z.B. der Klassik, der Romantik usw.) charakterisieren lässt. Besonders die *Wortwahl* älterer Texte zeigt sehr deutlich, dass sich Sprache entwickelt. Was in der Gegenwartssprache ungebräuchlich oder gar ungewöhnlich erscheint, sollte nicht vorschnell abgewertet, sondern aus dem historischen Zusammenhang verstanden werden.

SECHSTES KAPITEL

Eine Welt im Buch

August Macke (1887–1914): Frau des Künstlers

I. Lebensgeschichte im Roman

1. Flucht aus dem Internat – Von der Recherche[1] zum Roman

Die folgenden Bilder und Texte erzählen und erläutern eine dramatische Geschichte aus dem Leben eines Jugendlichen: Ein Junge ist aus einer Internatsschule verschwunden.
Das Geschehen hat sich tatsächlich ereignet, und zwar im Leben des später weltberühmt gewordenen Schriftstellers Hermann Hesse. Die Materialien (Bilder, Texte) zeigen Orte der Handlung, beteiligte Personen, Telegramme, Tagebuchaufzeichnungen und Briefe sowie Bilder, die ein Schlaglicht auf die Welt werfen, in der sich das Geschehen abgespielt hat.

1 Bilder und Texte – Orte und Personen

a. *Telegramm aus Maulbronn*

aufgegeben 7. 3. 1892 um 4 Uhr 40 Min.
angekommen 7. 3. 1892 um 5 Uhr 10 Min.

Missionar Hesse, Calw
Hermann fehlt seit 2 Uhr. Bitte um etwaige Auskunft.

Professor Paulus

Telegramm aus Maulbronn

aufgegeben 7. 3. 1892 um 8 Uhr 30 Min.
angekommen 7. 3. 1892 um 9 Uhr 10 Min.

Missionar Hesse, Calw
Alle Schritte getan, bis jetzt ohne Erfolg.

Paulus

Telegramm aus Calw

[ohne Datum]

Wir wissen nichts. Bitte Beruhigung telegrafieren.

Hesse

b.

Kloster Maulbronn

c.

Hesse im Alter von 21 Jahren

d.

Hesses Mutter

[1] Die Recherche (frz.): die Nachforschung, Ermittlung

e.

Hesse im Alter von 3 Jahren

f.

Hans Baluschek (1870 – 1935)
Der Ausreißer

2 Brief des Schulleiters an den Vater, Johannes Hesse

Maulbronn, 7. März 1892

Sehr geehrter Herr!

Leider kann ich bis jetzt, d. h. bis 10 Uhr abends, Ihnen in Ihrer großen Besorgnis keine beruhigende Nachricht geben; denn alle unsere Nachforschungen haben vorerst zu keinem Ergebnis geführt. Dennoch glaube ich Ihnen mitteilen zu sollen, was hier geschehen und was in Beziehung auf das so beklagenswerte Entweichen Ihres Sohnes Hermann aus dem Seminar ermittelt worden ist. Nach den Angaben mehrerer seiner Mitschüler befand sich Hermann schon seit längerer Zeit, teilweise schon vor Weihnachten, öfters in einem Zustand größter Erregtheit, in welchem er überschwängliche, zum Teil überspannte Gedichte zu verfassen pflegte; doch wechselten diese Zustände mit andern, in welchen er dann wieder ganz heiter und lustig war. Das mag auch der Grund sein, weshalb von den ihm näher stehenden Kameraden keine Meldung gemacht worden ist.

Nach den übereinstimmenden Aussagen seiner Mitschüler ist Hermann zum letzten Mal während der Ausgangsfreiheit etwas vor ½ 2 Uhr gesehen worden. Er war dabei heiter, sprach aber einigen Kameraden gegenüber die Absicht aus, wegzulaufen, was dieselben nicht für Ernst nahmen. Als er nun in der Lektion um 2 Uhr vermisst wurde, forschte man zuerst auf dem Bahnhof und telegrafisch in Stuttgart nach ihm; sodann wurden die nächstliegenden Wälder unter Führung der Lehrer von der Promotion[1] abgesucht auf 1–2 Stunden Entfernung. Außerdem wurde der Stationskommandant benachrichtigt, ebenso durch Vermittlung des K. Oberamts die Schultheißen der umliegenden Dörfer. Endlich wurde der Oberfamulus[2] abgeschickt, um in Knittlingen und Bretten Nachforschungen anzustellen, da eine Spur nach dieser Richtung zu weisen scheint.

Bis jetzt war leider alles umsonst. Von den Schultheißen kann freilich noch keine Nachricht hier sein, ebenso wenig vom Oberfamulus.

Mit großer Teilnahme denke ich an die Sorge und innere Unruhe, in welcher Sie sich befinden; auch wir sind in großer Aufregung. Selbstverständlich werden wir alles tun, was zweckdienlich erscheint und Sie sofort von dem Erfolg unserer Schritte in Kenntnis setzen. Möge es mir bald vergönnt sein, Ihnen eine beruhigende Nachricht zu geben.

Mit vorzüglicher Hochachtung
Ihr ergebener
Prof. W. Paulus, In Vertretung des Ephorus.[3]

Nachschrift, 8. März, morgens ½ 8 Uhr.
Keine weitere Nachricht eingelaufen.

---

1 Die Promotion (< lat. promovere = vorwärtsbewegen): Verleihung der Doktorwürde; hier: Jahrgang, Klasse

2 Der Famulus (lat.): Assistent eines Hochschulprofessors, Medizinstudent im Krankenhauspraktikum; hier: Bedienter

3 Der Ephorus (< gr. ephoros = Aufseher): Schulleiter, Direktor

3 Aus dem Tagebuch der Mutter

a.

7./8. März 1892

War das ein Tag! Marulla hatte nachts Adele keine Ruhe gelassen, da sie mit Fieber und Halsweh erkrankt war. Der Arzt befürchtet Diphteritis, so halten wir alle von Marulla fern und ich pflege sie im „Gastzimmer" […] Um 5 Uhr kommt der Postmann und ruft vor der Stubentür laut: „Ein Telegramm!" Ich eile hinaus und denke, es melde am Ende des 90-jährigen Vater Hesses Heimgang. Doch nein, es ist aus Maulbronn und das hat das kranke Kind drinnen auch schon gehört. „Hermann fehlt seit zwei Uhr. Bitte um etwaige Auskunft". Welcher Schrecken! Was hat's gegeben? Adele bringt Johannes die Hiobspost[1] und dieser telegrafiert zurück: „Wir wissen nichts. Bitte Beruhigung telegrafieren!" Nachts 9 [Uhr] kam wieder ein Telegramm: „Alle Schritte getan, bis jetzt ohne Erfolg". War das eine Schmerzensnacht! Ich hatte mich bei Marulla gelegt und hielt dem aufgeregten fiebernden Kinde immer wieder die Hand zur Beruhigung. Zuerst hatte mich die Angst, Hermann sei in besondere Sünde und Schande gefallen, es sei dem Entweichen etwas besondres Böses vorausgegangen ganz qualvoll gefoltert, so dass ich ganz dankbar wurde, als ich endlich das Gefühl bekam, er sei in Gottes barmherziger Hand, vielleicht schon ganz bei Ihm, erlöst, gestorben. In einem der von ihm so bewunderten Seen ertrunken? […] Jedes Unglück, jedes bloße in Gottes-Hand-Fallen, schien mir leichter zu tragen als Verschuldung von Hermanns Seite. Am Dienstagmorgen baten wir Friedrich, nach Maulbronn zu reisen, da wir nicht fort konnten. Um 11 Uhr fuhr mein Bruder ab. Noch ehe er in Maulbronn ankam, nachmittags ein Uhr, kam ein Telegramm: „Hermann wohlbehalten zurück" und ein am Abend vorher geschriebener Brief von Professor Paulus. (Der Ephorus Palm hatte Urlaub.) Daraus sahen wir, dass Weltschmerz und Geistesverwirrung im Spiel sind, aber keine geplante Bosheit.

g.

Brunnen im Kloster Maulbronn

b.

8. März 1892

Nun Gottlob! Das Kind ist selbst wiedergekommen, unterwegs von einem Landjäger gefragt, wo er hinwolle? hatte er gesagt: nach Maulbronn. „Dann gehn wir zusammen". Der gens d'armes telegrafierte im nächsten Ort gleich nach Maulbronn, dass der Gesuchte gefunden sei und mit ihm komme. Die Repetenten[2] gingen ihm entgegen. Als Hermann in des Professors Zimmer sein Taschentuch herauszog, fielen Strohhalme heraus; er hatte die bitterkalte Nacht auf freiem Felde zugebracht und sich frierend in einen Strohhaufen zu verstecken gesucht. Er kam in jenen 23 Stunden in Württemberg, Baden und Hessen herum. Er hatte weder Mantel noch Handschuhe an, kein Geld im Sack, dagegen die Bücher noch bei sich, die er zur Präparation[3] für die nächste Lektion auf den Spaziergang in der Freistunde mitgenommen. Zur Lektion war er nicht gekommen. Halb mit halb ohne Willen hatte er sich weit fortverlaufen, im Dippel und Rappel[4], Friedrich fand ihn verwirrt, zitternd vor Kälte, angegriffen, vertattert. Die Pro-

h.

Säulenfuß in der Klosterkirche Maulbronn

1 Die Hiobspost oder Hiobsbotschaft: Schreckensnachricht
2 Der Repetent (< lat. repetere = wiederholen): Einpauker; hier: Lehrer
3 Die Präparation (< lat. praeparatio): Vorbereitung
4 Im Dippel und Rappel: in Unvernunft und Erregtheit

i.

Telegramm aus Maulbronn
aufgegeben 8. 3. 1892,
11 Uhr 55 Min.
angekommen
8. 3., 12 Uhr 15 Min.
Missionar Hesse, Calw
Hermann wohlbehalten zurück.
Professor Paulus

j.

Hermann Hesse, Porträt von Andy Warhol, 1985

k.

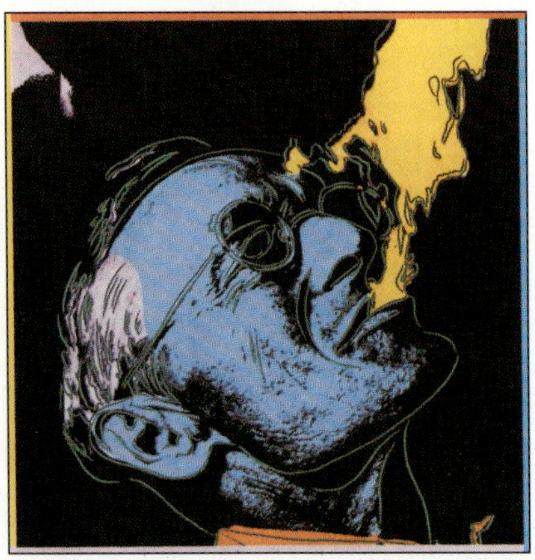

Porträt Hesses von Andy Warhol

fessoren nehmen's sehr ernst, sie fürchten partielle Geistesverwirrung, etwas Krankhaftes. Das ist's ja auch und wir sind sehr in Sorge. Da er bisher so gerne in Maulbronn war, ist's uns unerklärlich, dass er fortlief. Ein Stuss[4] und Ärger mit dem Musiklehrer etliche Tage vorher hatte wohl mitgewirkt. Großvater nimmt gar herzlich Anteil. Wir hatten ihm am Montag noch nichts gesagt, um ihn für die Nacht nicht zu beunruhigen. […]

4 **Ärztliches Zeugnis des Dr. Zahn** [Auszug]

vom 2.5.1892
„Ende März lief er [H.H.] eines Nachmittags ohne jeden bekannten Anlass oder zwingenden Grund weg mit den Büchern für die Nachmittagslektion, ohne Mantel, Geld, übernachtete auf einem Feld und zeigte, aufgefunden und wiedergebracht, keine Reue, konnte auch keinen Grund für seine Entfernung angeben."

Hermann Hesse kam nach seiner Flucht als 15-Jähriger für einige Zeit in die Nervenheilanstalt Stetten (in der Nähe von Stuttgart).

5 **Hermann Hesse (1877–1962): Brief an den Vater**

Stetten, 14. September 1892

Sehr geehrter Herr!

Da Sie sich so auffällig opferwillig zeigen, darf ich Sie vielleicht um 7 M oder gleich um den Revolver bitten. Nachdem Sie mich zur Verzweiflung gebracht, sind Sie doch wohl bereit, mich dieser und sich meiner rasch zu entledigen. Eigentlich hätte ich ja schon im Juni krepieren sollen.
Sie schreiben: Wir machen Dir gar keine „schrecklichen Vorwürfe" weil ich über St[etten] schimpfe. Dies wäre auch mir durchaus unverständlich, denn das Recht zu schimpfen darf man einem Pessimisten nicht nehmen, weil es sein einziges und letztes ist.
„Vater" ist doch ein seltsames Wort, ich scheine es nicht zu verstehen. Es muß jemand bezeichnen, den man lieben kann und liebt, so recht von Herzen. Wie gern hätte ich eine solche Person! Könnten Sie mir nicht einen Rat geben. In alter Zeit war das Fortkommen leicht: jetzt ist's schwer, ohne Scheine, Ausweise etc. durchzukommen. Ich bin 15-jährig und kräftig, vielleicht könnte ich an der Bühne unterkommen?
Mit Herrn Schall mag ich nicht verhandeln, der herzlose Schwarzfrack ist mir verhaßt, ich könnte ihn erstechen. Er gönnt mir keine Familie, so wenig als Sie oder irgend jemand.
Ihre Verhältnisse zu mir scheinen sich immer gespannter zu gestalten, ich glaube, wenn ich Pietist[2] und nicht Mensch wäre, wenn ich jede Eigenschaft und Nei-

---

[1] Der Stuss: Unsinn, törichtes Zeug
[2] Der Pietist (< lat. pietas = Frömmigkeit): hier abschätzig: schwärmerisch-frommer Mensch, Frömmler

gung an mir ins Gegenteil verkehrte, könnte ich mit Ihnen harmonieren. Aber so kann und will ich nimmer leben und wenn ich ein Verbrechen begehe, sind nächst mir Sie schuld, Herr Hesse, der Sie mir die Freude am Leben nahmen. Aus dem „lieben Hermann“ ist ein andrer geworden, ein Welthasser, eine Waise, deren „Eltern“ leben.
Schreiben Sie nimmer „Lieber H.“ etc; es ist eine gemeine Lüge.
Der Inspektor traf mich heute zweimal, während ich seinen Befehlen nicht nachkam. Ich hoffe, daß die Katastrophe nimmer lang auf sich warten läßt. Wären nur Anarchisten[1] da!

H. Hesse, Gefangener
im Zuchthaus zu Stetten,

wo er „nicht zur Strafe“ ist. Ich beginne mir Gedanken zu machen, *wer* in dieser Affaire schwachsinnig ist.
Übrigens wäre es mir erwünscht, wenn Sie gelegentlich mal herkämen.

(Aus lizenzrechtlichen Gründen ist dieser Text nicht in reformierter Rechtschreibung abgedruckt.)

l.

Hesses Vater

m.

Wissen ist Macht (O. Gulbransson)

Die Materialien der Recherche aufbereiten – Ideen zu einer Romanhandlung

Ein Schriftsteller, der einen Roman über eine wahre Begebenheit schreiben will, beginnt damit, dass er recherchiert, d.h. er sammelt Materialien, Daten und Fakten. In den Texten 1–5 kann man die Ergebnisse einer Recherche sehen. Die nächste Aufgabe besteht darin, dieses Material aufzubereiten zu einer Geschichte, zum Handlungskern (einem Plot) eines Romans.
Die folgenden Vorschläge können euch zur Orientierung dienen.

- Man könnte eine chronologische Übersicht über den Hergang des Geschehens anlegen:

7.3.1892	Hermann verschwindet mittags um 2 Uhr
	Benachrichtigung der Eltern durch ein 1. Telegramm
	2. Telegramm an die Eltern
...	...
...	...

- Man könnte eine Zusammenfassung aus den Texten der „Zeugen“ schreiben und ihre Haltung zum Geschehen charakterisieren.
- Man kann die Bilder beschreiben um sich eine Vorstellung von der Schule und von den Personen (von Hermann und seiner Mutter) zu machen.

Aus der bisherigen Recherche geht hervor, dass wir über die Hauptfigur noch gar nichts wissen: Wie sieht Hermann das Geschehen? Wie hat er es erlebt? Hier ist also eine bedeutende „Leerstelle“, die ausgefüllt werden muss.

Arbeitsanregungen:

1 a Wertet die Materialien (Texte 1–5) aus und versucht euch ein Bild vom Hergang des Geschehens zu machen!
b Überlegt nach diesen Vorarbeiten, aus welcher Perspektive die Geschichte erzählt werden sollte!

2 Im nächsten Schritt könnt ihr versuchen, eine Handlungsskizze (einen Plot), zu einem Roman zu schreiben: Sie sollte etwas über den Anfang, den Verlauf, den Höhepunkt und den Schluss aussagen.

3 Zeichnet zu eurem Plan eine Spannungskurve, um zu überprüfen, ob der gedachte Ablauf für den Leser interessant ist!

[1] Der Anarchist (< gr. an = nicht und arche = Herrschaft): Anhänger der Anarchie, d. h. eines Zustandes der Gesetzlosigkeit und der völligen Unordnung

Eine Gruppe von Schülerinnen und Schülern hat aus der Fluchtgeschichte einen Plan für einen Roman entwickelt. Sie haben verschiedene Anfänge verfasst.

6 Wie fängt man an? – Beispiele möglicher Romananfänge

a. Am 7. März 1892 schickte der Leiter des Seminars Maulbronn, Professor Paulus, dem Missionar Hesse in Calw ein Telegramm, in dem er ihm mitteilte, dass sein Sohn Hermann verschwunden sei. Darauf antwortete Herr Hesse ebenfalls in einem Telegramm, er wisse nicht, wo sein Sohn sei. Die Eltern machten sich große Sorgen, …

b. Noch heute, nach zwanzig Jahren, erinnere ich mich mit Schrecken daran, was Hermann uns als Vierzehnjähriger angetan hat, als er im Internat in Maulbronn war. An einem Märzabend, wir saßen im Wohnzimmer und lasen, klopfte es heftig an die Haustür …

c. Spätestens in der Pause nach der Lateinstunde stand mein Entschluss fest: Heute würde ich abhauen, ich würde mich nicht noch einmal bloßstellen lassen, nur weil ich einen lateinischen Satz nicht auf Anhieb übersetzen konnte. Einige hatten gelacht, weil ich zwei Fälle verwechselt hatte, der Lehrer hatte gegrinst …

d. Aus Hermanns Tagebuch: 7.3.92.– Heute Nachmittag wird es passieren …
Professor Paulus an Missionar Hesse: …
Aus dem Tagebuch der Mutter: …
Hermanns Tagebuch: 7.3.92, abends. – …

Arbeitsanregungen:

1 Vergleicht die vier Anfänge und beschreibt die Unterschiede!
  a Wer erzählt? Wie beurteilt ihr die Wahl der einzelnen Perspektiven?
  b Bewertet die Anfänge aus der Lesersicht!

2 a Sammelt Fragen, deren Beantwortung aufgrund der Materialien nicht ohne weiteres möglich ist!
  b Besprecht, welche der Fragen für die Ausgestaltung eures Romanentwurfs wichtig sind!
  c Verfasst ein Ergebnisprotokoll!

2. Warum flieht ein Junge aus dem Internat? – Von der Einzelepisode zur Romanhandlung

Die Flucht aus dem Internat (Seminar) könnte Teil einer Romanhandlung sein, ergibt aber noch keinen ganzen Roman. Ihr könnt nun anhand von Textauszügen aus Hermann Hesses Roman „Unterm Rad“ eure eigenen bisherigen Versuche überarbeiten und erweitern.

1 Hermann Hesse (1877–1962): Unterm Rad [Auszug]

In Hermann Hesses Roman „Unterm Rad“ heißt der Junge, der aus dem Internat flieht, Hermann Heilner. Er ist mit der Hauptperson, Hans Giebenrath, befreundet. Der Textauszug handelt von der Flucht Heilners.

Heilners Flucht

[…] Beim Beginn der Lektion stellte sich heraus, daß Heilner fehlte. Es war alles genauso wie damals beim Verschwinden des Hindu, nur dachte diesmal niemand an ein Verspäten. Um drei Uhr ging die ganze Promotion samt drei Lehrern auf die Streife nach dem Vermißten. Man verteilte sich, lief und schrie durch die Wälder, und manche, auch zwei von den Lehrern, hielten es nicht für unmöglich, daß er sich ein Leid angetan habe.

Um fünf Uhr wurde an alle Polizeistellen der Gegend telegraphiert und abends ein Eilbrief an Heilners Vater abgeschickt. Am späten Abend hatte man noch keinerlei Spur gefunden, und bis in die Nacht hinein wurde in allen Schlafsälen geflüstert und gewispert. Unter den Schülern fand die Annahme, er sei ins Wasser gesprungen, den meisten Glauben. Andere meinten, er sei einfach nach Hause gereist. Aber man hatte festgestellt, daß der Durchgänger kein Geld bei sich haben konnte.

Leerstelle: Gespräche der Mitschüler

Hans wurde angesehen, als müsse er um die Sache wissen. Dem war aber nicht so, vielmehr war er der Erschrockenste und Bekümmertste von allen, und nachts im Schlafsaal, als er die andern fragen, vermuten, faseln und witzeln hörte, verkroch er sich tief in seine Decke und lag lange böse Stunden in Leid und Angst um seinen Freund. Ein Vorgefühl, daß dieser nicht wiederkommen würde, ergriff sein banges Herz und erfüllte ihn mit einem furchtsamen Wehgefühl, bis er matt und bekümmert einschlief.

Leerstelle: Was geht in Hans vor?

Um dieselben Stunden lag Heilner ein paar Meilen entfernt in einem Gehölz. Er fror und konnte nicht schlafen, doch atmete er in einem tiefen Freiheitsgefühl mächtig auf und streckte die Glieder, als wäre er aus einem engen Käfig entronnen. Er war seit Mittag gelaufen, hatte in Knittlingen Brot gekauft und nahm nun zuweilen einen Bissen davon, während er durch das noch frühlinghaft lichte Gezweige Nachtschwärze, Sterne und schnellsegelnde Wolken beschaute. Wohin er schließlich käme, war ihm einerlei; wenigstens war er nun dem verhaßten Kloster entsprungen und hatte dem Ephorus gezeigt, daß sein Wille stärker war als Befehle und Verbote.

Ortswechsel: Bedeutung für den Leser?

Gedanken ausführen

Den ganzen folgenden Tag suchte man ihn vergeblich. Er brachte die zweite Nacht in der Nähe eines Dorfes zwischen Strohbündeln auf dem Felde zu; morgens schlug er sich wieder in den Wald und fiel erst gegen Abend, da er wieder ein Dorf besuchen wollte, einem Landjäger in die Hände. Der empfing ihn mit freundlichem Spott und brachte ihn aufs Rathaus, wo er durch Witz und Schmeichelei das Herz des Schulzen gewann, der ihn zum Übernachten mit nach Hause nahm und vor dem Bettgehen reichlich mit Schinken und Eiern fütterte. Andern Tages holte ihn sein inzwischen herzugereister Vater ab.

Szene ausgestalten?

Die Aufregung im Kloster war groß, als der Ausreißer eingebracht wurde. Er trug aber den Kopf hoch und schien seine kleine Geniereise gar nicht zu bereuen. Man verlangte, er solle Abbitte tun, doch weigerte er sich und

Cover der Erstausgabe

Ein literarischer Text, zum Beispiel eine Erzählung, kann eine Wirklichkeit nur auf eine eingeschränkte Weise, einen Handlungszusammenhang nur mit Lücken darstellen, so dass dem Leser immer ein Spielraum zur Ausgestaltung in seiner Fantasie bleibt. Dafür verwendet man den Begriff **Leerstelle.**

Arbeitsanregungen:

1 a Lest Text 1 mit den Augen eines Autors, der sich Gedanken über die Art des Erzählens macht und der Alternativen bedenkt!
b Gestaltet einige der am Rand markierten Passagen (Leerstellen) aus!

2 Vergleicht die ausgestalteten Textstellen und sprecht über deren Wirkung!

trat dem Femegericht des Lehrerkonvents durchaus nicht zaghaft oder ehrerbietig gegenüber. Man hatte ihn halten wollen, nun war aber das Maß voll. Er wurde in Schanden entlassen und reiste abends mit seinem Vater auf Nichtwiederkommen ab. Von seinem Freund Giebenrath hatte er nur durch einen Händedruck Abschied nehmen können. […]

(Aus lizenzrechtlichen Gründen sind die Texte von Hermann Hesse nicht in reformierter Rechtschreibung abgedruckt.)

2 Hermann Hesse: Ein begabtes Kind

Die Hauptperson des Romans, Hans Giebenrath, wird am Anfang des Buches charakterisiert.

[…] Hans Giebenrath war ohne Zweifel ein begabtes Kind; es genügte, ihn anzusehen, wie fein und abgesondert er zwischen den andern herumlief. Das kleine Schwarzwaldnest zeitigte sonst keine solchen Figuren, es war von dort nie ein Mensch ausgegangen, der einen Blick und eine Wirkung über das Engste hinaus gehabt hätte. Gott weiß, wo der Knabe die ernsthaften Augen und die gescheite Stirn und das Feine im Gang her hatte.

Vielleicht von der Mutter? Sie war seit Jahren tot, und man hatte zu ihren Lebzeiten nichts Auffallendes an ihr bemerkt, als daß sie ewig kränklich und bekümmert gewesen war. Der Vater kam nicht in Betracht. Also war wirklich einmal der geheimnisvolle Funke von oben in das alte Nest gesprungen, das in seinen acht bis neun Jahrhunderten so viele tüchtige Bürger, aber noch nie ein Talent oder Genie hervorgebracht hatte. […]

Über Hans Giebenraths Begabung gab es keinen Zweifel. Die Lehrer, der Rektor, die Nachbarn, der Stadtpfarrer, die Mitschüler und jedermann gab zu, der Bub sei ein feiner Kopf und überhaupt etwas Besonderes. Damit war seine Zukunft bestimmt und festgelegt. Denn in schwäbischen Landen gibt es für begabte Knaben, ihre Eltern müßten denn reich sein, nur einen einzigen schmalen Pfad: durchs Landexamen[1] ins Seminar[2], von da ins Tübinger Stift und von dort entweder auf die Kanzel oder aufs Katheder[3]. […]

Arbeitsanregungen:

1 „Hans Giebenrath war ohne Zweifel ein begabtes Kind." Entwerft die Biografie eines begabten Kindes – früher oder heute!

2 Auf welche Weise zeigt der Erzähler in Text 2, dass Hans Giebenrath begabt ist?

3 Nach der Lektüre des ersten Kapitels des Romans könnt ihr arbeitsteilig verschiedene Themen bearbeiten:
a Hans' Stundenplan, sein Tages- und Wochenplan;
b seine Lehrer sprechen über ihn – seine Fähigkeiten und seine Zukunft;
c Gleichaltrige reden über Hans;
d Hans ‚zertrümmert' seine Kindheit: Schreibt dazu einen Tagebucheintrag, indem ihr Hans' Rolle übernehmt!

3 Hermann Hesse: Zwei Freunde

In dem evangelischem Klosterseminar Maulbronn, dem Ort, an dem ein großer Teil der Handlung des Romans spielt, findet Hans in Hermann Heilner einen Freund.

[…] Hans bemerkte mit Erstaunen, wie für seinen Freund alle Dinge anders aussahen als für ihn. Für Heilner gab es nichts Abstraktes, nichts, was er sich nicht hätte vorstellen und mit Phantasiefarben bemalen können. Wo das nicht anging, ließ er alles mit Unlust liegen. Die Mathematik war ihm eine mit hinterlistigen

---

1 Das Landexamen: die landesweit durchgeführte, sehr strenge Aufnahmeprüfung in die Seminare

2 Das Seminar: höhere Schule – mit Hebräisch, Griechisch und Latein – zur Vorbereitung auf das Theologiestudium

3 Das Katheder (< gr. kathedra = Stuhl, Lehrstuhl): Lehrstuhl an einer Universität

Rätseln beladene Sphinx[1], deren kühler, böser Blick ihre Opfer bannte, und er wich dem Ungeheuer in großem Bogen aus.

Die Freundschaft der beiden war ein sonderbares Verhältnis. Sie war für Heilner ein Vergnügen und Luxus, eine Bequemlichkeit oder auch eine Laune, für Hans aber war sie bald ein mit Stolz gehüteter Schatz, bald auch eine große, schwer zu tragende Last. Bisher hatte Hans die Abendstunden stets zur Arbeit benützt. Jetzt kam es fast alle Tage vor, daß Hermann, wenn er das Büffeln satt hatte, zu ihm herüberkam, ihm das Buch wegzog und ihn in Anspruch nahm. Schließlich zitterte Hans, so lieb der Freund ihm war, jeden Abend vor seinem Kommen und arbeitete in den obligatorischen[2] Arbeitsstunden doppelt eifrig und eilig, um nichts zu versäumen. Noch peinlicher war es ihm, als Heilner auch theoretisch seinen Fleiß zu bekämpfen anfing.

„Das ist Tagelöhnerei", hieß es, „du tust all diese Arbeit ja doch nicht gern und freiwillig, sondern lediglich aus Angst vor den Lehrern oder vor deinem Alten. Was hast du davon, wenn du Erster oder Zweiter wirst? Ich bin Zwanzigster und darum doch nicht dümmer als ihr Streber."

Entsetzt war Hans auch, als er zum erstenmal sah, wie Heilner mit seinen Schulbüchern umging. Er hatte einmal seine Bücher im Hörsaal liegenlassen und entlehnte, da er sich auf die nächste Geographiestunde vorbereiten wollte, Heilners Atlas. Da sah er mit Grausen, daß jener ganze Blätter mit dem Bleistift verschmiert hatte. Die Westküste der Pyrenäischen Halbinsel war zu einem grotesken Profil ausgezogen, worin die Nase von Porto bis Lissabon reichte und die Gegend am Kap Finisterre zu einem gekräuselten Lockenschmuck stilisiert war, während das Kap St. Vincent die schön ausgedrehte Spitze eines Vollbartes bildete. So ging es von Blatt zu Blatt; auf die weißen Rückseiten der Karten waren Karikaturen gezeichnet und freche Ulkverse geschrieben, und an Tintenflecken fehlte es auch nicht. Hans war gewohnt, seine Bücher als Heiligtümer und Kleinodien zu behandeln, und er empfand diese Kühnheiten halb als Tempelschändungen, halb als zwar verbrecherische, aber doch heroische Heldentaten.

Es konnte scheinen, als wäre der gute Giebenrath für seinen Freund lediglich ein angenehmes Spielzeug, sagen wir eine Art Hauskatze, und Hans selber fand das zuweilen. Aber Heilner hing doch an ihm, weil er ihn brauchte. Er mußte jemand haben, dem er sich anvertrauen konnte, der ihm zuhörte, der ihn bewunderte. Er brauchte einen, der still und lüstern zuhörte, wenn er seine revolutionären Reden über Schule und Leben hielt. Und er brauchte auch einen, der ihn tröstete und dem er den Kopf in den Schoß legen durfte, wenn er melancholische[3] Stunden hatte. Wie alle solche Naturen litt der junge Dichter an Anfällen einer grundlosen, ein wenig koketten[4] Schwermut, deren Ursachen teils das leise Abschiednehmen der Kinderseele, teils der noch ziellose Überfluß der Kräfte, Ahnungen und Begierden, teils das unverstandene dunkle Drängen des Mannbarwerdens sind. Dann hatte er ein krankhaftes Bedürfnis, bemitleidet und gehätschelt zu

---

1 Die Sphinx: ägyptisches Fabelwesen mit Löwenleib und Menschenkopf; hier: weibliches Ungeheuer der griechischen Mythologie mit Löwenleib und Frauenkopf, das jeden tötete, der sein Rätsel nicht lösen konnte

2 obligatorisch (< lat. obligatorius): verpflichtend, verbindlich im Gegensatz zu fakultativ (wahlfrei)

3 melancholisch (< gr. melas = schwarz und chole = Galle): schwermütig, zu Traurigkeit neigend

4 kokett (< frz. coquet = eitel, gefallsüchtig): wörtlich „hahnenhaft" (< frz. coq = Hahn)

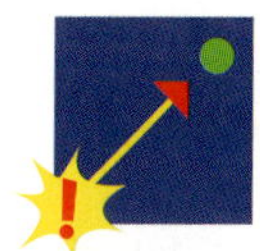

Textmarkierungen auf Arbeitsblättern sind unerlässlich bei genauem (statarischem) Lesen:

- Farbige Hervorhebungen, z. B. zu jeder Person in gleicher Farbe
- Abkürzungen (Siglen): z. B. P (Personen), Pr (Problem), We (Wesen), Sp (Sprache), I (Inhalt) Wie (Wiederholung), Z (Ziel) etc.
- Bezugs- und Kontrastpfeile

Arbeitsanregungen:

1 a Setzt auf einer Kopie die Textmarkierungen ab Zeile 23 fort!

b Vergleicht die beiden Jungen!

Hermann	Hans

2 Verfasst einen Tagebucheintrag, in dem Hans versucht, sich über seinen Freund klar zu werden (seinen Charakter, die Konflikte, in die er durch den Umgang gerät)!

3 Versucht die Freundschaft zwischen den beiden so verschiedenen Jungen zu erklären!

werden. Früher war er ein Mutterliebling gewesen, und jetzt, solange er noch nicht zur Frauenliebe reif war, diente ihm der gefügige Freund als Tröster. […]

4 Hermann Hesse: Eine Bewährungsprobe

Die Schulleitung möchte die Freundschaft zwischen Hans und Hermann unterbinden; Hans wird zum Ephorus, dem Leiter des Internats, gerufen.

[…] „Nehmen Sie Platz, Giebenrath", sprach er freundschaftlich, nachdem er dem schüchtern eingetretenen Jungen kräftig die Hand gedrückt hatte.

„Ich möchte ein wenig mit Ihnen reden. Aber darf ich du sagen?"

„Bitte, Herr Ephorus."

„Du wirst wohl selber gefühlt haben, lieber Giebenrath, daß deine Leistungen in letzter Zeit etwas nachgelassen haben, wenigstens im Hebräischen. Du warst bisher vielleicht unser bester Hebräer, darum tut es mir leid, eine plötzliche Abnahme zu bemerken. Vielleicht hast du am Hebräischen keine rechte Freude mehr?"

„O doch, Herr Ephorus."

„Überlege dir's nur! So etwas kommt vor. Du hast dich vielleicht einem anderen Fach besonders zugewendet?"

„Nein, Herr Ephorus."

„Wirklich nicht? Ja, dann müssen wir nach andern Ursachen suchen. Kannst du mir auf die Spur helfen?"

„Ich weiß nicht … ich habe meine Aufgaben immer gemacht …"

„Gewiß, mein Lieber, gewiß. Aber *differendum est inter et inter*[1]. Deine Aufgaben hast du natürlich gemacht, das war ja wohl auch deine Pflicht. Aber du hast früher mehr geleistet. Du warst vielleicht fleißiger, du warst jedenfalls mit mehr Interesse bei der Sache. Ich frage mich nun, woher dies plötzliche Nachlassen deines Eifers kommt. Du bist doch nicht krank?"

„Nein."

„Oder hast du Kopfweh? Du siehst freilich nicht übermäßig blühend aus."

„Ja, Kopfweh habe ich manchmal."

„Ist dir die tägliche Arbeit zuviel?"

„O nein, gar nicht."

„Oder treibst du viel Privatlektüre? Sei nur ehrlich!"

„Nein, ich lese fast nichts, Herr Ephorus."

„Dann begreife ich das nicht recht, lieber junger Freund. Irgendwo muß es doch fehlen. Willst du mir versprechen, dir ordentlich Mühe zu geben?"

Hans legte seine Hand in die ausgestreckte Rechte des Gewaltigen, der ihn mit ernster Milde anblickte.

„So ist's gut, so ist's recht, mein Lieber. Nur nicht matt werden, sonst kommt man unters Rad."

Er drückte Hans die Hand, und dieser ging aufatmend zur Türe. Da wurde er zurückgerufen.

„Noch etwas, Giebenrath. Du hast viel Verkehr mit Heilner, nicht wahr?"

„Ja, ziemlich viel."

„Mehr als mit andern, glaub ich. Oder nicht?"

1 differendum est inter et inter: Es ist zu unterscheiden zwischen dem und dem.

Anregungen und Hilfen für die Romanlektüre

1. Wichtig ist zunächst die richtige Einstellung, die sog. *Lesehaltung:*
   - Spannende Unterhaltungsromane will man verschlingen (im sog. evasorischen Lesen), weil das aufregende Ende kaum zu erwarten ist.
   - Schwierigere Romane, die ihre Spannung nicht aus der äußeren Handlung, sondern der dichterischen Darstellung seelischer Konflikte, komplizierter Probleme und Verknüpfungen beziehen, müssen verweilend (statarisch) gelesen werden (vgl. im dritten Kapitel, S. 113!).
2. Einige *Techniken* erleichtern die Lektüre umfangreicherer Texte:
   - Das *Lesen mit Bleistift* kann bedeuten:
     - wichtige Stellen zu markieren,
     - durch Siglen (Abkürzungen) am Rande die Orientierung zu erleichtern,
     - durch Fragezeichen Unklares zu kennzeichnen,
     - durch Pfeile Beziehungen zu markieren usw.

„Doch ja. Er ist mein Freund.“

„Wie kam denn das? Ihr seid doch eigentlich recht verschiedene Naturen.“

„Ich weiß nicht, er ist nun eben mein Freund.“

„Du weißt, daß ich deinen Freund nicht besonders liebe. Er ist ein unzufriedener, unruhiger Geist; begabt mag er sein, aber er leistet nichts und übt keinen guten Einfluß auf dich. Ich würde es sehr gerne sehen, wenn du dich ihm mehr fernhalten würdest. – Nun?“

„Das kann ich nicht, Herr Ephorus.“

„Du kannst nicht? Ja warum denn?“

„Weil er doch mein Freund ist. Ich kann ihn doch nicht einfach im Stich lassen.“

„Hm. Aber du könntest dich doch etwas mehr an andere anschließen? Du bist der einzige, der sich dem schlechten Einfluß dieses Heilner so hingibt, und die Folgen sehen wir ja schon. Was fesselt dich denn gerade an ihm besonders?“

„Ich weiß selber nicht. Aber wir haben einander gern, und es wäre feig von mir, ihn zu verlassen.“

„So so. Na, ich zwinge dich nicht. Aber ich hoffe, du kommst allmählich von ihm los. Es wäre mir lieb. Es wäre mir sehr lieb.“

Die letzten Worte hatten nichts mehr von der vorigen Milde. Hans konnte nun gehen. […]

Interpretation eines Gesprächs – ein Interpretationsaufsatz

Wie bei einer Novelle, bezieht sich der Interpretationsaufsatz zu einem Roman auch auf eine bestimmte Textstelle, die i. d. R. auch in den Roman einzuordnen ist. Die Bearbeitung des folgenden Themas bezieht sich aber nur auf den vorliegenden Auszug (Text 4).

1. Phase: Vom ersten Gesamteindruck zur Themenanalyse

a. Der *erste Gesamteindruck* nach der Lektüre eines Textes ist zwar noch vorläufig, ja er kann sogar „schief“, einseitig oder sogar falsch sein. Aber er ist wichtig
   - entweder als ein Aspekt des Übersichtssatzes, wenn er eine mögliche *Sinnrichtung* erfasst,
   - oder weil er für die *Schlusswertung* nochmals herangezogen, bestätigt, korrigiert oder verworfen werden kann,
   - oder weil er einfach durch die subjektive Spontanreaktion des Lesers/Schreibers einen für jede Interpretation wichtigen Anknüpfungspunkt liefert.

b. Je nach der Art der Themenstellung muss die Themenanalyse anders angelegt werden:
   - „Interpretiere die Textstelle!“ ist die allgemeinste und offenste Aufgabenstellung: Der Operator „interpretiere“ muss dann aufgeschlüsselt werden:

interpretieren, d. h. → Inhalt und Aufbau / → Auffälligkeiten der Form } beschreiben und deuten

- *Ergebnisse* und *Einsichten* sind zu sichern, indem Abschnitte und Kapitel durch Übersichtssätze oder Inhaltsangaben zusammengefasst werden.
- Durch *Grafiken* lassen sich Verläufe, Personengruppierungen (Konstellationen) und syntaktische Beziehungen veranschaulichen.
- Das *Exzerpieren* (Herausschreiben) zentraler Belegstellen, die man als *Zitate* verwenden kann, verlangt wortgenaues Arbeiten und exakten Quellennachweis (mit Autor, Titel, Verlagsort, Verlag, Auflage, Erscheinungsjahr und Seiten- bzw. Zeilenangabe).

Für genaue Textbeschreibung und für schriftliche Interpretation sind diese *Lesetechniken* unverzichtbar.

Arbeitsanregungen:

1 Schreibt nach der Lektüre den ersten Eindruck auf, den ihr vom Ephorus und von Hans habt!

2 a Lest die Szene mit verteilten Rollen, nachdem ihr euch Regieanweisungen für die Sprechweisen überlegt habt!
b Überprüft (korrigiert bzw. ergänzt) euren ersten Eindruck!
c Nach dem Gespräch: Stellt euch vor, der Ephorus oder Hans führten einen inneren Monolog! (Vgl. im dritten Kapitel, S. 111!)

Nützlich für die genaue Textlektüre sind folgende **Fragestellungen:**

- Wie ist die erzählte Welt dargestellt? Eher *realistisch* (wirklichkeitsgetreu) oder *fiktiv* (erdacht)?
- Aus welcher *Perspektive* wird erzählt? Was bedeutet ein Perspektivenwechsel?
- Wie sind die Personen *charakterisiert?* Durch direkte oder indirekte Selbst- oder Fremdcharakteristik?

– Welche Form von *Spannung* (äußere oder innere) überwiegt?
– Welche *Leerstellen* (Unbestimmtheitsstellen und „Lücken") aktivieren die Fantasie des Lesers besonders stark?
– Welche auffälligen *Stilmittel* verwendet der Erzähler?

3 a Macht eine sorgfältige Themenanalyse, stellt erschließende Fragen zu den Schlüsselbegriffen und dem Operator bzw. macht Anmerkungen! (Vgl. dazu im dritten Kapitel, S. 111ff. und im fünften Kapitel, S. 215ff.)
b Beurteilt und ergänzt den abgedruckten Teil einer Themenanalyse (Text 5)!

Interpretationshilfe 12:
Analyse einer Gesprächsszene
Am wichtigsten ist es, bei der genauen *Themenanalyse* die richtigen Fragen zu stellen und sie zu beantworten:
– In welchem *Verhältnis* stehen die Gesprächsteilnehmer zueinander?
Bei Gleichheit spricht man von einer *symmetrischen,* bei Ungleichheit von einer *asymmetrischen* Beziehung.
– Um welche *Art von Gespräch* handelt es sich? Welche Absichten, Ziele haben die Gesprächspartner? Geben sie diese zu erkennen oder verfolgen sie sie indirekt?
– Wie sind die *Gesprächsanteile* verteilt?
– Wie, in welchem *Ton,* in welcher Sprache reden sie miteinander?
– Wie lässt sich die *Redeweise* (durch passende Adjektive oder Verben) charakterisieren (z.B. freundlich, offen, misstrauisch, aushorchend ...)?

Dazu ist dann alles zu bedenken, was den Inhalt (z.B. Stimmung, Konflikt, Problem), den Aufbau (z.B. chronologischer Verlauf oder Montage) und die Form (z.B. Stil, d.h. Syntax, Wortwahl, Metaphern etc.) jeweils ausmacht.

Textstelle heißt, dass der g a n z e Auszug gemeint ist, wobei aber nicht alles gleich wichtig ist. Schwerpunkte (das Hauptproblem, die Personen, die Eigenarten der Sprache usw.) muss der Schreiber selbst setzen, wenn sein Interpretationsaufsatz ein „Gesicht" bekommen und nicht ins Uferlose oder Beliebige verlaufen soll.

– „Der Ephorus – ein verständnisvoller Lehrer? Interpretiere das Gespräch zwischen dem Ephorus und Hans Giebenrath!"

Dieses Thema ist differenziert, zeigt in der Frage einen deutlichen Akzent und muss durch die *Themenanalyse* in beiden Teilen – dem Frage- und Aufforderungssatz – genau erschlossen werden. Dies soll im Folgenden geschehen.

5 Ein Versuch

Der Schulleiter
– sein Ziel?
– seine Taktik?

Beziehung?

D.h. nicht anbiedernd,
nicht kumpelhaft, ...

Der Ephorus – ein **verständnisvoller** Lehrer?

– Wieso steht er an erster Stelle?
– Was bedeutet dies für den Akzent der Interpretation?
– Welche Rolle spielt dann Hans?

d.h. freundlich, offen, vertrauensvoll, ...

– echte Frage?
– oder?

mehr Pädagoge oder Stoffvermittler?

Interpretiere das Gespräch ...

D. h. ? ...

– den Inhalt?
– die Gesprächsanteile?
– die Atmosphäre?
– Was zeigen die Fragen?
– Was zeigen die Antworten?

– Wortwahl?
...
– Syntax?
...
– „echte" Fragen oder Verhör?
– offene bzw. versteckte Kritik?
– Ratschläge oder verdeckte Befehle?

2. Phase: Stoffsammlung und Gliederung

a. Bei diesem Thema ist es günstig, die Stoffsammlung *tabellarisch* anzulegen. Denn es geht nicht nur um eine Inhaltsangabe, sondern um die genaue Analyse eines Ablaufs, wobei die Fragen und Antworten nach *Inhalt, Aufbau* und *Form* (Syntax, Wortwahl, Sprechanteilen) zu beschreiben und zu deuten sind.

Zeilen	Ephorus: Inhalt und Form	Hans: Inhalt und Form	Beobachtungen, Fragen, Deutungen
1–2	Gesprächseröffnung durch Einladung – freundschaftlich – kräftiger Händedruck	Schüchternheit (sagt zunächst nichts)	Beziehung beider? Erster Eindruck auf Hans?
3f.	„möchte ein wenig reden ...“ – Sie-Anrede – Bitte um Du-Anrede	höfliche Zustimmung (Mimik?)	Wie mögen Sprechweise, Mimik und Gestik sein? Was bezweckt der Ephorus?
5ff.	„lieber Giebenrath“ – Sorge (nachlassende Leistungen) – Lob – Vermutung: „keine rechte Freude“?	„O doch!“ (kurze Erwiderung)	Hans ist sehr wortkarg, d.h.? ...
11ff. ...	... ...	... ...	... ...
35	drückte die Hand	Hans aufatmend	happy end? ↕
35f.	„Da wurde er zurückgerufen.“ (harte, knappe Feststellung)	... ???	extremer Kontrast Wie wird Hans reagieren? Welcher Ton?
37f.	„Noch etwas, Giebenrath.“ (knapp, unpersönlich)	klare Antwort (sehr entschieden)	Mimik beider? Wieso der andere Ton?
39 ...	...	...	...

b. Die *äußere Gliederung* des Hauptteils ist durch den Gesprächsablauf, die *Chronologie des Textes,* schon festgelegt. Sehr aufschlussreich aber ist die *Binnengliederung* in zwei Abschnitte (vor und nach Z. 35), die nicht nur durch den Inhalt, die Sprechanteile und Sprechweise (Syntax, Wortwahl,

4 Legt eine tabellarische Stoffsammlung an!

a Notiert, welche Ziele der Ephorus eurer Meinung nach verfolgt!

b Beschreibt, welches Vorgehen (welche Taktik) und welche Mittel er wählt!

c Stellt die beiden Themen fest und beschreibt die Atmosphäre, die das Gespräch bis Z. 34 und ab Z. 37 bestimmen!

Korrekturhilfe 6:
Die **Zuordnung von Lauten und Buchstaben:**

1. Nach kurzem Vokal ergibt sich eine **Konsonantenverdopplung:**
   – nach betontem Vokal (z. B.: E**bb**e, Pa**dd**el, A**ff**e, E**gg**e, Schne**ck**e (statt kk), Schwe**ll**e, Dä**mm**e, Galo**pp**, Sta**rr**e, Ha**ss**, He**tz**e (statt zz);
   – nach unbetontem Vokal (z. B.: Ka**ss**ette, pa**ss**ieren, Fa**ss**ade, Karu**ss**ell, Reze**ss**ion);
   – Ausnahmen ergeben sich
     • bei einsilbigen Wörtern (z. B.: Bus, Chip, fit, Gag, Jet, Job, Klub, Pop, Twen);
     • bei fremdsprachigen Suffixen *-ik* und *-it* (z. B.: Kritik, Politik, Kredit, Profit);
     • bei Wörtern mit unklarem Wortaufbau (z. B.: Brombeere, Damwild, Himbeere, Imker – trotz Imme);
     • bei Fremdwörtern (z. B.: Ananas, April, City, Hotel, Kamera).
2. Nach langem Vokal (z. B.: ū, ie) und nach Diphthong (Zwielaut, z. B.: ei) steht das stimmlose **ß**: Ma**ß**, Grie**ß**, gro**ß**; au**ß**en, bei**ß**en, Flei**ß**.
3. Nach dem sog. **Stammprinzip** (der Ableitung von verwandten Wörtern) schreibt man das A**ss** (< die Asse), aufw**e**ndig (< aufwenden) oder aufw**ä**ndig (< Aufwand), beh**ä**nde (< Hand), der B**ä**ndel (< das Band), bel**ä**mmert (< Lamm), G**ä**mse (< Gams), nu**mm**erieren (< Nummer), pla**tz**ieren (< Platz), Qu**ä**ntchen (< Quantum), r**au** (analog zu blau, grau), Ro**hh**eit (< roh), Sch**e**nke (< ausschenken) oder Sch**ä**nke (< Ausschank), St**ä**ngel (< Stange), Ti**pp** (< tippen) überschw**ä**nglich (< Überschwang), Zä**hh**eit (< zäh), Zie**rr**at (analog zu Vorrat).
4. Bei **Fremdwörtern** können fremdsprachige und integrierte

Ton) geprägt wird, sondern auch durch eine eigentümliche Atmosphäre. Wichtig werden dabei die Beziehungen des Anfangs (Z. 1ff.), der Zäsur (Z. 35f.) und des Schlusses (Z. 53ff.).

c. Am Ende der Stoffsammlung fällt es leichter, Vorschläge für den *Gesamtaufbau* des Interpretationsaufsatzes zu notieren.
   – *Die Einleitung* kann ein Übersichtssatz sein (mit Kurzthema, Autor, Titel, Gattung, Gesamteindruck von der Textstelle oder deren Kern). Wer den ganzen Roman kennt, kann als Überleitung zum Hauptteil kurz darstellen, in welcher Situation es zu dem Gespräch kommt und wer die beiden Personen sind.
   – *Der Schluss* kann das Ergebnis der Fragestellung – Ist der Ephorus ein verständnisvoller Lehrer? – knapp, aber begründet darlegen und eine persönliche Wertung der Personen oder der dichterischen Gestaltung des Gesprächs anschließen.
   Auch interessante Aspekte, die – wegen der Fragestellung und/oder aus Zeitgründen – nicht oder nur andeutungsweise berührt wurden, können als eine Art „Ausblick“ angeführt werden.
   Kenner des Romans können natürlich auch kurz auf die Konsequenzen eingehen, die dieses Gespräch für die beteiligten Personen, besonders natürlich für Hans, hat.

3. Phase: Ausarbeitung und Korrektur des Interpretationsaufsatzes

a. Je sorgfältiger und übersichtlicher die Stoffsammlung und Gliederung angelegt sind, desto zügiger kann die Ausarbeitung in einen zusammenhängenden Text erfolgen.
   Wichtig ist bei einer so umfänglichen Textstelle, dass nicht alles gleichrangig beschrieben und gedeutet wird, sondern dass *Schwerpunkte* gesetzt und begründet werden, die dem Interpretationsaufsatz insgesamt dann ein *Profil* geben.
   So werden beispielsweise die Eigenarten der beiden Teile der Binnengliederung (vor und nach Z. 35) klar an charakteristischen Beispielen herausgearbeitet und durch *Zitate* (vgl. im dritten Kapitel, S. 116) belegt. Diese Teile sind ausführlich, in *Dehnung* zu gestalten. Dagegen können ähnliche Abschnitte sowie Einleitung und Schluss in *Raffung* dargestellt werden (vgl. im fünften Kapitel, S. 211!).
   Hilfreich dabei ist eine entsprechende *Markierung* an der fertigen tabellarischen Stoffsammlung: Nachdem der ganze Text überblickt und analysiert ist, lassen sich die Schwerpunkte durch die farbige Kennzeichnung am Rande oder durch Einrahmung gut sichtbar herausheben. Dies hilft auch für eine sinnvolle *Zeiteinteilung* (vgl. im dritten Kapitel, S. 112!). Ob zunächst eine Konzeptfassung oder „nur“ eine Reinschrift möglich ist, hängt vom Umfang des Themas und der zur Verfügung stehenden Zeit ab.
b. Für eine *gründliche Korrektur* nach Inhalt, Aufbau und Form gelten die früher erläuterten Verfahrensweisen (vgl. im dritten Kapitel, S. 117 und im vierten Kapitel S. 173f.!).

6 Vorschläge für den Beginn des Hauptteils

Ralf:

Der Ephorus lässt Hans zu sich kommen, er möchte freundlich mit ihm sein und ihm nicht wie die andern Lehrer mit Härte begegnen. Er gibt Hans zur Begrüßung die Hand, lässt ihn sich setzen und fragt ihn, ob er ihn duzen kann. Hans ist damit einverstanden. Der Ephorus zeigt deutlich seine freundliche Haltung („Lieber Giebenrath"); er findet es nicht gut, dass Hans in Hebräisch so nachgelassen hat. Er möchte herausfinden, warum das so ist. […]

Karin:

Der Ephorus begrüßt Hans freundschaftlich, bietet ihm einen Sitzplatz an, lässt ihn also nicht vor sich stehen. Er ist deutlich bemüht, eine vertrauensvolle Gesprächsatmosphäre herzustellen, Hans seine Angst zu nehmen. Das zeigt sich in der Du-Anrede, um die er Hans bittet. Das kommt in dem Adjektiv („lieber") zum Ausdruck und auch darin, wie er sich um den Leistungsstand besorgt zeigt. Er möchte mit Hans zusammen die Ursache erforschen um ihm zu helfen. […]

Christian:

Der Ephorus ist äußerst freundlich zu Hans, aber er ist es nur äußerlich, denn in Wirklichkeit benutzt er die Freundlichkeit als Mittel, um Hans beeinflussen zu können, denn er will Hans und Heilner auseinander bringen. Er äußert sich besorgt über eine mögliche Krankheit, horcht ihn nach seiner Privatlektüre aus, heuchelt Mitgefühl. Erst im letzten Moment lässt er die Katze aus dem Sack, als er sagt: „Du hast viel Verkehr mit Heilner, nicht wahr?" Er macht Heilner schlecht, […]

(eingedeutschte) Schreibung als *Haupt-* und Nebenform nebeneinander stehen: *charmant* (< Charme) – scharmant (Scharm), *Delphin* – Delfin, *Dränage* – Drainage, *Exposee* – Exposé, *Joghurt* – Jogurt, *Majonäse* – Mayonnaise, *Mikrofon* – Mikrophon, *Panther* – Panter, das *Portmonee* – das Portemonnaie, *Potenzial* (< Potenz) – Potential, *Rekorder* (< Rekord) – Recorder, *Spaghetti* – Spagetti, *substanziell* (< Substanz) – substantiell, *Varietee* – Varieté.

5. Beim Zusammentreffen **dreier gleicher Buchstaben** bleiben alle drei erhalten (z.B.: Flusssenke, Flanelllappen, Schifffahrt, Schritttempo).

5 Untersucht die drei Beispiele!

a Stellt fest, ob die Schüler den Text richtig und ganzheitlich erfasst haben und wie sie vorgegangen sind!

b Vergleicht die Versuche mit der Stoffsammlung (S. 249)!

Autor und Erzähler – Roman und Wirklichkeit

Ein Vergleich der Materialien zu Hermann Hesses Leben mit den Romanauszügen macht deutlich, dass zwischen der Lebensgeschichte des Autors und dem Roman Übereinstimmungen, aber auch deutliche Unterschiede bestehen. Das Buch ist keine „Eins-zu-eins-Abbildung" der Wirklichkeit. Man unterscheidet deshalb auch zwischen dem *Autor* – Hermann Hesse – und dem *Erzähler* des Romans. In unserm Fall ist es ein allwissender (auktorialer) Erzähler. Ebenso sind die Personen des Romans fiktive, d.h. erdachte Personen. Um einen Roman wie Hermann Hesses „Unterm Rad" zu verstehen, müssen wir seine Lebensgeschichte nicht unbedingt kennen, aber ihre Kenntnis steigert unser Interesse, denn sie zeigt uns, dass die Romanhandlung nicht nur erdacht ist.

Hermann Hesse ist 1877 in Calw als Sohn eines Missionspredigers geboren worden. 1891 trat er in das evangelisch-theologische Seminar in Maulbronn ein, das er schon 1892 verlassen musste. Mehrere Ausbildungsversuche brach er ab, einige Zeit arbeitete er im Buchhandel in Tübingen und Basel. 1904 ließ er sich als freier Schriftsteller in Gaienhofen am Bodensee nieder, 1912 siedelte er in die Schweiz über und lebte ab 1919 bis zu seinem Tod 1962 in Montagnola. 1946 erhielt er den Nobelpreis für Literatur. Er schrieb Gedichte und vor allem Romane, z.B.: Peter Camenzind, 1904; Unterm Rad, 1905; Siddharta, 1922; Der Steppenwolf, 1927; Das Glasperlenspiel, 1943.

Bürgerliche Familie um 1900

3. „Unterm Rad“ lesen – Produktiver Umgang mit einem Roman

Wir wollen im Folgenden noch anhand anderer Beispiele auf die beschriebene produktive Weise mit dem Romantext umgehen. Am Anfang des Buches steht eine Beschreibung des Vaters von Hans Giebenrath. Die eine der folgenden Fassungen stammt von Hesse, die andere wurde etwas verändert.

1 Porträt eines Bürgers

Erste Fassung:

Joseph Giebenrath war ein Zwischenhändler und Agent[1], der sich vor seinen Mitbürgern nicht hervortun wollte. Er war gesund und ein einigermaßen erfolgreicher Geschäftsmann, der sich freute, wenn er seinen Besitz und sein Einkommen vermehrte. Er bewohnte ein einfaches, aber gemütliches Haus mit einem kleinen Garten. Vorsorglich hatte er schon in seinen mittleren Jahren eine Familiengrabstätte auf dem Friedhof seiner Heimatstadt gekauft. Er war religiös, ohne seinen Glauben zur Schau zu stellen, ging aber regelmäßig zur Kirche. Er befolgte die Gebote und hielt sich genau an die in der Gesellschaft anerkannten Verhaltensregeln. Fremd war ihm jegliche Übertreibung, in allen Genüssen, die er sich gönnte, hielt er Maß – beim Trinken wie beim Rauchen. Wenn er sich einen kleinen Vorteil dadurch verschaffen konnte, war er nicht abgeneigt, ein Gesetz nicht buchstabengetreu zu beachten, doch achtete er sehr darauf, daß einem andern dadurch kein größerer Schaden entstand. […]

Zweite Fassung:

Herr Joseph Giebenrath, Zwischenhändler und Agent, zeichnete sich durch keinerlei Vorzüge oder Eigenheiten vor seinen Mitbürgern aus. Er besaß gleich ihnen eine breite, gesunde Figur, eine leidliche kommerzielle[2] Begabung, verbunden mit einer aufrichtigen, herzlichen Verehrung des Geldes, ferner ein kleines Wohnhaus mit Gärtchen, ein Familiengrab auf dem Friedhof, eine etwas aufgeklärte und fadenscheinig gewordene Kirchlichkeit, angemessenen Respekt vor Gott und der Obrigkeit und blinde Unterwürfigkeit gegen die ehernen Gebote der bürgerlichen Wohlanständigkeit. Er trank manchen Schoppen, war aber niemals betrunken. Er unternahm nebenher manche nicht einwandfreie Geschäfte, aber er führte sie nie über die Grenze des formell Erlaubten hinaus. Er schimpfte ärmere Leute Hungerleider, reichere Leute Protzen. Er war Mitglied des Bürgervereins und beteiligte sich jeden Freitag am Kegelschieben im „Adler“, ferner an jedem Backtag sowie an den Voressen und Metzelsuppen. Er rauchte zur Arbeit billige Zigarren, nach Tisch und sonntags eine feine Sorte. […]

Arbeitsanregungen:

1 Welche Fassung ist der Originaltext? Begründet eure Entscheidung!

2 a Skizziert, welche Einstellung der Leser zur Figur des Vaters bekommt!
b Beschreibt die sprachlichen Mittel, die diesen Eindruck schaffen!

Interpretationshilfe 13:
Die **Stileigenarten** (Stilmittel) eines Textes betreffen vor allem:
- *Wortwahl:* viele „schmückende“ Adjektive oder wenige, überwiegend Verben oder Nomen;
- *Syntax:* Parataxe oder Hypotaxe;
- *Bildlichkeit:* z. B. Metaphern, Vergleiche, Symbole;
- *Melodie* und *Rhythmus:* z. B. leicht ↔ schwerfällig, schwingend ↔ abgehackt etc.

---

1 Der Agent (< lat. agens = der Treibende): hier: Vertreter, Vermittler, Beauftragter

2 kommerziell (< lat. commercium = Handel, Verkehr): kaufmännisch, den Handel betreffend

2 Hermann Hesse (1877–1962): Sommerferien

Der Erzähler vermittelt uns die erzählte Welt, die wir also sozusagen mit seinen Augen sehen. Das gilt für die Personen wie für anderes, z. B. den Ort, die Zeit, die Atmosphäre. Dazu benutzt er sprachliche Gestaltungsmittel.

[…] So müssen Sommerferien sein! Über den Bergen ein ______ Himmel, wochenlang ein (2) ______ Tag am andern, nur zuweilen ein (2) ______ Gewitter. Der Fluß, obwohl er seinen Weg durch so viele Sandsteinfelsen und Tannenschatten und ______ Täler hat, war so erwärmt, daß man noch am späten Abend baden konnte. Rings um das Städtchen her war Heu- und Öhmdgeruch[1], die ______ Bänder der paar Kornäcker wurden (2) ______, an den Bächen geilten mannshoch die (2) ______ Pflanzen, deren Blüten ______ und stets von ______ Käfern bedeckt sind und aus deren ______ Stengeln man Flöten und Pfeifen schneiden kann. An den Waldrändern prunkten ______ Reihen von (3) ______ Königskerzen. Weiderich und Weidenröschen wiegten sich auf ihren (2) ______ Stielen und bedeckten ganze Abhänge mit ihrem ______ Rot. Innen unter den Tannen stand ______ und ______ und fremdartig der (3) ______ Fingerhut mit den (2) ______ Wurzelblättern, dem ______ Stengel und den (2) ______ Kelchblüten. […]

3 Stileigenarten erfahrt ihr am besten durch Erprobung.
a Verfasst einen kurzen Text zum Thema: So müssen Sommerferien sein!
b Schreibt den Text Hesses ab und setzt passende Adjektive (in der angegebenen Anzahl) in die Lücken!
c Lest die Texte laut, vergleicht die eigenen Entwürfe mit dem ergänzten Abschnitt Hesses und zieht die entsprechende Stelle des Originals heran!
d Sprecht über die Wirkung von Adjektiven, wie sie Hesse verwendet, und darüber, welche notwendig oder entbehrlich sind!

Welche Adjektive passen in die Lücken?

breit – breit – eng – enzianblau – ernst – gelb – gelbblühend – goldbraun – heftig – hoch – hochaufgereiht – hohl – kurz – lang – majestätisch – rot – schierlingartig – schirmförmig – schlank – schmal – schön – schönrot – silberwollig – stark – steil – strahlend heiß – violett – weißblühend – winzig – wollig – zäh

3 Hermann Hesse: Lehrer und Schüler

[…] Man sage nicht, Schulmeister haben kein Herz und seien verknöcherte und entseelte Pedanten[2]! O nein, wenn ein Lehrer sieht, wie eines Kindes lange erfolglos gereiztes Talent hervorbricht, wie ein Knabe Holzsäbel und Schleuder und Bogen und die anderen kindischen Spielereien ablegt, wie er vorwärtszustreben beginnt, wie der Ernst der Arbeit aus einem rauhen Pausback einen feinen, ernsten und fast asketischen[3] Knaben macht, wie sein Gesicht älter und geistiger, sein Blick tiefer und zielbewußter, seine Hand weißer und stiller wird, dann lacht ihm die Seele vor Freude und Stolz. Seine Pflicht und sein ihm vom Staat überantworteter Beruf ist es, in dem jungen Knaben die rohen Kräfte und Begierden der

[1] Das Öhmd: die zweite Mahd des Grases, auch Grummet genannt
[2] Der Pedant: ein Mensch mit übertriebener Ordnungsliebe, ein „Kleinigkeitskrämer“
[3] asketisch (< gr. askein = üben): streng enthaltsam, entsagend, büßerisch

Natur zu bändigen und auszurotten und an ihre Stelle stille, mäßige und staatlich anerkannte Ideale zu pflanzen. Wie mancher, der jetzt ein zufriedener Bürger und strebsamer Beamter ist, wäre ohne diese Bemühungen der Schule zu einem haltlos stürmenden Neuerer oder unfruchtbar sinnenden Träumer geworden! Es war etwas in ihm, etwas Wildes, Regelloses, Kulturloses, das mußte erst zerbrochen werden, eine gefährliche Flamme, die mußte erst gelöscht und ausgetreten werden. Der Mensch, wie ihn die Natur erschafft, ist etwas Unberechenbares, Undurchsichtiges, Gefährliches. Er ist ein von unbekanntem Berge herbrechender Strom und ist ein Urwald ohne Weg und Ordnung. Und wie ein Urwald gelichtet und gereinigt und gewaltsam eingeschränkt werden muß, so muß die Schule den natürlichen Menschen zerbrechen, besiegen und gewaltsam einschränken; ihre Aufgabe ist es, ihn nach obrigkeitlicherseits gebilligten Grundsätzen zu einem nützlichen Gliede der Gesellschaft zu machen und die Eigenschaften in ihm zu wecken, deren völlige Ausbildung alsdann die sorgfältige Zucht der Kaserne krönend beendigt. […]

Arbeitsanregungen:

1 Untersucht, wie der Text die Wirkung der Schule auf die Schüler beschreibt!

a Legt eine Tabelle an!

Mensch – vor der Schule	Wirkung der Schule
rauer Pausback	asketischer Knabe
…	…

b Untersucht die Verben, Metaphern, Vergleiche! Welche Vorstellungen kommen dadurch zum Ausdruck?

c Charakterisiert die Einstellung zur Schule, die in diesem Text zum Ausdruck kommt!

2 Bearbeitet eine der beiden Aufgaben und tragt die Ergebnisse der Klasse vor!

a Ein heutiger Direktor eines Gymnasiums hält eine Rede zum Thema: Schule heute.

b Ein heutiger Gymnasiast spricht über das Thema: So sollte Schule sein!

Um eine **Metapher** richtig zu verstehen, muss man sich klarmachen, wie sie „funktoniert“. In Text 3 wird der nicht durch die Schule veränderte Mensch bezeichnet als ein „Urwald ohne Weg und Ordnung“ (Z. 22). Die Metapher ist „Urwald“, sie bezieht sich auf den Menschen. Man versteht die Beziehung zwischen beiden, wenn man zwei Bereiche unterscheidet:

Bildspender	Übertragung	*Bildempfänger*
Herkunftsbereich	→	Anwendungsbereich
Urwald		**Mensch/menschliche Natur**

Der Mensch ist kein Urwald, aber er hat etwas, das in der Vorstellung vom Urwald enthalten ist (man spricht von *Konnotationen* in dem Begriff, dem *Denotat* „Urwald“), in seinem Wesen: das Wilde, Ungeformte, Freie, Ungezwungene. Die Metapher drückt das sehr kurz und bildhaft aus.

Gabriele Wohmann (geb. 1932) studierte Germanistik, Romanistik, Philosophie und Musik und war zunächst Lehrerin, bevor sie als freie Schriftstellerin lebte. Sie schreibt Romane und Erzählungen, Fernseh- und Hörspiele.

4 Gabriele Wohmann (*1932): Eine Schriftstellerin liest „Unterm Rad“

[…] Die Hesse-Verehrermassen, die Gefolgschaft der jungen Leser, die kann ich allerdings gut verstehen. Hesses tiefe Menschenskepsis[1], seine Verachtung für die Unmoral der seelischen Trägheiten, für die als Tüchtigkeit heuchlerisch maskierte Erwerbs- und Erfolgssucht: sie sind von der Wahrhaftigkeit gekennzeich-

1 Die Menschenskepsis (< gr. skepsis = Bedenken): Zweifel an den Menschen

net und von der Empathie[1], der solidarischen Geste, die den Komplizierten, den Sensiblen und Einzelgängern, den vordergründig Schwächeren gut tut.
Lebte Hesse jetzt und schriebe er gerade an einem Roman, nach der „Unterm-Rad“-Methode, dann könnte ich mir sein Sympathisieren mit einem ausgeflippten jungen Helden vorstellen. Oder nicht? Diejenigen, die sich den Leistungsleiden und Wettbewerbsquälereien und Konkurrenzobsessionen[2] der mitläufermäßigen Etablierten[3] verweigern, die besitzen ja aber immerhin diese selbständige Kraft und sie flüchten, in auch nichts Vielversprechendes, gewiß, aber immerhin, sie können reagieren. Hans Giebenrath, sich selbst entfremdet und verfolgt, ist lediglich psychosomatisch[4] reaktiv.
Mich selber muß, als ich von „Unterm Rad“ so früh und mitten in das Durcheinander von sonstigem Lesestoff gemischt vereinnahmt war, die allgemein unbeliebte kritische, die angeblich böse blickende Schreibart angezogen haben. Die Verspottungstechnik, hier so still, so sacht, so pseudobehäbig, kann ich jetzt erst richtig schätzen. Aber in jeder Lebenszeit bin ich auf Hesses Seite, wenn über die schrecklichen Resultate der traditionellen Stupidität[5] verhandelt wird, so wie in diesem heute wie damals, wie morgen, übermorgen gültigen kleinen Roman, in dem ein ausnahmehafter Einzelgänger zu schwach ist für seine Isolation. In dem einer ausgerechnet von seinen eigenen Qualitäten bestraft wird, lebenslänglich, also zu lang – und viel zu kurz beim armen, arglosen Hans.

(Aus lizenzrechtlichen Gründen ist dieser Text nicht in reformierter Rechtschreibung abgedruckt.)

Weitere Anregungen und Hilfen zum **produktiven Umgang** mit dem Roman „Unterm Rad“:

1. Vorschläge zur *Ausgestaltung von Leerstellen* (eingreifendes Lesen):
   - In einem *Lesetagebuch* innere Monologe oder Gespräche einzelner Personen notieren
   - Die Lehrer sprechen über Hans und/oder Heilner.
   - Eine Abschiedsrede des Vaters Josef Giebenrath
   - Eine Spottrede Heilners auf die Schule
   - Tagebucheinträge von Hans über Heilner
   - Hans notiert seine wahre Meinung über den Ephorus.
   - Heilner hält eine Rede an Hans' Grab.
2. Hinweise für *Parallel- oder Gegengestaltungen:*
   - Heilner steht an Hans' Stelle im Gespräch mit dem Ephorus.

---

1 Die Empathie (< gr. pathos = Leiden, Gemütsbewegung): Einfühlung in andere Menschen
2 Die Konkurrenzobsession: Zwangsvorstellung von Wettstreit
3 Der Etablierte (< frz. établir = festsetzen, einrichten, gründen): der zu Erfolg und Ansehen gelangte Mensch
4 psychosomatisch (< gr. psyche = Seele und soma = Körper): Wechselwirkung von Seelischem und Körperlichem
5 Die Stupidität (< lat. stupidus = betäubt, verdutzt, borniert): Dummheit, Beschränktheit

Arbeitsanregungen:

1 a Notiert eure begründete Meinung (Wertung) über Hermann Hesses Roman „Unterm Rad“!
b Exzerpiert Gründe, weshalb Gabriele Wohmann „Unterm Rad“ schätzt!

2 a Ihr könnt nach dem unten folgenden Beispiel auch ein Fachgespräch über den Roman führen!
b Verfasst dazu ein Ergebnisprotokoll!

Ein **Fachgespräch** über einen Roman:

- Jeder schreibt seine Wertung (seine begründete Meinung) auf die Vorderseite einer *Karteikarte,* nachdem er mit einem *Übersichtssatz* begonnen hat. Der Text wird namentlich unterzeichnet.
- Die Karteikarten werden im Klassenzimmer *ausgelegt* oder an die Pinnwand *geheftet.*
- Mit der Methode des *Metaplans* ließen sich darüber hinaus nach unterschiedlichen Wertungen Gruppierungen bilden und bezeichnen.
- Nach der Lektüre der Vorschläge sucht sich jeder einen *Gesprächspartner,* über dessen Wertung er gerne diskutieren möchte. Dabei können sich Partner- oder Gruppengespräche ergeben.
- Eine knappe Zusammenfassung, ein *Resümee* des Partner- oder Gruppengesprächs, wird auf der Rückseite der Karteikarte notiert und von den beteiligten Schülern unterzeichnet.
- Diese Ergebnisse können wieder in der Klasse „veröffentlicht“ werden.

Unter **Primärliteratur** (< lat. primus = erster) versteht man alle *Originaltexte* von Dichtern, Philosophen und Wissenschaftlern.
Sekundärliteratur (< frz. secondaire < lat. secundus = an zweiter Stelle stehend) ist der Sammelbegriff für alle *Untersuchungen* über Autobiografien, dichterische Werke (als Interpretationen, Literatur- und Gattungsgeschichten), Philosophien und Theorien.

Informationen über Hermann Hesse und sein Werk:

- *In einer Buchhandlung:*
  - Welche Bücher (Buchtitel) von Hermann Hesse werden angeboten?
  - Welche werden besonders viel gekauft?
- *In einer Bücherei* (Stadtbücherei, Schülerbücherei):
  - Welche Bücher von Hesse gibt es?
  - Welche Bücher über Hermann Hesse und sein Werk sind vorhanden?
  - Was schreiben Literaturgeschichten und Lexika über Hesse?
- *In der Sekundärliteratur:*
  - Volker Michels (Hrsg.): Hesse. Sein Leben in Bildern und Texten. insel taschenbuch 1111. Frankfurt 1987.
  - Bernd Zeller: Hermann Hesse. Rowohlts Monographien. Reinbek bei Hamburg, zuerst 1963 erschienen, viele Neuauflagen.
  - Hermann Hesse: Kindheit und Jugend. 1. Band 1877 bis 1895. 2. Band: 1895 bis 1900. Frankfurt/Main 1966.

- Hans spielt das Gespräch mit dem Ephorus nochmals durch und nimmt eine „stärkere" Rolle ein.
- Der Vater antwortet Hermann auf dessen Brief vom 14.9.1892.
- Gabriele Wohmann sympathisiert mit „einem ausgeflippten jungen Helden".
- Einen Plot für eine heutige Geschichte skizzieren

3. Mögliche *Erörterungen:*
   - Erläuterung, worum es Hermann Hesse in seinem Brief vom 14.9.1892 geht.
   - Hätte Hans Giebenrath einen solchen Brief schreiben können?
   - Persönliche Wertungen von Personen und ihrem Verhalten im Partner- oder Gruppengespräch
   - Gruppen- oder Plenumsdiskussion: Hans – ein Streber? Heilner – ein Verderber?
   - Hans macht sich Gedanken über das Schimpfwort vom „Landexamensschlosser", das ihn trifft.
   - Vater Hesse denkt nach: „Wir haben vielleicht auch mancherlei an dem Buben versäumt."

4. *Projektorientierte Verfahrensweisen:*
   - *Inszenieren* von *Kernstellen* in Gruppenarbeit: Z. B. Kritik des Schusters am Schluss des Romans: „Dort laufen ein paar Herren, die haben auch mitgeholfen, ihn so weit zu bringen."
     - Auswahl von Textzitaten, die diese Aussage des Schusters belegen.
     - Die Texte mit Musikuntermalung szenisch darstellen
   - *Rezensionen* zum Roman „Unterm Rad" in Gruppenarbeit vergleichen und resümieren sowie für die Schüler- oder Literaturzeitung eigene Buchrezensionen verfassen
   - Ein *Filmdrehbuch* erstellen, z. B. für den Anfang des dritten Kapitels: Beschreibung des Klosters und Ankunft des Jungen

Szenen (Sequenzen)	Dauer	Kamera-einstellung	Inhalt	Live-Ton (Originalton)	Off-Ton (eingespielt)

   - Eine *Präsentation* von „Unterm Rad" und des Autors Hermann Hesse für einen Elternabend, ein Klassen- oder Schulfest
     - *Vorstellen* ausgewählter *Textstellen* durch szenische Lesung, Inszenierung usw.
     - *Gruppendiskussion* über Probleme und Wirkung des Romans
     - *Referat* über Internatsleben zu Hesses Zeiten
     - *Wandzeitung* zu Hesses Jugend, Illustrationen zu ausgewählten Textpassagen, Cover-Entwürfen, Überschriften zu den Romankapiteln etc.

II. Ein Roman als Spiegel der Zeit[1]

1. Warum ausgerechnet Rerik? – Von der Figurenkonstellation über die Figurencharakteristik zur Romanhandlung

In dem 1957 erschienenen Roman „Sansibar oder der letzte Grund" von Alfred Andersch trifft im Jahre 1937 eine Gruppe von Personen, die sich nicht kennen, in dem kleinen Fischerort Rerik an der Ostsee zusammen.

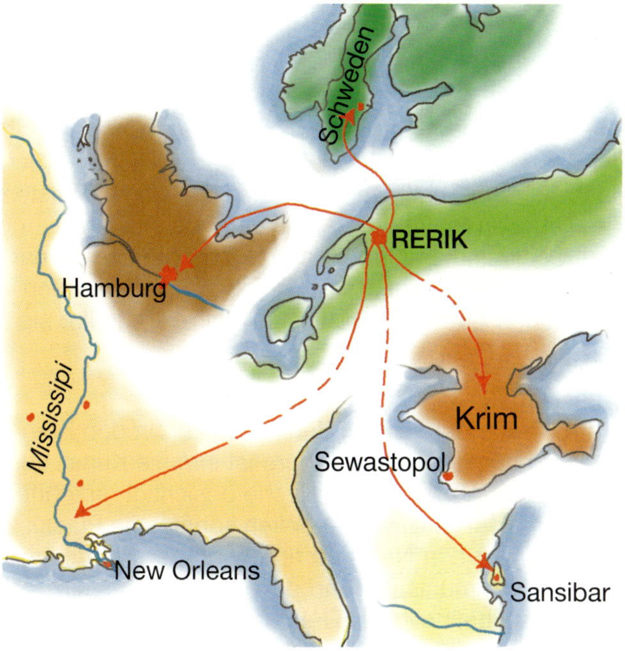

1 Figuren in „Sansibar oder der letzte Grund"

Fischer Knudsen lebt in Rerik mit seiner Frau, die geistig verwirrt ist. Er ist Mitglied der kommunistischen Partei.

Gregor ist ein junger, in der Sowjetunion geschulter Kommunist. Er kommt im Auftrag der Partei nach Rerik.

Judith, eine junge Frau aus einer wohlhabenden jüdischen Familie, kommt aus Hamburg nach Rerik.

Ein 16-jähriger Junge aus Rerik macht, vor allem auf Wunsch seiner Mutter, bei Knudsen eine Fischerausbildung. In seiner Freizeit liest er Abenteuerbücher.

In der Kirche des evangelischen Pfarrers Helander in Rerik steht eine Holzplastik, die von den Nazis zur „entarteten Kunst" gezählt wird.

[1] Die Texte, Bilder, Grafiken, Informationen und Beispiele dieser Sequenz sind als Begleitmaterialien für die Lektüre der Ganzschrift gedacht. (Vgl. Anmerkung 1, S. 265!)

Durch die **Figurenkonstellation** (Figurengruppierung) lassen sich verschiedene Aspekte grafisch und durch kurze Anmerkungen darstellen:
- Die *Eigenarten* (Namen, Beruf, Situation, Charakter) von Figuren, die sich im Laufe der Romanhandlung verändern können.
- Die *Beziehungen* zwischen Personen (Nähe ↔ Ferne, Vertrautheit ↔ Distanz, Liebe ↔ Hass etc.), ihre Handlungen (Interaktionen), die *statisch* oder *dynamisch* sein können.
- Auch *Ort* und *Situation* der Begegnungen, die Verhaltensweisen prägen können, sind einzubeziehen.

Arbeitsanregungen:

1 Rerik – ein kleiner, unbekannter Ort.
a Sucht mögliche Gründe, warum dieser Ort Schauplatz eines Romans werden konnte!
b Nehmt die Figuren (Text 1) dazu und entwerft in Gruppenarbeit stichwortartig denkbare Handlungsskizzen!
c Überprüft und ergänzt eure Vorschläge durch Informationen aus dem Romananfang!

2 a Entwerft eine Figurenkonstellation, indem ihr Beziehungslinien zwischen den Personen zeichnet und beschriftet!
b Schreibt einen Handlungskern (Plot) des möglichen Verlaufs!

Als **Plot** (engl.) bezeichnet man den Handlungskern in einem erzählerischen oder dramatischen Werk. Der Plot soll die Verknüpfung der einzelnen Teile der Handlung sowie die Beziehungen zwischen den Personen sichtbar machen.

2 Schülerbeispiele

Stimmt die Interpunktion?

Vorschlag I:
Judith kommt nach Rerik, weil sie hofft, aus Deutschland mit einem Schiff fliehen zu können, um – als Jüdin – der Verfolgung durch die Nazis zu entkommen. Sie nimmt vorsichtig Kontakt mit dem Fischer Knudsen auf und bietet ihm Geld, wenn er sie über die Ostsee nach Schweden bringt.

Vorschlag II:
Der Junge hat es satt in Rerik zu leben, er möchte etwas erleben und plant mit Knudsens Fischkutter abzuhauen in Richtung Schweden. Er weiß nicht, dass auf dem Schiff die Plastik des „Lesenden Klosterschülers“ versteckt ist, die Knudsen im Auftrag Helanders ins Ausland bringen will. Ebenfalls auf dem Schiff ist kommunistisches Propagandamaterial gegen den Naziterror. Es gelingt dem Jungen, nachts unbemerkt den Hafen von Rerik zu verlassen. Inzwischen gerät Judith in eine Polizeikontrolle; sie hat einen gefälschten Pass.

Vorschlag III:
Pfarrer Helander sieht in den Nazis und in den Kommunisten seine Feinde. Doch wichtiger als alles andere ist ihm die Kunst. Judith ist ebenfalls Kunstliebhaberin. Als Judith die Kirche besichtigt, erkennen sie ihr gemeinsames Interesse. Der Einzige, der helfen könnte, die Plastik des „Lesenden Klosterschülers“ vor den Nazis zu retten, ist der Kommunist Knudsen. Gregor, ein anderer Kommunist, erfährt davon. Er möchte dieses Wissen nutzen, um einen im KZ befindlichen Genossen frei zu bekommen: Es könnte gelingen, wenn er Helander und Judith den Nazis verrät …

3 Besprecht die Vorschläge!
a Achtet darauf, ob alle Personen berücksichtigt sind!
b Exzerpiert Stichworte, die Spannung versprechen, und deutet an, in welche Richtungen Spannung sich entwickeln könnte!
c Prüft, ob die Lösungen insgesamt glaubwürdig sind!

Ein Schriftsteller könnte aus dem dargestellten Plot einen spannenden Abenteuerroman entwickeln, in dem es um Flucht, Verfolgung, Hindernisse geht. Ein solcher Roman könnte in Kapitel unterteilt sein, die Überschriften haben. Der Anfang der Lektüre von „Sansibar oder der letzte Grund“ hat schon gezeigt, dass der Autor anders vorgeht und dass es ihm wahrscheinlich nicht darum geht, einen spannenden Abenteuerroman zu schreiben. Um herauszufinden, warum der Autor diese Form gewählt hat, empfiehlt es sich zu untersuchen, was und wie er in den Kapiteln erzählt.

Die **Situation des Lesers,** der nie nur ein passiver Empfänger (Rezipient), sondern ein aktiver Mitgestalter (Mitautor) ist, der mit seiner Fantasie *Leerstellen* ausfüllt, sich mit Gedanken einmischt, Zustimmung oder Widerspruch zeigt, hängt sehr von der Perspektivität des Romans ab (vgl. S. 260f.!).
Der *Kommunikationszusammenhang* lässt sich in einem Modell abbilden:

Situation des Lesers

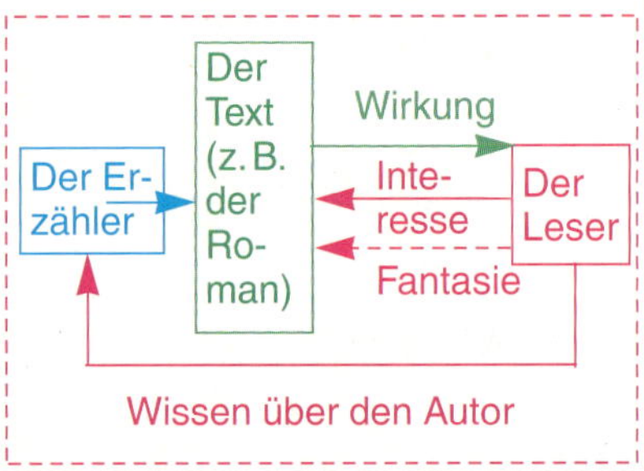

3 Alfred Andersch (1914–1980): Sansibar oder der letzte Grund [Auszug]

a. Gregor

[…] Gregor hatte Angst. Der Genosse[1] aus Rerik ist immer noch nicht da, dachte er. Entweder ist er unzuverlässig, oder es ist etwas geschehen. Gregor hatte immer Angst, wenn er sich an einem Treffpunkt befand. Auf den Fahrten von einem Treff zum anderen hatte er auch Angst, aber nicht so viel wie am Treffpunkt

1 Der Genosse: Gefährte, Kamerad; hier: Parteifreund, Anrede der kommunistischen Parteimitglieder

selbst. Am Treffpunkt selbst gab es immer einen Moment, in dem er am liebsten davongelaufen wäre.
Er ging wieder zur Vierung[1] vor. Ich gebe ihm noch fünf Minuten Zeit, dachte er, dann gehe ich. Er ertappte sich dabei, daß er dachte: am besten wäre es, wenn er gar nicht käme. Dann hätte ich meinen letzten Auftrag schon hinter mir. Schluß, dachte er, es muß Schluß sein. Ich spiele nicht mehr mit. Es war sein glücklichster und sein endgültiger Gedanke: ich steige aus. Er empfand keine Gewissensbisse dabei. Ich hab genug für die Partei getan, dachte er. Ich habe mir noch diese letzte Reise als Prüfung auferlegt. Die Reise ist beendet. Ich kann gehen. Ich gehe natürlich, weil ich Angst habe, dachte er unerbittlich. Aber ich gehe auch, weil ich anders leben will. Ich will nicht Angst haben, weil ich Aufträge ausführen muß, an die ich … Er fügte nicht hinzu: nicht mehr glaube. Er dachte: wenn es überhaupt noch Aufträge gibt, dann sind die Aufträge der Partei die einzigen, an die zu glauben sich noch lohnt. Wie aber, wenn es eine Welt ganz ohne Aufträge geben sollte? Eine ungeheuere Ahnung stieg in ihm auf: konnte man ohne einen Auftrag leben? […]

(Aus lizenzrechtlichen Gründen sind die Texte von Alfred Andersch nicht in reformierter Rechtschreibung abgedruckt.)

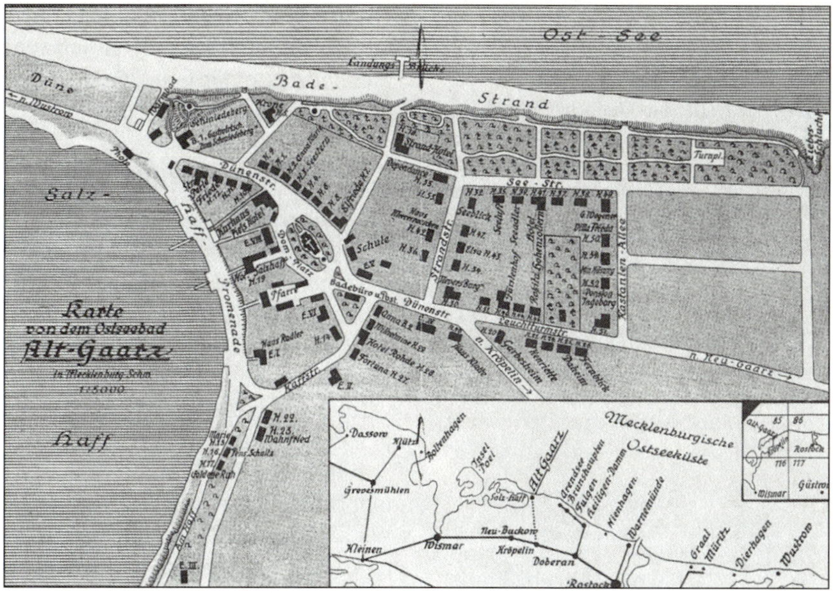

Rerik – einst, aus einem Prospekt von 1934

b. Knudsen – Gregor

[…] Das ist er, dachte Knudsen. Es war kein Erkennungszeichen vereinbart worden. Brägevoldt hatte ihn nur beschrieben: grauer Anzug, jung, glatte schwarze Haare, ein bißchen unter mittelgroß, Fahrradklammern an den Hosen. Einer vom Jugendverband, dachte Knudsen, ich kenne die Typen. Sind keine Arbeiter, die Burschen, aber auch keine richtigen Intellektuellen. Sind einfach nur harte, trainierte Burschen. Ich wollte, die Partei schickte mal einen richtigen Arbeiter.
'tschuldige, sagte er zu Gregor, ich war im letzten Moment aufgehalten.
Macht nichts, sagte Gregor. Ich hab mich inzwischen ganz gut unterhalten.
Hier in dem Gebetsschuppen? fragte Knudsen.
Ja, erwiderte Gregor, mit dem da! Er deutete auf den jungen Mann, der las.
War ja offenbar ein komischer Vogel, dachte Knudsen, dieser Instrukteur[2] vom ZK[3]. Er blickte gleichgültig auf die Holzplastik. Ob das die Figur war, die der Pfarrer meinte? Ausgeschlossen: der Pfarrer hatte etwas von einer heiligen Figur gesagt. An der da war gar nichts Heiliges.

Kirche in Rerik

Person und Figur
Von *Person* sprechen wir, wenn wir einen Menschen in einem Text als ein Lebewesen „wie du und ich" sehen. Von *Figur* sprechen wir, wenn wir einen Menschen in einem Text unter „strukturellen" Gesichtspunkten sehen, wenn wir nach seiner Bedeutung im Textzusammenhang fragen.

---

1 Die Vierung: das Viereck, das dort entsteht, wo Lang- und Querschiff einer Kirche sich schneiden
2 Der Instrukteur (< lat. instructor = Zurüster): Ausbilder; hier: der Überbringer von Anweisungen
3 Das ZK: Zentralkomitee als Führungsgremium der kommunistischen Partei

Arbeitsanregungen:

1 Bildet vier Gruppen zur Bearbeitung der Texte 3a–3d!
a Schreibt jeweils eine kurze Passage so um, dass ein auktorialer (allwissender) Erzähler das Aussehen und die Gedanken der Personen beschreibt!
b Vergleicht dann eure Lösungen mit dem Original!

2 Untersucht jetzt in Partnerarbeit genau, wie Andersch die Personen darstellt!
a Legt dazu eine Tabelle an, die im Laufe der Lektüre erweitert werden kann!

Personen	Aussehen	Gedanken, Gefühle	politisches Verhalten	Beobachtungen, Fragen
Gregor	...	...	...	...
Knudsen	...	...	...	...
Judith	...	...	...	...

b Beschreibt Auffälligkeiten der Sprache möglichst genau! (Vgl. dazu im ersten Kapitel, S. 16, 36, 46ff.!)
c Benennt Perspektive und Darstellungsweise im Roman mit Fachbegriffen!

3 a Entwerft aufgrund der genaueren Textkenntnis beschreibend oder grafisch eine neue Figurenkonstellation!
b Vergleicht mit dem ersten vorläufigen Entwurf!

Je nach der **Erzählperspektive** wird die erzählte Welt anders dargestellt:
- Die *auktoriale Perspektive* eines allwissenden (omnipotenten) Erzählers „beherrscht" das äußere und innere Geschehen, lenkt den Leser und prägt sein Bild.
- Anders die *Ich-Perspektive,* die aus der subjektiven Sicht eines

Du bist vom Jugendverband, Genosse? fragte er Gregor.
Gregor nickte. Er ist eigentlich schon etwas zu alt für den Jugendverband, dachte Knudsen, einer von denen, die vom Jugendverband nicht loskommen. Für solche war die Partei das Alte. [...]

c. Knudsen – Gregor

[...] Gregor blickte auf Knudsens Profil und dann wieder geradeaus, in die Richtung des Hochaltars. Da vorn saß der junge Mann und las immer noch ungerührt in seinem Buch. Vor einiger Zeit hätte Gregor noch von Aktivierung der Parteiarbeit geredet. Jetzt sagte er nur: Was sollen wir da machen? Kannst du mir wenigstens eine Deckadresse mitgeben, an die wir dir Material schicken können?
Knudsen schüttelte den Kopf. Ihr solltet uns in Ruhe lassen, sagte er. Können wir nicht einfach Genossen bleiben, ohne etwas tun zu müssen?
Wieder blickte Gregor auf Knudsens Gesicht, aber zum erstenmal nun wirklich aufmerksam. Im Dämmerlicht der Kirche, in der die Schatten zunahmen, war es nicht mehr sehr genau zu erkennen, aber Gregor konnte sehen, daß es hart und flächig war, die Nase stach nicht besonders hervor, es war ein braunes, bartstoppeliges, wettergegerbtes Fischergesicht unter schon grau gewordenen Haaren, nichts leuchtete in diesem einfachen Gesicht, nicht einmal die Augen; sie waren klein und schmal und blau, aber sie leuchteten nicht, sie phosphoreszierten nur, kleine blaue phosphoreszierende Kugeln, in die harte Fläche des Gesichts eingelassen. Der letzte Genosse von Rerik sieht aus, als könne er in der Nacht sehen, dachte Gregor. [...]

d. Judith – Gregor – Helander

[...] Sie stand auf, weil es ihr kalt geworden war. Kalt, das Böse, und dieser Fremde, zu dem sie manchmal Vertrauen spürte, der sie manchmal abstieß und der nun begonnen hatte, sie zu interessieren. Sie versuchte, die dunkle Luft der Kirche, die zwischen ihrem Gesicht und dem seinen lag, mit ihren Blicken zu durchdringen, aber sie konnte nicht mehr entziffern als ein mageres, helles, unauffälliges Gesicht, ein Gesicht, das einem Automonteur gehören konnte oder einem Laboranten oder einem Mann, der Manuskripte entzifferte, deren Texte ihn nicht interessierten, oder einem Flieger. Etwas sehr Erfahrenes und Altes lag in diesem jungen Gesicht, und zwischen Augen und Mund hatte sich ein nüchtern hingenommener, offenbar nicht sehr schmerzhaft empfundener Leidenszug eingetragen, aber die Schläfen und das Kinn zeigten Schläue, verrieten Tempo, verlässige Schnelligkeit und Intelligenz. Den Ausdruck und die Farbe seiner Augen konnte sie nicht erkennen, aber seine Haare erkannte sie als glatt und schwarz, sie fielen ihm manchmal locker ins Gesicht, und dann mußte er sie wegstreichen. Hauptsächlich aber wirkte er unauffällig. Er war ganz anders als die jungen Männer aus dem Tennisclub in Harvestehude, die sie kennengelernt hatte, solange sie die Plätze noch hatte benutzen dürfen, und die immer noch mit einem Hallo und gespielter Nonchalance[1] auf sie zukamen, wenn sie ihnen auf der Straße begegnete. [...]

[1] Die Nonchalance (frz.): Ungezwungenheit, Formlosigkeit, liebenswürdige Nachlässigkeit

4 **Personendarstellung** (Schülerbeispiele)

a. *Andreas schreibt:*

Gregor und Knudsen treffen sich in der Kirche und sie betrachten sich misstrauisch, fast feindselig. Der Leser erfährt, was sie voneinander denken, aber nicht direkt aussprechen.
Knudsen sieht den jüngeren Gregor an und versucht ihn abzuwerten, klein zu machen. Gregor stellt für sich fest, dass in Knudsens Gesicht nichts leuchtet, anscheinend sieht er ihm an, dass er nicht mehr sehr begeistert für den Kommunismus ist. Beide gehören zur selben Partei, aber beide sind von ihrer Sache nicht mehr überzeugt, allerdings, wie sich an anderer Stelle zeigt, aus verschiedenen Gründen. Sie reden nicht offen miteinander. Außerdem müssen sie sich heimlich treffen. Wodurch ist ihre Situation, ihr Selbstverständnis, ihre Beziehung bestimmt? Sie sind Kommunisten, aber nicht mehr überzeugt. Sie befinden sich in einem Land, das von den Nazis regiert, beherrscht wird. Die Nazis sind ihre Gegner, von ihrer Seite drohen ihnen Konzentrationslager und Tod. Was Gregor und Knudsen verbindet, ist nicht nur ihre Parteizugehörigkeit, sondern die Bedrohung durch die „anderen". Ihre Lebenssituation wird also entscheidend durch die politischen Verhältnisse bestimmt.

b. *Julias Grafik:*

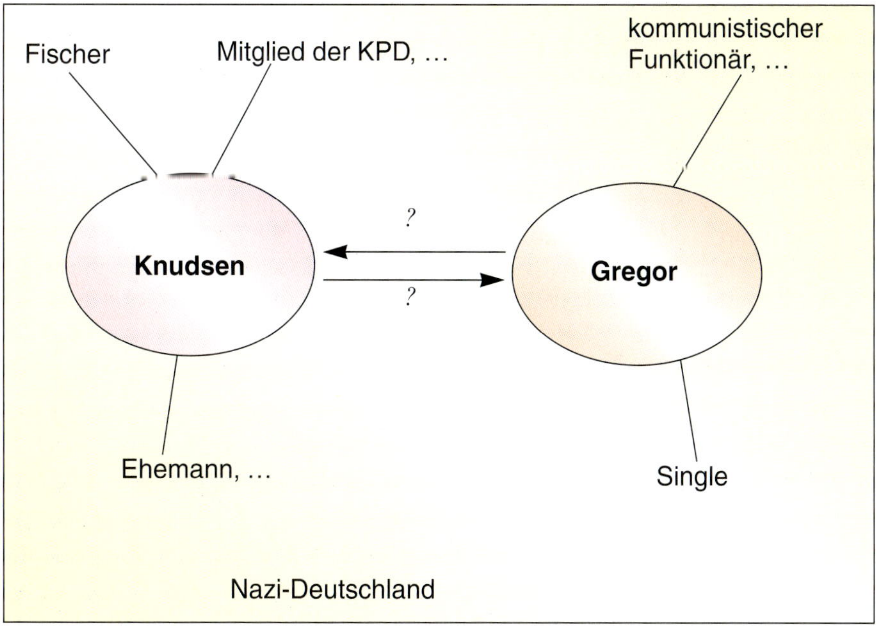

Ich-Erzählers eine im Ausschnitt begrenzte Weltsicht hat mit individuellen Vorstellungen, Wahrnehmungen, Gefühlen und Gedanken.
- Ähnlich ist es bei der *personalen Perspektive* in der dritten Person aus der Sicht einer Figur des Romans oder mehrerer Figuren. Sie kommt häufig im modernen Roman vor, weil die komplizierte heutige Welt nicht mehr als einheitliche Wirklichkeit aus der Sicht des allwissenden Erzählers darstellbar erscheint. Im Roman „Sansibar oder der letzte Grund" ist die erzählte Welt jeweils einer Person zugeordnet.
- Eine sog. *neutrale Perspektive,* in der ohne Erzählfigur nur berichtet wird, kommt beispielsweise in der Nachrichtensprache vor.
- *Perspektivenwechsel* ist ein wichtiges dichterisches Gestaltungsmittel.

4 a Überprüft Andreas' Ausführungen und sucht in den Texten 3a–3d Belegstellen!
b Erläutert Julias Grafik genauer!
c Beschreibt arbeitsteilig je eine Beziehung in Textform!

2. Einen Roman vorstellen – Szenische Gestaltung eines Kapitels und Vorschläge für eine Verfilmung

Eine Klasse möchte Teile des Romans[1] in einer Lesung vorstellen. Um einen Eindruck von der Thematik, der Atmosphäre und der Erzählweise zu vermitteln, entscheidet sie sich für die szenische Lesung des Kapitels, das am Hafen spielt. Die perspektivische, jeweils auf Personen bezogene Erzählweise legt dieses Vorgehen nahe.

Für eine **szenische Lesung** ist Folgendes zu beachten:

- Der Text muss so auf verschiedene *Sprecher* verteilt werden, dass die *Rollen* stimmlich gut besetzt sind.
- Das Original muss für den Vortrag *eingerichtet,* sollte aber möglichst wenig verändert werden.
- Über *Stellproben* soll geklärt werden, wie die Sprecher im Raum verteilt sind, ob sie durch Scheinwerfer (Spotlights) hervorgehoben werden, ob sie sich bewegen etc.

1 Alfred Andersch (1914–1980): Sansibar oder der letzte Grund [Auszug]

[…] Es war überhaupt Bewegung in den Hafen gekommen. Knudsen, auf dem Deck der ‚Pauline' stehend, sah mit Mißfallen, daß die ersten Kutter vom Fang zurückkamen; rasselnd liefen sie ein, zwei, drei, vier schwarze kleine Boote, die bereits ihre Topplaternen[2] angezündet hatten, Krögers ‚Rerik 63' war darunter, und Knudsen wurde nervös, denn er wußte, daß Kröger, wenn er festgemacht hatte, auf ihn zukommen und ihn ausfragen würde, warum er erst jetzt ausfahre. Mach zu, sagte er zu dem Jungen, der dabei war, die Taue der Besanschot[3] festzuzurren, es wird Zeit, daß wir wegkommen; er selbst zog die Großschot stramm, denn er wußte, daß die Nocks[4] in den harten Böen sofort beginnen würden, hin und her zu schlagen, wenn man die Taue nicht festmachte. Nichts gefiel Knudsen heute, er stellte fest, daß die Zeit, die er sich für die Abfahrt gesetzt hatte, schon um eine halbe Stunde überschritten war, es war halb sechs, immer mehr Leute kamen aus den Häusern und Straßen heraus auf den Kaiplatz, um bei der Rückkehr der Fischerflotte dabei zu sein; solche, die etwas dabei zu tun hatten, und Müßiggänger, und das Hafenwasser war unruhig, es klatschte hart gegen die Kaimauer, so daß die ‚Pauline' manchmal heftig bockte und an ihrer Vertäuung riß. Knudsen blickte hinüber zu der Stelle des Kais, wo der Schwede festmachte, weil er wußte, daß Gregor dort stand; er hatte ihn sofort bemerkt, wie er von der Nicolaigasse her über den Platz gegangen war, dorthin, wo das Schiff anlegte; auch darüber, besonders darüber war Knudsen zornig. Der Kerl ist also nicht abgehauen, dachte er, er treibt sich noch hier herum, was will er eigentlich? Er soll sich doch nicht einbilden, der Schwede nähme ihn mit, so einfach ist das nicht, die wollen keine Scherereien haben, sie haben scharfe Anweisungen von ihren Reedereien[5]. […]

Arbeitsanregungen:

1 Richtet den Text für eine szenische Lesung ein!
  a Verteilt die Passagen auf die Stimmen!
  b Legt Regieanweisungen fest!

2 a Prüft im Roman, wie die Kapitel zueinander angeordnet sind!
  b Lest das Ende und den Anfang einzelner Kapitel und beschreibt deren Beziehung!
  c Erläutert den Gesamtaufbau mit dem Begriff „Montage"!

Die Montagetechnik
Der Roman „Sansibar oder der letzte Grund" ist so erzählt, dass die Kapitel jeweils der Perspektive einer bestimmten Person zugeordnet sind. Mit dem Wechsel von der Sicht einer Person zu einer anderen entsteht ein „Schnitt", wie man in Entsprechung zum Filmschnitt sagen könnte. Diese Erzählweise entspricht der Situation der

Projektorientierter Unterricht: Verfilmung einer Romansequenz
Angeregt durch die Diskussionen über das Fernsehen und durch die Lektüre von Alfred Anderschs „Sansibar oder der letzte Grund", wagt sich die Klasse 10c an eine Filmproduk-

---

1 Das vollständige Kapitel sowie die übrigen Texte in: Alfred Andersch: Sansibar oder der letzte Grund. Diogenes Taschenbuch 20055.
2 Der Topp: das obere Ende des Mastes
3 Der Besanmast: hinterster Mast; die Schot(e): Segelleine
4 Das Nock: das über ein Segel hinausragende Ende einer Rahe (Querstange am Mast)
5 Die Reederei: Schifffahrtsunternehmen

tion. Neben der technischen Ausrüstung (Videokamera, privat oder bei Medienstellen besorgen) müssen aber noch andere Dinge beachtet werden, ohne die das Vorhaben nicht gelingen kann.

Voraussetzungen für die Produktion einer Filmsequenz

1. Folgende Fachleute sind notwendig, um eine Filmsequenz aus einem Roman fachmännisch herzustellen:

   – Ein *Regisseur,* der verantwortlich ist für die Gesamtgestaltung der Filmsequenz. Er ist z. B. zuständig für die Rollenverteilung, die Rollengestaltung, die Schauplätze usw.

   – Ein *Drehbuchautor,* der die Romanvorlage so bearbeitet, dass ein Spieltext entsteht. (Es müssen z. B. Dialoge verfasst werden. Das ist die Arbeit, die im Theater der Dramaturg erledigt.)

   – Ein *Kameramann,* der die *Bildeinstellungen* der Filmsequenz wählt. Sie geben Auskunft über die Bedeutung einzelner Personen, Themen und Motive. Der Kameramann muss auch auf die technische Qualität der Aufnahmen achten. Kamerafahrten zu einem Objekt hin und Zoomtechniken müssen ebenfalls bedacht werden.

   – Ein *Toningenieur,* der für die Montage der von den Schauspielern gesprochenen Texte und eventuell von Hintergrundgeräuschen des Schauplatzes sorgt (z. B. Wasserrauschen, Windgeräusche, Motorenlärm). Im Studio erfolgt dann eine abschließende Bearbeitung der Aufzeichnungen vor Ort (der *Live- oder Originalton* muss bearbeitet werden, oder *Off-Ton,* etwa Musik, wird beigefügt).

2. Von entscheidender Bedeutung ist die zeitliche Gliederung, das *Timing.* Vor Beginn der Filmarbeiten muss die Zeit festgelegt werden, die für die einzelnen Sequenzen zur Verfügung steht.

3. Mit dem *Schnitt* werden die Szenen richtig gegliedert. In den Studios geschieht dies mit Hilfe des Computers.

Mit diesen Hinweisen geht die Klasse 10c daran, den Anfang des Romans für eine Verfilmung zu bearbeiten.

2 Alfred Andersch (1914–1980): Sansibar oder der letzte Grund
[Anfang]

DER JUNGE

Der Mississippi wäre das Richtige, dachte der Junge, auf dem Mississippi konnte man einfach ein Kanu klauen und wegfahren, wenn es stimmte, was im Huckleberry Finn stand. Auf der Ostsee würde man mit einem Kanu nicht sehr weit kommen, ganz abgesehen davon, daß es an der Ostsee nicht mal schnelle wendige Kanus gab, sondern nur so olle schwere Ruderboote. Er sah vom Boot auf, unter der Treenebrücke floß das Wasser still und langsam durch; die Weide, unter der er saß, hing ins Wasser rein, und gegenüber, in der alten Gerberei, regte

Menschen: Sie sind voneinander isoliert, müssen einander mit Vorsicht, wenn nicht mit Misstrauen begegnen, weil sie nicht wissen, wo der andere politisch steht und ob er einem gefährlich werden kann.
Ein Roman, der die Montagetechnik in einer noch konsequenteren und extremeren Weise verwendet, ist Alfred Döblins „Berlin Alexanderplatz" (1929): Dort sind z. B. Werbetexte und andere Fremdtexte in den Roman einmontiert, ohne dass es Überleitungen, Übergänge gibt.

Totale

Halbtotale

Nahaufnahme

Großaufnahme

Das Klassenzimmer wird zum Filmstudio

Zunächst müssen die vielfältigen *Aufgaben* verteilt werden. In Gruppen ist die anfallende Arbeit am besten zu erledigen.
– Die erste Gruppe bearbeitet den Text für den *Live-Ton.* Dazu müssen sich die Schüler Gedanken machen, wie sie z. B. das Geräusch des fließenden Wassers aufnehmen können.
– Die zweite Gruppe forscht nach *Schauplätzen.* Wo gibt es in der Um-

gebung einen Bach, der der Treene gleicht? Wie kommen alle Beteiligten dahin? Welche Tageszeit ist die beste? Usw.

- Die dritte Gruppe macht sich Gedanken über die *Kameraeinstellung*. Wie wirkt es, wenn man mit einer Totalen beginnt und langsam auf den Jungen zufährt bzw. ihn zur Großaufnahme zoomt?
- Eine vierte Gruppe ist zuständig für die *Geräuschkulisse* und den *Off-Ton*. Sie muss eng mit der ersten Gruppe zusammenarbeiten und sich mit dieser abstimmen. Das Geräusch des fließenden Wassers könnte ja auch von ihr produziert werden.

Die übrige Arbeit, z.B. das Verfassen des *Drehbuches* und die *Rollenverteilung* sowie die *Rollengestaltung* (wie sieht der Junge aus, was hat er an, welchen Gesichtsausdruck hat er etc.), wird in der Klasse gemeinsam geleistet.

Arbeitsanregungen:

1 Schreibt das Drehbuch nach dem Vorbild von Text 3 zu Ende!

2 a Verfilmt die Anfangssequenz von „Sansibar“ nach eurem Drehbuch!
b Verfilmt weitere Sequenzen aus dem Roman!

3 Verfasst für eure Schülerzeitung einen Erfahrungsbericht!

sich, wie immer, nichts. Der Mississippi wäre besser als die Speicher in der alten, verlassenen Gerberei und die Weide am langsamen Fluss. Auf dem Mississippi wäre man weg, während man sich in den Speichern in der Gerberei und unter der Weide nur verstecken konnte. Unter der Weide auch nur, solange sie Blätter hatte, und die hatten schon mächtig begonnen abzufallen, und trieben gelb auf dem braunen Wasser davon. Verstecken war übrigens nicht das Richtige, dachte der Junge, – man mußte weg sein.

Man mußte weg sein, aber man mußte irgendwohin kommen. Man durfte es nicht so machen wie Vater, der weggewollt hatte, aber immer nur ziellos auf die offene See hinausgefahren war. Wenn man kein anderes Ziel hatte als die offene See, so mußte man immer wieder zurückkehren. Erst dann ist man weg, dachte der Junge, wenn man hinter der offenen See Land erreicht.

3 Das Drehbuch – Wie Bild und Text zusammenkommen

Szene	Dauer	Kamera-einstellung	Inhalt	Live-Ton	Off-Ton
1. Der Junge sitzt an der Treene, in der Hand ein Buch	10“	Totale	Schauplatz: Flussufer, Weide, Brücke	Fließendes Wasser	–
2. Der Junge liest	10“	Zoom auf Nahaufnahme; man erkennt „Huckleberry Finn“	Hauptfigur: Junge, ca. 15 Jahre alt	Fließendes Wasser	–
3. …					

Wenige Tage nach Fertigstellung der Filmsequenz läuft im Fernsehen der Spielfilm, den Bernhard Wicki nach Alfred Anderschs Roman gedreht hat.

4 Bilder sind in ihrer Bedeutung offen

4 Beschreibt die Bilder!

5 a Entwickelt in Partnerarbeit einen Handlungsplot!
b Sprecht in der Klasse über die ersten Bilder des Films im Vergleich zum Romananfang!

Szene aus „Siska", der Krimiserie im ZDF

5 Der Junge des Buches und der Gregor des Filmes im Gespräch

JUNGE: Also so geht das ja nicht! Man kann doch den Roman nicht so umschreiben, dass er im Film völlig anders anfängt. Das versteht ja kein Mensch.

GREGOR: Es geht doch nicht darum, dass der Film genau dem Roman folgt. Regisseur und Drehbuchautor haben etwas Eigenständiges geschrieben und gedreht. Den Film kann auch jemand anschauen und verstehen, der das Buch nicht kennt. Du bist ja bloß neidisch, weil du nicht mehr am Anfang vorkommst.

JUNGE: Nein, das ist nicht der Punkt. Alfred Andersch wollte etwas ganz Bestimmtes damit ausdrücken, als er mich und meine Gedanken an den Anfang des Romanes stellte, der ja in erster Linie meine Probleme schildert.

GREGOR: Du bist ganz schön eitel, mein Junge. Es geht um viel mehr als um dich. Schließlich handelt es sich um einen politischen Roman, der die Probleme der NS-Zeit allgemein am Beispiel verschiedener Personen zeigen will, du bist doch nur eine romantische Nebenfigur.

JUNGE: Man könnte gerade meinen, du seist der Drehbuchautor persönlich. Ich finde es nicht richtig, dass du im Film den einleitenden Teil bekommen hast, und dann noch so brutal, da sollen doch nur Gefühle beim Zuschauer angesprochen werden, die seine Neugier wecken und ihn am Bildschirm halten.

GREGOR: Damit gibst du ja zu, dass der Anfang mit dir ganz schön langweilig wäre, zumindest im Film.

JUNGE: Aber warum denn? Die Absicht des Autors muss doch sichtbar werden.

GREGOR: Klar, Wicki wollte einen politischen Film mit dem Kommunisten Gregor in der Hauptrolle.

JUNGE: Dann hat er Andersch nicht verstanden!

GREGOR: Muss er doch gar nicht.

JUNGE: Im Übrigen trifft dann der Vorwurf der Eitelkeit auch dich, Gregor.

GREGOR: Ach, hör auf. Ich heiße im wirklichen Leben anders und bin den Fernsehzuschauern doch längst bekannt als Kommissar Siska im ZDF.

JUNGE: Das gehört aber nicht hierher! …

Arbeitsanregungen:

1 Exzerpiert die Aspekte, die der Junge bzw. die Gregor nennt!

Junge	Gregor
– Film muss der Romanvorlage entsprechen.	– Film muss unabhängig von der Romanvorlage sein.
– Film darf nicht reißerisch sein.	– Film hat eigene Bedingungen und Absichten.
– …	
…	– …
– …	– …
– …	– Filmschauspieler sind austauschbar.
…	
…	…

2 a Führt das Gespräch zwischen dem Jungen und Gregor fort!
b Sammelt die angeführten Aspekte so, dass sie einander gegenüberstehen und dass sie der Wichtigkeit nach geordnet sind!

3 a Ergänzt Text 6 und notiert nach seinem Vorbild eure Gedanken zum Vergleich der Anfänge von Roman und Film!
b Vergleicht den Roman mit seiner Verfilmung! Arbeitet in Gruppen und legt Beobachtungsschwerpunkte fest, z. B. zu Personen, Orten Handlungssträngen etc.!

6 Veronikas Vergleich von Roman- und Filmanfang

Der Film von Bernhard Wicki beginnt völlig anders als der Roman von Alfred Andersch. Während im Buch der Junge lesend am Flüsschen Treene sitzt und seinen Gedanken nachhängt, sieht man im Film Männer, die in einer Druckerei arbeiten. Sie arbeiten hektisch und schnell, so dass man sich gleich fragt, ob da nicht etwas Besonderes geschieht. Plötzlich klopft es an die Türe, heftig, drängend. Die Drucker geraten sichtlich in Panik. Was ist an der Situation so außergewöhnlich?
Polizei dringt gewaltsam in den Kellerraum ein …

Juden werden abtransportiert

Wie die politischen Verhältnisse von 1937 die Romanhandlung prägen

Bis jetzt haben wir die in Anderschs Roman erzählte Geschichte vorwiegend in Bezug auf die Personen und ihre Beziehungen zueinander betrachtet. Es wurde aber auch von Anfang an deutlich, dass man die Personen und ihr Handeln nur richtig verstehen kann, wenn man die Zeitverhältnisse, also die politische Situation kennt: Gregor und Judith sind nicht einfach ein junger Mann und eine junge Frau, die sich vielleicht anfreunden oder ineinander verlieben können, sondern er ist Kommunist, sie ist Jüdin im nationalsozialistischen Deutschland. Das bestimmt ihre Lebenssituation, ihre Gedanken, Gefühle, Pläne, Erinnerungen.
Der Roman enthält jedoch keine ausführlichen Informationen über die Zeit des Nationalsozialismus.

Der Eingang der Gedenkstätte in Auschwitz, ehemaliges Konzentrationslager

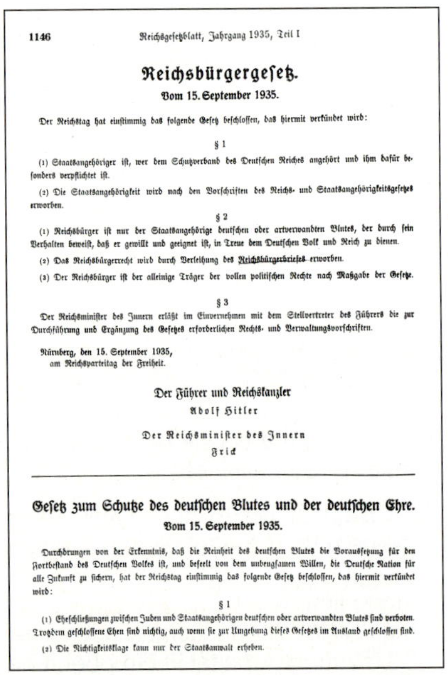

1146 Reichsgesetzblatt, Jahrgang 1935, Teil I

Reichsbürgergesetz.
Vom 15. September 1935.

Der Reichstag hat einstimmig das folgende Gesetz beschlossen, das hiermit verkündet wird:

§ 1

(1) Staatsangehöriger ist, wer dem Schutzverband des Deutschen Reiches angehört und ihm dafür besonders verpflichtet ist.

(2) Die Staatsangehörigkeit wird nach den Vorschriften des Reichs- und Staatsangehörigkeitsgesetzes erworben.

§ 2

(1) Reichsbürger ist nur der Staatsangehörige deutschen oder artverwandten Blutes, der durch sein Verhalten beweist, daß er gewillt und geeignet ist, in Treue dem Deutschen Volk und Reich zu dienen.

(2) Das Reichsbürgerrecht wird durch Verleihung des Reichsbürgerbriefes erworben.

(3) Der Reichsbürger ist der alleinige Träger der vollen politischen Rechte nach Maßgabe der Gesetze.

§ 3

Der Reichsminister des Innern erläßt im Einvernehmen mit dem Stellvertreter des Führers die zur Durchführung und Ergänzung des Gesetzes erforderlichen Rechts- und Verwaltungsvorschriften.

Nürnberg, den 15. September 1935,
am Reichsparteitag der Freiheit.

Der Führer und Reichskanzler
Adolf Hitler

Der Reichsminister des Innern
Frick

Gesetz zum Schutze des deutschen Blutes und der deutschen Ehre.
Vom 15. September 1935.

Durchdrungen von der Erkenntnis, daß die Reinheit des deutschen Blutes die Voraussetzung für den Fortbestand des Deutschen Volkes ist, und beseelt von dem unbeugsamen Willen, die Deutsche Nation für alle Zukunft zu sichern, hat der Reichstag einstimmig das folgende Gesetz beschlossen, das hiermit verkündet wird:

§ 1

(1) Eheschließungen zwischen Juden und Staatsangehörigen deutschen oder artverwandten Blutes sind verboten. Trotzdem geschlossene Ehen sind nichtig, auch wenn sie zur Umgehung dieses Gesetzes im Ausland geschlossen sind.

(2) Die Nichtigkeitsklage kann nur der Staatsanwalt erheben.

Reichsbürgergesetz zum Schutze des deutschen Blutes und der deutschen Ehre, Teil der sog. „Nürnberger Gesetze“

Informationen zur Zeitgeschichte – Vorschläge für Themen und Methoden:

1. *Mögliche Themen:*
- Der Reichstagsbrand (27.2.1933) und die Folgen für die Parteien
- Verfolgung und Entrechtung der Juden in Deutschland
  - 1.4.1933: Boykott jüdischer Geschäfte
  - 15.9.1935: Die „Nürnberger Gesetze“
- 14.7.1933: Gesetz zur „Verhütung erbkranken Nachwuchses“ mit der Folge einer „Ausmerzung lebensunwerten Lebens“
- Ab Herbst 1933: Kirchenkampf in der evangelischen Kirche: „Deutsche Christen“ und „Bekennende Kirche“
- Die Münchner Ausstellung „Entartete Kunst“ (Juli 1937) und die Kulturpolitik der Nationalsozialisten

2. *Mögliche Methoden:*
- Expertengruppen sammeln Informationen zu den einzelnen Themen.
- Nutzung angemessener Präsentationsformen (vgl. S. 267!)
- Hilfreich ist eine tabellarische Darstellung von Informationen aus dem Roman, die im Laufe der Lektüre ergänzt werden:

Personen	Vergangenheit	Gegenwart	Zukunft
Gregor	– Erlebnis in Tarasovka – Schulung auf der Leninakademie in Moskau	– Neuorganisation der Partei	– offen
Judith	…	…	…
Knudsen	…	…	…
Helander	…	…	…

Informationen zu sammeln, zu verarbeiten und zu **präsentieren** setzt ein planvolles Verfahren voraus:

1. *Die Vorbereitungen:*
   - Die *Sichtung* und *Ordnung des Materials* (der kopierten Texte und Bilder mit genauer Quellenangabe) nach Themenschwerpunkten soll verhindern, dass an der falschen Stelle oder doppelt gearbeitet wird.
   - Über *Markierungen* (Unterstreichungen, farbige Hervorhebungen, Siglen am Rand etc.) und *Exzerpte* (von Kernstellen, die zitiert werden sollen) ergeben sich erste Gliederungsmöglichkeiten.
   - Mit der Bereitstellung von *Medien* (Wandkarten, Dias, Fotos, Tondokumenten etc.) zeichnen sich auch Möglichkeiten zur angemessenen Vermittlung ab.

2. *Mögliche Präsentationsformen:*
   - Über *Kurzreferate* lassen sich relativ rasch verschiedene Aspekte eines Themas darstellen, doch sind für das Gelingen folgende Punkte zu beachten:
     - Die *Zielfrage:* Was ist wichtig, was interessiert?
     - Der *Einstieg: Problem,* Anekdote oder Bild zur Interessengewinnung?
     - Der *Aufbau:* chronologisch oder problemorientiert? Gliederung an der Tafel oder auf Folie, die allmählich aufgedeckt wird?
     - Die *Verständlichkeit:* Begriffserklärungen, Veranschaulichung (Tafelskizzen, Ton- und Bilddokumente, Grafiken auf Folien etc.)
     - Die *Vortragsweise:* halbfrei, gestützt auf Stichworte (z. B. auf Folie mit verdeckter Zeitleiste, um die vorgesehene Dauer einzuhalten), mit Blickkontakt, in angemessenem Tempo mit Pausen (zum Nachdenken, zur Bildbetrachtung, zur Begriffserklärung), abwechslungsreich in der Stimmführung.
     - Der *Schluss:* knappe Zusammenfassung und Diskussionsanstöße durch die Nennung offener Fragen
   - Auch die *Gruppenvorstellung* als Fachgespräch in einer Art von *Podiumsdiskussion* ist eine gute Möglichkeit.
     - Ein Diskussionsleiter begrüßt, eröffnet, nennt das Gruppenthema und die Aufgabenverteilung, erteilt das Wort, steuert, leitet über und fasst zusammen.

Die **Zeitsituation**, in der ein Roman spielt, ist wichtig für das Verstehen
- von *Motiven* des Handelns (z. B. Verfolgung, Angst, Ideologie, Widerstand, Sehnsucht).
- Auch die *Formen des Umgangs* miteinander (z. B. Hilfsbereitschaft oder Verrat, Solidarität oder Egoismus) werden sehr stark durch die gesellschaftlichen und politischen Verhältnisse bestimmt.

Arbeitsanregungen:

[1] Besprecht, an welchen Stellen die Expertenergebnisse am besten in den Unterricht einbezogen werden können!

[2] Wertet die Informationen in sinnvoller Weise aus!
[a] Notiert wichtige Stichworte!
[b] Verfasst ein Ergebnisprotokoll!

[3] [a] Besprecht, warum der Junge keine politischen Gedanken äußert!
[b] Übernehmt die Tabelle und ergänzt sie!

- Die *Gruppenmitglieder* tragen – wie beim Kurzreferat – ihre Beiträge vor.
- Eine *Gruppendiskussion* folgt.
- Anschließend kann eine *Plenumsdiskussion* in der Klasse eröffnet werden.

– Die *Wandzeitung,* die eine Gruppe gestaltet, ist geeignet zur Präsentation von Ergebnissen, sofern diese

- in knappen Texten, aufschlussreichen Grafiken und interessanten Bilddokumenten vor allem *visuell zu vermitteln* sind.
- Unerlässlich ist eine intensive *Lesephase* aller, wobei Notizen zu machen und Fragen zu stellen sind.
- Für die anschließende *Plenumsdiskussion* bildet die Wandzeitung den Mittelpunkt und deren Autoren müssen Rede und Antwort stehen.

Zur Vorbereitung auf die **literarische Erörterung** empfiehlt sich ein Blick auf die Anforderungen dieser Aufsatzart: Was ist neu, was ist bereits bekannt?

– Bekannt sind die *fachspezifische Erörterung* (vgl. im dritten Kapitel, S. 111ff.) und die Techniken des *Argumentierens* (mit These, Argumenten und Belegen).

– Bekannt sind ebenfalls wichtige *Lesetechniken* (statarisches Lesen „mit Bleistift", d.h. Markieren, mit Siglen arbeiten usw., vgl. S. 245) und verschiedene *Arbeitstechniken* (das Exzerpieren ebenso wie das korrekte Zitieren).

– Neu ist die Notwendigkeit der sehr *genauen Textkenntnis*

- mit Übersichtssätzen zu den einzelnen Kapiteln,
- mit Fragen zur äußeren Handlung (z. B.: Gelingt die Flucht?) und zum inneren Geschehen (z. B.: Welche Motive sind jeweils bestimmend?),
- mit Charakteristiken zu den wichtigsten Personen,
- mit Figurenkonstellationen und Verlaufs- bzw. Spannungskurven,
- mit Einsicht in Aufbau, Probleme, Erzählabsicht und Erzählweise usw.

– Neu ist ebenfalls, dass es sich um eine *literarische Erörterung* handelt, die sich i.d.R. auf einen *ganzen Text* (Novelle, Roman oder Drama) bezieht, auf Personen, Konflikte, Probleme vor allem, seltener auf Eigenar-

3. Was Menschen verbindet und was sie trennt – Vom genauen Lesen zur literarischen Erörterung

1 Den Inhalt des Romans verstehen und festhalten

Nach der Lektüre des Romans „Sansibar oder der letzte Grund" sollten die Schüler knapp das Hauptproblem zusammenfassen.

a. *Elke:*
Die Geschichte spielt 1937 in Deutschland, in Rerik an der Ostsee. Gregor, ein kommunistischer Funktionär, Pastor Helander und der kommunistische Fischer Knudsen wirken zusammen, um die Holzplastik des „Lesenden Klosterschülers", die die Nazis beschlagnahmen wollen, mit einem Schiff nach Schweden zu schaffen. Dabei behilflich ist ein Schiffsjunge. Mit demselben Schiff wird Judith, eine Jüdin, nach Schweden ins Exil gebracht.

b. *Stephan:*
Die Geschichte handelt von der Flucht bzw. ihrer Unmöglichkeit. Eine Jüdin muss aus Deutschland fliehen, um zu überleben. Ein Pfarrer will ein Kunstwerk dadurch vor den Nazis retten, dass er es ins Ausland bringen lässt. Gregor, ein kommunistischer Funktionär, will von der Partei weg. Fischer Knudsen kann nicht aus Deutschland weggehen, er muss auch deshalb bleiben, weil er eine geisteskranke Frau hat. Ein Junge möchte aus Rerik wegkommen, er denkt an Sansibar.

c. *Klaus:*
Die Geschichte handelt von Menschen in der Zeit des Nationalsozialismus und ihren Versuchen zur Freiheit zu gelangen; sie erfahren, dass sie nur durch solidarisches Handeln eine Chance haben.

d. *Andrea:*
Der Roman zeigt, wie totalitäre politische Verhältnisse das Leben, die Existenz von Menschen tiefgreifend beeinflussen und von ihnen Entscheidungen verlangen.

e. *Tanja:*
Der Roman zeigt verschiedene Arten des privaten Widerstands im nationalsozialistischen Deutschland.

f. *Kurt* hat eine grafische Darstellung versucht:

Totalitärer Staat ⟶ Existenzielle Bedrohung *Verfolgung* *Unterdrückung* *Ermordung* ⟶ Entscheidung ↗ Widerstand → ?
↘ Flucht → Freiheit

2 Themen und ihre Anforderungen

Erstes Thema: Der Junge in Alfred Anderschs Roman „Sansibar oder der letzte Grund“ – ist er nur ein weltfremder Träumer? Erörtere die Frage kritisch und mit Textbelegen!

Der Junge … ist er **nur** ein **weltfremder** Träumer?

- Die Problemfrage lautet, ob die in der Frage enthaltene These so ausschließlich stimmt, oder ob es Differenzierungen, ja sogar eine Gegenthese gibt.
- Für (pro) die These ↔ gegen (contra) die These

Zweites Thema: In Alfred Anderschs Roman „Sansibar oder der letzte Grund“ macht der Junge eine positive Entwicklung durch. Erörtere diesen Prozess und belege ihn!

Der Junge … ⟶⟩⟩⟩ positive Entwicklung

- Die sachliche Frage lautet, ob diese These stimmt.
- Wenn sie stimmt, ist zu zeigen, in welchen Phasen diese Entwicklung verläuft: Der Ablauf des Romans (die Chronologie des Geschehens) gibt darüber Aufschluss.

ten der Form (Merkmale der Gesprächsführung, des Aufbaus, der Motive und Symbole sowie der Sprache).

Arbeitsanregungen:

1 a Stellt in Stichworten zusammen, worüber in den Beispielen jeweils Aussagen gemacht werden!
b Bewertet die Beispiele im Hinblick auf ihre Brauchbarkeit als Kurzinformation über den Roman!

2 Erläutert (konkretisiert) Kurts Grafik, indem ihr das Handeln und Verhalten der Personen des Romans einbezieht!

3 Schreibt eine Inhaltsangabe zu dem Roman „Sansibar oder der letzte Grund“!

4 Untersucht auf gleiche Weise je eines der folgenden Themenpaare!
a – Gregor – nur ein abtrünniger Kommunist? Erörtere diese Auffassung!
– Gregor nutzt die Möglichkeit zur Flucht nicht. Erörtere seine Gründe!
b – Erörtere, welche Bedeutung die Beziehung zwischen Judith und Gregor für den Roman hat!
– Judith und Gregor mehr als eine Liebesgeschichte? Erörtere die Beziehung!

Beide Themen ergeben unterschiedliche Formen der literarischen Erörterung und verlangen jeweils andere Methoden.

Je nach der Themenstellung sind zwei **Erörterungsarten** zu unterscheiden:

1. Die *linear-steigernde Erörterung* bringt Argumente nach ihrer Wichtigkeit, am wirkungsvollsten in treppenartigem Aufbau, einer sog. *Klimaxstruktur* vor (< gr. klimax = Treppe, Leiter).
2. Die *Pro-Contra-Erörterung,* die sog. *dialektische Erörterung,* versucht, durch das Argumentieren in Gegensätzen zur Einsicht zu gelangen. Ob mit Pro (These) oder Contra (Gegenthese) begonnen wird, hängt davon ab, welche Abfolge überzeugender ist. Beide Formen müssen argumentativ und mit Belegen verfahren:

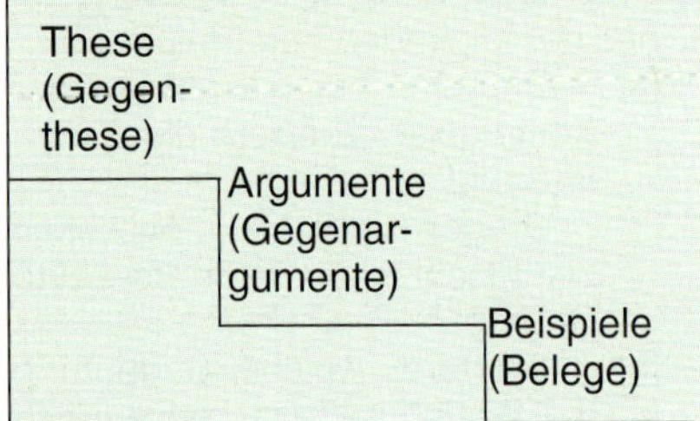

Das 1. Thema könnte folgenden **Aufbau** zeigen:

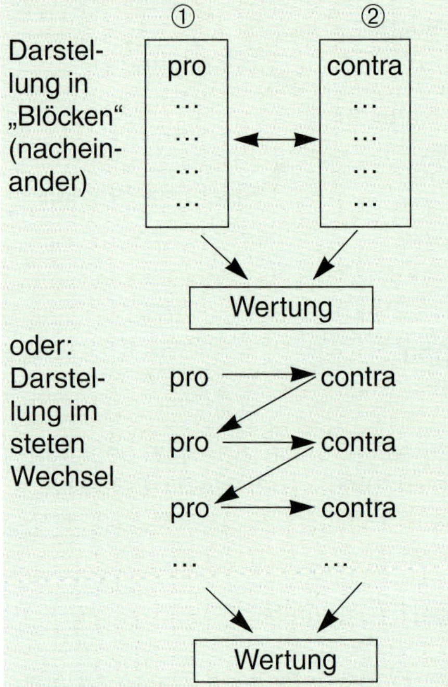

Das 2. Thema ließe sich mit folgendem **Aufbau** abhandeln:

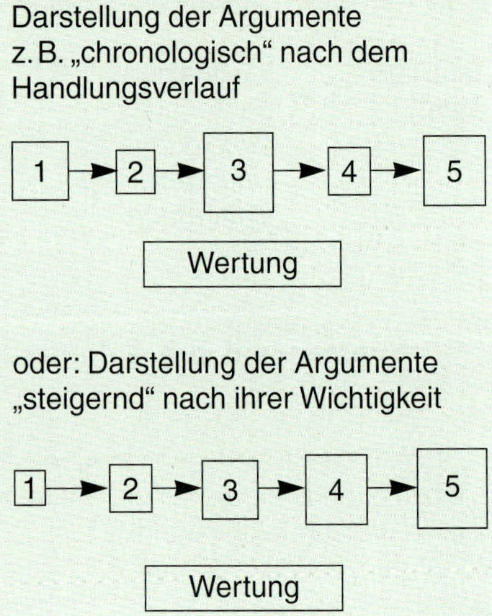

Im Folgenden soll zum ersten Thema eine **dialektische literarische Erörterung** erarbeitet werden.

Das Thema:

Der Junge in Alfred Anderschs Roman „Sansibar oder der letzte Grund" – ist er nur ein weltfremder Träumer? Erörtere die Frage kritisch und mit Textbelegen!

1. Phase: Spontane Einfälle und Themenanalyse

a. Ja, der Junge ist empfindsam! Er will anders sein! Er ist unzufrieden. → deshalb „Träumer" i.S. „weltfremd"? → Alter des Jungen! „nur"? → zu extrem

b.

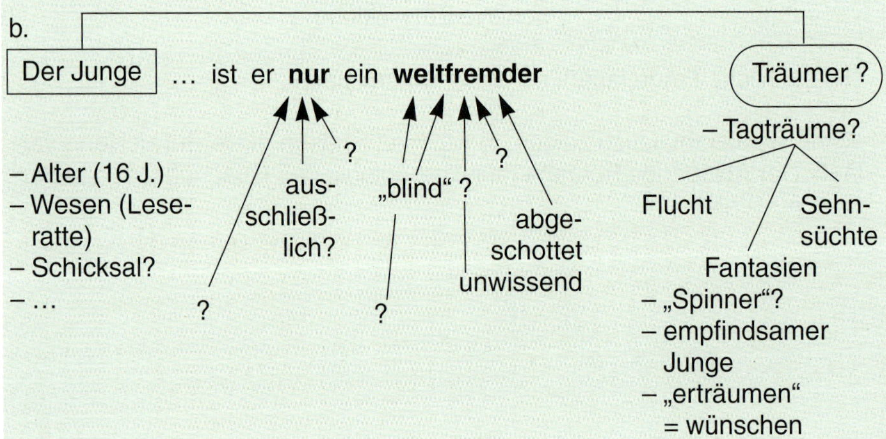

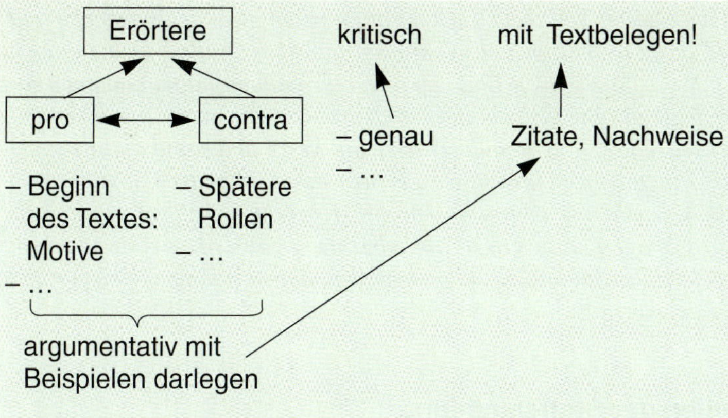

5 Prüft die spontanen Einfälle sowie die Themenanalyse und ergänzt diese!

2. Phase: Stoffsammlung und Gliederung

Die spontanen Einfälle (Assoziationen) und die Anmerkungen zur Themenanalyse zeigen das Vorwissen, die möglichen Sinnrichtungen der Lösung und andeutungsweise die Methode. Insofern sind sie als eine Art Brainstorming sehr wichtig, als Vorbereitung für die Stoffsammlung, die nur durch die Auswertung des Textes erfolgen kann.
Es handelt sich um die kursiv gesetzten Teile, von denen zwei im Kapitel abgedruckt sind. Weitere Textstellen müssen dem Roman entnommen werden.

Die **Zitiertechnik** ist für die literarische Erörterung besonders wichtig, weil

- Zitate oft die Funktion eines *Arguments* oder *Belegs* haben.
- Sorgfältig muss die *Einfügung* in den eigenen Text überlegt werden, weil die eigene Syntax durch das Zitat nicht holprig werden darf.
- Kürzungen, Ergänzungen und Veränderungen der Flexionsendungen müssen in *eckigen Klammern* angegeben werden (vgl. zum Technischen im dritten Kapitel, S. 116!)
- Die *Fundstelle* (Seiten und/oder Zeilenzahl und evtl. Quellenangabe) stehen am Ende des Zitats in *runden Klammern*.

3 Alfred Andersch (1914–1980): Sansibar oder der letzte Grund
[Auszüge]

a. *Der Junge* (vgl. S. 263f.!)

b. *Der Junge*

Er ging in sein Versteck, legte sich hin, kramte eine Kerze hervor und zündete sie an. Dann zog er den ‚Huckleberry Finn' aus der Tasche und begann zu lesen. Nach einer Weile hörte er damit auf und dachte nach, was er im Winter machen sollte, wenn es auf dem Speicher zu kalt sein würde. Ich muß mir einen Schlafsack besorgen, dachte er, aber auf einmal wußte er, daß er bald nicht mehr hier heraufkommen würde. Er hob das Brett hoch, unter dem er seine Bücher versteckt hatte, da lagen sie, und zum erstenmal betrachtete er sie mit einem Gefühl des Mißtrauens. Er hatte den Tom Sawyer und die Schatzinsel und den Moby Dick und Kapitän Scotts letzte Fahrt und Oliver Twist und ein paar Karl-May-Bände, und er dachte: die Bücher sind prima, aber sie stimmen alle nicht mehr, so wie es in den Büchern zugeht, so geht es heute nicht mehr zu, in den Büchern wird erzählt, wie Huck Finn einfach wegläuft und wie Ismael angeheuert wird, ohne daß er das geringste Papier besitzt, heutzutage ist das ganz ausgeschlossen, man muß Papiere haben und Einwilligungen, und wenn man weglaufen würde, wäre man sehr schnell wieder eingefangen. Aber, dachte er, man muß doch hinaus können, es ist doch unerträglich, daß man Jahre warten soll, um etwas zu sehen zu kriegen, und selbst dann ist es noch ungewiß. Er zog eine seiner Landkarten hervor und breitete sie aus, er hatte den Indischen Ozean erwischt und er las die Namen Bengalen und Chittagong und Kap Comorin und Sansibar und er

PI Bü Bü || Pr Z Titel!

dachte, wozu bin ich auf der Welt, wenn ich nicht Sansibar zu sehen bekomme und Kap Comorin und den Mississippi und Nantucket und den Südpol. Und zugleich wußte er, daß er mit den Büchern zu Ende war, weil er erkannt hatte, daß man Papiere brauchte; er legte die Bücher und die Landkarten wieder unter das Brett und machte das Brett wieder fest, und dann löschte er die Kerze und stand auf. Er spürte, daß der Speicher nichts mehr für ihn war, er war nur ein Versteck, und ein Versteck war zu wenig, was man brauchte, das war ein Mississippi. Sich verstecken hatte keinen Sinn, nur Abhauen hatte einen Sinn, aber dazu gab es keine Möglichkeit. Er war bald sechzehn Jahre alt, und er hatte begriffen, daß er mit dem Speicher und den Büchern zu Ende war.

Wenn **Arbeitspapiere** (i. d. R. als Fotokopien) vorliegen, ist es ökonomisch,

- nur *Kernstellen* (mit Seiten- bzw. Zeilenangabe) zu exzerpieren,
- andere Passagen zu *resümieren* und
- Auffälligkeiten durch *Markierungen* und Siglen anzumerken (zu annotieren). (Vgl. die Siglen S. 245!)
- Je übersichtlicher die *Stoffsammlung* ist (z.B. tabellarisch), desto hilfreicher ist sie.

6 a Beschreibt die Stadien (den jeweiligen Entwicklungsstand) der Stoffsammlung zu den Texten 3a und 3b!
b Führt die tabellarische Stoffsammlung mit Hilfe der Texte 3a und 3b zu Ende!
c Vergleicht die Motive des Jungen mit den Beweggründen der andern Personen!

4 Drei Stadien der Stoffsammlung

a.
- Mississippi w ä r e das Richtige – stimmt es? (Ostsee)
- Mississippi w ä r e besser – als Speicher/Weiden?
- Mississippi w ä r e weg – statt Verstecken (nur im Sommer, nicht gut)?
- „Man m ü s s t e weg sein" – aber nicht ziellos (wie Vater)!

b.

Text	*These:* Der Junge ist nur ein Träumer	*Gegenthese:* Der Junge ist nicht nur ein Träumer	Text
Z. 1	„Der Mississippi wäre das Richtige […]" Konjunktiv (schon Zweifel an der Wahrheit der Bücher)	– „wenn es stimmte […]" Konditionalsatz verstärkt den Zweifel in „Huckleberry Finn" Konjunktiv	Z. 2
		– Ostsee ist anders – keine Kanus	Z. 3
…	…	…	…
…	…	…	…

c. *Gliederung des Stoffes*

- Die tabellarische Stoffsammlung gibt bereits einen deutlichen Hinweis auf die Gliederung des Hauptteils: Es bietet sich an, von der These (Träumer) auszugehen und alle Argumente und Belege darzustellen, die für die Behauptung sprechen. Aber bereits am Anfang ist es sinnvoll „nur" und „weltfremd" als zu extreme bzw. unzutreffende Beschreibungen klarzustellen. Da von Beginn an deutlich wird, dass die „Träumereien" i.S. von Fantasiereisen mit den Helden der Lieblingsbücher einer abgeschlossenen Lebensphase des Jungen angehören, kann der Schwerpunkt auf die Erörterung der Contra-Argumente gelegt werden.

– In der *Einleitung* könnte als Kern des Übersichtssatzes auf die Eigenart des Jungen im Vergleich mit den Erwachsenen abgehoben werden.

– Als *Schluss* würde sich eignen:
- Der Vergleich der ersten Einfälle zum Thema mit dem Ergebnis der genauen Erörterung
- Oder: Die Heraushebung des „suchenden“ Jungen als Kontrastfigur zu den jeweils anders festgelegten Erwachsenen
- Oder: Die Wertung des Jungen in seiner Art
- Oder: Über den Text hinaus führende Vermutungen, was aus dem Jungen geworden sein könnte

5 **Notizen zur Einleitung und zum Schluss**

a. ein Eigenbrötler

b. Träumer in einem politischen Roman

c. Mir imponiert der Junge, weil …

d. Die „Träumereien“ des Jungen lassen die Erwachsenen besser verstehen.

e. Sonderstellung des Jungen

f. Der erste Eindruck täuscht!

g. ein Unverstandener

h. Der Junge bringt einen wichtigen Akzent in den Roman.

i. Ob der Junge wohl auch ein politisch Aktiver wurde?

j. Ich könnte mir vorstellen, dass der Junge als Erwachsener viel Fantasie entwickelte, aber …

7 a Ordnet die Notizen (Text 5) danach, ob sie besser für die Einleitung oder für den Schluss geeignet sind, und begründet die Zuordnung!

Einleitung	Begründung	Schluss	Begründung

b Schreibt mit einem der Vorschläge oder mit einer eigenen Idee eine Einleitung und einen Schluss!

3. Phase: Ausarbeitung und Korrektur der literarischen Erörterung

– Verfahrensweisen, Zeiteinteilung und Korrekturphasen sind nach dem Beispiel der fachspezifischen Erörterung (vgl. im dritten Kapitel, S. 111ff.!) zu richten.

– Unabhängig von der Art der Erörterung (steigernd oder dialektisch) ist es für einen überzeugenden Aufbau, aber auch für den Leser wichtig, in *Absätze* zu gliedern und die *Überleitungen* sorgfältig zu überlegen.

– Meist wird es wegen der knappen Zeit nicht möglich sein, ein vollständiges Konzept zu schreiben. Aber bestimmte Passagen, die für die Argumentation besonders wichtig sind, sollten für die Reinschrift in *Textfassung* vorbereitet werden.

8 Besprecht arbeitsteilig die Aufsatzbeispiele nach folgenden Gesichtspunkten!

a Prüft den Aufbau!

b Beurteilt die Argumentation und die Textbelege und macht Verbesserungsvorschläge!

c Verfasst im Sinne eines Lehrerkommentars eine abschließende Beurteilung des Auszugs aus dem Hauptteil!

Stimmt die Silbentrennung?

9 Schreibt die literarische Erörterung als „verbesserte Zweitfassung“, indem ihr alle gewonnenen Informationen und Verfahrenshinweise nutzt!

6 Aus Schüleraufsätzen zum Hauptteil

a. *Christian:*

Der Junge sitzt in einem Speicher und liest Huckleberry Finn. Er stellt sich vor, er lebte am Mississippi, dann würde er ein Kanu klauen und wegfahren. Er weiß aber, dass es auf der Ostsee nicht so einfach geht. Er kann sich nur verstecken. Das ist nicht das Richtige. Er möchte weg. Er will es nicht so machen wie sein Vater. Der ist zur See gefahren. Aber er hatte kein Ziel hinter der offenen See. Er fragt sich, warum Knudsen noch nicht losgefahren ist. Eigentlich interessieren Erwachsene ihn nicht. Er weiß, dass er anders sein wird. […]

b. *Julia:*

Der Junge ist ein Träumer, das wird schon auf der ersten Seite des Romans sichtbar: Er versteckt sich und liest Abenteuerbücher, er identifiziert sich mit den Helden (z. B. mit Huckleberry Finn, s. S. 7) und wünscht sich so zu leben wie sie. Er träumt, indem er in seiner Fantasiewelt lebt und sie auch ganz gezielt aufsucht. Dazu muss er für sich sein, ungestört durch die Erwachsenen. Was er über sie weiß, hat ihn zu dem Entschluss gebracht, dass er auf keinen Fall wie sie leben möchte, die immer das Gleiche tun, die Sicherheit wollen und die nichts Neues wagen (vgl. S. 31). Außerdem behandeln sie ihn wie ein unmündiges Kind: Sie geben Anweisungen, Befehle, sie verbieten, aber sie erklären nichts. Er fühlt sich nicht ernst genommen. Er kann ihr Leben nicht als Vorbild ansehen. Ein Vorbild findet er dagegen eher in den Büchern, die er liest.

Der Junge verwechselt die Wirklichkeit nicht mit der Abenteuerwelt der Bücher: Er sieht den Unterschied zwischen dem Mississippi und der Ostsee (S. 7). […]

c. *Ulrike:*

Der Junge ist ein Träumer, das ist sicher. Wir sehen ihn schon am Anfang des Buchs als einen Träumer, der in der Welt der Abenteuerbücher lebt. Doch es gibt verschiedene Motive und verschiedene Arten zu träumen. Es gibt den Träumer, der nicht sieht, dass vor ihm ein Graben ist und so fällt er hinein. Ein solcher Träumer ist der Junge nicht. Er ist mit seinem Leben nicht zufrieden und auch nicht mit dem Leben, das die Erwachsenen ihm vorleben. Aber er weiß auch, dass er die Abenteuerwelt der Bücher nicht einfach auf seine Welt übertragen kann. Er weiß, dass zwischen dem Mississippi von Huck Finn und der Ostsee ein Unterschied besteht. Die Bücher, die er liest, bestärken ihn in seinem Wunsch nach Veränderung, er will sie aber nicht einfach nachahmen. Im Verlauf des Romans verändert sich seine Einstellung zu den Büchern und auch zu den Erwachsenen. Wie es dazu kommt, möchte ich im Folgenden zeigen. […]

Die **literarische Erörterung** besteht aus Elementen der *Problemerörterung* und des *Interpretationsaufsatzes.*

1. Bei der **linear-steigernden Erörterung** eines Sachverhalts (z.B. der Entwicklung einer Person oder der Gründe ihres Handelns) wählt man im Hauptteil einen Aufbau, der vom weniger Wichtigen zum Wichtigen verläuft und so eine *Klimaxstruktur* erhält.

2. Die **dialektische Erörterung** (mit Pro und Contra) eignet sich für die Beantwortung einer Problemfrage, die Auseinandersetzung mit einer These (und oft einer Gegenthese), wobei es für den Aufbau zweckmäßig ist, von der „schwächeren" Position auszugehen.
Für beide Arten der literarischen Erörterung ist das Drei-Phasen-Modell eine sinnvolle Verfahrensweise:

1. Phase: Spontane Einfälle und Themenanalyse: Auf diese Weise ergeben sich Assoziationen und die Sinnrichtung des Themas, und es wird durch eine sorgfältige Themenanalyse verhindert, dass eine Aufgabenstellung verfehlt oder unvollständig bearbeitet wird.

2. Phase: Stoffsammlung und Gliederung
- Hierbei kommt es auf sehr genaue *Arbeit am Text* an, auf das „Lesen mit Bleistift", auf exakte *Zitierweise* (mit Seiten-, Zeilen- und genauer Quellenangabe, vgl. im dritten Kapitel, S. 112) und auf sinngemäße *Resümees* längerer Passagen.
- Ganz entscheidend sind genügend *Platz* (DIN-A4-Format, einseitig beschrieben) und eine übersichtliche *Gliederung* (z.B. tabellarisch), wenn die Stoffsammlung rasch überschaubar sein soll.

3. Phase: Ausarbeitung und Korrektur
- Die *Einleitung* soll – am besten durch einen Übersichtssatz (Autor, Gattung, Titel, Themenbezug) – Orientierung geben und Hinführung sein: Mit der Herausstellung des Sachverhalts oder Problems kann man auch einen Verfahrenshinweis verbinden. Z.B.: Ich beginne mit den Pro-Argumenten, weil mir das Contra im zweiten Teil überzeugender erscheint.
- Der *Hauptteil* verlangt eine themengerechte Gliederung, wobei die äußeren Abschnitte die gedanklich-logische Struktur abbilden.
- Der *Schluss* kann ganz verschieden angelegt sein: Er kann zusammenfassen, persönlich werten, vergleichen, zuordnen, offene Fragen nennen oder über das gestellte Thema hinausführen. Auch die Verbindung verschiedener Möglichkeiten ist sinnvoll. Aber keinesfalls sollen Gesichtspunkte des Hauptteils einfach wiederholt werden.
- Die sorgfältige *Korrektur* nach Inhalt und Aufbau (im Vergleich zu Themenanalyse und Stoffsammlung bzw. Gliederung) sowie nach Grammatik, Ausdruck und Rechtschreibung verlangt ausreichend Zeit für mehrere Durchgänge (vgl. im dritten und vierten Kapitel, S. 111 bzw. S. 154f. und 173f!).

Hans Werner Richter, Karl Wennberg, Per Olof Sundmann – Mitglieder der Gruppe 47

Die **Gruppe 47** wurde 1947 von H.W. Richter, A. Andersch und anderen gegründet; zu ihr gehörten Schriftsteller, die für ein neues, demokratisches Deutschland wirkten. In unterschiedlicher Zusammensetzung traf sich die Gruppe einmal jährlich zu Tagungen, auf denen Autoren aus unveröffentlichten Werken vorlasen und sich der Kritik der andern Schriftsteller stellten. Am Ende einer Tagung wurde der Preis der Gruppe 47 vergeben. Die letzte Tagung fand 1968 statt. Zur Gruppe gehörten u.a. folgende Autoren: H. Böll, I. Bachmann, M. Walser, G. Grass, P. Bichsel, H.M. Enzensberger, U. Johnson, P. Weiss, G. Wohmann.

4. Autor, Werk und Leser – Entstehungsbedingungen und literarische Kommunikation

1 Alfred Andersch – Leben und Werk

Alfred Andersch wurde 1914 in München geboren, wo er die Schule von 1920 bis 1928 besuchte. In den Jahren 1928 bis 1930 machte er ebenfalls in München eine Buchhandelslehre und war anschließend arbeitslos. Als Mitglied des kommunistischen Jugendverbandes wurde er 1933, nach dem Reichstagsbrand, verhaftet und für sechs Monate ins Konzentrationslager Dachau gebracht. Danach war er Büroangestellter in München und Hamburg. 1940 wurde er als Bausoldat in die Wehrmacht eingezogen, 1944 desertierte er in Italien. Von 1944 bis 1945 war er in amerikanischer Gefangenschaft. Nach dem Krieg arbeitete er von 1945 bis 1946 als Redaktionsassistent Erich Kästners bei der „Neuen Zeitung" in München. Er blieb danach journalistisch tätig, gab zusammen mit Hans Werner Richter die legendäre Zeitschrift „Der Ruf" heraus, die nach 16 Nummern von den Amerikanern verboten wurde. Er nahm an der ersten Tagung der „Gruppe 47" teil, arbeitete von 1948 bis 1950 in der Kulturredaktion des Senders Frankfurt. 1952 erschien der autobiografische Bericht „Die Kirschen der Freiheit". Neben seiner schriftstellerischen Arbeit im engeren Sinn arbeitete er bis 1958 für den Rundfunk. 1957 erschien „Sansibar oder der letzte Grund". 1958 übersiedelte er in die Schweiz. Weitere Werke sind u. a.: Die Rote (1960), Efraim (1967), Winterspelt (1974), Der Vater eines Mörders (1980). Alfred Andersch starb im Februar 1980.

2 Stephan Reinhardt: Zur Entstehung von „Sansibar oder der letzte Grund" [Auszug]

[…] Die Bilder einer Wanderung, die ihn [Andersch] 1938 von Hamburg aus die mecklenburgische Küste entlangführte, hatten eine ‚Art magische Qualität' angenommen, waren wie in ‚graues Licht' gehüllt – weshalb er das Romanprojekt ‚Graues Licht' nannte. Aus einer Zeitungsnotiz wusste er, dass der Zigaretten-Fabrikant H.F. Reemtsma im Dritten Reich Plastiken des von ihm geschätzten Ernst Barlach aufgekauft hatte, um sie vor dem Zugriff durch die Nazis zu retten. Das Schicksal seiner ersten Schwiegermutter, die im KZ Theresienstadt ermordet wurde, und die Schuldgefühle gegenüber seiner ersten Frau Angelika drängten sich nach vorn. Die Rettung der Jüdin ‚Judith' – Angelika hatte er ja gerade nicht gerettet, nicht retten können – verband er mit der Rettung von Barlachs Plastik ‚Der lesende Klosterschüler' und dem Rückgewinn menschlicher Würde in einer schier aussichtslosen Situation. […]

3 **Helmut Heißenbüttel (1921–1996): Über „Sansibar“** [Auszug]

[…] Es wird sichtbar als etwas, das die Mitglieder menschlicher Gesellschaft ausweglos zu Mitläufern oder Feinden, Opponenten und Opfern degradiert. In dieser Degradierung[1] verödet das Leben des Einzelnen wie der Gesellschaft. Die Stimmung dieser Verödung ist es, die, gleichsam lautlos geschildert, als Ausgangssituation des Romans die Handlung wie aus sich selbst hervortreten lässt. (Dies fast unmerkliche Hervortreten der Handlung ist vielleicht das Eindrucksvollste an dem Roman.) Dadurch aber, dass nur der Abdruck des Regimes auf die noch nicht Infizierten geschildert wird, zeigt sich etwas, das durch die äußere politische Ebene hindurchgreift auf etwas, das dahinter liegt. […]

Die Zusammenhänge zwischen dem Roman, seinem Stoff, seiner Entstehungszeit, seiner Veröffentlichung und den jeweiligen Zeitverhältnissen seiner Leser lassen sich in einem **literarischen Kommunikationsmodell** darstellen.

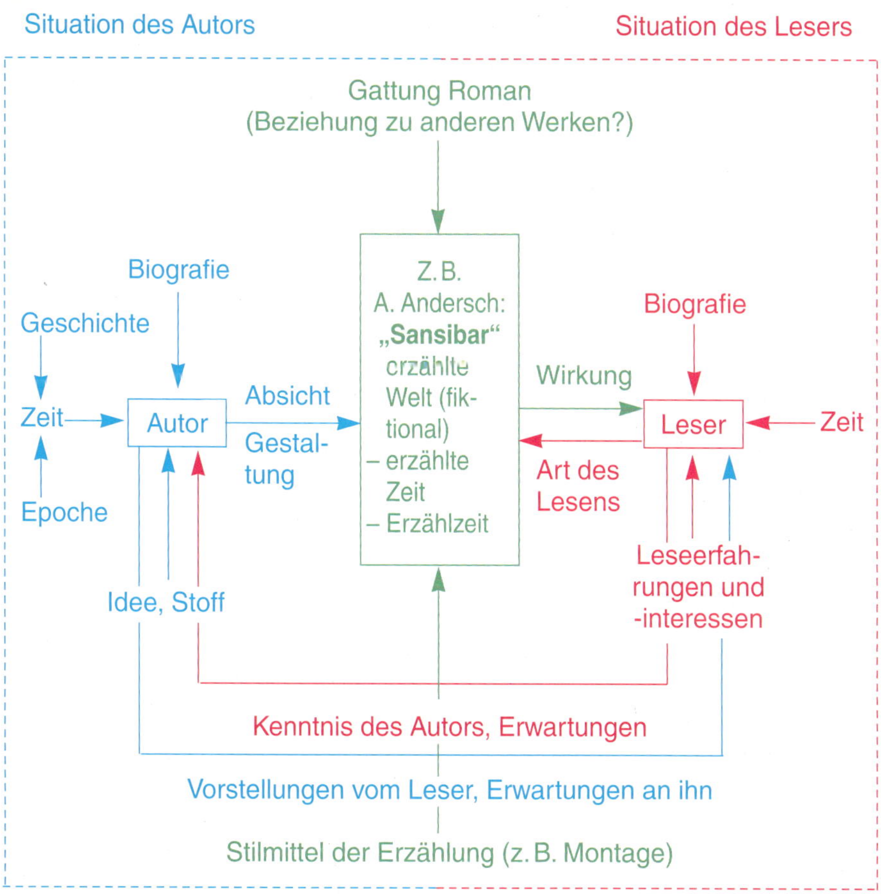

[1] Die Degradierung (< frz. dégrader = herabsetzen): Herabwürdigung; einen Offizier im Rang herabstufen

Arbeitsanregungen:

1 a Exzerpiert arbeitsteilig aus den Texten 1–3 wichtige Informationen, die das Verstehen des Romans erleichtern!
b Besprecht Veränderungen in der Einschätzung des Romans oder einzelner Personen, die sich durch die Informationen ergeben!

2 Erläutert dieses Kommunikationsmodell auf Grund eurer Kenntnisse über den Roman und den Autor in einem zusammenhängenden Text!

3 a Diskutiert – in Gruppen, dann im Plenum –, welche Bedeutung der Roman „Sansibar oder der letzte Grund“ für heutige Leser haben kann!
b Schreibt ein Ergebnisprotokoll!

Ernst Barlach (1870–1938) war Bildhauer, Grafiker und Schriftsteller. 1891 bis 1895 besuchte er die Dresdener Kunstakademie, 1906 unternahm er eine längere Reise nach Russland. Seit 1910 lebte er in Güstrow in Mecklenburg. 1915/16 war er Soldat. Er zählt zu den großen deutschen Bildhauern des 20. Jahrhunderts. 1927 schuf er für den Dom in Güstrow den „Schwebenden Engel“ als Mahnmal gegen den Krieg, das von der Kirchenleitung abgelehnt, vom Pfarrer des Doms aber verteidigt wurde. Es wurde 1937 aus der Kirche entfernt, 1941 von der Kriegswirtschaft eingeschmolzen. 1937 wurden 381 Werke des Künstlers als entartet diffamiert und aus Museen und Kirchen entfernt.

Arbeitsanregungen:

1 a Beschreibt Aussehen und Ausdruck des „Lesenden Klosterschülers“ möglichst genau!
b Besprecht eure Charakteristiken!

2 a Vergleicht Gregors Art zu lesen mit der des Jungen!
b Prüft eure Art zu lesen durch einen tabellarischen Vergleich von Titeln!

Titel für eher „hingerissenes“ Lesen	Begründung	Titel für eher statarisches Lesen	Begründung
…	…	…	…

3 Exzerpiert die Hauptgedanken aus Text 2!

In Anderschs Roman spielt das Lesen eine wichtige Rolle: Der Junge ist ein eifriger Leser, Gregor wird durch die Figur des Lesenden Klosterschülers veranlasst über seine Art zu lesen nachzudenken.

4 Alfred Andersch (1914–1980): Sansibar oder der letzte Grund [Auszug]

Ernst Barlach: Lesender Klosterschüler

[…] Dann wurde er sich der Anwesenheit der Figur bewußt. Sie saß klein auf einem niedrigen Sockel aus Metall, zu Füßen des Pfeilers schräg gegenüber. Sie war aus Holz geschnitzt, das nicht hell und nicht dunkel war, sondern einfach braun. Gregor näherte sich ihr. Die Figur stellte einen jungen Mann dar, der in einem Buch las, das auf seinen Knien lag. Der junge Mann trug ein langes Gewand, ein Mönchsgewand, nein, ein Gewand, das noch einfacher war als das eines Mönchs: einen langen Kittel. Unter dem Kittel kamen seine nackten Füße hervor. Seine beiden Arme hingen herab. Auch seine Haare hingen herab, glatt, zu beiden Seiten der Stirn, die Ohren und die Schläfen verdeckend. […] Das sind ja wir, dachte Gregor. Er beugte sich herab zu dem jungen Mann, der, kaum einen halben Meter groß, auf seinem niedrigen Sockel saß, und sah ihm ins Gesicht. Genau so sind wir in der Lenin-Akademie gesessen und genau so haben wir gelesen, gelesen, gelesen. Vielleicht haben wir die Arme dabei aufgestützt, vielleicht haben wir papirossi dabei geraucht, – obwohl es nicht erwünscht war –, vielleicht haben wir manchmal aufgeblickt, – aber wir haben den Glockenturm Iwan Weliki vor dem Fenster nicht gesehen, ich schwöre es, dachte Gregor, so versunken waren wir. So versunken wie er. Er ist wir. […]

5 Eva Schnell (*1940): Von der Lust und den Chancen des Lesens

Wilde Elektronen

Lesen als Fähigkeit und als Bedürfnis entwickelt sich nur bei wenigen Kindern von selbst. Es muss – als „kulturelle“ Fähigkeit bewusst und gezielt gefördert werden, wenn es nicht durch die einfacheren Bildmedien weggedrängt werden soll. Es soll hier nicht darum gehen das Fernsehen zu bekämpfen, sondern darum, dem Lesen neben dem Fernsehen seine Bedeutung zu bewahren. Es geht um Medienkompetenz. – Das Lesen, so passiv es einem Beobachter erscheinen mag, ist eine erstaunliche Intelligenzleistung. Bei entspanntem Lesen verarbeitet das Gehirn etwa 300 Wörter pro Minute, doppelt so viele wie ein Mensch in flüssiger Rede äußert. Bei gezielten Experimenten mit immer schnellerem Abfolgetempo von auf eine Leinwand projizierten Texten waren Versuchspersonen im Stande 700 bis 900 Wörter zu verstehen und durch Übungen im diagonalen Lesen werden noch höhere Werte erreicht. Dabei werden die Wörter stets im Zusammenhang erfasst und bei Begriffen mit mehreren Bedeutungen wird blitzschnell die passende herausgefunden. Bei elektronischen Messungen mit „Positron-Emissions-Tomographen“, die die Aktivität der Hirnrinde aufzeichnen, zeigte sich, dass schon beim Lesen einfachster Sätze wie „Fritz stieg aus dem Auto“ ausgedehnte elektronische Gewitter unter der Schädeldecke wüten, und zwar großräumig und unabhängig von der Konkretheit oder Abstraktheit der Sätze, in beiden Gehirnhälften.

Lesenlernen ist so etwas wie ein zweiter Spracherwerb. Durch Lesen kann das Kind seine Intelligenz und sein Wissen enorm steigern. Dass Lesen die Intelligenz fördert, ist nur eine Annahme (sie kann am einzelnen Kind ja nicht nachgewiesen werden), aber alles spricht dafür, dass diese Annahme richtig ist. Abstrakte schwarze Zeichenketten müssen in immer neuer Kombination und mit zunehmender Geschwindigkeit entziffert, erkannt, Bedeutungen zugeordnet, mit Sinn und Anschauung gefüllt werden, wobei unbekannte Wörter aus Vorwissen erschlossen und ergänzt werden, so dass sich der aktive und passive Wortschatz erweitert. Untersuchungen der fernsehorientierten Medienforschung bestätigen, dass Rezipienten[1], die eine Vielzahl von Medien nutzen, von ihrem Fernsehkonsum wissens- und orientierungsmäßig mehr profitieren als Kinder, die nur fernsehen. Statistisch ist nachweisbar: Leser lernen mehr beim Fernsehen.

Ohne Fleiß kein Rausch

Sobald ein Kind lesen kam, hat es sich eine Quelle erschlossen, die ihm Autonomie[2] verleiht und – noch wichtiger – Lust erzeugt. Ein Kind, das vom Buch gefesselt ist, versunken, mitgerissen, verloren, entrückt, entschwebt oder weggetaucht, befindet sich in einem Zustand des Erlebens und der Konzentration, der seinesgleichen sucht und der in späteren Lebensjahren nicht mehr rückholbar ist, weil Kinder ein anderes Verhältnis zur Sprache haben und anders lesen als Erwachsene. Das Kind hat die Fähigkeit, sich besonders intensiv auf die Welt des Imaginären[3] einzulassen. Die innere Vorstellungswelt der Kinder entfaltet sich in linearen Geschichten. Dass Innenwelten vielschichtig sind, dass es widersprüchliche Gefühle gibt, ist Kindern noch wenig bewusst und entwickelt sich erst im Laufe des Heranwachsens. Kinder beziehen das Gelesene noch ganz egozentrisch auf sich selbst, sie setzen sich an die Stelle einer literarischen Figur, mit der sie mitfühlen oder mitleiden. Deshalb ist es wichtig, im Kind das Bedürfnis zu erzeugen, sich durch Bücher solch intensive, nicht-alltägliche Erlebnisse zu verschaffen. „Viel näher unter die Gestalten gemischt“ als der Erwachsene sei das lesende Kind, so Walter Benjamin[4], „unsäglich betroffen von dem Geschehen […], und wenn es aufsteht, ist es über und über beschneit von dem Gelesenen.“ […]

4 „Mein aufregendstes Leseerlebnis der letzten Zeit.“ Verfasst dazu einen kurzen Bericht, in dem ihr auch über das gelesene Buch informiert!

5 „Das Fernsehen hat das Lesen verdrängt!“ Was habt ihr beobachtet? Wie ist eure Meinung?

6 Verteidigung des Lesens (oder des Fernsehens): Eine Rede.

Das Lesen von **Jugend- und Unterhaltungsliteratur** geschieht weder kursorisch (orientierend, diagonal) noch statarisch (genau, verweilend), sondern erfolgt hin- und fortgerissen, **evasorisch** (< lat. ex = aus, hinaus und vadere = gehen). Lesen wird zum Entweichen in eine Fantasiewelt, wobei jegliche Wirklichkeit des umgebenden Alltags, das Hier und Heute, verdrängt und vergessen wird.

1 Der Rezipient (< lat. rezipere = annehmen, aufnehmen): Empfänger
2 Die Autonomie (< gr. autos = selbst und nomos = Gesetz): Selbstständigkeit
3 Das Imaginäre (lat.-fr.): was nur in der Vorstellung vorhanden ist
4 Walter Benjamin (1892–1940): Schriftsteller, Philosoph, Kritiker

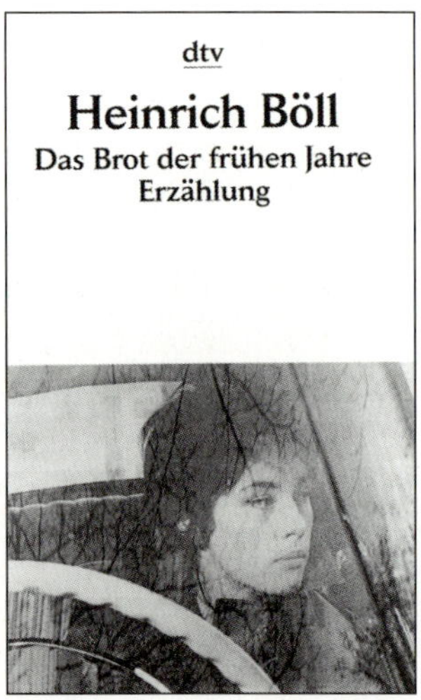

Der Roman

– Der Roman ist die *Großform* unter den erzählenden Texten: Von der Novelle und der Kurzgeschichte unterscheidet er sich außer durch den Umfang vor allem durch die *Vielschichtigkeit* von Form und Inhalt. Der Roman stellt nicht ein Einzelereignis dar, sondern *größere Zusammenhänge,* einen Ausschnitt aus dem Leben einer Person oder das ganze Leben eines Menschen bzw. auch mehrerer Generationen.

– Das Wort *„Roman"* geht zurück auf die in Frankreich seit dem Mittelalter gebrauchte Bezeichnung „romanz" (< lat. lingua romana) für volkstümliche Schriften in der französischen, nicht in der lateinischen (Gelehrten-) Sprache.

– Der Roman als *literarische Gattung* war lange Zeit nicht gut angesehen. Erst im 18. Jahrhundert setzte sich allmählich eine positive Beurteilung durch. Der Roman passte – als Prosaform – nicht in die damals geltenden Vorstellungen von Poesie, wobei Lyrik und Drama den absoluten Vorrang hatten.

– Es ist nicht einfach, die vielen *Arten von Romanen* durch Oberbegriffe zu katalogisieren.
  - Aufgrund der *Thematik* teilt man ein in Abenteuer-, Schelmen-, Kriminal-, Familien-, Gesellschafts-, Zeit-, Liebes-, Bildungsroman etc.
  - Nach *Absicht* und *Darstellungsweise* lassen sich satirische, lehrhafte oder realistische Romane unterscheiden.
  - Nach der *Form* spricht man von Ich-, Brief-, Tagebuch-, Dialog- oder Rahmenroman.
  - Bei *geringem* geistigem und stilistischem *Niveau* ist die Rede von Trivialromanen.

– Die *Geschichte des Romans* beginnt in der Antike. Im Mittelalter gab es keine Romane, sondern stattdessen Epen (das waren in Versform geschriebene Erzählungen), wie das „Nibelungenlied" oder die Artusepen. Mit dem Buchdruck nahmen die Produktion und Verbreitung von Romanen zu: Viel gelesen wurden die sog. Volksbücher (Eulenspiegel, 1515; Faustbuch, 1587) und Ritterromane. Im 17. Jahrhundert erschienen „Don Quijote" des spanischen Autors Miguel de Cervantes und in Deutschland der „Simplizissimus" von Hans Jakob Christoffel von Grimmelshausen, die beide für die Romangeschichte als Vorbilder eine wichtige Rolle spielen. Im 18. Jahrhundert begann mit Christoph Martin Wielands „Agathon" (1766) und Johann Wolfgang von Goethes „Wilhelm Meisters Lehrjahre" (1795/96) die für die deutsche Literatur wichtige Tradition des Entwicklungs- und Bildungsromans. Im 19. Jahrhundert spielte der Roman eine führende Rolle unter den literarischen Gattungen. Einige deutschsprachige Autoren des 19. Jahrhunderts: Gottfried Keller, Adalbert Stifter, Wilhelm Raabe, Theodor Fontane; aus dem 20. Jahrhundert: Heinrich und Thomas Mann, Hermann Hesse, Franz Kafka, Alfred Döblin, Robert Musil, Heinrich Böll, Günter Grass, Martin Walser, Christa Wolf, Max Frisch, Siegfried Lenz.

III. Wie man sich über Romane informieren kann

1. In erzählte Welten einführen – Romananfänge vergleichen und eine Strukturskizze interpretieren

1 Ödön von Horváth (1901–1938): Jugend ohne Gott [Auszug]

Die Neger

25. März.

Auf meinem Tische stehen Blumen. Lieblich. Ein Geschenk meiner braven Hausfrau, denn heute ist mein Geburtstag.

Aber ich brauche den Tisch und rücke die Blumen beiseite und auch den Brief meiner alten Eltern. Meine Mutter schrieb: „Zu Deinem vierunddreißigsten Geburtstage wünsche ich Dir, mein liebes Kind, das Allerbeste. Gott, der Allmächtige, gebe Dir Gesundheit, Glück und Zufriedenheit!" Und mein Vater schrieb: „Zu Deinem vierunddreißigsten Geburtstage, mein lieber Sohn, wünsche ich Dir alles Gute. Gott, der Allmächtige, gebe Dir Glück, Zufriedenheit und Gesundheit!"

Glück kann man immer brauchen, denke ich mir, und gesund bist du auch, gottlob! Ich klopfe auf Holz. Aber zufrieden? Nein, zufrieden bin ich eigentlich nicht. Doch das ist ja schließlich niemand.

Ich setze mich an den Tisch, entkorke eine rote Tinte, mach mir dabei die Finger tintig und ärgere mich darüber. Man sollt endlich mal eine Tinte erfinden, mit der man sich unmöglich tintig machen kann!

Nein, zufrieden bin ich wahrlich nicht.

Denk nicht so dumm, herrsch ich mich an. Du hast doch eine sichere Stellung mit Pensionsberechtigung, und das ist in der heutigen Zeit, wo niemand weiß, ob sich morgen die Erde noch drehen wird, allerhand! Wie viele würden sich sämtliche Finger ablecken, wenn sie an deiner Stelle wären?! Wie gering ist doch der Prozentsatz der Lehramtskandidaten, die wirklich Lehrer werden können! Danke Gott, daß du zum Lehrkörper eines Städtischen Gymnasiums gehörst und daß du also ohne große wirtschaftliche Sorgen alt und blöd werden darfst! Du kannst doch auch hundert Jahre alt werden, vielleicht wirst du sogar mal der älteste Einwohner des Vaterlandes! Dann kommst du an deinem Geburtstag in die Illustrierte, und darunter wird stehen: „Er ist noch bei regem Geiste." Und das alles mit Pension! Bedenk und versündig dich nicht!

Ich versündige mich nicht und beginne zu arbeiten. […]

(Aus lizenzrechtlichen Gründen ist dieser Text nicht in reformierter Rechtschreibung abgedruckt.)

Ödön von Horváth (1901–1938) ist bei Fiume (heute Rijeka) geboren, besuchte von 1908 bis 1913 in Budapest die Schule, seit 1913 in München. Nach dem Abitur studierte er vier Semester Literatur und Philosophie. 1924 wurde sein erstes Theaterstück in Berlin aufgeführt. Wichtige sozialkritische Theaterstücke: „Italienische Nacht" (1930); „Geschichten aus dem Wienerwald" (1931); „Glaube Liebe Hoffnung" (1933); „Der jüngste Tag" (1936). Der Roman „Jugend ohne Gott" erschien 1937.
Nach dem Einmarsch der deutschen Truppen in Wien ging Horváth ins Exil. Er verunglückte 1938 in Paris: Während eines Gewitters wurde er von einem herabstürzenden Ast erschlagen.

Arbeitsanregungen:

1. Äußert spontane Assoziationen zu den drei Romantiteln (Texte 1–3)!
2. Vergleicht arbeitsteilig die Romananfänge!
   a) Notiert den ersten Eindruck und die Erwartungen über mögliche Themen, Probleme und Handlungsrichtungen!
   b) Exzerpiert Informationen, die der Leser erhält!
   c) Prüft die Erzählperspektive und belegt, worin sie sich äußert!
3. Zieht die Informationen über Arten des Romans heran und versucht die drei Romane einzuordnen!

2 Theodor Fontane (1819–1898): Unterm Birnbaum [Auszug]

Vor dem in dem großen und reichen Oderbruchdorfe Tschechin um Michaeli 1820 eröffneten Gasthaus und Materialwarengeschäft von Abel Hradscheck – so stand auf einem über der Tür angebrachten Schilde – wurden Säcke, vom Hausflur her, auf einen mit zwei mageren Schimmeln bespannten Bauernwagen geladen. Einige von den Säcken waren nicht gut gebunden oder hatten kleine Löcher

und Ritzen, und so sah man denn an dem, was herausfiel, dass es Rapssäcke waren. Auf der Straße neben dem Wagen aber stand Abel Hradscheck selbst und sagte zu dem eben vom Rad her auf die Deichsel steigenden Knecht: „Und nun vorwärts, Jakob, und grüße mir Ölmüller Quaas. Und sage ihm, bis Ende der Woche müsst ich das Öl haben, Leist in Wrietzen warte schon. Und wenn Quaas nicht da ist, so bestelle der Frau meinen Gruß und sei hübsch manierlich. Du weißt ja Bescheid. Und weißt auch, Kätzchen hält auf Komplimente."

Der als Jakob Angeredete nickte nur statt aller Antwort, setzte sich auf den vorderen Rapssack und trieb beide Schimmel mit einem schläfrigen „Hü!" an, wenn überhaupt von Antreiben die Rede sein konnte. Und nun klapperte der Wagen nach rechts hin den Fahrweg hinunter, erst auf das Bauer Orth'sche Gehöft samt seiner Windmühle, womit das Dorf nach der Frankfurter Seite hin abschloss, und dann auf die weiter draußen am Oderbruchdamm gelegene Ölmühle zu. Hradscheck sah dem Wagen nach, bis er verschwunden war, und trat nun erst in den Hausflur zurück. […]

Erich Maria Remarque (eigentlich E. Paul Remark) wurde 1898 in Osnabrück geboren und starb 1970 in Locarno. Durch seinen 1929 erschienenen Roman „Im Westen nichts Neues" wurde er weltberühmt. Remarque emigrierte 1931 in die Schweiz, 1939 ging er in die USA.

„Front": Denotat und Konnotationen?

3 Erich Maria Remarque (1898–1970): Im Westen nicht Neues
[Auszug]

Wir liegen neun Kilometer hinter der Front. Gestern wurden wir abgelöst; jetzt haben wir den Magen voll weißer Bohnen mit Rindfleisch und sind satt und zufrieden. Sogar für abends hat jeder noch ein Kochgeschirr voll fassen können; dazu gibt es außerdem doppelte Wurst- und Brotportionen – das schafft. So ein Fall ist schon lange nicht mehr da gewesen: Der Küchenbulle mit seinem roten Tomatenkopf bietet das Essen direkt an; jedem, der vorbeikommt, winkt er mit seinem Löffel zu und füllt ihm einen kräftigen Schlag ein. Er ist ganz verzweifelt, weil er nicht weiß, wie er seine Gulaschkanone leer kriegen soll. Tjaden und Müller haben ein paar Waschschüsseln aufgetrieben und sie sich bis zum Rand gestrichen voll geben lassen, als Reserve. Tjaden macht das aus Fresssucht, Müller aus Vorsicht. Wo Tjaden es lässt, ist allen ein Rätsel. Er ist und bleibt ein magerer Hering.

Das Wichtigste aber ist, dass es auch doppelte Rauchportionen gegeben hat. Für jeden zehn Zigarren, zwanzig Zigaretten und zwei Stück Kautabak, das ist sehr anständig. Ich habe meinen Kautabak mit Katczinsky gegen seine Zigaretten getauscht, das macht für mich vierzig Zigaretten. Damit langt man schon einen Tag.

Dabei steht uns diese ganze Bescherung eigentlich nicht zu. So splendid[1] sind die Preußen nicht. Wir haben sie nur einem Irrtum zu verdanken.

Vor vierzehn Tagen mussten wir nach vorn, um abzulösen. Es war ziemlich ruhig in unserm Abschnitt, und der Furier[2] hatte deshalb für den Tag unserer Rückkehr das normale Quantum Lebensmittel erhalten und für die hundertfünfzig Mann starke Kompanie vorgesorgt. Nun aber gab es gerade am letzten Tage bei uns überraschend viel Langrohr und dicke Brocken, englische Artillerie, die ständig auf unsere Stellung trommelte, so dass wir starke Verluste hatten und nur mit achtzig Mann zurückkamen […]

---

1 splendid (< lat. splendidus = herrlich, prächtig): freigebig, großzügig, prächtig

2 Der Furier (< frz. fourrier): Unteroffizier, der für die Lebensmittelversorgung (die Furage) zuständig ist.

4 Friedrich Dürrenmatt (1921–1996): Der Richter und sein Henker

Die Vorgeschichte spielt um das Jahr 1908 in Istanbul, die eigentliche Handlung im Jahre 1948 in der Schweiz, in Bern und Umgebung. Spieler und Gegenspieler sind Gastmann, ein undurchsichtiger, aber sehr einflussreicher Mann, und Bärlach, ein Kriminalkommissar. Ihre im Jahre 1908 im Übermut geschlossene Wette: Gastmann hat behauptet, er könne ungestraft jedes Verbrechen begehen. Bärlach will dagegen halten und ihn überführen. Das Spiel dauert nun schon 40 Jahre, und Bärlach hofft jetzt endlich zu gewinnen. Doch der Helfer, der Polizist Schmied, den er mit den Ermittlungen beauftragt hat, wird ermordet!

5 Die Figurenkonstellation

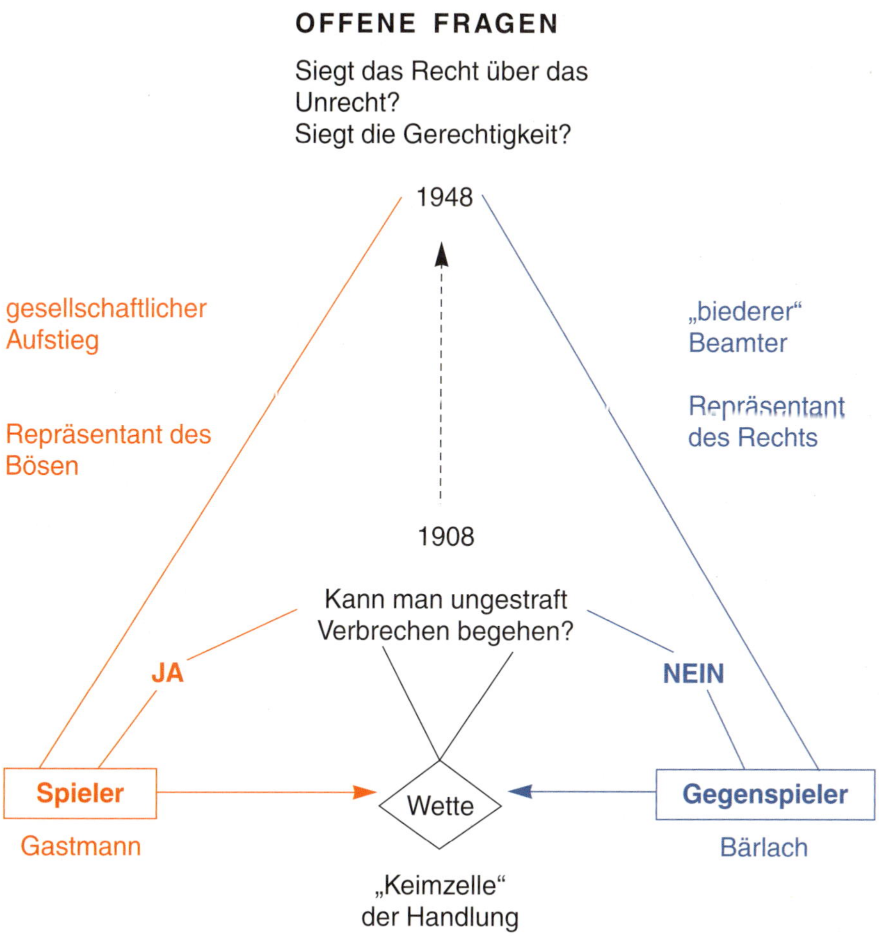

Friedrich Dürrenmatt (1921–1996) ist in Bern als Sohn eines Pfarrers geboren. Er studierte in Zürich und Bern Theologie, Literatur, Philosophie und Naturwissenschaften. Seit 1952 lebte er in Neuchâtel. Eigentlich wollte er Maler werden. Seinen ersten großen Theatererfolg hatte er 1956 mit „Der Besuch der alten Dame". Als Erzähler bevorzugte er Detektivgeschichten. Für das Theater schrieb er vor allem Tragikomödien („Die Physiker", 1962). Seine Einschätzung der Situation des Menschen geht aus folgendem Zitat hervor. „Alles Kollektive wird wachsen, aber seine geistige Bedeutung einschrumpfen. Die Chance liegt allein noch beim Einzelnen. Der Einzelne hat die Welt zu bestehen. Von ihm aus ist sie wieder zu gewinnen."

Arbeitsanregungen:

1 a Skizziert nach dem Vorspann und der Grafik einen denkbaren Plot des Romans!
b Vergleicht mit einer Inhaltsangabe, die ihr in einem Literaturlexikon oder Romanführer findet!

2 Stellt den Roman „Der Richter und sein Henker" der Klasse vor! (Vgl. dazu die Hinweise S. 267!)

2. Wie lesen andere? – Eine Buchrezension und ein Nachschlagewerk auswerten

1 Kyra Stromberg: An Kränkung sterben. Erich Hackls Erzählung vom kurzen Leben des Zigeunermädchens Sidonie [Auszug]

Erich Hackl (geb. 1954) besuchte das Gymnasium in Steyr (Oberösterreich), studierte Hispanistik (Spanisch) und Germanistik und war Lektor in Madrid, danach Lehrer in Wien und von 1981 bis 1990 unterrichtete er am Institut für Romanistik (Französisch) der Universität Wien. E. Hackl lebt als freiberuflicher Schriftsteller und Übersetzer in Wien.

Dass nicht immer die seitenstarken Bücher das literarisch Bemerkenswerte enthalten, bestätigt sich mit Nachdruck in Erich Hackls zweitem Text, der – eine längere Erzählung – mit knapp einhundertdreißig Seiten auskommt. [...]
Diesmal ist es der Bericht über das kurze Leben des Zigeunermädchens Sidonie, dem er als „Chronist" nachgeht. Und so fängt er an: „Am achtzehnten August 1933 entdeckte der Pförtner des Krankenhauses von Steyr ein schlafendes Kind. Neben dem Säugling, der in Lumpen gewickelt war, lag ein Papier, auf dem mit ungelenker Schrift stand: ‚Ich heiße Sidonie Adlersburg und bin geboren auf der Straße nach Altheim. Bitte um Eltern!'" Eine Seite später wird dieses Menschenbündel deutlicher erkennbar: „Das Kind war von einer heimlichen und doch lebhaften Schönheit, ein schwarzer Flaum beschattete das dunkle Oval des Gesichts, dem die dichten Brauen über den verkrusteten Augen eine seltsam ergreifende Fremdheit verliehen."
Lapidar[1] – wie in der Tagesmeldung aus dem „Vermischten" – sind zunächst dic Daten mitgeteilt, die den Leser ins Bild setzen. Das Jahr 1933 löst – wie 1917, 1848 oder 1789 – sofort zeitgeschichtliche Assoziationen aus. Und dann beugt sich, wenige Zeilen später, ein Unbekannter über diesen „Fall", der Chronist eben, ein junger Mann von fünfunddreißig Jahren – ein Spätgeborener, für den das Jahr 1933 eine Geschichtszahl ist. [...]
Steyr, die kleine oberösterreichische Stadt, aus der Erich Hackl selbst kommt, ist kein besonderer Fall. Die Arbeitslosigkeit in den Dreißigerjahren ist hier hoch. Auch was in ihr nach dem „Anschluss" 1938 an Charakterverlust vorgeht, als mit der Wiederaufnahme der Kriegsproduktion „alles besser wird", ist nicht ungewöhnlich. Eine Ausnahme ist eher die Menschlichkeit des Arbeiterpaars Hans und Josefa Breirather, das die kleine Sidonie als Pflegekind aufnimmt und bis zum Äußersten darum kämpft, sie zu behalten. Ein idealisiertes Heldenpaar aus schlichtem Stande, eine erbauliche Geschichte mit schlechtem Ausgang? Mitnichten. Die Standfestigkeit wird den Ängsten vor dummem Gemunkel, schleichender Missgunst, befohlenem Verrat, drohender Verhaftung täglich abgerungen. Aus Nachbarn werden Denunzianten[2]. Die lässige Freundlichkeit gegen die „kleine Schwarze", die eigentlich alle mögen, verkehrt sich zu „artbewusster" Feindseligkeit und beflissener Infamie[3]. Die Gutachten von Lehrer und Fürsorgerin, zunächst der Wahrheit entsprechend positiv, passen sich der Gesinnung der „großen Zeit" und ihrem Jargon an. Auch die Amtspersonen von Gemeinde und Kirche sind keine ausgemachten Bösewichter, nur besonders wirksam in ihrer engstirnigen, opportunistischen[4] Schwäche. Kein Zeigefinger wird erhoben, Sachverhalte werden mitgeteilt: im zitierten grausigen Amtsdeutsch der Zeit, das allein schon Sachverhalt genug ist. [...]

Aus: Süddeutsche Zeitung vom 22.7.1989

---

[1] lapidar (< lat. lapidarius = zu den Steinen gehörig): kurz und bündig; wuchtig, kraftvoll
[2] Der Denunziant (< lat. denuntiare = ankündigen, anzeigen): jemand, der andere aus niedrigen Beweggründen anschwärzt, anzeigt, verrät
[3] Die Infamie (< lat. infamia = übler Ruf, Schande): Ehrlosigkeit, Niederträchtigkeit
[4] opportunistisch (< lat. opportunus = günstig, bequem): auf Vorteil bedacht, geschickt angepasst

Die Rezension (< lat. recensere = sorgfältig prüfen) ist die sachkundige sowie kritische Besprechung und Beurteilung eines literarischen oder wissenschaftlichen Werks, einer Theater-, Film- und Fernsehaufführung oder eines Konzerts. Der Rezensent veröffentlicht die Rezension im kulturellen Teil von Tageszeitungen, im *Feuilleton* (< frz. feuille = Blatt, also „Beiblättchen") oder in wissenschaftlichen Fachzeitschriften.

Arbeitsanregungen:

1 a Exzerpiert Hinweise dieser Rezension, die zur Lektüre des Buches anregen!
b Beschreibt und beurteilt den Aufbau der Rezension!

2 Harenberg Literaturlexikon: Jurek Becker (1937–1998): Jakob der Lügner

Jakob der Lügner, Roman von Jurek Becker, erschienen 1969. – Das Erstlingswerk des DDR-Autors zeichnet ein eigenwilliges und literarisch eindrucksvolles Bild vom Alltagsleben der Opfer des Faschismus. Es wurde verfilmt und in zahlreiche Sprachen übersetzt.

Der Roman erzählt die Geschichte des polnischen Getto[1]-Bewohners Jakob Heym, der – von einem deutschen Posten mutwillig aufs Wachrevier geschickt – zufällig die Rundfunknachricht vom Vorrücken russischer Truppen aufschnappt und der nach seiner unverhofften Freilassung Probleme hat, diese Information, die neuen Lebensmut gibt, vor seinen Leidensgenossen zu legitimieren[2]. Da noch kein Jude das Revier lebend verlassen hat, befürchtet Heym, als Spitzel verachtet zu werden, wenn er die Wahrheit sagt. Er gibt sich als Besitzer eines Radios aus, obwohl Getto-Bewohnern der Besitz von Rundfunkgeräten bei Androhung der Todesstrafe verboten ist. Er trägt durch die Weitergabe erfundener guter Nachrichten zur Stärkung des Widerstandswillens bei, kann aber die Deportation[3] der Gettobewohner nicht verhindern.

Erzählt wird die Geschichte von einem anonymen Überlebenden; die kommentierenden Eingriffe dieses Ich-Erzählers unterbrechen den chronologischen Handlungsablauf und schaffen eine ironische Distanz.

Von anderen KZ- und Lager-Romanen unterscheidet sich *Jakob der Lügner* durch die unpathetische[4] Darstellung von Alltagsopfern und Durchschnittstätern; beide Seiten scheinen sich mit ihren Rollen abgefunden zu haben. Obwohl Becker ein humorvoll getöntes Bild vom Getto-Leben entwirft, trifft der oft bemühte Vergleich mit chassidischen[5] Geschichten nicht zu. Die Figur des Jakob Heym mag jüdischer Erzähltradition entstammen, der Roman selbst knüpft eher an westeuropäische Vorbilder an. So betont der Ich-Erzähler durch das Angebot mehrerer Schlussvarianten die Funktionalität des Erzählten.

Becker, der seine Kindheit im Getto verbrachte, sich nach eigenen Aussagen an diese Zeit aber nicht mehr erinnern kann, versuchte hier zum ersten Mal, auf der Basis gründlicher Recherchen des jüdischen Alltags Elemente einer Biografie zu rekonstruieren, die Bezüge zu seiner eigenen Lebensgeschichte hat. Die späteren Romane *Der Boxer* (1976) und *Bronsteins Kinder* (1986) setzen solche Versuche fort.

H. Kr.

---

[1] Das Getto oder Ghetto (< ital. ghetto, vermutlich < hebr. ghet = Absonderung): abgeschlossenes Stadtviertel, besonders für Juden

[2] legitimieren (< lat. legitimus = durch Gesetze bestimmt): für rechtmäßig erklären, beglaubigen, berechtigen

[3] Die Deportation (< lat. deportare = forttragen): Zwangsverschickung, Verschleppung, Verbannung

[4] pathetisch (< gr. pathetikos = gefühlvoll, leidenschaftlich, leidend): übertrieben feierlich, salbungsvoll, erhaben

[5] chassidisch zu der Chassidim (< hebr. der Fromme): Anhänger einer osteuropäischen jüdischen Sekte

Jurek Becker (1937–1998) ist in Lodz (Polen) geboren als Kind jüdischer Eltern. Seit 1939 wohnte er im dortigen Getto und nach 1939 bis 1945 war er in den Konzentrationslagern Ravensbrück und Sachsenhausen. Von seinen Eltern war er getrennt, seinen Vater traf er wieder, als er acht war. Er lebte in der DDR, studierte 1957 bis 1960 Philosophie und schrieb, nachdem er sein Studium nicht fortsetzen durfte, Drehbücher. 1969 erschien der Roman „Jakob der Lügner". Seit 1977 lebte er mit Genehmigung der DDR-Behörden in West-Berlin.

2 a Fasst den Lexikonartikel (Text 2) in einem Resümee zusammen!

b Notiert jeweils einige empfehlende Sätze, die in der Buchwerbung verwendet werden könnten!

Zu den genannten **Hilfsmitteln** der Sekundärliteratur sind noch einige wichtige Fachbücher und Lexika zu nennen:

- Frenzel, Herbert A. und Elisabeth: Daten deutscher Dichtung. Chronologischer Abriss der deutschen Literaturgeschichte. 2 Bände. – München (Deutscher Taschenbuch-Verlag) [24]1988.
- Frenzel, Elisabeth: Stoffe der Weltliteratur. Ein Lexikon dichtungsgeschichtlicher Längsschnitte. – Stuttgart (Alfred Kröner) [8]1992.
- Frenzel, Elisabeth: Motive der Weltliteratur. Ein Lexikon dichtungsgeschichtlicher Längsschnitte. – Stuttgart (Alfred Kröner) [4]1992.

– Jens, Walter (Hrsg.): Kindlers neues Literaturlexikon. 21 Bände. – München (Kindler) 1988.
– Lurker, Manfred: Wörterbuch der Symbolik. – Stuttgart (Alfred Kröner) 51991.
– Schweikle, Günther und Irmgard (Hrsg.): Metzler Literaturlexikon. Stichwörter zur Weltliteratur. – Stuttgart (Metzler) 1984.
– Wilpert, Gero von: Sachwörterbuch der Literatur. – Stuttgart (Alfred Kröner) 61979.
– Wilpert, Gero von (Hrsg.): Lexikon der Weltliteratur. 4 Bände [je 2 Bände nach Autoren und Hauptwerken gegliedert]. – München (Deutscher Taschenbuch-Verlag) 31997.

Die Begegnung mit einem Buch kennt verschiedene Phasen und Formen:

1. Die *„Annäherung“* mit dem Ziel einer Leseentscheidung kann ganz unterschiedlich erfolgen:
   – Die unmittelbarste Art ist das *Schmökern* in Büchereien und Buchhandlungen, wobei ein erster Eindruck gewonnen wird.
   – *Gespräche* mit Freunden über interessante Lektüre
   – Fachkundige *Beratung* in der Buchhandlung über Neuerscheinungen
   – *Prospekte, Rezensionen, Literaturgespräche, Autorenlesungen, Literaturtage* u.v.a.m. geben ebenfalls wichtige Impulse und Orientierungen.
   – Hinweise der *Deutschlehrer* auf *Lektürelisten*

2. Die *Lektüreentscheidung* innerhalb der Klasse muss nicht nur vom Lehrer getroffen werden, wenn die Schüler bereit sind, aktiv mitzuwirken:
   – Durch *Leseproben* und *Berichte* über interessante *Privatlektüre*
   – Durch *Leseproben* von Romananfängen und Schlüsselstellen
   – Durch *Informationen* zum Thema über Inhaltsskizzen, Übersichtssätze u.a. (z.B. nach Lexika, Literaturgeschichten, Literaturzeitschriften)

3. Verschiedene Methoden der *Interpretation:*
   – Nach der gemeinsamen (häuslichen) *Lektüre* mit Lesezettel, Fragen und Beobachtungen zum Text eignet sich das *Fachgespräch* in der Klasse am besten, um erste Eindrücke auszutauschen und Themenschwerpunkte festzulegen.
   – In *Gruppenarbeit* werden Einzelthemen bearbeitet.
   – Hinweise zum *Buchreferat* über ein literarisches Werk:
     • Voraussetzung für das gründliche „Lesen mit Bleistift“ (vgl. S. 245!) ist der Besitz einer eigenen Taschenbuchausgabe, die als „Arbeitsexemplar“ zu verwenden ist.
     • Durch *Übersichtssätze* und *Resümees,* Figurenkonstellationen und Verlaufskurven lässt sich der Inhalt sicher erfassen.
     • Entsprechend der Aufgabenstellung bzw. nach den selbst gewählten Zielen erfolgen Ausarbeitungen zu *Thematik* und Problematik, zu *Hauptpersonen,* zu *Aufbau* und *Stil* sowie zu *Autor* und *Werk.*
     • Die benutzten Hilfen aus der *Sekundärliteratur* sind gewissenhaft zu zitieren und alphabetisch nach Autorennamen nachzuweisen.
     • Für den wirkungsvollen *Aufbau* und die *Präsentation* des Referats gilt das früher Besprochene (vgl. im zweiten Kapitel, S. 79f.!).
     Hilfreich für die Abfolge der Teile ist bei einem Buchreferat nach der Interessenweckung und Zielangabe (dem Einstieg) immer die Überlegung: Wie erleichtere ich dem Unkundigen das Verstehen? Hier gilt als Grundregel: Vom Grundsätzlichen (vom Inhalt und Aufbau, den Problemen und Hauptpersonen) zu den Details (z.B. Perspektivität, Stileigenarten, Motive und Symbole)! Informationen über Autor und Werk stehen eher am Schluss, ebenso die Wertung.

Das 6. Kapitel im Blickfeld

Sprechen und Schreiben

1. **Arbeitstechniken** sind für die Lektüre umfangreicher literarischer Texte besonders wichtig:
   a. *Annotationen* (Anmerkungen) zu Texten – bei der Themenanalyse ebenso wie beim statarischen Lesen –, das aktive *Lesen mit Bleistift,* bereitet die Stoffsammlung vor.
   b. *Exzerpte* von Kernstellen (für wörtliche Zitate), *Resümees* längerer Passagen und *Übersichtssätze* zu Kapiteln sind unerlässlich für die Textarbeit.
   c. *Fragen* zu stellen an Texte nach dem bekannten W-Fragen-Muster (zu Problemen, Personen, Formeigenarten, aber auch zu möglichen Gründen von Leseschwierigkeiten und Irritationen) ist ein geeignetes Mittel, um Aspekte der Interpretation zu erschließen und um Einfälle für die Deutung zu gewinnen.
   d. *Informationen* zu beschaffen (aus Bibliotheken und Buchhandlungen), auszuwerten unter bestimmten Aspekten (z. B. über den Autor, seine Werke, seine Epoche) und zu vermitteln (über Inhaltsangaben, Resümees, Kurzreferate, Gruppenarbeit usw.) setzt eine genaue Kenntnis der Hilfsmittel (z.B. von Literatur, Lexika, Literaturgeschichten, Romanführern, Sachlexika) voraus.
   e. Das *Zitieren* verlangt die wortwörtliche Wiedergabe, die Kennzeichnung von Auslassungen und Ergänzungen (in eckigen Klammern) und die exakten Quellennachweise.

2. Die **literarische Erörterung** enthält Elemente des *Interpretationsaufsatzes* und der *Problemerörterung* (mit These, Argumentation, Belegen) und bezieht sich unter einer bestimmten Fragestellung in der Regel auf den ganzen Text.
   a. Bei der *steigernden Erörterung* eines Sachverhalts (z. B. einer Abfolge von Fehlern) empfiehlt sich der Aufbau vom weniger Wichtigen zum Wichtigsten, so dass sich eine *Klimaxstruktur* ergibt.
   b. Die *dialektische Erörterung* (die Pro-Contra-Erörterung) zeigt die Auseinandersetzung mit einer Problemfrage, die von verschiedenen Seiten (in These und Gegenthese) anzugehen ist.

   Beide Formen der Erörterung sind über das Drei-Phasen-Modell zu erarbeiten.

3. Das **Fachgespräch** (z. B. über eine Romanfigur, Struktur- und Stilfragen) setzt gute Sachkenntnis, offene Gesprächsbereitschaft sowie Kommunikationsfähigkeit und -disziplin voraus. Es ist als *Unterrichtsgespräch* und *Plenumsdiskussion* oder in *Gruppen* (als Gruppen- bzw. Podiumsdiskussion) möglich.

4. Der **Interpretationsaufsatz** zu einem Roman bezieht sich auf eine bestimmte *Textstelle* (z. B. ein Gespräch, wobei auf symmetrische bzw. asymmetrische Kommunikationsverhältnisse zu achten ist), verlangt aber meist auch die Einbeziehung des *Kontextes* (des Handlungszusammenhangs). Die Anwendung des Drei-Phasen-Modells bedeutet im Einzelnen:
   a. Das Notieren spontaner Einfälle zum Thema, die später geprüft werden, und die *Themenanalyse,* wobei die Operatoren und die Art der Aufgabenstellung (offen oder zielgerichtet) genau zu beachten sind.
   b. Die *Stoffsammlung* wird durch sorgfältige Textlektüre („Lesen mit Bleistift") vorbereitet und gelingt oft in tabellarischer Form besonders übersichtlich. Die *Gliederung* ist entweder durch die Chronologie des Textes vorgegeben oder durch Schwerpunkte selbst zu bestimmen. Wichtig sind schlüssige Überleitungen zwischen den einzelnen Abschnitten. *Einleitung* (mit Hinführungsfunktion) und *Schluss* (mit der Aufgabe abzurunden) gelingen am leichtesten nach Abschluss der Gliederung.
   c. Die *Ausarbeitung* mit sorgfältiger Textgestaltung und gründlicher *Korrektur* sollen stets im Vergleich zur Themenanalyse und Stoffsammlung erfolgen.

5. **Produktionsorientierte Formen** des Umgangs mit dem Roman ergänzen die mehr analytischen Verfahrensweisen.
   a. Verschiedene Möglichkeiten der *Ausgestaltung* sog. Leerstellen (z. B. innere Monologe, Dialoge, Briefe, Tagebucheinträge etc.) aktivieren den Leser.

b. Aber auch *Parallel-* und *Gegengestaltungen* eröffnen interessante Einblicke in die Vieldeutigkeit des Originals.
c. Formen der *szenischen Bearbeitung,* der *Verfilmung* oder *Bilddokumentation* (z.B. über eine Wandzeitung) wollen das Original noch deutlicher zur Geltung bringen.

6. Aspekte der **Rechtschreibung** werden jetzt vor allem als *Korrekturhilfen* wichtig.
   a. Die *Interpunktion,* vor allem bei wörtlichen Reden und bei der Kommasetzung, sollte sich stets an den verbindlichen Regeln (z.B. bei der Abtrennung des Begleitsatzes „[...] wird doch nicht das Ende sein!", rief sie erbost.) und den Kann-Regelungen orientieren, die bei stilistisch begründeter Kommasetzung viel Spielraum geben.
   b. Die Zuordnung von **Lauten und Buchstaben** betrifft vor allem folgende Fälle:
      - Die *Konsonantenverdopplung* nach kurzem Vokal, die sog. Schärfung (z.B.: Ebbe);
      - Die sog. *Dehnung* nach langem Vokal und nach Diphthong (z.B.: Maß, heiß).
      - Nach dem sog. *Stammprinzip* werden auch Ableitungen (z.B. nummerieren < Nummer) und Analogiebildungen (z.B.: Zierrat nach Vorrat) gleich geschrieben.
      - Bei *Fremdwörtern* sind in vielen Fällen sowohl die fremdsprachige als auch die eingedeutschte (integrierte) Schreibung als Haupt- und Nebenform zulässig (z.B.: Spaghetti und Spagetti).

1. Der **Autor** eines Romans und der **Erzähler** sind nicht identisch. Ein Dichter denkt sich in verschiedene „Rollen" hinein, was sich in unterschiedlichen **Perspektiven** äußert:
   - Die *auktoriale Perspektive* des allwissenden (omnipotenten) Erzählers „beherrscht" alles innere und äußere Geschehen.
   - Die *Ich-Perspektive* und die *personale Perspektive* zeigen eine begrenzte Weltsicht.
   - In der *neutralen Perspektive* wird ohne Erzählfigur nur berichtet.
   - *Perspektivenwechsel* ist ein wichtiges Stilmittel.
2. Die **Gruppe 47** war die bedeutendste deutsche Schriftstellervereinigung von 1947 bis 1968. Die wichtigsten Autoren der Nachkriegszeit, die ein demokratisches Deutschland und eine moderne Literatur forderten, gehörten zur „Gruppe 47".
3. a. **Leerstellen** nennt man Unbestimmtheitsstellen oder auch „Lücken" in literarischen Texten, die von der Fantasie des **Lesers** ausgestaltet werden können. Er ist somit nicht passiver Empfänger (Rezipient), sondern eine Art *Mitautor.*
   b. In einem **literarischen Kommunikationsmodell** lässt sich darstellen, in welchen Beziehungen Autor-Werk und Leser stehen (s.u.).
4. Die bekannten **Lesearten** – das *sinnerschließende, sinngestaltende* und *szenische Lesen* – werden ergänzt:
   a. Das *kursorische* (orientierende, diagonale) *Lesen* ist wichtig für eine erste Orientierung bei umfangreichen oder mehreren zu vergleichenden Texten.
   b. Das *statarische* (genaue, intensive, verweilende) *Lesen,* das „Lesen mit Bleistift", ist Voraussetzung aller Interpretationen.
   c. Demgegenüber behält das alles vergessen machende *evasorische Lesen* seine wichtige Bedeutung für Lektüre, die der Unterhaltung und Entspannung dient.
6. **Die Metapher** (< gr. metaphora = Übertragung) bedeutet, dass ein Ausdruck oder eine Wortgruppe nicht im wortwörtlichen, sondern im übertragenen (= metaphorischen) Sinn verwendet wird: Der Herkunftsbereich (= Bildspender) ist vom Anwendungsbereich (= dem Bildempfänger) zu unterscheiden.
7. Unter **Montage,** einem Begriff aus der Filmtechnik, versteht man im Roman „Sansibar oder der letzte Grund" die absichtsvolle Fügung von Szenen aus unterschiedlicher personaler Perspektive. Mit dem Wechsel von einer Person zur andern entstehen *„Schnitte",* die auf die Isoliertheit der Personen hinweisen.
8. Mit der Unterscheidung von **Person** und literarischer **Figur** meint man den natürlichen Menschen im Unterschied zum Funktions- und Bedeutungsträger in einem Text. Über die **Figurenkonstellation** (Figurengruppierung) lassen sich Beziehungen darstellen (Nähe, Ferne, Sympathie, Antipathie, Statik, Bewegung usw.).

9. **Der Plot** ist der Handlungskern eines erzählerischen oder dramatischen Werkes, in dem die Verknüpfungen der Teile und die Beziehungen der Personen sichtbar werden.

10. Die Unterscheidung zwischen **Primärliteratur** und **Sekundärliteratur** bei literarischen, philosophischen und wissenschaftlichen Werken grenzt alle *Originaltexte* von dem ab, was *über* diese (als Interpretation, Rezension etc.) geschrieben wird.

11. Unter **Recherchen** versteht man die Bemühungen eines Autors, alle möglichen *Stoffe* und *Materialien* (z.B. schriftliche Quellen aller Art, Fotos, Aussagen von Zeitzeugen, Tondokumente usw.) für sein Werk zu finden und auszuwerten.

12. **Die Rezension** ist die sachkundige und kritische Besprechung literarischer und wissenschaftlicher Werke, von Theateraufführungen und Konzerten.

13. Der **Roman** ist die *Großform* unter den erzählenden Texten und stellt – im Unterschied zu Erzählung und Novelle – größere Zusammenhänge in ihrer Vielschichtigkeit und komplizierten Verknüpfung dar.
    a. Die *Arten des Romans* können nach *Inhalt* (z.B. Kriminalroman), nach *Absicht* und *Darstellungsweise* (z.B. satirischer Roman), nach der *Form* (z.B. Briefroman) und nach dem *Niveau* (z.B. Trivialroman) differenziert werden.
    b. Für den *Aufbau* – z.B. die chronologische Abfolge oder die Montage – sind Entstehungszeit und Absicht des Autors sehr entscheidend. Auch der *Plot,* die *Figurenkonstellation* und die *Erzählperspektive* spielen eine wichtige Rolle.
    Oft hat der *Romananfang* eine wesentliche expositorische Funktion für den Fortgang.
    c. Als anerkannte *Gattung* setzte sich der Roman in Deutschland erst im Laufe des 18. Jahrhunderts (mit Wieland und Goethe) durch.
    d. Um das Zusammenwirken von Autor und Erzähler, Werk und Leser grafisch darzustellen, ist ein *literarisches Kommunikationsmodell* gut geeignet:
    Die Zusammenhänge zwischen Entstehungsbedingungen, Absicht und Gestaltungsform eines Werks, dessen textimmanente und textexterne Aspekte, aber auch die Rezeptionsbedingungen des Lesers (seine Zeit, seine Erwartungen, sein Vorwissen usw.) können in ihren Wechselbeziehungen gezeigt werden.
    e. Bei einer **Romanverfilmung** muss die Umsetzung in ein anderes Medium beachtet werden: Absicht und Ausdrucksmittel („die Sprache") des Films (z.B. politische Tendenz, Kameraeinstellungen und -bewegungen, Perspektiven, Schnitte, Montagen etc.) müssen bei der Beurteilung berücksichtigt werden.
    Die „Bilderwelt" in der Vorstellung des Lesers ist oft sehr verschieden von den „fertigen" Bildern, die der Film liefert.

Sprachbetrachtung

1. Die erzählte Welt des Romans ist sprachlich so vermittelt, dass vielfältige **Stilmittel** absichtsvoll verwendet werden:
    a. Neben *Beschreibung* und *Schilderung* von *Situationen* stehen *Personenrede* (Passagen in wörtlicher Rede) und die Darstellung von Handlungen und Geschehnissen.
    Dabei sind ausmalende und charakterisierende *Adjektive,* sprachliche *Bilder* (als Metaphern, Vergleiche und Symbole) wichtige Stilmittel, um Stimmungen zu erfassen und Atmosphäre zu erzeugen.
    b. *Erlebte Rede* und *innerer Monolog* werden im modernen Roman häufig gebraucht, um Gefühle und Gedanken von Personen darzustellen.
    c. Durch *Ironie* lassen sich Distanz und subjektive Wertungen ausdrücken. Diese „gebrochene" Form der Gestaltung erfordert vom Leser große Aufmerksamkeit.
    d. Auch *Syntax* (Para- und Hypotaxe) sowie *Melodie* und *Rhythmus* spielen eine wichtige Rolle.

2. Unter **Zeitstil** versteht man die zeittypische Prägung der Dichtersprache – z.B. farbig und bilderreich im Barock, emotional sehr differenziert in der Romantik, sehr karg, knapp und nüchtern in der Literatur nach 1945. Den unverwechselbaren Stil eines Autors, seinen *Individualstil,* löscht der Zeitstil nicht aus, aber er „färbt" ihn mehr oder weniger stark.

Fernsehen und Multimedi@

René Magritte (1898–1967): Ceci n'est pas une pomme. (Das ist kein Apfel.)

I. „Sprache“ und Wirkung des Fernsehens

1. „Ein Bild ist mehr als ein Bild.“ (Christian Doelker) – Wahrnehmen und Verstehen

1 Wahrnehmung und Wirklichkeit

2 Friederikes und Julians Wahrnehmung (Schülerbeispiele)

Der Stichwortzettel von Franziska und Simon

Friederike:
- Das Münster ist ja ein riesiges Bauwerk.
- typisch, die vielen Spitzen
- ein gewaltiger Kirchturm
- wenn nur der Wind nicht wäre
- jetzt eine warme Stube
- …

Der Stichwortzettel von Veronika und Antonia

Julian:
- na ja, eine Kirche halt
- wenig Leute, kaum was los
- muss ganz schön windig sein
- wann kommt denn endlich die Sportschau
- Mutter könnte mit dem Staubsaugen aufhören.
- …

3 Wahrnehmung in Wirklichkeit und im Fernsehen (Schülerbeispiele)

Friederike steht am 3. Juni an der Donau am Neu-Ulmer Ufer und blickt auf die Südansicht Ulms und auf das Münster. Sie ist von ihrem Heimatort in die Stadt Neu-Ulm gefahren und nimmt wahr, was um sie herum geschieht (Wetter, Geräusche, Personen …). Ihre Gedanken und Gefühle werden von dieser Wahrnehmung bestimmt … .
Julian sitzt am 3. 6. zu Hause vor einem Fernsehgerät. Er sieht ein Bild des Ulmer Münsters. Dieses Bild löst in ihm Gedanken und Gefühle aus. Seine Wahrnehmung wird von dem bestimmt, was er über Ulm gelesen und gehört, eventuell sogar dort schon erlebt hat. Dazu kommen noch die Ereignisse, die er um sich herum wahrnimmt (Wetter, Zimmer, Tageszeit, Pläne …) … .

Arbeitsanregungen:

[1] Beschreibt in Abteilungen stichwortartig, was Friederike und Julian während der Betrachtung des Ulmer Münsters wahrnehmen!

[2] Besprecht, wie sich Julians von Friederikes Wahrnehmung unterscheidet! Legt dazu eine Tabelle an!

Friederike	Julian
– erlebt vor Ort – sieht das Bauwerk – … …	– erlebt am Fernsehgerät – sieht ein Bild des Bauwerks – … …

[3] [a] Vergleicht die Stichwortzettel mit euren Vorschlägen!
[b] Beschreibt die unterschiedliche Wahrnehmung der beiden in einem zusammenfassenden Text!

[4] Beurteilt, ob in Text 3 die unterschiedlichen Wahrnehmungsarten genau erfasst sind!

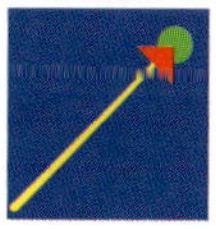

Fernsehen und die drei Wirklichkeiten

Beim Fernsehen umgibt uns zunächst die Wirklichkeit, mit der wir es zu tun haben, die wir mit unseren fünf Sinnen wahrnehmen. Dazu gehört auch die innere Welt der Gedanken und Gefühle. Dies ist die **primäre Wirklichkeit (W1)**.
Was auf dem Bildschirm erscheint (auch als Tonwiedergabe), daneben das, was in Buch und Zeitung gedruckt ist, ist die **mediale Wirklichkeit (W2)**, denn diese wird durch eine bestimmte Einrichtung (= Medium) vermittelt.
Diese mediale Wirklichkeit wird aber von jedem Betrachter anders wahrgenommen. Diese **wahrgenommene mediale Wirklichkeit (W3)** ist geprägt von der subjektiven Sichtweise des Betrachters.

2 Führt bei Mitschülern eine Umfrage zum Thema „Fernsehverhalten“ durch!

a Entwerft dazu einen Fragebogen!

b Stellt anderen Mitschülern vor laufender Videokamera dieselben Fragen und beobachtet genau ihr Verhalten!

Regisseur Klappe!
Kameraassistent Lotto, die sechste … *(schlägt Klappe)*
Regisseur Bitte!
Lindemann Ich heiße Erwin …
Kameramann Halt … Mikro im Bild …
Regisseur Gleich weiter … ohne Klappe …
Kameraassistent Wir haben noch 5 Meter!
Regisseur Bitte!
Lindemann Ich heiße … na! … Erwin … ich heiße Erwin und bin Rentner. Und in 66 Jahren fahre ich nach Island … und da mache ich einen Gewinn von 500 000 D-Mark … und im Herbst eröffnet dann der Papst mit meiner Tochter eine Herren-Boutique in Wuppertal …
Regisseur Danke … das war’s.

(Aus lizenzrechtlichen Gründen ist dieser Text nicht in reformierter Rechtschreibung abgedruckt.)

5 Das Fernsehen ist nicht das „Fenster zur Welt“

Friederike steht am 3. Juni in Neu-Ulm vor der Donau. Sie blickt auf die Ulmer Stadtmauer, Ulms Altstadt und das Münster. Ihre Eindrücke sind konkret und unmittelbar.
Julian sitzt am 3. Juni vor dem Fernsehgerät. Das Bild von Ulm, das er sieht, kann vor unbestimmter Zeit gemacht worden sein. Es kann Teil einer Dokumentation über Ulm oder die Donau sein, es kann aber auch Teil einer fiktionalen Sendung sein. Ein Spielfilm könnte ja an der Donau oder in Ulm spielen. Selbst wenn es sich um ein Live-Bild, also ein direkt übertragenes Bild vom Ulmer Münster handeln sollte, ist dieses Fernsehbild nicht identisch mit der Wirklichkeit „Ulmer Münster“; denn Körper können auf dem Bildschirm nicht dreidimensional dargestellt werden, die räumliche Tiefe ist verringert, das Bild bzw. der Bildausschnitt ist begrenzt, der Betrachter hat Abstand zum Objekt, es gibt keinen räumlichen und keinen zeitlichen Zusammenhang und alle nicht-optischen Sinnesreize entfallen.
Die primäre Wirklichkeit entspricht also in keinem Fall der medialen. Die Produktion der medialen Wirklichkeit kann sich sogar deformierend auf die primäre auswirken, wie das Beispiel des Lottogewinners Erwin Lindemann zeigt.
Da jeder Zuschauer die mediale Wirklichkeit auf besondere, von persönlichen Faktoren abhängige Weise wahrnimmt, ist folglich die wahrgenommene mediale Wirklichkeit ausgesprochen subjektiv.
Problematisch wird die Sache dann, wenn ein Zuschauer von der primären Wirklichkeit nichts weiß. Wenn also z. B. Kinder im Fernsehprogramm mit Bildern von Dingen konfrontiert werden, zu denen sie in ihrer primären Wirklichkeit noch kein direktes Verhältnis herstellen konnten. Bleiben sie mit solchen Bildern allein, können schwer wiegende Konfusionen entstehen.
Medienerziehung muss also so ansetzen, dass während und nach Fernsehsendungen die Möglichkeit besteht, dass Kinder bei Personen, die über entsprechende Primärerfahrungen verfügen, rückfragen können.

Fernsehen live – preisgekrönte, lebendige Erzählung aus dem Blickwinkel derer, die Fernsehen machen

Arbeitsanregungen:

1 Exzerpiert Textstellen, die etwas über die Hinführung zum vernünftigen Gebrauch von Massenmedien aussagen!

2 Überlegt euch, was die Erkenntnisse von Text 5 für die Diskussion um „Gewalt im Fernsehen“ (vgl. S. 309f.) bedeuten!

3 Entwerft in Partnerarbeit Hinweise für Unterstufenschüler zum Fernsehverhalten!

2. Wer bestimmt die Aussage? – Bild, Text und Ton in ihrem Verhältnis

1 Was ist eigentlich Sansibar?

Originalton 1:
Sansibar ist ein Insel-Partnerstaat in der Vereinigten Republik von Tansania mit dem Festland. Es ist ein sonniges Inselmeer, eingebettet in den Indischen Ozean, bestehend aus den Inseln Pemba und Sansibar sowie weiteren ungefähr 50 kleineren Inseln. Dazu gehören u.a. Tumbatu, Bawe und Uzi. Die Insel Sansibar, welche in Kisuaheli[1] unter dem Namen Unguja bekannt ist, hat eine Länge von 80 km sowie eine Breite von 40 km. Sie ist vom Festland durch einen Korridor von 35 km an der engsten Stelle getrennt …

Originalton 2:
Auf Sansibar erwartet Sie einer der letzten Edelsteine mit unberührten weißen Sandstränden und sich im Wind wiegenden Kokospalmen, gespiegelt im türkisfarbenen Wasser des Indischen Ozeans. Geradezu das Paradies finden Sie in einem der zahlreichen Feriendörfer an den unzähligen Stränden. Überall warten dienstbare Geister darauf, Sie mit ihrer Küche und dem Komfort ihrer Häuser zu verwöhnen. Und jeden Wunsch bekommen Sie mit einem Lächeln auf den Lippen erfüllt. In den Sportzentren werden Sie fit gehalten: durch Tauchen, Windsurfing oder Tennis …

Originalton 3:
Sansibar wird so oft in Verbindung mit dem Sklavenhandel gebracht, dass man meinen könnte, er sei hier erfunden worden und dass die Geschichte Sansibars aus nichts anderem bestünde als aus Sklavenhandel. Der Sklavenhandel ist eine der ältesten Branchen, vermutlich aus der Zeit der Pharaonen[2]. Einige Geschichtsbücher sprechen von einem „Roten Faden", der sich durch die ganze Geschichte Ostafrikas ziehe. Als eine Form sozialer Unterdrückung und wirtschaftlicher Ausbeutung war der Sklavenhandel nie auf eine Rasse, z. B. die Araber, oder eine Religion, z. B. den Islam, beschränkt. Wo er auftrat, da betraf er jede Person und jede Gesellschaftsschicht …

[1] Kisuaheli (oder: Suaheli [< arab.]): aus dem Unguja-Dialekt Sansibars hervorgegangene Hauptsprache des heutigen Afrika; von ca. 30 Mill. Menschen gesprochen

[2] Der Pharao (< gr. pharao < altägypt. per – a‿a = großes Haus, Palast, Hof): Titel des altägyptischen Königs

Arbeitsanregungen:

1 a Überlegt euch in Partnerarbeit einen Text zu dem Fernsehbild!
b Besprecht, welcher der angebotenen Texte am besten zu dem Bild passt!
c Sucht Überschriften für die drei Texte!

2 a Überlegt euch Gründe für die unterschiedliche Wirkung des Bildes, je nach unterlegtem Text!
b Sprecht über den Zusammenhang von Text und Bild im Fernsehen!
c Überlegt, welche Rolle die Absicht spielt, mit der man einem Bild einen Text unterlegt!

Der Deutschlehrer hat aus mehreren Schüleraufsätzen zum Zusammenhang von Text, Bild und Ton folgenden Sachtext erstellt:

2 Mediensprache ist mehr als gesprochene Sprache

Wenn wir uns verständigen wollen, sprechen wir miteinander, wir gebrauchen Wörter und Sätze. Wir verstehen uns, weil wir wissen, nach welchen Regeln Wörter gebraucht werden. Wenn ich durstig bin, genügt das Wort „Wasser", damit mein Gesprächspartner weiß, was ich will.
Das Verstehen von dem, was das Fernsehen „sagen" willen, ist viel schwieriger. Denn der Text, den es uns vermitteln will, besteht zumeist aus mehr als nur dem gesprochenen Wort. Im Fernsehen gehören Bilder dazu, und oft spielt der Ton, z. B. die Hintergrundmusik, auch im Rundfunk, eine wichtige Rolle. Sähen wir im obigen Beispiel nur den Strand, würden wir mit diesem Bild etwas aus unserer Erfahrung verbinden: Sonne, Wärme, gute Laune, Sport etc. Der Text, der zu dem Bild gesprochen wird, legt jedoch die Bedeutung fest, die derjenige, der Bild und Ton zusammengebracht hat, will, sei dies nun Werbung („Fahr hin!") oder politische Aufklärung („Zentrum des Sklavenhandels"). Hintergrundgeräusche können die Absicht noch unterstreichen. Das Bedenkliche an dieser Feststellung ist nun, dass der Produzent Bilder, Ton und Texte so zusammengestellt haben will,

dass z.B. beunruhigende Texte mit schönen Bildern und sanften Klängen zusammengefügt und präsentiert werden. Dann entstehen durch die sog. Text-Bild-Ton-Schere völlig andere Bedeutungen.
Mediensprache ist nur verständlich, wenn zwischen Sender und Empfänger, also zwischen Produzent und Zuschauer, die gleichen Gebrauchsregeln für ihre Verwendung gelten. Das Problem dabei ist, dass sich Mediensprache aus drei verschiedenen Aspekten ergibt: aus Text, Bild und Ton sowie deren Zusammenhang. Vom Verständnis der Mediensprache hängt die jeweils wahrgenommene mediale Wirklichkeit entscheidend ab.

Arbeitsanregungen:

1 Exzerpiert aus Text 2 die wesentlichen Aussagen zur Mediensprache!

2 a Schreibt in Einzelarbeit zum „Bild ohne Worte" einen Text!
b Sucht passende Hintergrundgeräusche!
c Vergleicht eure Ergebnisse miteinander und versucht die Unterschiede zu erklären!

3 a Erarbeitet ein Modell, das zeigt, wie Mediensprache funktioniert!
b Ergänzt die Kommunikationsfaktoren und beschreibt ihre Beziehungen!

3 Bild ohne Worte

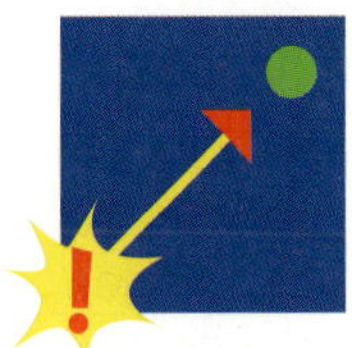

Ein **Fernseh-Kommunikationsmodell** kann einiges verdeutlichen: *Kommunikationsfaktoren*

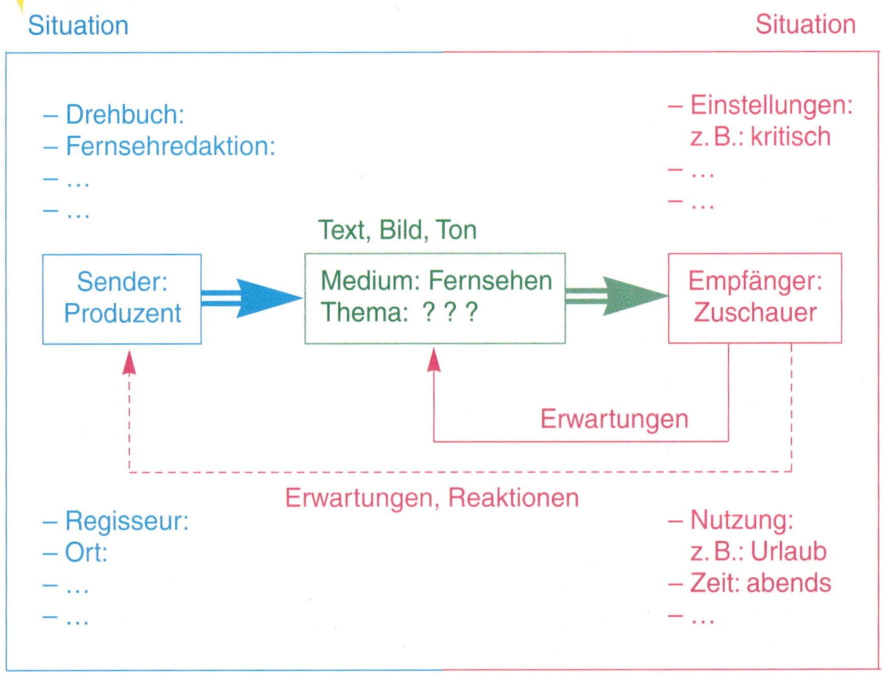

II. Angebote und Nutzungsformen

1. Was „kann“ das Fernsehen? – Informationen, Talkshows und Treffpunkte Kultur

1 Fern-Seher

Arbeitsanregungen:

1 Sprecht über die Collage und ergänzt sie, indem ihr Bilder skizziert, die auf den leeren Bildschirm passen!

2 a Ordnet den einzelnen Bildern Fernsehsendungen aus den Typen von Sendungen eines Tages zu (vgl. Text 2)!

2 Das Fernsehprogramm eines Tages

I **5.30** Deutschland heute Morgen **9.00** Die Straßen von San Francisco **10.00** Hast du Worte? **10.30** Bube, Dame, Hörig **11.00** Pilawa. Für meine Karriere treib' ich ab. Talk **12.00** Vera. Liebe erst nach 30? Talk **13.00** Sonja. Nur ältere Frauen machen mich an. Talk **14.00** Trapper John, M. D. **15.00** (VPS 14.59) Star Trek – Das nächste Jahrhundert. Sciencefiction-Serie

16.00 Baywatch – Die Rettungsschwimmer von Malibu Serie 18-143
Das Baja-Rennen
17.00 Jeder gegen Jeden 80-56
Quizshow
17.30 Magazin 11-43
oder **Regional-Report** aus Mainz/München
18.00 blitz 28-72
Boulevardmagazin
18.30 Nachrichten 79-747
18.50 ❍ **täglich ran** 37-99-650
Sportnachrichten
18.55 Blitzlicht 745-766
Boulevardmagazin
Mit Eva-Maren Büchner
19.15 Planetopia spezial (VPS 19.14) 401-329-553
Die Hubschrauberstaffel
Magazin
20.15 HeliCops – Einsatz über Berlin 452-105
Actionserie
Babels Untergang
21.15 Die Neue – Eine Frau mit Kaliber 21-63-740
Pilotfilm zur Krimiserie
Jagdfieber
mit Doris Schretzmayer
23.20 Nachrichten 74-90-921
23.30 News & Stories 85-227
Magazin
Wolkenkratzer und Sandschweine – Geschichten aus dem New Yorker Untergrund
Mit Milena Preradovic
0.15 (VPS 0.14) Star Trek – Das nächste Jahrhundert **1.05** (VPS 0.15) Baywatch **1.55** Trapper John, M. D. **2.45** Bube, Dame, Hörig **3.20** Vera **4.10** Pilawa

A

Geld oder Liebe fragt Jürgen von der Lippe (Bild) und begrüßt Udo Lindenberg mit Band und Haindling als Gäste.

B

Schweizer Autoren und ihr Bild von der Heimat. Bild: Adolf Muschg

C Hochgerüstete Polizeihubschrauber werden in den USA zunehmend zur effektivsten Waffe im Kampf gegen das Verbrechen.

D Der Tod verfolgt den Psychotherapeuten Bill Capa: Ein Amokfahrer trachtet ihm nach dem Leben, eine Patientin begeht Selbstmord, ein Freund wird ermordet. Zum Glück findet Bill Trost in den Armen einer neuen Freundin.

II **11.30** Familienduell **12.00** Punkt 12 **12.30** Notruf täglich **13.00** Bärbel Schäfer. Ich schleppe gerne Männer ab. Talk **14.00** Birte Karalus. Ich bin schwanger. Talk **15.00** Ilona Christen. Talk

16.00 Hans Meiser 36-037
Ihr wollt uns doch nur auseinander bringen. Talkshow
17.00 Jeopardy! 96-50
Spielshow mit Frank Elstner
17.30 Unter uns Serie 90-37
Vor ihrem Start in die Flitterwochen wartet auf Marc und Céline eine Überraschung.

III **20.00 Tagesschau** 95-04-872
20.15 Infomarkt 34-15-563
Verbrauchermagazin Themen: Altersvorsorge – wer bietet mehr bei neuen Fonds?; Kaminfeger – verkehrte Rechnung vom schwarzen Mann?
21.00 Blickpunkt Europa
Still, fahl, schön
Das andere Venedig
21.30 Nachrichten
21.45 Saldo
Wirtschaftsmagazin
22.15 Heidiland – Heimatland?
23.00 Nachrichten
23.05 Literatur im Foyer
Martin Walser – 51-98-679
0.05 Die 50 Besten (4) **0.40** Treffpunkt; Sport (SR) **1.10** Landesschau **1.35** Aktuell (BW/RP)

IV **6.00** Kinderprogramm **8.00** Es war einmal **8.30** Pinocchio **9.00** Tagesschau **9.03** Tom, Jerry & Co. **9.30** Mama ist unmöglich **10.00** Tagesschau **10.03** Kinderweltspiegel **10.30** Konzert zum Tag der Deutschen Einheit. Bernstein, Haydn und Schumann **12.00** Festakt zum Tag der Deutschen Einheit **13.30** Tagesschau **13.35** Europamagazin

14.00 ❍ **Sport** 205-65-390
Tennis: Grand Slam Cup
Halbfinale Männer
Welt-Reiterspiele: Military
Geländeritt
Dazw. **16.00 Tagesschau**
17.00 Der Kölner Dom 75-883
Dokumentation
Zum 750. Geburtstag
17.45 ◪ **Ein Mann geht** ★**durch die Wand** 18-84-512
Komödie, Deutschland 1959
Mit Heinz Rühmann, Hubert von Meyerinck (95 Min.)
Ein Finanzbeamter entdeckt eines Tages, dass Mauern für ihn kein Hindernis sind.
19.20 100 deutsche Jahre 455-203
Dokumentarreihe
Mobilmachungen – die Deutschen und das Auto
19.50 Ziehung der Lottozahlen 72-92-116
20.00 Tagesschau 51-338
20.15 Geld oder Liebe
Spiele für Singles 81-85-661
Mit Jürgen von der Lippe
22.15 Tagesthemen 92-41-680
Anschl. Wort zum Sonntag
22.40 Color of Night
★Psychothriller 95-49-864
USA 1994
Mit Bruce Willis, Jane March, Lesley Ann Warren (135 Min.)
0.55 Tagesschau **1.05** Treffpunkt für zwei Pistolen. Western, USA 1964. Mit Yul Brynner, George Segal (90 Min.) **2.35** Das Geheimnis der falschen Braut. Kriminalfilm, Frankr. 1969. Mit Jean Paul Belmondo, Catherine Deneuve (120 Min.) **4.35** Bahnstrecken **5.05** Europamagazin **5.30** exclusiv

E

H

Jedes Jahr im Oktober findet der legendäre Ironman Hawaii statt. Unter den Teilnehmern ist dieses Mal ein Bergmann aus Gladbeck, den Reporter bis ins Ziel begleiten, mit Seitenblicken auf die Triathleten Lothar Leder, Thomas Hellriegel und Jürgen Zäck (Bild).

F Belgrad. Die politischen und militärischen Vorbereitungen zur Lösung des Kosovo-Konfliktes laufen auf Hochtouren.

G In der 60. Minute, kurz nachdem Nerlinger den Ausgleich für Borussia Dortmund erzielt hatte, musste der erneut verletzte Andreas Möller ausgewechselt werden.

b Ordnet in Partnerarbeit die Bilder und Texte ebenfalls den Programmen zu! Begründet!

3 a Plant mit Hilfe des Programms euren persönlichen Fernsehtag!
b Entwerft in Gruppenarbeit auf Folien jeweils einen gemeinsamen Fernsehtag!
c Sprecht über das Programm!

3 Was wollen einzelne Sendungen? – Veronikas Stichwortzettel

Zeit	Titel/Art der Sendung	Absicht
10.00–10.03	Tagesschau/Nachrichtensendung	Information
12.00–13.00	Vera. Liebe erst nach 30?/Talkshow	Unterhaltung
…	…	…
…	…	…
…	…	…
23.05–0.05	Literatur im Foyer – Martin Walser / …	Information/ Bildung

Den Schülern der 9c ist aufgefallen, dass Nachrichtensendungen ein wichtiger Bestandteil aller Programme sind. Deshalb wollen sie zunächst die Themen zweier verschiedener Nachrichtensendungen untersuchen und vergleichen.

4 Nachrichten aus aller Welt

Nachrichten (SAT1) 9.2.99, 18.30–18.50 Uhr Moderatorin: Astrid Frohloff	*Tagesschau* (ARD) 9.2.99, 20.00-20.15 Uhr Sprecher: Joachim Brauner
Zeit Thema 15" Vorschau: Schneechaos, Abfindung für entlassenen BMW-Chef, Fußballnationalmannschaft Erkennungsbild, -melodie der Sendung — A. Frohloff begrüßt die Zuschauer und stellt die neben ihr sitzende Sportkollegin vor – Winterchaos in Deutschland, Österreich und der Schweiz 5' Moderation und Filmbeitrag — Aktuelle Lage auf dem Arbeitsmarkt in Deutschland 33" Moderation und Filmbeitrag (Statistik) — – Warnstreiks in der Metallindustrie 1'30" Moderation und Filmbeitrag — – Tarifverhandlungen im öffentlichen Dienst 20" Moderation — – Nachrichtenüberblick:	Zeit Thema Erkennungsbild, -melodie der Sendung — – Grußformel, Arbeitskampf in der Metallindustrie 2'12" Moderation und Filmbeitrag — – Tarifverhandlungen im öffentlichen Dienst 29" Moderation — – Arbeitsmarktsituation in Deutschland 2'13" Moderation und Filmbeitrag — – Einbürgerung von Ausländern 2'20" Moderation und Filmbeitrag — – Steuerreform 2' Moderation und Filmbeitrag — – Urteil gegen Doppelministerium in NRW 1'52" Moderation und Filmbeitrag — – Börsennachrichten 20" Moderation und Grafik — – **Prozess um AIDS-Skandal in Paris**

4 Legt nach dem Vorbild von Text 3 einen Stichwortzettel an und schreibt die jeweiligen Absichten hinter ca. 6 ausgewählte Sendungen!

5 a Wenn ihr einen noch besseren Überblick bekommen wollt, könnt ihr euch in Partnerarbeit arbeitsteilig die Programmausschnitte vornehmen und die Sendungen nach ihren Absichten ordnen!

Beispiel für Programm II:

Information	Unterhaltung	Bildung
– Punkt 12	– Notruf täglich	– …
– …	– Bärbel Schäfer	– …
	– Birte Karalus	
	– Ilona Christen	
	– Hans Meiser	
	– …	

b Vergleicht eure Tabellen für die Programme I–IV! Sprecht über Gemeinsamkeiten und Unterschiede!

Einige **Fachbegriffe** aus dem Bereich Fernsehen sollen hier noch einmal wiederholt werden:

- *Großaufnahme:* Kameraeinstellung, in der ein Gegenstand oder eine Person groß aus der Nähe zu sehen ist (auch Nahaufnahme)
- *Interview:* Gespräch mit oder Befragung einer Person, damit man sich ein besseres Bild von ihr machen kann
- *Kamerafahrt:* Bewegung mit der Kamera zur Veränderung der Einstellung auf einen Gegenstand hin bzw. von einem Gegenstand weg
- *Off-Ton:* Ton im Fernsehen außerhalb der Kameraeinstellung (Gegensatz: On- bzw. Live-Ton)
- *Totale:* Gesamtansicht eines Handlungsortes mit allen Gegenständen und Personen

Arbeitsanregungen:

1 Ordnet die Beiträge nach Sachbereichen!

2 a Sprecht über die Reihenfolge und die Sendedauer!
b Überlegt, welche Gründe die Redaktion für ihre Entscheidung gehabt haben könnte!

Um das „Profil“ von **Nachrichtensendungen** einschätzen zu können, hilft eine genaue Differenzierung und Gewichtung.

Beiträge

Ressort	Inland	Ausland
Politik:	– Lage auf dem Arbeitsmarkt – …	– Kämpfe zwischen Eritrea und Äthiopien – …
Wirtschaft:	– Warnstreiks in der Metallindustrie – …	– … – … – … – …
Sonstiges:	– Winterchaos in Deutschland …	– Winterchaos in Österreich und der Schweiz …

3 Legt für verschiedene Tage eine Liste der Nachrichtenthemen in verschiedenen Fernsehsendern an und vergleicht sie miteinander!

28" Mord an Christina
27" Suche nach verschwundenem Mädchen in Hamburg
28" Gnadengesuch für zum Tod verurteilte deutsche Mörder in den USA
26" Kämpfe zwischen Eritrea und Äthiopien
24" Trauer um König Hussein
22" Unfall auf einer Reptilienfarm in Thailand
27" **Prozess um AIDS-Skandal in Paris**
Filmbeiträge
— – Niederlage für NRW-MP Clement vor Gericht
23" Moderation
— – Streit um doppelte Staatsbürgerschaft
1'43" Filmbeitrag
— – Millionenabfindung für entlassenen BMW-Chef
1'34" Moderation und Filmbeitrag
— – Meningitis in Großbritannien
1'35" Moderation und Filmbeitrag
— – Wettervorhersage
1'50" Moderation und Filmbeitrag
— – Sport
2' Moderation und Filmbeitrag

Moderation bis zum Wetter 3'01"
Filmbeträge bis zum Wetter: 12'59"

1'58" Moderation und Filmbeitrag
— – Schneechaos in Mitteleuropa
1'05" Filmbeitrag
— – Sportnachrichten
20" Moderation
— – Wettervorhersage
1' Filmbeitrag

Moderation bis zum Wetter: 4'42"
Filmbeiträge bis zum Wetter: 9'18"

5 Schülervermutungen über Redaktionsentscheidungen

SIMON: Der Arbeitskampf in der Metallindustrie betrifft sicher sehr viele Menschen. Die Redaktion denkt, dass das Thema deshalb viele interessiert.

KATHARINA: Das Wetter ist doch auch immer ein Thema. Und wenn's dann schon mal so unglaublich viel schneit, muss das natürlich ausführlich ins Programm.

FRANZISKA: Mein Vater schlägt jeden Morgen in der Zeitung zuerst den Sportteil auf. Seine Freunde würden das auch tun, sagt er.
Weil die Fernsehmacher wissen, dass sich viele Menschen für Sport interessieren, kommen immer wichtige Sportereignisse in den Nachrichten.

JOHANNES: Aber nicht besonders viele Leute besitzen Aktien. Trotzdem sind Neuigkeiten von den Börsen in allen Nachrichten. Vielleicht sollen die Zuschauer so einen Eindruck vom wirtschaftlichen Stand erhalten.

THOMAS: Eine weltweite Bedrohung wie AIDS ist auch immer ein Thema …

6 Der Prozess um den AIDS-Skandal in Paris – Eine Nachricht und ihre Präsentation

a. *Nachrichten*

(Filmbeitrag, Stimme aus dem Off; 27")

Ex-Premier wegen AIDS-Skandals vor Gericht:
In Paris ist der frühere Regierungschef Fabius des Totschlags angeklagt, zwei seiner Minister müssen sich wegen Fahrlässigkeit verantworten. Sie sollen in den Achtzigerjahren Blutkonserven zu spät zurückgezogen haben. Laut Anklage wussten sie, dass sie das tödliche AIDS-Virus enthalten. Mindestens 1200 Menschen hatten sich mit dem verseuchten Blut infiziert, mehr als 300 starben.

b. *Tagesschau*

– Moderation
– Korrespondentenbericht
(Filmbeitrag und Kommentar), 1'58"

JOACHIM BRAUNER:
Vor dem Gerichtshof der Republik hat heute in Paris der mit Spannung erwartete Prozess gegen drei frühere französische Regierungsmitglieder begonnen. Neben dem ehemaligen Premierminister Fabius sind dessen Sozialministerin Dufoit und ihr Staatssekretär Hervé angeklagt. Ihnen wird vorgeworfen, durch Fahrlässigkeit dazu beigetragen zu haben, dass 1984 und 85 rund 1300 Menschen an AIDS erkrankt sind. Sie hatten HIV-verseuchte Blutkonserven erhalten. 500 von ihnen sind bereits daran gestorben.

KORRESPONDENTENBERICHT SONIA MIKICH
(Filmbeitrag, Stimme aus dem Off):
Laurent Fabius, Parlamentsvorsitzender. Der Ex-Premier und zwei weitere ehemalige Spitzenpolitiker mussten am Morgen auf die Anklagebank. Der Vorwurf: fahrlässige Tötung und Körperverletzung. Noch nie hat es in Frankreich einen solchen Prozess gegeben. Er findet vor dem Gerichtshof der Republik statt, eigens für Verhandlungen gegen Regierungsmitglieder eingerichtet. Die Affäre ist alt. Laut Anklage waren im Sommer 85 HIV-verseuchte Blutkonserven im Umlauf, trotz Kenntnis der Behörden. Schutzmaßnahmen wurden bewusst nicht getroffen. Die Folge: Mindestens 1300 Infizierte und hunderte Todesopfer. Die Ärzte von damals wurden schon vor Jahren bestraft.
Patrick Godin verlor zwei Söhne. Für ihn steht fest, es gab damals zuverlässige amerikanische Präparate auf dem Markt, um Blut zu testen, aber die wurden nicht zugelassen, um französischen Labors Aufträge zu sichern. Er darf nicht als Nebenkläger auftreten vor diesem Sondergericht für Politiker. „Wir erwarten nicht viel“, so der enttäuschte Vater heute, „das ist für uns kein Prozess, sondern eine Parodie.“

KOMMENTAR SONIA MIKICH
(spricht in die Kamera):
Einer der spektakulärsten Fälle der Justizgeschichte. Den drei Angeklagten drohen Strafen bis zu fünf Jahren. Man habe damals, Mitte der Achtzigerjahre, nicht viel über AIDS gewusst, verteidigen sich die Minister. Nachlässigkeit oder Unkenntnis, das wird dieses Sondergericht in den nächsten drei Wochen herausfiltern müssen.

Das duale[1] System
Seit 1985 gibt es in der Bundesrepublik Deutschland neben den **öffentlich-rechtlichen** auch **private Fernseh- und Rundfunkanstalten.**
Öffentlich-rechtlich bedeutet, dass diese Anstalten (ARD und ZDF) weder dem Staat noch privaten Eigentümern gehören, sie werden gesellschaftlich, durch Gesetze, Staatsverträge und Organe aus allen Gruppen (Kirchen, Parteien, Gewerkschaften usw.) kontrolliert und organisiert. Sie finanzieren sich durch Gebühren, die alle, die Fernseh- und/oder Rundfunkprogramme empfangen, entrichten müssen, und durch Werbeeinnahmen.
Privat heißt, dass die Sender (SAT1, RTL, PRO 7 etc.) wie Industrieunternehmen alles selbst erwirtschaften müssen. Sie erhalten keine Gebühren und finanzieren sich ausschließlich aus der Werbung.

Arbeitsanregungen:

1 a Exzerpiert in Partnerarbeit, welche Informationen ihr in den beiden Beiträgen bekommt!

Nachrichten	*Tagesschau*
– In Paris steht der der frühere Regierungschef Fabius vor Gericht.	– In Paris seht der Premierminister Fabius vor dem Gerichtshof der Republik, einem besonderen Gericht.
– …	– …
– …	– …

b Besprecht, welche Absichten hinter den unterschiedlichen Präsentationsformen stecken könnten!

2 Schreibt für ein Schülerlexikon folgende Artikel:
– Eine TV-Nachricht ist …
– Ein Kommentar ist …

[1] dual (< lat. duo = zwei): eine Zweiheit, etwas Zweifaches bildend

Ilona Christen

„Krankenkasse“: Denotat und Konnotationen?

7 Was geht's mich an? – Probleme in einer Talkshow

Sendezeit *Auf dem Bildschirm erscheint eine Frau im offenen Fenster sitzend, neben sich ein Fernsehgerät. Man hört Musik. Zusätzlich erscheinen dann Silhouetten anderer Personen. Aus dem Off spricht eine Männerstimme: „Und hier ist Ilona Christen.“ Beifall brandet auf, während die Kamera in ein voll besetztes Studio schwenkt. Das Publikum, fast ausschließlich ältere Leute, sitzt nach Art eines Amphitheaters angeordnet mit Blickrichtung in die Kamera. Am hinteren oberen Rand befindet sich eine geöffnete Tür. Durch diese tritt in den lauter werdenden Beifall Ilona Christen. Die Kamera fährt auf sie zu.*

10” ILONA CHRISTEN (Großaufnahme):
Servus, hallo, herzlich willkommen im Studio, Danke fürs Dasein. Einen schönen Nachmittag wünsch ich Ihnen zu Hause. Ich denke, ein interessantes Thema. Jeder von uns hat eine Krankenkasse und deshalb das Thema „Krankenkassen – wir zahlen und die sparen“.

Unter Ilona Christen wurde bei der Nennung des Themas ein Schriftband eingeblendet. „Ilona Christen Krankenkassen – wir zahlen, die sparen“. Der Beifall des Publikums endet jetzt abrupt.

28” ILONA CHRISTEN (immer noch Großaufnahme):
Ich meine, ein Blick aufs Konto genügt, am Ende eines jeden Monats geht jede Menge ab für die Krankenkasse. Jedes Jahr wird es ein bisschen mehr, und wenn man dann hingeht und mal was braucht, hört man immer öfter, das ist nicht in unserem Leistungskatalog vorgesehen, das zahlen wir so nicht. Ich mein, da kann was nicht stimmen, zahlen und leisten. Und wir wolln heut mal nachfragen, was stimmt denn da nicht, anhand unserer Fälle, anhand unserer Gäste, die wir eingeladen haben. Und außerdem wollten wir die Meinung von Passanten auf der Straße haben. Sind sie der Meinung, dass ihre Krankenkasse genügend leistet für das, was sie zahlen?

1’03” *In einer Ladenpassage bestätigen vier Männer und eine Frau in Stellungnahmen zwischen einer und vierzehn Sekunden, dass sie mit ihren Krankenkassen unzufrieden sind.*

1’40” *Zurück im Studio. Totale. Ilona Christen steht neben einem Zuschauer.*

ILONA CHRISTEN: Ja, sind Sie denn z. B. zufrieden mit dem, was Ihre Krankenkasse für Sie leistet, bei dem, was Sie einzahlen?

GAST: Die Art, wie man mit mir umgeht, ist sehr höflich, aber wenn z. B. eine Zahnbehandlung kommt, ist lächerlich, was die bezahlen, im Verhältnis zu dem, was ich aufwenden muss. Ich habe ‘nen sehr guten Zahnarzt, einen modern arbeitenden, aber da kommen dann solche Beträge raus, und der behandelt einen prothetisch (gemeint ist wohl „prophylaktisch“; W.A.), also vorbeugend, nicht nur, wenn der Schaden geschehen ist …

ILONA CHRISTEN: Aha.

GAST: … und das zahlen die alles nicht.

ILONA CHRISTEN: Und wenn Sie diskutieren wollen mit Ihrer Krankenkasse?

Arbeitsanregungen:

1 a Beschreibt mit eigenen Worten das Thema der Sendung und verfasst ein Resümee zu Text 7!
b Untersucht, wie die Moderatorin in das Thema einführt!

2 a Analysiert die Sprache der Moderatorin!

Zeile	Sprache	Absicht
11	Umgangssprache: „Servus, hallo“	Identifikation
13	Wertung: „interessantes Thema“	Neugierde wecken
14	…	…
…		

Gast: Dann sagen die: Das ist nicht in unserem Leistungskatalog. Es ist keine Diskussion möglich.

Ilona Christen: Okay, über den Leistungskatalog sprechen wir noch.

2'19" *Ilona Christen geht weiter zur nächsten Stuhlreihe in Richtung Kamera und wendet sich an einen anderen, wiederum männlichen Gast.*

Ilona Christen: Sind Sie mit Ihrer Krankenkasse zufrieden?

Gast: Ich bin vollauf zufrieden.

Ilona Christen: Privat oder gesetzlich?

Gast: Privat.

Ilona Christen: Privat – da ham se Glück. Die sind en bisschen großzügiger haben wir das Gefühl gehabt bei der Recherche.

2'28" *Sie geht eine Reihe weiter zu einem weiblichen Gast …*

[b] Vergleicht eine populäre Talkshow mit einer Diskussion!

[3] Gebt euch ein Thema, bereitet in der Klasse arbeitsteilig eine populäre Talkshow und eine ernsthafte Diskussion zum gleichen Thema vor und führt beides auf!

[4] Fasst das Ergebnis eurer Diskussion in einem Ergebnisprotokoll zusammen und vergleicht es mit den Zuschauerbriefen (Text 8)!

8 Zuschauer schreiben

a. *Walter Kunz:*

Sehr geehrte Frau Christen,

gestern habe ich Ihre Talkshow gesehen. Das Thema beschäftigt mich schon seit längerer Zeit, und deshalb war ich gespannt, ob ich etwas Neues erfahren würde. Zu meiner großen Enttäuschung war Ihre Sendung aber so gestaltet, dass mir sehr schnell klar wurde, es würde nicht um Informationen gehen, sondern die Zuschauer sollten gegen die Krankenkassen aufgebracht werden. In Ihrer Eingangsmoderation haben Sie gleich behauptet, dass im Verhältnis Kosten-Leistung etwas nicht stimme. Die Passanten, die auf der Straße interviewt wurden, waren alle (fünf!) mit ihren Kassen unzufrieden, der erste befragte Zuschauer im Studio antwortete im gleichen Sinn. Den Gast, der sich zufrieden äußerte, haben Sie mit einem kurzen Satz bedacht, dann sind Sie weiter zum Nächsten gegangen.

Ich meine, so geht das nicht. Ein paar Tage zuvor habe ich eine Reportage bzw. ein Feature zum gleichen Thema gesehen. Da kam die andere Seite, die Krankenkassen, gleich am Anfang zu Wort. Die Auswahl der Befragten war so erfolgt, dass verschiedene Meinungen vertreten waren, und zwar mit guten Argumenten, nicht mit pauschalen Behauptungen.

Ihre Vorgehensweise mag gut sein, um die Zuschauer zu unterhalten, Informationen werden aber nur sehr wenige gegeben, argumentiert wird so gut wie nicht. Schade, ein solch schwieriges Thema eignet sich nicht für Infotainment!

Vielleicht denken Sie mal darüber nach!

Mit freundlichen Grüßen

Walter Kunz

5 a Besprecht beide Zuschauermeinungen!

b Sammelt in Stichworten, was in einem Leserbrief stehen sollte!

c Einige Schüler der 9c haben Probleme mit den vielen Fremdwörtern im Text 8a. Sucht solche Fremdwörter und klärt ihre Bedeutung mit Hilfe entsprechender Wörterbücher!

Zeile	Fremdwort	Bedeutung
2	Talkshow	Sendung, in der ein(e) Gesprächsleiter(in) Personen durch Fragen zu Äußerungen über private, berufliche und allgemein interessierende Dinge anregt
7	Moderation	Leitung einer Rundfunk- oder Fernsehsendung
9	Interview	…
14f.	Reportage	…
15	Feature	…
22	Infotainment	Kompositum aus *Information* und *Entertainment*[1]; bedeutet also, …
…		
…		

[1] Das Entertainment (< engl. entertainment = Unterhaltung): berufsmäßig gebotene leichte Unterhaltung

In einer **Diskussion** versuchen sich die Teilnehmer diszipliniert mit einem Problem auseinander zu setzen und durch den ruhigen Austausch von sachlichen Argumenten zu einer Lösung zu gelangen. Dabei müssen einige *Grundregeln* beachtet werden:

1. Die *Teilnehmer* müssen einander *zuhören,* sich *ausreden lassen* und beim Thema bleiben.
2. Es muss *sachlich argumentiert* werden, das heißt, persönliche Angriffe müssen unterbleiben.

b. *Else Sontheimer:*

Liebe Frau Christen!

Wie jeden Tag, so habe ich auch gestern Ihre Talkshow gesehen. Das Thema beschäftigt mich ja schon lange, ist man doch häufig genug damit befasst. Und ich muss Ihnen sagen, Sie und die meisten Ihrer Gäste haben mir aus der Seele gesprochen. Früher haben wir uns keinerlei Sorgen gemacht, wenn mein Albert oder ich zum Doktor oder in die Apotheke mussten. Man bekam ja alles umsonst, man war ja versichert. Und heute? Überall muss man bezahlen. Es interessiert keinen, dass man ein Leben lang in die Kasse eingezahlt hat. Wenn man heute einen Brief von denen bekommt, dann kann man sicher sein, die wollen wieder mehr Beitrag kassieren. Und was haben mein Albert und ich davon? Nix! Keine Kur, immer mehr Zuzahlungen bei den Arzneien und, und, und.
Wenigsten Sie haben noch den Mut, die Schweinereien in der Öffentlichkeit anzuprangern. Das Abkassieren durch die Krankenkassen muss ein Ende haben.

Machen Sie weiter so, meine Unterstützung haben Sie!

Herzlichst
Ihre sehr ergebene
Else Sontheimer

Nach der Analyse der populären Talkshow von Ilona Christen organisieren die Schüler der Klasse 9c eine Diskussion zum selben Thema. Die Klassensprecherin wird zur Diskussionsleiterin bestimmt. Nachdem sich alle wegen der besseren Gesprächsatmosphäre in einem Halbkreis gesetzt haben, eröffnet die Diskussionsleiterin die Diskussion.

9 Schüler diskutieren

FRANZISKA: Wir wollen uns heute in unserer Diskussion mit einem Thema beschäftigen, das uns allen nicht so vertraut ist; denn wenn wir einmal krank sind oder einen Arzt brauchen, dann bezahlen unsere Rechnungen unsere Eltern. Zur Vorbereitung auf diese Diskussion habt ihr eure Eltern befragt, wie sie mit ihrer Krankenkasse zufrieden sind. Simon!

SIMON: Mein Vater hat gesagt, wir seien gesetzlich versichert. Die Kasse würde ihrem Auftrag gemäß bezahlen, der Gesetzgeber habe aber bestimmt, dass z. B. bei Arzneimitteln zugezahlt werden müsse. Da das in letzter Zeit immer mehr geworden sei, ist er eher sauer auf die Politik als auf die Kasse.

FRANZISKA: Antonia!

ANTONIA: Bei uns ist es so, dass meine Eltern über ihren Betrieb versichert sind. Damit sind sie recht zufrieden.

FRANZISKA: Veronika, dann Julian!

VERONIKA: Meine Mutter schimpft, denn sie sagt, dass sie früher mehr bekommen habe als heute. Ich meine, ich sehe ja schon ein, dass man nur das ausgeben kann, was man hat.

JULIAN: Klar, die Kosten im Gesundheitswesen steigen immer mehr an. Das ist ja alles nicht mehr finanzierbar. Ob das Gehälter sind, ob das die Apparate sind, das kann ich nicht beurteilen.

FRANZISKA: Halt, bevor wir auf diesen Aspekt zu sprechen kommen, wollen wir noch die anderen Elternbefragungen abrufen.
Johannes, dann Peter, dann Irmgard. Danach schließe ich die Rednerliste zu diesem Bereich.

JOHANNES: Also, mein Vater ist privat versichert …

3. Das bessere Argument muss akzeptiert werden.
Es ist wichtig, jemanden zu haben, der die Diskussion eröffnet, eine Rednerliste führt, auf die Einhaltung der Regeln achtet, zusammenfasst und Anstöße gibt. Diese Aufgaben übernimmt der *Diskussionsleiter,* der sich selbst inhaltlich nicht an der Diskussion beteiligt.

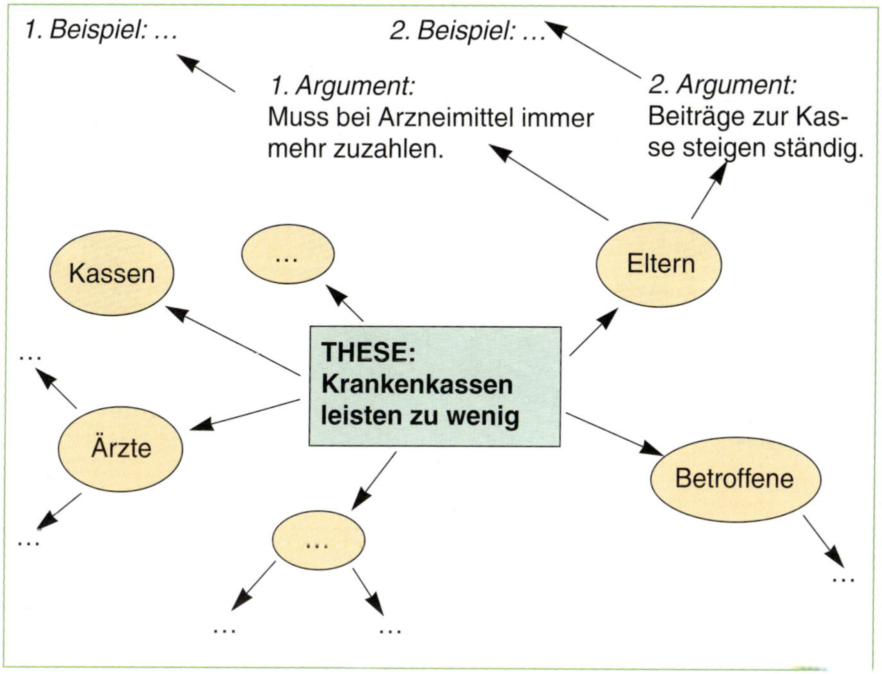

Wenn man sich auf eine Diskussion vorbereitet, muss man sich vorher informieren. Man kann Betroffene fragen oder Experten. Die Argumente werden so überzeugender. Ein **Cluster** kann helfen, Ideen zu sammeln.

6 a Informiert euch, ergänzt den Cluster und setzt die Diskussion fort!
b Vergleicht populäre Talkshow, Diskussion und Leserbrief!

Diskussion	Talkshow	Leserbrief
– sachlich	– persönlich	– persönlich/sachlich
– …	– …	– …
– …	…	– …

10 Absichten und Textarten

Die Moderatorin einer Fernsehsendereihe gibt für die aktuelle Folge die Programmübersicht:

- Interview mit der Schriftstellerin Brigitte Schwaiger
- filmisches Kurzporträt dieser Schriftstellerin
- Feature über die Kunst des Jodelns
- Rezension neuer Filme in den Kinos
- Rock'n'Roll und Poesie: 20 Jahre BAP
- Bericht über die Situation des Kinos in Dänemark
- Reportage über Trends in der internationalen Kunstszene

Arbeitsanregungen:

1 Gebt dieser Sendung (Text 10) einen Titel!
Begründet euren Vorschlag!

2 Informiert euch über die einzelnen Textarten!

3 Schreibt in Abteilungen Definitionen für ein Schülerlexikon! Beispiel: Ein Interview ist …

4 a Sucht in den anderen Sendebeispielen vergleichbare Textarten!
b Überlegt, ob bestimmte Arten für bestimmte Sendungen typisch sind!

5 Besorgt euch Informationen über die Kölner Rockgruppe BAP und erarbeitet arbeitsteilig
a) einen Bericht,
b) eine detaillierte Präsentation,
c) einen Kommentar,
d) Fragen für ein Interview mit einem Mitglied der Band für eine Nachrichten-, eine Unterhaltungs- und für eine Kultursendung!

BAP entwickelten sich 1976 aus einem Probenclan Kölner Gelegenheitsmusiker um den Kunststudenten Wolfgang „Fuzz" Niedecken, am 30. März 1951 geboren. Beeinflusst von Bob Dylan, den Rolling Stones und anderen Rockgrößen der Sechzigerjahre, trugen sie „Elendslieder der Wohlfahrtgesellschaft" (Wolf Biermann) vor, die vom Leben, Lieben und Leiden der kleinen Leute […] berichteten …

Aus: Barry Graves / Siegfried Schmidt-Joos: das neue rocklexikon, Band 1, Reinbek (Rowohlt) 1990, S. 67.

Einige Schüler der 9c haben in der Nachbarstadt ein Konzert von BAP besucht und eine Reportage für die Schülerzeitung des Erich-Kästner-Gymnasiums geschrieben.

Die **Reportage** ist eine ereignisbetonte, in anschaulicher Sprache verfasste journalistische Darstellungsform. *Persönliche Eindrücke* und *Wertungen* sind genauso vertreten wie *Hintergrundinformationen.* Detaillierte Schilderungen von Menschen und Stimmungen können den Berichtskern ausgestalten. Möglich ist dies auch durch Beschreibungen, Fotos, Wertungen etc. Der Leser soll das Gefühl bekommen, er sei bei dem Ereignis dabei gewesen.

11 BAP in Ubingen – Ein unvergessliches Erlebnis

Am 3.11. war für Ubingen ein großes Ereignis angekündigt: BAP, die bekannte Kölner Rockgruppe, sollte im Rahmen ihrer großen Deutschlandtournee in der dortigen Stadthalle auftreten. Die Aussicht, Wolfgang Niedecken, den „Major" und all die anderen Bandmitglieder live zu sehen und zu hören, elektrisierte uns schon Wochen vorher. Klar, wir hatten uns gleich am ersten Tag des Vorverkaufes Karten gesichert. Die waren ein bisschen teuer. Aber wann sieht man solche Rockgrößen schon mal wieder in unserer Nähe? Endlich war der lang ersehnte Tag gekommen. Schon Stunden vor Saalöffnung waren wir drei an der Halle. Die Stimmung der Wartenden war trotz der Kälte gut. Endlich durften wir hinein. Wir waren froh, dass wir alte Decken mitgebracht hatten, denn der Saal war aus Sicherheitsgründen nicht bestuhlt. Schon der Anblick des ganzen Equipments auf der Bühne brachte uns aus der Fassung. Es war einfach unglaublich.

Die Halle füllte sich schnell, und als eine Vorgruppe loslegte, war die Stimmung gleich ganz gut.
Nach einer Stunde dann der sehnlichst erwartete Moment: Alle Lichter gingen aus, dann: Spot an, Wolfgang Niedecken, in schwarzer Jeans und schwarzem T-Shirt, legte los. Die neuen Lieder, die zuerst gespielt wurden, waren uns noch fremd, aber spätestens bei „Verdamp lang her“ begann die Atmosphäre im Saal zu kochen. In bester Laune spielte BAP über zwei Stunden. Nach mehreren Zugaben war das Konzert dann gegen 23 Uhr zu Ende. Müde, aber total begeistert von der tollen Stimmung machten wir uns auf den Heimweg.
Sollte BAP wieder einmal in unsere Nähe kommen, gehen wir natürlich wieder ins Konzert. Und wir raten allen, die dieses Mal nicht dabei waren, dann mit uns zu kommen!

12 Merkmale verschiedener Sendetypen

Informationssendungen	Unterhaltungssendungen	Kultursendungen
handeln meist von aktuellen Ereignissen – möglichst objektiv	– dienen der Entspannung – können auch informieren – …	– Jubiläen – Ausstellungen – …

13 Fragebogen zum Fernsehverhalten

Wochentag	Sendung (Kurzname)	Sparte (Information/ Unterhaltung/ Bildung-Kultur)	Sendeanstalt	Uhrzeit/ Dauer	Bewertung (mit Schulnoten)
…	…	…	…	…	…

6 Vergleicht anhand der o.a. Kriterien diese Reportage mit euren Texten!

Sendetypen des Fernsehens
Im Fernsehen werden hauptsächlich drei Typen von Sendungen gezeigt:

1. **Informationssendungen** sind nach bestimmten Regeln gestaltet und setzen die Zuschauer in Kenntnis über aktuelle Ereignisse oder Sachverhalte. Beispiel: Nachrichtensendungen.
2. **Unterhaltungssendungen** dienen mehr oder weniger anspruchsvoll der Zerstreuung und Unterhaltung des Publikums. Beispiele: Spielfilme, Serien, Spielshows. Diese Sendungen sind bei den privaten Sendeanstalten (z.B. SAT1, RTL, PRO 7) besonders häufig, weil diese sich durch Werbeeinnahmen finanzieren. Unterhaltungssendungen werden sehr oft durch Werbeeinblendungen unterbrochen.
3. **Kultursendungen** sind daran zu erkennen, dass ihre Themen den Bereichen Kultur, Bildung, Erziehung etc. zuzuordnen sind. Beispiele: Interviews mit Schriftstellern, Konzertberichte, Theaterkritiken.
Immer häufiger gibt es Mischformen aus Information und Unterhaltung, man spricht dann von **Infotainment**. Beispiele hierfür sind manche moderierte Nachrichtensendungen, Buchbesprechungen nach Art einer Gesprächsrunde und Talkshows.

7 a Ergänzt die Tabelle und ordnet Beispiele aus dem aktuellen Fernsehprogramm zu!
b Arbeitet mit dem Fragebogen!

2. „Fernsehen, das Lagerfeuer des 20. Jahrhunderts" (Christian Doelker) – Konsumieren oder kritisch nutzen?

Arbeitsanregungen:

1 Erarbeitet aus den Hinweisen zum Inhalt in skizzierten Plots die Handlungsstränge der „Lindenstraße"!

2 a Schaut euch einige Folgen der „Lindenstraße" an und überprüft die vier Handlungsstränge!
b Sprecht darüber, welche Absichten die „Macher" der „Lindenstraße" mit einer solchen Struktur verfolgen könnten!

Das Schaufenster eines Fahrradgeschäftes am 13.6.99

3 a Besprecht, weshalb in der Sendung über die Europawahl, die ja an diesem Tag wirklich stattgefunden hat, gesprochen wird!
b Überlegt, welche Konsequenzen ein „Lindenstraßen-Fahrrad" für die Wahrnehmung der Wirklichkeit hat! Vergleicht dazu S. 291ff.!

1 Die „Lindenstraße" – Fiktion oder Wirklichkeit?

Die Sendung vom 13.6.99.: „Geburtstagskinder"

1: Annas Wehen beginnen, sie fährt mit ihrem Mann ins Krankenhaus, ein Junge – Problem Down-Syndrom, aber nur leicht – wird geboren, am Schluss der Folge kollabiert Anna. Ihr Sohn Tom, der gerade bei ihr ist, ruft um Hilfe.

2: Frau Griese und Herr Scholz beschließen nach den Feiern zu dessen 55. Geburtstag, bald zu heiraten. Sie feiern am Ende ein großes Verlobungsfest.

3: Helga und Erich kümmern sich um die kleinen Beimer-Kinder, solange deren Eltern im Krankenhaus sind. Sie streiten über die Zukunft des Reisebüros und feiern mit Lea, der Enkelin von Helga, deren 3. Geburtstag. Am Ende beschließen sie, noch zur Europawahl zu gehen.

4: Isolde Pavarotti möchte ihr Lokal „Casa Pavarotti" wieder eröffnen. Fausto Russini, den sie dazu braucht, ist spurlos verschwunden. Herr Scholz erhält von ihr den Auftrag, ihn zu suchen.

Als Frau Pavarotti Herrn Scholz den Auftrag erteilt, Fausto Russini zu suchen, äußert sie kurz auch den Verdacht, er könnte umgebracht worden sein. Dieser Gesichtspunkt, der auch in der „Lindenstraße" immer wieder eine Rolle spielt, die Gewalt, ist ein Thema, über das in der Klasse 9c sofort heftig diskutiert wird.

2 Schüler diskutieren über Gewalt im Fernsehen

JONAS: Typisch, kaum geht's um eine italienische Kneipe, schon mischt wieder die Mafia mit. Ist ja langweilig.

SIMON: Dein Geschwätz aber auch. Ich find's gar nicht komisch, wenn im Fernsehen dauernd jemand umgebracht oder zusammengeschlagen wird.

ERIKA: So schlimm ist das ja alles gar nicht. Ist doch immer nur Ketschup, wenn das Blut fließt.

NATALIE: Du weißt das, aber viele andere haben keine Ahnung. Die haben dann total Angst.

MAX: Je mehr Gewalttaten jemand im Fernsehen sieht, um so brutaler wird der selber.

HELGA: Unsinn, man reagiert sich doch eher ab, wenn man zusieht, wie da einer verprügelt wird.

ANTONIA: Dann müsste man ja nur möglichst viele solcher Filme anschauen, und die Welt wäre friedlich.

JOHANNES: Ich denke, wir sollten genauere Begründungen und bessere Beispiele suchen …

Arbeitsanregungen:

[1] Sprecht darüber, wie Johannes zu seiner Ansicht gelangt!

Der Deutschlehrer bringt zur Versachlichung der Diskussion folgenden Text mit.

3 Volker Thomas: Löst gefilmte Gewalt Gewalt aus?

Wer Gewalt zusieht, wird selbst gewalttätig. Die These ist in dieser Vereinfachung so verlockend wie falsch. Nicht jeder Rambo-Fan greift zum Baseballschläger. Gefilmte Gewalt macht aus einem harmlosen Zuschauer noch lange keinen Mörder und Brandstifter.

Entscheidend ist nicht das Bild, sondern wie der Zuschauer damit umgeht. Ein Sechsjähriger erlebt denselben Film anders als ein Zwölfjähriger, ein emotional stabiler Mensch hat mehr Distanz zu dem Medium als ein verunsicherter, enttäuschter, aggressiver Mensch, ein Vielseher reagiert anders als einer, der wenig sieht.

Eine wissenschaftliche Untersuchung, die eindeutig den Zusammenhang zwischen Medien und Gewalt beweist, gibt es nicht. Nach 5000 Gutachten – so war auf dem Kölner Medienforum vom Juni 1993 zu hören – wissen wir nur, dass die Wirkung einer Gewaltsendung von vielen Faktoren abhängt. Das Thema ist noch nicht einmal auf bestimmte Sendungen einzugrenzen, denn es geht auch um reale Gewalt. Ohne die schockierenden Fernsehaufnahmen der brennenden Napalmopfer aus Vietnam wäre der Krieg nicht so schnell zu Ende gewesen. Ohne die Bilder von Gewalt gegen Kinder, gegen Frauen wären solche Themen von der Öffentlichkeit noch leichter zu verdrängen.

Die Medien allein können nicht für aggressives oder kriminelles Verhalten verantwortlich gemacht werden. Filme oder Gewaltdarstellungen können möglicherweise ein solches Verhalten auslösen: bei Jugendlichen mit hoher Gewaltbereitschaft, die schon im Elternhaus Gewalt erfahren haben, die ohne Werteorientierung und Halt leben, die unter beruflichen und privaten Schwierigkeiten lei-

Wenn ihr miteinander diskutiert, um euch von einer Meinung überzeugen zu wollen, dann müsst ihr **argumentieren,** d.h. ihr müsst

- eine *Behauptung (These)* aufstellen,
- die Behauptung sachlich begründen, also ein *Argument* anführen,
- und das Argument mit einem *Beispiel* belegen.

Eine **Argumentation** folgt also dem Schema:
These - Argument - Beispiel:
„Ohne Fausto Russini kann ich mein Restaurant nicht wieder eröffnen, weil er ein exzellenter Koch ist. Seine Gnocchi sind so einmalig, dass viele Gäste nur deshalb kommen werden.“
Wenn ihr eine These nicht begründen könnt, müsst ihr auf sie verzichten!

den. Doch ein solcher Auslöser kann auch ganz etwas anderes sein. Ein anderer Faktor muss hinzukommen, einer, der in unserem Alltag nicht gerade selten ist: Stress. Die Medienforscherin Hertha Sturm spricht von einem Bündel von Erregungsfaktoren – Enge, Schlangestehen, Streit, Staus, Wohnungs- oder Jobsuche. Das Fernsehen mit „seinen rasantfetzigen (Gewalt-)Darstellungen“ putsche gestresste Zuschauer noch mehr auf – mit einer Erregung, „von der man nicht weiß, wann, wo und wie sie sich entlädt“.

Gewalt sieht Jugendforscher Klaus Hurrelmann als „eine soziale Krankheit“. Das Gegenmittel? Funktionierende Elternhäuser, Jugendzentren, wo man sich austoben kann, eine Schule, die neben Wissen auch Werte vermittelt, sinnvolle Ausbildungs- und Arbeitsplätze. Aber keine Fernsehzensur. Die übt übrigens auch die Bundesprüfstelle für jugendgefährdende Schriften nicht aus. Sie sorgt auf Antrag für die Indizierung[1] der ärgsten Gewalt- und Sexschocker. Das heißt: Für sie darf nicht geworben und sie dürfen Kindern und Jugendlichen nicht zugänglich gemacht werden.

Eine neue Aktion „Saubere Leinwand“ möchten auch die Medienverantwortlichen nicht heraufbeschwören. Dann schon lieber sich selbst kritisieren, bevor irgendjemand Zensur ausübt. ARD-Tagesthemenchef Ulrich Wickert regte zum Beispiel an, publik zu machen, welche Firma bei welchen Gewaltprogrammen ihre Werbung platziert. Die Berliner „Wochenpost“ schlug analog zur „Stiftung Warentest“ eine „Stiftung Medientest“ vor, die Fernsehkonsumenten organisiert und ihnen eine Stimme verleiht.

2 Erstellt in eurer Schule ein Meinungsbild über die Frage, die in der Überschrift gestellt wird!

3 a Exzerpiert aus dem Text die Stellen, die Behauptungen enthalten!
b Sucht dazu die Stellen, in denen Begründungen und Beispiele für die Behauptungen gegeben werden!
c Sucht weitere Begründungen für die Behauptungen!

4 Stellt in einer Tabelle Begründungen und Belege aus Text 3 einander gegenüber und diskutiert, wo die besseren Argumente stehen!
Schreibt eure Ergebnisse als Pro- und Contra-Anlage auf einen Stichwortzettel!

5 Sprecht über Unterschiede zwischen einem eher spontanen Gespräch und einer gut vorbereiteten Diskussion!

Behauptung: Gefilmte Gewalt löst Gewalt aus!

Pro-Argumente		Contra-Argumente	
Begründungen	Beleg	Begründungen	Beleg
– Labile Menschen sind gefährdet (Z. 7f.), …	… weil sie wenig Distanz zum Medium haben haben (Z. 7).	– Nicht jeder Zuschauer wird zum Mörder (Z. 3f.), …	– weil nicht das Bild allein entscheidet, sondern die Art, wie der Zuschauer damit umgeht (Z. 5).
– …	…	– …	…
– Gestresste Zuschauer werden aufgeputscht, (Z. 25.)	… weil …	– Die ärgsten Schocker werden nicht gezeigt, (Z. 35), …	… weil …
– …	…	– …	…
…			
…			

[1] Die Indizierung (< lat. indicere = anzeigen, anmelden): die Anzeige; das Aufnehmen in eine besondere Liste, den Index

1 Was Anbieter[1] versprechen

Online-Dienste

Deutschland am Netz

Die großen Provider und Online-Dienste sind überall in Deutschland zum Ortstarif zu erreichen, viele haben bereits eine bundesweit einheitliche Rufnummer.

Provider	Grundgebühr DM/Monat	Freistunden	Gebühren DM/h	URL
T-Online	8,00	2	3,60* (ab 04/99)	www.t-online.de
AOL	9,90	3	4,95	www.aol.de
CompuServe	18,00 (ca.)	5	5,00 (ca.)	www.compuserve.de
1&1	1,00 / Tag	pauschal	–	www.1und1.de
CKS Real-Net	–	–	3,10	www.real-net.de
germany.net	–	–	–	www.germany.net
miknet	35,00	pauschal	–	www.miknet.de
MobilCom	–	–	3,60*	www.mobilcom.de
Nacamar	39,00	pauschal	–	www.nacamar.de
Netsurf	35,00	pauschal	–	www.netsurf.de
Okay.net	25,00	pauschal	–	www.o
Primus-Online	7,50	–	2,70	www.p
Uunet	29,00	15	3,00	www.u
Viag Interkom	6,00	1	6,00*	www.p

* inklusiv

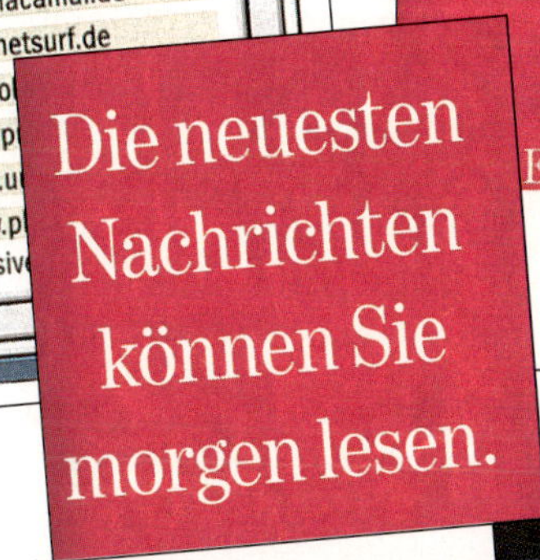

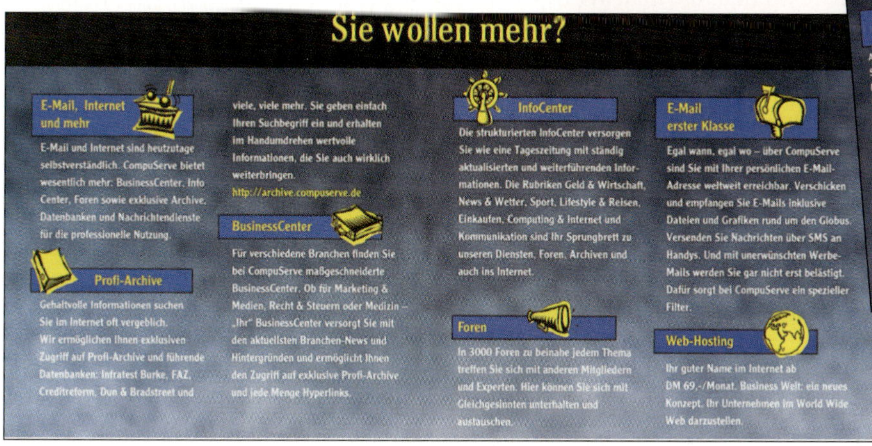

Arbeitsanregungen:

1. Informiert euch in Gruppenarbeit, was Provider versprechen!
2. Vergleicht die Angebote der Provider mit eigenen Internet-Erfahrungen!

[1] Beschaffen, liefern heißt in der englischen Sprache to provide (< lat. providere: besorgen, beschaffen): Unternehmen, die den Zugang zum Internet anbieten, nennt man deshalb Provider. Bekannte Provider sind T-Online, AOL und Compuserve.

Die Journalistin Claudia Zeschke wollte genauere Informationen über das Internet. Dazu sprach sie mit der amerikanischen Computerwissenschaftlerin Esther Dyson, die als international anerkannte Internet-Expertin gilt, über das sie zahlreiche Bücher veröffentlicht hat, zuletzt: „Release 2.0 – Die Internet-Gesellschaft. Spielregeln für unsere digitale Zukunft". München (Droemer Knaur) 1997.

2 **Das Internet im Gespräch** [Auszug]

Gerade erscheint bei uns Ihr neues Buch „Release 2.0 – Die Internet-Gesellschaft". Wie hat sich denn ihr Leben durch das Internet verändert?

ESTHER DYSON: Obwohl ich seit bald zwei Jahrzehnten als Netzaktivistin unterwegs bin, vergeude ich weniger Zeit für organisatorische Dinge, weil ich durch E-Mails den direkten Kontakt zu Kollegen in der ganzen Welt habe. Beruflich und auch privat korrespondiere ich mehr als früher, an die 100 Nachrichten pro Tag landen in meiner Mailbox. Selbst wenn ich auf Reisen bin, stehe ich durch E-Mails in Verbindung mit meiner Familie. Gestern habe ich beispielsweise eine Nachricht an einen Freund in Prag gesendet. Dabei wusste ich nicht mal, ob er schon im Urlaub ist. Er hat sofort geantwortet – dass ich mich gerade in London aufhielt, war egal. Den Laptop habe ich immer dabei, um meine Post abzurufen und zu beantworten. Außerdem finde ich im Internet Menschen, die meine Interessen teilen. Mit rund 200 Leuten tausche ich mich zum Beispiel über die technische Entwicklung in Osteuropa aus. Da diskutiert ein Mann aus Bulgarien mit, ebenso jemand aus Seattle. [...]

Für Informationen gilt das Internet als unzuverlässige Quelle, weil jeder darin verbreiten kann, was er will.

Das ist tatsächlich ein Problem. Die Lösung: Firmen, Universitäten oder andere Stellen, die man als vertrauenswürdig kennt, liefern auch im Internet zuverlässige Informationen. Ein Beispiel für gute Internet-Seiten sind Zeitschriften, die als seriös gelten: Sie können im Internet detaillierte Zusatzinformationen liefern. Über Reiseziele, die im Heft vorgestellt wurden. Oder Rezepte, bei denen man per Knopfdruck die Anzahl der Gäste und die Menge der Zutaten verändert. Man kann auf spezielle Themen eingehen, die nur eine kleinere Gruppe von Lesern interessiert. Werbung wird online laufen, so dass man Produkte direkt ordert. Leser können sich per E-Mail an Personen wenden, über die berichtet wurde, die Redaktion kann mit ihren Lesern diskutieren. Man hat die Möglichkeit, weitaus mehr Leserbriefe zu veröffentlichen, auf die wiederum andere reagieren.

Welches ist die größte Veränderung, die durch das Internet auf uns zukommt?

In einigen Jahren hat man Zugriff auf Informationen jeder Art und steht somit vor einer riesigen Auswahl. Sich ständig weiterzubilden, das Wissen auf den neuesten Stand zu bringen, wird zu unseren Aufgaben zählen. Also tragen wir mehr Verantwortung für uns selbst und auch für die Ausbildung unserer Kinder: Vielleicht besuchen sie virtuelle Museen, machen neben der Schule einen Online-Französischkurs oder sind in E-Mail-Kontakt mit französischen Schülern. [...]

3 a Stellt in einer Tabelle die Vorteile, die Esther Dyson im Internet sieht, den Nachteilen gegenüber und erweitert die Aspekte um eigene Erfahrungen bzw. Überzeugungen!
b Stellt nach Text 2 und nach euren Kenntnissen ein kleines Internet-Merkblatt zusammen, in dem ihr für „Anfänger" Fachbegriffe und Abkürzungen erklärt!

III. Multimedi@

1. Medien verändern sich – Von der Passivität einer Massenkommunikation zur aktiven Individualkommunikation?

1 Bertolt Brecht (1898–1956): Der Rundfunk als Kommunikationsapparat [Auszug]

[…] Und um nun positiv zu werden, das heißt, um das Positive am Rundfunk aufzustöbern, ein Vorschlag zur Umfunktionierung des Rundfunks: Der Rundfunk ist aus einem Distributionsapparat[1] in einen Kommunikationsapparat zu verwandeln. Der Rundfunk wäre der denkbar großartigste Kommunikationsapparat des öffentlichen Lebens, ein ungeheures Kanalsystem, das heißt, er wäre es, wenn er es verstünde, nicht nur auszusenden, sondern auch zu empfangen, also den Zuhörer nicht nur hören, sondern auch sprechen zu machen und ihn nicht zu isolieren, sondern ihn in Beziehung zu setzen. Der Rundfunk müßte demnach aus dem Lieferantentum herausgehen und den Hörer als Lieferanten organisieren. Deshalb sind alle Bestrebungen des Rundfunks, öffentlichen Angelegenheiten auch wirklich den Charakter der Öffentlichkeit zu verleihen, absolut positiv. […]

(Aus lizenzrechtlichen Gründen ist dieser Text nicht in reformierter Rechtschreibung abgedruckt.)

Arbeitsanregungen:

1. Übernehmt und ergänzt das Kommunikationsmodell, in dem der Rundfunk als Kommunikationsapparat im Sinne Brechts erscheint!
2. Ergänzt in Partnerarbeit Text 2 und sprecht darüber, welche Vor- bzw. Nachteile der Rundfunk als Kommunikationsapparat in Brechts Sinn hätte!

In einem **Kommunikationsmodell** lässt sich die Art und Weise, in der Menschen zueinander in Beziehung treten, darstellen. Für Brechts Beschreibung des Rundfunks ließe sich folgendes Modell ergänzen:

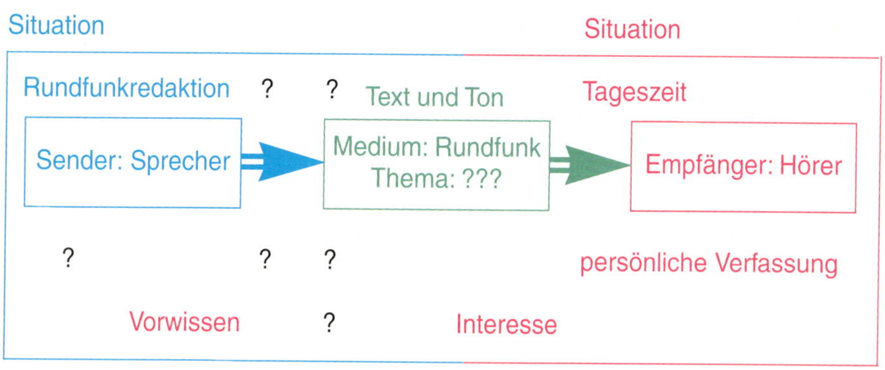

Die **Massenmedien** (Singular: das Massenmedium) sind Mittel, mit deren Hilfe Informationen verbreitet werden. Diese sind gerichtet an ein großes, überwiegend anonymes Publikum, das unterschiedlich zusammengesetzt, zeitlich und räumlich verstreut sowie ohne persönlichen Kontakt mit dem Vermittler ist, d.h. nicht mit ihm in einen Dialog treten kann. Beispiele: Rundfunk und Fernsehen, aber auch Tageszeitungen, Bücher etc.

[1] Die Distribution (< lat. distribuere = verteilen, austeilen): die Verteilung; der Distributionsapparat: Verteilungsapparat

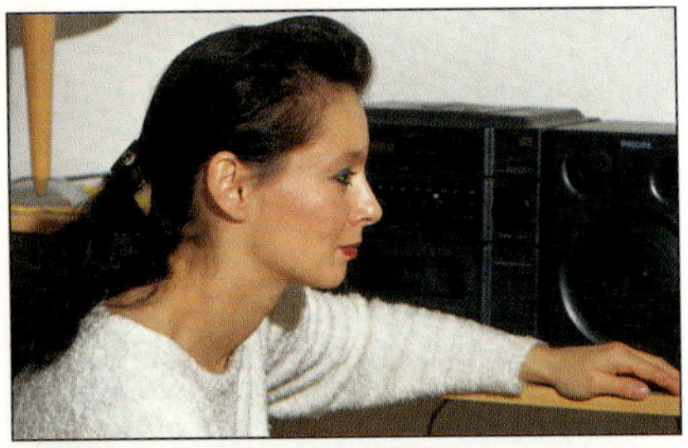

3 a Übertragt Brechts Radiotheorie auf das Fernsehen und führt die Diskussion fort!
b Überlegt euch, für welche Arten von Sendungen direkte Kommunikationsmöglichkeiten positiv wären!

4 Stellt auf einem Stichwortzettel Gemeinsamkeiten und Unterschiede zwischen Rundfunk und Fernsehen zusammen!

5 Schreibt Fritz Winckel einen Brief und erklärt ihm das heutige Fernsehen!

2 Der Rundfunk verteilt und empfängt

Stimme aus dem Radio:
„Es gibt Romane, die gehören heute einfach nicht mehr in die Schule. Z. B. diese Geschichte von einem Jungen, der von seinem ehrgeizigen Vater und von seinen Lehrern vollkommen überfordert wird, der sich in einer robusten Umwelt nicht behaupten kann und am Ende Selbstmord begeht."

Hörerreaktion:
„Sie meinen einen Roman von Hermann Hesse. Er trägt den Titel ‚Unterm Rad'. Ich halte das für …"

3 Schülerreaktionen

KATHARINA: Das wäre eine tolle Sache, wenn man sich immer gleich einmischen könnte, wenn einem in einer Sendung etwas nicht passt.
THOMAS: Du kannst doch jeder Zeit beim Sender anrufen.
SIMON: Das ist doch was anderes. Du kannst zwar deine Meinung sagen, aber die erfährt doch sonst kein Mensch.
ANTONIA: Ich sehe da ein ganz anderes Problem: Stellt euch mal vor, es hören zwei Millionen Menschen einer Sendung zu, und alle wollen ihre Meinung sagen, das geht doch gar nicht. Wie also würde man auswählen?
FRANZISKA: Es kommt sicher auf die Art der Sendung an …

4 Fritz Winckel: Fernsehen in Berlin geglückt (9.3.1929) [Auszug]

[…] Man ist sich bei den augenblicklichen Versuchen auch schon über die Durchführung des Sendeprogramms im Klaren. Da die Rundfunkteilnehmer tagsüber im Allgemeinen kaum die Zeit aufbringen können, sich Tagesereignisse anzusehen, werden Rundfunkreporter in aller Welt wichtige Begebenheiten filmen und an ihre Sendestation weitertelegrafieren, die dann in einer Abendstunde den Ablauf der Tagesereignisse in gedrängter Reihenfolge dem Hörer übermitteln wird.
Die direkten Übertragungen haben, wie man vom Hörfunk her weiß, den Nachteil, dass es neben spannenden Momenten stets „tote Punkte" gibt, die der Sprecher nur mühsam auszufüllen vermag. Der Film gibt die Möglichkeit, langweilige und uninteressante Stellen auszuschneiden und nur Aktuelles und tatsächlich Sehenswertes zur Vorführung zu bringen.
Gleichzeitig ist auch das Problem der Heimkinos gelöst. Jeder Unterhaltungsfilm kann bereits zur Premiere im Studio des Senderaumes abrollen, um dann von Millionen zu Hause im Klubsessel angesehen zu werden.
Auch das Fernsehen auf der gewöhnlichen Telefonleitung ist nunmehr möglich geworden, und so kann man z. B. in München die Opern, die bekanntlich den Fernsprechteilnehmern übermittelt werden, auch durch Telefon sichtbar machen. Welche kulturellen Umwälzungen, Umstellungen im gesamten Gesellschafts- und Wirtschaftsleben die Einführung des Fernsehens zur Folge haben wird, lässt sich heute noch gar nicht übersehen.

2. Visionen? – Künftige Perspektiven diskutieren und protokollieren

1 Ray Bradbury (*1920): Fahrenheit 451[1] [Auszug]

Der Feuerwehrmann Montag hilft zwanzig Jahre lang, elektronisch aufgespürte Bücherbesitzer mitsamt ihren versteckten Schätzen und ihren Häusern zu verbrennen. Denn er lebt in einem Staat, in dem die Feuerwehr nicht mit Wasserspritzen zum Löschen ausgerüstet ist, sondern mit Strahlrohren, die eine Hitze von 451° Fahrenheit erzeugen. Seit seiner Begegnung mit einem alten Mann entfernt sich Montag innerlich immer weiter von der großen Masse seiner Mitbürger, die sich von großen Radiomuscheln im Ohr und von Fernsehwänden berieseln lässt. Seine Frau Mildred steht stellvertretend für diese Masse.
Eines Tages begegnet Montag auf der Heimfahrt von einem Einsatz der jungen Clarisse, die seine Zweifel mit der Frage, ob er glücklich sei, weiter verstärkt. Aus seinen Gedanken wird er gerissen, als er in seinem Haus Mildred bewusstlos findet, sie hat eine Überdosis Medikamente geschluckt. Ein völlig überlasteter Sanitätsdienst rettet sie.

[…] Gegen Abend regnete es, und die ganze Welt war grau in grau. Er stand im Hausflur und steckte sich das Abzeichen mit dem feuergelben Salamander an. Lange schaute er zu der Lüftungsklappe hinauf. Seine Frau im Fernsehzimmer blickte einen Augenblick von dem Manuskript auf, in das sie vertieft war. „Nanu“, rief sie, „der Mann denkt ja!“

„Jawohl“, erwiderte er. „Ich habe noch mit dir zu reden.“ Er hielt inne. „Du hast gestern die ganzen Pillen in deinem Fläschchen genommen.“

„So was tue ich doch nicht“, widersprach sie erstaunt.

„Das Fläschchen war leer.“

„Das würde ich nie tun. Weshalb sollte ich denn so was tun?“

„Vielleicht hast du zwei Pillen genommen und es vergessen und noch zwei genommen, und dann warst du schon so betäubt, dass du immer weitere Pillen geschluckt hast, bis du dreißig oder vierzig davon im Leibe hattest.“

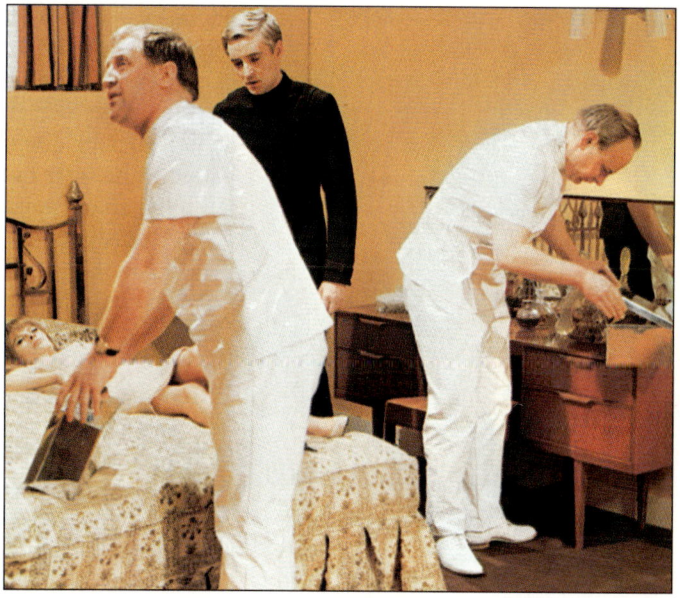
Szene aus dem Film Fahrenheit 451

„Ach was, wozu sollte ich so etwas Albernes tun?“

„Weiß ich auch nicht.“

Sie wäre ihn offensichtlich gerne losgeworden. „Das habe ich nicht getan“, erklärte sie bestimmt, „nie und nimmer.“

„Schön, wenn du meinst.“

„Na endlich.“ Sie wandte sich wieder dem Manuskript zu.

„Was wird denn heute Nachmittag gegeben?“, fragte er matt.

---

[1] Auf Seite 8 der 1981 im Züricher Diogenes Verlag erschienenen Taschenbuchausgabe wird erklärt: „Fahrenheit 451 (232° Celsius): der Hitzegrad, bei dem Bücherpapier Feuer fängt und verbrennt …“

Sie schaute nicht einmal auf. „Ich habe hier ein Stück, das in zehn Minuten im Wand-an-Wand-Funk kommt. Man hat mir heute Vormittag meine Rolle geschickt. Ich hatte ein paar Gutscheine eingesandt. Bei dem Stück, wie es geschrieben wird, ist eine Rolle ausgelassen. Es ist eine neue Idee. Die Hausmutter, das bin ich, die fehlende Rolle. Wenn die ausgelassenen Zeilen drankommen, schaut alles von den drei Wänden her auf mich, und ich spreche dann die betreffenden Zeilen. Hier sagt z. B. der Mann: ‚Was hältst du davon, Helene?‘, und er schaut auf mich hier in der Bühnenmitte, verstehst du? Und ich sage dann, ich sage – “ Sie suchte mit dem Finger nach der Zeile. „‚Ich finde es gut!‘ Und dann geht das Stück weiter, bis er sagt: ‚Bist du nicht auch der Meinung, Helene?‘, und ich sage: ‚Aber gewiss doch.‘ Ist das nicht ein Mordsspaß, Guy?“

Er sah sie vom Flur her an.

„Das macht doch Spaß“, wiederholte sie.

„Wovon handelt das Stück?“

„Hab ich dir ja eben erzählt. Es kommen Leute drin vor, Bob und Ruth und Helene.“

„Ach so.“

„Es ist wirklich ein Heidenspaß, und noch mehr Spaß wird es machen, wenn wir es uns einmal leisten können, die vierte Wand einzurichten. Wie lange, glaubst du, müssen wir noch sparen, bis wir die vierte Wand herausreißen und eine Fernsehwand einsetzen lassen können? Kostet ja nur zweitausend Dollar.“

„Das ist ein Drittel meines Jahreseinkommens.“

„Kostet ja nur zweitausend Dollar“, wiederholte sie. „Und ich finde, du könntest ab und zu auch einmal auf mich Rücksicht nehmen. Wenn wir eine vierte Wand hätten, dann wäre es doch, als gehörte dieses Zimmer gar nicht uns, sondern allen möglichen fremdländischen Leuten. Wir könnten das ja an ein paar andern Dingen einsparen.“

„Wir schränken uns schon genügend ein, um die dritte Wand abzuzahlen. Sie ist erst vor zwei Monaten eingerichtet worden, weißt du noch?“

„Ist es noch nicht länger her?“ Sie betrachtete ihn eine Weile. „Also dann auf Wiedersehen.“

„Wiedersehen“, sagte er. Im Gehen wandte er sich nochmals um. „Geht es glücklich aus?“

„Ich bin noch nicht so weit gekommen.“

Er trat zu ihr hin, überflog die letzte Seite, nickte, klappte das Manuskript zu und reichte es ihr wieder. Dann ging er in den Regen hinaus. […]

Mildred entdeckt dann, dass auch Montag Bücher im Haus versteckt hat. Sie verlässt ihn, kurz darauf wird das Haus abgebrannt. Montag flieht und rettet sich zu einer Gruppe von Flüchtlingen, die die Bücher der Vergangenheit auswendig gelernt haben und sie Wort für Wort im Gedächtnis behalten, um sie mündlich weitergeben zu können.

Arbeitsanregungen:

1 Lest den Text mit verteilten Rollen!

2 Sprecht darüber, wie sich das Fernsehen seit Fritz Winckels Zeiten verändert hat! Bedenkt dabei, dass Bradburys Roman aus dem Jahr 1953 stammt und als Sciencefictionroman gilt!

2 Reinhold Ziegler (*1955): Version 5 Punkt 12 [Auszug]

Der Roman spielt im Jahr 2025. Tubor Both, der Ich-Erzähler, 1984 in Fürstenfeldbruck geboren, ist Computerfachmann und erzählt aus seinem Leben. Mit seiner großen Liebe, der Irin Nuala, lebte er in München, bis eine Wirtschaftskrise im Jahre 2013 sein Leben veränderte. Er wollte in die supermoderne Großstadt Wohnwiesen ziehen, um dort sein Glück zu suchen. Dafür nahm er auch die Trennung von Nuala in Kauf. Zuerst wollte er sich mit Hilfe seines Computers im Internet über Wohnwiesen informieren.

[…] Ich setzte mich vor meinen Rechner, loggte mich im Netz ein, klickte mich durch, bis ich an der Pforte von Wohnwiesen angekommen war. Dann zog ich, wie schon seit langem nicht mehr, den VR-Helm über. Mit sanften Klängen ließ ich mich in die virtuelle Realität der neuen Stadt geleiten. Ich wusste natürlich, dass das Ganze eine große Werbesendung für die neue Stadt war, natürlich. Aber ich fühlte mich immun dagegen.

Vermutlich stimmen die Untersuchungen, auch ich sehe es heute anders als damals. Die Gewissheit, sich nur in einer Scheinwelt zu befinden, so heißt es, weiche nach einigen Minuten dem indifferenten Gefühl, nicht wirklich durch die VR-Welt zu gehen. Ein paar Minuten später sei das Gehirn bereits so weit an die neue Situation adaptiert, dass die Unterscheidung zwischen real und virtuell zumindest unbewusst nicht mehr getroffen wird. Nur noch bei konkreter Nachfrage erklärten die Versuchspersonen, sich darüber im Klaren zu sein, dass die Welt, in der sie sich gerade bewegten, eine Scheinwelt sei. Aber selbst dieser Rest Realität gehe bei intensiver VR-Nutzung bei vielen Menschen verloren.

Was immer: Ich war mir damals sicher, dass mir zu jedem Zeitpunkt der schöne Schein dieser Welt bewusst war. War mir sicher, immer im Hinterkopf zu haben, dass alles, was ich sah, nicht real war oder zumindest nicht real sein musste. Potemkinsche Elektronikdörfer[1]. Aber vierhundert Zuzüge pro Tag, das waren vierhundert Menschen, die davon überzeugt waren, dass es ihnen hier auch real besser ginge als irgendwo in Paris, Dublin, München, Istanbul oder Dresden.

Ich wanderte durch die historische Innenstadt, schaute in Kneipen und Theater, ließ mir Wohngegenden zeigen, benutzte den Fahrstuhl in einem der Wohntürme, genoss die Aussicht gegen fünf Uhr abends, wenn die Sonne hinter der Seenlandschaft im Westen von Wohnwiesen versank. Hier wollte ich wohnen, in einem dieser Türme in West 2, eine nicht ganz billige Gegend, aber vielleicht die Chance, einen besseren Start zu bekommen als anderswo. Im 42. Stock war ein Apartment frei, 34 Quadratmeter, ein großer Raum mit Kochecke, ein kleines Bad, ein Personal Telecommunicator neuester Generation bereits im Preis enthalten, der ganze Wohnblock, wie alle Blocks, die neu gebaut waren, voll π-kompatibel. NEAR-Anschluss direkt unter den vier identischen Türmen, die den Ortsteil Wohnwiesen West 2 ausmachten. Dazu gehörte ein Einkaufszentrum mit Hallenbad, Kino, Disko, Kneipen und Fitnessstudio, das wie eine Schildkröte flach unter einer Glaskuppel zwischen den vier Türmen lag. Ich ließ

---

[1] Grigori Alexandrowitsch Potemkin (Aussprache: Patjemkin) (1739–1791): russischer Fürst, Günstling der Zarin Katharina II. (1729–1796). Potemkin soll der Zarin auf einer Krimreise 1787 mit Dorfattrappen Wohlstand vorgetäuscht haben; daher stammt die Redewendung *Potemkinsche Dörfer aufbauen* für Vorspiegelungen machen.

Arbeitsanregungen:

1 Informiert euch im Internet (unter www.reinhold-ziegler.de) über den Autor!

2 Eine Expertengruppe liest den ganzen Roman und stellt ihn der Klasse vor.

3 a Erklärt nach Art von Text 3 die Begriffe Einloggen, Host, Internet, Multimedia, Virtual Reality etc.
b Schlagt die anderen unbekannten Begriffe im Lexikon nach!

4 a Vergleicht die virtuelle Wohnungssuche mit der unten stehenden Anzeige aus einer Tageszeitung!
b Sprecht über Vor- bzw. Nachteile!

Schöne helle 2 Zi.-Whg.
im Herzen Wohnwiesens zu vermieten.
Ruhige Wohnlage, nur ca. 5 Min. zu Fuß zur Stadtmitte, 50 m^2 Wfl., Schlafzi., Wohnzi., Küche, Bad mit WC, Balkon, Miete 520,- DM + NK. Interessiert? Tel. 077/100001.

5 Sammelt auf einem Stichwortzettel Vor- und Nachteile der virtuellen Wohnungssuche und ordnet sie nach ihrer Bedeutung!

Bei der **Suche nach Vor- bzw. Nachteilen** beim Vergleich von zwei Möglichkeiten wird ein Pro-Argument für eine Seite zum Contra-Argument für die andere:

pro virtuell = contra Zeitung	pro Zeitung = contra virtuell
– In der Zeitung muss man sich auf das verlassen, was andere geschrieben haben. – … …	– Das Geschriebene ist nachnachprüfbar. – … – … …

mich mit dem Aufzug in den 42. Stock bringen, lief durch schallgedämpfte blaue Teppichflure bis zum Apartment Nr. 4256. Die Aussicht war grandios. Man konnte aus dieser Höhe weit hinter den Seen noch die ersten Berge erkennen, keine hohen Berge natürlich, wir waren nicht in München, aber doch immerhin Hügel, in denen man herumstapfen, sich verlieren und wieder finden könnte. Nach rechts rüber, gegen Norden, zogen sich wie Striche im Wald die Landebahnen des Flughafens, auf denen ständige Bewegung das Kommen und Gehen in der großen Stadt bewies. Ich ließ mir vorsichtshalber die Messprotokolle der Wohnung 4256 anzeigen, aber die durchschnittliche Lärmbelastung lag unter 17dB, das war weniger, als ich erwartet hatte. Weit hinter dem Flughafen, wie verstreute Streichholzschachteln, purzelten in den Feldern und Wiesen die Doppelhäuschen der Wohnwieser Familien mit Kindern, für einen Moment dachte ich an Nuala, ihren leeren Frauenbauch und die Zukunft und ein kleiner Dolch stach ein bisschen.

Ich ließ mir den Kontrakt des Apartments in Wohnwiesen West 2 zeigen. Die Miete war nicht niedrig, aber es war auch mit meinem neuen Gehalt durchaus zu machen. Ich voicesignte, laut und deutlich, mit Nummer und Geheimcode, damit war es amtlich. Dann loggte ich mich bei der Macron-Niederlassung in Wohnwiesen ein, ließ mir meinen Arbeitsvertrag vorlegen und leistete auch hier mein VS. […]

3 Die neue Sprache der Computerwelt

Browser
Nichts geht ohne Browser (engl. to browse = schmökern) im Multimedia-Bereich des Internet, dem World Wide Web: Die leicht bedienbaren Steuerprogramme zeigen Bilder und Texte, spielen Videosequenzen oder Tonfolgen ab und führen per Mausklick zu weiteren Informationen. Durch einfaches Klicken auf Vorwärts- oder Rückwärtspfeile blättern die Anwender zwischen den Web-Seiten, Tippen ist meist überflüssig.

Chat
Diskutieren und Debattieren können Online-Teilnehmer beim Chat, dem Schwatz im Datennetz.

Cyberspace
Mit Hilfe von Datenhelm und Datenhandschuh, künftig vielleicht eines Datenanzugs, werden die Programme „dreidimensional“ erlebt: Monster können von hinten zupacken. Dinge lassen sich „anfassen“.

Wir leben in einer Zeit, in der sich kein Mensch mehr in allen Bereichen des Wissens auskennen kann.
Mit der Entwicklung von immer mehr Fachgebieten hat sich auch die Sprache spezialisiert. Wenn also Experten eines Faches über ihr Fachgebiet reden, verwenden sie eine spezielle Sprachform, die **Fachsprache**. Da die führenden Computerexperten in Amerika leben und arbeiten, besteht die Computer-Fachsprache hauptsächlich aus angloamerikanischen Wörtern. Außenstehende haben oft Schwierigkeiten, Fachbegriffe zu verstehen, z.B. das Einloggen in die Virtual Reality.

Homepage
Jeder kann im World Wide Web eine Startseite, die Homepage, mit beliebigen Texten und Bildern bereitstellen: Firmen nutzen sie als virtuelles Schaufenster, private Homepages zeigen persönliche Informationen. Sie lassen sich mit Editor-Programmen leicht erstellen.

Digitale Medien
Basis aller digitalen Medien ist die in Bits und Bytes (Bytes = Gruppe von 8 Bits) zerlegte computerlesbare Information. Alle über digitale Medien transportierten Informationen lassen sich in Zahlenreihen aus 0 und 1 zerlegen, ob es sich dabei um Musik, Sprache, Videobilder, Textdokumente oder Computerprogramme handelt. Digitale Daten lassen sich über die verschiedensten digitalen Medien wiedergeben: den Heimcomputer, den Fernseher, ein Handy, ein Bildtelefon. Die Frage ist nur, ob es für das Endgerät eine Software gibt, die die Daten entschlüsseln kann.

World Wide Web
Eine neue Zeitrechnung im Internet läutete das World Wide Web 1993 ein. Blitzartig verdrängte das bunte, einfach zu bedienende Web andere komplizierte Programme, mit denen nur Computerfreaks umgehen konnten. Das Internet war reif für den Massenmarkt.

6 a Stellt weitere Fachbegriffe zusammen!
b Schreibt in Partnerarbeit zu je einem Begriff eine Erläuterung!

4 Zukunft von Multimedia?

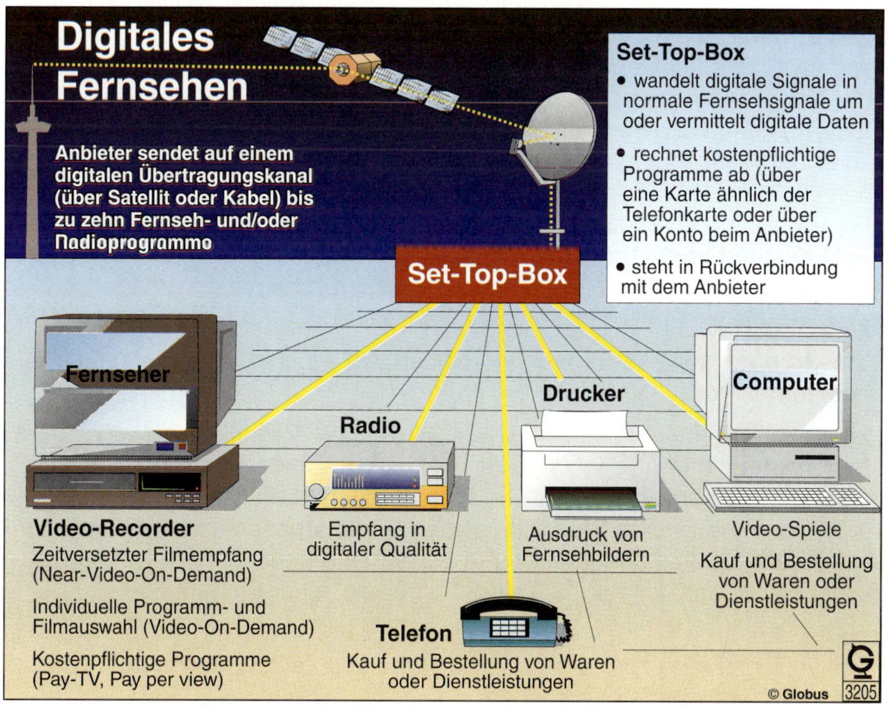

Arbeitsanregungen:

1 Vergleicht diesen „Zukunftsentwurf“ (?) mit dem Bild des Radiohörers auf S. 314 oben!

2 Beschreibt oder skizziert eure Vorstellung vom heimischen Multimedia-Zimmer!

3 a Organisiert in eurer Klasse eine Diskussion zum Thema „Zukunft der elektronischen Medien“!
b Ihr könnt auch eine Erörterung über dieses Thema schreiben!

Eine Informationsveranstaltung sollte gut vorbereitet werden. Ihr müsst euch also öfters treffen, um das Programm und den Ablauf zu planen. Damit ihr immer wisst, was ihr besprochen und entschieden habt, ist es sinnvoll, dass ihr von euren Sitzungen ein **Ergebnisprotokoll** anfertigt.

Ein **Ergebnisprotokoll** fasst in einem *Bericht* die erzielten Ergebnisse zusammen und informiert über Anträge, gefasste Beschlüsse sowie Zahlenverhältnisse bei Abstimmungen.

Es enthält:
1. Angaben über Art, Zeit, Ort, Teilnehmer, Anlass und Thema im Protokollkopf;
2. eine Zusammenfassung der Ergebnisse (oft nur in Stichworten);
3. Angaben zu Beginn und Ende der Veranstaltung;
4. Ort und Datum der Niederschrift.
5. Da es einen verbindlichen Charakter als *Urkunde* hat, muss es von dem Leiter und dem Protokollführer unterschrieben sein.

Der *Stil* sollte knapp und sachlich sein. Die Zeitform ist das *Präteritum.* Das Ergebnisprotokoll eignet sich besonders für Sitzungen, z.B. der SMV, und für Unterrichtsstunden. Das **Verlaufsprotokoll** hält den Verlauf einer Veranstaltung in Einzelheiten und in chronologischer Abfolge fest. Das gilt auch für einzelne Diskussionsbeiträge sowie wichtige Meinungsäußerungen.

4 Rekonstruiert in Partnerarbeit die Diskussion, aus der dieses Ergebnisprotokoll entstanden ist!

5 Das Ergebnis einer Diskussion

Erich-Kästner-Gymnasium Estadt, 3.2.

Ergebnisprotokoll der Diskussion der Klasse 9c vom 31.1.

Ort:	Klassenzimmer der 9c
Zeit:	3. Stunde (Deutsch), 9.25 Uhr bis 10.10 Uhr
Anwesend:	28 Schülerinnen und Schüler der 9c sowie der Deutschlehrer, Herr Müller
Abwesend:	Irma Achhammer (krank)
Leitung:	Sabine Wagang (Klassensprecherin)
Protokoll:	Julian Ammer
Tagesordnung:	1. Informationsabend (Programm, Ablauf) 2. Vorbereitungsgruppe a) inhaltlich b) organisatorisch 3. Gruppeneinteilung 4. Sonstiges

zu 1.:
Am 27. Juni soll um 19.00 Uhr im Klassenzimmer der 9c ein Informationsabend zum Thema „Zukunft der Massenmedien“ stattfinden, zu dem die Eltern der Schülerinnen und Schüler der 9c sowie alle weiteren interessierten Lehrer des Erich-Kästner-Gymnasiums eingeladen werden. Eine Gruppe von etwa acht Schülern wird mit kurzen Referaten und Video-Beispielen in die Thematik einführen. Dann sollen unter der Leitung von Katharina sechs Experten, die noch benannt und eingeladen werden müssen, über die Zukunft der Massenmedien diskutieren. Dazu wird eine weitere Gruppe von zehn Schülern ein Thesenpapier erarbeiten. Antonia, Franziska, Simon und Peter werden die Diskussion protokollieren und einen Bericht für die örtliche Tageszeitung verfassen. Das Klassenzimmer muss entsprechend hergerichtet, Getränke und ein kleiner Imbiss müssen vorbereitet werden.

zu 2.:
Die Gruppen sollen sich in den nächsten vier Wochen bilden und die Arbeit aufnehmen.

zu 3.:
In den kommenden Tagen soll die Thematik im Deutschunterricht erörtert werden. Dann sollen sich die Gruppen, je nach Interesse, bis spätestens 1.3. zusammenfinden. Sie sollen selbstständig arbeiten und der Klasse in regelmäßigen Abständen über ihre Fortschritte berichten. Abstimmungsergebnis: 22 Ja-Stimmen, 6 Nein-Stimmen bei einer Enthaltung.

zu 4.:
Maximilians Frage zum Jahresausflug wird aus Zeitgründen in der nächsten Verfügungstunde besprochen.

Protokollführer: Klassensprecherin:
Julian Ammer *Sabine Wagang*

Das 7. Kapitel im Blickfeld

Sprechen und Schreiben

1. Wer diskutiert, muss **argumentieren**, d. h.
   - eine Behauptung *(These)* aufstellen,
   - die Behauptung sachlich begründen, also ein *Argument* anführen, und
   - das Argument mit einem *Beispiel* belegen.

   Eine **Argumentation** folgt also dem Schema:
   These - Argument - Beispiel.
   Wenn eine These nicht zu begründen ist, muss auf sie verzichtet werden.

2. In einer **Diskussion** versuchen sich die *Teilnehmer* diszipliniert mit einem Problem auseinander zu setzen. Dabei müssen einige *Grundregeln* beachtet werden:
   - Die *Teilnehmer* müssen einander zuhören, sich ausreden lassen und beim Thema bleiben.
   - Es muss *sachlich argumentiert* werden, das heißt, persönliche Angriffe müssen unterbleiben.
   - Das bessere Argument muss akzeptiert werden.
   - Der *Diskussionsleiter* muss die Diskussion eröffnen, eine Rednerliste führen, auf die Einhaltung der Regeln achten, zusammenfassen und Anstöße geben. Er beteiligt sich selbst nicht inhaltlich an der Diskussion.

3. Ein **Ergebnisprotokoll** fasst die erzielten *Ergebnisse* zusammen und informiert über Anträge, gefasste Beschlüsse sowie Zahlenverhältnisse bei Abstimmungen.
   Es enthält:
   - Angaben über Art, Zeit, Ort, Teilnehmer, Anlass und Thema im Protokollkopf;
   - eine Zusammenfassung der Ergebnisse (oft nur in Stichworten), Angaben zu Beginn und Ende der Veranstaltung;
   - Ort und Datum der Niederschrift.
   - Da es einen verbindlichen Charakter als *Urkunde* hat, muss es von den Verantwortlichen, dem Leiter und dem Protokollführer, unterschrieben werden.

   Der *Stil* sollte knapp und sachlich sein. Die Zeitform ist das *Präteritum,* die Gliederung ergibt sich aus dem Schema.
   Das Ergebnisprotokoll eignet sich besonders für Vorstandssitzungen, Gemeinderatssitzungen oder Sitzungen der SMV bzw. einzelner Klassen.
   Das **Verlaufsprotokoll** hält den Verlauf einer Sitzung, einer Tagung, Zusammenkunft oder Besprechung fest, d.h. es berichtet über einzelne Teile.

4. Ein **Leserbrief** ist eine *Mischform* aus einem sachlichen und einem persönlichen Brief. Die sachlichen Ausführungen zum Thema sollten im Vordergrund stehen, die eigene Meinung muss begründet sein.

Literatur und Medien

1. **Massenmedien** (Singular: das Massenmedium) sind Mittel, mit deren Hilfe Informationen an ein großes, überwiegend anonymes Publikum verbreitet werden.
   Rundfunk und Fernsehen, aber auch Tageszeitungen, Bücher etc. gehören dazu.

2. **Medienerziehung** sollte sicherstellen, dass die Zuschauer über Primärerfahrungen verfügen. Bei Kindern, die Bilder sehen, zu denen sie in ihrer primären Wirklichkeit keine Beziehung herstellen können, kann es zu schwerwiegenden Verwirrungen kommen. Die Wahrnehmung der medialen Wirklichkeit ist von persönlichen Faktoren abhängig. Folglich ist die wahrgenommene mediale Wirklichkeit ausgesprochen subjektiv.

3. Seit 1985 gibt es in der Bundesrepublik Deutschland neben den **öffentlich-rechtlichen** auch **private Fernseh- und Rundfunkanstalten.**
   Öffentlich-rechtlich bedeutet, dass diese Anstalten (ARD und ZDF) weder dem Staat noch privaten Eigentümern gehören, sie werden gesellschaftlich, durch Gesetze, Staatsverträge und Organe aus allen Gruppen (Kirchen, Parteien, Gewerkschaften usw.) kontrolliert und organisiert. Sie finanzieren sich vor allem durch obligatorische Gebühren und z.T. durch Werbeeinnahmen.
   Privat heißt, dass die Sender (SAT1, RTL, PRO 7 etc.) wie Industrieunternehmen alles selbst erwirtschaften müssen. Sie erhalten keine Gebühren und fi-

nanzieren sich ausschließlich aus der Werbung.

4. Die **Reportage** ist eine ereignisbetonte, sprachlich anschauliche journalistische Darstellungsform. *Persönliche Eindrücke* und *Wertungen* sind genauso vertreten wie *Hintergrundinformationen.* Detaillierte Schilderungen von Menschen und Stimmungen können den Berichtskern ausgestalten. Der Leser soll das Gefühl bekommen, er sei bei dem Ereignis dabei gewesen.

5. Im Fernsehen werden hauptsächlich drei **Typen von Sendungen** gezeigt:
   - **Informationssendungen** sind nach bestimmten Regeln gestaltet und setzen die Zuschauer in Kenntnis über aktuelle Ereignisse oder Sachverhalte, wie z. B. Nachrichtensendungen.
   - **Unterhaltungssendungen** dienen mehr oder weniger anspruchsvoll der Zerstreuung und Unterhaltung des Publikums. Z. B. Spielfilme, Serien, Spielhows. Diese Sendungen sind bei den privaten Sendeanstalten (z. B. SAT1, RTL, PRO 7) besonders häufig, weil diese sich durch Werbeeinnahmen finanzieren. Unterhaltungssendungen werden sehr häufig durch Werbeeinblendungen unterbrochen.
   - **Kultursendungen** sind daran zu erkennen, dass ihre Themen den Bereichen Kunst, Musik, Theater, Film, Bildung, Erziehung etc. zuzuordnen sind, z. B. Interviews mit Schriftstellern, Konzertberichte, Theaterkritiken.

   Immer häufiger gibt es Mischformen aus Information und Unterhaltung, man spricht dann von **Infotainment**. Beispiele hierfür sind manche moderierte Nachrichtensendungen, Buchbesprechungen nach Art einer Gesprächsrunde und Talkshows.

6. Beim Fernsehen umgeben uns zunächst die wahrnehmbare äußere **Wirklichkeit** und die innere Welt der Gedanken und Gefühle. Dies ist die **primäre Wirklichkeit (W1)**.
   Was auf dem Bildschirm erscheint (auch als Tonwiedergabe) und das, was in Büchern sowie Zeitungen gedruckt wird, ist die **mediale Wirklichkeit (W2)**, denn diese wird durch eine bestimmte Einrichtung (ein Medium) vermittelt.
   Diese von jedem Betrachter anders **wahrgenommene mediale Wirklichkeit (W3)** ist geprägt von der subjektiven Sichtweise des Betrachters.

Sprachbetrachtung

1. Einige **Fachbegriffe** aus dem Bereich Film und Fernsehen:
   - *Kameraeinstellung:* Eine Person oder ein Gegenstand wird entsprechend gezeigt: *Totale* = Gesamtansicht, *Groß- bzw. Nahaufnahme* (Einstellung ganz nah).
   - *Off-Ton:* Ton im Fernsehen außerhalb der Kameraeinstellung (Gegensatz: *On-* bzw. *Live-Ton)*
   - Der *Regisseur* ist verantwortlich für die Gesamtgestaltung eines Filmes oder einer Fernsehproduktion. Er arbeitet eng mit dem *Drehbuchautor* zusammen, der den Spieltext verfasst.
   - *Schnitt:* Meist mit Hilfe des Computers werden die Szenen richtig gegliedert.

2. Wenn Experten eines Faches über ihr Fachgebiet reden, verwenden sie eine spezielle Sprachform, die **Fachsprache**. Da die führenden Computerexperten in Amerika leben und arbeiten, besteht die Computer-Fachsprache hauptsächlich aus anglo-amerikanischen Wörtern.

3. Die spezifischen **Kommunikationsfaktoren des Fernsehens** sind geprägt von drei Aspekten: *Text, Bild* und *Ton.* Die Absicht wird durch die Zuordnung von Text und Ton (z. B. Hintergrundgeräusche) zu einem Bild festgelegt. Ein Sandstrand kann z. B. als Werbebild für einen Urlaubsort dienen oder die Geschichte des modernen Sklavenhandels illustrieren, je nach Text und Ton.

ACHTES KAPITEL

Die Presse

Georges Braque (1882–1963): Stillleben mit Glas und Zeitung

Pablo Picasso (1881–1973): Gitarre und Zeitung

I. Die Tageszeitung und ihre Leser

1. Was ist interessant? – Einstellungen zur Zeitung

1 „Zeitungsleser“

a.

b. Loriot (*1923): ???

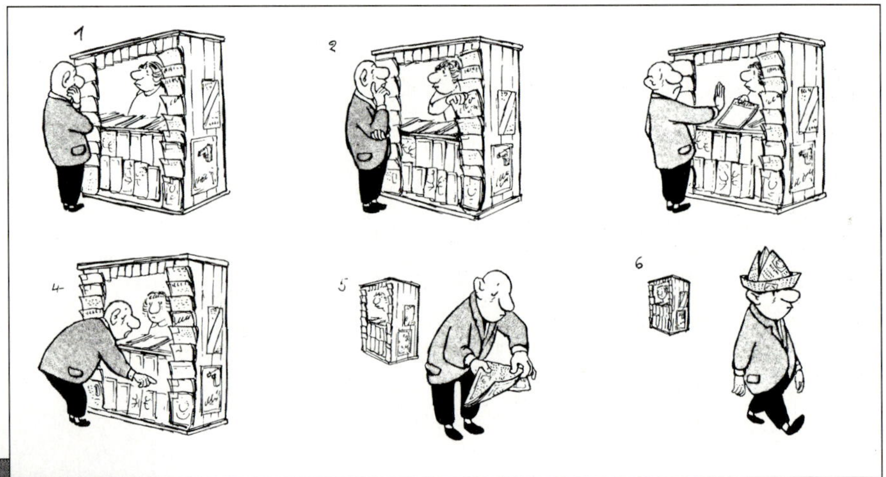

c.

e. Loriot: Massenmedien

Präzise Ermittlungen führender Institute zur Erforschung der öffentlichen Meinung haben ergeben, dass 76 Prozent aller Zeitungsleser sich ausschließlich für den Leitartikel interessieren, 15 Prozent bevorzugen Wirtschaftsnachrichten und 9 Prozent den kulturkritischen Teil.

f.

d.

Arbeitsanregungen:

1 a Wählt ein Bild aus und haltet Beobachtungen fest (Situation, Umgebung, Leser/Leserin, Haltung, Eindruck)!
b Ihr könnt auch über eine eigene interessante Leseerfahrung mit der Zeitung schreiben.

2 Vergleicht zu den einzelnen Bildern mehrere Texte!

2 Christian Morgenstern (1871–1914): Der Zeitungsleser

„Unendlich viel geschah,
just da
ich Mensch gewesen."
Und was geschah von dir?
„Von mir?
Das, was geschah, zu – lesen."

3 Versucht Christian Morgenstern eine Antwort zu geben!

4 Entwerft zu Text 3 eine aktuelle Parallelgestaltung!

3 Hoffmann von Fallersleben (1798–1874): Wie ist doch die Zeitung interessant

28. Mai 1841

Wie ist doch die Zeitung interessant
Für unser liebes Vaterland!
Was haben wir heute nicht alles vernommen!
Die Fürstin ist gestern niedergekommen,
Und morgen wird der Herzog kommen,
Hier ist der König heimgekommen,
Dort ist der Kaiser durchgekommen,
Bald werden sie alle zusammenkommen –
Wie interessant! wie interessant!
Gott segne das liebe Vaterland!

Der **Leserbrief**
Um möglichst viele Leser mit dem Brief anzusprechen, muss die Art, wie man seine Meinung sagt, genau überlegt werden:
- Mit dem Einleitungssatz sollen die Leser sich angesprochen fühlen, neugierig werden.
- Entscheidend ist, wie der Schreiber seine Einstellung, Meinung oder Kritik darstellt: argumentativ, humorvoll, angriffslustig oder ironisch (vgl. im ersten Kapitel, S. 9).

4 Franz Hohler (*1943): Leserbrief

Schon seit ich am Ort wohne, lese ich jeden Tag Ihre Zeitung, und was man da seit Jahren vorgesetzt bekommt, ist bald nicht mehr zum Aushalten. Absolut nichts Erfreuliches, sondern täglich negative Berichte, die das Volk langsam zermürben, und gegen die Not der Mitmenschen, im Kleinen wie im Großen, immun[1] machen. Wenn es nicht wegen der Inserate[2] und Todesanzeigen wäre, würde ich die Zeitung überhaupt nicht in die Hand nehmen. Ich weiß, dass Sie vielleicht stichhaltige Einwände gegen meine Kritik haben; doch dürfen Sie mir glauben, dass dies nicht nur meine persönliche Ansicht ist, sondern auch die von Dutzenden anderer Leser, zum Beispiel auch meines Nachbarn.
Bringen Sie doch in Zukunft etwas erfreulichere Zeitungsnachrichten und nicht immer nur diese Kriege, Hungersnöte, Entführungen – oder sind wir schon so weit, dass Ihnen wirklich nichts anderes mehr einfällt?

Achtungsvoll grüßt Rüegg Hansrudolf.

5 Über die Meinung in Text 4 muss man diskutieren!
a Haltet die Aussagen fest (Situation des Lesers, Wirkung der Zeitung und Reaktion des Lesers) und formuliert sie als Thesen!
b Legt eine Liste an mit Argumenten und Beispielen zu den Thesen und berücksichtigt dazu auch eure eigenen Erfahrungen!

6 Antwortet mit den Ergebnissen der Diskussion in einem Leserbrief Hansrudolf Rüegg!

1 immun (< lat. immunis = frei, unberührt, rein): unempfindlich gegenüber Krankheiten
2 Das Inserat (< lat. aus dem 16. Jh.: aus dem Vermerk „inserat = er soll einfügen" entstanden): heute: Zeitungsanzeige

7 a Notiert, was ihr unbedingt lest, wenn ihr nur wenig Zeit habt!
b Führt eine Umfrage in eurer Klasse durch, wie oft, wie lange und was ihr in der Tageszeitung lest! Ihr könnt in ein Schema eintragen:

Art der Zeitung	Häufigkeit	Dauer	Themen

c Sprecht über die Gründe für die verschiedenartige Nutzung der Zeitung, argumentiert und belegt mit Beispielen!
d Fasst die Informationen aus Text 5 zusammen!

1. Eure ersten Erfahrungen mit der Zeitung lassen sich in **Text-Montagen** darstellen. Überschriften von Zeitungsartikeln eignen sich besonders gut.
2. Es ist lohnend, eure bisherigen und kommenden Ergebnisse in einer **Wandzeitung** festzuhalten oder während der Beschäftigung mit der Zeitung eine eigene **Klassenzeitung** zu gestalten: So können die Ergebnisse wiederholt betrachtet, besprochen oder einer der Parallelklassen in einer „Präsentations-Stunde" vorgestellt werden.

8 Fertigt aus Überschriften von Artikeln aus dem Bereich „Politik" eine Montage!

5 Was junge Leute in der Zeitung lesen

Angegeben sind die Prozente derjenigen, die die genannten redaktionellen Inhalte lesen, auch wenn sie nur wenig Zeit haben.

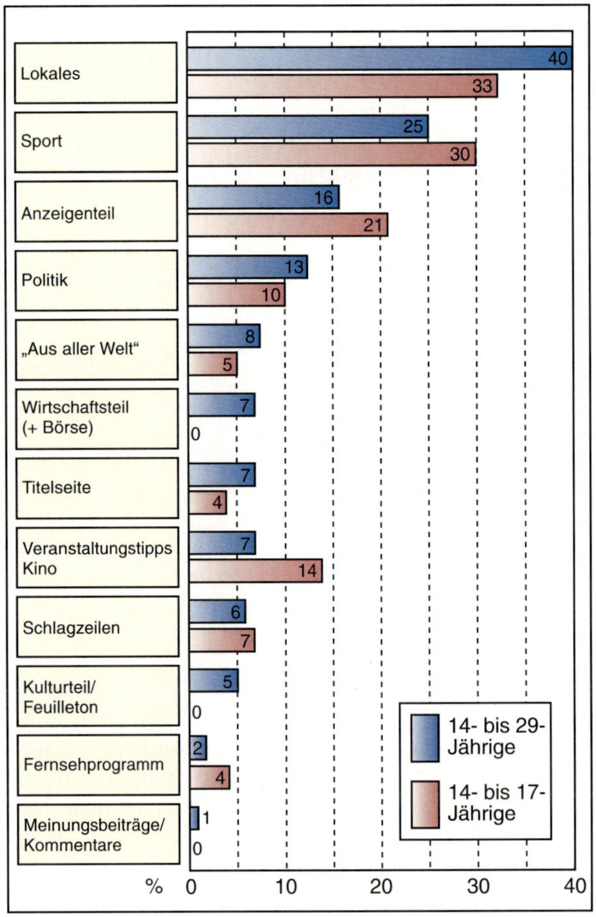

Quelle: BDZV/Institut für Demoskopie Allensbach; Umfrage „Junge Zeitungsleser" (1993), IFD-Archiv-Nr. 1452

6 Überschriften und ihre Aussagen

Einigung in greifbarer Nähe
Hält doch nur bis nächste Woche
Kanzler fordert Disziplin
Täglich von acht bis zwölf
UN-Hauptsitz belagert
Ein bekannter Klassiker …

2. Welche Zeitungen gibt es? – Informieren und Fragen stellen

1 Loriot (*1923): Presse

Das unabhängige, überparteiliche „Frankfurter Tageblatt“ ist nicht zuletzt wegen seiner scharfsinnigen politischen Kommentare aus keiner gebildeten Familie mehr wegzudenken.

Die **Tageszeitung** muss folgende Merkmale aufweisen:

- grundsätzliche Zugänglichkeit für jedermann (Publizität),
- Gegenwartsbezogenheit (Aktualität),
- Offenheit für alle Lebensbereiche (Universalität),
- regelmäßiges Erscheinen (Periodizität).

Die Zeitung ist ein *Kommunikationsmittel*, das der Information, Meinungsbildung, Kontrolle und Kritik sowie der Unterhaltung dient.

Arbeitsanregungen:

1 a Verfasst einen inneren Monolog der Frau oder des Mannes!
b Entwerft eine andere Bildunterschrift, die die dargestellte Situation und Aspekte der Presse pointiert trifft!

2 Tauscht eure Erfahrungen mit den abgebildeten Zeitungen aus!

2 So viele „Köpfe“

Zeitungsarten

Unter den Zeitungen unterscheidet man nach dem *Verbreitungsgebiet* zwischen

– *lokalen* und *regionalen* Zeitungen: Sie werden in einer bestimmten Region gelesen (Stadt, Kreis, Region);
– *überregionalen* Zeitungen: Sie werden im ganzen Bundesgebiet und im Ausland vertrieben.

Nach der *Erscheinungsweise* differenziert man zwischen

– *Tageszeitungen,*
– *Wochenzeitungen,*
– *Sonntagszeitungen.*

Nach der *Vertriebsart* wird zwischen Abonnement- und Straßenverkaufszeitung (Boulevardzeitung) unterschieden.

3 a Stelle der Klasse „deine“ Zeitung vor: Name, Untertitel, Erscheinungsort, Verbreitungsgebiet u.a. sowie für dich wichtige Merkmale!
b Untersucht in eurer Heimatzeitung die Anteile an lokalen, regionalen und überregionalen Nachrichten!

Lokale Nachrichten	Regionale Nachrichten	Überregionale Nachrichten

4 Teilt eure Erwartungen an eine Tageszeitung in einem Brief an die Lokalredaktion mit!

5 Macht in eurer Familie eine Umfrage über Nutzung und Wertung der Medien!

Medien	Arten bzw. Sender	Nutzungsdauer	Wertung
Zeitung	...	...	...
Radio	...	...	...
Fernsehen	...	...	...

3 Zeitungen 2000

a.

Zeitungen	Anzahl	Auflage
lokale und regionale Abo-Zeitungen	349	17,3 Mio.
überregionale Zeitungen	10	1,6 Mio.
Straßenverkaufszeitungen	8	6,1 Mio.
Tageszeitungen gesamt	**367**	**25,0 Mio.**
Wochenzeitungen	**25**	**2,0 Mio.**
Sonntagszeitungen	**7**	**4,5 Mio.**

Auf je 1000 Einwohner kommen in Deutschland 306 Zeitungsexemplare

Gesamtauflage der Zeitungen 31,6 Mio.

Zeitungsausgaben insgesamt 1578

Publizistische Einheiten 135

b.

Regionale Abonnementzeitungen in Baden-Württemberg	Verkaufte Auflage IVW 1/95
SÜDWEST PRESSE	361.129
Stuttgarter Zeitung/Stuttgarter Nachrichten	216.776
Schwäbische Zeitung, Leutkirch	196.446
Badische Zeitung, Freiburg	196.144
Badische Neueste Nachrichten, Karlsruhe	166.671
Mannheimer Morgen	155.011
Südkurier, Konstanz	142.024
Schwarzwälder Bote, Oberndorf	139.236
Rhein-Neckar-Zeitung, Heidelberg	105.170
Heilbronner Stimme	103.274
Esslinger Zeitung	47.953
Reutlinger Generalanzeiger	46.832
Pforzheimer Zeitung	43.713
Fränkische Nachrichten, Tauberbischofsheim	29.092
Kreiszeitung Böblinger Bote	19.105
Anzeigengemeinschaften	
STZ-Anzeigengemeinschaft	548.547
ZRN, Zeitungsgruppe Rhein-Neckar	289.273
Mittelbadische Presse	113.476

4 Adolf Berger: Medienvielfalt

Die Zeitung schreibt,
dass wieder junge Leute
in den Tod gerast sind.
Aber das Frühstück
ist im Augenblick
wichtiger.

Das Radio meldet,
dass weiter aufgerüstet wird,
damit abgerüstet werden kann.
Aber das Kotelett
ist im Augenblick
wichtiger.

Der Fernseher zeigt,
wie Menschen sich
massenweise umbringen.
Aber das Bier
ist im Augenblick
wichtiger.

Die Flut der Ereignisse
verwischt die Gefühle
wie ein Scheibenwischer
den Dreck.

5 **Zeitung-Herz** (Schülerbeispiel)

Mein Blick auf Meldungen der Seiten
ist müd geworden, dass er nichts mehr hält.
Mir ist, als ob sich türmen ferne Weiten,
und hinter tausend Seiten keine Welt.

Die bunte Schrift verwirrender Berichte,
die rasch in alle offnen Augen geht,
ist Stoff für eine große Menge,
in der betäubt allein die Wahrheit steht.

Nur manchmal fällt mir auf den Seiten
gar Großes auf. Dann dringt ein Wort ein
durch der Augen aufgespannte Weiten
und hört im Herzen auf zu sein.

Konrad S.

6 Bertolt Brecht (1898–1956): Vergnügungen

Der erste Blick aus dem Fenster am Morgen
Das wiedergefundene alte Buch
Begeisterte Gesichter
Schnee, der Wechsel der Jahreszeiten
Die Zeitung
Der Hund
Die Dialektik[1]
Duschen. Schwimmen
Alte Musik
Bequeme Schuhe
Begreifen
Neue Musik
Schreiben, Pflanzen
Reisen
Singen
Freundlich sein.

6 a Sprecht über „Medienvielfalt“ in Text 4!
b Versucht ein Parallel- oder Gegengedicht zu schreiben!

Relation:
Aller Fürnemmen/vnd gedenckwürdigen Historien / so sich hin vnnd wider in Hoch vnnd Nieder Teutschland / auch in Franckreich / Italien / Schott vnd Engelland / Hispanien / Hungern / Polen / Siebenbürgen / Wallachey / Moldaw / Türckey / rc. Inn diesem 1609. Jahr verlauffen vnd zutragen möchte.

Alles auff das trewlichst wie ich solche bekommen vnd zuwegen bringen mag / in Truck verfertigen will.

Titelblatt der „Relation Aller Fürnemmen vnd gedenckwürdigen Historien“ des Straßburger Druckers Johann Carolus aus dem Jahre 1609. Es handelt sich um die älteste bisher aufgefundene periodische Zeitung Europas; sie ist geringfügig älter als der Mitte Januar 1609 erstmals erscheinende „Avisa“ des Wolfenbütteler Druckers Julius Adolph von Söhne.

7 a Vergleicht Text 5 mit dem Original! (Vgl. im vierten Kapitel, S. 173!)
b Schreibt selbst eine Parodie zum „Panther“ oder zu „Vergnügungen“!

---
[1] Die Dialektik: die Methode, durch Denken in Gegensätzen zu Erkenntnissen zu gelangen

Die **Boulevardpresse** (< frz. boulevard = Ring- oder Prachtstraße) ist der Sammelbegriff für die überwiegend auf der Straße – an Kiosken und durch Zeitungshändler – verkauften Sensationszeitungen und -zeitschriften, die schon durch ihre grelle Aufmachung mit Großbuchstaben auf „Fernwirkung“ zielen. „Bild“ ist die größte Boulevardzeitung Europas und erreicht täglich etwa 11 Millionen Leser.

II. Die Tageszeitung: „ein Gemischtwarenangebot“ (Kurt Tucholsky)

1. Zeitung lesen, aber wie? – Orientierungshilfen für den Zeitungsleser

1 Titelseiten von Tageszeitungen

a. Titelseite der „Bildzeitung“

Hurra, wir leben noch!

Super-Bingo

Die Sommerhits des Jahres!

Mit BILD um die Welt: Noch sind Plätze frei!

Donnerstag, 12. August 1999, 70 Pf

Bild

UNABHÄNGIG · ÜBERPARTEILICH

Sonne lacht über alle Untergangs-Propheten

Champions League

1:0 Dortmund fast drin

Scharping: Keine Soldaten gegen Mafia

NACHRICHTEN

Durch Benzin und Heizöl: Preise klettern

Steuer auf Lebensversicherung: Eichel lässt Ausnahmen zu

Wieder Kämpfe an indischer Grenze

Stadtwerke kämpfen gegen Billig-Strom

Daggi, da hilft nur ein Reißverschluss

Medizin-Hit des Jahres Beine wie Marlene

Raissa Gorbatschowa: Ihr Zustand ist kritisch

Der Leser einer *Abonnementzeitung* findet auf der **Titelseite** die wichtigsten Ereignisse des Vortages. In den meisten Zeitungen werden ihm Hinweise über den Inhalt der Zeitungen gegeben. Bei der *Boulevardzeitung* dient die obere Hälfte als Blickfang, denn die Zeitung liegt in der Mitte gefaltet auf einem Stapel zum Verkauf. Die Gestaltung der Titelseite, das sog. *Layout* (< engl. = Schema-Aufriss zur Aufgliederung eines Textes) soll zum Verkauf anregen und muss ins Auge fallen. Deshalb besitzt sie eine plakative, reißerische Aufmachung und gibt möglichst viele Hinweise auf den Inhalt.

Arbeitsanregungen:

1 Vergleicht verschiedene Titelseiten von Tageszeitungen!

Name	Auffälligkeiten	Gemeinsamkeiten	Unterschiede-

2 Macht einen Lesertest!

a Blättert lesend eine Zeitung durch (ca. 15 Minuten) und notiert, was euch interessiert hat!

Artikel	Art des Interesses?	Art des Lesens?
Erdbeben	– Sensation	– gründlich

b Wertet die Ergebnisse in einem Schaubild aus!

3 a Vergleicht in Partnerarbeit „Bild“ und „Süddeutsche“!

Aufbau	Textarten	Wirkung

b Fertigt in Gruppenarbeit eine schematische Darstellung der beiden Titelseiten und der eurer Lokalzeitung und vergleicht!

c Zerschneidet das erste Blatt eurer Tageszeitung und gestaltet in Partnerarbeit eine neue Titelseite!

b. Titelseite der „Süddeutschen Zeitung“

Die Titelseite ist die „Visitenkarte“ oder das „Markenzeichen“ einer jeden Tageszeitung. An der Gestaltung dieser sog. Aufmacher-Seite erkennt jeder geübte Zeitungsleser „seine“ Zeitung.

Schlagzeilen kommt bei der Gestaltung der Zeitungen eine wichtige Bedeutung zu: Ihre grafische Gestaltung will beim Leser verschiedene Wirkungen erzielen.

2 Eine Nachricht – ihre Schlagzeilen

In der Stadt B. demonstrierten Jugendliche gegen die Schließung eines Jugendhauses mit einer viel besuchten Diskothek. Es soll wegen Lärm- und Verkehrsbelästigung aus der Innenstadt in ein anderes Stadtviertel verlegt werden. Eine große Zahl Jugendlicher protestierte gegen diese Maßnahme des Stadtrates mit einer Sitzblockade und behinderte damit den Berufsverkehr. Die Polizei griff nur zurückhaltend ein.

- Herr OB Beiersdorf, wir sind am Ende der Geduld!
- Jetzt ist Schluss mit den Rüpeleien!
- Jugendlicher Demonstrant von wütendem Autofahrer geohrfeigt
- Rowdies verursachen Verkehrsstau
- Jugendliche demonstrieren gegen Schließung des Jugendhauses in der Innenstadt

Aufbau der Zeitungen

Zeitungen werden immer auswählend (selektiv[1]) gelesen. Der geübte Zeitungsleser wählt nach seinen Interessen aus: Für ihn Unwichtiges überfliegt er oder lässt es aus. Diese Lesefertigkeit muss man üben. Dass wir uns auch in fremden Zeitungen schnell zurecht finden können, lässt vermuten, dass sie ähnlich aufgebaut sind.

Eine **Abonnementzeitung** ist in fünf klassische Abteilungen, **Ressorts**[2], eingeteilt:

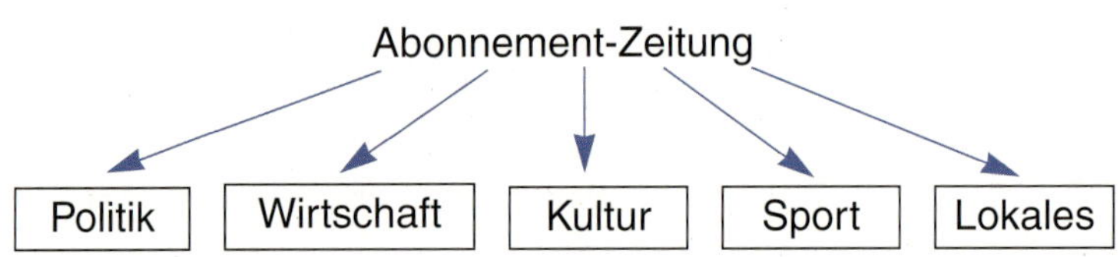

Eine Tageszeitung wird von den Redakteuren[3] dieser Ressorts geschrieben, doch jede Zeitung ist noch in einzelne Sparten eingeteilt. Und es ist nicht immer klar, welchem Ressort ein Zeitungsartikel zuzuteilen ist.

Schlagzeilen dienen der Kurzinformation, sollen das Augenmerk des Lesers auf den Artikel lenken und bei Boulevardzeitungen das Kaufinteresse wecken. Unterschiedliche Schrifttypen, Fettdruck, Balken, Unterstreichung und farbliche Gestaltung dienen der Hervorhebung. Die Schlagzeilen können aber durch ihre sprachliche Verkürzung zu Missverständnissen führen.

Arbeitsanregungen:

1 a Haltet fest, welche Einstellung gegenüber Jugendlichen die Schlagzeilen von Text 2 ausdrücken!
b Findet eine sachliche und eine reißerische Schlagzeile für Text 2!

2 a Vergleicht die grafische und inhaltliche Gestaltung der Schlagzeilen von Titelseiten verschiedener Tageszeitungen!
b Notiert zu einer Schlagzeile den erwarteten Inhalt!
c Lest der Klasse interessante Artikel ohne Überschrift vor und lasst sie Schlagzeilen finden!

3 Arbeitet in Gruppen!
a Sammelt auf einem DIN-A4-Blatt arbeitsteilig aus der Zeitung eines bestimmten Tages Artikel zu jedem Ressort!

Ressort	Titel des Artikels	Textart und Merkmale
Politik	...	...
...	...	...

b Vergleicht arbeitsteilig über eine Woche Umfang und Reihenfolge der einzelnen Ressorts!

---

[1] selektiv (< lat. seligere = auswählen): auswählend
[2] Das Ressort (frz.): Geschäfts-, Amtsbereich; Aufgabenbereich
[3] Der Redakteur (frz.): Er bearbeitet oder verfasst Beiträge für Zeitungen; Schriftleiter

3 Zeitung: Verleger – Redaktion – Vertrieb

Eine Zeitungsredaktion[1] sammelt die einlaufenden Informationen (Nachrichten, Meldungen, Berichte usw.) und führt selbst noch eigene Recherchen[2] durch. In der Redaktion werden die Texte im Aufbau und sprachlich umgestaltet, und die Redakteure der einzelnen Ressorts schreiben meinungsbildende Beiträge dazu.
An der Spitze eines Zeitungsverlages steht der Verleger als Eigentümer und Leiter des Unternehmens. Er sorgt für die wirtschaftlichen und technischen Voraussetzungen seiner Zeitung. Er ist damit Publizist[3] und Unternehmer zugleich. Die Redaktion gestaltet den informativen, meinungsbildenden und unterhaltenden Inhalt der Zeitung. Der Chefredakteur, bei manchen Zeitungen auch ein kollegiales Leitungsgremium, soll darauf achten, dass die vom Verleger festgelegte politische Leitlinie der Zeitung eingehalten wird. Er koordiniert die Arbeit der Ressorts und vertritt die Redaktion nach außen. Für den wirtschaftlichen Erfolg ist vor allem die Anzeigenabteilung des Verlags zuständig. Sie ist bemüht möglichst viele Anzeigen zu verkaufen, wickelt Anzeigenaufträge ab und erschließt neue Anzeigenmärkte.
Entscheidend für den Erfolg der Zeitung ist nach ihrer Herstellung eine schnelle und reibungslose Auslieferung an den Leser.

Nach dem Motto **„Spielereien und ernste Sachen kann man mit der Zeitung machen“** könnt ihr in Arbeitsgruppen auf verschiedene Weise die Zeitung bearbeiten:

- Die Zeitung als Thema für *bildnerisches Gestalten* etwa von Klebebildern, Zeichnungen u.a. in Zusammenarbeit mit dem Fach Kunst. Als Motive sind denkbar: „Zeitungskiosk“, „Großvater liest Zeitung“, „Kleinkind zerreißt mit Freude Zeitungen“, „Die Zeitungsfrau“ u.a.
- *Fotos* aus Zeitungen werden ausgeschnitten und spontan bewertet, neu betitelt, zu Collagen montiert, mit Sprechblasen versehen u.a. Für die Einfügung fantasievoller (witziger, ironischer, kritischer) Sprechblasen eignen sich vor allem Fotos von Personen aus der lokalen, regionalen und überregionalen Politik, aus dem Musik-, Film-, Theater- und Sportbereich.
- Ihr könnt das *Foto-Partnerspiel* durchführen. Man zeigt dem Partner aus der Zeitung gesammelte Fotos und dieser versucht die dazugehörige Textaussage zu skizzieren. Anschließend kann der Vorschlag mit dem Originaltext verglichen werden.

[4] [a] Exzerpiert die wichtigsten Informationen aus Text 3!
[b] Fertigt eine Skizze der Stationen unter dem Titel „Vom Ereignis zum Leser“ an!
[c] Beschreibt diesen Weg!

[5] Die „Zeitungsmacher“ haben eine eigene Fachsprache.
[a] Sammelt aus dem ganzen Kapitel und exzerpiert aus einem Sachlexikon unter dem Stichwort „Zeitung“ weitere Fachbegriffe!
[b] Schreibt arbeitsteilig zu je einem Begriff eine Definition!

Wichtige **journalistische Darstellungsformen** sind: Nachrichten, Witze, Spiele, Roman, Reportage, Karikatur, Kommentar, Glosse, Leitartikel, Kolumne, Bericht, Interview, Essay, Anzeige, Kurzmeldung u.a.
Die Zeitungstexte werden in zwei Gruppen eingeteilt:

unterhaltende	informierende Texte
– Witz – Erzählung ...	– Nachricht – Bericht ...
Absicht	Absicht
...	...

Straßenverkaufs-zeitungen	**Auflage in Tsd.**
Bild, Hamburg	4.299,7
Express, Köln/Düsseldorf	425,9
BZ, Berlin	338,9
Abendzeitung, München/Nürnberg	223,0
Hamburger Morgenpost, Hamburg	174,5
TZ, München	165,7
Mitteldeutscher Express, Halle	68,5

IVW 1/1993

1 redigieren (< lat. redigere, frz. rediger = zurückführen): ein Manuskript überarbeiten und druckfertig machen
2 Die Recherche (frz.): Nachforschung
3 Der Publizist (< lat. publicare = veröffentlichen): Schriftsteller, Journalist

Schaubilder, Grafiken und Fotos

– Bestimmte Ereignisse und Sachverhalte lassen sich oft nicht im Foto festhalten. Deshalb werden komplizierte Abläufe und Sachverhalte in *Grafiken* dargestellt.
– Das *Pressefoto* hat sich während des Weltkrieges (1914–1918) allmählich durchgesetzt. Es sollte die Nachricht ergänzen. Das Pressefoto ist heute als Dokument unverzichtbarer Bestandteil der Zeitungsinformation. Fotos der Redaktion und Bilder der Agenturen werden vom Bildredakteur in Zusammenarbeit mit dem zuständigen Ressort ausgewählt und bearbeitet.

2. Wie werden wir in den Zeitungen informiert? – Informationen untersuchen, vergleichen und beurteilen

Ein früherer Chefredakteur der Bild-Zeitung hat folgende Forderung gestellt: „Es ist die Aufgabe eines Reporters Dinge transparent zu machen."
Täglich werden rund 25 Millionen Abonnement-Zeitungen verkauft und rund 11 Millionen Menschen lesen täglich die Bild-Zeitung. Wie ein solches Massenblatt arbeitet und wie es Informationen weitergibt, soll untersucht werden.

1 Hans Schulte-Willekes: Schlagzeile [Auszug]

Die Zeitung sollte eine „Tagesillustrierte" werden, mit vielen Fotos, eine Art Fernsehen in starren Bildern. So stellten sich der Verleger Axel Springer und eine Handvoll Redakteure Anfang der 50er-Jahre die BILD-Zeitung vor. Denn Bilder – das wussten die Zeitungsbastler – finden den Weg sehr viel schneller zum Gehirn des Menschen und können eine Nachricht viel einfacher übermitteln als Wörter. Und konkurrenzlos billig sollte die Zeitung sein, im Rotationsdruck[1] in Massenauflage hergestellt und damals möglichst nur zehn Pfennig kosten.
Axel Springer spekulierte damit auf den „optischen und akustischen" Menschen, auf den „modernen Analphabeten", wie sein Freund Hans Zehrer einmal schrieb. Am 24. Juni 1952 erschien die erste Ausgabe der BILD-Zeitung. […]

2 Bild-Zeitung vom 10.8.1999: Titelseite, obere Hälfte

Arbeitsanregungen:

1 a „Bild" – eine „Tagesillustrierte"! Erklärt die Zielsetzung der Redakteure (Text 1)!
b Nur die obere Hälfte ist am Kiosk zu sehen. Betrachtet die Aufmachung der Titelseite (Text 2) und haltet die Gestaltungsmittel fest!
c Prüft, inwieweit dieses Layout der Zielsetzung der Zeitung entspricht!

[1] Der Rotationsdruck (< lat. rotatio = kreisförmige Umdrehung): Druckverfahren, bei dem die rotierende Druckwalze über eine endlose Papierbahn läuft.

3 Eine Nachricht in zwei Zeitungen

a. 16-Jährige verbrennt Leiche ihres Babys

Berlin (AP) – Eine 16-Jährige aus Berlin hat am Wochenende ihr Neugeborenes verbrannt. Sie habe ausgesagt, das Kind sei bereits tot gewesen, und sie habe es „beerdigen“ wollen, teilte die Staatsanwaltschaft mit. Vor ihrer Mutter und ihrem Freund habe sie ihre Schwangerschaft verheimlicht. Eine Streife des Bundesgrenzschutzes hatte an der nordöstlichen Stadtgrenze Berlins ein Feuer entdeckt und mit Sand gelöscht. In der Brandstelle fanden sie die Babyleiche. In der Nähe wurde die verwirrte 16-Jährige aufgegriffen. Die Obduktion[1] der Babyleiche ergab, dass es durch einen Schlag mit einem stumpfen Gegenstand starb.

Aus: Frankfurter Allgemeine Zeitung vom 10.8.1999, S. 12

b. Als der Morgen dämmerte

NACHRICHTEN AUS BERLIN

Als der Morgen dämmerte

An dieser Stelle am Feldweg bei Ahrensfelde legte die 16-jährige Mutter ihr Baby ab (Kreis), tötete es.
Foto: MITTELSTAEDT

Junge Mutter legte ihr totes Baby ins Feuer

Fortsetzung von Seite 1

Es hatte nur 20 Minuten zu leben. Dann wurde das neugeborene Mädchen von der eigenen Mutter erschlagen. Im Morgengrauen legte sie es in den Wald – und zündete die Leiche an.

Ahrensfelde (Landkreis Barnim) am Sonntag gegen 6 Uhr in der Früh: Zwei Beamte des Bundesgrenzschutzes (BGS) fahren Streife. Da sehen sie eine Rauchsäule in den Himmel steigen. Pflichtbewusst gehen sie der Sache nach. **Und machen eine grausige Entdeckung.**

Zunächst ist es nur ein **brennendes Bündel** schwarzer Stoff. Doch als die Beamten das Feuer mit Sand gelöscht haben, ragt **eine kleine Hand** aus den verkohlten Resten. Ein BGS-Sprecher: „Das Baby war in ein schwarzes T-Shirt und weißen Mullstoff eingewickelt.“

Sofort durchsuchen die Beamten die Umgebung. Und finden nur 400 Meter entfernt ein 16-jähriges Mädchen: „Sie schien **verwirrt, völlig verstört, nicht ansprechbar.**“

Die junge Berlinerin wird in ein Krankenhaus gebracht, verhört. Ihr schreckliches Geständnis: „Ich wollte nie ein Kind, habe meine Schwangerschaft verheimlicht.“ **Die Verbrennung war als eine Art Beerdigung gedacht.**

Das Mädchen wohnt zusammen mit Freund und Mutter in Marzahn. Nach ersten Untersuchungen hat sie das Baby dort am vergangenen Donnerstag allein zur Welt gebracht. Heimlich. Freund und Mutter sollen von nichts gewusst haben.

Ein vorläufiger Obduktionsbericht ergab: Das Baby wurde mit stumpfer Gewalt gegen den Kopf erschlagen. Das Mädchen sagt aus: „Das Kind war schon tot, als es zur Welt kam.“

Der Staatsanwalt ermittelt wegen Totschlags in minder schwerem Fall. Auf einen Haftbefehl wurde verzichtet.

Aus: Bild-Zeitung vom 10.8.1999, S. 7

4 Hans Schulte-Willekes: Schlagzeile [Auszug]

Crime-Storys

Crime-Storys halten Leser „unter Spannung“. Sie können sich bei der Lektüre solcher Geschichten aufregen und entrüsten und meist auch noch einen Sündenbock finden. Sie erleben zum Beispiel hautnah […] die „Hinrichtung“ eines Bankräubers. In solchen Erregungszuständen werden aber Verstand und Kritikvermögen beeinträchtigt. Es erfolgt keine kritische Auseinandersetzung mit der Situation und ihren Ursachen, sondern oft blinde Empörung. Der Ruf der Zeitung nach Recht und Ordnung, der dann folgt, trifft den Leser also im „schwachen Moment“. Gleichzeitig reizt es ihn aber, sich mit dem Täter zu identifizieren (= gleichzusetzen), der etwas Verbotenes, Illegales (Gesetzwidriges) macht. Der Leser empfindet vielleicht selber ein heimliches Bedürfnis danach. […]

2 a Vergleicht den Aufbau und die „Machart“ der beiden Nachrichten (Text 3) mit Hilfe der sechs W-Fragen! (Siehe Merkkasten!)
b Untersucht die Schlagzeilen der Texte 2 und 3a/b!!

Aufbau einer Zeitungsnachricht im Leadstil:
Die Nachricht gibt es in einer Kurz- oder Langform: als Meldung oder Bericht.

1. *Die Schlagzeile:*
   Sie gibt den Kern der Information wieder, regt das Interesse des Lesers an, darf aber keine falschen Erwartungen wecken.
2. *Die Einleitung:*
   Am Anfang der Nachricht steht das Wichtigste: die Quintessenz im ersten Abschnitt; dann Zusatzinformationen von abnehmender Bedeutung.
3. *Die sechs „W's“:*
   Auf folgende Fragen soll ein Zeitungsartikel Auskunft geben:
   - Was ist geschehen?
   - Wer war beteiligt?
   - Wann ist etwas geschehen?
   - Wo ist etwas geschehen?
   - Wie ist etwas geschehen?
   - Warum ist etwas geschehen?

   Eine Kurznachricht (Meldung) kann jederzeit zu einem Bericht ausgeweitet werden.

3 Wendet die Einsichten Hans Schulte-Willekes' auf Text 3 an!

[1] Die Obduktion (< lat. obductio = Verhüllung): heute: gerichtlich angeordnete Leichenöffnung

4 a Verteilt die Themenbereiche auf „Expertengruppen“ und sucht in der Zeitung entsprechende Artikel!
b Beurteilt sie nach Inhalt, Darstellungsweise und Wirkung und tragt die Ergebnisse in Kurzreferaten vor!

Das **Kurzreferat**

1. Das *Ziel* und die wesentlichen Aspekte des Themas sollten zu Beginn kurz vorgestellt werden.
2. Das Referat soll das Interesse der Mitschüler wecken und sie *informieren.*
3. Als *Medien,* die die Ausführungen veranschaulichen können, bieten sich Tafel, Folie, Fotos, Skizzen usw. an.
4. Den *Aufbau* bestimmen die jeweilige Situation, in der das Kurzreferat gehalten wird, und der spezielle Zweck des Vortrags.
5. Entscheidend für eine gute *Präsentation* ist eine wirkungsvolle Vortragsweise:
   - Blickkontakt zu den Zuhörern;
   - Sie mit einem interessanten Einstieg hellhörig machen;
   - Frei (auf Stichworte gestützt) und lebendig sprechen;
   - Stimme und Tonlage variieren: Kleine Pausen machen und Zwischenergebnisse festhalten.
   - Auf einen prägnanten Schluss achten.
6. Die *Diskussion* zum Referat muss geschickt eröffnet und klug gesteuert werden.

5 a Schreibt zur Karikatur Loriots einen Artikel mit Schlagzeile!
b Beurteilt die Schülerbeispiele (Text 7) und stellt fest, aus welchem Interessenstandpunkt sie verfasst sind!

5 Auch andere Themen sollen Wirkung erzielen (nach Hans Schulte-Willekes)

– „Tiere sind was ‚fürs Herz‘ und dienen vielen Lesern als …“
– „Horrorgeschichten sind ein Geschäft mit der Angst. Viele Leute …“
– „Prominente sind vielseitig verwendbar. Man kann sie …“

6 Loriot (*1923): ???

Diese niedersächsische Sau durcheilte, einmal gereizt, die Lüneburger Heide[1], bog auf der Höhe von Soltau[2] in die Autobahn ein und wurde kurz vor Basel durch eine Verkehrsstreife wegen Überschreiten der Höchstgeschwindigkeit zum Halten gezwungen.

7 Nachrichten (Schülerbeispiele)

a. Gelassenheit eines Jägers in schwieriger Situation
Der Aufsehen erregende Ritt eines niedersächsischen Jägers auf dem Rücken einer wutentbrannten Wildsau endete nach mehreren Stunden glücklich, weil der Jäger die nötige Gelassenheit im Umgang mit der Wildsau zeigte und so einen schweren Unfall auf der Autobahn verhindern konnte.

b. Verzweifelter Amoklauf eines Wildschweines
Weil ein Jäger ein Wildschwein anschoss, griff dieses den Waidmann auf seinem Hochsitz an und raste mit dem erstaunten Jäger querfeldein bis zum nächsten Waldrand. Der Jäger konnte sich an einem Ast festhalten und so vor einer Verletzung schützen. Dieser Vorfall zeigt beispielhaft die mangelhafte Ausbildung vieler Jäger in Deutschland.

c. Jäger verstößt gegen die Jagdschonzeit
Eine wütende Wildschweinmutter stürmte im Bezirk H. den Hochsitz eines Jägers und raste mit dem Jäger auf dem Hochsitz querfeldein. Der Jäger kam beim Sturz vom Hochsitz glimpflich davon.
Dieser Vorfall zeigt, dass Verstöße gegen die Jagdordnung strenger bestraft gehören, um ein solches Verhalten für immer zu unterbinden.

[1] Die Lüneburger Heide: niedrig gelegene Landschaft zwischen den Flüssen Aller und Elbe in der norddeutschen Tiefebene
[2] Soltau: größte Stadt im Zentrum der Lüneburger Heide

8 Kurt Tucholsky (1890–1935): Presse und Realität [Auszug]

[…] Der Durchschnittsleser erlebt die Welt so, wie sie ihm seine Zeitung vermittels großer und kleiner Schriftgrade ordnet. Er teilt – unbewußt – die Erde in Groß- und Kleingedrucktes ein. Und weiß nur selten, daß er der Spielball einer sehr klugen Berechnung ist. Der Verfasser der Schlagzeile, der Anordner von Fettdruck weiß, was er tut. Der Leser weiß selten, was er liest, und verwechselt das Arrangement mit der Schwere des Ereignisses. Das soll er auch. […]
Es ist den Redakteuren so in Fleisch und Blut übergegangen, nicht zuletzt an die Wahrheit, sondern zuletzt an die Wirkung ihrer Nachricht zu denken, daß in einem Fachorgan erwogen wurde, inwieweit man über das Elend Deutschlands berichten solle. Einerseits sei es von Nutzen, andrerseits von Schaden … Die Wahrheit zu berichten, koste es, was es wolle – davon war nicht die Rede.
Die Wirklichkeit drängt sich also vor und imputiert[1] die Presse, was geschehen und was zu berichten ist. Die Presse nimmt längst keine bloße Kenntnis mehr von der Realität – sondern die Realität hat die Presse genommen. So wird tot geschwiegen und lebendig geschrieben. Kein Leitartikel, keine Glosse, kein Bildchen, hinter denen nicht irgendeine unausgesprochene Tendenz steckte. Es wird immer etwas gewollt, was nicht gesagt wird. Man könnte den Text jeder Zeitungsnummer ins Wirkliche übersetzen.

(Aus lizenzrechtlichen Gründen ist dieser Text nicht in reformierter Rechtschreibung abgedruckt.)

6 a Exzerpiert die Thesen, die Tucholsky äußert!
b Diskutiert die Thesen in der Klasse!
c Fertigt über die Diskussion ein Ergebnisprotokoll an! (Vgl. im siebten Kapitel, S. 320!)

Tucholsky wirft das Problem auf, inwieweit objektive Informationen oder aber vorgefasste Meinungen dem Zeitungsleser als „Wirklichkeit" dargeboten werden. Dies ergibt viele Erörterungsanlässe.

Nachdem ihr über eure Rolle als Zeitungsleser nachgedacht, Orientierungshilfen im Umgang mit der Zeitung gewonnen und die verschiedenartigen Informationsweisen von Zeitungen untersucht habt, sollte es euch möglich sein, eine Sach- oder Problemfrage zu erörtern. Um die Unterschiede und Gemeinsamkeiten verständlich zu machen, sollen zwei Themen bearbeitet werden. Als Schwerpunkt wird die Form der Gliederung für das jeweilige Thema gewählt.

1. Thema: Welche Berichte aus der Tageszeitung interessieren dich am meisten?
2. Thema: Faszination und Gefahren der Boulevard-Presse? Erörtere diese Problematik!

1. Phase: Themenanalyse mit Hilfe von W-Fragen und Anmerkungen
Um die Anforderungen des gestellten Themas möglichst genau zu erfassen, helfen folgende Überlegungen:
- Welche *Absicht* (Intention) enthält die Aufgabenstellung: eine Sach- oder Problemfrage mit oder ohne eigene Wertung?
- Welche *Schlüsselbegriffe* gilt es zu klären und abzugrenzen?

Ihr erinnert euch, dass in einer **Erörterung** verlangt wird, zu einer Sachfrage oder zu einem Problem unterschiedliche Standpunkte aufzuzeigen und dazu Stellung zu nehmen. Je nach der Fragestellung des Themas wird zwischen verschiedenen Formen des Erörterns unterschieden:
- Soll eine Sachfrage erörtert werden, so spricht man von einer sog. **Sacherörterung**, z.B.: „Erörtere, was eine gute Zeitung bietet!"
  Bei dieser Form der Erörterung werden die Gedanken linear-steigernd aneinander gereiht.
- Verlangt die Themenstellung die Erörterung einer Sachfrage mit einer persönlichen Wertung, so spricht man von einer **persönlich wertenden Erörterung**, z.B.: „Erörtere, wie eine Zeitung berichten soll, damit sie deinen Erwartungen entspricht!"
- Geht es um die Darstellung gegensätzlicher Standpunkte mit einer persönlichen Entscheidung dafür (pro), dagegen (contra) oder als Kompromiss, so sprechen wir von einer sog. **dialektischen Erörterung** (einem sog. **Problemaufsatz)**, z.B.: „Faszination und Gefahren der Boulevard-Presse? Erörtere diese Problematik und nimm Stellung dazu!"

[1] imputieren (< lat. imputare = anrechnen, zuschreiben): jemand ungerechtfertigt beschuldigen, jemand etwas unterstellen

1. Thema:
Welche Berichte aus der Tageszeitung interessieren dich am meisten?

- Begriff im Superlativ, d.h. entsprechende Auswahl (2–3)
- Warum gerade diese? (→ genaue Begründung)

wen? (betroffene Person)

was? (Arten = Sachfrage)

wo? (Zeitungsart)

→ Dieses Thema verlangt eine persönlich wertende Erörterung ausgewählter Berichte.

2. Thema:
Faszination und Gefahren der Boulevard-Presse? Erörtere diese Problematik!

Faszination und Gefahren der Boulevard-Presse?

was?
Bezauberung
- fesselnd
- begeisternd
- …
- …

oder Verblendung? (Bann)?
- behexend?
- verführend?
- …

für wen?
- Leichtgläubige?
- Lesefaule?

- leicht Verführbare?
- wenig Informierte?

wieso beides?
- für wen?
- warum?
- …

wofür?
- Objektivität?
- Urteilsfähigkeit?
- …

für wen?
- unkritische Leser?
- Jugendliche?
- …

was?
Gegensatz zu Abonnementzeitung
- auf der Straße verkauft
- Sensationspresse?
- …

was?
Ring- oder Prachtstraße

Was bedeutet das Fragezeichen?
- Ist alles offen?
- Versteckte These?

Erörtern, d. h.
- sachlich, kenntnisreich
- möglichst vielseitig
- kritisch
- begründend und wertend

} darstellen

Arbeitsanregungen:

1 a Vergleicht und beurteilt die beiden Themenanalysen!
b Ergänzt die Analyse zum zweiten Thema!
c Bestimmt die Art der Erörterung und überlegt die beste Methode für die Stoffsammlung!

2. Phase: Anfertigung einer Stoffsammlung und Gliederung

Zuerst müssen Gesichtspunkte gesammelt werden, um die Fragestellung des Themas differenziert beantworten zu können:

- Die sog. *W-Fragen* helfen euch bei der Erschließung eines Sachverhaltes.
- Über den sog. **B-U-W-E-**Schlüssel können weitere Aspekte erschlossen werden:
  - Die Frage nach der **B**eschaffenheit bezieht sich auf das **Was** des Themas.
  - Die Frage nach der **U**rsache klärt das **Warum**, die Hintergründe.
  - Die Frage nach der **W**irkung (den Folgen) ist das **Wozu**.
  - Die Frage nach dem **E**rgebnis kann wieder mit **Was** erfolgen.

- Zur Sammlung eurer Gedanken könnt ihr ein Cluster anlegen:
  z. B.

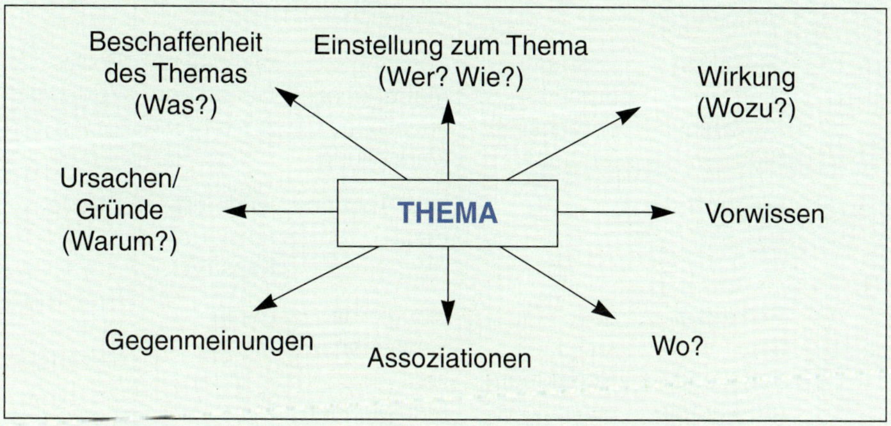

9 Vorschlag für eine Stoffsammlung zum ersten Thema

Berichte in der Zeitung

Arten	Beschaffenheit (Was?)	Ursache (Warum?)	Wirkung (Wozu?)	Einstellung (Wie?)	Assoziationen
Sport	Fußball Handball Autorennen →	– Spannung, – in Ruhe nachlesen →	– Bestätigung →	– Faszination →	– eigenes Spielen
Politik	…	…	…	…	…
Musik	…	…	…	…	…
?					

2 a Ergänzt die Stoffsammlung und fertigt eine Gliederung des Hauptteils an, in der sich die Rangfolge der Interessen ausdrückt!
b Skizziert eine passende Einleitung und einen sinnvollen Schluss!
c Schreibt die Erörterung!

10 Vorschlag für eine Stoffsammlung zum zweiten Thema

	Beschaffenheit (Was?)	Ursache (Warum?)	Wirkung (Wozu?)	Ergebnis Einstellung (Wer/Wie?)	Beispiele (Wo?)
Faszination	Vernachlässigung wichtiger politischer Ereignisse	mangelnder Geschmack, kein Interesse der Leser	bestimmt Qualität der Zeitung	anspruchsloser Leser	z. B. Politik
Faszination	anspruchsloser Leser, erfährt das Notwendige	Nachrichtenorgan, Telegrammstil	nicht ermüdend, nicht zu umfangreich	Berichte, Sport	schnell und überall lesbar
Gefahren	„Revolver-Blatt", Sensations-Blatt	Ablehnung durch anspruchsvollen Leser	unsachgemäße, oberflächliche Darstellung	mangelnder Gehalt der Artikel	Politik, Wirtschaft
Gefahren	billiger Preis		kein Abonnement	jeder interessierte Passant	Straße, Kiosk
Gefahren	Schlagzeilen: auffallend, groß aufgemacht	geschäftstüchtige Redakteure, sensationshungrige Journalisten	Neugierde, Sensationslust, Manipulation	breite Masse	Prozesse, Morde, Skandale

3. Phase: Ausarbeitung und *Korrektur* der Erörterung
Auch der Erörterungsaufsatz wird dreifach gegliedert.

– Die Einleitung kann ausgehen
  - von einer persönlichen Erfahrung (z. B. durch aktuelle Zeitungslektüre),
  - von einer aktuellen Situation (z. B. von einem Presseskandal),
  - von einem literarischen Beispiel (z. B. von Heinrich Bölls „Die verlorene Ehre der Katharina Blum"),
  - von einem zentralen Begriff, der erklärt werden muss (z. B.: Faszination).

  In der Einleitung muss auch der Bezug zum gestellten Thema deutlich werden. Z.B.: Nach dem eben aufgedeckten Skandal mit den gefälschten Interviews in einer populären Massenzeitung scheint mir die Reihenfolge der Leitbegriffe „Faszination" und „Gefahren" in der Themenstellung sehr problematisch zu sein […]

– Der *Hauptteil* erhält seine Qualität
  - in erster Linie durch die Überzeugungskraft der Argumentation und die Anschaulichkeit der Belege.

Arbeitsanregungen:

1 Einzelne Punkte der Stoffsammlung (Text 10) zum zweiten Thema sind nur z. T. richtig zugeordnet.
a Übernehmt die tabellarische Gliederung und ordnet die Aspekte sachgerecht!
b Ergänzt die Stoffsammlung nach euren Überlegungen!

2 a Bedenkt die Gliederung! Soll der Hauptteil mit „Faszination" oder „Gefahren" beginnen?
b Notiert Gedanken für Einleitung und Schluss!

3 a Schreibt die dialektische Erörterung zum zweiten Thema!
b Macht eine sorgfältige Korrektur!
c Versucht in Partnerarbeit eine Kommentierung und Besprechung!

- Daneben spielt der Aufbau eine entscheidende Rolle, denn der Aspekt des Themas, zu dem der Schreiber die gewichtigeren und die meisten Gedanken hat, sollte an zweiter Stelle stehen, unabhängig von der Abfolge der Leitbegriffe in der Themenstellung.
- Wichtig sind aber auch die Überleitungen zu den einzelnen Abschnitten, die Satzverknüpfungen durch passende Konjunktionen und Adverbien sowie eine differenzierte Ausdrucksweise, die abwägt (z.B. einerseits … andererseits), einschränkt (z.B. obwohl … gilt trotzdem) oder verstärkt (z.B.: deshalb ist am wichtigsten …).

– Der *Schluss* muss die Grundfunktion der Bilanzierung erfüllen, kann dies aber auf verschiedene Weise erreichen:
  - Durch eine Zusammenfassung des zentralen Ergebnisses, ohne Einzelheiten aus dem Hauptteil zu wiederholen,
  - durch eine begründete persönliche Wertung,
  - durch Hinweise auf mögliche Folgen bzw. die weitere Entwicklung des Problems,
  - durch das Nennen weiterer Aspekte des Themas, die nicht berücksichtigt werden konnten.

– Die *Korrektur* einer Erörterung hat – zusätzlich zum bekannten Ablauf (vgl. im dritten Kapitel, S. 117 und im vierten Kapitel, S. 173f.!) – auf folgende Aspekte besonders zu achten:
– Ist die *Gedankenführung* überzeugend, d.h. passen These, Argument und Beispiel zusammen?
– Ist die *Sprache* angemessen, d.h. sind die Ausdrücke beschreibend und erörternd, ist die *Sprachebene* aufgabengemäß oder klingt einiges zu salopp oder umgangssprachlich?

Elemente von Schülerlösungen
Die Einleitung einer Erörterung soll zur Sachfrage oder Problemstellung des jeweiligen Themas hinführen. Wie sie gestaltet wird, hängt vom Standpunkt des Verfassers, aber auch von der Art der Erörterung ab. Dasselbe gilt für die Form des Schlusses.

11 Beispiele für Einleitungen

a. Geht man an einem Kiosk vorbei oder in eine Buchhandlung, so fällt einem aufmerksamen Beobachter das Angebot von verschiedenartigsten Zeitungen auf: Überregionale, regionale Tageszeitungen liegen neben Illustrierten und Boulevard-Zeitungen wie „Bild“. Jeder kann nach seinem Interesse oder Geschmack eine Zeitung kaufen. Doch in den meisten Haushalten wird täglich eine Zeitung angeliefert. Sie bietet dem Interessierten eine Fülle an Informationen aus Politik, Sport, Kultur, Wirtschaft und auch über Ereignisse seiner näheren Heimat.

b. Über 5 Millionen Exemplare werden täglich von der Bildzeitung verkauft! Bei der Beschäftigung mit den Zeitungen war ich sehr darüber erstaunt, wie

Korrekturhilfe 7: **Getrennt- oder Zusammenschreibung:**

1. Die **Getrenntschreibung** gilt als Normalfall und betrifft folgende Fälle:
   a. stets die Verbindung der Verben im Infinitiv und die Verbindung mit dem Hilfsverb „sein“ (z.B.: sitzen bleiben (auf dem Stuhl, wegen schlechter Noten), bestehen bleiben, fallen lassen, flöten gehen; an sein, auf sein, beisammen sein);
   b. meist die Verbindung aus Substantiv und Verb sowie Partizip (z.B.: Geige spielen, Auto fahren, Rad fahren, Halt machen, Eis laufen; Respekt gebietend (von Respekt gebieten), Handel treibend);
   c. stets die Verbindung aus Adverbien, die mit *-wärts* gebildet werden und Verben (z.B.: aufwärts gehen, vorwärts kommen);
   d. stets die Verbindung aus Partizip und Verb (z.B.: gefangen halten, getrennt leben);
   e. stets die Verbindung von *aneinander, aufeinander, auseinander* usw. mit Verben (z.B.: aneinander grenzen);
   f. stets die Verbindung aus Adjektiv und Verb, wenn das Adjektiv steigerbar oder durch „sehr“ bzw. „ganz“ erweiterbar ist (z.B.: gerade sitzen – ganz gerade sitzen; gut gehen – besser gehen);
   g. stets die Verbindung von Adjektiven auf *-ig, -isch* oder *-lich* und Verben (z.B.: übrig bleiben, heimisch werden, verträglich sein).
2. Die **Zusammenschreibung** ist an bestimmte grammatische Kriterien gebunden und gilt,
   a. wenn das Substantiv verblasst ist (z.B.: preisgeben – er gibt preis, standhalten – sie hält stand);
   b. wenn Substantiv und Verb eine untrennbare Zusammen-

setzung bilden (z. B.: schlafwandeln – er schlafwandelte, schlussfolgern – sie schlussfolgerte);

c. wenn das Adjektiv in Verbindung mit dem Verb nicht steigerbar oder erweiterbar ist (z. B.: fernsehen, gutschreiben (Betrag), freisprechen (vor Gericht), festsetzen (den Häftling);

d. wenn es sich um mehrgliedrige Wörter aus dem Englischen handelt (z. B.: Feedback oder Feed-back, Layout oder Lay-out),

e. wenn *heim-, irre-, stand-, statt-, teil-, wett-, wunder-* mit Verben verbunden sind (z. B.: heimholen, irreführen, wetteifern).

4 Beurteilt arbeitsteilig die beiden Einleitungen und Schlüsse!
a Erklärt, nach welchem Typ (vgl. S. 340!) sie aufgebaut sind!
b Macht Verbesserungsvorschläge für jeweils die Lösung, die euch am wenigsten zusagt!
c Ordnet die Einleitungen und Schlüsse dem passenden Thema (vgl. S. 337!) zu!

5 Untersucht, wie die beiden Textbeispiele gedanklich aufgebaut sind, ordnet sie den beiden Themen zu und beurteilt ihre Schlüssigkeit!

hoch die Auflage der Boulevard-Zeitungen täglich ist. Diese Zahlen lassen zunächst vermuten, dass die Boulevard-Blätter gegenüber den anderen Tageszeitungen erhebliche Vorteile aufweisen müssen. Wie lässt sich sonst die Faszination erklären, die sie offensichtlich auf ihre Leser ausübt. Doch inzwischen sind mir Zweifel gekommen, ob eine hohe Auflage und die Qualität übereinstimmen.

12 Beispiele für Schlüsse

a. Am Schluss stellt sich für mich die Frage, was gegen die erschreckende Sensationsgier, gegen die sprachliche und inhaltliche Anspruchslosigkeit getan werden kann, um das Niveau der Boulevard-Blätter zu verbessern. Wir als Zeitungsleser sollten darüber nachdenken, ob wir nicht selbst immer wieder unserer eigenen Sensationslust verfallen? Als Leser sollten wir unter den angebotenen Zeitungen eine kritische Auswahl treffen. Gehen nämlich die Verkaufszahlen der Boulevard-Blätter zurück, dann denken die Boulevard-Redaktionen vielleicht über die Gründe nach.

b. Ich will nicht leugnen, dass ich auch gern bestimmte Fernsehsendungen anschaue. Doch seit einiger Zeit bin ich dabei, regelmäßig die Zeitung zu lesen. Dies gibt mir die Gelegenheit, in Ruhe und von mir bestimmter Zeit, mich über Ereignisse zu informieren, die mich interessieren. Außerdem fühle ich mich dabei immer gut unterhalten.

13 Beispiele von Argumentationsstrukturen aus dem Hauptteil

a. Neben politischen Berichten interessieren mich ganz besonders Sportmeldungen. Gerade am Montag bringt unsere Zeitung wie wohl alle Tageszeitungen in einem umfangreichen Sportteil eine große Zahl spannender Sportberichte. Über die Ereignisse, von denen ich einige am Wochenende im Fernsehen gesehen habe, kann ich jetzt in Ruhe nachlesen, noch mehr Details erfahren und auch einige Kommentare dazu lesen. So erfahre ich mit großem Interesse, wie es unserer Handballmannschaft ergangen ist, wer das Autorennen gewonnen hat. Neben der Fußballmannschaft unserer Stadt verfolge ich, was in der Fußballbundesliga geschieht.

b. Betrachtet man die Bildzeitung, so fallen einem sofort die großen, farbig unterlegten Schlagzeilen auf, große Fotos von leicht bekleideten Frauen, die das Augenmerk auf sich ziehen. Sie melden von Skandalen bei Politikern und Schauspielern, sie berichten von Mordtaten und von Liebesgeschichten, die zu Herzen gehen. Die Leser sind fasziniert von Geschichten, die skrupellose Journalisten verbreiten. Sie scheuen auch nicht davor zurück, das Privatleben der betroffenen Personen schamlos auszubreiten. Man muss sich die Frage stellen, ob in solchen Fällen nicht die Rechte der einzelnen Person verletzt werden.

3. Information oder Überredung? – Wie Werbung arbeitet und wirkt

Welche Bedeutung der Werbung zukommt, sieht man daran, dass die Wirtschaft dafür jährlich viele Milliarden DM ausgibt. Wir werden mit Annoncen und Werbung in Zeitungen, Illustrierten, auf der Straße und im Fernsehen ständig konfrontiert. Deshalb ist es sinnvoll die Ziele und Verhaltensweisen der Werbetexter zu untersuchen und zu durchschauen.

1 Standpunkte

TV-Werbung ist sooo lästig

Steffen Brettschneider (15 Jahre): Ohne Werbung würde sich heute niemand mehr beim Einkaufen zurechtfinden. Ich hätte sicher keinen Überblick, was es alles gibt. Die Werbung zeigt mir, was man alles kaufen kann, wo man es kaufen kann und wie teuer Produkte sind. Nur die ständigen Werbeunterbrechungen beim Fernsehen nerven mit der Zeit.

Bruno Sieler (15 Jahre): Werbung gehört bei uns zur Kultur. Ohne Werbung läuft hierzulande gar nichts mehr. Ob sie jedoch ein positiver oder negativer Teil unserer Gesellschaft ist, muss jeder für sich selber wissen. Wenn jemand Werbung nicht mag, ist es ihm doch freigestellt, Werbung zu beachten oder nicht.

Heiko Schmucker (15 Jahre): Ich persönlich habe nichts gegen Werbung in der Zeitung und in Prospekten. Jedoch finde ich die ständigen Werbespots im Fernsehen langweilig und sogar aufdringlich. Mich nervt, dass auf privaten Sendern keine Dreiviertelstunde ohne Werbeunterbrechung vergeht. Wieso aber private Sender dann klagen, wenn z.B. ORF Filme ohne Werbeunterbrechung bringt und sie dann aus dem deutschen Fernsehprogramm rauswerfen, kann ich nicht verstehen.

Simon Reuss (15 Jahre): Durch die ständigen Werbeunterbrechungen in einem Film werde ich fast wütend. Doch ohne Werbung könnte ich diesen Film gar nicht sehen, da ich ausschließlich private Sender anschaue. Jeder, der Werbung für überflüssig hält, sollte beachten, dass sie in der Wirtschaft eine wichtige Rolle spielt.

Aus: Katholisches Sonntagsblatt der Diözese Rottenburg-Stuttgart vom 4.10.1998

Arbeitsanregungen:

1 a Notiert Werbesprüche, die euch spontan einfallen!
b Sprecht über eure Ergebnisse und überlegt, warum euch gerade diese eingefallen sind und worauf ihre Wirkung beruht!
c Haltet eure Ergebnisse an der Tafel fest!

Werbetext	Gestaltungsmittel	Wirkung

2 a Macht in der Klasse und bei euern Eltern eine Umfrage, welche Einstellung zur Werbung besteht!
b Vergleicht euer Ergebnis mit den Aussagen der Texte 1 und 2!

3 a Sammelt aus eurer Tageszeitung Anzeigen!
b Sortiert sie nach Arten und findet Oberbegriffe!

Werbeaufwendungen in der Bundesrepublik Deutschland 1985–1997 Marktanteile der Medien in Mrd. Mark

	1985	1989	1997
Tageszeitungen	6,51	7,76	10,87
Wochen- u. Sonntagszeitungen	0,31	0,34	0,47
Zeitungssupplements	–	0,21	0.21
Publikumszeitschriften	2,64	2,96	3,51
Anzeigenblätter	1,22	1,81	3,28
TV	1,46	2,26	7,44
Hörfunk	0,53	0,82	1,18
Direktwerbung	1,85	2,51	5,93
Übrige Medien	3,01	3,46	5,77
Gesamt Mrd. DM	17,53	22,63	38,65
Index Gesamt	100	129	220
Index Tageszeitungen	100	119	167

Quelle: BDZV/ZAW

2 Umfrage der Klasse 9b des Ehinger Gymnasiums

In einer Umfrage zum Thema Werbung haben wir insgesamt 183 Leute interviewt, davon 171 Schüler unserer Mittelstufe und zwölf Erwachsene in der Ehinger Fußgängerzone. Dabei kam klar heraus, dass Jugendliche weit weniger gern auf Werbung verzichten wollen als Erwachsene.

Junge Leute halten Werbung für wichtig, immerhin drei von vier sagten das. Werbung informiere über neue Trends.

Von den Erwachsenen würden knapp drei Viertel gern die Werbung abschaffen. Das Verhältnis ist gegenüber den Jugendlichen also gerade umgekehrt. Die überwiegende Mehrheit junger Leute will mit Werbung leben. Während Erwachsene in der Werbung meist keine Entscheidungshilfe beim Einkauf sehen, versprechen sich Schüler Orientierung bei der Wahl eines Produktes. Etwa die Hälfte von ihnen schaut sich die Werbeunterbrechungen im Fernsehen an, dagegen gehen laut Umfrage die meisten Erwachsenen in dieser Zeit auf die Toilette oder Bier holen.

Zwei Drittel der Erwachsenen wie auch der Schüler wandten sich gegen Werbung für Alkohol oder Zigaretten. Und: Manche Sprüche haften besonders gut. 32 der Schüler nannten spontan den Slogan von Toyota: „Nichts ist unmöglich …“

Aus: Katholisches Sonntagsblatt Diözese Rottenburg-Stuttgart vom 4.10.1998

Bekanntmachungen in der Zeitung sind **Anzeigen.** Sie werden vom Auftraggeber bezahlt und dienen seinem Interesse. Man unterscheidet zwischen

- *Familienanzeigen* (Geburtstags-, Heirats- oder Todesanzeigen);
- *amtlichen Mitteilungen* von Behörden, Kirchen oder Stadtverwaltungen, z.B. Ausschreibungen;
- *Gelegenheitsanzeigen,* z.B. Verkaufsanzeigen;
- *Werbeanzeigen.*

Die Interviews in der Ehinger Fußgängerzone führten Olga Fazley, Nicole Gauger, Margit Hafner und Ute Michels

3 Werbe- und Kleinanzeigen

a.

b.

c.

4 Untersucht die Anzeigen (Text 3a–i) arbeitsteilig!

Grafische Darstellung	Sprachliche Mittel	Information	Wirkung

Die **Werbung** will auf ein Produkt aufmerksam machen. Sie möchte durch geschickte *Sprach-* und *Ausdrucksmittel* zum Kauf anregen. Dabei nutzt sie die vier Stufen der in den USA entwickelten Wirtschaftswerbung, die sog. AIDA-Formel: A = Attention; I = Interest; D = Desire und A = Action.

Die **Sprache der Werbung** ist geprägt:
- durch neu gebildete Zusammensetzungen von Substantiven: z. B. Preis-Knüller;
- durch Aufwertung und Doppelung von Adjektiven: z. B. niveaweiß, fruchtig-frisch; porentief oder knackfrisch;
- durch Betonung der Schlüsselwörter: z. B. Schönheit, Frische, Glück, Gesundheit;
- durch Slogans: z. B. „Nicht immer, aber immer öfter."
- durch Steigerungen: z. B. Persil wäscht weißer; Das strahlendste Weiß meines Lebens;
- durch Personifizierungen: z. B. der magenfreundliche Kaffee; Ajax, der weiße Wirbelwind.

---

1 Der Globalstar (< lat. globus = Kugel): weltweit; hier: „weltweiter Stern"

2 Die Marketingstrategie (< engl. marketing = Maßnahmen zur Absatzförderung; < gr. strategia = Kunst der Kriegsführung): geschickte Verkaufsplanung

Werbeanzeigen lassen sich vielfach umgestalten!

– Ihr könnt Werbeanzeigen und Illustrationen sammeln und eine *Bild-Text-Collage* zu einem „neuen“ Produkt anfertigen.
– Eine Werbeanzeige kann *farbig gestaltet* werden, um ihre Aussage und Wirkung zu steigern.
– Ihr könnt in Zeitungen Werbeslogans suchen, die *mehrdeutig* formuliert sind, z.B. „Nordsee – Meer erleben!“ (Fischgroßhandel – Meer); „Sie fahren mit Abstand am besten.“ (Werbung an Autobahnen). Daraus lässt sich eine Text-Collage herstellen, die mit der Mehrdeutigkeit spielt.
– Die Bedeutung der *Kürzel* könnt ihr in Stellenangeboten, Klein- oder Bekanntschaftsanzeigen erschließen und selbst Annoncen mit Kürzeln schreiben. Auch lustige Varianten sind möglich: Z.B. „O★ mit T & Ke4?“ kreischt 11i ❤og auf 6isch. nNt H1 einen „Sc❤keks“ + l8 sich 1/2 †.
– Ihr könnt Werbeanzeigen suchen, die Sachverhalte *beschönigend* darstellen.
– Werbeslogans oder Bekanntschaftsanzeigen können auf eine lustige Weise *verfremdet* werden.
– Ihr könnt eine *Werbeanzeige* oder ein Werbeplakat für ein Schulfest, für ein Konzert oder für Rücksichtnahme in der Schule *entwerfen.*

d.

Prom. Biologin
sucht Betätigungsfeld im **Technologietransfer-Bereich.**
Biete: Marketing-Intensivseminar (Marketing, BWL, VWL, Re.we, Recht), mehrj. Berufserf. in ltd. Pos . Herst. und Entwicklg. med. Diagnostiktests, Aufbaustud. Mol.biol., Auslandserf., spez. EDV-, online-Recherche-Kenntnisse, Engl. sehr gut, Franz. gut, 39 J., unverheiratet, Durchsetzgsverm., teamfähig, flexibel.
DIE ZEIT, 20079 Hamburg.

e.

Wir **suchen** einen
DTP/Mac Profi (m/w)
zum nächstmöglichen Termin.
Bei Worten wie XPress, FreeHand oder Photoshop sollten Ihnen keine grauen Haare wachsen.

Bewerbungen bitte an:
DIE REPRO

89231 Neu-Ulm
Tel.

f.

Rubensfrau, 36, 1,72 m, NR, mit Herz, Charme, kantigem Geist, Karriere (ohne Allüren), Temperament, Kinderseele und Leidenschaft sucht adäquaten Partner (gern älter), der Mut und Zeit für Gefühle hat.
DIE ZEIT, 20079 Hamburg

g.

Für eine unendliche Geschichte ...
sucht sehr attr. Mädchenfrau – 45, jüng. auss., 1,73, schlk., Akad., gefühlsbet. u. natürl., mit Esprit, Stil u. Niveau – den anspruchsv., liebevollen Mann, der sie mit ihr zusammen erleben mag. Raum HH.
DIE ZEIT, 20079 Hamburg

h.

Zeitlose Schneewittchen-Schönheit
mit Doktor-Titel und viel Freizeit (49 Jahre, 1,65 m, schlank und zierlich, ledig, kinderlos, liebevoll, treu, ortsungebunden inmitten grüner Natur in Raum 2 lebend, aber eher – für Kultur, Decor und Styling) sucht Märchenprinzen – für immer und ewig –
DIE ZEIT, 20079 Hamburg

i.

Osnabrück und ein bisschen mehr
Mann, 45 Jahre, 1,82/77, Germanist, attraktiv und sportlich, ohne Bauch, Brille, Bart, im Kriege der Geschlechter erprobt, zuverlässig und unterhaltsam, liebt Rilke, Ronaldo, Gorgonzola, Reiten, Rot, das Meer, Kultur und Natur, Kinder ... und bald auch Sie, eine kluge, warmherzige, attraktive Frau?
DIE ZEIT, 20079 Hamburg

4 Text-Collage

Schauma, der Konsument ist los!
Es ist kurz After Eight.
Meuterei auf dem Bounty.
Die Snickers sagen zum ersten
Male nicht Yes. Sie haben den
Mumm, den sie brauchen, um
gegen das warme Nestle ihres
Konsumentenlebens zu kämpfen.
[…]

5 a Setzt diese Text-Montage aus Werbetexten und Produktnamen in Partnerarbeit fort mit einer kritischen, satirisch-ironischen oder humorvoll-witzigen Aussage!
b Vergleicht eure Ergebnisse (Gestaltungsweise, Wirkung)!

5 Schülergedicht: Werbung und Wirklichkeit

Werbung – die informiert
und unterhält
Viel Behauptungen
Lügen ohne Scham
Haustiger fressen von Porzellan
Während Kinder leiden und
hungern auf dieser Welt
Gesund ist die Milch
der Kinderschokolade
Doch die Fassade verbirgt
die „süße" Wahrheit

Wenn Intoleranz
wird ersetzt durch
Menschenwürde
Wenn blanker Unsinn ersetzt
durch Sinn und Verstand
dann entfernen wir uns
von Schwindel und Trug
und nähern uns Aufrichtigkeit
und Toleranz

Andreas Bierer, Martin Kächele und
Robin Fischer

Werbung machen am PC zur Übung und zum Spaß, auch Gedichte über Werbung gehören dazu.

Kreative bei der Arbeit

6 a Prüft, wie die Schüler ihr Gedicht gestaltet haben und was sie aussagen wollen!
b Versucht in Gruppen ein eigenes Gedicht über Werbung zu schreiben!

6 Ingeborg Bachmann (1926–1973): Reklame

Wohin aber gehen wir
ohne sorge sei ohne sorge
wenn es dunkel und wenn es kalt wird
sei ohne sorge
aber
mit musik
was sollen wir tun
heiter und mit musik
und denken
heiter
angesichts eines Endes
mit musik
und wohin tragen wir
am besten
unsre Fragen und den Schauer aller Jahre
in die Traumwäscherei ohne sorge sei ohne sorge
was aber geschieht
am besten
wenn Totenstille

eintritt

Ingeborg Bachmann wurde 1926 in Klagenfurt geboren und verbrachte ihre Jugend in Kärnten. Sie studierte an verschiedenen Universitäten Österreichs Philosophie und promovierte mit einer Arbeit über Martin Heidegger. Nach einem Aufenthalt in Paris (1950) arbeitete sie 1951–1953 beim österreichischen Rundfunk und ab 1953 als freie Schriftstellerin. Sie war Mitglied der „Gruppe 47", einer losen Gruppierung wichtiger Autoren der Nachkriegszeit. Rom, München, Berlin und Frankfurt waren Stationen ihres Lebens. 1973 starb Ingeborg Bachmann in Rom. Die mehrfach ausgezeichnete Lyrikerin wurde berühmt durch ihre oft kühl und hart klingende Gedankenlyrik, aber auch durch eindringliche Hörspiele und Erzählungen.

7 Ein Gedicht mit einer ungewöhnlichen Form!
a Notiert eure Leseeindrücke zum Inhalt, Aufbau und zur sprachlichen Gestaltung!
b Bereitet einen guten Vortrag vor, achtet auf die Rollenverteilung und den Tonfall!
c Sprecht über die Aussage und die Wirkung!

8 a Wählt Werbeslogans aus und schreibt ein Parallelgedicht!
b Ihr könnt auch einen anderen Schluss gestalten!

III. „Die Welt als gekürzte Volksausgabe und für den Schulgebrauch bearbeitet“ (Kurt Tucholsky)

1. Den Journalisten über die Schultern geschaut – Langzeitaufträge und projektorientiertes Arbeiten

Jetzt sollt ihr den Journalisten bei ihrer Arbeit auf zweifache Weise über die Schultern schauen: Ihr lernt das Projekt „Zeitung in der Schule“ (ZiSch) kennen. Ihr könnt in Einzel-, Partner- oder Gruppenarbeit Langzeitaufträge planen, durchführen und gleichzeitig die verschiedenen journalistischen Darstellungsformen untersuchen und anwenden.

Projektorientiertes Arbeiten erstreckt sich über einen längeren Zeitraum und erfordert eine überlegte *Planung:*

1. Schritt: Absprechen der *Arbeitsteilung,* Sammeln, Sichten und *Ordnen des Materials;*
2. Schritt: *Bearbeiten* des Materials, z.B. in Collagen, in verschiedenen Gestaltungsformen (Leserbrief, Kommentar, Glosse etc.);
3. Schritt: *Ausarbeiten* des Ergebnisses und Überlegungen zu Formen der Vorstellung (Präsentation) anstellen;
4. Schritt: Präsentation durch Kurzreferate, Gruppenvorstellung u.a., wobei der Ablauf und die Verfahrensweisen erklärt, auch aufgetretene Schwierigkeiten benannt werden sollen.
5. Schritt: *Auswerten* der gewonnenen Erfahrungen und „Manöverkritik“, um Schlussfolgerungen für ein andermal ziehen zu können.

Im Projekt „ZiSch“ sind vier Typen von Langzeitarbeiten vorgeschlagen:
- die Beobachtung einzelner Themen des Zeitgeschehens,
- die Zeitung selbst als Gegenstand der Untersuchung,
- Sprachuntersuchungen und
- ein kreativer Umgang mit Texten und Fotos in der Zeitung.

Für die Beobachtung des Zeitgeschehens bieten sich folgende Themen an: Medizin, Wirtschaft, Kriminalität, Sport, Umweltfragen in der Region, Umweltschutz gegen Wirtschaftsinteressen, Finanzpolitik, Bildung-Erziehung-Schule, Gewalt von Jugendlichen, Drogenprobleme, kulturelle Angebote in der Region für Jugendliche, Bild in der Zeitung, Karikatur in der Zeitung u.a.

1 Projekt: Zeitung in der Schule

59 Klassen erleben Zeitungsarbeit hautnah

LEUTKIRCH (sz) – „ZiSch“ ist eine Aktion der Schwäbischen Zeitung. Die Kreissparkasse Ravensburg unterstützt das Projekt. Betreut wird „ZiSch“ vom Institut zur Objektivierung von Lern- und Prüfungsverfahren (IZOP). Das Projekt findet Anwendung im regulären Unterricht der Jahrgangsstufen 8 bis 10. Drei Monate lang beschäftigen sich die Schülerinnen und Schüler intensiv mit ihrer Heimatzeitung. Sie sollen an das Lesen allgemein und an das Lesen der Zeitung speziell herangeführt werden. Dafür engagiert sich die Schwäbische Zeitung und ihr Partner.

Insgesamt 59 Schulklassen sind in das Projekt eingebunden. Sie bekommen jeden Tag die aktuelle Ausgabe der SZ in die Schule geliefert, setzen sich dann intensiv mit den Inhalten auseinander und das nicht nur im Deutschunterricht. Aber die Schülerinnen und Schüler werden auch selbst journalistisch aktiv: Bewaffnet mit Fotoapparat und Schreibblock erkunden sie beispielsweise den regionalen Radiosender, die Baustelle eines Millionärs, schauen in ein Seniorenheim, beobachten anmutige Schritte in einer Tanzschule oder schauen der Polizei bei ihrer Arbeit über die Schulter.

Um Themen und Termine kümmert sich IZOP, Recherche und Schreiben ist Sache der Nachwuchsjournalisten. Aber IZOP und die SZ helfen ihnen natürlich dabei. Sie gehen mit zu den Terminen, kommen später in den Unterricht und geben Tipps aus ihrer Berufspraxis. Die Produkte der Schülerarbeit werden in der Schwäbischen Zeitung veröffentlicht.

Aus: Schwäbische Zeitung (Leutkirch) vom 3.12.1998

Arbeitsanregungen:

1 a Beschreibt, wie das Projekt „ZiSch“ abläuft und welche Ziele es hat!
b Besprecht, wie ihr dieses Projekt beurteilt und welche eigenen Erfahrungen ihr gemacht habt, wenn ihr an dem Projekt teilnehmt!

2 Schüler befragen Schüler

Interview mit Thomas P. (Schülerbeispiel)

ULRIKE: Wie findest du das Projekt „Zeitung in der Schule“? Begründe deine Meinung!

THOMAS: Ich finde es toll! Auf diese Weise werden alle mit der Zeitung bekannt gemacht. Auch der Unterricht ist interessanter und besser als sonst.

ULRIKE: Was gefällt dir denn besonders am „neuen“ Unterricht? Was würdest du ändern?

THOMAS: Es gefällt mir, dass man uns selbst richtige Reportagen und Ähnliches schreiben lässt. Ich wüsste sofort etwas zu ändern: die Hausaufgaben.

ULRIKE: Jede Klasse bekam ein zusätzliches Projekt zugeschrieben. Ihr habt doch das Thema „Wer räumt die Stadt auf?“ Was hältst du davon?

THOMAS: Wir besuchen eine Müllverbrennungsanlage. Ich finde es interessant, da Müll nicht nur einige angeht, sondern alle.

ULRIKE: Um noch einmal zum Zeitungsprojekt überzuleiten. Liest du jetzt eigentlich mehr bzw. öfter die Zeitung als vorher? Was schätzt du besonders an ihr?

THOMAS: Jetzt lese ich öfter die Zeitung. Es ist alles genauestens beschrieben und man kann auch noch später etwas nachlesen.

ULRIKE: Das war es schon. Danke, dass du dir Zeit genommen hast, meine Fragen zu beantworten.

Ulrike N.

Das Interview (engl. Zusammenkunft, Unterredung) spielt eine besondere Rolle, weil in ihm einerseits Persönlichkeiten des öffentlichen Lebens gezielt Meinungen verbreiten können und weil andererseits der Journalist dem Gesprächspartner viele Neuigkeiten entlocken und ihn zu Meinungsäußerungen verleiten kann. Wichtig ist die Einstiegsfrage, die das Thema des Interviews bestimmt. Der Journalist muss nachhaken und am Schluss das Gespräch zusammenfassen. Ein Interview kann auch in Form eines Berichtes abgefasst werden und enthält dann auch Zitate. Weitere Formen sind das *Telefoninterview* und die *Umfrage.*

2 a Beurteilt das Interview (Text 2) nach den obigen Kriterien!
b Macht Vorschläge zur Verbesserung!

3 Zeitung in der Schule: Eine Präsentation

Schülerinnen und Schüler eines Ulmer Gymnasiums haben sich intensiv mit der Zeitung befasst, Ergebnis unter anderem: eine Ausstellung zum Thema.

4 Auszüge aus Langzeitarbeiten

a.

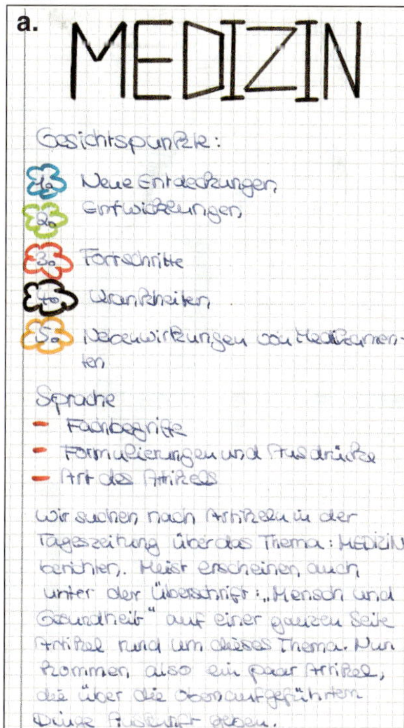
MEDIZIN

Gesichtspunkte:

1. Neue Entdeckungen,
2. Entwicklungen
3. Fortschritte
4. Krankheiten
5. Nebenwirkungen von Medikamenten

Sprache
- Fachbegriffe
- Formulierungen und Ausdrücke
- Art des Artikels

Wir suchen nach Artikeln in der Tageszeitung über das Thema: MEDIZIN berichten. Meist erscheinen auch unter der Überschrift: „Mensch und Gesundheit“ auf einer ganzen Seite Artikel rund um dieses Thema. Nun kommen also ein paar Artikel, die über die oben aufgeführten Dinge Auskunft geben.

3 Besprecht Ergebnisse des Projekts „ZiSch“ (Texte 3 und 4)

b. Langzeitprojekt

behandelte Themen zum Bereich Wirtschaft:

- Arbeitslosigkeit
- Arbeitspolitik
- Umsatz diverser Firmen
- Mercedes-Benz
- Volkswagen

erarbeitet von Jochen Scheitenberger und Thomas Pfisterer

Allgemeine Auswertung

Sprachlich sind die Artikel meistens in kurzen Sätzen und leicht verständlich geschrieben. Doch manchmal sind die Sätze so kompliziert formuliert, dass selbst nach mehrmaligem Lesen der Sinn nicht ganz klar wird.
Auffallend ist sonst noch, dass montags jeweils nur eine Seite Wirtschaft in der Zeitung ist.
Ausnahme: Am Samstag, den 15.11.1997 waren es 3 Seiten!

Nachfolgend sind die ausgewerteten Artikel tageweise abgeheftet.

c. Kriminalität-Langzeitprojekt

Alter der Täter

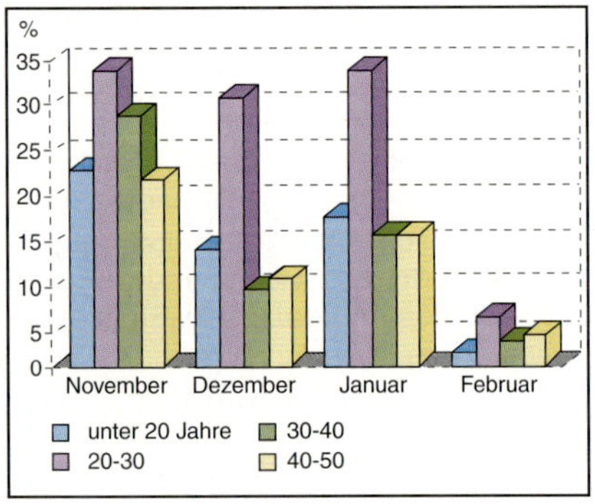

Art der Texte

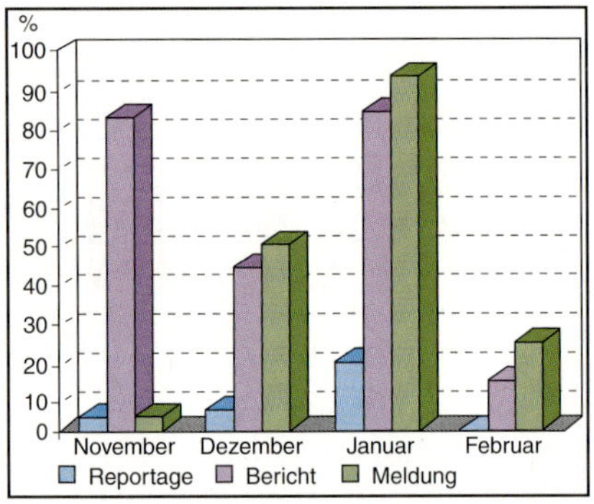

Gründe

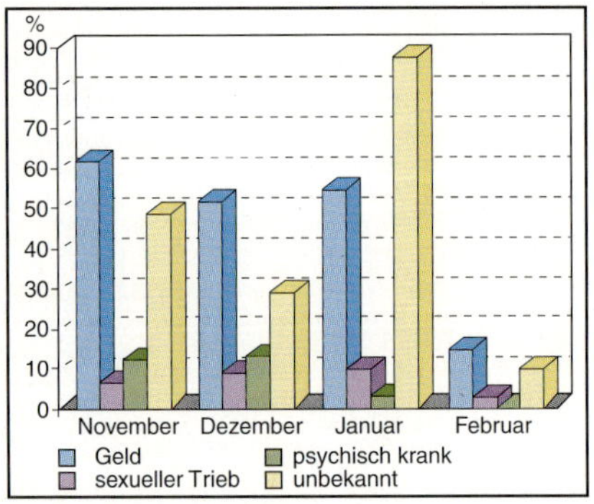

d. Auswertung des Langzeitprojektes „Kriminalität“

Das Ergebnis unseres Langzeitprojektes ist schockierend. Die Täter werden immer jünger. Allerdings muss man auch sagen, dass in den Zeitungsartikeln das Alter der Täter oft verschwiegen wird. Das liegt daran, dass die Verbrecher meistens nicht gefasst werden.
Auch die Verbrechen selbst werden immer schlimmer. Die höchsten Quoten haben Mord und Diebstahl, wobei man Betrug auch nicht vergessen darf.
Die meisten Verbrechen werden des Geldes wegen begangen. Wir leben zwar in einer Gesellschaft, in der Geld sehr wichtig ist, dennoch sollte man glauben, dass die Menschen ehrlich genug sind, nur ihr eigenes Geld zu benutzen. Andere wiederum sind zu gierig, um ihren Mitmenschen ihr ehrlich verdientes Geld zu gönnen. Wir haben die Artikel nicht nur nach ihrem Inhalt, sondern auch nach ihrem Aufbau untersucht. In fast allen Monaten, außer November, überwiegen die Meldungen, weil die Verbrechen nur durch eine kurze Nachricht erwähnt wurden. Im November gab es die meisten Berichte.
Das Ergebnis ist nicht weiter verwunderlich, da insgesamt festgestellt werden konnte, dass Verbrechen so gut wie immer durch tatsachenberichtende Nachrichten dargestellt werden. Es gibt zwar unter unseren Zeitungsartikeln auch Reportagen, diese sind jedoch deutlich in der Minderzahl.

(Nicole R., Sabine P., Miriam Sch., Christine K.)

2. Wie schreiben Journalisten? – Textarten, ihre Absichten und ihre Wirkung

1 Ein Thema – verschiedene Texte

a.

Verbände mahnen Ökokraftstoffe an

Allianz[1] von Autoindustrie und Umweltschützern fordert Förderung von schwefelarmem Sprit[2]

BERLIN (dpa). Automobilwirtschaft und Umweltverbände sind eine Allianz zur schnellen Einführung umweltfreundlicherer Kraftstoffe in Deutschland eingegangen. Die EU sieht die Einführung dieser Produkte spätestens vom Jahr 2005 an vor.

Die Verbände fordern steuerliche Anreize von drei bis vier Pfennig je Liter, die schwefelarmes Benzin und Diesel für die Autofahrer vom 1. Januar 2000 billiger machen sollen. In einer zweiten Stufe spätestens von 2001 an soll der Unterschied fünf bis sechs Pfennig betragen. Nach Ansicht der Verbände von Umweltschützern und Automobilindustrie sollen somit der Verbrauch angekurbelt und die noch zurückhaltende Mineralölindustrie zur Umstellung der Raffinerien veranlasst werden. Ihre gemeinsame Linie stellten die Deutsche Umwelthilfe, der Deutsche Naturschutzring, der Verband der Automobilindustrie (VDA) und der ADAC in Berlin vor. Das EU-Recht sieht schwefelarme Kraftstoffe spätestens von 2005 an vor. Axel Friedrich vom Umweltbundesamt sagte, die neuen Kraftstoffe würden nach Erfahrungen in Japan und Kalifornien zur drastischen Verringerung von Sommersmog und zu einer allgemeinen Verbesserung der Luftqualität führen. Im Unterschied zur Einführung bleifreien Benzins entstehe für den Autofahrer durch Wegfall von Schwefel keine technische Unsicherheit, sagte Dieter Klaus Franke vom ADAC.

Als absolut ungenügend wurde die Position der Mineralölwirtschaft bewertet, die schwefelarme Kraftstoffe mit 50 ppm (ppm = ein tausendstel Gramm je Liter) Ende 2001 und schwefelfreie Kraftstoffe (zehn ppm) ab 2003 und später anbieten wolle. Bereits zu Jahresbeginn 2000 könnte die Branche nach Ansicht des Bundesgeschäftsführers der Deutschen Umwelthilfe, Jürgen Resch zu mindestens 40 Prozent und zu Jahresende nahezu vollständig auf schwefelarme Kraftstoffe umgestellt haben. Die Autoindustrie plädiert intensiv für Kraftstoffe mit maximal zehn ppm Schwefel, machte VDA-Geschäftsführer Gunter Zimmermeyer deutlich. Die Branche benötige schwefelfreie Otto- und Dieselkraftstoffe wegen der neuen direkt einspritzenden Motoren. Ansonsten ließen sich die möglichen Einsparungen beim Verbrauch und Ausstoß von Kohlendioxid[3] nicht erreichen. Die Belieferung mit schwefelfreien Kraftstoffen stelle überhaupt kein Problem dar, argumentierte der Geschäftsführer der Greenenergy Conti Deutschland GmbH, Peter Richter. Allerdings würden die großen Mineralunternehmen wie Esso, Aral und Shell kein Produkt an ihren Tankstellen zulassen, das sie nicht selbst hergestellt hätten. Richter sagte, ein Diesellastwagen stoße jährlich zehn Kilo Schwefel aus, bei schwefelarmem Diesel seien es hingegen nur noch 200 Gramm.

Aus: Stuttgarter Zeitung vom 11.8.1999

Der **Zeitungsbericht** ist eine umfangreichere informierende Nachricht, die mehr Hintergrundinformationen und Zusammenhänge enthält, ohne die persönliche Meinung des Journalisten mitzuteilen.
Zeitungsberichte haben einen bestimmten Aufbau:
- Die *Schlagzeile* soll die Aufmerksamkeit des Lesers wecken.
- Ortsangabe mit Textquelle,
- der *Lead:* der fett gedruckte erste Absatz (entspricht einer Meldung),
- Darstellung des Ereignisses in seinem Ablauf; weitere Tatsachen und Hintergrundinformationen.

---

[1] Die Allianz (< lat. alligare = verbinden; frz. = alliance): Staatenbündnis, Vereinigung, Interessengemeinschaft
[2] Der Sprit (< lat. spiritus = Lebenshauch, Geist): heute: als Kurzform für Treibstoff
[3] Das Kohlendioxid (< gr. dioxidos = Oxid mit zwei Sauerstoffatomen): ein nicht brennbares Gas

Der Kommentar (< lat. commentari = durchdenken, sorgfältig überlegen, erklären) gehört zu den *meinungsäußernden Texten.* In ihm nimmt der Autor zu einem Ereignis, Sachverhalt oder Problem Stellung; deshalb ist der Artikel immer mit dem Namen des Verfassers gekennzeichnet.
Der *Kommentator* möchte mit seiner Meinung und seinem Urteil den Leser überzeugen und Unentschiedene für seine Meinung gewinnen. Deshalb muss er überzeugend argumentieren; zuweilen wird er auch bewusst provozieren, um den Leser zu einer Stellungnahme herauszufordern. In der Zeitung werden die Kommentare fast immer an einer festen Stelle abgedruckt und durch Überschriften, z.B. Leitartikel, Kommentar, Glosse, und farblich sowie durch die Schrifttype abgehoben.

b.

Allianz für „grünen Sprit“

Neue Freunde

Von Andreas Kempf

Die Debatte um die Einführung schwefelarmer Kraftstoffe bekommt immer kuriosere Züge und zeigt einmal mehr, dass in Politik und Lobbyarbeit[1] nichts unmöglich ist. So streiten Verbände Seite an Seite, deren Verhältnis man sonst eher dem von Feuer zu Wasser verglichen hat. Ausgerechnet Umweltschützer und die Autoindustrie setzen sich nun gemeinsam für eine neue Generation von Kraftstoffen ein.

Die Interessenslage, die zu dieser seltsamen Allianz führt, ist vielschichtig. Umweltschützer, und nicht nur die, regt auf, dass immer noch Kraftstoffe die Luft mehr verpesten, als sie eigentlich müssten. Längst ist es beispielsweise möglich, die Belastung durch Dieselfahrzeuge deutlich reduzieren zu können. So könnte der jährliche Ausstoß von Schwefel durch einen Lastwagen von zehn Kilo auf 200 Gramm verringert werden. Das wäre ein gewaltiger Fortschritt, wenngleich die Klimabelastung immer noch bliebe. Die Fahrzeugindustrie hat noch andere Vorteile im Blick. So kann sie nämlich mit den neuen Kraftstoffen – die neue Motorengeneration ist sogar darauf angewiesen – den Spritverbrauch drücken. Das ist ein wichtiges Verkaufsargument im Neuwagenhandel. Zudem müssen keine technischen Veränderungen vorgenommen werden, die den Autofahrer finanziell belasten würden. Dies war bei der Einführung des Katalysators[2] noch anders, gegen die sich die Fahrzeugbauer damals sträubten.

Die merkwürdige Allianz zwischen Autoindustrie und Umweltschützern ist zustande gekommen, weil es auf der anderen Seite eine mächtige Opposition gegen die Einführung gibt. Dabei sind die Verbündeten nicht minder bemerkenswert. So sperrt sich die Mineralölindustrie gegen die vorzeitige Einführung neuer Kraftstoffe. Der Schritt erfordert Investitionen in neue Anlagen, die die unter starkem Kostendruck stöhnende Branche[3] nicht ohne Not schultern will. Schützenhilfe erhalten die Ölmultis ausgerechnet von der rot-grünen Bundesregierung, die es offenbar nicht eilig hat, umweltfreundlichen Sprit zu fördern. Das hat eine politische Logik: Immerhin wurde erst mit der Ökosteuer die klamme Einnahmeseite verbessert. Über weitere Preiserhöhungen wird derzeit laut nachgedacht. Billigerer „grüner Sprit“ passt da nicht ins Konzept.

Aus: Stuttgarter Zeitung vom 11.8.1999

Arbeitsanregungen:

1 a Fasst das Problem der Texte 1a und 1b knapp zusammen!
b Beschreibt, worin sich die Darstellungsweise beider Texte gleicht bzw. unterscheidet!

c. Wolfram Siebeck: Erlaubt ist, was vergiftet

Als der Winzer die chemisch behandelten Trauben ins Zuckerwasser gelegt und auch sonst getan hatte, was ihm das deutsche Weingesetz erlaubt, trat er an den Spiegel und sprach: „Spieglein, Spieglein an der Wand, wer ist der Giftigste im ganzen Land?“

---

1 Die Lobbyarbeit (< engl. lobby = Vorhalle, Wandelgang im Parlament): Beeinflussung von Abgeordneten durch Interessensvertreter
2 Der Katalysator (< gr. katalysein = auflösen): Stoff, der chemische Reaktionen herbeiführt
3 Die Branche (frz.): Geschäfts-, Wirtschaftszweig

Und der Spiegel antwortete ihm: „Herr Winzer, Ihr seid der Giftigste hier; aber der Bauer und seine Rinder sind auch nicht gesünder: Er ist noch tausendmal giftiger als Ihr!“

Als der Winzer den Spiegel so reden hörte, zitterte und bebte er vor Zorn. Er nahm eine Flasche Qualitätswein, der hatte 15 Prozent unvergorenen Restzucker, und ging damit zum Bauern. Der nahm arglos einen großen Schluck.

Weil er aber täglich Bier trank, das aus chemisch behandeltem Hopfen gemacht wird, war er immun und sagte: „Schön süß!“

Da nahm der Winzer ungläubig selber einen Schluck und fiel auf der Stelle tot um.

Nun trat der Bauer vor den Spiegel und sprach: „Spieglein, Spieglein an der Wand, wer ist der Giftigste im ganzen Land?“ Und der Spiegel antwortete ihm: „Herr Bauer, Ihr seid der Giftigste hier; aber der Fuhrunternehmer Plaumann ist ein Schlaumann und tausendmal giftiger als Ihr!“

Als der Bauer den Spiegel so reden hörte, zitterte er vor Zorn. Er nahm ein hormongepäppeltes Masthähnchen, ein Stück Kalbfleisch voller Antibiotika und einen schönen roten Apfel von einem Baum, der zwischen Vorblüte und Blattfall 24-mal mit Gift berieselt worden war. Das alles packte er in ein Körbchen, legte die neueste Bonner Verordnung zum Nahrungsmittelschutz dazu, ging nach Frankfurt und machte es dem Fuhrunternehmer zum Geschenk.

Der aber hatte seit Jahren viele tausend Tonnen Giftmüll illegal über das ganze Land verstreut, da machte ihm das erlaubte Gift der Nahrungsmittel überhaupt nichts aus.

Als der Bauer sah, wie der Giftmüllkutscher das alles mit gutem Appetit aß, wurde ihm vom bloßen Zuschauen ganz schlecht. Schnell ging er an die frische Luft. Die ist aber in Frankfurt von den Autos so vergiftet, dass der Bauer auf der Stelle tot umfiel.

Inzwischen hatte sich der Giftmüll-Millionär gesättigt. Er trat vor den Spiegel und fragte: „Spieglein, Spieglein an der Wand, wer ist der Giftigste im ganzen Land?“

Der Spiegel aber antwortete nicht mehr. So viel giftiger Mundgeruch an einem Tag war zu viel für ihn. Er wurde blind und stumm. Nun weiß der Fuhrunternehmer nicht, ob er der Giftigste ist im ganzen Land. Wir wissen es auch nicht.

Die Glosse (< gr. glossa = Zunge, Sprache) bedeutete ursprünglich ein schwieriges, erklärungsbedürftiges Wort; dann eine in den Handschriften zwischen den Zeilen oder am Rande angebrachte erläuternde Bemerkung.
Unter einer Glosse als einer feuilletonistischen Kurzform versteht man einen pointiert geschriebenen, ironisch-kritischen Kurzkommentar zu einem aktuellen Ereignis oder Sachverhalt. Sie wirkt inhaltlich spritzig-witzig, im Stil leicht und locker. In der Glosse wird in der Regel ein einziger Punkt eines Themas herausgegriffen. Eine gute Glosse ist in kurzen, knappen und einprägsamen Sätzen geschrieben und geschickt mit Witz und Ironie auf die Schlusspointe zugespitzt.

2 Beschreibt die Eigenarten von Text 1c möglichst genau!

d.

„Na bitte, das Ozonloch ist so gut wie dicht!“

Die Karikatur (< ital. caricatura = „Überladung“, Übertreibung; ital. caricare = überladen, übertrieben komisch darstellen) ist eine übertriebene, komisch verzerrte Darstellung charakteristischer Eigenschaften einer Person oder eines Sachverhaltes. Die Wirkung einer Karikatur ist davon abhängig, dass das „Objekt“ erkennbar bleibt.
Literarische Karikaturen kennt ihr als Satiren, Parodien oder Komödien (z.B. Nestroy, Molière, Kästner u.a.). Sie gipfeln in einer Pointe.
Die Karikatur als *„Spottzeichnung“* in der Zeitung drückt besonders wirksam durch ihre überspitzte Kritik und humoristische Darstellung „lachend“ die Wahrheit aus.

Die Reportage gehört zu den *informierenden Texten:* Sie ist ein tatsachenbetonter, aber persönlich gefärbter Erlebnisbericht. Was ein Reporter beobachtet und recherchiert hat, berichtet er so genau, spannend und anschaulich wie möglich.
Für eine gute Reportage sind einige Gesichtspunkte zu beachten:

- Es dürfen keine wichtigen Informationen fehlen.
- Eine gute Reportage beginnt „mitten im Thema“, z.B. mit der wörtlichen Aussage eines Beteiligten, mit einer kleinen Szene.
- Die Sachinformationen werden im Text so verteilt, dass die Neugierde des Lesers durch den ganzen Text hindurch anhält.
- Es wechselt oft die Perspektive um zu variieren.
- Zu einer Reportage können Fotos und Interviewpassagen gehören.
- Der Schluss sollte eine überraschende Einzelheit oder Pointe enthalten.

e.

MÜLLHEIZKRAFTWERK / ZiSch-Reporter lassen sich nicht mit schönen Worten abspeisen

Fachleute wollen brisante Fragen umgehen

Am Ende bleiben einige Fragen offen, aber: Gesamteindruck nach Besuch positiv

Das Müllheizkraftwerk produziert auch reines Speisesalz. Der stellvertretende Betriebsleiter würde aber eine damit gewürzte Suppe nicht auslöffeln wollen. Unsere Reporter suchen auch die Kehrseite der Medaille.

Klasse 10d, Gymnasium Ehingen

Müllheizkraftwerk Ulm Donautal - Hochbetrieb auf der Zufahrt des Kolosses, dessen Schlote von weitem zu sehen sind. Da ist so viel los, dass es zu einer lebensbedrohlichen Konfrontation mit einem leuchtend orangen Müllauto kommt. Wir überleben es und kommen zu unserem Pressetermin.

Drei Fachleute stehen uns fast einen halben Tag lang Rede und Antwort. Wir fühlen uns natürlich ungeheuer wichtig – sind wir doch eine der ersten Gruppen, denen der Betriebsingenieur des 336,4 Millionen teuren Werkes vorträgt und die er führt, wobei wir wegen des Lärms dort alle den Knopf im Ohr haben.

Der Vortrag hört sich mehr oder weniger nach einer regelrechten Lobeshymne darüber an, wie man in Zukunft die Probleme mit dem Müll lösen kann. Nicht ganz zu Unrecht wird die Situation positiv eingeschätzt. So wird zum Beispiel in diesem Werk der Müll, der ein Problem unserer zivilisierten Welt ist, zum Brennstoff für Fernwärme und Strom. Selbst die bei der Verbrennung entstehenden, äußerst gefährlichen Abgase werden noch durch die aufwendige Verfahrenstechnik, in die allein 120 Millionen Mark investiert wurde, gesäubert, und zum Teil sogar in reines Speisesalz und Gips umgewandelt.

So gesehen ist das Müllheizkraftwerk für unsere moderne, zukunftsorientierte und verantwortungsbewusste Gesellschaft auf jeden Fall eine sinnvolle Sache, ja, folgt man unseren Informanten, sogar ein absolutes Muss.

Doch bestimmt hat auch diese Medaille zwei Seiten, denken wir uns, da man uns dieses Werk schon in derart verdächtig gutem Licht präsentiert. Also befragen wir, nachdem wir den Betrieb besichtigt haben, die drei Herren zu den unterschiedlichsten Problemen, wobei wir auch mal sehr ins Detail gehen.

Auf die eher harmlose Frage nach der Qualität des aus den Schadstoffen erzeugten „Speise“-Salzes gibt der stellvertretende Betriebsleiter überraschend die Antwort, er selbst würde eine mit diesem Salz gewürzte Suppe wahrscheinlich nicht auslöffeln. Was das wohl zu bedeuten hat, fragen wir uns.

Aber nicht lange. Dann geht es ans Eingemachte. Zum Beispiel stellt jemand die Frage, wie lange so ein Heizkessel halten sollte. Auf die Antwort „zirka 20 Jahre“ kommen dann schon etwas gezieltere Fragen und auch kritische Standpunkte zu Tage: Wir wollen beispielsweise wissen, was denn passiert, wenn die Bürger(innen) im Laufe der nächsten Jahre immer mehr Müll vermeiden und in 20 Jahren womöglich ein Verbrennen in diesem Umfang gar nicht mehr nötig ist. Hat man dann mit dem Fassungsvermögen von immerhin 101 000 Tonnen nicht viel zu hoch gegriffen, wenn doch sowieso nur Restmüll verbrannt wird, und das Ziel in der Zukunft der Umwelt zuliebe sein sollte, nicht recyclebaren Abfall zu vermeiden?

Doch auf derartig brisante Diskussionen lassen sich die Fachleute gar nicht erst ein und vermeiden eine klare Auskunft. Auch auf die Frage nach dem zur Zeit noch nicht unterschriftsreifen Leasingvertrag mit Amerika, bei dem die günstigeren Steuerbedingungen der USA genutzt werden sollen, geben sie sich recht wortkarg.

Dennoch fahren wir gut informiert zurück. Zu Hause angekommen brachten wir unsere Eltern zwar dazu, die Situation um die steigenden Müllgebühren angesichts des beträchtlichen Aufwandes einer solchen Anlage etwas besser zu verstehen, jedoch dass sie sich in Zukunft weniger darüber beklagen werden, erreichten wir nicht.

Aus: Südwest-Presse vom 14.2.1998

3 Überprüft, ob und wie Kriterien der Reportage in Text 1e berücksichtigt sind!

2 Hans Leyendecker: Sprüche wie vom Blatt – Sabine Christiansen (ARD)

Sabine Christiansens Talkshow am Sonntagabend hinterließ jenes eigenartige Hungergefühl, das auch nach Genuss von viel Fast Food nicht verschwindet.

Thema war der „Abschied von der sozialen Gerechtigkeit“, und die Dialoge waren so schlicht wie das Motto.

Furcht erregend mutig entdeckte der saarländische SPD-Ministerpräsident Reinhard Klimmt (dem die Abwahl am 5. September droht) gleich zu Beginn die alte Vermögensteuer als neuen „Beitrag zur sozialen Symmetrie“. Die Bundnisgrüne Gunda Röstel forderte ziemlich wichtig Vertrauen zu den Reformen der Bundesregierung. Der freidemokratische Generalsekretär Guido Westerwelle, der noch Plakate kleben wird, wenn es seine Steuersenkungspartei gar nicht mehr gibt, rief den neumodischen Reformern wie dem SPD-Fraktionschef Peter Struck ein „Willkommen im Club“ zu und grinste dynamisch. Der stellvertretende CDU-Fraktionsvorsitzende Jürgen Rüttgers, der im nächsten Mai in Düsseldorf die Landtagswahl gewinnen möchte, saß da wie eine Sphinx und grummelte zufrieden: „Alles Sprüche“. PDS-Bundesgeschäftsführer Dietmar Bartsch brachte seine Partei „mit ein“. Der ausgebeutete und geknechtete Mensch wurde sichtbar.

Warum guckt man da noch hin? Alles Sprüche wie vom Skript. Dabei wusste fast jeder in der Runde, dass der tradierte Sozialstaat längst überholt ist. Ein einigermaßen planbares Leben mit Vollbeschäftigung und garantierter Rente wird es für die Jungen nicht mehr geben. Debattiert werden muss darüber, wie viel Ungleichheit künftig unvermeidlich sein wird, und was Gerechtigkeit und Gleichheit bedeuten werden. Wie können sich die Menschen der Kommunikationsrevolution[1] im Arbeitsleben stellen? Wie sieht ein zeitgemäßes Sozialprogramm aus? Was können Parteien, die für Eigenverantwortung eintreten, dem Primat der Wirtschaft entgegensetzen? Wer schafft die Balance? Wenn in der SPD der Neoliberalismus[2] siegt, geht die Partei unter, gewinnen die Traditionalisten. ist der Machtentzug gewiss. Für eine Diskussion des Verhältnisses zwischen Armen und Reichen, Angebots- und Nachfragepolitik blieb bei Christiansen keine Zeit. Jeder stanzte seine einfachsten Binsen. „Gerechtigkeit ist modern“. Ja. Aber sind kleine Jobs nicht gerechter als gar keine?

Aus: Süddeutsche Zeitung vom 10.8.1998

Arbeitsanregungen:

1 a Fasst den Inhalt von Text 2 knapp zusammen!
b Exzerpiert die wichtigsten Stellen, an denen der Autor die kritisierte Verhaltensweise deutlich macht!

2 a Besprecht, welche Position der Kritiker bezieht!
b Wählt eine Fernsehsendung oder ein Buch und schreibt darüber eine kritische Besprechung! (Vgl. „Rezension“ im sechsten Kapitel, S. 284!)

3 Drei Nachrichten

a.

Auktion/Teuerstes deutsches Kinderbuch

Max und Moritz unter dem Hammer

KÖLN. Beim Kölner Auktionshaus[3] Venator & Hanstein kommt am 21. September ein Exemplar des teuersten deutschen Kinderbuchs unter den Hammer, eine Erstausgabe von Wilhelm Buschs „Max und Moritz“. Das Buch besitzt noch den Originaleinband. 1998 war ein Exemplar der Erstausgabe von „Max und Moritz“ von 1865 für 250 000 Mark versteigert worden. Auf der Auktion im September ist für die Erstausgabe ein Schätzpreis von 75 000 Mark angesetzt. Außerdem wird ein Brief Wilhelm Buschs angeboten, worin er zwei Jahre vor seinem Tod auf Anfrage mitteilt, dass er selbst nicht wisse, wie man ein Exemplar der Erstausgabe bekommen könne – er selbst besitze keines. dpa

Aus: Südwest Presse vom 12.8.1999

---

1 Die Kommunikationsrevolution (< lat. communicatio = Mitteilung): eine grundsätzliche Veränderung in der Art, wie Mitteilungsmöglichkeiten stattfinden

2 Der Neoliberalismus (< gr. neos = neu und lat. liberalis = freigebig, freiheitlich): die erneuerte Forderung, die das Recht des Einzelnen auf Freiheit in den Vordergrund stellt

3 Die Auktion (< lat. auctio = Vermehrung, Steigerung des Preises): Versteigerung

b.

Chemie

Wieder unter mehr Dampf

FRANKFURT/MAIN. In der deutschen Chemieindustrie mehren sich die Zeichen für eine Besserung der Lage. Nachdem sich das Auslandsgeschäft bereits im ersten Halbjahr belebt hat und sich auch die Anzeichen für eine Aufhellung des Inlandsgeschäftes mehren, rechnet der Verband der Chemischen Industrie (VCI) mit einer Erholung für die gesamte Branche im zweiten Halbjahr. In den ersten sechs Monaten erreichte die deutsche Chemieindustrie im Vergleich zum Vorjahr ein Produktionsplus[1] von 0,4 Prozent, der Umsatz allerdings ging erneut um etwa 4,6 Prozent zurück. Für das gesamte Jahr erwartet der VCI einen Zuwachs bei der Produktion von rund 1 Prozent. Den Aufwärtstrend führt der VCI vor allem auf die überstandenen Wirtschaftskrisen in Asien und in Lateinamerika zurück. otr

Aus: Südwest Presse vom 12.8.1999

c.

Huber tut sich in der ersten Runde der US-Open schwer

Der Spaß macht den Erfolg

[…] Bei den widrigen Windverhältnissen hatte Anke Huber vor allem zu Beginn mit ihrem Vorhandspiel Probleme. Allein im ersten Durchgang standen 22 vermeidbare Fehler zu Buche, der erste Spielgewinn gelang ihr erst nach 25 Minuten zum 1:4. Nach gut einer halben Stunde gab die wenig variabel spielende Anke Huber mit einem Doppelfehler den ersten Satz sogar ab. Der Knoten platzte erst, nachdem Anke Huber nach einem erneutem Aufschlagverlust im zweiten Durchgang am Rande der Niederlage stand. Gegen die allerdings nun deutlich nachlassende Kroatin gelang ihr zur Mitte des zweiten Satzes das Rebreak, danach ließ sich Anke Huber mit zwölf Spielgewinnen in Folge den Sieg nicht mehr aus der Hand nehmen. Nach 90 Minuten verwandelte sie ihren ersten Matchball. […]

Aus: Südwest Presse vom 31.8.1999

3 a Ordnet die Nachrichten in Ressorts ein und begründet diese Entscheidung!
b Untersucht den Sprachgebrauch, schlagt unbekannte Wörter nach und erklärt sie in eigenen Worten!
c Wählt eine Nachricht und schreibt sie ohne die Fachbegriffe mit passenden Ersatzwörtern!

4 a Vergleicht eure Ergebnisse!
b Besprecht, warum in den verschiedenen Ressorts in einer „eigenen Sprache“ geschrieben wird!

5 a Ergänzt euer Verzeichnis von Fachbegriffen!
b Sortiert sie nach den verschiedenen Ressorts!

6 a Versetzt euch in die Rolle eines Reporters und schreibt zu einem der Texte 3 und 4 eine interessante Reportage!
b Möglich sind aber auch eine Glosse, ein Kommentar oder ein Leserbrief.

4 Jan M. Greven: Begebenheit

Die Alte ging langsam und gebückt. Manchmal verschnaufte sie, auf ihren Stock gestützt. Und dann stand da das Sport-Cabriolet auf dem Bürgersteig. Metallic-red, die Räder noch eingeschlagen, selbst im Stand voll Dynamik und Sex.
Die Alte verschnaufte. Dann ging sie nach rechts. Aber zwischen der Stoßstange und der Mauer war nicht genügend Platz zum Durchgehen. Die Alte verschnaufte und ging nach links. Sie trat auf die Fahrbahn und wollte um das Heck gehen. Aber ein Auto nach dem anderen schoss vorbei. Manche Fahrer hupten, einer schalt sie mit dem Zeigefinger. Sie ging zurück zur Mauer, wiederum vergeblich; ihr Atem rasselte. Da stieß sie mehrfach mit dem Stock gegen einen der Reifen. Nach einer Weile tiefer Ratlosigkeit hob sie den Stock und drohte dem Himmel, an dem weiße Mittagswolken hingen.

---

1 Das Produktionsplus (< lat.producere = hervorbringen; lat. plus = mehr): ein Überschuss bei der Herstellung von Gütern

Auf welche Weise Texte beschrieben und gedeutet werden, habt ihr verschiedene Male erfahren und geübt: Ihr habt die Methoden der Texterschließung (s. erstes Kapitel, S. 46ff.) und Verfahrensweisen der Interpretation eines Prosatextes (s. zweites Kapitel, S. 75ff.) kennen gelernt. Wie diese Fertigkeiten angewandt werden können, soll noch einmal erprobt werden.

Das Feuilleton (< frz. feuilleton = „Beiblättchen" einer Zeitung) umfasst als Ressort eine große Zahl verschiedener journalistischer Textformen. Das Feuilleton begleitet und beobachtet das kulturelle Geschehen, z.B. mit Theaterkritiken, Buchbesprechungen, Informationen über Ausstellungen, Film- und Fernsehkritik. Diese Themen werden z.B. als Nachricht, Kommentar, Bericht, Reportage oder Glosse dargestellt. Es soll nicht eine endgültige, sondern eine begründete Meinung als Diskussionsgrundlage geboten werden. Man trennt zwischen dem *aktuellen Feuilleton* (Nachrichten aus dem Kulturleben) und dem *allgemeinen Feuilleton* (Artikel zu allgemeinen Themen aus Kultur und Wissenschaft).

5 Zwei Kommentare

a. Entstauben

Die Zeit gestressten Einkaufens kurz vor Toresschluss geht, so ist zu hoffen, dem Ende entgegen. Das geltende Ladenschlussgesetz muss, wenn nicht gänzlich abgeschafft, so doch zumindest gelockert werden.
Unerwartet hat sich eine Allparteien-Koalition zusammengefunden, um dem verstaubten Paragraphen den Garaus zu machen. Sogar die den Gewerkschaften am nächsten stehende SPD hat sich in die Einheitsfront eingereiht: Unter ihrer Führung hat der Bundesrat sich dafür stark gemacht, dass wenigstens Familienbetriebe auch nach Feierabend die Tür zur Konsumwelt offen halten dürfen. Nur der SPD-Fraktionschef im Bundestag, Hans-Ulrich Klose, hat angesichts vorlauter Rufe aus seiner Abgeordnetenriege nach einer Liberalisierung beteuert, seine Partei halte an den Regelungen fest.
Eine Ausweitung der Öffnungszeiten brächte nicht nur eine Befreiung der Kunden von einer Gängelung, die weltweit fast einmalig ist. Auch den Verkäufern im Einzelhandel böte sich die Chance, Beruf und Familie durch die Schaffung neuer Teilzeitarbeitsplätze besser unter einen Hut zu bringen.
Die Beschäftigten dort brauchen ein als Arbeitsschutzvorschrift missbrauchtes Ladenschlussgesetz ebenso wenig wie all jene Menschen, die auch in anderen Berufen arbeiten müssen, wenn das Gros der Arbeitnehmer bereits den Feierabend genießt.
An den Gewerkschaften ist es nun, an einer vernünftigen Regelung mitzuwirken, die zu einer gerechten Verteilung der Schichten und zu einer Prämie für Bedienen zu später Stunde führt.
Für den Kunden bedeutet dies natürlich eins: In den wenigen Geschäften, die die Chance einer Neuregelung überhaupt nutzen werden, dürften die Preise in die Höhe gehen.

b. Denkmal Ladenschluss

Ein deutsches Denkmal gerät ins Wanken: Das Ladenschlussgesetz, über dessen Sinn oder Unsinn in den vergangenen Jahren schon regelmäßig, aber folgenlos nachgedacht worden ist, steht nun in aller Ernsthaftigkeit auf der Bonner Tagesordnung. Der Vorreiter im Kampf gegen Schließzeiten, die FDP, geht aufs Ganze und möchte die Öffnungszeiten völlig freigeben.
Dann können die Deutschen, was den Amerikanern seit langem vergönnt ist, nämlich im Notfall auch des Nachts noch rasch dem eigenen Mitternachtshunger oder unerwartet durstigen Partygästen Linderung verschaffen. In Amerika haben zahlreiche Ladenketten rund um die Uhr geöffnet.
So weit wird es hierzulande wohl nicht gleich kommen. Vielmehr steht ein ähnlich mühevoller Prozess bevor wie vor ein paar Jahren, als den Gewerkschaften der lange Donnerstag abzuringen war – freilich um den Preis, dass Langschläfer dafür am im Gegenzug verkürzten langen Samstag nach 16 Uhr vor verschlossenen Türen stehen.
Grundsätzlich sind der Fantasie für eine Änderung des Ladenschlussgesetzes keine Grenzen gesetzt. Denkbar wäre etwa eine Kernzeit, zu der die Geschäfte geöffnet wären. Vor und nach dieser gleitenden Geschäftszeit bliebe es dem Betreiber überlassen, wann er seine Kunden bedient. Warum nicht von elf bis 10.30 Uhr anstatt von neun bis halb sieben? Warum nicht sonntags ins Möbelgeschäft? Und, geht es nicht auch ohne einen Zeitausgleich? Keiner würde ja gezwungen, sein Geschäft länger zu öffnen als bisher gestattet.
Auch denkt niemand daran, den Angestellten dann Dienstzeiten von zehn oder zwölf Stunden zuzumuten. In anderen Branchen, in denen die Maschinen 24 Stunden laufen, gibt es dafür bewährte Regelungen.
Wie auch immer die Details geregelt werden, der Ladenschluss – in den vergangenen 40 Jahren praktisch unverändert geblieben – passt nicht mehr in eine moderne Gesellschaft, in der Montag nicht mehr Wasch- und der Samstag schon lange nicht mehr Badetag ist.

7 Zwei Kommentare zum gleichen Thema!
a Überprüft in einer Erörterung, zu welchem Ergebnis die Autoren in ihrem Kommentar kommen!
b Untersucht dabei, welche inhaltlichen und sprachlichen Mittel verwandt werden!
c Vergleicht, welche Wirkung die beiden Kommentare beim Leser erzielen können!

6 Ein Schülerbeispiel

Unsere Klasse macht zurzeit ein Zeitungsprojekt. Als ich diese beiden Kommentare zu dem etwas problematischen Ladenschlussgesetz las, dachte ich an meine Mutter, die Verkäuferin ist. Weil in den letzten Jahren der Umsatz der Geschäfte gesunken ist, möchten einige Unternehmer, dass das Ladenschlussgesetz geändert wird. In diesen Kommentaren fand ich einige wichtige Argumente und Vorschläge, wie man das Problem lösen könnte.

Beide Texte kommen zu dem Ergebnis, dass eine Änderung des Ladenschlussgesetzes zwar sein müsse: „[…] der Ladenschluss passt nicht mehr in eine moderne Gesellschaft" (Text 5b, Z. 44ff.) und „das geltende Ladenschlussgesetz muss, wenn nicht gänzlich abgeschafft, so doch zumindestens gelockert werden" (Text 5a, Z. 3ff.), aber dass er auch einige Nachteile hätte. Der Schreiber des ersten Textes sieht die Problematik vor allem darin, dass, während einige Verkäufer länger arbeiten müssen, „ein Gros der Arbeitnehmer bereits den Feierabend genießen." (Z. 31ff.) Als Lösung schlägt er eine „gerechte Verteilung der Schichten" sowie eine „Prämie für Bedienen zur späten Stunde" (Z. 35ff.) vor. Aber auch dass die Preise derjenigen Geschäfte, die länger geöffnet haben, erhöht werden könnten, sieht er als ein Problem. Im Text 5b sieht der Verfasser das Problem ebenfalls bei den Arbeitnehmern, das ebenfalls nur durch „bewährte Regelungen" in Angriff genommen werden kann.

Dieser hat gleich in der ersten Zeile ein Bild „Denkmal", das er im letzten Abschnitt wieder aufnimmt. Er will damit sagen, dass jetzt nach 40 Jahren es an der Zeit ist, das Gesetz an die modernen Zeiten anzupassen. Im zweiten Absatz bringt er den Vergleich mit Amerika, wo „Ladenketten rund um die Uhr geöffnet haben." In der heutigen Zeit ist Amerika „in", man versucht diesem Vorbild näher zu kommen, was in diesem Falle allerdings nicht zutrifft, wie er mit „so weit wird es hierzulande wohl nicht kommen" klarmacht. Er vergleicht die Behandlung des Ladenschlussgesetzes als „mühevollen Prozess". Er selbst schlägt einige Möglichkeiten der Änderung vor, wie zum Beispiel „eine Kernzeit", wobei der Fantasie keine Grenzen gesetzt sind. Diese Vorschläge stellt er als Fragen, die unbeantwortet bleiben. Der Leser selbst kann entscheiden, was er davon halten soll. Im letzten Abschnitt gibt er zu bedenken, dass die Gesellschaft sich verändert hat, „in der Montag nicht mehr Waschtag […] ist". Der Verfasser des ersten Textes fügt in seinen Kommentar eine indirekte Rede von Hans-Ulrich Klose ein. Er schreibt einige Tatsachen, die entweder Hoffnungen oder Zukunftsmusik sind, wie der Schreiber des zweiten Textes im Konjunktiv, z.B. „brächte". Durch Worte wie „verstaubten", „missbrauchten" macht der Schreiber klar, dass er für die Änderung ist und bekräftigt dies durch den Ausdruck „so ist zu hoffen". Aber auch durch die Benutzung von „vernünftige Regelung" und „gerechte" vertritt er seinen Standpunkt.

Im Text 5a kommt die Meinung des Autors, der die Beurteilung mit „Sinn und Unsinn" des Ladenschlussgesetzes seinen Lesern überlässt, zum Ausdruck. Durch den „mühevollen Prozess" erkennt man, dass ihm bewusst ist, dass noch viel Arbeit vor uns liegt. Er selbst sieht die Behandlung des Gesetzes eher als Kampf, wie er mit „abzuringen" und „Gegenzug" deutlich macht. Er

zeigt dem Leser die Situation der Verkäufer, die oftmals gar nicht bedacht wird und auf die ebenfalls Rücksicht genommen werden muss. Auch zeigt der Verfasser deutlich seine Meinung in Bezug auf die Situation in Amerika. Er hält diese für überdreht und macht dies deutlich mit dem Ausdruck „so weit wird es […] nicht gleich kommen“.
Meiner Meinung nach ist der Text 5b der bessere. Er bringt viele Vergleiche und Abwechslungen im Text. Auch lässt er dem Leser, z. B. durch die Fragen (Z. 31ff.), mehr Freiraum, seine Meinung zu bilden als der erste Text. Er beleuchtet auch die Situation der Verkäufer besser als der Text 5a. In diesem ist zu bemängeln, dass er keine Vergleiche anbringt und sprachlich nicht so gut geschrieben ist wie Text 5b.

[8] Bearbeitet den Schüleraufsatz!
[a] Legt in Partnerarbeit eine Gliederung an, prüft ihre Schlüssigkeit und gebt Verbesserungsvorschläge!
[b] Beurteilt den Stil und korrigiert Mängel!
[c] Schreibt einen Kommentar und schlagt eine Note vor!

IV. Die Presse: Die vierte Gewalt im Staat?

1. Von der Verantwortung der Zeitungsmacher – Informieren, unterhalten und beeinflussen?

Der Verleger der Wochenzeitung „Die Zeit“, Dr. Gerd Bucerius, hat in seinem Buch „Der angeklagte Verleger“ folgenden Brief eines Anzeigenkunden mit seiner Antwort abgedruckt.

1 Gerd Bucerius: Der angeklagte Verleger [Auszug]

a. *„Sehr geehrter Herr Dr. Bucerius!*
Herr Generaldirektor Werner übergab uns Ihren Brief vom 14. Mai des Jahres, mit dem Sie darum bitten, dass unser Haus seine Finanzanzeigen auch in der ZEIT veröffentlicht.
Nun hat die ZEIT in ihrer vorletzten Ausgabe unseren neuen Lebensversicherungsplan 34c sehr schlecht besprochen. Ich nehme an, dass Sie unter diesen Umständen auch an Anzeigen unseres Hauses nicht interessiert sind.
Mit vorzüglicher Hochachtung
Albert – Generalsekretariat“

b. *„Sehr geehrter Herr Albert,*
freundlichen Dank für Ihren Brief vom 20. Mai. In Ihrem Haus ist es nicht ganz klar, dass Redaktion und Anzeigenabteilung einer Zeitung scharf getrennt sind. Damit sich solche Missverständnisse nicht wieder ereignen, habe ich die Anzeigenabteilung der ZEIT angewiesen, Anzeigen Ihres Hauses nicht mehr entgegenzunehmen.“

Arbeitsanregungen:

[1] [a] Beschreibt den Sachverhalt, um den es in den beiden Briefen geht!
[b] Sprecht über die Erwartungen der beiden Briefpartner und ihre Reaktionsweisen!
[c] Fasst eure Einschätzung über die Haltung des Verlegers Bucerius in wenigen Sätzen zusammen!

2 Hans Schulte-Willekes: Schlagzeile [Auszug]

Fast alle Verleger bezeichnen ihre Zeitung als „unabhängig und überparteilich“, nehmen für sich in Anspruch, viele Meinungen wiederzugeben, heiße Eisen anzufassen und kein Blatt vor den Mund zu nehmen. Alles große Worte und scheinbar sehr löblich, aber in der Praxis sieht es oft anders aus. Mit der viel beschwo-

renen Unabhängigkeit zum Beispiel: Jeder Chefredakteur wird sich zweimal überlegen, ob er eine Geschichte druckt, die eventuell einen großen Anzeigenkunden verärgern könnte. Da lässt er lieber mal „Fünfe gerade" sein als einen Millionen-Mark-Anzeigenauftrag zu riskieren, wenn der Inserent (das ist der Anzeigenkunde) die Möglichkeit hat, auf ein anderes, vielleicht ebenso auflagenstarkes Presse-Erzeugnis auszuweichen. Umgekehrt ist das Abhängigkeitsverhältnis, wenn der Inserent auf die Zeitung angewiesen ist. Lebensmittelhändler Meyer ist auf die einzige in seinem Bezirk erscheinende Zeitung angewiesen. Wenn Meyer Dreck am Stecken hat, kann die Zeitung ohne Risiko darüber berichten; denn wenn er seine Klein-Inserate stoppt, trifft es nicht den Lebensnerv der Zeitung, sondern den von Meyers Ladengeschäft. […]
Durch die zunehmende Pressekonzentration – viele Zeitungen in einem Verlagshaus – wird für den Leser die „Meinungsvielfalt" eingeschränkt. An der Spitze des Zeitungskonzerns steht der Verleger. Und da die wenigen Großverleger alle annähernd gleiche politische Interessen haben und ein darauf abgestimmtes Zeitungskonzept, müssen Millionen von Lesern zwangsläufig an ihrer Meinung teilhaben. Die kleinen „handgemachten" Zeitungen mit eigenen politischen Auffassungen kommen gegen die reichen „Medien-Riesen" nicht mehr an. Durch teure Nachrichtensysteme und hochmoderne Drucktechnik können die „Großen" die Informationen schneller an den Leser bringen als die anderen. Zeitungen, die unsere Gesellschaft als ungerecht kritisieren oder die Unternehmer anklagen, bekommen natürlich von den Unternehmen auch keine Anzeigen-Aufträge. Sie sind nicht mehr konkurrenzfähig. […]

2 a Fertigt zu den Aussagen des Autors in Text 2 ein Exzerpt!
b Tragt die Thesen, Argumente und Belege in ein Schema ein!

Thesen	Argumente	Belege

3 a Sprecht über journalistische Konsequenzen, die sich aus der wirtschaftlichen Situation einer Zeitung ergeben können!
b Wählt in Partnerarbeit eine der Thesen aus und sammelt Argumente pro und contra sowie jeweils Belege!
c Diskutiert die Ergebnisse in der Klasse!

3 Einige Thesen

Eine Zeitung muss nach wirtschaftlichen Gesichtspunkten geführt werden!

Zeitungsverlage sind Wirtschaftsunternehmen.

Nur Gewinne sichern die Unabhängigkeit der Zeitung!

Die Informationspflicht ist die wichtigste Aufgabe der Zeitungen!

Der Verleger steckt im Dilemma als Publizist und Unternehmer!

Dem interessierten Leser fällt die Wahl für eine bestimmte Zeitung leichter, wenn er ihre Grundpositionen zu politischen und gesellschaftlichen Fragen richtig einschätzen kann.

Die Diskussion

Bildet die Klasse das *Plenum* für eine Diskussion (< lat. diskutere = eine Sache im Einzelnen durchgehen), so sollten folgende *Regeln* beachtet werden:
- Ein *Diskussionsleiter* steuert die Diskussion, fasst Äußerungen zusammen und gibt Denkanstöße;
- er achtet auf die Reihenfolge der Wortmeldungen und auf sachgerechte Diskussionsbeiträge;

4 Tendenzen überregionaler Tageszeitungen

a. Die „Frankfurter Allgemeine Zeitung" über sich:

Die Frankfurter Allgemeine Zeitung bekennt sich zur Ausgewogenheit und zur Mitte, mit kritischer Distanz zu allen Gruppen. Sie will gerade jungen Menschen, den Führungskräften von morgen, Sinn und Bedeutung unserer staatlichen Verfassung, unserer Lebens- und Wirtschaftsordnung vor Augen fuhren. Die F.A.Z.-Leitartikel, Kommentare und sonstigen Beiträge machen eine bestimmte Linie der Zeitung deutlich.

Aus: „Alles über die Frankfurter Allgemeine Zeitung"

b. Die „Frankfurter Rundschau" über sich:

Am 1. August 1990 feierte die Frankfurter Rundschau ihren 45. Geburtstag. Am 1. August 1945 zum ersten Mal erschienen – als erste deutsche Zeitung in der damaligen amerikanischen Besatzungszone –, gehört das Blatt inzwischen zu den vier überregionalen Blättern in der Bundesrepublik. Täglich werden rund 220000 Exemplare verkauft. Neben dem Rhein-Main-Gebiet und den hessischen Städten ist die Frankfurter Rundschau vor allem in Berlin, Hamburg, Bonn und den Universitatsstädten besonders stark vertreten. Die Zeitung versteht sich als linksliberales Blatt und ist stolz auf ihre politische und wirtschaftliche Unabhängigkeit. Aus: „Zeitungsjahrbuch Deutschland 89/90"

c. Die „Süddeutsche Zeitung" über sich:

Von der US-Militärregierung in Bayern erhält die „Süddeutsche Zeitung" die Lizenz Nr. 1, und am 6. Oktober 1945 erscheint ihre erste Ausgabe, gleichzeitig als erste Zeitung in Bayern …

Die Süddeutsche Zeitung wurde Weltblatt und Heimatzeitung zugleich. Unabhängig, frei, kritisch und wachsam zu sein, war von Anfang an ihre Devise; kein Blatt vor den Mund zu nehmen, nicht einmal das eigene, wurde ihre Lebensphilosophie. Eine gute Zeitung ist kein Dogmengebäude. Sie dient der Ermittlung und Verbreitung von Nachrichten sowie deren Interpretation. Eine gute Zeitung ist auch keine Partei. Deshalb gibt es in der SZ-Redaktion fast so viele Meinungen wie Redakteure. Aus: „Zeitungsjahrbuch Deutschland 89/90"

Sprache der Politik

5 Horst Haitzinger: Zwei Karikaturen

a.

b.

– er fordert von den Teilnehmern, dass sie zuhören, sich melden und die anderen ausreden lassen.
Die Diskussion soll *argumentativ* ohne persönliche Angriffe ablaufen. Hilfreich für eine erfolgreiche Diskussion kann eine *Stichwortsammlung* sein, etwa ein Cluster; dadurch wird die Darstellung der eigenen Gedanken erleichtert.

4 a Beschreibt die Positionen der überregionalen Tageszeitungen!

Zeitung	inhaltliche Aussagen	Selbstverständnis

b Besprecht, welche Ziele sie gemeinsam verfolgen und worin sie sich unterscheiden!

5 Verfasst eine Bewertung eurer Tageszeitung!

6 Zwei Karikaturen zur Sprache der Politiker.

a Beschreibt, was und wer abgebildet ist und um welches Problem es geht!

b Besprecht, was der Karikaturist beabsichtigt und wie ihr reagiert!

c Schreibt zu jeder Karikatur eine treffende Bildunterschrift!

d Sammelt Karikaturen zum Sprachgebrauch und Verhalten der Politiker für eure Wandzeitung!

6 Information oder Meinung?

Bahn schlecht benotet

Weniger Soldaten

Angriff auf die Telekom

Lob für rot-grünen Sparkurs

Rebellen fast besiegt

Bürger sparen beim Wasser

Der Kanzler wackelt nicht

Schutzwall gegen die Gen-Medizin

Kein Fan darf rein

Grüne wollen Kontroversen wieder offen austragen

Ansturm auf die neue Medienwelt

Sorge um Datenschutz

7 a Prüft, welche Aussagen subjektiv und welche objektiv formuliert sind!
b Schreibt die Überschriften so um, dass sich eine Sinnänderung ergibt!

7 Ein Ereignis und seine Schlagzeilen

Europas größter Pharmagroßhändler Gehe trennt sich von seinem „kranken“ Bereich Gesundheitsdienste. Bundesweit werden 500 Mitarbeiter entlassen.

STUTTGART. Der Pharmagroßhändler Gehe AG (Stuttgart) will im Bereich Gesundheitsdienste bundesweit 500 Arbeitsplätze abbauen. Die Entlassungen sollen nach Angaben von Gehe sozialverträglich an den 33 Standorten in Deutschland erfolgen. Für den französischen Teil Orkyn werde noch ein Käufer gesucht. Wie viele der 66 in Baden-Württemberg beschäftigten Mitarbeiter die Kündigung erhalten, sei noch nicht bekannt.

Die Gesundheitsdienste schnitten im vergangenen Jahr als einziger Konzernbereich mit roten Zahlen ab. Bei einem Umsatz von 301 Mio. DM lag der Verlust vor Steuern bei 5 Mio. DM. Gehe hatte angekündigt, sich von diesem Bereich ganz zu trennen. Man wolle sich stärker auf das Kerngeschäft Pharma-Vertrieb und Service konzentrieren.

Die Sanierung soll in neun bis 18 Monaten abgeschlossen sein. Sie sieht nach Gehe-Angaben vor, dass der Bereich in wenigen, regionalen, flexiblen und kostenorientierten Einheiten arbeitet. Er bot bislang bundesweit eine breite Palette an Dienstleistungen an. Damit sei er finanziell nicht wettbewerbsfähig gewesen. Die Gesundheitsdienste sind unter anderem in der Behindertenhilfe und Medizintechnik tätig.

Der Gehe-Konzern steigerte in den ersten sechs Monaten 1999 seinen Gewinn vor Steuern um 7 Prozent auf 129 Mio. Euro (252 Mio. DM) und den Umsatz um 8,8 Prozent auf 7,1 Mrd. Euro (13,89 Mrd. DM).

dpa

Aus: Südwest Presse vom 24.8.1999

8 Verschiedene Zeitungen berichten über dieses Ereignis.
a Findet mögliche Überschriften!
b Vergleicht eure Ergebnisse nach Form, Sprache und Intention!

8 **Erhard Eppler (*1926): Kavalleriepferde beim Hornsignal** [Auszug]

Erhard Eppler, in den 70er- und 80er-Jahren einer der führenden bundesdeutschen Politiker, hat über die sprachlichen Beschönigungen in der politischen Sprache Auskunft gegeben und diese anhand eines Beispielsatzes verdeutlicht.

„Ich gehe davon aus, dass die Entwicklung der Lage die Lösung der Probleme erleichtert, aber auch eine Herausforderung darstellt, denn die unverzichtbare Voraussetzung für die Akzeptanz[1] unserer Politik ist es, dass wir den Bürgern nicht in die Tasche greifen, sondern uns durch gezielte Maßnahmen als Partei des Aufschwungs profilieren. […]"

1. „Ich gehe davon aus […]"

– Die Tätigkeiten des Annehmens, Vermutens, Erwartens, Fürchtens und Hoffens scheinen nicht mehr beliebt zu sein. Warum? Wer politisch zu entscheiden hat, weiß nur selten alles, was er dazu wissen müsste. Er muss seine Entscheidungen also aufgrund von Vermutungen fällen. Dies zuzugeben, fällt Politikern schwer. Sie fürchten zu Recht, dass das Vertrauen der Bürgerinnen und Bürger in die Politik noch einmal abnähme. Der Satz verwischt die Grenze zwischen Wissen und Vermuten und das macht den Ausdruck so ungeheuer attraktiv.

– Bei der Formulierung „ich hoffe" weiß der Redner auch nichts Genaues. Sagt er jedoch „ich rechne damit", so ist dies verbindlicher. […]

Arbeitsanregungen:

1 Eine politische Aussage voller Verharmlosungen!
a Versucht, den Inhalt dieses kurzen Beispielsatzes in einem präzisen Satz auszudrücken!
b Untersucht wie Erhard Eppler andere Formulierungen inhaltlich und sprachlich!
c Besprecht eure Ergebnisse und beurteilt die Wirkung dieser Art politischen Sprechens!

2 a Sammelt über eine Woche in der Tageszeitung beschönigende Ausdrücke (Euphemismen) aus Politik und Werbung!
b Ordnet diese Beispiele in der Klasse nach thematischen Aspekten!
c Schreibt eine Glosse, in der ihr eure Euphemismen und auch satirische Mittel benützen könnt!

9 **Dieter E. Zimmer (*1934): Wörter und Waffen. Politik als Sprachkampf** [Auszug]

Die guten und die schlechten Vokabeln

Die ordnende und unverhüllt oder unterschwellig wertende Eigenschaft der Sprache ist es, die die politische Auseinandersetzung zu einem Kampf um den Besitz der richtigen Vokabeln macht. Wörter oder ganze Systeme von Wörtern versuchen einander zu verdrängen; gegnerische Wörter werden angeschwärzt, um ihnen die Zustimmung zu entziehen und sie auf die eigenen Wörter zu übertragen; Wörter rempeln Wörter an, um sie als unterlegen und eklig erscheinen zu lassen; oder ein erfolgreiches gegnerisches Wort, das zu viele positive Valeurs[2] besitzt, um es schlecht zu machen oder zu verdrängen, wird dem Gegner entwunden, umgedeutet und dem eigenen Vokabular einverleibt. Am Ende sprachlicher Entdemokratisierung steht der „Zwang, sich zu bestimmten Vorgängen in einem bestimmten Vokabular zu äußern" (Heinrich Böll) und schließlich die Herrschaft einer einzigen, „richtigen" Sprache und mit ihr einer einzigen richtigen Wirklichkeitsbeurteilung. Dem Gegner wird mit der Verfemung[3] seiner Sprache seine Wirklichkeit zerstört. […]

Die Sprache ist etwas so Unstoffliches, Flüchtiges, Dehnbares, dass es einer besonderen Anstrengung bedarf, die sublimen[4] rein sprachlichen Manipulationen[5]

Der Euphemismus (< gr. euphemia = Sprechen guter Worte) ist eine mildernde, beschönigende und z.T. verhüllende Umschreibung von unangenehmen, unheildrohenden Ereignissen und von moralischen, gesellschaftlich oder politisch anstößigen Sachverhalten. Diese „uneigendliche Redeweise" kann aus Schamgefühl, religiöser Scheu, aus Täuschungsabsicht oder aus rhetorischen („redekünstlerischen") Überlegungen erfolgen. Euphemismen sind z.B.: *entschlafen, heimgegangen oder das Zeitliche segnen* für sterben; *Freund Hein* für Tod; *Luzifer* (lat. Lichtbringer) für Teufel; *Minuswachstum* für Rezession (Rückgang); *Frontbegradigung* für Rückzug; *transpirieren* für schwitzen etc.

---

[1] Die Akzeptanz (< lat. acceptare = annehmen, billigen): die Annahme, die Billigung

[2] Die Valeurs (frz./nur Mehrzahl): die Abstufungen von Licht und Schatten in der Malerei; hier: die Abstufungen der Bedeutungen

[3] Die Verfemung (< mhd. verveimen = ächten): Ächtung

[4] sublim (< lat. sublimis = in die Höhe gehoben, erhaben): erhaben, fein

[5] Die Manipulation (< lat. manipulus = eine Handvoll): geschickte Handhabung, Kunstgriff, Machenschaft

der Wirklichkeit zu erkennen. Ununterbrochen tobt um uns herum ein Wortkrieg: Wörter werben um Sympathie, Wörter ächten, Wörter lehren uns unterschwellig, wie die Dinge zu sehen sind, Wörter können buchstäblich töten (Tote auferwecken aber höchstens symbolisch). Es wäre naiver Unfug, eine Beendigung dieses Krieges zu verlangen; die chemisch reine, von sous-entendus[1] freie, nur rationale Kommunikation gibt es höchstens in den exakten Wissenschaften. Aber man kann versuchen, in diesem Wortkrieg nicht ganz hilflos hin und her geworfen zu werden: indem man Wort und Sache auseinander hält, aber sich auch bewusst bleibt, dass Sprache mit und neben der Benennung immer schon eine Beurteilung der Sachen ist und als solche wiederum Fakten setzt. Darum diese pausenlosen Umdeutungen, Besetzungen, Verdrängungen, Anschwärzungen, Rehabilitierungen[2], Affektverschiebungen[3] im geduldigen Sprachmaterial. Wehren gegen sprachliche Manipulation kann sich nur, wer sich diese Mechanik bewusst zu machen sucht.

Aus: DIE ZEIT vom 21.10.1977

3 Ein interessanter, aber schwieriger Text!
 a Notiert erste Leseeindrücke, Auffälligkeiten und Schwierigkeiten!
 b Klärt weitere Fachbegriffe und Fremdwörter!

4 a Stellt Fragen an den Text und überlegt, wie ihr ihn erschließen könnt!
 b Schreibt ein Resümee!

Informationen sammeln

Der sog. „theoretische“ Text von Dieter E. Zimmer kann mit ähnlichen Verfahrensweisen erschlossen werden, wie ihr sie bei der Untersuchung einer Erzählung (s. erstes Kapitel, S. 46f.!) oder eines Gedichtes (s. viertes Kapitel, S. 152ff. und 167ff.!) kennen gelernt habt.

1. Phase: Hier werden der *erste Leseeindruck* festgehalten und *Fragen* gestellt:

Leseeindrücke können sich beziehen

- auf Inhalt und Form des ganzen Textes, z.B.: Was genau soll der „Sprachkampf“ sein?;
- auf bestimmte Textteile, z.B.: Anfang und Schluss sind am unverständlichsten;
- oder auf besondere Merkmale, z.B.: Die vielen Fremdwörter erschweren das Verstehen.

Interpretationshilfe 14: Während im **Aktiv** (der „Tatform“) das Subjekt „tätig“ ist und meist ein transitives Verb vorkommt (Er pfeift den Schlager.), wird im **Passiv** (der „Leideform“) mit dem Subjekt etwas gemacht (Der Schlager wird gepfiffen.). In der Dichtung kommt das Passiv selten vor, häufiger dagegen in Zeitungen und am häufigsten in Kochbüchern, Gebrauchsanweisungen etc.

10 Zwei Notizzettel

	Leseeindruck	*Auffälligkeiten*	*Fragen*
a.	– Interessante Beziehung zwischen Sprache und Politik – Sprache und Verstehen der Wirklichkeit	– Fremdwörter – gleiche Satzanfänge im 1.Teil	– Sprache und politischer Kampf? – Sprache und Wirklichkeit?
b.	– Zwei Teile im Gedankengang – schwieriger Text	– ein anspruchsvoller Satzbau – Anhäufung von Belegen	– sprachliche Entdemokratisierung? – Zwang zu einer bestimmten Sprache?

5 a Vergleicht die beiden Notizzettel 10a und 10b mit euren Versuchen!

1 sous-entendus (frz.): nicht ausgedrückt
2 Die Rehabilitierung (< lat. habilitare = geeignet machen): Rechtfertigung
3 Der Affekt (< lat. affectus = Gemütsbewegung, Leidenschaft): stärkere Erregung

11 Zwei Zusammenfassungen (Resümees)

a. Zimmer spricht davon, wie „ganze Systeme von Wörtern“ verdrängt werden. Dies geschieht offensichtlich, wenn politische Gegner sich auseinander setzen. Sprache setzt er in Beziehung zu Politik und Wirklichkeit.

b. Zimmer gliedert seinen Gedankengang in zwei Teile. In einem schwierigen Satzbau stellt er eine Beziehung her zwischen der politischen Auseinandersetzung und dem Gebrauch der Sprache. Er spricht von „sprachlicher Entdemokratisierung“, von der Verfemung der Sprache des politischen Gegners. Auch warnt er vor der Manipulation durch die Sprache der Politiker. Die Beziehungen dieser Gedanken müssen noch klarer erarbeitet werden.

[b] Beurteilt die beiden Resümees!

2. Phase: Nach mehrmaligem Lesen hilft auf dem Arbeitsblatt das *Markieren* und *Annotieren* (mit Anmerkungen versehen), um die *Stoffsammlung* und *Gliederung* vorzubereiten.

a. *Einen Text markieren und annotieren:*

Die guten und die schlechten Vokabeln

These | Belege | Folge | Merkmale | Ergebnis

Die ordnende und unverhüllt oder unterschwellig wertende Eigenschaft der Sprache ist es, die die politische Auseinandersetzung zu einem Kampf um den Besitz der richtige Vokabeln macht. Wörter oder ganze Systeme von Wörtern versuchen einander zu verdrängen; gegnerische Wörter werden angeschwärzt, um ihnen die Zustimmung zu entziehen und sie auf die eigenen Wörter zu übertragen; Wörter rempeln Wörter an, um sie als unterlegen und eklig erscheinen zu lassen; oder ein erfolgreiches gegnerisches Wort, das zu viele positive Valeurs besitzt, um es schlecht zu machen oder zu verdrängen, wird dem Gegner entwunden, umgedeutet und dem eigenen Vokabular einverleibt. Am Ende sprachlicher Entdemokratisierung steht der „Zwang, sich zu bestimmten Vorgängen in einem bestimmten Vokabular zu äußern“ (Heinrich Böll) und schließlich die Herrschaft einer einzigen, „richtigen“ Sprache und mit ihr einer einzigen richtigen Wirklichkeitsbeurteilung. Dem Gegner wird mit der Verfemung seiner Sprache seine Wirklichkeit zerstört. […]

Eigenschaften der Sprache

Beispiele für sprachliches Verhalten

[6] [a] Beschreibt die Art der Textmarkierungen und die Anlage der Strukturskizze!
[b] Versucht eine Textbeschreibung!

Für die Darstellung eurer Beobachtungen könnt ihr ein Pfeildiagramm (s. viertes Kapitel, S. 168!), eine tabellarische Darstellung (s. viertes Kapitel, S. 169!) oder eine Strukturskizze zum Gedankengang wählen.

Methoden des Erörterns

In der **fachspezifischen (freien) Erörterung** wird verlangt, mit Hilfe von Argumenten eine folgerichtige und überzeugende Antwort auf eine Sach- bzw. Problemfrage zu finden. Die Lösung erreicht man am besten in drei Phasen:

1. *Phase:* Die *Themenanalyse* kann mit Hilfe von W-Fragen und Anmerkungen erfolgen. Es ist zu überlegen, welche Schlüsselwörter im Thema genauer erklärt werden müssen.
2. *Phase:* Nun soll zunächst *„Material" gesammelt* werden. Dafür eignet sich z.B. ein Cluster, in dem die Gedanken, die verschiedenen Aspekte des Themas festgehalten, einander zugeordnet und passende Beispiele angeführt werden können. Auch an dieser Stelle helfen die W-Fragen euch weiter.
   Wie sich die Gedanken gliedern lassen, hängt von der Form der Themenstellung ab:
   – Die Erörterung einer Sachfrage erfolgt in einer sich *linear-steigernden* Anordnung der Gedanken, wonach die überzeugendsten und wichtigsten Argumente am Ende des Hauptteils stehen.
   – Enthält das Thema eine Entscheidungsfrage, werden die Argumente in einer *dialektischen Erörterung* einander gegenüber gestellt *(pro und contra)* und abschließend vergleichend gegeneinander abgewogen. Stimmt man der Fragestellung zu, so empfiehlt es sich, die bejahenden Gesichtspunkte an den Schluss des Hauptteils zu stellen.
3. *Phase:* Jetzt erfolgt die *erörternde Darstellung* nach einer übersichtlichen und in sich schlüssigen Gliederung. Der Aufsatz wird in Einleitung, Hauptteil und Schluss gegliedert. Die *Einleitung* soll zum Thema hinführen und der *Schluss* kann die Fragestellung beurteilen oder eine

b. *Eine **Strukturskizze** zum gedanklichen Aufbau*

These: Wertende Eigenschaft der Sprache
– ordnend
– unverhüllt/offen
– unterschwellig

politische Auseinandersetzung = Kampf um Besitz der richtigen Wörter

Argumente: (A) ← politische Gegner → (B)

1. ← gegenseitige Verdrängung von Wörtern oder Wortsystemen →
2. Anschwärzen von gegnerischen Wörtern → Entzug der Zustimmung → Übertragung auf eigene Wörter
3. eklig/unterlegen ← Wörter rempeln sich an → eklig/unterlegen
4. besitzt einen erfolgreichen Begriff mit zu vielen positiven Werten ← Wörter entwinden/übernehmen/umdeuten: für eigenen Sprachgebrauch

Folgen: sprachliche Entdemokratisierung

Merkmale:
– Zwang zu einem bestimmten Gebrauch des Sprachvokabulars
– Herrschaft einer einzigen „richtigen" Sprache
– Geltung einer einzigen richtigen Beurteilung der Wirklichkeit

Ergebnis: (A) ← Verfemung der gegenseitigen Sprache → (B)

↓

Zerstörung der gegnerischen Wirklichkeit

3. Phase: Die Ausarbeitung könnte so erfolgen, dass nach der Strukturskizze der sprachliche Prozess der „Verfemung der gegenseitigen Sprache" beschrieben und durch mögliche Gründe, die bei Dieter E. Zimmer nicht direkt genannt werden, erläutert wird: Mangelnder gegenseitiger Respekt, fehlende Toleranz, Machtdemonstration, Rücksichtslosigkeit etc. könnten solche Gründe sein.

Am Schluss erfolgt die *Korrektur* auf die übliche Weise (vgl. im dritten Kapitel, S. 117 und im vierten Kapitel, S. 173f.!).

persönliche Wertung des Problems enthalten.
Eine richtige Zeiteinteilung, sinnvolle Arbeitsphasen und eine gründliche *Korrektur* (s. viertes Kapitel, S. 173f.!) sind wichtig für das Gelingen.

12 Marion Gräfin Dönhoff (*1909): Journalismus – Beruf ohne Moral? [Auszug]

In Deutschland wären vermutlich ohne den *Spiegel* zahlreiche Skandale nie aufgedeckt worden. Die Kontrollfunktion der Presse ist eben unersetzbar – fraglich ist nur, wo die Grenze verläuft zwischen Kontrollfunktion und reiner Lust am Enthüllen und Denunzieren[1], um der Auflage oder der Einschaltquote willen. Was kann man tun, um diese Grenze zu markieren? Antwort: Wahrscheinlich gar nichts, denn jeder Fall ist anders. Man kann also keine Kasuistik[2] aufstellen, man kann auch nur schwer Kriterien postulieren[3], für das, was erlaubt oder nicht erlaubt ist. Mit Verboten ist dem Problem ohnehin nicht beizukommen, denn jede Form von Pressezensur[4] wäre antidemokratisch und birgt überdies die Gefahr in sich, dass sie irgendwann missbraucht wird; auch muss man bedenken, dass manch einer ohne Angst vor dem *Spiegel* es noch schlimmer treiben würde.
Das Einzige, was man sich vorstellen könnte, ist eine Selbstkontrolle der Verlage und Fernsehanstalten. In Deutschland ist am Anfang der Bundesrepublik versucht worden, dies durch Gründung des Presserats zu erreichen. Das Ergebnis war enttäuschend, der Presserat hat nichts zu bewirken vermocht.
Inzwischen hat das Problem einer Kontrolle der Medien infolge des privaten Fernsehens und der Enthemmung des Massenpublikums Dimensionen angenommen, die mit naiven Maßnahmen, wie der Presserat sie vorsieht, nicht bekämpft werden können. Ich möchte hoffen, dass es gelingen wird, Mittel und Wege zu ersinnen, wie dem wachsenden Übel beizukommen ist.

Aus: DIE ZEIT vom 28.10.1994

7 a Lest den Text und erschließt ihn nach der erlernten Verfahrensweise!
b Besprecht eure Ergebnisse!
c Diskutiert in der Klasse die Frage: Verantwortung der Zeitungsmacher – Wunsch oder Illusion?

2. Die alltägliche Pressefreiheit – Ihre Entwicklung, ihre Bedingungen und Chancen untersuchen

Arbeitsanregungen:

1 a Notiert in Partnerarbeit Gründe, warum die Demonstranten 1989 mehr Meinungs- und Pressefreiheit gefordert haben!
b Besprecht eure Ergebnisse und fertigt ein Thesenpapier an!
Z.B.
Pressefreiheit, weil …
Sie ist wichtig, damit …

1 Forderung der Demonstranten, 23.10.1989

[1] denunzieren (< lat. denuntiare = ankündingen, anzeigen): anzeigen, verpfeifen
[2] Die Kasuistik (< lat. casus = Fall, Angelegenheit): Betrachtung der Einzelfälle und ihre Beurteilung nach den für sie zutreffenden Tatbeständen; heute: Spitzfindigkeit, Wortklauberei
[3] postulieren (< lat. postulare = verlangen, fordern): fordern
[4] Die Zensur (< lat. censura = Vermögenseinschätzung, Sittenkontrolle, Aufsicht): Prüfung, Kontrolle von Zeitungen, Büchern u.a.

3 Christoph Drösser: Die Glotze lebt [Auszug]

[…] In der Zukunft wird nach den Vorstellungen der Forscher im Media Lab[1] aus dem Kabel in der Wand ein Strom von digitalen, hochgradig komprimierten[2] Daten kommen. Ein Kästchen auf dem Fernseher, die Set Top Box, setzt sie in die verschiedensten Formen von Information um: bewegtes und stehendes Bild, Stereoton, informative Grafiken, Text, der in den Computer geladen und weiterverarbeitet werden kann. Das Paradebeispiel für ein solches Misch-Medium ist die Vorstellung, die Bender und seine Leute von den Nachrichten der Zukunft haben.

Die Titelseite einer Tageszeitung ist bislang unschlagbar in ihrer Fähigkeit, komplexe und vielfältige Informationen auf einen Blick zu vermitteln: Die wichtigsten Nachrichten sind übersichtlich angeordnet, die Position auf der Seite ist ebenso wie die Größe der Überschrift ein Signal für Wichtigkeit. Der Vorspann gibt eine knappe Zusammenfassung der Nachricht, der folgende Artikel vertieft die Information. Ein digitales Pendant[3] zu dieser Methode, Information zu komprimieren, gibt es bisher nicht.

Doch am Media Lab wird mit einer digitalen, persönlichen Tageszeitung experimentiert, die all die Vorteile einer herkömmlichen Zeitung besitzen soll. Zudem ist sie individuell auf den Benutzer zugeschnitten, da sie mit einer Auflage von einem Exemplar erscheint.

Die Idee ist einleuchtend. Jeder Leser und jede Leserin hat andere Interessen. Die Nachrichtenflut ist so groß, dass man notgedrungen eine Auswahl treffen muss. Warum soll diese Auswahl von Redakteuren getroffen werden, die ich nicht kenne? Wieso kann nicht mein Computer, der meine Vorlieben kennt, für mich auswählen und mir jeden Morgen eine Zeitung zusammenstellen mit den wichtigsten Nachrichten, die mich interessieren? An Werktagen eine knappe Version für den Frühstückstisch oder die U-Bahn, am Wochenende eine ausführlichere Fassung.

Doch über was kann man im Büro noch tratschen, wenn jeder seine eigene Zeitung mit seinen eigenen Meldungen liest? Besteht der Reiz des Zeitungslesens nicht auch darin, ab und zu durch einen gut geschriebenen Artikel auf ein Thema zu stoßen, für das man sich bisher nicht interessiert hat und das vom elektronischen Raster aussortiert worden wäre? […]

Aus: DIE ZEIT vom 14.3.1994

---

1 Media Lab (< engl.): Medienlabor, Medienwerkstatt

2 komprimiert (< lat. comprimere = zusammenpressen): verdichtet

3 Das Pendant (< frz.): Gegenstück, Ergänzung

Jugendlicher Zeitungsleser

4 Verfasst zur dargestellten Situation des „Zeitungslesers“ eine treffende Bildunterschrift!

5 a Lest den Text, erklärt die Fachbegriffe und exzerpiert die wichtigsten Aussagen über die Rolle der Zeitung im Wettbewerb mit den neuen Medien!

b Diskutiert über die Aussicht, dass jeder Leser „seine“ Zeitung liest!

c Schreibt ein persönliches Resümee über eure Einstellung zur Zeitung!

Das 8. Kapitel im Blickfeld

Sprechen und Schreiben

1. Die **Diskussion** hat zum Ziel, ein Problem nach verschiedenen Gesichtspunkten zu untersuchen. Dabei sollten bestimmte Regeln beachtet werden: Ein *Diskussionsleiter* steuert den Ablauf und achtet darauf, dass die *Diskussionsteilnehmer* sich fair verhalten. Für eine erfolgreiche Diskussion kann eine Stichwortsammlung hilfreich sein.

2. Im **Ergebnisprotokoll** werden die Ergebnisse einer Diskussion, einer Unterrichtsstunde oder einer Besprechung zusammengefasst oder getroffene Entscheidungen bei Sitzungen und Abstimmungen festgehalten. Es wird in einem knappen, sachlichen Stil und klar gegliedert abgefasst.

3. In der **fachspezifischen (freien) Erörterung** wird verlangt, mit Hilfe von Argumenten eine folgerichtige und überzeugende Antwort auf eine Sach- bzw. Problemfrage zu finden. Sie erfolgt am besten in drei Phasen:
   - In der ersten Phase wird das *Thema analysiert* mit Hilfe von W-Fragen und Anmerkungen.
   - In der zweiten Phase soll die *Stoffsammlung* durchgeführt und eine in sich schlüssige *Gliederung* angefertigt werden. Bei der Erörterung einer Sachfrage werden die Gedanken nach dem Prinzip der linearen Steigerung angeordnet; bei einem Thema mit einer Entscheidungsfrage werden die Argumente einander gegenübergestellt.
   - In der dritten Phase erfolgt die erörternde *Darstellung* mit Einleitung, Hauptteil und Schluss. Abschließend sollte eine gründliche *Korrekturphase* eingeplant werden.

4. Um einen Text besser verstehen zu können, ist es hilfreich, seine inhaltlichen Aussagen und seine sprachlichen Mittel zu **exzerpieren**. In einer ersten Arbeitsphase werden der Leseeindruck festgehalten und Fragen an den Text gestellt. Dann empfiehlt es sich, in einer weiteren Arbeitsphase den Text zu markieren, um den Gedankengang durchsichtig zu machen. Jetzt lässt sich ein Exzerpt anfertigen, sei es als *Pfeildiagramm,* als *tabellarische Darstellung* oder als *Strukturskizze*. Das Exzerpt ist die Grundlage für eine Interpretation, eine Erörterung oder für ein Referat.

5. Das **Interview** ist eine Mitteilungsform, bei der der Fragende (z.B. ein Journalist) und der Antwortende (z.B. ein Politiker oder Künstler) gesprächsweise zu Wort kommen. In einem Interview können Meinungen gezielt mitgeteilt oder aber dem Gesprächspartner entlockt werden. Ein Interview kann auch in Form eines Berichtes abgefasst werden und enthält dann Zitate. Weitere Formen des Interviews sind das *Telefoninterview* und die *Umfrage*.

6. In einem **Kurzreferat** werden die Zuhörer über einen Sachverhalt, ein Problem oder über Leben und Werk einer bedeutenden Persönlichkeit informiert. Nach der Sichtung von Informationsquellen und der Anfertigung eines Exzerptes und eines gegliederten Konzeptes hängt der Erfolg von einer guten *Präsentation* ab:
   - Der Zweck des Vortrages ist es, die Zuhörer für das Thema zu interessieren durch einen geschickten Aufbau des Referates und einen variablen Einsatz von Medien.
   - Beim Vortrag sollte der Referent auf den richtigen Einsatz von Mimik und Gestik achten und die Stimme sowie die Tonlage variieren.

7. **Projektorientiertes Arbeiten** verlangt eine überlegte Planung in mehreren *Arbeitsphasen*: Das Material wird gesammelt und gesichtet, bearbeitet und dann ein Ergebnis hergestellt. Die Präsentation der Ergebnisse in Form eines Kurzreferates kann die Vorgehensweise erklären, die Ergebnisse vorstellen, einen Rückblick auf den Arbeitsprozess geben und die Erfahrungen auswerten.

8. Die knappste Form der Inhaltsangabe ist das **Resümee**: Es enthält den *Kern* eines Textes oder eines Sachverhaltes.

9. Die **Rechtschreibung** im achten Kapitel hat zwei Schwerpunkte:
   a. Die Schreibung von *Fremdwörtern* im Zusammenhang mit journalistischen Textformen. Durch Übungen im Gebrauch von Nachschlagewerken soll sich die Sicherheit erhöhen.

b. Die *Getrennt-* oder *Zusammenschreibung* ist sehr kompliziert und muss häufig durch Nachschlagen geklärt werden.
   - Die *Getrenntschreibung* gilt aber als Normalfall (z.B.: sitzen bleiben, Rad fahren, vorwärts kommen, gefangen halten, aneinander stoßen, gerade sitzen, übrig bleiben).
   - Die *Zusammenschreibung* ist an bestimmte grammatische Kriterien gebunden (z.B.: preisgeben, schlafwandeln, freisprechen, Layout, irreführen).

Literatur und Medien

1. Die **Anzeige** in einer Zeitung enthält eine Mitteilung, mit welcher der Inserent das Interesse des Lesers erreichen möchte.
2. Als **Aufmacher** wird der Hauptartikel auf der oberen Hälfte der Titelseite einer Tageszeitung bezeichnet.
3. Das **Feuilleton** war ursprünglich ein der Zeitung beigelegtes Blatt mit Nachrichten und meinungsbildenden Beiträgen aus dem Kulturleben. Heute versteht man darunter die *Kultursparte* einer Zeitung. Dieses Ressort begleitet und beobachtet das kulturelle Geschehen und möchte neben der Information auch die Diskussion über Kunst und Kultur in der Öffentlichkeit anregen.
4. Die **Glosse** ist geprägt von der konzentrierten Aussage, der zugespitzten Formulierung, der Pointe. Sie kommentiert oft mit ungewöhnlichen, originellen Wörtern und ironisch-satirischen Äußerungen politische und gesellschaftliche Ereignisse. Die Lokalglosse oder Lokalspitze ist der Leitartikel des Lokalteils von Tageszeitungen.
5. Die **Karikatur** in der Zeitung ist eine grafische Darstellungsform, in der ein Karikaturist durch seine überspitzte, humoristische oder satirische Darstellung über politische und gesellschaftliche Ereignisse oder Zustände sowie bekannte Personen menschliche Eigenschaften oder Handlungsweisen kritisieren möchte. Die Karikatur gipfelt in einer Pointe.
6. Der **Kommentar** gehört zu den meinungsäußernden Texten in Form von Leitartikel, Glosse u.a. In ihm nimmt der Autor zu einem Ereignis, Sachverhalt oder Problem Stellung; deswegen ist der Artikel immer mit dem Namen des Autors gekennzeichnet. Der Kommentator möchte mit seiner Meinung den Leser überzeugen. Deshalb muss er seine Gedanken argumentativ gut begründen. In der Zeitung werden die Kommentare in der Regel an einer bestimmten Stelle abgedruckt.
7. Unter einer **Kritik** oder **Rezension** versteht man eine kritische Besprechung von Büchern, Theateraufführungen, Konzerten usw. in Zeitungen und Zeitschriften.
8. Der **Leitartikel** baut auf einer Nachricht auf und ist eine Sonderform des Kommentars. In ihm wird zu einem wichtigen Ereignis des Tagesgeschehens Stellung genommen. Er will auf die Meinungsbildung des Lesers einwirken. Der Leitartikel ist in der Regel auf der zweiten Zeitungsseite zu finden.
9. In einem **Leserbrief** nimmt der Schreiber Stellung zu einem Sachverhalt oder zum Verhalten einer Persönlichkeit im öffentlichen Leben. Der Brief kann als Reaktion auf einen Zeitungsbericht, einen Kommentar oder auf einen vorausgegangenen Leserbrief geschrieben werden.
10. Die **Nachricht** ist eine sachliche und möglichst objektive Mitteilung über aktuelle Ereignisse und Sachverhalte von öffentlichem Interesse. Der Aufbau einer Nachricht folgt immer dem Prinzip der abnehmenden Wichtigkeit der Informationen. Im *Lead-Stil* kommt zuerst der Informationskern, dann folgen wichtige Zusatzinformationen und interessante Details, am Ende stehen weniger wichtige Einzelheiten. Die inhaltliche Gestaltung orientiert sich außerdem an den *W-Fragen*: Was? Wer? Wann? Wo? Wie? Warum?
11. Unter einer **Parodie** versteht man die satirische Nachahmung eines literarischen Kunstwerkes, wobei die äußere Form beibehalten, die Ebene des Geschehens ins Komische verlagert wird. Einzelne Wörter, Satzteile oder ganze Sätze eines Originals werden durch Begriffe oder Wendungen aus einem ganz anderen Bereich ersetzt. Die Wirkung wird dadurch erzielt, dass meistens Rhythmus und viele Satzteile erhalten bleiben, so dass der Leser oder Hörer durch die Parodie hindurch die Vorlage erkennen kann. Dies macht ihren Reiz aus.
12. Die **Reportage** ist eine ereignisbetonte, anschaulich geschriebene journalistische Darstellungsform, die als Augenzeugen-

bericht von einem Reporter verfasst wird. In den lebensnahen Bericht fließen Eindrücke und Wertungen des Reporters ein. Über den trockenen Protokollstil eines Situations- und Tatsachenberichtes hinaus werden in eine Reportage Elemente einer Schilderung eingefügt.
Die Textstellen werden besonders anschaulich durch die häufige Verwendung der wörtlichen Rede, den Gebrauch ausdrucksstarker Verben und bildhafter Ausdrücke.

13. Die **Satire** in Prosa oder Versform will durch Spott, Übertreibung und Ironie Zustände, Personen, Ereignisse und Anschauungen kritisieren und bloßstellen. In ihr wird oft die Wirklichkeit mit dem Ideal verglichen, denn sie will an den Pranger stellen und auf Besserung abzielen. Als Mittel für eine satirische Darstellung dienen die Übertreibung in Inhalt und Form, Ironie, Komik, Verfremdung, das Mittel der Vertauschung sowie der pointierte Witz.

14. Die **Schlagzeile** dient der Kurzinformation und soll das Augenmerk des Lesers auf den Artikel lenken. Bei Boulevard-Zeitungen soll außerdem das Kaufinteresse des Betrachters geweckt werden. Mit verschiedenen grafischen Gestaltungsmitteln lassen sich die Schlagzeilen hervorheben. Durch sprachliche Verkürzung können die Schlagzeilen aber auch zu Missverständnissen führen.

15. Die **Tageszeitung** erscheint in regelmäßiger Folge, muss grundsätzlich jedermann zugänglich sein und enthält aktuelle Informationen aus allen Bereichen des Lebens. Sie dient der Information, Meinungsbildung, Kontrolle und Kritik sowie der Unterhaltung.

16. Der **Zeitungsbericht** ist eine ausführlich informierende Nachricht, die Hintergrundinformationen und Zusammenhänge enthält ohne eine eigene Meinung zu äußern. Er umfasst mehrere Spalten und hat einen bestimmten Aufbau mit Schlagzeile, Lead, Darstellung des Ereignisses.

Sprachbetrachtung

1. Die **Sprache der Zeitung** ist stark von einer fachorientierten Ausdrucksweise der einzelnen Ressorts geprägt; doch sind diesen „Sondersprachen" Grenzen gesetzt, damit die Artikel für die Leser verständlich bleiben. Diese wollen solide Informationen aus verschiedenen Fachgebieten, in denen jeweils *Fachsprachen* entwickelt worden sind: Die Sprache der Nachricht ist knapp und prägnant; anschaulich ist die Sprache der Reportage. Der Kommentator erläutert, analysiert und nimmt Stellung. So zielt er mit seinem Sprachgebrauch auf Wirkung und Überzeugung beim Leser. Die Verwendung des Passivs ist relativ häufig.

2. Eine besondere Rolle kommt dem **Sprachgebrauch der Boulevard-Zeitungen** zu: Ihnen kommt es auf Wirkung an, sie wollen Aufmerksamkeit erzielen, um das Kaufinteresse zu wecken. Dies erreichen sie durch den häufigen Gebrauch der Alltagssprache, durch gefühlsbetonte Verben und Adjektive, durch Übertreibungen und einen Telegrammstil. Auf diese Weise verkümmern Informationen zu Schlagworten und die Sprache wird emotional eingesetzt, um damit Zustimmung oder Ablehnung zu provozieren.

3. Die **Werbung** möchte die Kaufentscheidung des Konsumenten beeinflussen. Um dieses Ziel zu erreichen, bedienen sich die Werbefachleute bestimmter Gestaltungsmittel. Werbeannoncen in den Zeitungen sind geprägt vom Bildaufbau und der Textanordnung sowie von gezielt eingesetzten *Sprach- und Ausdrucksmitteln:* So werden z. B. Slogans, lautmalerische Adjektive, Schlüsselwörter, Wortspielereien, Steigerungen oder Personifizierungen eingesetzt.

NEUNTES KAPITEL

Bretter, die die Welt bedeuten

Honoré Daumier (1808–1879): Dramatische Skizze (1864)

I. Ein deutsches Märchen in drei Akten? „Der Hauptmann von Köpenick“ (1931) von Carl Zuckmayer

1. Machen Kleider Leute? – Experimente mit Bildern

Schon bei der ersten Begegnung mit einem anderen Menschen machen wir uns ein Bild von ihm und bilden uns ein Urteil. Woran orientieren wir uns dabei? Wie wirkt sich der erste Eindruck auf unser Verhalten aus? Experimente mit Bildern können uns einen Einblick geben in Mechanismen der Urteilsbildung, die unser Verhalten steuern.

1 Begegnungen

a.

b.

c.

d.

e.

f.

g.

Arbeitsanregungen:

1 Bei der Wohnungssuche sprechen die abgebildeten Personen (a–g) bei Vermietern vor mit der Bitte, ihnen die in einer Zeitungsannonce angebotene Wohnung zu vermieten.
a Überlegt, welche Person nach eurer Ansicht die größte und welche die geringste Chance hätte, eine Wohnung zu bekommen!
b Tauscht in Partnergesprächen eure Vermutungen aus und klärt, wovon der erste Eindruck, den man von einem Menschen gewinnt, und damit auch das erste Urteil über ihn geprägt werden können! Übernehmt das Schaubild und ergänzt es!

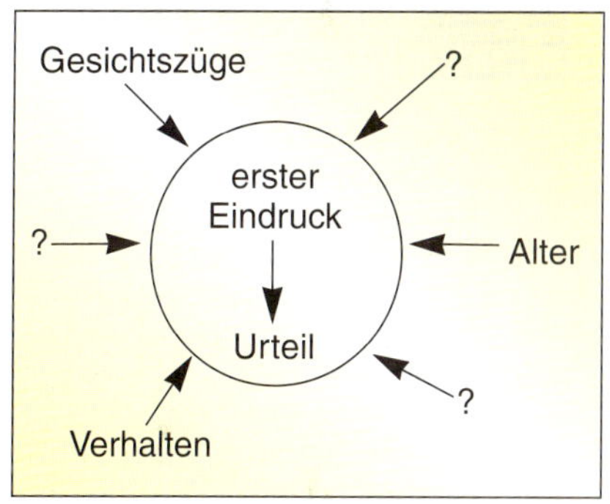

2 Wählt aus den Bildern zwei „Typen“ aus, von denen ihr annehmt, dass Vermieter ganz unterschiedlich auf sie reagieren! Teilt eure Klasse in zwei Abteilungen und schreibt in Partnerarbeit einen Dialog zwischen einem Vermieter und einer der beiden Personen!

3 a Tragt eure Dialoge szenisch vor und vergleicht die Ergebnisse!
b Überlegt, welche Aspekte der Beurteilung (vgl. Schaubild) den Verlauf des Dialogs bestimmen!

WORMSER Zeig her, Willy, leg's hin, schlag's auf, träum nicht, mach e bissje. Sehnse hier, Herr von Schlettow – sehnse selbst: wie steht's da schwarz auf weiß? Schoßknöpfe Abstand sechseinhalb Zentimeter. Stimmt's oder hab ich Recht? Was wollense mehr.

V. SCHLETTOW Steht schon da – sitzt aber nich. Messense nur mal nach!

Während der letzten Sätze, etwa gleichzeitig mit dem Auftreten Willys, ist im Hintergrund auf der Straße ein Mann erschienen – kurz stehen geblieben, weitergegangen. Nun kommt er langsam zurück, geht bis zur Ladentür, starrt in die Scheiben.

WORMSER Wabschke, gebense's Zentimetermaß. Willy, halt dich grad! Ich kann nicht sehen, wie de rumstehst. Wenn du so weitermachst, kommste nie zum Militär. Was will denn der Mann an der Glastür? Willy, schau mal nach. Na, nu läuft er wieder wech. *Er misst nach* Sehnse, Herr Hauptmann, wenn man's genau nimmt, habense Recht. Also von Ihnen möcht ich erschossen werden. Sie treffen 'n Flohstich mittenmang in de Mitte. Die Knöppe sitzen um 'n halben Zentimeter zu weit.

V. SCHLETTOW Das hab ich im Gefühl. Das hab ich ja gleich gesagt. Lachense nich, Wabschke, Sie denken, das is ne Kleinigkeit. Is auch ne Kleinigkeit. Aber an den Kleinigkeiten, daran erkennt man den Soldaten. Darauf is alles aufgebaut, da steckt 'n tieferer Sinn drin, verstehnse? Genau dieselbe Sache wie mit 'n Stechschritt. Leute glauben immer, is Schikane. Is keene Schikane, steckt auch tieferer Sinn drin, das muss man nur kapieren, verstehnse?

WORMSER Meine Rede, Herr Hauptmann, meine Rede! Was sag ich immer? Der alte Fritz[1], der kategorische Imperativ[2], und unser Exerzierreglement, das macht uns keiner nach! Das und die Klassiker[3], damit hammer's geschafft in der Welt! Willy, nemm die Händ aus der Tasch un halt dich grad. Schau dir 'n Herrn Hauptmann an, das is e Figur. Woher hat er die Figur? Er hat sich gradgehalten. *Die Ladenglocke ertönt* Na, das is er ja wieder!

WILHELM VOIGT *schmächtige Gestalt, mager und etwas gebückt, leicht angedeutete O-Beine, hohles Gesicht mit starken Backenknochen, grauer Schnurrbart, fahle Hautfarbe. Er trägt einen alten, aber nicht zerlumpten dunklen Anzug. Hemd ohne Kragen, steifen Hut, grobe Stiefel, in der Hand ein verschnürtes Paket. Er hält den Türgriff fest und schaut wie erstaunt in den Laden.*

WORMSER Was wollense denn? Habense was abzugeben?

VOIGT – Nee. Er *schließt die Tür, geht weiter.*

V. SCHLETTOW Was will denn der, sieht ja aus wie ne Leiche auf Urlaub.

WORMSER Ich weiß nich – vielleicht will er sich ne Gardeuniform bestellen!

V. SCHLETTOW Tadellos, Wormser! Einfach zum Piepen!

WABSCHKE *zu Wormser* Det is neemlich so, det wa missten de janze Schoßfalte ufftrennen, an der de Gesäßkneppe anjesetzt sind, und denn stimmt det wieder in de Tallje nich.

WORMSER Also, Herr Hauptmann, wegen der paar Millimeter werdense sich den schönen Stoff nich verschnipseln lassen. Vorschrift is Vorschrift – aber damit kann Ihnen ja nu wirklich nichts passieren.

---

1 Der alte Fritz: Friedrich II. (der Große), preußischer König 1740–1786

2 Der kategorische Imperativ: Grundsatz ethischen Verhaltens bei dem Philosophen Immanuel Kant (1724–1804) aus Königsberg

3 Vor allem Goethe und Schiller als Autoren der deutschen literarischen Klassik (vgl. S. 422!)

Arbeitsanregungen:

1 Lest die erste Szene mit verteilten Rollen und versucht dabei die Figuren zu charakterisieren!

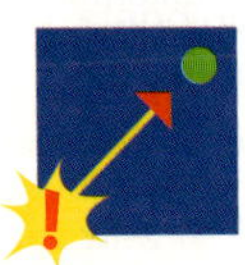

Mit Hilfe eines **Lesezettels** könnt ihr die Eindrücke, die ihr beim Lesen bzw. Hören gewinnt, festhalten und anschließend untereinander austauschen.

Der Lesezettel zur 1. Szene könnte so strukturiert sein:

Hauptmann von Köpenick, 1. Szene

Seiten/ Zeilen	Handlungsschritte	Verhalten/ Sprechweise der Figuren	Problembereiche
15ff.	Reklamation	von Schlettow Wabschke Wormser	„Uniform“
…	…	…	…

2 a Legt einen entsprechenden Lesezettel an!
b Schreibt danach eine Inhaltsangabe der ersten Szene!

v. SCHLETTOW So, kann mir nischt? *Jovial* Na, und wenn ich nu Untern Linden Majestät begegne, und Majestät zieht Zollstöckchen aus der Tasche und misst mir Gesäßknöppe nach – na und was dann? *Lacht*

WORMSER Was dann? Ich wer Ihnen mal was sagen: dann fragt er natürlich, von wem hamse den Rock, sagen sie: von Adolf Wormser aus Potsdam. Was, wird er rufen, von meinem lieben Wormser!! Bei dem lass ich ja selbst arbeiten. Also dann sind de Knöppe richtig, und mein Zollstock is falsch!! Hier habense 'n Orden, da die geflochtenen Achselstücke, machense so weiter, Herr Major – *sprudelnd* – Sehnse, wennse beim Wormser arbeiten lassen, da sinse schon befördert!!

v. SCHLETTOW *wiehernd* Tadellos, Wormser! Is ja enorm! Also einfach gottvoll! Von meinem lieben Wormser! Gottvoll!! *Gelächter. Die Ladenklingel ertönt.*

WORMSER Da is ja der Mensch schon wieder –

VOIGT *steht in der Ladentür, betrachtet interessiert die im Schaufenster ausgestellten Lackstiefel.*

WORMSER *geht auf ihn zu* Was wollense denn?!

VOIGT *sieht ihn an.*

WORMSER Wollense was? Was habense denn hier zu suchen?!

VOIGT Ick wollte mir nur mal erkundigen –

WORMSER Raus!! Hier wird nich gebettelt!!

VOIGT *schließt rasch die Tür, trollt sich.*

WORMSER Das wäre gelacht. Am hellen Tag in mein Geschäft! Die Kerle sin heutzutage so frech, so frech wie die Schmeißfliegen.

v. SCHLETTOW Regense sich nich auf, Wormser, lassense lieber die Gesäßknöppe versetzen.

WORMSER Erledigt, Herr von Schlettow. Erledigt. Wenn Sie wünschen – wird gemacht. Willy, helf 'n Herrn Hauptmann in sein Rock. Am Montag habense die neue Uniform – mit vorschriftsmäßigen Gesäßknöppen. Sinse nu zufrieden?

v. SCHLETTOW Danke, Herr Wormser, vielen Dank, Herr Wormser! Wenn ich mir ne neue Montur bauen lasse, denn muss nu alles tadellos in Form sein, da hab ich meine Freude dran, verstehense?

Dunkel

Das Requisit (< lat. requisitum = erforderlicher Gegenstand): Gegenstand, der bei der Aufführung eines Theaterstücks gebraucht wird, z. B. Uniform, Möbel, Bilder etc.

Welche Rolle spielt die Körpersprache?

2 Zwei Inhaltsangaben

a. Die erste Szene spielt in einem Uniformladen. Ein Hauptmann probiert seine neue Uniform an. Er ist nicht zufrieden, weil sie ihm nicht richtig passt. Er geht mit dem Schneider, der ihn bedient, sehr befehlshaberisch um. Der Ladeninhaber verspricht ihm jedoch, die notwendige Änderung vorzunehmen. Darauf ist der Hauptmann zufrieden. Zwischendurch schaut Voigt in den Laden herein, wird aber von dem Ladeninhaber schnell wieder hinausgewiesen.

b. Die erste Szene spielt in einem Uniformladen in Potsdam. Ein typischer preußischer Offizier, korrekt bis in die letzte Uniformfalte, probiert eine neue Uniform an, mit deren Sitz er nicht einverstanden ist, obwohl der Zuschneider versichert, dass alles seine Ordnung hat. Der Hauptmann von Schlettow

3 a Vergleicht und beurteilt die beiden Schülerbeispiele (Text 2)!
b Überprüft in Partnerarbeit gegenseitig eure eigenen Texte!

Die Schwierigkeiten der **Inhaltsangabe** von Dramen bzw. Szenen liegen in Folgendem:

– Die *Haupttexte* (Dialoge sowie Monologe) und die *Nebentexte* (Regieanweisungen- und Szenenanmerkungen) sind für das Erschließen der *äußeren und inneren Handlung* zu berücksichtigen. Adverbialbestimmungen und Adverbialsätze sowie

Attribute und Attributsätze sind geeignet, um genaue Angaben zu Zeit, Raum und Kausalbeziehungen bzw. Eigenarten zu machen.

- Wörtliche Reden müssen in *indirekte (berichtete) Reden* umgeformt werden, wobei der Konjunktiv I zu verwenden ist. Als Tempus wird das Präsens (bzw. Perfekt) gebraucht.
- Aus Gründen des Umfangs können ja häufig nur die *Sprechhandlungen* der Figuren wiedergegeben werden, also ihr Schmeicheln, Schimpfen, Drohen, Überzeugen etc.
- Im *Aufbau* entspricht die Inhaltsangabe zu einer Szene dem bekannten Muster:
  - Die *Einleitung* (i.d.R. als Übersichtssatz) gibt neben dem Namen des Autors, dem Titel des Dramas und eventuell der Szene den ersten Eindruck wieder oder beschreibt den Kern der Handlung.
  - Im *Hauptteil* werden die Ereignisse in chronologischer bzw. sachlogischer Abfolge dargestellt. Eventuell vorhandene „Montagen" sind vorher aufzulösen.
  - Der *Schluss* ist als begründete Wertung möglich. Aber auch Hinweise auf den Kontext oder auf offene Probleme sind denkbar.

4 a Übernehmt das Schema und notiert in Partnerarbeit die typischen Anredeformen und einige charakteristische Äußerungen der einzelnen Figuren!

b Vergleicht eure Ergebnisse in der Klasse und charakterisiert die Personen im Hinblick auf ihre Stellung und ihr Verhalten!

Figurensprache
Die in einem Drama verwendete Sprache hat unterschiedliche Funktionen:

- Den größten Teil des Textes bilden die Äußerungen der handelnden Figuren, die *Figurensprache,* man bezeichnet sie als *Haupttext.*
- Ergänzende Angaben stehen im *Nebentext:*

lässt sich aber nicht überzeugen, zumal er den Zuschneider, der wegen eines körperlichen Fehlers vom Militärdienst befreit war, als einen Menschen betrachtet, der in militärischen Angelegenheiten nicht kompetent ist. Dies sagt er ihm ganz direkt.

Der Ladeninhaber Wormser, ein gewiefter, redegewandter Geschäftsmann, versucht zunächst dem Hauptmann seine Bedenken auszureden, indem er ihm schmeichelt, welch gute Figur er in dieser Uniform abgebe, geht aber doch auf das Drängen von Schlettows ein und verspricht, die notwendigen Änderungen an der Uniform vorzunehmen. Auffällig ist der Gegensatz zwischen der höflichen, zuvorkommenden Art, in der er mit dem adligen Kunden umgeht, und der Schroffheit, mit der er seinen Angestellten, seinen Sohn und einen Mann in ärmlicher Kleidung behandelt, der nur kurz in den Laden hereinschaut, ohne dass ihm Gelegenheit gegeben wird, sein Anliegen vorzutragen.

Zu Beginn eines Dramas wird der Leser/Zuschauer in das Stück eingeführt. Nach der Lektüre der ersten Szene habt ihr eure ersten Eindrücke festgehalten und dargestellt. Wenn man einen genaueren Einblick gewinnen will, ist es notwendig, die einzelnen **Gestaltungsmittel des Dramas** genauer zu untersuchen und die bisherigen Beobachtungen zu ergänzen. Dabei wird deutlich, wie der Autor in den Zusammenhang des Stücks einführt:

- Die *Figuren* werden durch die Art ihres *Sprechens* und *Verhaltens* charakterisiert.
- Ihr *gegenseitiges Verhältnis,* das in der Exposition deutlich wird, bestimmt den weiteren Verlauf der Handlung.
- Die *Requisiten* können wichtige Hinweise auf die Thematik und den Verlauf der Handlung geben.

3 Figurensprache

Gesprächs-partner	Sprachliche Äußerungen	Bemerkung/ Charakterisierung
Hauptmann von Schlettow	„Ich weiß nicht, Herr Wormser, mit der Uniform is was nich richtig."	??
	„Die Gesäßknöppe werden geändert, Wabschke."	??
	(über Voigt): „Der sieht ja aus wie eine Leiche auf Urlaub."	??
Wormser	„Herr Hauptmann, Sie sollen sich persönlich überzeugen […]	Dienstbeflissenheit gegenüber dem adligen Kunden

	„Wabschke, lassen Sie die Possen […]“	Strenge gegenüber dem Untergebenen
Wabschke	??	??
Voigt	??	??

Elemente der Dramaturgie tragen viel zum Verstehen des Haupttextes bei.

a. Über die Uraufführung schrieb der Kritiker Herbert Ihering in seiner Kritik vom 6. März 1931, die Komödie zerfalle in die Geschichte des Schusters Wilhelm Voigt und in die Geschichte einer Uniform. Um diese Uniform dreht sich schon in der ersten Szene das Geschehen. Dieses **Requisit** dient der Charakterisierung der Figuren und beeinflusst den Gang der Handlung.

Figuren	Einstellung zur Uniform	künftiger Handlungsverlauf/ mögliche Konfliktansätze
von Schlettow	…	…
Wormser	…	…
Wabschke	…	…
Voigt	…	…

b. Die erste Szene des Schauspiels zeigt wichtige Figuren des Dramas. Bedeutsam ist immer, wie diese Figuren zueinander stehen und wie sich im weiteren Handlungsverlauf ihr gegenseitiges Verhältnis entwickeln wird.

Die **Figurenkonstellation** soll Aspekte der äußeren und inneren Beziehung von Personen darstellen.
- *Nähe* und *Ferne* zwischen Personen bzw. Personen und Dingen durch entsprechende Abstände,
- die *Art der Beziehung* durch dicke und dünne Linien und entsprechende Stichwörter bei den Verbindungsstrichen,
- die *Beständigkeit* (Statik) oder *Veränderung* (Dynamik) der Beziehungen.

1. Szene:

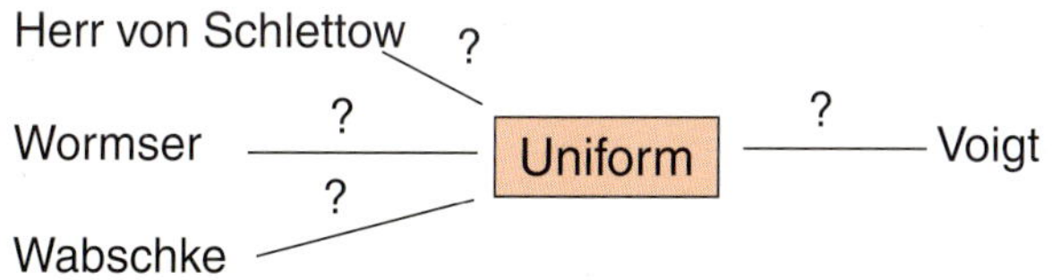

2. Szene: …

- In den *Szenenanmerkungen* finden sich Hinweise zum Bühnenbild und evtl. auch zu den Requisiten.
- *Regieanweisungen* dienen zur Beschreibung von Figuren, ihrer Mimik, Gestik und Körperhaltung.

Durch die Figurensprache werden die Figuren und ihr Verhältnis zueinander charakterisiert:
- Sprechen die Figuren Standardsprache, Umgangssprache, Dialekt (vgl. im dritten Kapitel, S. 105 und 135f.!)?
- Was ist charakteristisch für ihre Wortwahl, für die Art ihrer Sätze?
- Wie reden sie sich gegenseitig an? Sprechen sie unterschiedlich, je nachdem, mit wem sie es zu tun haben?

5 a Übernehmt das Schema und ergänzt es!
b Entwerft arbeitsteilig Kurzcharakteristiken zu den Personen der ersten Szene (oder ihre Selbstvorstellung als „Rollenbiografie“) und äußert Vermutungen über ihr künftiges Verhalten!
c Skizziert, wie ihr euch von Schlettows Aussehen vorstellt!

6 Besprecht und ergänzt den Vorschlag zur Figurenkonstellation!

Inszenierung des Maxim-Gorki-Theaters, Berlin 1996 (I. Akt, 1. Szene)

4 Schülerbeispiele: Voigts Überlegungen an der Türe zum Uniformladen

a. Ein vornehmer Laden, etwas für die feinen Offiziere. Steht ja auch ein ganz strammer Hauptmann drin. Kriegt wohl eine neue Uniform. Nix für unsereinen, der alles, was er hat, in einem Pappkarton rumschleppt. Ob ich doch mal um ein paar Groschen bitte? Oje, jetzt guckt der Chef von dem Laden her, als ob er mich mit den Augen abknallen wollte! Nix wie weg!

[…]

Jetzt habe ich doch noch einmal probiert, ob ich etwas bekomme. Keinen Pfennig in der Tasche – was bleibt einem da anderes übrig? Aber, wie ich auf den ersten Blick schon befürchtet hatte, nichts – nur ein Rausschmiss. Zum Teufel mit diesen feinen Leuten!

b. Ob das wohl der Laden ist, in dem ich das Paket abgeben soll? Hat mein Chef doch mal wieder keine genaue Adresse angegeben. Wenn der schneidige Offizier nicht gerade anprobieren würde, würde ich einfach hineingehen und mich erkundigen. Nein, ich geh jetzt einfach in ein Telefonhäuschen und frage noch einmal in unserem Büro nach.

[…]

Kein Telefonhäuschen ist in der Nähe. Und jetzt noch diese Blamage. Ließ mich dieser Mensch doch gar nicht zu Wort kommen. Vermutet, ich sei ein Bettler! Das wird wieder ein Hallo geben in meiner Firma, wenn ich mit dem Paket zurückkomme! Mein Chef wird mich wieder einmal für blöd halten. So was Dummes!

c. Da drin herrschen geordnete Verhältnisse. Nicht wie bei mir, dem Arbeits- und Wohnsitzlosen. Die einen sind halt drin und die anderen draußen. Aber ich sollte doch einfach den Mut haben und reingehen und mich erkundigen. Vielleicht brauchen die eine Hilfskraft. Schneidern hab ich ja gelernt. Aber der Runde, der Chef wohl, lässt mich ja schon durch die Ladentüre mit seinen scharfen Augen abblitzen!

[…]

Ich hab es probiert, ohne Erfolg. Wer nicht ordentlich gekleidet in solch einem Laden erscheint, ist nichts wert, macht sich sogar verdächtig. Aber wie soll man ordentlich gekleidet sein, wenn man schon lange kein Einkommen mehr hat? Ein Teufelskreis – ich weiß nicht, wie ich da noch rauskommen soll.

[7] [a] Versetzt euch in Voigts Situation vor und nach dem „Hinauswurf“ (Szenenfoto) und schreibt einen inneren Monolog!
[b] Vergleicht die Schülerbeispiele (Text 4) und prüft Hinweise auf einen möglichen Fortgang des Stücks!

Tabellarische Darstellung der Exposition:

In den ersten Szenen eines Dramas wird der Leser/Zuschauer in das Stück eingeführt. Seine Aufmerksamkeit wird dabei durch Fragen gelenkt.

W-Fragen	Funktionen der Exposition	„Hauptmann von Köpenick“, 1. Szene
wer? (mit wem? gegen wen?)	…	…
was?	…	…
warum?	…	…
wo?	Einführung in den Schauplatz	Wormsers Uniformladen in Potsdam
wann?	Zeit des Geschehens	das Jahr 1910

Der arbeits- und wohnsitzlose Schuster Wilhelm Voigt spricht in einem Potsdamer Polizeibüro vor. Er hat eine Aufenthaltserlaubnis beantragt, über die noch nicht entschieden worden ist. Er fragt nach dem Stand der Dinge.

5 **Bildsequenz aus dem Film „Der Hauptmann von Köpenick“**
(Regie: Helmut Käutner; Voigt: Heinz Rühmann)

8 a Notiert, welche Aufgaben der Exposition die erste Szene erfüllt!
b Stellt Fragen zum weiteren Verlauf des Stücks!

Die Exposition (< lat. expositio = Darlegung): der einleitende Teil eines Dramas, in dem der Zuschauer/Leser in Schauplatz, Zeit, Situation und Voraussetzungen der Handlung eingeführt wird. In der Exposition werden deshalb die wichtigsten Figuren des Stücks, die für sein Verständnis notwendigen Elemente der Vorgeschichte sowie die Problemstellung (das Thema) und der zentrale Konflikt des jeweiligen Dramas vorgestellt.
Die Exposition erfüllt damit eine ähnliche Funktion wie die Einleitung bei einem erzählenden Text.

Arbeitsanregungen:

1 Verfasst in Gruppenarbeit anhand der Bildsequenz einen Dialog zwischen Voigt und dem Oberwachtmeister!

2 a Bereitet in Gruppenarbeit eine szenische Lesung der Szene I/2 vor!
b Vergleicht eure Dialoge mit dem Dramentext!

Die **szenische Lesung** ist eine Form des szenischen Interpretierens (siehe S. 387f.!). Man liest mit verteilten Rollen auf einer simulierten Bühne. Die Sprecherinnen und Sprecher nehmen dabei eine Stellung bzw. Körperhaltung ein, die für die jeweilige Handlung am angemessensten erscheint.

Rolle der Körpersprache?

3 a Klärt zunächst den Begriff des „Vorurteils“ und nehmt dann Stellung zu den Aussagen der Schüler (Text 6)!

b Bezieht in die Begriffsklärung eure Beobachtungen bei den „Experimenten mit Bildern“ (siehe S. 375f.!) und das Bild „typischer Deutscher“ (Bild 7) als Beispiele ein!

c Übernehmt und ergänzt den Cluster (Text 8)!

Bei der **Klärung eines Begriffs** könnt ihr in folgenden Schritten vorgehen:

- Ausgang von der *wörtlichen Bedeutung* („Vor-urteil“)
- *Vergleich* mit Begriffen desselben Wortfelds (Urteil, Beurteilung ...)
- Verdeutlichung anhand von *Beispielen*
- Frage nach möglichen *Ursachen* (Wie kommt es zu Vorurteilen? Warum haben Menschen Vorurteile?)
- Frage nach möglichen *Folgen/Wirkungen* (Wie können sich Vorurteile auswirken?)

6 Diskussionsbeiträge

KLAUS: Der Oberwachtmeister zeigt ein typisches Verhalten, das von Vorurteilen geprägt ist.

MICKE: Was für Vorurteile sollen dies denn sein? Und außerdem: Vorurteile gibt es bei Amtspersonen nicht!

MELANIE: Dass ich nicht lache! Beobachte doch einmal, was der Polizist sagt und wie er redet!

7 Ein „typischer Deutscher“?!

8 „Vorurteil“ als Cluster

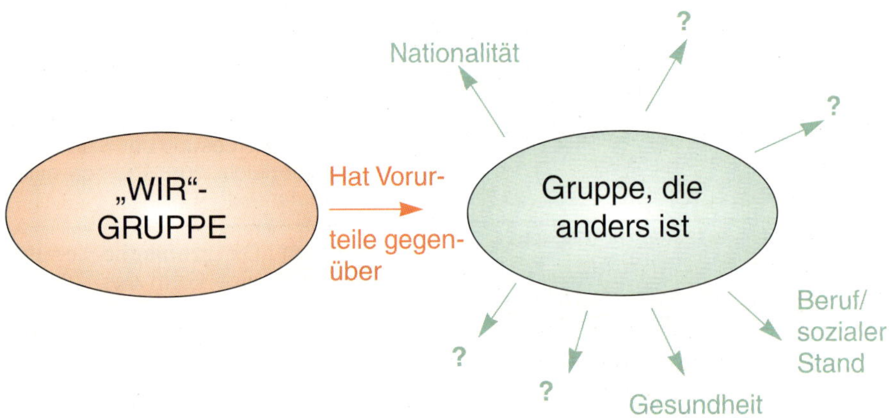

Kennzeichen von Vorurteilen:
- ?
- urteilt über jemand, ohne ihn zu kennen (= vorgefasste Meinung)
- kümmert sich nicht um die Wahrheit
- ?
- ist oft von starken (Hass-)Gefühlen geprägt

Folgen: ? ? ?

9 Zwei Schreiben – Schülerbeispiele

a. *Bericht des Oberwachtmeisters*

An das Polizeipräsidium Potsdam

Betr.: Vorsprache eines Wohnsitzlosen im Polizeirevier III, Potsdam

Heute Mittag sprach ein Mann in dem von mir geleiteten Revier III vor mit der Bitte, ihm eine Aufenthaltsgenehmigung auszustellen. Bei der Befragung stellte sich heraus, dass er bereits zweimal vorbestraft war, beide Male we-

gen Fälschung bzw. Fälschungsversuchs. Da er derzeit keinen Wohnsitz nachweisen kann, war ich nicht befugt, ihm die gewünschte Erlaubnis auszustellen. Wie wir es bei solchen Menschen, die auf die schiefe Bahn geraten sind, gewohnt sind, versuchte er, auf die Mitleidstour und schließlich sogar durch aggressive Worte sein Ziel zu erreichen.
Ich leite sein Gesuch hiermit weiter, rate aber nach dem Eindruck, den ich von ihm bekommen habe – er benahm sich, wie angedeutet, rücksichtslos und am Ende geradezu aufsässig –, davon ab, das Gesuch zu bewilligen. Wir sollten verhindern, dass Potsdam den üblen Ruf erhält, bevorzugter Aufenthaltsort für gescheiterte Existenzen zu sein.
August Schmittke, Oberwachtmeister

b. *Gesuch Wilhelm Voigts*

An den
Herrn Polizeipräsidenten
von Berlin

Sehr geehrter Herr Polizeipräsident!
In meiner nahezu auswegslosen Situation wende ich mich an Sie, um Sie um Hilfe zu bitten. Nach meiner Entlassung aus der Strafanstalt Plötzensee versuche ich seit längerer Zeit vergebens, eine Aufenthaltserlaubnis in Berlin und Umgebung zu bekommen, […]

Nachdem die Exposition des Stücks erarbeitet ist, über Gestaltungsaufträge und Informationen zum Zeithintergrund denkbare Sinnrichtungen der Handlung sich abzeichnen, ist ein **Leseauftrag** für das ganze Drama besonders sinnvoll. Er könnte differenziert werden nach Aufgaben für alle, für Gruppen und für einzelne Schüler.

1. Mit Hilfe des *Lesezettels* (vgl. S. 378f. bzw. 419!) sollten sich alle Schüler eine solide Verstehensgrundlage erarbeiten, wobei der Besitz eines eigenen Textes die gründliche und produktive Lektüre „mit Bleistift" (vgl. im sechsten Kapitel, S. 245!) erleichtert. Viele Fragen zum Text – zum Verhalten der Figuren, zum Zeithintergrund, zu Eigenarten der Sprache u.v.a.m., sind dabei genauso wertvoll wie Beobachtungen und Anmerkungen zum Text.
2. An einzelne *Gruppen* sind unterschiedliche Aufgaben zu vergeben, die sowohl gemeinsam von allen Mitgliedern als auch arbeitsteilig anzugehen sind:
   - *Inhaltsangaben* bzw. *Übersichtssätze* zu einzelnen Szenen sowie *szenische Lesungen* ausgewählter Passagen ergeben eine gute Verstehensgrundlage.
   - Über *Figurencharakteristik,* Beschreibung der Figurensprache und *Standbilder* lassen sich Vorschläge für die Personenführung auf der Bühne (Bewegungen, Mimik, Gestik, Sprechweise) sowie Szenenanmerkungen und Regieanweisungen (vgl. S. 380f.!) erarbeiten.
   - Das „Meisterstück" einer Gruppendarbietung könnte die *Inszenierung* einer kurzen Passage, eine szenische Interpretation, sein, zu der ein

[1] Szenenanmerkungen

Die **Grundfunktionen der Sprache**
Auf den Psychologen Karl Bühler (1889–1963) geht folgende Unterscheidung der Grundfunktionen der Sprache zurück:
Mit der Sprache können wir Sachverhalte darstellen *(Darstellungsfunktion),* Gefühle zum Ausdruck bringen *(Ausdrucksfunktion)* und an Adressaten appellieren *(Appellfunktion).*
Man kann diese Funktionen bestimmten Textarten zuordnen, z.B. die Darstellungsfunktion der Textart Bericht, die Appellfunktion der Textart Aufruf. In einem Gesuch (einer Eingabe) sind diese Funktionen miteinander verbunden.

4 a Schreibt den Bericht des Oberwachtmeisters (Text 9a) so um, dass er verständnisvoller wird!
b Voigt verfasst ein Gesuch an den Polizeipräsidenten von Berlin. Formuliert die Kerngedanken besonders eindeutig und wirkungsvoll!
c Beurteilt und verbessert das Schülerbeispiel (Text 9b)!
d Setzt Voigts Gesuch so fort, dass der Polizeipräsident bereit ist, ihn anzuhören!

Andere interessante Dramen:

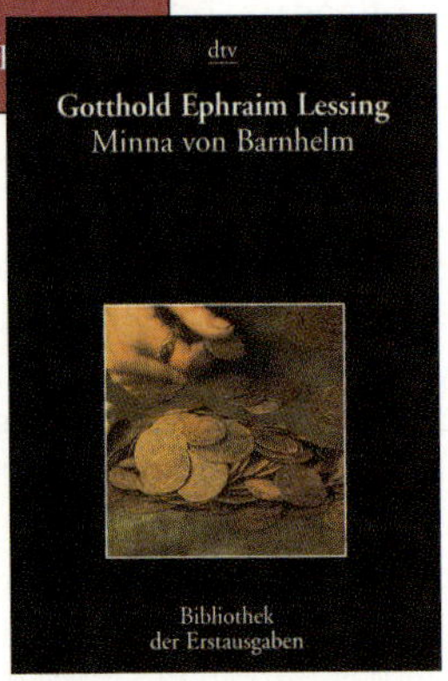

ausgearbeitetes Regiebuch, die Erläuterung des Regiekonzepts und ein Bericht über aufgetretene Schwierigkeiten ebenso gehören wie verbale oder gezeichnete Vorschläge für Kulissen, Requisiten und die Kostümierung, so dass „in Worten" bzw. durch Skizzen ein interessanter Inszenierungsentwurf entsteht.
- Die *Aufführung* vor dem Plenum der Klasse, einem durch die eigene Arbeit qualifizierten „Expertenpublikum", ergibt einen interessanten Theater-Workshop, in dem Spiel, Kritik und Anregungen zusammenwirken.

3. *Kurzreferate* zu Einzelfragen wären geeignet, das Gesamtbild abzurunden:
   - Elemente aus der *Lebensgeschichte* des Schusters Voigt und aus der *Zeitgeschichte* lassen eine lebendige Stoffgrundlage entstehen.
   - *Kurzbiografien* zu berühmten Darstellern der Hauptfigur und ihrer spezifischen Art der Rollengestaltung, unterstützt durch Fotos oder Dias, ergeben eine gute Folie für die Beurteilung der eigenen Versuche.
   - *Rezensionen* zum Stück und zu Aufführungen bzw. Verfilmungen liefern Kriterien der Beurteilung.
   - Auch zum *Autor* und der Entstehungsgeschichte des Dramas sind Informationen vorzutragen.

3. Der Hauptmann: Einer, der etwas zu sagen hat. – Das Werk als Spiegel seiner Zeit

Voigt fasst den Plan, sich mit Hilfe einer Hauptmannsuniform durchzusetzen. Dass er sich damit Erfolg versprechen konnte, erscheint aus heutiger Sicht verwunderlich. Sein Vorhaben ist jedoch verständlicher, wenn man sich klar macht, welche Bedeutung das Militär im Kaiserreich nach 1871 hatte. Einige Darstellungen sollen darüber einen ersten Aufschluss geben.

1 Karikaturen der Kaiserzeit

a.

b.

c.

2 Buchcover und Filmplakat

a.

Entwurf eines Buchumschlags zu Carl Zuckmayers „Der Hauptmann von Köpenick“ (1930)

b.

Filmplakat von Werner Klemke (1956)

3 Vom kriminellen Schuster zum „Hauptmann“

Ursache	Tat	Folge
„Spendierer“ spannen ihm seine Freundin aus. →	Posturkundenfälschung Betrug (300 Mark) →	15 Jahre Zuchthaus
…	…	…

4 Pressestimmen

a. „Des Königs Rock“

„Eigentlich muss es wundernehmen, dass der Gauner im Offiziersrock noch immer eine Seltenheit ist. Vielleicht wird es nach dem Köpenicker Schelmenstück anders. Denn die Mitglieder der Verbrecherzunft haben erfahren, wie leicht sie das gewagteste Unternehmen durchführen können, wenn sie die Uniform angezogen haben. Der Respekt vor den Epaulettes[1] ist den Deutschen durch Gesetz und Verwaltung seit Menschengedenken anerzogen worden. In der Tat, des Königs Rock, oder vielmehr der Offiziersrock ist eine rechtliche, vom Gesetz privilegierte Einrichtung, ganz unabhängig von der Person, die in dem Rocke steckt […]“

Aus: Abendausgabe der *Vossischen Zeitung* vom 19.10.1906

[1] Die Epaulette (< frz.épaulette = Schulterstück): Schulterklappe der Offiziersuniform

Arbeitsanregungen:

1 a Verfasst arbeitsteilig kurze Texte zu den Darstellungen in den Texten 1 und 2 mit Bildtitel, Äußerungen der Figuren bzw. Kommentaren der Betrachter unter dem Aspekt „Das Militär im Kaiserreich“!
b Exzerpiert aus Lexika Merkmale von „Militarismus“ und „Märchen“!
c Besprecht danach den Untertitel von Zuckmayers Stück: „Ein deutsches Märchen“!

2 Lest die Szenen 3-21! Legt dazu einen Lesezettel an!

3 Beschreibt den Weg Wilhelm Voigts vom Kriminellen zum „Hauptmann“, indem ihr die Einträge im nebenstehenden Schema weiterführt!

4 Wählt in arbeitsteiliger Gruppenarbeit eine Szene aus und stellt sie der Klasse vor! Begründet dabei eure Auswahl!

Vorstellung einer Dramenszene – Formen der szenischen Interpretation

Zur Vorstellung einer Dramenszene stehen unterschiedliche Methoden zur Wahl. Dabei ist es auch möglich mehrere Methoden miteinander zu kombinieren:
- die Untersuchung der Kommunikationssituation (vgl. S. 376!) und der Figurensprache (vgl. S. 380!);
- die Figurencharakteristik;
- die szenische Lesung (vgl. S. 383!) und andere Formen der szenischen Interpretation.

Bei der szenischen Interpretation könnt ihr so verfahren:

a. Erprobt zunächst unterschiedliche *Körperhaltungen* einzelner Figuren! Geht dabei so vor, dass ein Spieler einen Auftritt seiner Figur wählt, dazu eine passende *Gehweise* erprobt und einen Satz seiner Figur spricht! – Macht entsprechende Versuche zu passenden *Stehhaltungen!*
b. Erarbeitet Möglichkeiten der *Sprechhaltung* unterschiedlicher Figuren anhand ausgewählter Sätze bzw. Satzgruppen! Macht euch zuerst die Situation der Figur klar, in der sie spricht! Erprobt dazu auch die passende *Gestik* und *Mimik!*
c. Stellt eure Szene nach den vorausgegangenen Überlegungen und Übungen in szenischer Interpretation vor!
d. Ein „Regisseur" unterbricht gelegentlich das Spiel. An diesen Stellen äußert der Spieler, der gerade gesprochen hat, in einem kurzen Monolog die augenblicklichen Gedanken, Empfindungen der von ihm dargestellten Figur.

5 a Exzerpiert aus den Texten 4a und b die Wertungen des „Falles", die euch am treffendsten erscheinen!
b Führt ein Streitgespräch über Wilhelm Voigts Titel! „Hauptmann von Köpenick" oder „Köpenicker Kassenräuber" (Text 4c) ?

b. „Fetisch Uniform"

Es ist ein beschämendes Zeichen für Bürgersinn, Mannesmut vor Königsthronen, Rechtsstaat, Konstitutionalismus[1], und wie die schönen Worte alle heißen mögen, aber es ist nun einmal eine Tatsache, dass in Preußen die Uniform herrscht und regiert. Vor der Uniform liegen alle auf dem Bauch, die so genannte ‚Gesellschaft', die Behörden vom Minister bis zum letzten Nachtwächter, das Bürgertum und die Masse des Volkes auch. Das kann man in den freien Volksstaaten des Westens nicht begreifen, das versteht man auch in Süddeutschland nicht, aber in Preußen ist es so. Wer die Uniform trägt, der siegt, nicht weil er besser oder klüger oder weitsichtiger wäre als die anderen, sondern weil er uniformiert ist. Trotzdem hätte der Gauner sein Ziel nicht erreichen können, wenn dem preußischen Soldaten nicht systematisch das Denken abgewöhnt würde.

Aus: Abendausgabe des *Berliner Tageblatts* vom 17.10.1906

c. Neue Spuren

Von dem Köpenicker Kassenräuber hat man jetzt eine Spur gefunden. Der „Hauptmann" ist gestern Abend um 7 Uhr auf dem Mittenwalder Kleinbahnhof zu Nixdorf-Britz gesehen worden. Er trug einen Karton unter dem Arm, in dem er jedenfalls seine bürgerliche Kleidung verborgen hatte. Der Schwindler hat sich ohne Zweifel auf dem Bahnhof wieder umgekleidet und nun seine Uniform in den Karton gesteckt. Den Degen, der in den Karton nicht hineinging und der ihm gefährlich geworden wäre, wenn er ihn offen mitgenommen hätte, ließ er im Stich. Es ist ein Infanterieoffiziersdegen mit Klappscharnier. Man fand ihn heute Morgen auf dem Bahnhof. Das Koppel, an dem er hängt, ist nicht das der Offiziere, sondern ein schwarzes Lederlackkoppel. Wo der Schwindler nach der Umkleidung geblieben ist, dafür fehlt es noch an jedem Anhalt. Unter dem Gelde, das dem falschen Hauptmann in die Hände gefallen ist, befindet sich auch ein Fünfzigmarkschein, der von links nach rechts durchgerissen ist. Der obere Teil ist größer als der untere. Beide Teile waren mit einer Stecknadel zusammengesteckt. Vielleicht hat ihn der Schwindler zusammengeklebt. Es wird gebeten, auf einen derartigen Schein zu achten und den Ausgeber und das Papier anzuhalten.
Bei Schluss des Blattes wird uns noch von unserem Spezialberichterstatter aus Köpenick gemeldet, dass die Schriftzüge des „Hauptmanns" in dem Kassenbuch des Rendanten[2] fotografiert worden sind. Dabei ist bemerkenswert, dass alles sehr deutlich geschrieben ist bis auf den Namenszug, der vollkommen unleserlich ist. Dass Militär zur Verfolgung des Räuberhauptmanns herangezogen wird, entspricht, wie wir gegenüber anders lautenden Meldungen erfahren, nicht den Tatsachen.

Aus: *Berliner Tageblatt* vom 17.10.1906

---

1 Der Konstitutionalismus (< lat.constitutio = Einrichtung, Verfassung): Eine Regierungsform, in der die Macht des Staatsoberhaupts durch die Verfassung beschränkt ist.
2 Der Rendant (< frz.): Rechnungsführer, Kassenverwalter

5 Meinungen

a. „Das Stück handelt von uns.“

b. „sentimentales Rührstück“

c. „betuliches Märchen aus alter Zeit“

d. „Zuckmayers freundlicher Bilderbogen wirkt, heute [nach dem 2. Weltkrieg] gesehen, ahnungslos, fast beschönigend.“

e. „eine ins Breite verlaufende Bilderfolge, die sich beliebig verlängern oder verkürzen ließe“

f. „anrührende Verklärung des Wilhelminismus und trauliche Verklärung der guten alten Zeit“

g. „Die Zeiten ändern sich, nicht aber fundamentale Wahrheiten.“

6 In Text 5 sind Auszüge aus Rezensionen zum „Hauptmann von Köpenick“ zitiert.
a Antwortet auf eines dieser Zitate in einem Leserbrief!
b Beurteilt die beiden Schülerbeispiele (Text 6)!

6 Leserbriefe: Handelt das Stück von uns?

a. *Michael:*

Das Stück spielt um 1900 und zehn Jahre danach. Es zeigt, wie es einem Mann aus dem Volk, der straffällig geworden ist, unmöglich gemacht wird, wieder ins normale Leben zurückzukehren. Die politisch-gesellschaftlichen Verhältnisse haben sich jedoch geändert, immerhin sind fast 100 Jahre seither vergangen. Außerdem hat der Außenseiter Wilhelm Voigt mit Problemen zu kämpfen, die glücklicherweise nicht die Regel sind, so dass ich der These „Das Stück handelt von uns“ nicht zustimmen kann.

b. *Silke:*

Es fällt nicht schwer, sich mit dem „Hauptmann von Köpenick“ zu identifizieren. Wilhelm Voigt ist ein im Grunde gutmütiger, mit natürlichem Witz ausgestatteter Mensch, der durch eine Kette von Missgeschicken in eine aussichtslose Lage hineingeraten ist. Da die schwerfällige Bürokratie die Wiedereingliederung des ehemaligen Häftlings in ein normales Leben verhindert, bleibt ihm nur noch die Möglichkeit, durch einen „Trick“ sein Glück zu versuchen. Mir haben die Szenen, in denen er den Bürgermeister und andere Amtspersonen im Rathaus von Köpenick als „Hauptmann“ herumkommandiert, besonders gefallen.

Nicht wegen des schlechten Gewissens oder aus Reue stellt sich Voigt freiwillig der Polizei, sondern um nach verbüßter Freiheitsstrafe dann endlich den begehrten und amtlich versprochenen Pass zu erhalten. Dringend brauche er diesen, um nach „det Versteckspielen und de janze Schinderei“ nun endlich „mal zun richtiges Leben“ zu kommen und in der Heimat Ruhe und später sein Grab zu finden. Als der Inspektor Portwein entkorken lässt, wundert sich Voigt, „dass de Herrn so freundlich“ zu ihm sind.

Arbeitsanregungen:

1 Erarbeitet den Szenenausschnitt (oder Teile davon) mit den Mitteln der szenischen Interpretation (vgl. S. 387f.)!

2 Diskutiert darüber, welche Bedeutung der Schluss des Dramas für euer Verständnis des ganzen Stücks hat!

3 Erörtert die Frage, ob das Drama eher dem Begriff „Tragödie“ oder dem Begriff „Komödie“ zuzuordnen ist“ (vgl. S. 392)!

4. Eine Bilanz? – Die Wirkung des Dramenschlusses erörtern

Ähnlich wie der Exposition kommt auch dem Schluss des Dramas besondere Bedeutung zu. Sowohl die äußere Handlung als auch die Problemstellungen des Stückes werden auf eine Lösung hingeführt. Der Gesamteindruck, den der Zuschauer/Leser von dem Drama erhält, gewinnt hier abschließend sein Profil.

1 Carl Zuckmayer (1896–1977): Der Hauptmann von Köpenick
(III. Akt, 21. Szene) [Auszug]

[...]

INSPEKTOR *biedermännisch* Aber mein guter Voigt, das is doch selbstverständlich, hier wird doch keiner gebissen!

VOIGT Na, na.

INSPEKTOR So, trinkense mal.

VOIGT Ich trinke eigentlich nichts uffn nichternen Magen.

INSPEKTOR Wachtmeister! Ne Schinkenstulle. Trinkense nur mal, das kann Ihnen nichts schaden.

VOIGT Na, ick will ja kein Spielverderber sein. Prost, Herr Inspektor! *Trinkt*

Inspektor So is recht. – Habense sich denn gar nicht mal 'n bisschen was geleistet von dem Geld?

VOIGT Doch, ick hab in 'm janz orntlichen Gasthof jewohnt. Nur de erste Nacht hab ick bei Aschingern verpennt. Da war ick todmüde, da bin ick einfach umjefallen.

INSPEKTOR Nee, ich meine, mal 'n tüchtigen Rausch, oder son richtigen großstädtischen Betrieb oder so was?

VOIGT Da mach ick mir wenig draus. *Etwas vertraulicher* Ick mechte meine Ruhe haben, und meine Freiheit, verstehnse? Det schmeckt aber gut. *Trinkt*

DER KRIMINALDIREKTOR *kommt eilig herein. Dicker älterer Herr* Wo isser? Ach – *Er starrt Voigt an.*

INSPEKTOR Jawohl, Herr Direktor, das is er! *Zwinkert ihm zu* Ein reizender Mensch, er sagt uns alles ganz offen. Ich habe ihm mal ne kleine Stärkung kommen lassen.

DIREKTOR Das is recht! *Zu Voigt, der höflich aufgestanden ist* Aber bleibense doch sitzen, mein Lieber! Setzense sich doch wieder!

VOIGT Jewiss, wenn Sie auch 'n bisschen Platz nehmen wollen –

DIREKTOR *lachend* Aber natürlich, wir wollen doch mal zusammen plaudern, nich? Trinkense doch mal!

VOIGT Ja, danke, det is ausjezeichnet. Ick trinke sonst nie, wissense, ick bin det eigentlich nich jewohnt –

DIREKTOR Na, wenn's Ihnen mal schmeckt, das is die Hauptsache.

VOIGT Prost, Herr Direktor! Det lass ick mir jefallen. *Er lacht aber nicht, bleibt immer still und gleichmäßig.*

INSPEKTOR *leise* Wir haben alles mitgeschrieben. Es handelt sich offenbar um einen Geisteskranken. *Laut zu Voigt* Na, nu erzählense mal dem Herrn Direktor, mein lieber Voigt, wie se überhaupt zu der ganzen Sache jekommen sind!

VOIGT Det is doch janz einfach. Da braucht ick nich erst zu kommen, det kam jewissermaßen zu mir.

DIREKTOR Aber wie kamense denn auf die Idee, als falscher Hauptmann son Ding zu drehn?

VOIGT Na, det weiß doch'n Kind, dass man bei uns mitn Militär allens machen kann. Det hab ick immer jewusst.

DIREKTOR Und ausgerechnet in Köpenick! Wie kommense denn grade nach Köpenick?

VOIGT Det war das Nächste uff der Bahnstrecke. Aber det war 'n Fehler von mir. Da jibt et nämlich keine Passabteilung, in Köpenick. Wenn ick det bedacht hätte, denn wär ick nach Teltow, ins Kreisamt.

DIREKTOR Da haben die Teltower ja noch mal Dusel gehabt.

VOIGT Denn hätt ick nämlich 'n Pass, denn könntense mir nich hier bewirtschaften. *Trinkt*

DIREKTOR *sieht Voigt an* Das muss ein schöner Trottel sein, der Herr Bürgermeister Obermüller!

VOIGT Sagense det nich, Herr Direktor! Der Mann is gar nich so uneben. Det wär Ihnen jenau so ergangen – det liecht in der Natur der Sache.

DIREKTOR Na ja, schon gut. Aber sagense mal, woher hatten Sie denn das alles, das ganze militärische Kommando, das hat doch alles bis ins Kleinste geklappt!

VOIGT Wissense, Herr Direktor, det is weiter nischt, sone Uniform, die macht det meiste janz alleene. Und in Zuchthaus Sonnenburg, da ham wa in den Freizeiten immer de Felddienstordnung zu lesen jekriegt, und det Exerzierreglement[1]. Da hatt ick mir immer sehr für interessiert.

DIREKTOR Und da hatten Sie gar nichts weiter vorbereitet? Da sind Sie einfach hingegangen und haben auf der Straße die erste beste Wache angehalten und sind damit nach Köpenick gefahren?

VOIGT Ick hab mir de Uniform angezogen – und denn hab ick mir 'n Befehl jegeben – und denn bin ick losjezogen und hab 'n ausjeführt.

DIREKTOR Glück habense gehabt, das muss man sagen.

VOIGT Det jehört zur Kriegsführung, Herr Direktor. Glück is de erste Fordernis der Feldherrngabe, hat Napoleon jesagt.

DIREKTOR An Ihnen is ja nu wirklich 'n kleener Napoleon verloren gegangen. *Schenkt ihm ein* Trinkense nur!

VOIGT Danke, danke, ick spür's schon 'n bissken. Aber det schmeckt extrajewöhnlich gut. *Riecht daran* Det könnt ick mir direkt anjewöhnen.

DIREKTOR *lachend* Wenn Herr Hauptmann nur mit uns zufrieden sind.

VOIGT Det bin ick. So gut is mir noch nich jegangen uffn Amt. Sonst hamse mir immer nur einjesperrt oder rausjeschmissen.

EIN POLIZIST *in der Tür* Die Uniform ist zur Stelle.

DIREKTOR Reinbringen! Die müssen wir sehn. *Während die Pappschachtel gebracht und ausgepackt wird* Wo hattense die eigentlich her?

VOIGT Aus de Grenadierstraße, vom Kleiderjuden. Die hab ick jekauft, det is mein rechtmäßiges Eigentum!

KOMMISSAR So, da hat sich aber keiner gemeldet, trotz unserer Anschläge. Die hamse wohl umsonst jekauft, was? *Macht die Bewegung des Klauens.*

VOIGT *mit ruhiger Würde* Mein lieber Herr, ick hab in mein Leben noch keinen

Wer aus dem Theaterstück „Der Hauptmann von Köpenick" (1931) Schlüsse auf die politisch-gesellschaftliche Grundeinstellung des Autors zu ziehen versucht, geht nicht fehl: **Carl Zuckmayer** – ein engagierter Anwalt für soziale Gerechtigkeit, gegen Militarismus, für den Frieden unter den Völkern. Der Sohn einer gutbürgerlichen Familie, 1896 in Nackenheim bei Mainz geboren, hatte bereits als 17-jähriger Schüler in einer Zeitung pazifistische Lyrik veröffentlicht, sich dann aber von der nationalen Begeisterung zu Beginn des Ersten Weltkriegs mitreißen lassen und sich als Kriegsfreiwilliger gemeldet. Die Erfahrungen des Krieges jedoch ernüchterten ihn.

Nach dem Krieg arbeitete er als Regieassistent, Dramaturg und Theaterautor vor allem in Berlin. Mit seinem zeitkritischen Stück „Der Hauptmann von Köpenick" machte er sich Feinde, vor allem bei den Nationalsozialisten. Deshalb war seit 1933 die Aufführung seiner Werke in Deutschland verboten. Weiteren Repressalien entzog er sich mit seiner Frau durch die Emigration nach Österreich, in die Schweiz und schließlich in die USA, wo er sich 1941 in Vermont als Farmer niederließ.

Nach dem Krieg – er lebte an wechselnden Wohnsitzen in den USA, der Schweiz und der Bundesrepublik Deutschland – wurde er vor allem mit zwei Werken erfolgreich: dem Drama „Des Teufels General" von 1946, in dem er den militärischen Widerstand gegen den Nationalsozialismus thematisierte, und seiner Autobiografie „Als wär's ein Stück von mir" (1966).

1977 starb Carl Zuckmayer in der Schweiz.

[1] Das Reglement (< frz. règlement = Regelung, Abwicklung): Dienstvorschrift

Mitmenschen wat wechjenommen. Ick habe immer nur mit der Behörde jekämpft.

DIREKTOR *hat die Uniform herausgenommen, hält den Rock hoch* Tatsächlich! 'n echter Garderock, von ner Potsdamer Firma. 'n tüchtiges Alter hat se aufn Puckel.

VOIGT *hebt das Glas* Aber für ihre Jahre isse noch janz tauglich, was? *Trinkt der Uniform zu.*

DIREKTOR Hörnse mal, ziehnse se mal an, wollense? Nur 'n Rock, das genügt! Den Rock und die Mütze – das möcht ich doch mal sehn!

VOIGT Gerne, wenn's Ihnen Vajnügen macht. Ich kannse nochmal anziehn. Jebense man her. *Zieht seinen Rock aus.*

DIREKTOR *leise zum Polizisten* 'n Fotograf, bitte. *Laut zu Voigt* Darf ich helfen, Herr Hauptmann!

VOIGT Nee, danke, det jeht schon! *Er schlüpft in den Rock, knöpft zu, setzt die Mütze auf.*

DIREKTOR *kann sich das Lachen kaum verbeißen* Det is ja großartig. *Zu den anderen* Das fährt einen in de Knochen, da steht man von selber stramm, was?

VOIGT *legt lässig die Hand an den Mützenschirm* Danke. Lassense rühren.

DIREKTOR, INSPEKTOR UND KOMMISSAR *zusammenstehend, lachen einfach los. Auch die Polizisten grinsen.*

VOIGT *ganz ernst* Verzeihung, Herr Direktor, ick hätte ne Bitte.

DIREKTOR Natürlich, was denn, sagense's nur!

VOIGT Kann ick vielleicht mal 'n Spiegel haben? Ick habe mir nämlich noch nie in Uniform jesehen.

DIREKTOR Noch nie – is ja fabelhaft. Habense gar keene Probe gemacht vorher?

VOIGT Nee, da war keen Spiegel drin, wo ick mir umjezogen habe.

DIREKTOR Rasch, 'n Spiegel, den großen aus der Garderobe. Na, Sie werden staunen!

VOIGT Da muss ick mir nu man stärken vorher. Da drauf muss ick mir vorbereiten. *Nimmt sein Portweinglas, füllt es, trinkt.*

DIREKTOR *wischt sich die Augen* Meine Herren, das ist die schönste Stunde meiner dreißigjährigen Dienstzeit.

POLIZIST *mit dem Spiegel*

DIREKTOR Da stellense 'n hin! So, Herr Hauptmann, nun schaunse sich mal an, da kriegense Respekt vor sich!

VOIGT *tritt vor den Spiegel, das Portweinglas in der Hand. Er steht mit dem Rücken zum Publikum. Direktor tritt mit den anderen beiseite, beobachtet ihn. Voigt steht zuerst ganz ruhig – dann beginnen seine Schultern zu zucken, ohne dass man einen Laut hört – dann beginnt seine Gestalt zu schüttern und zu wanken, dass der Portwein aus dem Glas schwappt – dann dreht er sich langsam um – lacht – lacht immer mehr, lacht übers ganze Gesicht, mit dem ganzen Körper, aus dem ganzen Wesen – lacht, bis ihm der Atem wegbleibt und die Tränen herunterlaufen. Aus diesem Lachen formt sich ein Wort – erst leise, unverständlich fast – dann immer stärker, deutlicher, endgültiger – schließlich in neuem, großem, befreitem und mächtigem Gelächter alles zusammenfassend* Unmöglich!!

Dunkel [...]

Die **Tragödie** (< gr. tragodia = Gesang um den Bock als Opfertier): ernstes Drama, das auf einer tragischen Situation beruht und einen tragischen Verlauf nimmt. Ein Mensch steht im Spannungsfeld zwischen gegensätzlichen äußeren Kräften, inneren Antrieben, ethischen Verpflichtungen, so dass kein Ausweg, keine Lösungsmöglichkeit gegeben ist. Die tragische Handlung führt deshalb oft unausweichlich in Schuld und in die *Katastrophe.*
Alltagssprachlich wird der Begriff „Tragödie" auch in einem erweiterten Sinn verwendet und bedeutet dann „ergreifendes, erschütterndes Unglück".

Die **Komödie** (< gr. komos = Umzug beim Zechgelage und Ode = Gesang): heiteres Drama, das nach Verwicklungen und deren Lösung zu einem glücklichen Ausgang führt. Charakteristisch für diese Dramenart ist die *Komik,* die auf einem Missverhältnis zwischen Anspruch und Wirklichkeit, zwischen Sein und Schein, zwischen dem angestrebten und dem tatsächlich erreichten Ergebnis des Handelns beruht. Beispiel: Ein Diskussionsredner tritt mit großem Selbstbewusstsein und mit dem Anspruch auf Sachkompetenz auf, gebraucht aber in seinem Redebeitrag ständig einschlägige Fremdwörter falsch.

Die **Tragikomödie** verbindet Tragik und Komik nicht in lockerem Nebeneinander, sondern zu wechselseitiger Verstärkung. Die wirkliche Synthese dieser gegensätzlichen Elemente ist in der Literaturgeschichte nur selten völlig gelungen.

Die literarische Erörterung

Gerade die Schlussszene von Zuckmayers Drama hat immer wieder Anlass zu kritischen Fragen gegeben: Wird der Schluss mit seinen komödienhaften Zügen dem Ernst der Probleme gerecht, an denen Wilhelm Voigt immer wieder gescheitert ist? Diese Frage soll der Ausgangspunkt für die Übung der literarischen Erörterung sein. (Vgl. im sechsten Kapitel, S. 268ff.!)

Thema: „Die Schlussszene verharmlost den Wilhelminischen Staat und wird somit dem Lebensproblem Wilhelm Voigts nicht gerecht." – Setze dich mit dieser Kritik auseinander!

1. Phase: Spontane *Einfälle* zum Thema und Klärung der Anforderungen der Aufgabenstellung in der *Themenanalyse*

– Spontane Einfälle können sich beziehen
- auf die insgesamt sehr erheiternden Leseeindrücke des Schlusses,
- auf Erinnerungen an die Filmszene mit Heinz Rühmann, Rudolf Platte oder Harald Juhnke,
- auf den Kontrast, der im Thema deutlich wird,
- oder auf einzelne Schlüsselwörter („verharmlost", „Lebensproblem")

– Die Themenanalyse bezieht sich zunächst auf Schlüsselbegriffe des Zitatteils, die durch Markierungen hervorzuheben sind.

harmlos > verharmlosen, d. h.
– etwas Ernstes, Problematisches, Gefährliches als einfach, ungefährlich darstellen
– etwas verfälschen?

Deutsches Reich (1871–1918), repräsentiert durch
– Wilhelm II.,
– hier vertreten durch Beamte (Inspektor, Kriminaldirektor, Polizisten)

III. Akt, 21.Szene
– Nur diese Szene?
– „Korrigiert" der Kontext?

– „Verharmlost" ihr Verhalten den Staat?
– Oder verstellen sie sich?
– Treiben sie sogar Spott mit Voigt?

„Die Schlussszene verharmlost den Wilhelminischen Staat und wird dem Lebensproblem Wilhelm Voigts nicht gerecht."

aus dem Kontext zu erschließen

– W. Voigt machte anfangs geringe Verfehlungen.
– Er wird zum Kriminellen (gemacht?!).
– Ziel: Pass, Arbeit, bürgerliche Existenz

– d. h. verfehlt, genügt nicht
– enger Zusammenhang mit Begriff „verharmlost"

Arbeitsanregungen:

1 a Notiert spontane Einfälle zur Themenstellung!

b Prüft die vorgeschlagene Themenanalyse auf ihre Richtigkeit und beschreibt das gewählte Verfahren!

– Die Themenanalyse muss ebenso den Operator beachten:

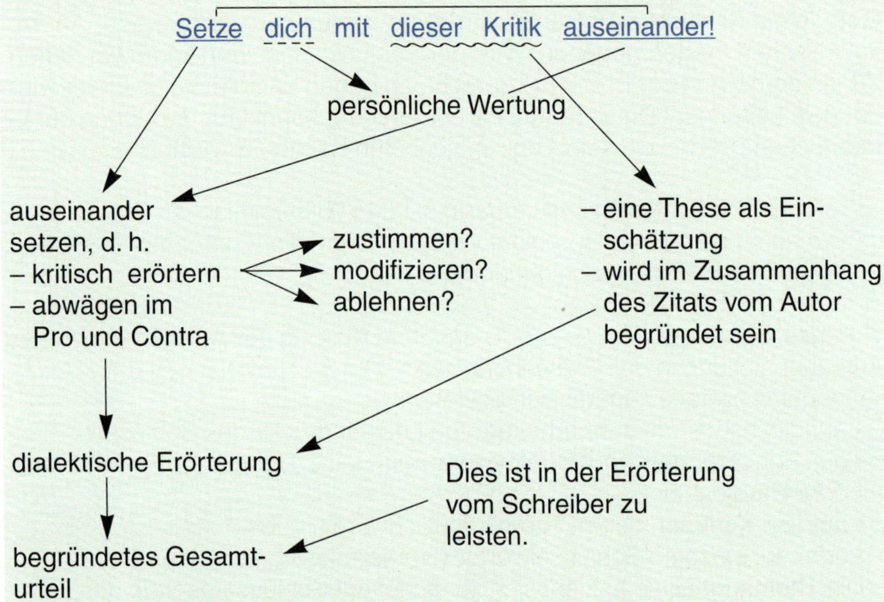

2 a Ergänzt die tabellarische Stoffsammlung!
b Macht Vorschläge für die Gliederung sowie für Einleitung und Schluss!

2. Phase: Stoffsammlung und *Gliederung*

Gestützt auf die spontanen Einfälle und orientiert an der Themenanalyse empfiehlt sich eine zweispaltige Anordnung der Gesichtspunkte und Beispiele (jeweils mit Zeilenangabe), die für die Argumentation wichtig sind:

Für die These „Die Schlussszene verharmlost […]“ (= Pro-Argumente und -Beispiele)	Gegen die These (Gegenthese): Die Schlussszene ist keine bloße Verharmlosung (= Contra-Argumente und -Beispiele)
– Freundliche, lachende Beamte Beispiele: …	– Beamte „spielen“ herablassend. Beispiel: ... – Man ist nicht offen zu Voigt. Beispiele: … – …
– Bewirtung des „Hauptmanns“ (Z. 4ff.)	– Voigt wird verhört. Beispiel: ...
– Voigt „taut auf.“	– Voigt behält dennoch einen klaren Blick. Beispiele: … – …
– Voigts „Gelächter“ (Z. 124ff.)	– Das „Gelächter“ gilt nur dem Anblick (Z. 124ff.). – … – „Unmöglich“ (Z. 129) ist vieldeutig ...
Ergebnis: …	Ergebnis: ...

- Die *Einleitung* könnte – neben Autor, Titel, Gattung und Bezug zum Thema – durch verschiedene Aspekte überleiten zum Hauptteil:
  - z. B. durch den Hinweis auf den Untertitel „Ein deutsches Märchen“ im Verhältnis zur Themenstellung;
  - oder durch die Äußerung des Gesamteindrucks vom Stück in Beziehung zum Zitat des Themas;
  - oder durch den Blick auf das Requisit „Uniform“ und deren „Macht“ usw.
- Der *Schluss* ist zu gestalten
  - als Wertung des Ausgangs im Zusammenhang mit der Aussage des ganzen Dramas;
  - oder als Hinweis auf die Zeitkritik des Stückes, die sich auch im Schluss äußert;
  - oder durch einen Ausblick auf die Rolle von Uniformen nach dem Kaiserreich bis heute.

3. Phase: Ausarbeitung und *Korrektur*
- Was die *Gliederung* des Hauptteils betrifft, wird – entsprechend der eigenen Position – die These oder Gegenthese am Anfang stehen. Auf jeden Fall sollte sich ein Aufbau ergeben, der die gewichtigere Argumentation im zweiten Teil darstellt.
  Ganz entscheidend sind die treffenden *Textbelege* mit genauem Nachweis und stilistisch guter Einfügung in den eigenen Text.
- Die *Korrektur* (vgl. im dritten und vierten Kapitel, S. 117 und S. 173f.!) sollte speziell auf den exakten Wortlaut der Zitate, auf die beschreibend-argumentative Sprache und auf die überzeugende Verknüpfung von Sätzen und Abschnitten achten, wobei Konjunktionen und Adverbien eine besondere Rolle spielen.

2 Drei Beispiele zur Einleitung aus Schüleraufsätzen

a. Die Schlussszene macht auf mich einen ganz und gar unwirklichen Eindruck. Aus den ruppigen, verständnislosen Beamten, mit denen es Wilhelm Voigt bisher zu tun gehabt hat, sind harmlose, zum Scherzen aufgelegte Menschen geworden. Eine solche in der Realität kaum zu erlebende Verwandlung rechtfertigt den Untertitel, den der Autor seinem Stück gegeben hat: „Ein deutsches Märchen“.

b. Das in der Themenstellung vorgegebene Zitat enthält eine Kritik, die die Qualität von Zuckmayers Stück insgesamt infrage stellt. Deshalb ist es wichtig, die Berechtigung des Vorwurfs in einer gründlichen Erörterung des Für und Wider zu überprüfen.

c. In der Schlussszene wird dargestellt, wie der „Fall Köpenick“ sich für die untersuchenden Beamten auf unerwartete, fast unglaubliche Weise aufklärt. Die Szene hat auf mich sehr erheiternd gewirkt und stellt damit nach gewissen Längen des Stücks, die mich bei der Lektüre gestört haben, einen wirklich gelungenen Abschluss des Dramas dar.

Korrekturhilfe 8:
Die **Worttrennung am Zeilenende** ist folgendermaßen geregelt:

1. Trennung nach *Sprechsilben,* d. h. so, wie Wörter sich bei langsamem Sprechen in Silben zerlegen lassen z. B.: Bau-er, Ei-er, Fa-mi-li-en, Ru-i-ne).
2. Ein einzelner *Konsonant* zwischen Vokalen oder der letzte von mehreren Konsonanten kommt auf die neue Zeile (z. B.: A-bend, Au-ge, bei-ßen, Rei-he; El-tern, ros-ten, Hop-fen, Städ-te, kühns-te, knusp-rig, müs-sen).
3. *Buchstabenverbindungen* wie *ch, sch, ph, rh, sh* und *th,* die für e i n e n Konsonanten stehen, und *ck* werden nicht getrennt (z. B.: la-chen, Ma-sche, Sa-phir, Myr-rhe, Bu-shel, Zi-ther, Goe-the; bli-cken, Zu-cker).
4. In *Fremdwörtern* gibt es für Verbindungen aus Konsonant plus l, n oder r zwei Möglichkeiten (z. B.: nob-le oder no-ble, Sig-nal oder Si-gnal, Mag-net oder Ma-gnet).
5. Zusammensetzungen und Wörter mit Präfix trennt man zwischen den einzelnen Bestandteilen (z. B.: Heim-weg, Ent-wurf, syn-chron, In-stanz).
6. Wörter, die zwar Zusammensetzungen sind, aber nicht mehr als solche empfunden oder erkannt werden, können nach Sprech- oder Sprachsilben getrennt werden (z. B.: hi-nauf oder hin-auf, Mai-nau oder Main-au, He-li-kop-ter oder He-li-ko-pter, inte-res-sant oder in-ter-es-sant, Pä-da-go-gik oder Päd-a-go-gik).

3 a Beurteilt die Schülerlösungen nach den euch bekannten Kriterien für die Gestaltung von Einleitungen!
b Überarbeitet den Vorschlag, der euch am wenigsten gelungen erscheint!

4 Schreibt die literarische Erörterung, indem ihr die vorliegenden Anregungen berücksichtigt!

II. Ein Raubritter als Titelfigur: „Götz von Berlichingen“ (1771–73) von Johann Wolfgang von Goethe

1. Zwei Freunde gehen verschiedene Wege. – Annäherung an das Drama durch die Betrachtung einer Figurenkonstellation

Die **Figurenkonstellation** Ralf – Tobias zeigt wichtige Charaktereigenschaften und Verhaltensweisen:

Spieler ◄► Gegenspieler

	TOBIAS	RALF
Eigen-schaften/ Verhaltens-weisen	– ehrgeizig, zielstrebig – flexibel, anpas-sungsbe-reit – …	– spontan – eigenwillig, unabhängig – …
Lebensstil	– …	– …
Berufsweg	– …	– …

1 Zwei Freunde

Ralf und Tobias leben im selben Internat und bereiten sich auf das Abitur vor. Es hat längere Zeit gedauert, bis sie sich als Freunde gefunden haben. In ihrem Fall gilt: Gegensätze ziehen sich an. Ralf ist kräftig, treibt gerne Sport, ist ein Draufgänger. Seine Freunde schätzen ihn als einen offenen, hilfsbereiten und zuverlässigen Kameraden. Im Unterricht hat er keine Probleme, seine Leistungen sind aber unterschiedlich: Wenn ihn ein Fach interessiert, arbeitet er begeistert mit, wenn ihn aber ein Gebiet oder ein Thema nicht anspricht, tut er nur das Nötigste. Ganz anders Tobias: Er ist ehrgeizig, möchte immer Spitzenleistungen erbringen. Dazu muss er noch nicht einmal übermäßig viel arbeiten, denn er hat eine schnelle Auffassungsgabe und ein gutes Gedächtnis. Vor allem versteht er es, seine Energie gezielt einzusetzen; er weiß, worauf es ankommt, wenn man sich effektiv auf eine Klassenarbeit vorbereiten will. Er ist aber kein „Ellenbogentyp“, der sich auf Kosten anderer Vorteile zu verschaffen sucht, sondern eher sensibel und weich, leicht verletzlich. Ihm fliegen die Menschen nicht zu, aber er steht auch nicht allein. Außer Ralf hat er noch andere Freunde, die ihn wegen seiner Freundlichkeit mögen und sich auch gerne von ihm helfen lassen, wenn sie Schwierigkeiten mit dem Unterrichtsstoff haben. Nach dem Abitur trennen sich ihre Wege, auch wenn sie sich gelegentlich noch Briefe schreiben. Tobias studiert nach dem Wehrdienst Jura an einer angesehenen Universität. Um sich voll auf das Studium konzentrieren zu können, meidet er engere freundschaftliche Bindungen, wird aber Mitglied einer Studentenverbindung, um sich für seine spätere berufliche Laufbahn günstige Beziehungen zu sichern. Mit einem glänzenden Examen schließt er sein Studium ab. Aufgrund seines guten Abschlusses und mit Hilfe seiner Kontakte bekommt er eine Stelle als Direktionsassistent in einer großen Firma. Als „rechte Hand“ des Firmenchefs macht er sich dank seiner fachlichen Kompetenz, seiner Flexibilität und seiner Fähigkeit, mit Menschen umzugehen, in der Firma bald unentbehrlich und steigt in wenigen Jahren in eine Führungsposition auf.
Ralf entscheidet sich nach seinem Zivildienst nicht für ein Studium, weil ihm eine so lange Phase theoretischen Arbeitens nicht liegt. Mit Jobs verdient er sich einige Zeit seinen Lebensunterhalt, bis er sich entschließt, mit einigen Gleichgesinnten einen ökologischen Bauernhof zu übernehmen. Er engagiert sich politisch in Bürgerinitiativen, macht bei Demonstrationen mit; bei einer Sitzblockade ist er einer der Organisatoren, und er äußert vor Presse und Fernsehen seine politische Überzeugung. Tobias beobachtet diese Aktivitäten Ralfs mit Unbehagen. Eines Tages entschließt er sich, ihm einen Brief zu schreiben …

Arbeitsanregungen:

1 Stellt die Figurenkonstellation Ralf – Tobias in einem Schema dar, indem ihr die Eintragungen ergänzt!

2 Übernehmt in Partnerarbeit die Rollen Ralfs und Tobias'!
  a Nach langer Zeit schreibt der Manager Tobias seinem ehemaligen Freund, dem Biobauern Ralf, einen Brief. Notiert Stichworte!
  b Setzt euch kritisch mit dem Schülerbeispiel (Text 2) auseinander und schreibt einen verständnisvolleren Brief!

2 Schülerbeispiel: Brief an Ralf

Lieber Ralf,

weil ich dir schon so lange nicht mehr geschrieben habe, möchte ich heute endlich wieder einmal etwas von mir hören lassen. Meine berufliche Arbeit lässt mir wenig Freizeit. Ich bin oft auf Dienstreisen unterwegs. Vor wenigen Wochen hatte ich eine Besprechung mit einem Kunden unserer Firma in der Nähe deines Wohnorts. Bei dieser Gelegenheit bekam ich eine Lokalzeitung in die Hand, aus der ich zu meinem Erstaunen erfuhr, dass du politisch sehr aktiv bist. Ich verstehe, dass viele in deiner Gegend sich über den Bau einer neuen Schnellstraße ärgern, der landwirtschaftlich genutzte Flächen zum Opfer fallen. Ich begreife nur nicht recht, dass du eine Sitzblockade organisiert und durchgeführt hast, die nur durch ein großes Polizeiaufgebot aufgehoben werden konnte. Du musst dich wohl sehr über die Baumaßnahme geärgert haben. Gibt es aber ein Leben ohne Ärger? Ich ärgere mich zum Beispiel darüber, dass bei solchen Aktionen Steuergelder für die Durchführung von Polizeieinsätzen verschwendet werden.
Bei dieser Gelegenheit möchte ich dich auch fragen, wie du dir deine weitere Zukunft vorstellst. Ich habe mich früher schon gewundert, warum du nicht auf die Uni gegangen bist, um dir Grundlagen für ein erfolgreiches Berufsleben zu sichern. Das Zeug dazu hättest du doch gehabt. Hast du vor, dein ganzes Leben als „Biobauer" zu verbringen? Das ist doch keine Perspektive für ein ganzes Leben.

In der Hoffnung, dich bald einmal zu sehen, grüße ich dich herzlich.

Dein Tobias

3 Stichworte zu Ralfs Antwortbrief

- typisch Tobias: Erfolg! (Geld?!)
- viel Kritik an politischem Engagement
- Noch immer nichts verstanden!
- …
- …
- …
- ganz in der Nähe: Kein Besuch!
- wenig Freizeit
- Leben als „Biobauer" – ja, ja, ja!
- Steuergelder für Polizeieinsatz (Ursache → Wirkung!)
- Warum Sitzblockade?
- …
- Zwei Briefe ohne Antwort!
- …
- …
- Ärger ist nicht gleich Ärger!
- Keine Ideale?
- Aussprache? Wann? Wo?

Der **persönliche Brief** setzt ein persönliches Verhältnis zwischen Absender und Adressat (Empfänger) voraus, wodurch Ziel, Inhalt, Aufbau, Stil und äußere Form geprägt werden.

- Das *Ziel* persönlicher Briefe ist der vertrauensvolle oder gar vertrauliche Austausch von Gedanken und Gefühlen.
- Als *Inhalt* kommen alle zwischenmenschlichen Fragen, aber auch sachliche Themen gemeinsamen Interesses zur Sprache, so dass Konflikte und Kontroversen durchaus möglich sind.
- Im *Aufbau* sollen der „Kopf" (mit Angabe des Ortes und Datums sowie der freundlichen Anrede), Hauptteil und Schlussformel (mit guten Wünschen, Grüßen und persönlicher Unterschrift mit Vornamen) durch eine übersichtliche Gliederung ein gutes „Bild" ergeben. Der Ton von Anrede- und Schlussformeln muss sich nach dem Grad der Vertrautheit richten.
- Der *Stil* sollte vom Bemühen um gegenseitiges Verstehen geprägt sein. Als Mischform aus Erzählung, Beschreibung und Erörterung sowie von erdachtem „Dialog" kann die Ausdrucksweise sehr abwechslungsreich sein. Mit Ausnahme der „ Sie"-Formen werden Anredefürwörter kleingeschrieben.
- Die *äußere Form* des persönlichen Briefes sollte in der Wahl des Papiers, des Formats, der i.d.R. handschriftlichen Darstellung (mit ausreichendem Rand, guter Schrift, korrekter Sprachform) dem obersten Ziel gerecht werden: Vertiefung der Beziehung, Wecken des Interesses und im Idealfall Auslösen von Freude.

3 Ergänzt und ordnet die Stichworte (Text 3) und lasst Ralf auf Tobias' Brief überzeugend antworten!

2. Menschen in einer Zeitenwende – Spieler und Gegenspieler in der dramatischen Figurenkonstellation

Der folgende Szenenauszug zeigt ebenfalls zwei ehemalige Freunde, die in die Situation von Spieler und Gegenspieler geraten sind. A. ist zunächst allein, dann kommt B. hinzu.

1 Freunde – Gegner?

[…]

A. O dass ich aufwachte! und das alles wäre ein Traum! In B.s Gewalt! von dem ich mich kaum losgearbeitet hatte, dessen Andenken ich mied wie Feuer, den ich hoffte zu überwältigen! Und er – der alte treuherzige B. Heiliger Gott, was will, will aus dem allen werden? Rückgeführt, A., in den Saal! wo wir als Buben unsere Jagd trieben – da du ihn liebtest, an ihm hingst wie an deiner Seele. Wer kann ihm nahen und ihn hassen? Ach! ich bin so ganz nichts hier! Glückselige Zeiten, ihr seid vorbei, da noch der alte B. hier am Kamin saß, da wir um ihn durcheinander spielten, und uns liebten wie die Engel. Wie wird sich der Bischof ängstigen, und meine Freunde. Ich weiß, das ganze Land nimmt teil an meinem Unfall. Was ist's! Können sie mir geben, wonach ich strebe?

B. *mit einer Flasche Wein und Becher.* Bis das Essen fertig wird, wollen wir eins trinken. Kommt, setzt Euch, tut, als wenn Ihr zu Hause wärt! Denkt, Ihr seid einmal wieder beim B. Haben doch lange nicht beisammen gesessen, lang keine Flasche miteinander angestochen. *Bringt's ihm.* Ein fröhlich Herz!

A. Die Zeiten sind vorbei.

B. Behüte Gott! Zwar vergnügtere Tage werden wir wohl nicht wieder finden, als an des Markgrafen Hof, da wir noch beisammen schliefen und miteinander herumzogen. Ich erinnere mich mit Freuden meiner Jugend. Wisst Ihr noch, wie ich mit dem Polacken[1] Händel kriegte, dem ich sein gepicht[2] und gekräuselt Haar von ungefähr mit dem Ärmel verwischte?

A. Es war bei Tische, und er stach nach Euch mit dem Messer.

B. Den schlug ich wacker aus dazumal, und darüber wurdet Ihr mit seinem Kameraden zu Unfried. Wir hielten immer redlich zusammen als gute brave Jungen, dafür erkennte uns auch jedermann. *Schenkt ein und bringt's.* Kastor und Pollux[3]! Mir tat's immer im Herzen wohl, wenn uns der Markgraf so nannte.

A. Der Bischof von Würzburg hatte es aufgebracht.

B. Das war ein gelehrter Herr, und dabei so leutselig. Ich erinnere mich seiner, solange ich lebe, wie er uns liebkoste, unsere Eintracht lobte und den Menschen glücklich pries, der ein Zwillingsbruder seines Freundes wäre.

A. Nichts mehr davon!

B. Warum nicht? Nach der Arbeit wüsst ich nichts Angenehmers, als mich des Vergangenen zu erinnern. Freilich, wenn ich wieder so bedenke, wie wir Liebs und Leids zusammen trugen, einander alles waren, und wie ich damals wähnte, so sollt's unser ganzes Leben sein! War das nicht all mein Trost, wie mir diese Hand weggeschossen ward vor Landshut, und du mein pflegtest, und mehr als Bruder

---

1 Der Polack (< poln. polak): der Pole
2 gepicht: mit Pech bestrichen; hier mit Eiweiß (als Haarfestiger) bestrichen
3 Kastor und Pollux: unzertrennliches Zwillingspaar aus der antiken Sage

Arbeitsanregungen:

1 Stellt euch die Situation vor, in der das Gespräch zwischen A und B stattfinden könnte!

2 Übernehmt und ergänzt das Schaubild (S. 399) so, dass die Erinnerungen und die Konflikte von A und B deutlich werden!

für mich sorgtest? Ich hoffte, A. wird künftig meine rechte Hand sein. Und nun –

A. Oh!

B. Wenn du mir damals gefolgt hättest, da ich dir anlag, mit nach Brabant[1] zu ziehen, es wäre alles gut geblieben. Da hielt dich das unglückliche Hofleben, und das Schlenzen und Scherwenzen[2] mit den Weibern. Ich sagt es dir immer, wenn du dich mit den eiteln garstigen Vetteln[3] abgabst, und ihnen erzähltest von missvergnügten Ehen, verführten Mädchen, der rauen Haut einer Dritten, oder was sie sonst gerne hören, du wirst ein Spitzbub, sagt ich, A.

A. Wozu soll das alles?

B. Wollte Gott, ich könnt's vergessen, oder es wär anders! Bist du nicht ebenso frei, so edel geboren als einer in Deutschland, unabhängig, nur dem Kaiser untertan, und du schmiegst dich unter Vasallen[4]? Was hast du von dem Bischof? Weil er dein Nachbar ist? dich necken könnte? Hast du nicht Arme und Freunde, ihn wieder zu necken? Verkennst den Wert eines freien Rittersmanns, der nur abhängt von Gott, seinem Kaiser und sich selbst! Verkriechst dich zum ersten Hofschranzen eines eigensinnigen neidischen Pfaffen.

A. Lasst mich reden.

B. Was hast du zu sagen?

A. Du siehst die Fürsten an, wie der Wolf den Hirten. Und doch, darfst du sie schelten, dass sie ihrer Leut und Länder Bestes wahren? Sind sie denn einen Augenblick vor den ungerechten Rittern sicher, die ihre Untertanen auf allen Straßen anfallen, ihre Dörfer und Schlösser verheeren? Wenn nun auf der andern Seite unsers teuren Kaisers Länder der Gewalt des Erbfeindes[5] ausgesetzt sind, er von den Ständen Hülfe begehrt, und sie sich kaum ihres Lebens erwehren: ist's nicht ein guter Geist, der ihnen einrät, auf Mittel zu denken, Deutschland zu beruhigen, Recht und Gerechtigkeit zu handhaben, um einen jeden, Großen und Kleinen, die Vorteile des Friedens genießen zu machen? Und uns verdenkst du's, B., dass wir uns in ihren Schutz begeben, deren Hülfe uns nah ist, statt dass die entfernte Majestät sich selbst nicht beschützen kann.

B. Ja! Ja! Ich versteh! A., wären die Fürsten, wie Ihr sie schildert, wir hätten alles, was wir begehren. Ruh und Frieden! Ich glaub's wohl! Den wünscht jeder Raubvogel, die Beute nach Bequemlichkeit zu verzehren. Wohlsein eines jeden! Dass sie sich nur darum graue Haare wachsen ließen! Und mit unserm Kaiser spielen sie auf eine unanständige Art. Er meint's gut und möcht gern bessern. Da kommt denn alle Tage ein neuer Pfannenflicker und meint so und so. Und weil der Herr geschwind etwas begreift, und nur reden darf, um tausend Hände in Bewegung zu setzen, so denkt er, es wär auch alles so geschwind und leicht ausgeführt. Nun ergehn Verordnungen über Verordnungen, und wird eine über die andere vergessen; und was den Fürsten in ihren Kram dient, da sind sie hinterher und gloriieren[6] von Ruh und Sicherheit des Reichs, bis sie die Kleinen unterm Fuß haben. Ich will darauf schwören, es dankt mancher in seinem Herzen Gott, dass der Türk dem Kaiser die Waage hält.

A. Ihr seht's von Eurer Seite. [...]

---

[1] Brabant: Landschaft im heutigen Belgien
[2] Das Schlenzen und Scherwenzen: sich herumtreiben und sich diensteifrig zeigen
[3] Die Vetteln (< lat. vetus = alt): alte Frauen, alte Weiber
[4] Die Vasallen: Gefolgsleute im mittelalterlichen Lehenswesen
[5] Erbfeind: die Türken, die vom Balkan her das Reich angriffen
[6] gloriieren (< lat. gloriari): prahlen

Figurenkonstellation A-B

Jugend: Erinnerungen an die gemeinsame Freundschaft

A | B
- gemeinsame Spiele
- Zusammenhalt gegenüber anderen
- ...

Gegenwart: politischer Konflikt

A
- Kritik an den „ungerechten Rittern" (Z. 56ff.)
- ...

B
- Lob des freien Ritterstandes (Z. 46ff.)
- ...

Der Begriff **Figurenkonstellation** bezeichnet das gegenseitige *Verhältnis von Figuren* in einem literarischen Werk. Dieses Verhältnis wird bestimmt durch gleiche oder gegensätzliche Absichten der Figuren, durch ihre Herkunft, ihren sozialen Stand sowie durch Verbindungen, die sie im Handlungsverlauf untereinander eingehen (Konstellation < lat. constellatio = Stellung der Sterne zueinander).
Die *Handlung des Dramas* wird durch die Figurenkonstellation entscheidend bestimmt. Im dramatischen Konflikt (< lat. conflictus = Zusammenstoß) stoßen der *„Spieler"* und der *„Gegenspieler"* mit ihren gegensätzlichen Absichten und mit ihren Anhängern aufeinander.
Im Gang der Handlung kann sich die ursprüngliche Figurenkonstellation verändern.

3 Vergleicht die Figurenkonstellation A – B mit der Konstellation Ralf – Tobias!

2 Die Hauptfiguren und ihr Umfeld

Mit den Personen A und B wurden zwei Hauptfiguren aus Goethes Drama „Götz von Berlichingen“ (1771–73) eingeführt: die Titelfigur Götz von Berlichingen (B) und ihr Gegenspieler Adelbert von Weislingen (A). Beide sind in ihrer Jugend enge Freunde gewesen, haben sich aber aufgrund ihrer unterschiedlichen politischen Einstellungen und Interessen einander entfremdet. Götz ist freier Ritter geblieben, während Weislingen als Berater und Diplomat in den Dienst des Bischofs von Bamberg getreten ist. Götz steht im Streit mit dem Bischof und hat Weislingen im Zusammenhang dieser Auseinandersetzungen gefangen genommen und auf seine Burg Jagsthausen bringen lassen.

4 Text 1 gibt die Szene I/3 aus „Götz“ z.T. wieder. Ralf und Tobias lesen sie.
a Lest die Szene I/3 ebenfalls, denkt euch in die Rolle Ralfs oder Tobias’ hinein (vgl. S. 397) und verfasst einen Tagebucheintrag!
b Übernehmt und ergänzt danach das „politische Kräftefeld“!

5 Schreibt eine Rollenbiografie zu Götz oder Weislingen!

6 a Beschreibt, inwiefern die Szene I/3 die Funktionen einer Exposition erfüllt!
b Entwerft die nächsten Handlungsschritte Götzens in Jagsthausen und Weislingens am bischöflichen Hof zu Bamberg!

Die Figurenkonstellation A – B (Weislingen – Götz) reicht zum Verständnis des Szenenausschnitts nicht aus. Wichtig ist auch die Beziehung der beiden zu bestimmten gesellschaftlichen Gruppen und zu Personen, die politisch von Bedeutung sind, das **politische Kräftefeld** also.

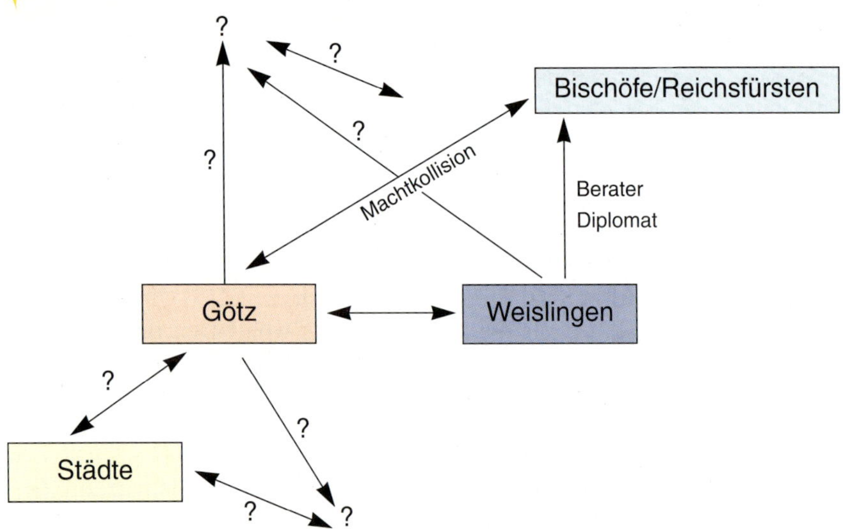

Die **Rollenbiografie** dient einem Darsteller dazu, sich in die von ihm dargestellte Figur hineinzuversetzen, um sie zu verstehen. Eine solche „Selbstdarstellung einer Rolle“ steht in der Ich-Form. Sie kann auf folgende Fragen eingehen:

- Was ist kennzeichnend für meine Lebensweise? (Vorlieben, Abneigungen?)
- Welche Beziehungen habe ich zu anderen Personen? (Freunde, Feinde?)
- Welche Pläne habe ich? (Hoffnungen, Befürchtungen?)

3 Die Schauplätze des Dramas

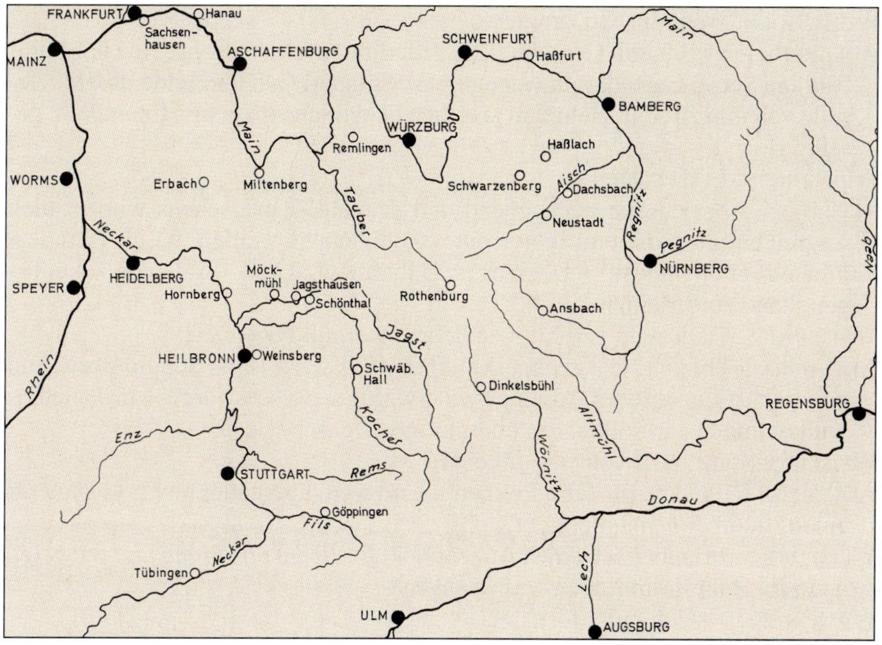

Götz und Weislingen erneuern auf Burg Jagsthausen ihre alte Freundschaft, und Weislingen verlobt sich mit Götz' Schwester Marie. Noch einmal begibt er sich an den Hof des Bischofs von Bamberg, um diesem den Dienst aufzukündigen. Eine für den weiteren Handlungsverlauf bedeutende Weichenstellung steht bevor.

Die **Reichsstadt**
Vom Mittelalter bis zu Beginn des 19. Jahrhunderts gab es in Deutschland Städte, die nicht einem Landesherrn, sondern Kaiser und Reich als „reichsunmittelbare Städte" direkt unterstellt waren.
Dazu gehörten beispielsweise Frankfurt am Main, Nürnberg, Ulm und Heilbronn, das im weiteren Verlauf des „Götz von Berlichingen" mehrmals zum Schauplatz der Handlung wird.

7 a Zeichnet anhand der Karte eine Skizze mit den Orten, die im Text 1 genannt werden, und mit Heilbronn!
b Ordnet die Gruppen und Personen des Schaubilds (vgl. Arbeitsanregung 4b!) den Orten in der Skizze zu und ergänzt diese entsprechend!

4 **Johann Wolfgang von Goethe: Götz von Berlichingen, Adelheidens Zimmer** (II. Akt, 6. Szene)

Das Fräulein bemerkt das blasse Aussehen Adelheids, die mit Weislingens endgültigem Abschied von Bamberg rechnet. Doch ist sich die Zofe sicher, dass Adelheid „sein Herz geangelt" habe und er „verbluten" würde, wenn er sich losrisse. Als Weislingen erscheint, spielt Adelheid die kranke und zutiefst verbitterte Geliebte (s. Auszug, S. 405!).

[…]

WEISLINGEN. Ihr denkt nicht so.

ADELHEID. Bei meinem Eid, Ihr verstellt Euch! Was habt Ihr versprochen? Und wem? Einem Mann, der seine Pflicht gegen den Kaiser und das Reich verkennt, in eben dem Augenblick Pflichten zu leisten, da er durch Eure Gefangennehmung in die Strafe der Acht verfällt. Pflicht zu leisten! die nicht gültiger sein kann als ein ungerechter, gezwungener Eid. Entbinden nicht unsere Gesetze von solchen Schwüren? Macht das Kindern weis, die den Rübezahl

Arbeitsanregungen:

1 Weislingen kommt von einem Gespräch mit dem Bischof (Text 4) und begibt sich nach der Unterredung mit Adelheid noch einmal zu ihm (Z. 42).
Schreibt arbeitsteilig je einen der beiden Dialoge, die vor und nach der Szene bei Adelheid zwischen Weislingen und dem Bischof stattfinden!

Das **gestaltende Interpretieren** ist als produktionsorientiertes Verfahren e i n e Form der Textdeutung und setzt ein gründliches Verstehen des Originals nach Inhalt, Aufbau und Sprache voraus.

Im Unterschied zum streng analytischen Prozess der Interpretation i. e. S. verfährt das gestaltende Interpretieren so, wie es das Attribut „gestaltend" ausdrückt: Ausgehend vom Originaltext werden entweder dessen *Leerstellen* durch eigene Produktionen des Interpreten ausgestaltet oder es können durch *Ergänzungen* bzw. *Umformungen* vertiefte Einsichten gewonnen werden: z. B. durch inneren Monolog, erlebte Rede, Dialog, Vorgeschichte oder Fortsetzung, Brief, Tagebucheintrag, eine neu eingeführte Person, Perspektivenwechsel, Umgestalten der Textart oder der Sprache u. a. (Vgl. im zweiten Kapitel S. 85!) Unabhängig von der Art der Ausgestaltung ist diese nicht Selbstzweck, sondern bleibt Mittel der Interpretation mit dem Ziel, das Original besser zu verstehen und textgerecht zu deuten.

2 a Beschreibt die Kommunikationssituation (vgl. S. 376!) dieser Szene!
b Charakterisiert das Verhalten der beiden Figuren (vgl. „Figurensprache", S. 380f.!)!
c Vergleicht die Szenen I/3 und II/6 im Hinblick auf das Verhalten der Figuren!

I/3		II/6	
Götz	Weislingen	Weislingen	Adelheid
– handelt freundschaftlich	– ist noch zurückhaltend	– gerät in Abhängigkeit von Adelheid	– verhält sich taktisch, raffiniert
…	…	…	…

3 Arbeitet mit Methoden der „szenischen Interpretation" (siehe S. 387f.!), um das Geschehen und die menschliche Problematik der Szene II/6 zu verdeutlichen!

glauben. Es stecken andere Sachen dahinter. Ein Feind des Reichs zu werden, ein Feind der bürgerlichen Ruh und Glückseligkeit! Ein Feind des Kaisers! Geselle eines Räubers! du, Weislingen, mit deiner sanften Seele!

WEISLINGEN. Wenn Ihr ihn kenntet –

ADELHEID. Ich wollt ihm Gerechtigkeit widerfahren lassen. Er hat eine hohe, unbändige Seele. Eben darum wehe dir, Weislingen! Geh und bilde dir ein, Geselle von ihm zu sein. Geh! und lass dich beherrschen! Du bist freundlich, gefällig –

WEISLINGEN. Er ist's auch.

ADELHEID. Aber du bist nachgebend und er nicht! Unversehens wird er dich wegreißen, du wirst ein Sklave eines Edelmannes werden, da du Herr von Fürsten sein könntest. – Doch es ist Unbarmherzigkeit, dir deinen zukünftigen Stand zu verleiden.

WEISLINGEN. Hättest du gefühlt, wie liebreich er mir begegnete.

ADELHEID. Liebreich! Das rechnest du ihm an? Es war seine Schuldigkeit; und was hättest du verloren, wenn er widerwärtig gewesen wäre? Mir hätte das willkommner sein sollen. Ein übermütiger Mensch wie der –

WEISLINGEN. Ihr redet von eurem Feind.

ADELHEID. Ich redete für Eure Freiheit – Und weiß überhaupt nicht, was ich für einen Anteil dran nehme. Lebt wohl!

WEISLINGEN. Erlaubt noch einen Augenblick. *Er nimmt ihre Hand und schweigt.*

ADELHEID. Habt Ihr mir noch was zu sagen?

WEISLINGEN. – – Ich muss fort.

ADELHEID. So geht.

WEISLINGEN. Gnädige Frau! – Ich kann nicht.

ADELHEID. Ihr müsst.

WEISLINGEN. Soll das Euer letzter Blick sein?

ADELHEID. Geht, ich bin krank, sehr zur ungelegnen Zeit.

WEISLINGEN. Seht mich nicht so an.

ADELHEID. Willst du unser Feind sein, und wir sollen dir lächeln? Geh!

WEISLINGEN. Adelheid!

ADELHEID. Ich hasse Euch!

Franz kommt.

FRANZ Gnädiger Herr! Der Bischof lässt Euch rufen.

ADELHEID. Geht! Geht!

FRANZ. Er bittet Euch, eilend zu kommen.

ADELHEID. Geht! Geht!

WEISLINGEN. Ich nehme nicht Abschied, ich sehe Euch wieder!

ADELHEID. Mich wieder? Wir wollen dafür sein. Margarete, wenn er kommt, weis ihn ab! Ich bin krank, habe Kopfweh, ich schlafe – Weis ihn ab! Wenn er noch zu gewinnen ist, so ist's auf diesem Wege. *Ab.*

5 Rollenbesetzung

4 Wählt anhand der Fotos 5 a–f Schauspieler bzw. Schauspielerinnen, die sich eurer Ansicht nach für die Rollen Götz', Weislingens und Adelheids besonders eignen! – Begründet eure Wahl!

5 Entwerft das jeweilige Bühnenbild der Räume, in denen die Gespräche Weislingen-Götz bzw. Weislingen-Adelheid stattfinden, in einer Beschreibung und/oder in einer bildlichen Darstellung! – Begründet euren Entwurf!

6 Vergleicht die Handlung der Szene II/6 mit euren Handlungsentwürfen!

Interpretation einer Dramenszene

Die wichtige Szene der Begegnung Weislingens mit Adelheid am Bamberger Hof (II/6, S. 401f.) soll nach den bekannten drei Phasen (vgl. im vierten und sechsten Kapitel, S. 151ff. und S. 247ff.!) interpretiert werden, wobei die besonderen Schwierigkeiten beim Drama darin liegen, dass wir einen Haupt- und Nebentext haben (vgl. S. 380f.!) und dass Inhalt, Probleme und Verlauf aus Dialogen und Monologen zu erschließen sind.

Die Themenstellung für eine Interpretation dieser Szene könnte so lauten:

- Fasse den Inhalt der vorliegenden Szene knapp zusammen!
- Interpretiere die Szene, indem du auf das Gesprächsverhalten der beiden Figuren und den Gesprächsverlauf eingehst!
- Fasse das Ergebnis deiner Interpretation zusammen und berücksichtige dabei auch das Ergebnis des Dialogs!

Interpretationshilfe 15: Der **Stil** eines Textes entsteht u.a. im Zusammenwirken von *Wortwahl* (z. B.: präzise, anschaulich, nuancenreich oder verschwommen, blass, stereotyp), *Satzbau* (z. B. parataktisch oder hypotaktisch), *Bildlichkeit* (z. B. reich oder arm an Metaphern, Vergleichen und Symbolen), *Melodie* (z.B. durch die Dominanz heller oder dunkler Vokale, harter oder weicher Konsonanten) und *Rhythmus* (z. B. fließend oder stockend, schwingend oder abgehackt). Für die Stilbeschreibung ist zusätzlich zu achten auf Folgendes:

- die *Stilart:* z. B.: gehobene Dichtersprache, trockenes Verwaltungsdeutsch, spezielle Fachsprache, den Zeitstil (altertümlich oder modern);
- die *Stilhaltung:* z. B.: emotional-schildernd, sachlich-berichtend, nüchtern-beschreibend, neutral-darstellend, argumentativ-erörternd;
- die *Stilebene:* z. B.: salopper Jargon, kecke Jugendsprache, anheimelnder Dialekt, derbe Umgangssprache oder gepflegte Hochsprache.

Dieses dreigliedrige Thema ist auf den ersten Blick schwer zu überblicken. Erst eine genaue Themenanalyse kann die Anforderungen klar herausstellen und ein Verfehlen des Themas oder von Teilen desselben verhindern.

1. Phase: Aufmerksame Lektüre der Szene, Notieren von *Auffälligkeiten,* Fragen, erstem Eindruck und *Themenanalyse*

- In der Verbindung von stillem und – wenn möglich – szenischem Lesen gelingt die Texterfassung am besten.
- Um die Übersicht zu gewinnen, empfehlen sich bei einer umfangreichen und gegliederten Themenstellung ein Exzerpt der *Schlüsselbegriffe* und deren Analyse.

– Fasse den Inhalt zusammen!

D.h. in
– einem Übersichtssatz
– oder einer Kurzinhaltsangabe (in wenigen Sätzen)
– mit der Angabe von ...

D.h.
– zunächst ein „Abschiedsgespräch"
– aber auch …
– Probleme? …

– Interpretiere die Szene […]

D. h.
– Beschreiben und Deuten der g a n z e n Szene,
– also nach Inhalt, Aufbau und Sprache

d. h. ? ? ?
– den „roten Faden" nicht verlieren

Gesprächsverhalten und -verlauf

mit 2 Schwerpunkten

D.h.
– Inhalt des Dialogs,
– aber auch die Redeweise (Ton, Satzbau),
– Absicht?

D.h.
– Ausgangssituation,
– Veränderungen,
– Ergebnis

– Fasse zusammen das *Interpretationsergebnis*

– eine Art Resümee (keine Einzelheiten!)
– bezogen auf die Personen?

und berücksichtige das *Ergebnis des Dialogs*

D.h.
– mehr am Rande,
– im Vergleich

– Taktik Adelheids?
– Folgen?
– …

2. Phase: Die *Stoffsammlung* gelingt am besten, wenn der Text kopiert so vorliegt, dass nicht nur Markierungen, sondern rechts und links Annotationen möglich sind.
Für die *Gliederung* kommt es darauf an, ob die Interpretation entlang des Textverlaufs (chronologisch-sukzessiv) einen sinnvollen Aufbau ergibt oder ob nach Problembereichen (problemorientiert) geordnet die Abfolge überzeugender ist.

Arbeitsanregungen:

1 a Beurteilt die Vorschläge zur Themenanalyse!
b Korrigiert bzw. ergänzt die Anmerkungen!

2 Prüft die Stoffsammlung und führt sie für die ganze Szene weiter!

Einzelbeobachtungen

Weislingen

W. versucht einen Einstieg in ein heikles Gespräch, zeigt Interesse an A.s Wohlergehen.

W. will A. zu erkennen geben, dass sein äußeres Verhalten nicht mit seiner inneren Einstellung übereinstimmt.

W. deutet A.s Ironie um. („Schöne Sachen“ → „Euer Bild“). Erklärung seiner Sympathie (Liebe?)

W. weicht der Frage A.s aus, bekennt stattdessen seine Unzufriedenheit mit sich selbst.

W. entgegnet unsicher (Umständlichkeit, Förmlichkeit, Abbrechen im Satz).

W. weist auf seine Pflicht Götz gegenüber hin (zugleich ein Zeichen der Distanzierung, keine Erwähnung der Freundschaft).

Problemschwerpunkte

W. will Abschied nehmen, ist aber in seiner Zielsetzung von Anfang an unsicher (→ reaktives Verhalten).

Faszination durch Adelheid, aber auch noch Bindung an Götz und Marie

W. s unsicheres, gequältes Verhalten im Gespräch: Reaktionen auf A.s Verhalten zeigen, W. ist die unterlegene Figur.

6 Adelheid und Weislingen

(II. Akt, 6. Szene) [Auszug]

[…]

WEISLINGEN. Ihr seid nicht wohl, gnädige Frau?

ADELHEID. Das kann Euch einerlei sein. Ihr verlasst uns, verlasst uns auf immer. Was fragt Ihr, ob wir leben oder sterben.

WEISLINGEN. Ihr verkennt mich.

ADELHEID. Ich nehme euch, wie Ihr Euch gebt.

WEISLINGEN. Das Ansehn trügt.

ADELHEID. So seid Ihr ein Chamäleon[1]?

WEISLINGEN. Wenn Ihr mein Herz sehen könntet!

ADELHEID. Schöne Sachen würden mir vor die Augen kommen.

WEISLINGEN. Gewiss! Ihr würdet Euer Bild drin finden.

ADELHEID. In irgendeinem Winkel bei den Porträten ausgestorbener Familien. Ich bitt Euch, Weislingen, bedenkt, Ihr redet mit mir. Falsche Worte gelten zum höchsten, wenn sie Masken unserer Taten sind. Ein Vermummter, der kenntlich ist, spielt eine armselige Rolle. Ihr leugnet Eure Handlungen nicht und redet das Gegenteil; was soll man von Euch halten?

WEISLINGEN. Was Ihr wollt. Ich bin so geplagt mit dem, was ich bin, dass mir wenig bang ist, für was man mich nehmen mag.

ADELHEID. Ihr kommt, um Abschied zu nehmen.

WEISLINGEN. Erlaubt mir, Eure Hand zu küssen, und ich will sagen: Lebt wohl. Ihr erinnert mich! Ich bedachte nicht – Ich bin beschwerlich, gnädige Frau.

ADELHEID. Ihr legt's falsch aus: ich wollte Euch forthelfen; denn Ihr wollt fort.

WEISLINGEN. O sagt: Ich muss. Zöge mich nicht die Ritterpflicht, der heilige Handschlag –

ADELHEID. Geht! Geht! Erzählt das Mädchen, die den Theuerdank[2] lesen, und sich so einen Mann wünschen. Ritterpflicht! Kinderspiel!

[…]

---

[1] Das Chamäleon: Tier, dessen Farbe sich zur Tarnung der jeweiligen Umgebung anpasst; Symbol für Heuchelei und Verstellung

[2] Der Theuerdank: letzte deutsche auf die ritterliche Welt bezogene Dichtung (1517) über die Brautfahrt Maximilians I. (1459–1519), genannt der „letzte Ritter“, zu Maria von Burgund (1477); hier: Hinweis auf eine vergangene, nicht mehr zeitgemäße Welt

Einzelbeobachtungen

Adelheid

A. weist W. zurück, indem sie ihm Gleichgültigkeit vorwirft. Sie gestattet W. kein Ausweichen, sondern konfrontiert ihn mit seinem Entschluss.

*A. geht nicht auf W.s Andeutungen ein, sondern stellt ihn infrage (Zweifel an seiner Aufrichtigkeit: **Ironie**). Schnelle Folge von Rede und Gegenrede („Stichomythie“)*

A. kennzeichnet in einem längeren Redeabschnitt deutlich das problematische Verhalten W.s; sie wirft ihm sein zweideutiges Verhalten vor, fordert ihn mit einer Frage zu einer Stellungnahme auf. Sie redet selbstbewusst.

A. erinnert W. deutlich an seine ursprüngliche Absicht.

Wiederholung mit Nachdruck

A. weist W.s Begründung spöttisch zurück.

Problemschwerpunkte

A. hat ein klares Ziel: Weislingen am Bamberger Hof zu halten (→ aktive Rolle).

Sie treibt W. in die Enge:
- *Abweisung seiner Sympathieerklärungen und seiner Entschuldigungen;*
- *Konfrontation mit seinem Entschluss, den Hof zu verlassen.*

Durch ihr Verhalten will sie ihm bewusst machen, wie sehr er bereits an sie gebunden ist.
A. ist selbstsicher, initiativ, klar.
A. ist die überlegene Figur.

3. Phase: Ausarbeitung und *Korrektur* der Interpretation, wobei
- die Art der *Einleitung* durch den ersten Aufgabenteil festgelegt ist.
- Der *Hauptteil* lässt sich am überzeugendsten problemorientiert anlegen, wobei die gegenteiligen Absichten Weislingens und Adelheids die Sinnrichtungen angeben.
- Auch die Art des *Schlusses* ist durch die Forderung nach einem begründeten Gesamtverständnis und der Einbeziehung des Dialogergebnisses bereits umschrieben. Der Rückbezug auf die Einleitung ist auch hier möglich.

3 a Beurteilt die vorgeschlagenen Übersichtssätze!
b Überarbeitet das am wenigsten gelungene Beispiel!

Der **Übersichtssatz** bildet die **Einleitung** in die Interpretation.
Er enthält:
- die Angabe der Szene (sowie des Autors, des Dramentitels und der Gattung),
- den ersten (vorläufigen) Gesamteindruck und/oder Angaben zu den in der Szene auftretenden Figuren und zur Thematik (den Kern).

7 Übersichtssätze zur 6. Szene

a. In der Szene II/6 von Goethes „Götz von Berlichingen“ wird dargestellt, wie Weislingen bei seinem Abschied vom bischöflichen Hof in Bamberg von Adelheid in Verlegenheit gebracht wird.

b. Die Szene enthält einen psychologisch interessanten Wortwechsel zwischen Weislingen und Adelheid.

c. In dieser Szene gelingt es Adelheid mit einer raffinierten Taktik, Weislingens Entschluss, sich vom Bischof von Bamberg zu trennen und nach Jagsthausen zurückzukehren, zunichte zu machen.

d. In der Szene II/6 aus Goethes „Götz von Berlichingen“ nimmt Weislingen, nachdem er sich vom Bischof von Bamberg verabschiedet hat, auch Abschied von Adelheid, die ihn jedoch nicht gehen lassen will.

Die Stichomythie (< gr. stichos = Reihe und mythos = Wort, Rede): Rede und Gegenrede folgen Zeile auf Zeile als Ausdruck einer heftigen Auseinandersetzung, in der die Gesprächspartner ihre Positionen „Schlag auf Schlag“ einander gegenüberstellen.

8 Interpretationsanfänge zum Hauptteil

a. Weislingen erkundigt sich gleich nach seinem Eintreten in das Zimmer nach Adelheids Wohlergehen. Sie weist jedoch seine Frage schroff zurück, indem sie ihn auf den eigentlichen Zweck seines Kommens, den Abschied vom Bamberger Hof, mit einem vorwurfsvollen „Ihr verlasst uns, verlasst uns auf immer“ (Z. 2f.) hinweist. Der Satz: „Was fragt ihr, ob wir leben oder sterben“ soll Weislingen den Eindruck vermitteln, sie sei durch sein Verhalten persönlich verletzt. Weislingen hält ihr entgegen, sie urteile nur nach dem Äußeren, macht aber zunächst nicht klar, worauf er damit hinaus will. Erst nachdem ihm Adelheid in einem Wortwechsel, der als Stichomythie gestaltet ist, entgegnet hat, deutet er an, dass sie ihm viel bedeutet. […]

b. Nachdem sich Weislingen gleich nach seinem Eintritt nach dem Wohlergehen Adelheids erkundigt hat, antwortet ihm diese, das könne ihm gleichgültig sein, da er sie ja doch für immer verlasse. Weislingen widerspricht ihr und bekennt, dass er Adelheids Bild im Herzen trage. Adelheid geht jedoch darauf nicht ein, sondern wirft ihm vor, dass sein Handeln und seine Worte nicht übereinstimmten. […]

4 Vergleicht und bewertet die beiden Interpretationsanfänge!

9 Vorschläge zur Gestaltung des Schlusses

a. Das Gespräch zwischen Adelheid und Weislingen endet ohne Ergebnis. Adelheid ist zwar Weislingen überlegen, aber sie muss ihn gehen lassen, ohne ihr Ziel erreicht zu haben.

b. Adelheid ist eindeutig Siegerin in diesem Gespräch. Sie ergreift immer wieder die Initiative, Weislingen kann nur reagieren. Es wird in dieser Szene deutlich, wie sehr er innerlich schon von ihr abhängig ist. Er verteidigt zwar noch den Entschluss, zu Götz zu halten, aber seine Argumente sind eigentlich nur Rückzugsgefechte.

c. Der Dialog zwischen Weislingen und Adelheid hat mir gut gefallen. Auf spannende Weise wird gezeigt, wie geschickt Adelheid taktiert, um ihren Gesprächspartner auf das Ziel hinzulenken, das sie sich gesetzt hat.

5 Korrigiert und beurteilt durch einen Kommentar die drei Vorschläge für einen Schluss!

6 Interpretiert die 6. Szene entsprechend dem vorgeschlagenen Thema (S. 403)!

Ähnlich dem Vorgehen bei der Gedichtinterpretation (vgl. im vierten Kapitel, S. 151ff.!) kann die **Ausarbeitung der Interpretation einer Dramenszene** entweder dem *Gang des Gesprächs* folgen (sukzessives Vorgehen) oder sich an *thematischen Schwerpunkten* orientieren (problemorientiertes Vorgehen). Aber auch die Ausarbeitung von Problemschwerpunkten setzt eine gründliche Detailarbeit am Text voraus.

- Die Interpretation einer Dramenszene als Aufsatzform erfordert ein *methodisches Vorgehen,* das für diese Textart spezifisch ist. Eine Dramenszene besteht ja nicht einfach aus einer Folge von sprachlichen Äußerungen der beteiligten Figuren. Es geht vielmehr darum, diese als *sprachlich Handelnde* zu verstehen, die bestimmte Absichten haben und auf ihre Partner bzw. Gegner reagieren. Ihre *Sprachhandlungen* sind durch entsprechende Verben zu beschreiben: *fragen, antworten; zustimmen, widersprechen; auffordern, raten, bitten, ermahnen; drohen, beruhigen; überreden, überzeugen; ausweichen, auf den anderen eingehen; leugnen, gestehen ...*
- Wichtige *Fragestellungen* zur Interpretation habt ihr bereits im Zusammenhang der Beschreibung einer Kommunikationssituation (siehe S. 376!) und der Charakterisierung des Verhaltens von Figuren (siehe S. 380f.!) kennen gelernt.
  Folgende Fragen sind darüber hinaus hilfreich für die Texterschließung und die Interpretation:
  - Um welche Art von Gespräch handelt es sich überhaupt (Unterhaltung, Information, Verhör, Verhandlung, Streit ...)?
  - Wie versuchen die Gesprächspartner ihre Ziele zu erreichen und inwieweit können sie ihre Absichten verwirklichen?
  - Wie sind die Gesprächsanteile der Partner verteilt? Was lässt sich daraus schließen?

Für die Gestaltung der **Schlussbetrachtung** bieten sich folgende Möglichkeiten (auch in Kombinationen) an:

- Zusammenfassende Darstellung der wesentlichen thematischen Schwerpunkte (im Sinne einer „Bilanz" der Szene)
- Frage nach dem Ergebnis des Dialogs: Führt er überhaupt zu einem Ergebnis oder bleibt alles offen? Setzt sich eine Position durch? Findet eine Einigung durch einen Kompromiss statt?
- Im Unterschied zur Gedichtinterpretation ist mit einer Dramenszene ein *Ausschnitt* aus einem Gesamttext zu interpretieren. Deshalb kann es, wenn der gesamte Text bekannt ist, sinnvoll sein, die Interpretation mit einem knappen Ausblick auf den weiteren Verlauf des Dramas zu beschließen. In unserem Beispiel könnte dies eine knappe Skizze der weiteren Entwicklung des Verhältnisses Weislingen-Adelheid sein.

Johann Wolfgang von Goethe wurde 1749 in Frankfurt am Main als Kind einer wohlhabenden Bürgersfamilie geboren. Ein größeres ererbtes Vermögen sicherte dem Sohn ein lebenslanges, regelmäßiges Grundeinkommen neben seinen Einnahmen aus der Tätigkeit als Schriftsteller und dem

Gehalt, das er als hoher Beamter bzw. Minister (s. u.) bezog.

1765 begann er sein Jurastudium in Leipzig, das er in Straßburg fortsetzte und abschloss. Hier im Elsass gehörte er zu einem Kreis junger Schriftsteller, die sich zur Bewegung des „Sturm und Drang“ (siehe S. 412!) zusammengeschlossen hatten. In dieser Lebensphase entstanden zwei Werke, die den jungen Autor berühmt machten: das Drama „Götz von Berlichingen“ (1771–73) und der Roman „Die Leiden des jungen Werther“ (1774).

1775 wurde Goethe als Mitglied der Regierung in das Herzogtum Sachsen-Weimar berufen. In diesem Kleinstaat hatte er bis zu seinem Tod führende Ämter mit unterschiedlichen Verantwortungsbereichen inne. Ein längerer Italienaufenthalt in den Jahren 1786–88 prägte ihn durch die Erfahrung eines freien Lebensstils und die Begegnung mit der Kultur der Antike. In dieser Zeit vollendete er seine „klassischen“ Dramen „Iphigenie“, „Egmont“ und „Tasso“. An seinem Faust-Drama arbeitete er über Jahrzehnte bis wenige Jahre vor seinem Tod. Die Freundschaft und der Gedankenaustausch mit Friedrich Schiller brachten ihm viele Anregungen.

1806 heiratete er seine Lebensgefährtin Christiane Vulpius, eine Frau aus einfachen Verhältnissen, die von der „feinen Gesellschaft“ Weimars nie akzeptiert wurde.

Der Dichter starb im Jahr 1832 in Weimar.

Arbeitsanregungen:

1 Skizziert mögliche bedeutende Schritte der Dramenhandlung, indem ihr die durch Fragezeichen markierten Lücken des Schaubilds ausfüllt!

2 Exzerpiert wichtige Informationen aus Text 1 und nehmt Bezug auf entsprechende Stellen im Drama!

Geschichtliche Fakten	Entsprechungen im „Götz“

- Gehen die Gesprächspartner aufeinander ein oder reden sie aneinander vorbei?
- Gehen sie offen miteinander um oder verstellen sie sich, um ihre Interessen durchzusetzen?
- Mit welchen sprachlichen Mitteln (Wortwahl, Satzarten und Satzbau) ist der Dialog gestaltet?
- Führt der Dialog zu einem Ergebnis (Durchsetzung einer Position/Kompromiss), ist ein Ergebnis der Auseinandersetzung im weiteren Verlauf der Handlung zu erwarten oder bleibt alles offen?

Spieler und Gegenspieler in ihrer jeweiligen Welt

Die Wege der beiden Kontrahenten Götz und Weislingen führen nach einer kurzen Phase der erneuerten Freundschaft wieder auseinander, weisen aber im weiteren Verlauf des Stücks gewisse Parallelen auf, was sich im **Handlungsverlauf** zeigt.

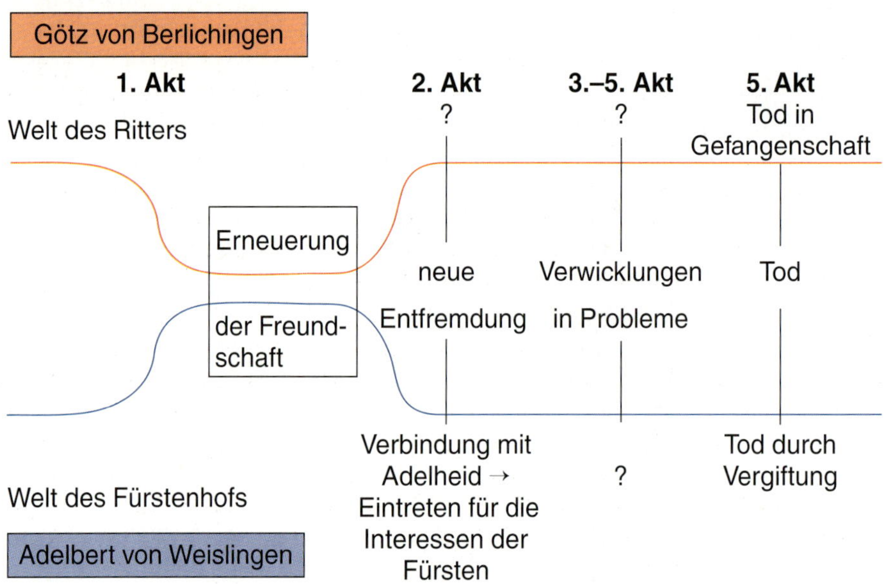

1 Der geschichtliche Hintergrund von Goethes Schauspiel

Goethes historisches Vorbild für die Titelfigur seines Schauspiels war der Ritter Gottfried von Berlichingen (um 1480–1562). Der Dichter kannte dessen Autobiografie, die „Lebens-Beschreibung Herrn Gözens von Berlichingen“, die 1731 veröffentlicht worden war.

Gegen Ende des Mittelalters, in der Zeit, in der Götz von Berlichingen lebte, schwand die bisherige Bedeutung des Rittertums infolge neuer Kriegstechniken und einer neuen Auffassung vom Staat. Zu Fuß kämpfende Söldnerheere ersetzten allmählich die Reitertruppen der **Ritter** und deren Burgen konnten gegen die neuen Feuerwaffen keinen ausreichenden Schutz mehr bieten. Eine grundsätzliche politische Veränderung zeichnete sich ab in dem Bestreben der geistlichen und weltlichen **Fürsten**, ihre „Landesherrschaft" durchzusetzen, d. h. keine konkurrierenden hoheitlichen Rechte in ihren „Territorien" zu dulden. Solche Rechte hatten die Ritter bisher, z. B. im Rahmen des Fehderechts, ausgeübt, das es ihnen ermöglichte, in Streitfällen „private Kriege" untereinander zu führen. Die Einführung eines einheitlichen, schriftlich niedergelegten Rechtssystems auf der Grundlage des römischen Rechts sollte die unterschiedlichen Gewohnheitsrechte ablösen und damit zur Sicherung einer einheitlichen, gut organisierten Landesherrschaft der Fürsten beitragen. Für eine solche Friedensordnung setzte sich auch der **Kaiser** ein, nicht nur deshalb, weil das Wohl des Reiches vom „Allgemeinen Landfrieden" abhing, sondern auch, weil er auf die Reichsfürsten im Kampf gegen die Türken, die das Reich im Südosten bedrohten, angewiesen war. Die Fürsten nützten diese Abhängigkeit des Kaisers dazu aus, ihre Landesherrschaft weitgehend unabhängig vom Reich auszubauen. Die Ritter, die „reichsunmittelbar", d.h. dem Kaiser direkt unterstellt waren, sahen im Kaiser zunächst ihren natürlichen Verbündeten gegen die Territorialherren, wurden dann aber immer mehr enttäuscht, weil der Kaiser bei ihren Auseinandersetzungen mit den Fürsten nicht auf ihrer Seite stand. So wurden die Ritter von der geschichtlichen Entwicklung allmählich überholt. Weil viele von ihnen in dieser Zeit des Umbruchs in wirtschaftliche Schwierigkeiten gerieten, wurden sie zu **„Raubrittern"**: Sie überfielen Reisende, vor allem Kaufleute, und machten sich damit die **Städte** zu Feinden. Auch die **Bauern** waren in die Konflikte der Zeit einbezogen. Sie wollten die Lasten der Grundherrschaft, Abgaben und Frondienste, nicht länger ertragen und erhoben sich gegen ihre adligen Herren (Bauernkrieg 1525).
Solche Übergangsphasen, in denen die alten Verhältnisse sich auflösen und Neues sich durchsetzen will, sind Zeiten der Unsicherheit für die Menschen. Manche finden sich nicht mehr zurecht und scheitern, andere kämpfen mit unterschiedlichem Erfolg um eine Position in der sich neu bildenden Gesellschafts- und Staatsordnung. Goethe, der die geschichtlichen Zusammenhänge aufgrund seines Jurastudiums kannte, stellt in seinem Drama Probleme dieser Krisenzeit dar und zeigt, wie sie sich auf das Leben der Menschen auswirkten.

2 Spieler und Gegenspieler auf Abstand – Ein Überblick

Nach der Begegnung zwischen Götz und Weislingen im ersten Akt treffen Spieler und Gegenspieler nicht mehr zusammen, sondern agieren gegeneinander jeweils von ihrer Welt aus, letztlich scheitern aber beide.
Weislingen heiratet Adelheid. Seine Verlobte, Götz' Schwester Marie, wird die Frau des Ritters Franz von Sickingen, der mit Götz befreundet ist. Götz überfällt Nürnberger und Bamberger Kaufleute, um an ihnen Rache zu neh-

Dramaturgische Mittel werden eingesetzt, um Ereignisse zu vermitteln, die außerhalb der Szene spielen oder auf der Bühne nicht darstellbar sind:
– Im **Botenbericht** werden Geschehnisse mitgeteilt, die vor der dargestellten Handlung liegen. So berichtet im I. Akt des „Götz von Berlichingen“ z. B. ein Reiter über die Gefangennahme Weislingens.
– Die **Teichoskopie** (< gr. teichoskopia = Mauerschau) ist eine Dramentechnik, mit der nicht oder nur schwer darstellbare Ereignisse (z. B. große Schlachten, Schiffsuntergänge etc.) vermittelt werden: Von erhöhter Warte aus (von einer Mauer, einem Turm etc.) berichtet ein Augenzeuge den Mitspielern und damit den Zuschauern Vorgänge, die sich zwar gleichzeitig, aber außerhalb der Sichtweite abspielen. Durch diese Gleichzeitigkeit werden Spannung und Dramatik erhöht. So schildert im III. Akt des „Götz von Berlichingen“ ein Knecht von einer „Höhe mit einem Wartturm“ aus den aufregenden Kampf des Götz mit den feindlichen Truppen.

men für die ihm feindliche Politik der Stadt Nürnberg und des Bischofs von Bamberg. Deshalb fordern Nürnberger Kaufleute vom Kaiser Strafmaßnahmen gegen Götz, und Weislingen rät dem Kaiser, konsequent und streng gegen den Raubritter einzuschreiten.

Über Götz wird die Reichsacht ausgesprochen, d. h. er wird vom Kaiser für rechtlos erklärt; nach altem Recht könnte der Geächtete von jedem straflos getötet werden. Kaiserliche Truppen werden gegen ihn eingesetzt (Reichsexekution), Götz verteidigt sich in seiner Burg gegen die Belagerung, muss aber schließlich angesichts der Übermacht der Belagerer aufgeben. Man gewährt ihm freien Abzug, überfällt ihn aber, als er die Burg verlässt, wider die Abmachung und bringt ihn gefangen in die Reichsstadt Heilbronn. Dort will man ihn zur „Urfehde“, d.h. zur künftigen Einhaltung des Friedens verpflichten, er wird aber von einer Ritterschar unter der Führung Franz von Sickingens aus der Haft befreit.

Inzwischen haben die Bauern einen Aufstand mit schweren Ausschreitungen gegen ihre bisherigen adligen Grundherren begonnen (vgl. Text 1, S. 408f.!). Sie tragen Götz an, ihr Hauptmann zu werden. Götz geht nach anfänglichem Zögern auf ihre Bitte ein, weil er ihren Kampf im Grunde für gerecht hält und glaubt, sie in ihrem Vorgehen mäßigen zu können. Auch reizt ihn die Aufgabe, weil es ihm schwer fällt, untätig auf seiner Burg zu sitzen. Aber die Bauern lassen sich in ihrem Rachedurst nicht zügeln, und es kommt deshalb zu einer Auseinandersetzung zwischen ihm und ihren Wortführern. Eine Reitertruppe Weislingens greift die Aufrührer an; Götz wird verwundet und gefangen genommen.

Adelheids Ehrgeiz ist mit der gesellschaftlichen Stellung, die Weislingen ihr zu bieten hat, auf Dauer nicht zufrieden. Sie will höher hinaus und die Gunst des neuen Kaisers, Karls V., gewinnen. Weislingen soll durch Gift aus dem Weg geräumt werden. Franz, sein Knappe, der in Adelheid verliebt ist, ist bereit den Mordauftrag auszuführen. Weislingen stirbt qualvoll, von seinen bisherigen Anhängern verlassen. Nur Marie, seine frühere Verlobte, ist bei ihm. Sie ist gekommen, um Gnade für den im Turm von Heilbronn gefangenen Götz zu erbitten. Götz macht in der Gefangenschaft einen resignierten, gebrochenen Eindruck. Im Kreise seiner engsten Vertrauten stirbt er in der Hoffnung auf künftige Freiheit im deutschen Reich.

3 Götz als Titelfigur

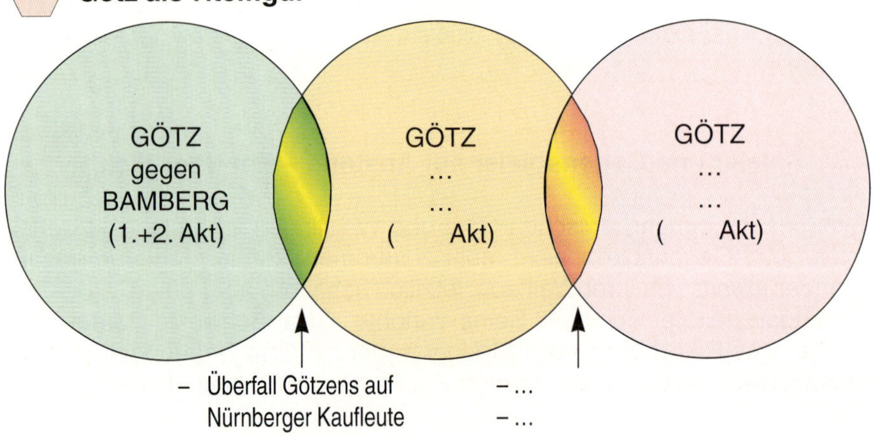

3 Vergleicht die von euch im Schema (S. 408) skizzierten Handlungsschritte mit dem tatsächlichen Handlungsverlauf (Text 2)!

4 a Stellt nach der Lektüre des Dramas den Aufbau der Gesamthandlung mit Hilfe des nebenstehenden Schemas dar!
b Tragt an den beiden Übergängen zwischen den drei „Handlungskreisen“ die Fakten ein, die die Handlung vorantreiben!

3. Zweimal Geschichte: Goethes Zeit und Götzens Zeit – Das Verhältnis von Autor und Werk

Wie kommt es, dass ein 24-jähriger Autor die Geschichte eines Mannes dramatisiert, der ca. 250 Jahre vor ihm unter ganz anderen Zeitverhältnissen gelebt hat? Warum ist Götz von Berlichingen für Goethe interessant?
Wenn ein Autor einen geschichtlichen Stoff in einem Werk gestaltet, gräbt er nicht einfach Vergangenheit aus, sondern setzt *seine* inhaltlichen Akzente, gibt dem historischen Gegenstand die Form, die ihm *jetzt* bedeutsam erscheint, und weicht dabei, wenn er es für notwendig hält, auch von den vorgegebenen geschichtlichen Tatsachen ab.
Was war für Goethe am Thema „Götz von Berlichingen" interessant? Eine Zitatencollage aus dem 1. und 2. Akt soll einige wichtige thematische Schwerpunkte und Ideen verdeutlichen.

1 Eine Zitatencollage[1]

Götz: „[...] Wert eines freien Rittersmanns, der nur abhängt von Gott, seinem Kaiser und sich selbst". (S. 90, Z. 31f.)
Götz: „Es wird einem recht sauer gemacht, das bisschen Leben und Freiheit." (S. 76, Z. 28f.)
Weislingen: „Wie ich von den elenden Menschen abhing [...] Götz, teurer Götz, du hast mich mir selbst wiedergegeben [...]." (S. 101, Z. 9–12)
Adelheid: „Er hat eine hohe, unbändige Seele." (S. 113, Z. 4)
Götz: „Der [Weislingen] wäre nun auch verloren. Treu und Glaube, du hast mich wieder betrogen." (S. 116, Z. 10f.)

Um über einen Text hinaus einen Eindruck von der entsprechenden Zeit, der **literarischen Epoche,** zu erhalten, sind folgende Verfahren (Methoden) zu empfehlen:

1. Aus wichtigen Textstellen lassen sich Grundgedanken und *Ideale einer Zeit* erschließen.
   Z. B.: Das Zitat vom „Wert eines *freien* Rittersmannes" zeigt den hohen Rang persönlicher Freiheit, die nur durch die Unterordnung unter Gott und den Kaiser (nicht die Fürsten!!) eingeschränkt werden darf.
2. Der Vergleich mit *Idealen des Autors,* hier des jungen Goethe, zeigt die besondere Beziehung des Dichters zu seinem „Gegenstand".
3. Im Blick auf *Zeitgenossen* des Autors ergeben sich über Literaturgeschichten und Bildbiografien (z. B. Rowohlts Monografien) möglicherweise Parallelen, Varianten oder auch Unterschiede.
4. Schließlich eröffnet die Information über *Zeitereignisse* und *Ideen* aus Geschichtsbüchern und Lexika Einblicke in Hintergründe einer Epoche.
5. Wer die *Gesamtkultur* – Philosophie, Musik, Malerei, Baukunst, Wissenschaften und Technik – mit in die Betrachtung einbezieht, erkennt vielfältige Zusammenhänge: parallele Entwicklungen ebenso wie gegenläufige Tendenzen.

Arbeitsanregungen:

1 a Versucht aus den Zitaten wichtige Ideale abzuleiten!
b Sucht aus anderen Textstellen weitere Zielvorstellungen zu gewinnen!

2 Informiert euch in Gruppen-, Partner- und Einzelarbeit in der angeregten Weise über Aspekte der Epoche „Sturm und Drang"!
a Orientiert euch an dem „Dichterkreis" und der Zusammenfassung (S. 412)!
b Stellt einige Autoren des „Sturm und Drang" durch Kurzreferate und Textproben vor!

3 Führt abschließend ein Fachgespräch oder veranstaltet eine Diskussion über folgende Themen!
a Warum war „Götz von Berlichingen" gerade für die Epoche des „Sturm und Drang" so wichtig?
b Was hat der „Götz" heutigen Lesern oder Theaterbesuchern zu sagen?

---

[1] Zitiert nach: Goethes Werke, Hamburger Ausgabe in 14 Bänden, 4. Band, hrsg. von Erich Trunz. – München (C.H. Beck) [12]1990.

2 Dichter aus dem Kreis des „Sturm und Drang“

Gottfried August Bürger (1747–1794)

Christian Friedrich Daniel Schubart (1739–1791)

Nach dem Titel eines Dramas, das F.M. Klinger verfasst hatte, wurde die literarische Bewegung, die von einer Gruppe von Autoren während des Jahrzehnts von 1770–1780 bestimmt wurde, „Sturm und Drang“ genannt. Die – meist jungen – Schriftsteller wehrten sich gegen die Autorität und die Vorschriften der älteren Generation, die noch von der Epoche der **„Aufklärung“** und deren Forderung nach strenger Vernünftigkeit geprägt war. Auch für die Dichtung galt bisher ein System von Regeln, an die sich der einzelne Dichter zu halten hatte. Dagegen forderten die „Stürmer und Dränger“ **Freiheit:** Freiheit von den einengenden Regeln der Kunst, die das „Genie“ des Künstlers, seine Schöpferkraft nur begrenzten, ja sogar erstickten. Man kämpfte auch um Freiheit von den strengen Normen des Zusammenlebens, welche die von der **Natur** gewollte Entfaltung kraftvoller Gefühle und Leidenschaften verhinderten, **Gefühl**, Trieb, Kraft, spontanes Handeln wurden höher bewertet als Regeln, Vernunft, Besonnenheit, Ordnung. Ziel der Kritik war daher auch die herrschende politische und gesellschaftliche Ordnung des **Absolutismus**. Die Stellung des Monarchen war „absolut“ (< lat. legibus solutus = an die von ihm erlassenen Gesetze selbst nicht gebunden). Jeder „Untertan“ war aufgrund seiner Herkunft einem bestimmten Stand, z.B. dem Adel oder dem Bürgertum, zugeordnet, an den er für sein ganzes Leben gebunden war. Diese Ordnung wurde als ungerecht empfunden, weil sie dem Landesherrn und dem Adel Vorrechte (Privilegien) einräumte, während Bürger und Bauern benachteiligt waren. Die aufbegehrende Kritik der „Stürmer und Dränger“ war in Deutschland politisch weitgehend wirkungslos, sie blieb eine Angelegenheit der theoretischen Reflexion und der Kunst.

Heinrich Leopold Wagner (1747–1779)

Johann Wolfgang von Goethe (1749–1832)

Friedrich Maximilian Klinger (1752–1831)

Friedrich Schiller (1759–1805)

Jakob Michael Reinhold Lenz (1751–1792)

III. Drama ist nicht gleich Drama: Klassisches Drama und episches Theater im Vergleich

Beim Vergleich von Dramen wird deutlich, dass sie sich nicht nur nach Stoff und Thematik, sondern auch in Aufbau und Form unterscheiden. Grundsätzliche Unterschiede lassen sich besonders gut erkennen, wenn man Friedrich Schillers klassisches Drama „Maria Stuart“ (1800) und Bertolt Brechts Theaterstück „Mutter Courage und ihre Kinder“ (1938/39) vergleicht. Die Arbeit mit folgenden Materialien und Anregungen setzt voraus, dass beide Texte als *Ganzschriften* vorliegen und gelesen werden.

1. Wie verwenden Dramatiker historische Stoffe? – Friedrich Schiller und Bertolt Brecht gegenübergestellt

1 Zwei Anfänge

a. Friedrich Schiller (1759–1805): Maria Stuart (1800) [Auszug]

ERSTER AUFZUG

Im Schloss zu Fotheringhay. Ein Zimmer

Erster Auftritt

Hanna Kennedy, Amme der Königin von Schottland, in heftigem Streit mit Paulet, der im Begriff ist, einen Schrank zu öffnen. Drugeon Drury, sein Gehilfe, mit Brecheisen

Während Paulet das Zimmer Marias durchsucht und Briefe sowie Schmuck beschlagnahmt, beschuldigt er sie gegenüber ihrer Vertrauten Hanna Kennedy des Mordes und verbrecherischer Umsturzpläne gegen Elisabeth. Hanna Kennedy versucht vergeblich, Paulet abzuhalten und Maria zu verteidigen.

Zweiter Auftritt

Maria im Schleier, ein Kruzifix in der Hand. Die Vorigen

KENNEDY *(ihr entgegeneilend).*
O Königin! Man tritt uns ganz mit Füßen,
Der Tyrannei, der Härte wird kein Ziel,
Und jeder neue Tag häuft neue Leiden
Und Schmach auf dein gekröntes Haupt.
MARIA. Fass dich!
Sag an, was neu geschehen ist?
KENNEDY. Sieh her!
Dein Pult ist aufgebrochen, deine Schriften,
Dein einzger Schatz, den wir mit Müh gerettet,
Der letzte Rest von deinem Brautgeschmeide
Aus Frankreich ist in seiner Hand. Du hast nun
Nichts Königliches mehr, bist ganz beraubt.
MARIA. Beruhige dich, Hanna. Diese Flitter machen
Die Königin nicht aus. Man kann uns niedrig
Behandeln, nicht erniedrigen. Ich habe
In England mich an viel gewöhnen lernen,
Ich kann auch das verschmerzen. Sir, Ihr habt Euch
Gewaltsam zugeeignet, was ich Euch
Noch heut zu übergeben willens war.
Bei diesen Schriften findet sich ein Brief,
Bestimmt für meine königliche Schwester
Von England – Gebt mir Euer Wort, dass Ihr
Ihn redlich an sie selbst wollt übergeben,
Und nicht in Burleighs ungetreue Hand.
PAULET. Ich werde mich bedenken, was zu tun ist.

Arbeitsanregungen:

1 a Versucht in szenischem Lesen den „Ton“ beider Anfänge zu treffen!
b Notiert inhaltliche und formale Auffälligkeiten beider Auszüge!

Vergleich	„Maria Stuart“	„Mutter Courage“
Inhalt	– heftiger Streit …	– Thema Krieg …
Form	– Vers-sprache …	– Prosa … …

Maria. Ihr sollt den Inhalt wissen, Sir. Ich bitte
In diesem Brief um eine große Gunst –
– Um eine Unterredung mit ihr selbst,
Die ich mit Augen nie gesehn – Man hat mich
Vor ein Gericht von Männern vorgefodert,
Die ich als meinesgleichen nicht erkennen,
Zu denen ich kein Herz mir fassen kann.
Elisabeth ist meines Stammes, meines
Geschlechts und Ranges – Ihr allein, der Schwester,
Der Königin, der Frau kann ich mich öffnen.

Paulet. Sehr oft, Mylady, habt Ihr Euer Schicksal
Und Eure Ehre Männern anvertraut,
Die Eurer Achtung minder würdig waren.
Maria. Ich bitte noch um eine zweite Gunst,
Unmenschlichkeit allein kann mir sie weigern.
Schon lange Zeit entbehr ich im Gefängnis
Der Kirche Trost, der Sakramente Wohltat,
Und die mir Kron und Freiheit hat geraubt,
Die meinem Leben selber droht, wird mir
Die Himmelstüre nicht verschließen wollen.

Bertolt Brecht wurde 1898 in Augsburg als Sohn eines kaufmännischen Angestellten geboren, der später zum kaufmännischen Direktor einer Papierfabrik aufstieg. Gesellschaftskritische Theaterstücke brachten Brecht frühen Erfolg, u. a. den Kleist-Preis (1922). 1924 zog er von München, wo er studiert und als Schriftsteller gearbeitet hatte, nach Berlin, dem politischen und kulturellen Zentrum Deutschlands. 1928 heiratete er die Schauspielerin Helene Weigel.
Die Beschäftigung mit den Werken von Karl Marx (seit 1926) vermittelte ihm eine Basis für die kritische Analyse der Gesellschaft, von der sein weiteres dichterisches Werk geprägt wurde. Seine „Lehrstücke“ (1928–30), z. B. „Die Maßnahme“, sollten das Publikum zur Kritik an den herrschenden Verhältnissen herausfordern und zur Veränderung im marxistischen Sinn bereitmachen.
Nachdem Hitler 1933 an die Macht gekommen war, floh Brecht mit seiner Familie aus Deutschland, zunächst nach Prag, dann, nach Zwischenstationen in Wien und Paris, nach Dänemark. 1939 ging die Flucht weiter über Finnland und die Sowjetunion in die USA. In den Jahren des Exils schrieb Brecht seine großen Stücke, u. a. „Leben des Galilei“ (1938/39) und „Mutter Courage und ihre Kinder“ (1938/39).
1948 kehrte er nach Deutschland zurück. In Ostberlin gründete er zusam-

b. Bertolt Brecht (1898–1956): Mutter Courage und ihre Kinder (1938/39) [Auszug]

I

Frühjahr 1624. Der Feldhauptmann Oxenstjerna wirbt in Dalarne[1] Truppen für den Feldzug in Polen. Der Marketenderin[2] Anna Fierling, bekannt unter dem Namen Mutter Courage[3], kommt ein Sohn abhanden.

Landstraße in Stadtnähe

Ein Feldwebel und ein Werber stehen frierend.

Der Werber: Wie soll man sich hier eine Mannschaft zusammenlesen? Feldwebel, ich denk schon mitunter an Selbstmord. Bis zum Zwölften soll ich dem Feldhauptmann vier Fähnlein hinstelln, und die Leut hier herum sind so voll Bosheit, daß ich keine Nacht mehr schlaf. Hab ich endlich einen aufgetrieben und schon durch die Finger gesehn und mich nix wissen gemacht, daß er eine Hühnerbrust hat und Krampfadern, ich hab ihn glücklich besoffen, er hat schon unterschrieben, ich zahl nur noch den Schnaps, er tritt aus, ich hinterher zur Tür, weil mir was schwant: Richtig, weg ist er, wie die Laus unterm Kratzen. Da gibts kein Manneswort, kein Treu und Glauben, kein Ehrgefühl. Ich hab hier mein Vertrauen in die Menschheit verloren, Feldwebel.

Der Feldwebel: Man merkts, hier ist zu lang kein Krieg gewesen. Wo soll da Moral herkommen, frag ich? Frieden, das ist nur Schlamperei, erst der Krieg schafft Ordnung. Die Menschheit schießt ins Kraut im Frieden. Mit Mensch und Vieh wird herumgesaut, als wärs gar nix. Jeder frißt, was er will, einen Ranken Käs aufs Weißbrot und dann noch eine Scheibe Speck auf den Käs. Wie viele junge Leut und gute Gäul diese Stadt da vorn hat, weiß kein Mensch, es ist niemals gezählt worden. Ich bin in Gegenden gekommen, wo kein Krieg war vielleicht siebzig Jahr, da hatten die Leut überhaupt noch keine Namen, die kannten sich selber nicht. Nur wo Krieg ist, gibts ordentliche

---

1 Dalarne: gebirgige und waldreiche Landschaft in Mittelschweden
2 Die Marketenderin (< ital. mercanteggiare = handeln, feilschen): Händlerin, die Soldaten im Manöver und im Krieg mit Lebensmitteln und anderen Waren versorgte, die von den verantwortlichen Militärführern nicht zur Verfügung gestellt wurden.
3 Courage (< frz. = Mut): anerkennender Übername wegen des Mutes und des Durchhaltevermögens dieser Frau

Listen und Registraturen, kommt das Schuhzeug in Ballen und das Korn in Säck, wird Mensch und Vieh sauber gezählt und weggebracht, weil man eben weiß: Ohne Ordnung kein Krieg!

DER WERBER: Wie richtig das ist!

DER FELDWEBEL: Wie alles Gute ist auch der Krieg am Anfang halt schwer zu machen. Wenn er dann erst floriert, ist er auch zäh; dann schrecken die Leut zurück vorm Frieden, wie die Würfler vorm Aufhören, weil dann müssens zählen, was sie verloren haben. Aber zuerst schreckens zurück vorm Krieg. Er ist ihnen was Neues.

DER WERBER: Du, da kommt ein Planwagen. Zwei Weiber und zwei junge Burschen. Halt die Alte auf, Feldwebel. Wenn das wieder nix ist, stell ich mich nicht weiter in den Aprilwind hin, das sag ich dir.

Man hört eine Maultrommel. Von zwei jungen Burschen gezogen, rollt ein Planwagen heran. Auf ihm sitzen Mutter Courage und ihre stumme Tochter Kattrin.

(Aus lizenzrechtlichen Gründen ist dieser Text nicht in reformierter Rechtschreibung abgedruckt.)

men mit Helene Weigel das „Berliner Ensemble“, mit dem er seine Stücke einstudierte und – seit 1954 im „Theater am Schiffbauerdamm“ – aufführte. Brecht war nicht nur ein bedeutender „Stückeschreiber“ (wie er sich selbst bezeichnete), sondern auch ein großer Lyriker (Beispiel: „Buckower Elegien“, 1953). Er starb 1956 in Berlin.

2 a Exzerpiert aus beiden Anfängen denkbare Elemente einer Exposition!

b Skizziert, welcher unmittelbare Fortgang sich in den Anfängen jeweils andeutet!

2 Der historische Hintergrund

a. Christian Grawe: Zu „Maria Stuart“

Schillers Drama spielt in der zweiten Hälfte des 16. Jahrhunderts, im Zeitalter der Glaubenskämpfe also, die die Spannungen in den einzelnen Staaten und zwischen ihnen ständig verstärkten. So muss Maria Stuart, Königin von Schottland, wegen innerer Streitigkeiten im schottischen Königreich ihr Land verlassen und flieht geradewegs ins Land ihrer Feindin. Elisabeth I., Königin von England, lässt Maria gefangen nehmen und einen Prozess gegen sie einleiten. Diese Flucht Marias hatte verschiedene Gründe.

Schottische Politik im 16. Jahrhundert wird von drei Faktoren bestimmt:

1. England unternimmt immer neue, auch militärische Versuche, Schottland in seine politische Abhängigkeit zu zwingen, so dass das nördliche Land immer wieder die alte Allianz mit Frankreich, dem englischen Erbfeind, erneuert, was zu wiederholten Teilbesetzungen durch beide Mächte führt. Schottland ist also ein Spielball ausländischer Interessen.

2. Aus dieser politischen Konstellation versucht der Adel, in feindliche, oft wechselnde Gruppierungen aufgesplittert, seine eigenen Vorteile zu ziehen, was die Königsmacht schwächt, zumal nahezu das ganze 16. Jahrhundert hindurch minderjährige Monarchen den Thron innehaben und die Regentschaft einen weiteren Zankapfel des Adels bildet.

3. Beide Faktoren beeinflussen die Situation in Schottland noch stärker, als die Reformation nach Norden vordringt und das protestantische England Heinrichs VIII. und das katholische Frankreich Heinrichs II. Exponenten[1] religiöser Kräfte werden. Maria wird der Preis für französische Unterstützung im Kampf gegen England und wird 1548 zur Erziehung nach Frankreich gebracht. 1558 heiratet sie den Dauphin, der 1559 als Franz II. König wird und 1560 stirbt. Für Marias

Elisabeth I. (1533–1603), von 1558 an Königin von England, war die Tochter von Heinrich VIII. und Anna Boleyn. Sie stellte die anglikanische Staatskirche wieder her und verfolgte die Katholiken mit harten Ausnahmegesetzen. 1587 ließ sie Maria Stuart wegen Verschwörungen hinrichten. 1588 besiegte ihre Flotte die spanische Flotte. Damit war England Großmacht geworden und erlebte unter ihrer Herrschaft in Handel und Schifffahrt einen großen Aufschwung. Erste Kolonien wurden gegründet (Virginia). Das kulturelle Leben blühte auf, z.B. Shakespeares Theater. Der wichtigste Staatsmann wurde William Cecil (Lord Burghley). Zu Elisabeths Günstlingen gehörten Lord Leicester und Lord Essex.

[1] Der Exponent (< lat. exponere = öffentlich darstellen): herausgehobener Vertreter einer Sache

späteres Schicksal sind diese Jahre entscheidend: Unter der Aufsicht ihrer Guise-Verwandten[1] wird sie zur überzeugten Katholikin, und unter dem Einfluss des französischen Königs erkennt sie Elisabeth 1558 nicht als englische Königin an, sondern erhebt selbst den Anspruch, rechtmäßige englische Thronfolgerin zu sein, da ihre Großmutter Margarete Tudor die Schwester Heinrichs VIII. war und Elisabeth aus katholischer Sicht nur dessen illegitime Tochter. Damit wird sie zur ständigen Bedrohung Elisabeths.

Maria Stuart (1542–1587) galt als Urenkelin Heinrichs VII., des Königs von England, den Katholiken als rechtmäßige Erbin des englischen Thrones. 1565 heiratete sie Lord Darnley, der 1567 von Lord Bothwell ermordet wurde; Marias Mitwisserschaft ist umstritten. Als sie daraufhin Bothwell heiratete, wurde sie von den Lords gestürzt und floh 1568 nach England, wo Elisabeth sie 19 Jahre gefangen hielt.

b. Zu „Mutter Courage und ihre Kinder“

Glaubens- und Machtfragen verursachten den **Dreißigjährigen Krieg**, in dem von 1618–1648 weite Teile Deutschlands schrecklich verwüstet wurden. Mit dem „Prager Fenstersturz“ auf dem Hradschin, der Prager Königsburg, begann in Böhmen der Krieg zwischen dem protestantischen Fürstenbündnis, der „Union“, und dem katholischen Fürstenbund, der „Liga“. Die Böhmen wählten einen eigenen König, den Kurfürsten Friedrich V. von der Pfalz. Kaiser Ferdinand II. besiegte die Böhmen, bestrafte die protestantischen Adligen durch Enteignungen hart und drang mit seinen Heeren bis nach Norddeutschland vor. 1625 kam der dänische König als Herzog von Holstein den Protestanten zu Hilfe. Doch der kaiserliche Feldherr Wallenstein war nicht zu besiegen. 1630 zwangen die Kurfürsten den Kaiser, seinen Feldherrn Wallenstein zu entlassen. Zur gleichen Zeit trat der protestantische Schwedenkönig Gustav Adolf in den Krieg ein. 1635 schlossen der Kaiser und die Reichsstände den Frieden von Prag. Doch Frankreich befürchtete einen zu großen Einfluss des habsburgischen Kaisers und erzwang eine Fortsetzung des Krieges bis 1648.
Unsagbares Leid brachte der Krieg über die Menschen. Besonders die bäuerliche Bevölkerung litt unter den ständigen Überfällen der von Raub- und Mordlust angetriebenen Söldnerhorden. Ein schwäbischer Dorfhandwerker berichtet, dass er mit seiner Familie über 30 Mal fliehen musste. Viele Klöster und Städte wurden geplündert und angezündet, wie etwa Magdeburg 1631 durch das Ligaheer unter dem Feldherrn Tilly. Hunger und Pest fiel ein großer Teil der Bevölkerung zum Opfer; so sank die Einwohnerzahl im Deutschen Reich von 18 auf 10 Millionen. Der Viehbestand war unter 10% des Vorkriegsbestandes gesunken. Die Heerführer trieben rücksichtslos Geld ein: So erzwang Tilly für die Liga in Südniedersachsen 2 Millionen Goldtaler in drei Jahren, und der schwedische General Graf von Königsmarck besaß ein Jahreseinkommen von 130 000 Talern und am Ende des Krieges ein Vermögen von 1 Million Talern, obwohl er zu Beginn des Krieges mittellos gewesen war.

3 a Exzerpiert die thematischen Aspekte, die für eine dramatische Handlung interessant sein könnten!

Hintergrund zu „Maria Stuart“	Hintergrund zu „Mutter Courage“

b Vergleicht eure Vorschläge und entwerft arbeitsteilig je einen möglichen Handlungsplot mit geeigneten Figuren!

[1] Guise: Nebenzweig des Hauses Lothringen. Herzog Franz (1519–1563) und sein Sohn, Herzog Heinrich I. (1550–1588), sind als fanatische Katholiken wesentlich an der Verfolgung der Hugenotten (ab 1562) beteiligt. Die Hugenotten waren Anhänger des französisch-schweizerischen Reformators Johann Calvin (1509–1564).

3 Inhaltsangaben und Personenverzeichnisse

a. Georg Hensel: „Maria Stuart“

Wo und wann? England. 1587.

Was? Elisabeth, Königin von England, hält auf Schloss Fotheringhay Maria, Königin von Schottland, gefangen. Maria, als Mörderin ihres Gatten aus Schottland vertrieben, hatte bei Elisabeth Schutz gesucht, doch die unehelich geborene Elisabeth ließ Maria, in der sie als Königin und als Frau eine Rivalin erblickt, einsperren. Der junge Mortimer verschafft sich als Neffe Paulets, der Maria bewacht, Zutritt zu Maria und gesteht ihr, dass er in Frankreich katholisch geworden und nun entschlossen ist, sie mit Gewalt aus ihrem Gefängnis zu befreien. Doch Maria hofft mehr auf den Grafen Leicester, Elisabeths Günstling, der einst Maria geliebt hat, und schickt ihm durch Mortimer ihr Bildnis. Lord Burleigh, Großschatzmeister von England, verkündet Maria das Todesurteil. Sie erkennt weder die Richter noch das Urteil an, das durch falsche Zeugenaussagen zustande gekommen sei. Burleigh hält den Tod der katholischen und insgeheim den englischen Thron beanspruchenden Maria aus staatspolitischen Gründen für notwendig. Graf Shrewsbury stimmt für Begnadigung. Leicester hat zwar im Gericht für die Verurteilung Marias gestimmt, tritt aber im Staatsrat gegen die Vollstreckung ein; er hofft damit, Zeit zu gewinnen, und Maria, die er liebt, durch eine von ihm arrangierte Begegnung mit Elisabeth freizubekommen. Diese Begegnung, von der sich Maria ihre Freiheit erhofft, besiegelt ihren Untergang: als sie, um Gnade bittend, von Elisabeth als Frau gedemütigt wird, nennt sie Elisabeth einen Bastard und sich selbst die rechtmäßige Königin. Unter den Papieren Marias hat man einen Brief gefunden, der beweist, dass Leicester Beziehungen zu ihr unterhält. Um sich zu retten, lässt Leicester den ihn zum offenen Handeln drängenden Mortimer verhaften; Mortimer ersticht sich, Leicester kann sich aus der Schlinge ziehen, doch Burleigh durchschaut sein Doppelspiel: „Graf! Dieser Mortimer starb euch sehr gelegen.“ Leicester tritt nun für den Tod Marias ein; Elisabeth befiehlt, dass er und Burleigh der Hinrichtung beiwohnen sollen. Elisabeth unterzeichnet das Todesurteil, händigt es dem Staatssekretär Davison aus und weigert sich, ihm einen klaren Befehl zu erteilen, ob er das Urteil weiterleiten oder aufbewahren soll. Burleigh entreißt Davison das Todesurteil und bereitet die Vollstreckung vor. Maria nimmt Abschied von ihrer Dienerschaft; ihr Haushofmeister Melvil, der heimlich Priester geworden ist, um ihr die Beichte abzunehmen, erteilt ihr die Absolution. Maria empfindet nun das Unrecht, das ihr Elisabeth zufügt, als ein höheres Recht, als Buße für die Schuld ihrer Vergangenheit: „Gott würdigt mich, durch diesen unverdienten Tod die frühe schwere Blutschuld abzubüßen.“ Leicester, außerstande, die Hinrichtung anzusehen, bleibt zurück und bricht zusammen, als er die Geräusche vom Schafott hört. Elisabeth, triumphierend über den Tod Marias, will doch den Schein der Milde wahren, lässt den Staatssekretär Davison verhaften und verbannt Burleigh: „Euch gebührte nicht, der Milde unsres Herzens vorzugreifen –.“ Shrewsbury, den sie zu ihrem Berater und Freund machen möchte, nimmt seinen Abschied: „Ich habe deinen edlern Teil nicht retten können.“ Elisabeth bleibt allein; sie verlangt nach Leicester, doch: „Der Lord lässt sich entschuldigen, er ist zu Schiff nach Frankreich.“

Elisabeth, *Königin von England*
Maria Stuart, *Königin von Schottland, Gefangene in England*
Robert Dudley, *Graf von Leicester*
Georg Talbot, *Graf von Shrewsbury*
Wilhelm Cecil, *Baron von Burleigh, Großschatzmeister*
Graf von Kent
Wilhelm Davison, *Staatssekretär*
Amias Paulet, *Ritter, Hüter der Maria*
Mortimer, *sein Neffe*
Graf Aubespine, *französischer Gesandter*
Graf Bellievre, *außerordentlicher Botschafter von Frankreich*
Okelly, *Mortimers Freund*
Drugeon Drury, *zweiter Hüter der Maria*
Melvil, *ihr Haushofmeister*
Burgoyn, *ihr Arzt*
Hanna Kennedy, *ihre Amme*
Margareta Kurl, *ihre Kammerfrau*
Sheriff der Grafschaft
Offizier der Leibwache
Französische und englische Herren
Trabanten
Hofdiener der Königin von England
Diener und Dienerinnen der Königin von Schottland

„Der Thron von England ist durch einen Bastard entweiht!“: Friederike Bethmann-Unzelmann (1760 bis 1815) als Maria Stuart in Schillers Trauerspiel, bei einer Aufführung des Berliner Hoftheaters, um 1808/10. Von Henschel während einer Vorstellung skizziert.

b Markiert zentrale Textstellen, die für die Entwicklung der Handlung wichtig sind!
c Erläutert, welche zusätzlichen Informationen ein Lesezettel liefert!

3 Strukturskizzen verdeutlichen Zusammenhänge

a. „Ein Ausschnitt als Ganzes" (Volker Klotz)

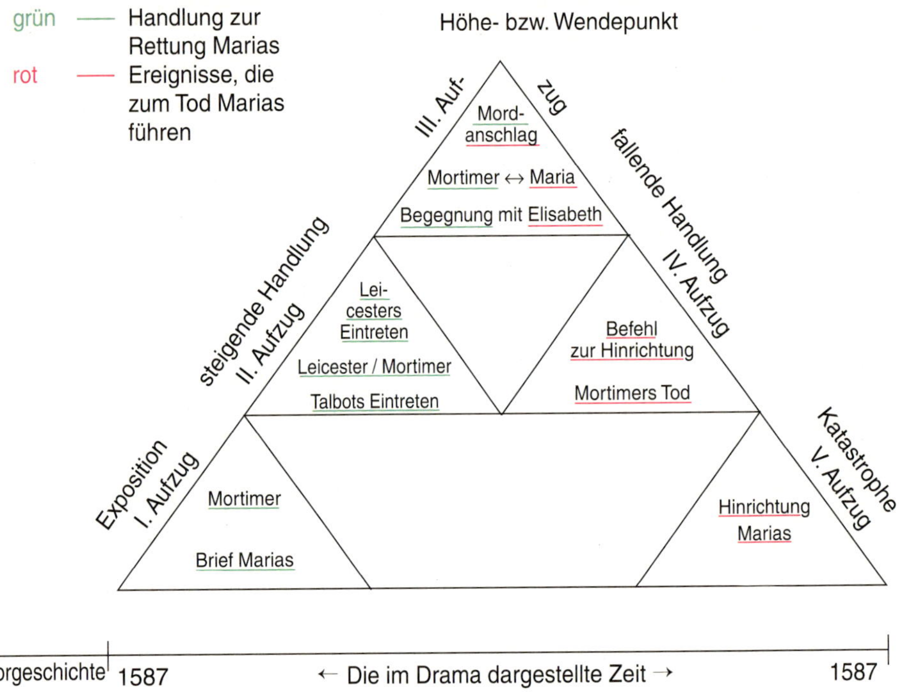

b. Beziehungen der Personen

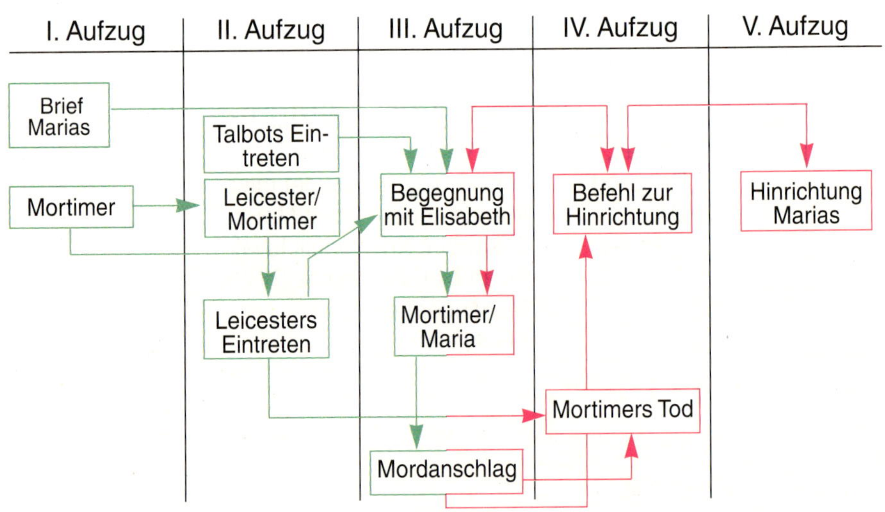

2 a Übernehmt die Strukturskizze (Grafik 3a) auf DIN-A4-Format und ergänzt die Stichworte durch genaue Szenenangaben!
b Rezitiert die (nach Arbeitsanregung 1b) markierten Textstellen so, dass die Mitschüler das jeweilige Verhalten der Figur charakterisieren können!
c Wählt je eine der wichtigen Figuren und verfasst eine Charakteristik!
d Schreibt zur Grafik 3b einen erläuternden Kommentar!

4 Die Begegnung der Königinnen (III/4)

Lessing-Theater Berlin 1932, Regie Leo Reuß, mit Agnes Straub als Maria und Tilla Durieux als Elisabeth

Burgtheater Wien 1955, mit Käthe Dorsch als Elisabeth und Paula Wessely als Maria Stuart

Die Begegnung der Königinnen in der Maria-Stuart-Inszenierung von Günter Krämer, 1977 im Schiller-Theater Berlin. (Maria Stuart: Gisela Stein, Elisabeth: Margit Carstensen)

3 a Rezitiert aus den Szenen II/2 und II/9 Passagen, welche die Aufgaben einer Königin umreißen!
b Verfasst einen denkbaren inneren Monolog Marias oder Elisabeths vor der Begegnung!

4 a Lest die Szene III/4 mit verteilten Rollen!
b Macht Stellproben und skizziert Regieanweisungen!
c Entwerft zum Gespräch eine erläuterte (annotierte) Verlaufskurve!
d Besprecht die Frage nach Sieg und Niederlage!

5 a Ordnet die drei Szenenfotos mit genauer Angabe der Textstellen in den Gesprächsverlauf ein!
b Beschreibt und beurteilt die jeweils erkennbare Rollenauffassung!

5 Inszenierungen der „Maria Stuart"

a. Christian Dietrich Grabbe (1801–1836): Rezension einer Aufführung in Düsseldorf im Jahre 1832 [Auszug]

[…] Zwei Königinnen vergessen vor Neid und Leidenschaft Rang und Krone und werden einander scheltende Weiber, jede Rücksicht aus den Augen setzend, außer den bitteren persönlichen Anzüglichkeiten. Mad. Limbach (Elisabeth) und die Lauber-Versing (Maria) spielten hier dergestalt, dass alles Übermaaß in Ausdruck und Action vermieden blieb, und der Zuschauer doch merkte, da sey die Katastrophe des Stücks. Denn dem Dichter hat's beliebt, nicht die großen Nothwendigkeits- und Weltverhältnisse, welche Elisabeth leiteten, zum Hebel seiner Tragödie zu machen, sondern er hat die Handlung in einen engen Kreis von kleinlicher Intrigue und Eifersucht gebannt. […]
Das Haus war wenig besetzt.

6 a Beschreibt die in den Rezensionen erkennbare Absicht des Regisseurs (sein Regiekonzept) bei der Inszenierung der Begegnungszene!
b Skizziert, wie nach eurer Auffassung eine moderne Inszenierung von III/4 aussehen sollte!

7 a Richtet nach Texten der Auftritte IV/10, V/13 und nach dem „Letzten Auftritt" eine szenische Lesung ein, die Elisabeths inneren Konflikt zeigt!
b Schiller nennt sein Drama im Untertitel „Ein Trauerspiel". Erörtert!

b. Benjamin Henrichs: Rezension einer Aufführung in Bremen im Jahre 1978 [Auszug]

„Langsam, wie in Trance, schreiten die beiden Königinnen zur Rampe, keine wagt es, zur Seite zu blicken, die andere anzuschauen. Dann ein zögerndes, angstvolles Umwenden, ein endloses Anstarren, ein gelähmtes Schweigen. Dann, als seien sie Wesen von zwei verschiedenen Sternen, fassen die beiden einander ungläubig an, wie fassungslos jede, dass auch die andere ein Mensch ist aus Fleisch. Einen Moment lang scheinen sich Hass und Angst zu lösen, entsteht eine seltsame, schöne Schwesterlichkeit zwischen den beiden Frauen – die dann abrupt in Jähzorn wieder umschlägt: Elisabeth schleift die Stuart wie eine große Puppe über den Bühnenboden, schmiert ihr Lippenstift ins Gesicht, reißt ihr, höhnisch keifend, das Kleid von den Schultern. Dabei gelingt es Brieger tatsächlich, beide Seiten der Affäre zu beschreiben, die erhabene und die lächerliche: den Endkampf zweier Königinnen, das Gezänk zweier Dirnen."

6 Volker Klotz: Geschlossene und offene Form im Drama [Auszug]

Vor allem die Gestaltung des Handlungsaufbaus, der Zeitstruktur sowie die Auswahl und Darstellung der Personen sind prägend für die Art (den Typus) eines Dramas.
Der Literaturwissenschaftler Volker Klotz bezeichnet das sog. „Klassische Drama" als „geschlossene Form", das epische Theater Bertolt Brechts z. B. als „offene Form". Aber bereits Johann Wolfgang von Goethes frühes Werk „Götz von Berlichingen" trägt durch seine sog. „Fetzentechnik" von 53, z.T. sehr kurzen Szenen, Züge eines „offenen Dramas". Zwar erfolgte die vollendete Ausprägung der „geschlossenen Form" in den sog. klassischen Literaturepochen – der griechischen Klassik (im 5. Jh.v.Chr.) durch Sophokles (496–406 v.Chr.) mit Tragödien wie „König Ödipus" und „Antigone" ebenso wie in der Weimarer Klassik (um 1800) durch Goethe (z. B. „Iphigenie auf Tauris") und Schiller –, aber die Grundformen beider Dramentypen gab es in unterschiedlichen Literaturepochen.

[…] Die Handlung ist einerseits durch die Beschränkung auf eine knappe Raum-, Zeit- und Geschehnisspanne Endphase einer lange sich anbahnenden Entwicklung, andererseits, dem Gebot nach Ganzheit und Geschlossenheit folgend, muss sie eben diesen Teilcharakter verleugnen. Diesen Zwiespalt zu versöhnen, bedarf es einer wohlgefügten *Exposition,* welche die Vorgeschichte, die räumlich und zeitlich außerhalb der vorgeführten Handlung befindlichen Gründe und Bedingungen der dramatischen Aktion aufzunehmen hat. Die Exposition hat ferner die Aufgabe, die Situation der Personen so zu umreißen, dass der Zuschauer in konzentrierter Form mit ihr vertraut wird. Schließlich gibt sie Ausgangspunkte für den Fortlauf des Stückes. […]
Äußerer Kampf der Gegner, innerer Kampf des Gewissens und der Leidenschaften in *klarer, übersichtlicher* Gegnerschaft – das ist die eigentliche Begebenheit des geschlossenen Dramas; Kampf, Duell mit einem *erkannten, profilierten* Gegner, nach festen Spielregeln, die Grundfigur des dramatischen Geschehens. So bildet denn auch Kampf oder Duell häufig den Höhepunkt der Auseinandersetzung zweier Antagonisten[1] […]

---

1 Der Antagonist (< gr. antagonistes = Gegenspieler): vor allem im Drama Gegenspieler des Haupthelden (des Protagonisten < gr. protagonistes = erster Kämpfer)

Mit **Klassik** (< lat. classicus = ursprünglich zur höchsten Steuerklasse gehörig, später die oberen (Rang-) Klassen betreffend) werden Zeitalter der Kultur bezeichnet, in denen vorbildliche Werke der Bildenden Kunst, Musik, Dichtung und Philosophie geschaffen werden: die *griechische Klassik* (das Zeitalter des Perikles im 5. Jh.v.Chr.), *die römische Klassik* (um Christi Geburt, das Zeitalter des Augustus), die *staufische Klassik* (um 1200), die *italienische Klassik* (vom 14.–16. Jh. mit Dante Alighieri, 1265–1321, und Torquato Tasso,1544–1595), die *englische Klassik* (das Zeitalter Elisabeths im 16./17. Jh. mit William Shakespeare, 1564–1616), die *spanische Klassik* (im 16./17. Jh. mit Miguel Cervantes Saavedra, 1547–1616, und Pedro Calderón de la Barca, 1600–1681), die *französische Klassik* (das Zeitalter Ludwigs XIV. im 17. Jh. mit Pierre Corneille, 1606–1684, Jean-Baptiste Molière, 1622–1673, Jean Racine, 1639–1699, u. a.), die *Weimarer Klassik* (um 1800) vor allem mit Johann Wolfgang von Goethe (1749–1832) und Friedrich Schiller (1759–1805).

Als **Fallhöhe** bezeichnete der französische Theoretiker Charles Batteux den tragischen Fall eines Helden, der umso tiefer empfunden wurde, je höher dessen sozialer Rang war. Deshalb waren in der Tragödie die Hauptrollen nach der sog. *Ständeklausel* den hochgestellten Personen vorbehalten, während das Personal der Komödie niederen Standes sein musste.

8 a Exzerpiert aus Text 6 Aspekte des „geschlossenen" Dramas!
b Begründet, warum „Maria Stuart" ein Beispiel für diesen Dramentypus ist!

3. Was kennzeichnet die „offene Form“ des epischen Theaters? – Das Beispiel „Mutter Courage und ihre Kinder“

1 Bertolt Brecht (1898–1956): Mutter Courage und der Krieg – eine Textcollage

a. Courage heiß ich, weil ich den Ruin gefürchtet hab, Feldwebel, und ich bin durch das Geschützfeuer von Riga gefahrn mit fünfzig Brotlaib im Wagen. Sie waren schon angeschimmelt, ich hab keine Wahl gehabt.

b. Eilif, Schweizerkas und Kattrin, so möchten wir alle zerrissen werden, wenn wir uns in'n Krieg zu tief einlassen täten.

c. Hab ich dir nicht gelernt, daß du auf dich achtgeben sollst? Du finnischer Teufel!

d. Ein bissel Weitblick und keine Unvorsichtigkeit, und ich mach gute Geschäfte.

e. Wenn man die Großkopfigen reden hört, führens den Krieg nur aus Gottesfurcht und für alles, was gut und schön ist. Aber wenn man genauer hinsieht, sinds nicht so blöd, sondern führn die Krieg für Gewinn. Und anders würden die kleinen Leut wie ich auch nicht mitmachen.

f. Sei vernünftig, der Krieg geht noch ein bissel weiter, und wir machen noch ein bissel Geld, da wird der Friede um so schöner.

g. Das ist der Krieg! Eine schöne Einnahmequell!

h. Der Krieg soll verflucht sein!

j. Der Friede bricht mirn Hals. Ich hab auf den Feldprediger sein Rat neulich noch Vorrät eingekauft. Und jetzt wird sich alles verlaufen, und ich sitz auf meinen Waren.

i. Ich laß mir den Krieg von euch nicht madig machen. Es heißt, er vertilgt die Schwachen, aber die sind auch hin im Frieden. Nur, der Krieg nährt seine Leute besser.

k. Der Krieg wird seinen Mann ernähren
Er braucht nur Pulver zu und Blei.

l. Ich muß wieder in'n Handel kommen..

(Aus lizenzrechtlichen Gründen sind die Texte von Bertolt Brecht nicht in reformierter Rechtschreibung abgedruckt.)

Arbeitsanregungen:

1 a Erarbeitet aus der Textcollage Mutter Courages Einstellung zum Krieg!

pro Krieg	contra Krieg

b Lest das Stück und sucht die Passagen, aus denen die Textzitate entnommen sind!

c Resümiert arbeitsteilig jeweils den inhaltlichen Zusammenhang der Zitate im Kontext!

2 Bertolt Brecht: Mutter Courage in zweifacher Weise dargestellt [Auszug]

[…] Der Handel war auch hier eine selbstverständliche Erwerbsquelle, aber doch eine verschmutzte, aus der die Courage Tod trank. Die Händlerin-Mutter wurde ein großer lebender Widerspruch, und er war es, der sie verunstaltete und deformierte, bis zur Unkenntlichkeit. In der Szene auf dem Schlachtfeld, die bei üblicher Darstellung meist gestrichen wird, war sie wirklich die Hyäne; sie rückte mit den Hemden nur heraus, weil sie den Haß ihrer Tochter sah und überhaupt Gewaltanwendung fürchtete, und sie sprang den Soldaten mit dem Mantel fluchend an wie eine Tigerin. Nach der Verunstaltung der Tochter verdammte sie den Krieg mit ebenso tiefer Ehrlichkeit, als sie ihn in der unmittelbar folgenden

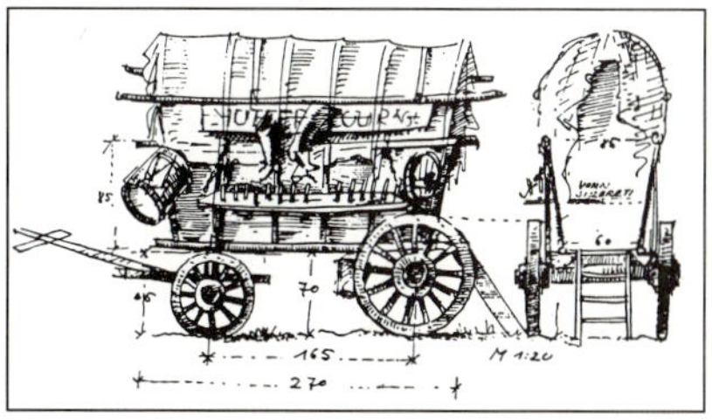

Skizze des Courage-Wagens von Teo Otto

[2] Erläutert, was Bertolt Brecht (Text 2) meint, wenn er die „Händlerin-Mutter" als einen „große[n] lebendige[n] Widerspruch" bezeichnet!

Szene pries. So gestaltete sie die Gegensätze in aller Abruptheit und Unversöhnlichkeit. Der Aufstand ihrer Tochter gegen sie (bei der Rettung der Stadt Halle) betäubte sie völlig und belehrte sie keineswegs. Die dem Publikum tief fühlbare Tragik der Courage und ihres Lebens bestand darin, daß hier ein entsetzlicher Widerspruch bestand, der einen Menschen vernichtete, ein Widerspruch, der gelöst werden konnte, aber nur von der Gesellschaft selbst und in langen, schrecklichen Kämpfen. Und die sittliche Überlegenheit dieser Art der Darstellung bestand darin, daß der Mensch als zerstörbar gezeigt wurde, selbst der lebenskräftigste!

3 Bertolt Brecht (1898–1956): Die Szenentitel von „Mutter Courage und ihre Kinder"

① Frühjahr 1624. Der Feldhauptmann Oxenstjerna wirbt in Dalarne Truppen für den Feldzug in Polen. Der Marketenderin Anna Fierling, bekannt unter dem Namen Mutter Courage, kommt ein Sohn abhanden.

② In den Jahren 1625 und 26 zieht Mutter Courage im Troß der schwedischen Heere durch Polen. Vor der Festung Wallhof trifft sie ihren Sohn wieder. – Glücklicher Verkauf eines Kapauns und große Tage des kühnen Sohnes.

③ Weitere drei Jahre später gerät Mutter Courage mit Teilen eines finnischen Regiments in die Gefangenschaft. Ihre Tochter ist zu retten, ebenso ihr Planwagen, aber ihr redlicher Sohn stirbt.

④ Mutter Courage singt das „Lied von der Großen Kapitulation".

⑤ Zwei Jahre sind vergangen. Der Krieg überzieht immer weitere Gebiete. Auf rastlosen Fahrten durchquert der kleine Wagen der Courage Polen, Mähren, Bayern, Italien und wieder Bayern. 1631. Tillys[1] Sieg bei Magdeburg kostet Mutter Courage vier Offiziershemden.

⑥ Vor der Stadt Ingolstadt in Bayern wohnt die Courage dem Begräbnis des gefallenen kaiserlichen Feldhauptmanns Tilly bei. Es finden Gespräche über Kriegshelden und die Dauer des Krieges statt. Der Feldprediger beklagt, daß seine Talente brachliegen, und die stumme Kattrin bekommt die roten Schuhe. Man schreibt das Jahr 1632.

⑦ Mutter Courage auf der Höhe ihrer geschäftlichen Laufbahn.

⑧ Im selben Jahr fällt der Schwedenkönig Gustav Adolf in der Schlacht bei Lützen[2]: Der Frieden droht Mutter Courages Geschäft zu ruinieren. Der Courage kühner Sohn vollbringt eine Heldentat zuviel und findet ein schimpfliches Ende.

⑨ Schon sechzehn Jahre dauert nun der große Glaubenskrieg. Über die Hälfte seiner Bewohner hat Deutschland eingebüßt. Gewaltige Seuchen töten, was die Metzeleien übriggelassen haben. In den ehemals blühenden Landstrichen wütet der Hunger. Wölfe durchstreifen die niedergebrannten Städte. Im Herbst 1634

---

1 Tilly: Johann Tserclaes Graf von Tilly (1559–1632), kaiserlicher Feldherr

2 Lützen: Ort einer Schlacht in der Nähe von Leipzig. Der Anführer der protestantischen Partei, König Gustav Adolf von Schweden, fällt hier im Jahre 1632; dennoch muss das kaiserliche Heer unter der Führung Wallensteins den Rückzug antreten.

begegnen wir der Courage im deutschen Fichtelgebirge, abseits der Heerstraße, auf der die schwedischen Heere ziehen. Der Winter in diesem Jahr kommt früh und ist streng. Die Geschäfte gehen schlecht, so daß nur Betteln übrigbleibt. Der Koch bekommt einen Brief aus Utrecht und wird verabschiedet.

⑩ Das ganze Jahr 1635 ziehen Mutter Courage und ihre Tochter Kattrin über die Landstraßen Mitteldeutschlands, folgend den immer zerlumpteren Heeren.

⑪ Januar 1636. Die kaiserlichen Truppen bedrohen die evangelische Stadt Halle. Der Stein beginnt zu reden. Mutter Courage verliert ihre Tochter und zieht allein weiter. Der Krieg ist noch lange nicht zu Ende.

(Die Szene 12 hat keinen eigenen Titel.)

[3] [a] Erklärt am Beispiel der Szenentitel, warum Brecht „Mutter Courage" eine „Chronik" nennt!
[b] Ordnet die „Standbilder" den Szenen zu und erläutert ihre Aussage!
[c] Schlagt eine Strukturskizze für die 12 Szenen vor und vergleicht mit „Maria Stuart" (S. 420)!

4 Standbilder

a.

c.

Deutsches Theater Berlin 1949, Regie Brecht/Engel, Bühne Teo Otto/Heinrich Kilger. 1. Bild, Helene Weigel (Courage), Angelika Hurwicz (Kattrin)

b.

Hannes Fischer (Schweizerkas), Ernst Kahler (Eilif).

Sog. **Verfremdungseffekte** sollen bewirken, dass der Zuschauer nicht vom Bühnengeschehen „gefangen" genommen wird, sondern ihm kritisch urteilend gegenübersteht. Dazu dienen verschiedene Mittel:
- durch Widersprüche und Sprunghaftigkeit provozierende *Inhalte;*
- eine oft *derbe Sprache,* überraschende Zitate und pointierte Sprüche (Sentenzen);
- *Spruchbänder, Plakate* oder *Diaprojektionen*, die das Bühnengeschehen vorwegnehmen und/oder kommentieren;
- *Songs,* die als balladenhafte Chansons das Geschehen begleiten, zuspitzen (pointieren) und kritisieren.

5 Die Funktion der Songs

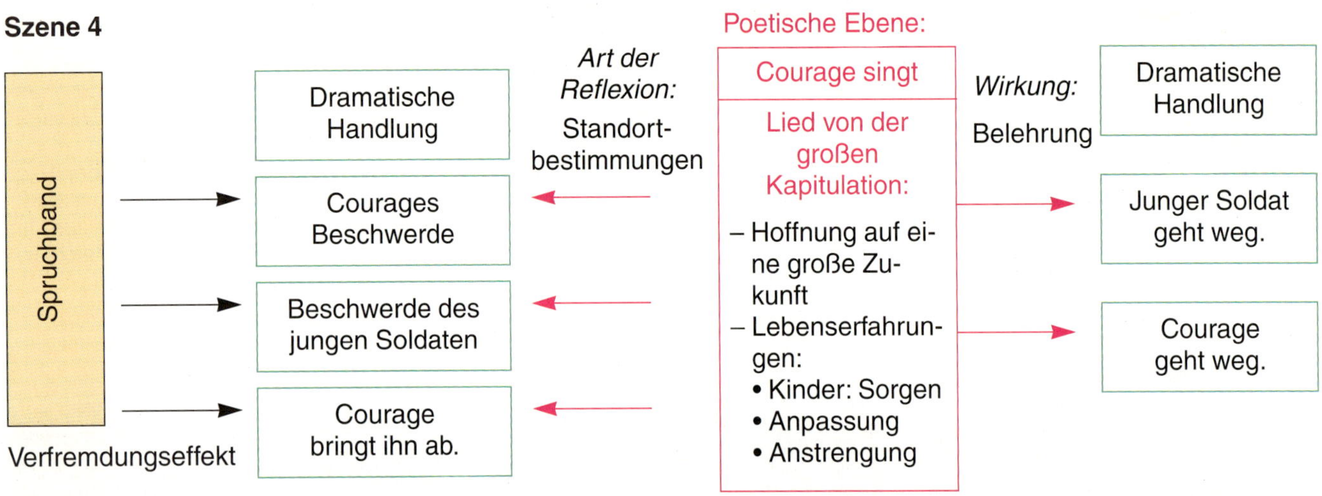

4 Wählt arbeitsteilige Gruppenarbeit!
a Wählt die Szenen 1, 9 und 12 aus und beschreibt den Aufbau und die Gestaltungsmittel!
b Untersucht Inhalt, Aufbau und Absicht der Songs!
c Vergleicht eure Ergebnisse und fasst sie in einem Ergebnisprotokoll zusammen!

5 Informiert in einem Kurzreferat über Bertolt Brechts Lebensverhältnisse zu der Zeit, in der „Mutter Courage und ihre Kinder“ entstand!

Das **epische Theater** Bertolt Brechts, der sich selbst „Stückeschreiber“ nannte, will durch einen neuartigen Dramentypus ganz andere Wirkungen erzielen als das traditionelle („aristotelische“) Theater, das in der Tradition der „Poetik“ (Dichtungslehre) des Philosophen Aristoteles (384–322 v.Chr.) steht: Danach soll der Zuschauer ein emotional-geistiges Bühnenerlebnis haben, das ihn durch die Erregung von „Schrecken“ und „Jammer“ bessern will. Brecht dagegen verlangt einen rational beurteilenden, kritisch-distanzierten Zuschauer, der zu politischem Handeln i.S. des Marxismus aktiviert werden soll. Dazu dienen verschiedene inhaltliche und formale Eigenarten:

- Es gibt eine *Vielfalt von Handlungen*, die in historisch oder geographisch ferne Zeiten bzw. Räume verlagert sind, so dass distanzierte Betrachtung möglich wird.
- Im Zentrum befindet sich nicht der durch Stand und Schicksal festgelegte, sondern der *„veränderliche* und *veränderte* Mensch“ (B. Brecht). Es gibt kein Spieler-Gegenspieler-Modell mehr, sondern eine Figur steht gegen eine komplizierte und vielfältig verwickelte (komplexe) Welt.
- Das epische Theater ist eine *„offene Form“*, in der es neben offenem Anfang und Schluss eine linear-demonstrierende *Reihung von Bildern* (Szenen) gibt, die ein starkes Eigengewicht haben. Statt der Spannung auf Höhepunkt und Schluss wie im traditionellen Drama will Brecht die volle Konzentration auf jede Szene.
- Verschiedene *Verfremdungseffekte (vgl. S. 425!)* zerstören absichtsvoll jegliche Illusion, denn nicht Unterhaltung, sondern *Kritik* und *Veränderung* der Wirklichkeit sind die Hauptziele.

Das 9. Kapitel im Blickfeld

Sprechen und Schreiben

1. Die Beherrschung von **Arbeitsformen** und **Arbeitstechniken** ist unerlässlich für erfolgreiches Arbeiten.
   a. Ein **Cluster** ermöglicht es, in einer Art von Verzweigungsdiagramm für eine Stoffsammlung z.B. Aspekte eines Themas, deren Abhängigkeiten und Verknüpfungen übersichtlich darzustellen.
   b. Durch **Exzerpieren** lassen sich aus einem Text oder aus mehreren Texten unter einer bestimmten Fragestellung *Schlüsselwörter* oder einzelne Sätze und Passagen herausschreiben, wobei es bei *Zitaten* um Genauigkeit und zweifelsfreien Nachweis mit exakter *Quellenangabe* geht.
   c. Die **Gruppenarbeit** ist neben der Partnerarbeit eine wichtige Sozialform, die am fruchtbarsten in drei Phasen zu organisieren ist: *Plenumsphase I*, in der die Themenbesprechung und Aufgabenverteilung erfolgt; die *Binnendifferenzierung,* in der die einzelnen Gruppen arbeitsteilig an verschiedenen Teilthemen arbeiten oder arbeitsgleich (rivalisierend) an einem Thema nach der besten Lösung streben; die *Plenumsphase II* erfolgt wieder mit der ganzen Klasse, wobei die Gruppenergebnisse vorgestellt, besprochen und für alle ausgewertet bzw. fixiert werden.
   d. Das **Markieren** von Textstellen (durch Unterstreichungen, farbige Hervorhebungen etc.) und die *Annotation* (mit Hinweisen und Siglen) sind für genaue Textbeschreibung (z.B. bei der Themenanalyse) und für die Stoffsammlung zu einer Interpretation eine wichtige Hilfe.
   e. Über einem **Metaplan** lassen sich an der Pinnwand oder an der Magnettafel Ideen, Informationen und Wertungen sammeln, die sich nach Ober- und Unterbegriffen ordnen lassen und dabei fruchtbare Fachgespräche anregen.
   f. Das **projektorientierte Arbeiten** an einem größeren Thema innerhalb des eigenen Faches und die mehrere Fächer verbindende **Projektarbeit** erfordern *Kooperation* im Fachgespräch sowie in der Gruppe und streben ein gemeinschaftlich erarbeitetes Ergebnis an (z.B. eine Klassenzeitung, eine Dokumentation, die Inszenierung eines Theaterstücks) und fordern eine anspruchsvolle *Präsentation.*

2. Die **Argumentation** ist wesentlicher Bestandteil von Diskussion und Erörterung und besteht i.d.R. aus drei Elementen: aus *These* (Behauptung), *Argumenten* (Begründungen) und *Beispielen* (Belegen), die in einem sachlogischen Zusammenhang stehen müssen, um zu überzeugen.

3. Alle **Formen des Beschreibens** wollen sachgerecht informieren und verwenden einen sachlichen Stil im Präsens (bzw. Perfekt).
   a. Die **Bildbeschreibung** eines Gemäldes, Stiches, Fotos, einer Karikatur oder Grafik muss das *Thema* (den Sachverhalt) erfassen und z.B. bei einem Gemälde den *Aufbau* (nach Vorder-, Mittel- oder Hintergrund bzw. ausgehend vom Bildmittelpunkt) sowie das Zusammenspiel von *Kompositionselementen* (z.B. Farben, Proportionen und Linien) sachkundig darstellen und deuten.
   b. Die **Sprach- und Textbeschreibung** ist Teil der Interpretation und verlangt zunächst eine genaue Beobachtung, die angemessene Fragestellung, eine übersichtliche Darstellungsweise (z.B. in einer Tabelle, einem Cluster oder Pfeildiagramm) sowie eine sachgerechte Fachsprache (grammatische und poetologische Termini), um *Aufbau, stilistische Eigenarten* (z.B. Verbal- oder Nominalstil) exakt zu erfassen. Nur die Auswahl eines kurzen, aber beispielhaften Auszugs ermöglicht konkrete Ergebnisse.
   c. **Textvergleiche** brauchen einen Vergleichspunkt (z.B. ein Thema, Motiv, eine bestimmte Formeigenart), um einen sog. *Vergleichsrahmen* zu gewinnen, innerhalb dessen Parallelen und Unterschiede der Texte beschrieben werden können.
   d. Die **Typisierung** beschränkt sich auf die Beschreibung all-

gemeiner (typischer) äußerer und innerer Merkmale. Sie arbeitet mit einer Schwarz-weiß-Technik und kann zu Ungenauigkeiten und bei Wertungen auch zu Ungerechtigkeiten führen.

4. **Bewerbung** und **Lebenslauf** sind Formen des *offiziellen Schreibens* und müssen besonders strengen inhaltlichen und formalen Ansprüchen genügen.
   a. Die **Bewerbung** ist in der *äußeren Form* (weißer, unlinierter DIN-A4-Bogen, Briefkopf, Betreff- und Bezugzeile, Anrede, Schlussformel) einem sachlichen Brief sehr ähnlich. Der Text folgt einem fünfgliedrigen *Aufbau* mit Bewerbungsformel und Quellenangabe, Anmerkungen zur Qualifikation und zu Vorkenntnissen, zu Interessen, zum Antrittstermin und schließt mit der Bitte um ein Vorstellungsgespräch. Weder überheblicher noch unterwürfiger Ton ist angebracht. Äußere Form und Sprache müssen absolut fehlerfrei sein.
   b. Der **Lebenslauf** ist ebenfalls in sorgfältiger äußerer Form mit nüchternen Informationen zu Herkunft, Schulbildung, besonderen Kenntnissen und Fähigkeiten in sachlicher Sprache so abzufassen, dass er die Bewerbung sinnvoll ergänzt. Ein Passfoto wird beigefügt. Zwei Formen sind üblich:
      - Der *tabellarische Lebenslauf* ist stichwortartig in zwei Spalten angelegt.
      - Der Lebenslauf in *Textform* enthält dieselben Informationen, stellt diese aber in sachlogischem Zusammenhang dar.

   Beide Formen können auf der Schreibmaschine, auf dem PC oder – meist auf Anforderung – auch handschriftlich geschrieben werden, müssen aber stets fehlerlos sein.

5. Die Formen des **Briefes** sind je nach Absicht und Adressat sehr verschieden.
   a. Der **persönliche Brief** ist inhaltlich und stilistisch sehr individuell gehalten, gleicht mit Frage und Antwort oft einem „Dialog“ und enthält Elemente von Erzählung, Bericht, Beschreibung und Erörterung.
   b. Der **Leserbrief** wird oft aus persönlichem Engagement geschrieben (z. B. wegen eines bestimmten Vorfalls oder Zeitungsberichts) und zeigt insofern auch Merkmale eines persönlichen Briefes. Er sollte aber nicht unkontrolliert emotional, sondern sachkundig und argumentativ sein.
   c. Das **sachliche Schreiben** wendet sich an Behörden und Firmen und muss deshalb die strenge äußere Form eines *offiziellen Schreibens* (s.o.) haben. Er muss informativ und argumentativ und im Ton höflich, aber rein sachlich sein.

6. Die **Charakteristik** einer Person umfasst die genaue, faire und treffende Beschreibung des *Erscheinungsbildes* (der Gestalt, Größe, des Alters, Gesichts, der Gestik, Mimik und Kleidung) und des *Wesensbildes* (z. B. der Ehrlichkeit, Offenheit, Solidarität) eines Menschen (oder einer literarischen Figur). Je nach der Perspektive unterscheidet man direkte und indirekte *Fremd-* und *Selbstcharakteristik.* Im Gegensatz zur Typisierung muss die Charakterisierung differenziert sein und möglichst alle Nuancen und Schattierungen erfassen.

7. Der **Erörterungsaufsatz** ist die argumentative Auseinandersetzung mit einem Thema oder Problem, die möglichst vielseitig (mehrperspektivisch) geführt werden soll. Insofern ist sie eine schriftliche Entsprechung zur Diskussion. Die Methode, in *drei Phasen* (spontane Einfälle und Themenanalyse, Stoffsammlung und Gliederung, Ausarbeitung und Korrektur) zu verfahren, garantiert eine systematische Erarbeitung, die eine Verfehlung des Themas oder eine unzureichende Beachtung der Aufgabenstellung vermeiden lässt. Folgende Formen lassen sich unterscheiden:
   a. Die **fachspezifische (oder freie) Erörterung** erfolgt zu einem Thema aus dem Deutschunterricht oder dem Erfahrungsbereich Jugendlicher.
   b. Die **literarische Erörterung** bezieht sich i.d.R. auf eine Ganzschrift (eine Novelle, einen Roman, ein Drama) und verlangt die kritische Auseinandersetzung mit einem Problem (z. B. der Schuldfrage), mit einer Figur (z. B. ihrer Verhaltensweise oder Entwicklung) oder mit einem Sachverhalt (z. B. einer historischen Situation).

   Beide Formen können – je nach der Themenstellung – einen unterschiedlichen *Aufbau* haben.
   - Die Erörterung einer *Sachfrage* folgt dem Prinzip einer *linear-steigernden Gliederung* der Gedanken und Beispiele, so dass die gewichtigsten Argumente

am Ende stehen und sich so eine *Klimax-Struktur* ergibt.
- Die Auseinandersetzung mit einer Problemfrage erfolgt im Pro und Contra von *These* und *Gegenthese,* so dass eine *dialektische Erörterung* entsteht. Diese kann im Nacheinander der Pro- und Contra-Argumente (diachron) so erfolgen, dass mit These oder Gegenthese begonnen wird. Auch hier sollte der Aufbau vom weniger Wichtigen zum Wichtigeren fortschreiten. Schwieriger ist die Erörterung des Pro und Contra jeweils auf einer Ebene (synchron), weil hierbei die Verknüpfung der Gedanken sehr anspruchsvoll ist und weil Wiederholungen vermieden werden sollen.

8. Alle **Gesprächsformen** haben *Kommunikationsfähigkeit* (z.B. Offenheit, Fairness, Rücksichtnahme, Zuwendung) und *Situationsangemessenheit* (z.B. heiter oder ernsthaft, laut oder gedämpft, knapp oder ausführlich) zur Voraussetzung. Dagegen können *Sachorientierung* und *Argumentationsfähigkeit* je nach Gesprächsart sehr unterschiedlich ausgeprägt sein:
   a. Die **Alltagsdialoge** sind die am weitesten verbreitete Gesprächsform und dienen mehr der Kontaktaufnahme und -pflege sowie dem unterhaltsamen Meinungsaustausch als der streng sachlichen Information und differenzierten Argumentation.
   b. Bei **Arbeitsgesprächen** – als Partner- und Unterrichtsgespräch vor allem – stehen Information, argumentative Auseinandersetzung und faire Kommunikation im Vordergrund.
   c. Die **Diskussion** – als Gruppen-, Podiums- oder Plenumsdiskussion – ist eine inhaltlich anspruchsvolle und formal streng geregelte Form der mündlichen Erörterung eines Sachverhalts oder eines Problems. Sie soll von möglichst vielen Seiten (mehrperspektivisch) und unter verschiedenen Gesichtspunkten geführt werden.
      - Ein *Diskussionsleiter* eröffnet, regelt die Reihenfolge, achtet auf Disziplin und die sachgerechte Berücksichtigung des Themas, hilft durch Anstöße weiter, steuert zielgerecht und fasst die Ergebnisse zusammen. Er muss eine profunde Sachkenntnis und ein großes Moderationsgeschick haben und beteiligt sich mit seiner Meinung nicht am Diskurs.
      - Die *Diskussionsteilnehmer* brauchen Sachkenntnis, Argumentationsfähigkeit (nach These, Argumenten und Beispielen), Kommunikationsbereitschaft (a l l e sollten sich beteiligen) und *Gesprächsdisziplin:* sich melden, zuhören, ausreden lassen, die eigenen Beiträge integrieren, beim Thema bleiben, das bessere Argument gelten lassen und am gemeinsamen Erkenntniszuwachs mehr interessiert sein als am Durchsetzen der eigenen Meinung.
   d. Das **Fachgespräch** – z.B. über ein Gedicht, eine literarische Figur oder über einen Aufsatz – entwickelt sich oft aus Arbeitsgesprächen, zeichnet sich aber durch spezielle *Sachkenntnis,* einen höheren *Reflexionsstand* und den Gebrauch einer spezifischen *Fachsprache* aus. Als mündliche Form vergleichbar mit Erörterung und Interpretation ist es erfolgreich in drei Phasen anzulegen (erster Gesamteindruck, argumentative Auseinandersetzung über Inhalt, Aufbau, Form und begründete Gesamtwertung).
   e. Das **Interview** ist ein Befragungsgespräch (auch als Telefoninterview), das über einen Sachverhalt (z.B. eine Preisverleihung), ein Problem (z.B. eine Kontroverse) oder die Lebensgeschichte einer Person geführt wird. Genaue *Vorbereitung* beider Gesprächspartner, konkrete, aber offene *Fragestellungen* und eine entsprechende *Gesprächssituation* mit wechselseitigem Respekt sind wichtig für das Gelingen des Interviews.
   f. Das **Streitgespräch** entwickelt sich meist an einem Streitfall in Pro- und Contra-Argumentation. Weil extreme Gegenpositionen häufig mit ausgeprägten Emotionen verbunden sind, fällt es oft schwer, die Auseinandersetzung um eine *Sache* und nicht persönliche Empfindlichkeit in den Mittelpunkt zu stellen und trotz des Engagements das Wortgefecht *fair* und *argumentativ* zu führen.
   g. Das **Vorstellungsgespräch** ist i.d.R. Teil einer Bewerbung und läuft – vergleichbar dem Interview – in einer Art *Befragungsgespräch* ab. Als Einzel- oder Gruppengespräch soll es zusätzliche Informationen über

den Bewerber, aber auch über den einstellenden Betrieb bzw. die Behörde liefern. Neben spezieller Sachkenntnis, Allgemeinbildung, Aufgeschlossenheit, Reaktions- und Argumentationsvermögen spielen auch der Gesamteindruck und die charakterliche Eignung des Bewerbers eine wichtige Rolle.

9. Alle **Gestaltungsformen** an und mit Texten, die auch als *eingreifendes Lesen* bezeichnet werden, haben nicht das Ziel, ein literarisches Werk zu übertreffen, sondern dieses durch den schöpferischen Umgang besser zu verstehen.
   a. Die **Ausgestaltung** kann sich z. B. auf Leerstellen im Text, einen Erzählkern, Anfang und Ende beziehen und muss sich an der *Sinnrichtung* und am *Stil* des Originals orientieren.
   b. Die **Gegengestaltung** versucht, zum Original in Aussage und Form ein Kontrastergebnis zu liefern, das als Alternative gedacht ist.
   c. Die **Parallelgestaltung** richtet sich nach Inhalt und/oder Form möglichst genau nach dem Original und ist deshalb eine besonders gute Möglichkeit, um den Grad des Verstehens zu erproben.
   d. Die **Rekonstruktion** von Texten, z. B. von Gedichten aus Textverrätselungen, gelingt am besten, wenn Merkmale der Gattung, die Sinnrichtung sowie Metrum und Reimform erkannt sind.
   e. Die **Umformung** ist mit der Gegengestaltung verwandt und eröffnet viele Möglichkeiten: Verssprache in Prosa zu fassen und umgekehrt, altertümlichen Stil in Gegenwarts- oder Jugendsprache zu übertragen, Bericht und Erzählung als Dialog zu gestalten und umgekehrt. Voraussetzungen sind jeweils eine klare Zielsetzung und die Kenntnis von Eigenarten des Ausgangstextes und der beabsichtigten Form.

10. Die **Inhaltsangabe** fasst einen Text oder Film in *sachlicher Sprache* (im Präsens und mit indirekter Rede) so zusammen, dass die *Kernaussagen* deutlich werden.
    – Durch einen *Übersichtssatz* (mit dem Namen des Autors, Titel, Gattung und Kern oder erstem Gesamteindruck) wird eine Art Einleitung erreicht.
    – Der *Hauptteil* folgt im Aufbau entweder dem Ablauf des Textes, sofern dieser chronologisch oder sachlogisch gegliedert ist, oder es muss eine absichtsvoll erstellte Montage neu geordnet werden.
    – Die begründete *Wertung* schließt die Inhaltsangabe ab.

    Wo wegen des größeren Umfangs die *Abstreichmethode* (ausgehend von der Nacherzählung) nicht anzuwenden ist, muss ein *Stichwortzettel* in Form eines *gegliederten Exzerpts* verwendet werden, wobei auf besondere Eigenarten zu achten ist:
    a. Eine **epische Großform** (eine Novelle, besonders aber ein Roman) kann nur von der *Haupthandlung* und den *Hauptpersonen* her sinnvoll zusammengefasst werden. Ein Ableiten in Nebensächlichkeiten ist zu vermeiden.
    b. Bei einem **Drama** ergeben sich zusätzliche Schwierigkeiten, weil die äußere und innere Handlung aus Dialogen, Monologen und Regieanweisungen sowie Szenenanmerkungen erschlossen werden müssen. Auch große Teile der *Figurenrede* des Haupttextes müssen als *Sprechhandlungen* (z. B. als Drohen oder Schmeicheln) zusammengefasst werden.

11. a. Das **gestaltende Interpretieren** ist als produktionsorientiertes Verfahren e i n e Form der Textdeutung und setzt ein gründliches Verstehen des Originals voraus. Durch die *Ausgestaltung von Leerstellen* (z. B. durch einen inneren Monolog), durch *Ergänzungen* (z. B. durch eine Fortsetzung) und durch *Umformungen* (z. B. der Perspektive) soll der Grad des Textverständnisses gezeigt werden.
    b. Das **schriftliche Interpretieren** ist grundsätzlich verwandt mit dem literarischen Fachgespräch und kann Gedichte, kurze Prosatexte, aber auch Auszüge aus Ganzschriften (Novellen, Romanen und Dramen) zum Gegenstand haben. Das Ziel ist jeweils ähnlich: Mit allgemeiner und offener oder detailliert-zielgerichteter Arbeitsanweisung soll ein Text möglichst genau nach Inhalt, Aufbau und Sprache (also textimmanent) oder mit textexternen Bezügen (z. B. zur Stoffgeschichte, Biografie des Autors, Epoche) so beschrieben und gedeutet werden, dass am Ende ein begründetes Gesamtverständ-

nis entsteht. Dabei hat sich mit einem genauen *Zeitplan* die *Drei-Phasen-Methode* bewährt:

- In der *ersten Phase* sollen erste Eindrücke festgehalten, Fragen gestellt, Auffälligkeiten notiert und eine sorgfältige *Themenanalyse* gemacht werden.
- Die *zweite Phase* dient der genauen Stoffsammlung und Gliederung, wobei das Wechselverhältnis von Inhalt-Aufbau und Form am übersichtlichsten tabellarisch darzustellen ist.
- In der *dritten Phase* sollen die Ausarbeitung (mit Einleitung, sinnvoll gegliedertem Hauptteil und Schluss) sowie eine sorgfältige *Korrektur* erfolgen.

12. Über ein **Kommunikationsmodell** lassen sich grafisch Zusammenhänge zwischen *Kommunikationspartnern, Thema* und *Situation* darstellen.
    - In *Gesprächen* können auf diese Weise *symmetrische* und *asymmetrische* Kommunikationsverhältnisse abgebildet werden.
    - Im literarischen *Kommunikationsmodell* werden Beziehungen zwischen Autor, Werk und Leser fassbar.
    - Im Bereich der *Massenmedien* sind die komplexen Verhältnisse zwischen Sender, Medium und Empfänger auf diese Weise darstellbar.

13. Das **Kurzreferat** strebt eine sachgerechte, anschauliche und interessante *Informationsvermittlung* an über einen Sachverhalt (z. B. den alltäglichen Terror in einer Diktatur), über bestimmte Probleme (z. B. die Schuldfrage)und über Biografien (z. B. von Autoren).
    - Die *Vorbereitung* durch sorgfältiges Recherchieren, Sammeln und Sichten von Materialien (Texten, Fotos, Karten), die Fertigung von Exzerpten, Folien- und Tafelanschrieben und die Bereitstellung von Medien (Dia- und Filmprojektoren, Taglichtschreibern, Kassettenrekordern etc.) muss sehr gewissenhaft sein.
    - Die *Ausarbeitung* mit sinnvollem Aufbau (chronologisch oder problemorientiert) soll auf einem gegliederten Stichwortzettel erfolgen, der als Gedächtnisstütze dient, oder auf Folie, die während des Referierens schrittweise aufgedeckt werden kann.
    - Entscheidend ist die *Präsentation* mit interessantem Einstieg, halbfreiem Vortrag, der Blickkontakt mit den Zuhörern erlaubt, gezieltem Medieneinsatz, informativer Zusammenfassung und motivierenden Diskussionsanstößen.

14. Das **Protokoll** ist eine streng sachorientierte Form des Berichts über Unterrichtstunden und Sitzungen. Es ist in *sachlichem Stil* (mit Präteritum bzw. Plusquamperfekt) abgefasst und hat als Spielart des offiziellen Schreibens einen festgelegten *Aufbau* (mit Kopf, gegliedertem Hauptteil und Unterschrift des Protokollführers), der für beide Arten gilt:
    - Das *Ergebnisprotokoll* gibt als „Kurzform" nur die hauptsächlichen Ergebnisse und Standpunkte wieder.
    - Das *Verlaufsprotokoll* dagegen vermittelt sehr detailliert, auch mit wichtigen Zitaten, den Ablauf einer Unterrichtsstunde oder Sitzung.

15. Die **Rechtschreibung** betrifft vor allem folgende Schwerpunkte:
    a. Die **Bindestrich-Schreibung** gilt bei Zusammensetzungen (z. B.: T-Shirt, das Make-up, Albrecht-Dürer-Allee) und zur Hervorhebung bzw. Gliederung (z. B.: Kann-Regelung; ein lateinisch-deutsches Wörterbuch, der See-Elefant).
    b. Die **Getrenntschreibung** gilt als Normalfall (z. B.: sitzen bleiben, Geige spielen, vorwärts kommen, gefangen nehmen, aufeinander hören, gut (besser) gehen, frei (noch freier) sprechen, gerade (sehr gerade) sitzen, heimisch werden).
    c. Die **Großschreibung** bezieht sich vor allem auf Überschriften (Unerhört!), Substantive (Haus, Rad fahren) Substantivierungen (großes Durcheinander), Eigennamen (Großer Bär), Ableitungen auf -er (Schweizer Käse), Hervorhebungen (der Erste Mai), Sie-Anreden (Ihnen, Ihr) und auf bestimmte Zusammensetzungen (die Ad-hoc-Entscheidung).
    d. Die **Kleinschreibung** betrifft Wörter, die Merkmale eines Substantivs verloren haben (z. B.: angst und bange sein, stattfinden, seitens, dank, fünftel, goethisch, von klein auf, du in der Anrede).
    e. Die **Worttrennung** am Zeilenende kann

– nach Sprechsilben (Bau-er, He-li-kop-ter) oder nach Sprachsilben (Main-au, He-li-ko-pter) erfolgen.
– Ein einzelner oder der letzte Konsonant zwischen Vokalen kommt auf die neue Zeile (A-bend, Au-ge, Hopfen, ros-ten).

f. Die **Zeichensetzung** richtet sich nach der Grammatik:
   – Als *Schlusszeichen* dienen Punkt (beim Aussagesatz), Fragezeichen (beim Fragesatz) und Ausrufezeichen (z. B. beim Aufforderungssatz).
   – Das *Komma* trennt Haupt-, Neben- und Gliedsätze, Hauptsätze in der Satzreihe, Appositionen, gleichrangige Attribute sowie hervorgehobene Anreden und Ausrufe.
   – Die *Kann-Regelung* erlaubt eine stilistisch begründete Kommasetzung, vor allem bei Infinitiv- und Partizipialsätzen.

g. Für die **Zuordnung** von Lauten und Buchstaben gelten folgende Regelungen:
   – Nach kurzem betontem (und z. T. auch bei unbetontem) Vokal erfolgt eine *Verdopplung* des Konsonanten (z. B.: Pa**dd**el, Ha**ss**; Fa**s**-**s**ade, Karu**ss**ell).
   – Nach langem Vokal und nach Diphthong steht **ß** (Maß, beißen).
   – Nach dem **Stammprinzip** oder dem **Analogieprinzip** schreibt man z. B. B**ä**ndel, Ti**pp**; Zie**rr**at.
   – Bei **Fremdwörtern** können fremdsprachige und integrierte Schreibung als *Haupt-* und Nebenform nebeneinander stehen (z. B.: *charmant* – scharmant).
   – Beim Zusammentreffen **dreier gleicher Buchstaben** bleiben alle drei erhalten (z. B.: Schifffahrt – oder Schiff-Fahrt).

h. Die **Zusammenschreibung** erfolgt nach bestimmten grammatischen Kriterien (z. B.: preisgeben – er gibt preis, schlafwandeln – er schlafwandelt, freisprechen vor Gericht, irreführen, Feedback oder Feed-back).

16. Die **Reportage** ist aus spannendem Bericht, genauer Beschreibung, lebendiger Erzählung und Schilderung, Erörterung und z.T. aus Interviewelementen zusammengesetzt. Sie ist als Hörfunk-, Fernseh- und Zeitungsreportage in mündlicher und schriftlicher Form sehr weit verbreitet. Unmittelbarkeit (Aktualität) und Echtheit (Authentizität) sind wesentliche Ziele von Reportagen über Sport- und Gesellschaftsereignisse aller Art.

17. Das **Resümee** ist eine „Kürzestinhaltsangabe" und verlangt äußerste Konzentration auf das Wesentlichste sowie eine geraffte und sachliche Darstellungsweise. Der *Übersichtssatz,* der sich auf den Kern eines Textes konzentriert, ist verwandt mit dem Resümee.

18. Das **Thesenpapier** ist geeignet, um *Kerngedanken* für die Vorbereitung eines Fachgesprächs oder einer Diskussion zu notieren.

19. Das **Zitieren** zentraler Textstellen erfordert eine absolut verbindliche Wiedergabe des Originals mit seiten- und zeilengenauer exakter Quellenangabe. Das Zitat steht in Anführungszeichen. Alle Veränderungen (Auslassungen und Ergänzungen) von Wörtern und Buchstaben müssen durch eckige Klammern angezeigt werden. Bei sinngemäßer Wiedergabe eines Sachverhalts in eigenen Worten werden keine Anführungszeichen gesetzt, aber am Ende ist die Quelle in runden Klammern (nach …) anzugeben.

Literatur und Medien

1. Die **Arten des Lesens** und **Lesetechniken** sind nach Textart und Absicht zu wählen, wobei lautes und szenisches Lesen sowie der Vortrag in der Lesestaffel unterschiedliche Ziele haben können:
   – Beim *sinnerschließenden Lesen* wird durch verschiedene Versuche am Ende eine möglichst gültige Vortragsweise angestrebt.
   – *Sinngestaltendes Lesen* will einen besprochenen und verstandenen Text sinn- und formgerecht darbieten.
   – Beim *orientierenden* (kursorischen, diagonalen) *Lesen* wird vor allem bei umfangreichen Texten über die Nutzung von Klappentext, Inhaltsverzeichnis und Register sowie das Durchblättern eine erste Übersicht gesucht.
   – Dagegen ist das *statarische* (genaue, verweilende, konzentrierte) Lesen für alle Formen der Textbeschreibung und Interpretation unerlässlich. Meist erfolgt es als *„Lesen mit Bleistift"*, wobei Markierungen, An-

notationen durch knappe Hinweise und Siglen sowie kurze Zusammenfassungen (durch Übersichtssätze und Resümees) ein genaues Textverstehen erleichtern.

- Das *evasorische Lesen* (< frz. évasif = ausweichend) dient vor allem der Zerstreuung.

2. Bei der Beschreibung der **Arten von Gedichten** geht es nicht um strenge Abgrenzungen, sondern nur um die Kennzeichnung von Grundrichtungen, ohne die zahlreichen Übergänge und Mischformen zu verkennen.
   a. Die **Ballade** zeigt als „Ur-Ei" der Poesie (J.W. von Goethe) besonders deutlich die Verbindung stimmungshaft-lyrischer, erzählender (epischer) und dramatischer Elemente. Als wichtige Arten der sog. *Kunstballaden* (von namentlich bekannten Dichtern) unterscheidet man:
   - Die *Heldenballade* (z.B. Th. Fontanes „John Maynard") zeigt eine vorbildlich handelnde Figur im Mittelpunkt.
   - Die *Ideenballade* wurde vor allem von J.W. von Goethe und F. Schiller (im „Balladenjahr" 1797/98) entwickelt und zeigt den verantwortlichen Menschen im Spannungsfeld ethischer und religiöser Normen (z.B. in F. Schillers „Die Kraniche des Ibykus" und A. von Droste-Hülshoffs „Die Vergeltung").
   - Die *numinose* (naturmagische) *Ballade* zeigt das Einwirken göttlicher oder dämonischer Mächte in das Leben der Menschen (z.B. in J.W. von Goethes „Erlkönig").
   - Während die durch fahrende Spielleute anonym entstandene sog. *Volksballade* des 13.–15. Jahrhunderts Motive germanischer Heldenlieder aufgenommen hatte, nähern sich moderne Balladen, z.B. F. Wedekinds, B. Brechts und W. Biermanns, stark dem Bänkellied bzw. der politischen Lyrik an. Bertolt Brecht wird als Schöpfer der *politischen Ballade* bezeichnet.

   b. Die sog. **Erlebnislyrik** ist ein wichtiger Teil der sog. *Erlebnisdichtung,* die alle literarischen Gattungen umfasst und die persönlichen Erlebnisse eines Autors „verdichtet". Diese können real oder irreal (traumhaft) sein und mehr direkt oder indirekt ausgedrückt werden, wobei stets der Grad künstlerischer Gestaltung der Wertmaßstab ist. Natur- und Liebesgedichte seit F.G. Klopstock, des jungen J.W. von Goethe und der Romantik, aber auch viele Volkslieder, gehören dazu.

   c. Die sog. **Gedankenlyrik,** auch Ideenlyrik oder philosophische Lyrik genannt, ist eine stärker reflektierende Dichtung, die häufig weltanschauliche und politische Themen gestaltet. *Politische Lyrik, Dinggedichte, Epigramme* und sehr häufig auch *Sonette* sind als Genres zu nennen. Aber so wenig Erlebnislyrik ohne gedankliche Tiefe wertvoll ist, so sehr setzt Gedankenlyrik auch emotionales Ergriffensein voraus. Nur die *Lehrdichtung* beschränkt sich auf die bloße Vermittlung nüchternen Inhalts.

   d. Die **konkrete Poesie** ist eine internationale Richtung moderner Lyrik, die von konkretem Material der Sprache (Wörtern und Buchstaben) ausgeht, auf inhaltliche Aussagen im traditionellen Sinne verzichtet und auf rein klangliche und optische Wirkungen zielt.

3. Das **Drama** ist die Gattung, die – anders als Lyrik und Epik – nicht in erster Linie als „Lesetext", sondern nur als Theateraufführung, als „Schauspiel", zur vollen Geltung kommt.
   a. Folgende **Arten** des Dramas unterscheidet man vor allem nach inhaltlichen Aspekten:
   - Das *Schauspiel* ist Oberbegriff für verschiedene Dramenarten, bezeichnet im engeren Sinne eine Zwischenform zwischen Trauer- und Lustspiel mit ernstem Grundton (z.B. J.W. von Goethes „Götz von Berlichingen").
   - Die *Komödie* (das Lustspiel) kennt zahlreiche Ausprägungen, die je nachdem mehr von Situations-, Charakter- oder Sprachkomik leben, die aber stets menschliche Schwächen in mehr oder weniger heiteren und turbulenten Handlungen bürgerlicher und bäuerlicher Figuren (Ständeklausel) entlarven. Eine besonders drastische Form der Typenkomödie stellen die *Fastnachtsspiele* des 14.–16. Jahrhunderts dar. Wo sich komische und tragische Elemente durchdringen und durch den Kontrast eine gesteigerte Wirkung erzielen, spricht man von *Tragikomödie.* C. Zuckmayers „Hauptmann von Köpenick" zeigt komische Seiten und viele tragikomische Züge.
   - Die *Tragödie* (das Trauer-

spiel) zeigt einen ungelöst bleibenden tragischen Konflikt, der zur menschlichen Katastrophe, zum tragischen Untergang der Hauptfigur mit entsprechender „Fallhöhe“ (Ständeklausel) führt (z.B. in F. Schillers „Maria Stuart“).
- Eine andere Einteilung erfolgt nach der Struktur des Dramas, wobei die *geschlossene Form* des traditionellen (auch klassischen) Dramas der *offenen Form*, z.B. des epischen Theaters, gegenübergestellt wird.

b. Der **Aufbau** des klassischen Dramas ist zu beschreiben über die *Exposition* (die Einführung in Ort, Zeit, Probleme der Handlung und Hauptfiguren), das *erregende Moment* (mit Auslösung des Konflikts), die *steigende Handlung* (mit Entfaltung des Konflikts aus Handlung und Gegenhandlung) und führt zum *Höhe- bzw. Wendepunkt* (der Peripetie), dem die *fallende Handlung* mit *Lösung* bzw. *Katastrophe* folgt.

c. Die **Figuren** des Dramas, oft in bestimmten Konstellationen um *Spieler* und *Gegenspieler,* sind durch ihre *Figurenrede* in Dialogen und Monologen und durch Formen der direkten und indirekten *Selbst- und Fremdcharakteristik* vor Augen geführt.
Was auf der Bühne nicht darstellbar ist, wird als vorausgehendes Geschehen im sog. *Botenbericht* vermittelt oder als *Teichoskopie* (Mauerschau) von erhöhtem Beobachtungsstandort aus durch einen Augenzeugen den Mitspielern auf der Bühne und den Zuschauern mitgeteilt.

4. Als **epische Kleinformen** fasst man Erzählungen aller Art (z.B. Märchen, Sagen, Legenden, Schwänke, Anekdoten, Witz, Aphorismus, Kalender- und Beispielgeschichten, Parabeln) sowie Kurzgeschichten und Miniaturen zusammen.

5. **Literarische Epochen** sind geeignete literaturgeschichtliche Gliederungsmöglichkeiten, wenn nicht übersehen wird, dass es sich um nachträgliche Bezeichnungen handelt und dass Epochen keine „Schubfächer“ darstellen, sondern in vielfachen Überlagerungen zu denken sind, zu denen Dichter oft nur partiell – mit Teilen ihres Werkes – oder nur zeitweise – in einer bestimmten Phase ihres Schaffens – zu rechnen sind. Das Zusammenwirken historischer, politischer und kultureller Strömungen eines Zeitalters lässt sich gut auf einem *Zeitstrahl* oder in einer *Synopse* darstellen.

6. **Journalistische Textarten** umfassen in Tages- und Wochenzeitungen sowie in Magazinen und Illustrierten ein sehr breites Spektrum, das sich nach Hauptendenzen gliedern lässt.
   a. Zur großen Gruppe von **Sachtexten** gehören u.a.
   - die nur oder überwiegend informierenden Angebote und Anzeigen, Nachrichten (im sog. Lead-Stil) und die Zeitungsberichte.
   - Information, Erörterung und z.T. ironisch-satirische Elemente verbinden in unterschiedlichen Anteilen der sog. Aufmacher, die Glosse, das Interview, der Kommentar, der Leitartikel, der Leserbrief, die gedruckte Rede und die Rezension.
   - Zusätzlich erzählend-schildernde und dialogische Elemente können das Feuilleton und die Reportage enthalten.
   - Schwer einzuordnen ist die Produktwerbung, die informierende, erörternde, appellative und pseudopoetische Elemente absichtsvoll vermischt.

   b. Der Gruppe **fiktionaler Texte** zuzurechnen sind neben dem Zeitungsroman Gedichte, Erzählungen, Satiren und Parodien, die meist im Feuilleton zu finden sind.

7. Die Bezeichnung **Kurzgeschichte** ist eine Lehnübersetzung des amerikanischen Gattungsbegriffs *short story*, gilt aber nicht nur für ganz kurze Texte. Nach ihrem Aufbau ist sie eine *offene Form*, die ohne Einleitung und Schluss einen *Ausschnitt* des alltäglichen Lebens in *knapper Sprache* darstellt und oft Elemente des Jargons und Dialekts einbezieht. Die Blüte der deutschen Kurzgeschichte war nach 1945 mit Themen der Kriegs- und Nachkriegszeit.

8. Als **Massenmedien** werden die sog. *Printmedien* (Tageszeitungen, Zeitschriften, Magazine, Illustrierten etc.) und die *elektronischen Medien* (Radio, Fernsehen, Internet) bezeichnet, da ihr Hauptziel – unabhängig von allen Details des Inhalts, der Form und der Vermittlung – die größtmögliche Massenwirksamkeit ist. Die maßgebliche Rolle der Einschaltquoten beim Fernsehen für Programmgestaltung und personelle Besetzung ist ein drastisches Beispiel für dieses Hauptziel, das

bei den privaten Sendeanstalten mit massiven wirtschaftlichen Interessen verbunden ist, wie die häufigen Unterbrechungen durch „Werbeblöcke" zeigen.

a. Das **Fernsehen** ist gegliedert in öffentlich-rechtliche (z.B. ARD und ZDF sowie die regionalen Dritten Programme) und private Sendeanstalten (z.B. RTL, SAT1).
   - Nach den *Typen von Sendungen* lassen sich folgende Angebote unterscheiden: Informations-, Unterhaltungs- und Kultursendungen sowie die zunehmenden Mischformen, die Infotainments.
   - Für die richtige Einschätzung von Informationsgenauigkeit und Glaubwürdigkeit ist die Unterscheidung zwischen *primärer, medialer* und *wahrgenommener medialer* Wirklichkeit wichtig.

b. Die **Zeitung** ist zu gliedern
   - nach dem *Verbreitungsgebiet* (überregionale, regionale, lokale Zeitungen), der *Erscheinungsweise* (Tages-, Wochen- und Sonntagszeitung) sowie nach der *Vertriebsform* (Abonnement- und Boulevard-Zeitung).
   - Die Einteilung nach den fünf klassischen *Ressorts* (Politik, Wirtschaft, Kultur, Sport und Lokales) erfolgt eindeutig nur bei Abonnementzeitungen.
   - Publizität, Aktualität, Universalität und Periodizität sind typische Merkmale seriöser Tageszeitungen.

9. **Mittel der Poetik** (der Dichtungslehre) sind in Dramatik, Epik und Lyrik in unterschiedlichen Anteilen vertreten.
   - Aber *Bildlichkeit* (z.B. Metaphern und Symbole), *Rhythmus,* Satz-, Wort- und *Klangfiguren* kommen überall vor.
   - Dagegen sind *Metrum* und *Reimformen, Zeilen-* und *Hakenstil* der Lyrik vorbehalten.
   - Auch der *Stoff,* die noch ungestaltete Vorlage, spielt vor allem für Drama, Novelle und Roman, weniger aber für Erlebnis- und Liebeslyrik eine Rolle.
   - Vor allem für alle Prosaformen werden die *Perspektivität* (Ich-Perspektive, auktoriale und personale Perspektive) sowie der absichtsvolle *Perspektivenwechsel* wichtige Gestaltungsmittel.

10. Neben kurzen epischen Texten spielen in diesem Band vor allem die **Großformen der Prosa** eine führende Rolle.
   a. Die **Novelle** ist eine streng gebaute, geschlossene Erzählung, deren *„unerhörte Begebenheit“* (J.W. von Goethe) in einer oft „dramatischen“ Handlung einem Höhepunkt zustrebt und oft tragisch endet.
      - Besondere *Strukturmerkmale* (z.B. Dingsymbole, Leitmotive und z.T. eine Rahmentechnik) sind charakteristisch.
      - Zur Entwicklung der Gattung Novelle seit dem 14. Jahrhundert gibt es aus dem 18. und 19. Jahrhundert verschiedene *Novellentheorien,* die jeweils einen bestimmten Aspekt für die Definition der Gattung besonders herausstellen.
   b. Der **Roman** ist nicht nur nach dem Umfang d i e Großform der Prosa, sondern sehr viel mehr noch wegen seiner *Komplexität* (mit Haupthandlung und oft vielen Nebenhandlungen) und *Welthaltigkeit,* wobei Einzelpersönlichkeiten und Gruppen in Konflikten gezeigt werden.
      - Die *Romanarten* lassen sich gliedern nach ihrer *Thematik* (z.B. Liebe, Abenteuer), nach ihrer *Absicht* (z.B. satirisch zu sein), nach ihrer *Form* (z.B. als Ich-Roman) und nach ihrem *Niveau* (z.B. als Trivialroman).
      - Die *Geschichte* des Romans beginnt in der Antike und erreicht im deutschen Sprachraum im Mittelalter im *höfischen Versroman* einen ersten Höhepunkt. Nach den sog. *Volksbüchern* des 16. Jahrhunderts waren die Barockromane wichtige Vorstufen für die großen Bildungs-, Gesellschafts- und Zeitromane des 18., 19. und 20. Jahrhunderts.
   c. Das **literarische Tagebuch**, das mit dem Ziel der Veröffentlichung geschrieben wird, ist vor allem im 20. Jahrhundert eine wichtige Form, in der Bericht, Erzählung, Abhandlung (Essay) und Erörterung zusammenfließen.

Sprachbetrachtung

1. Die **Anwendung** von grammatischem Wissen und Fachbegriffen aus der Poetik (Dichtungslehre) verlangt Folgendes:
   a. Die **Absicht** einer Textgestaltung und die **Stilform** müssen in engem Zusammenhang gesehen werden.
      - Der *Nominalstil* ist vor allem

durch Substantive (häufig Komposita und Fachbegriffe) geprägt und ermöglicht in Wissenschaft, Technik und Verwaltung eine rasche und dichte Informationsvermittlung, klingt aber meist sehr spröde und schwerfällig.
- Der *Verbalstil* bevorzugt treffende Verben und ermöglicht farbiges und lebendiges Beschreiben, Erzählen und Schildern.

b. In der **Lexik** (Wortlehre) kommt es weniger auf statistische Feststellungen über die Häufigkeit bestimmter Wortarten an, sondern auf das Erkennen von deren *stilistischen Funktionen.*

c. Auch in der **Syntax** (Satzlehre) richtet sich das Augenmerk vor allem auf die *funktionale Betrachtung* hypotaktischer und parataktischer Fügungen für den jeweiligen Zusammenhang von Aussage und Absicht.

Für alle Formen der Textbeschreibung und Interpretation sind diese Formen *stilistischer Sprachbetrachtung* unerlässlich. Bestimmte *Methoden* – z.B. die Ersatz-, Weglass-, Umformungs- und Umstellprobe – können helfen, um Eigenarten zu erkennen.

2. Die **Bedeutungslehre** (Semantik) befasst sich u.a. mit folgenden Themen:
   a. Im historisch bedingten **Bedeutungswandel** von Begriffen kommt es zu *Bedeutungserweiterungen* und *-verengungen* (z.B. mhd. frouwe = adelige Herrin > nhd. Frau; mhd. maget = Mädchen > nhd. Magd = Dienstbote), mit denen häufig Bedeutungsverbesserungen bzw. -verschlechterungen verbunden sind.
   b. Während man mit **Denotat** die Grundbedeutung eines Wortes bezeichnet (z.B. Heimat = Region, Ort, Haus), werden mit **Konnotationen** die vielfältigen Nebenbedeutungen benannt (z.B. Heimat = Ort der Geborgenheit, der Kindheit, der Sehnsucht, der innigen Gefühle etc.).

3. Die **Sprachebenen** werden genauer untersucht auf die Entstehung und Funktionen von drei Hauptbereichen:
   a. Die **Dialekte** (Mundarten) sind regional begrenzte Sprachgebiete, in denen vor allem Wortschatz und Aussprache unterschiedlich sind.
   b. Die **Umgangssprachen** sind auch regional geprägt, aber nicht so leicht wie die Dialekte zu fassen, weil sie mundartliche, alltagssprachliche und hochsprachliche Elemente vermischen und viele Ausprägungen zeigen.
   c. Die **Hochsprache** (Einheits- oder Standardsprache) hat die größte *kommunikative Reichweite* und ist vorwiegend als *Schriftsprache* fassbar.

4. Die **Sprachgeschichte** beschreibt unter verschiedenen Aspekten die historisch bedingten Veränderungen in ihrem chronologischen Nacheinander (also diachron):
   a. Der **Lautwandel** wird vor allem erkennbar in der ersten (germanischen) und der zweiten (althochdeutschen) Lautverschiebung sowie in der neuhochdeutschen Monophthongierung und Diphthongierung.
   b. Die heutige neuhochdeutsche **Schriftsprache** ist nicht zu erklären ohne die vereinheitlichende Wirkung der mittelhochdeutschen *Literatursprache* um 1200, der *Kanzleisprachen* des 14./15. Jahrhunderts und Luthers *Bibelübersetzung.* Ebenso wichtig sind der Siegeszug des *Buchdrucks,* die *Literatursprachen* des *Barocks* (im 17. Jh.) und der deutschen *Klassik* um 1800.
      - Um den Sprachbestand des Deutschen nach dem Alter zu beschreiben, unterscheidet man nach *Erb-, Lehn-* und *Fremdwörtern.*
      - Sollen Spracheigenarten einer bestimmten Epoche erfasst werden, ist von *Zeitstil* die Rede, der auch die jeweiligen Moderichtungen, die Einflüsse fremder Sprachen und die entsprechenden Reformbestrebungen (z.B. im Barock die der sog. Sprachgesellschaften) einbezieht.

5. Mit dem Begriff **Sprachvarietäten** (Sprachverschiedenheiten) werden die unterschiedlichen Ausprägungen von Sprache bezeichnet, die in einer Gesellschaft gleichzeitig (also synchron) vorkommen.
   a. Die **Fachsprachen** der Techniker, Juristen, Sportler etc. entstehen aus der Notwendigkeit starker Differenzierung von Arbeitswelt und Gesellschaft und dem Bedürfnis, spezifische Sachverhalte möglichst genau beschreiben zu können. Fachsprachen sind überregional zwar den Spezialisten eines Fachgebiets verständlich, meist aber nicht der Allgemeinheit.
   b. Die **Jugendsprache** ist – im Gegensatz zu einer Fachsprache – keine einheitliche Sprache, sondern stark regional und sozial durch die jeweilige Peer-group geprägt und raschen Wandlungen von Moden unterworfen.

Das Haus der Wörter und der Sätze

Wortarten
und ihre Funktionen
(veränderlich = v., unveränderlich = u.v.)

Interjektionen (Ausrufewörter, u.v.)
Z. B.: hm, ach, hei, hallo, pst, wau, hoppla, pfui, uff
– *Ausdruck*
– *Aufforderung*
– *Nachahmung*
} keine bestimmte inhaltliche Aussage; stehen im Satz oder allein

Konjunktionen (Bindewörter, u.v.)
Z. B.: und, sowie; seitdem, dass, weil, dagegen
– *neben- oder beiordnend* (Satzreihe)
– *unterordnend* (Satzgefüge)

Präpositionen (Verhältniswörter, u.v.)
Z. B.: auf, in, während, mit
– Sie bestimmen den *Kasus* des folgenden Wortes.
– Sie geben *Zeit, Ort, Grund, Art* an.

Pronomen (Fürwörter, v.)
– *Personalpronomen* (Stellvertreter: ich, du, er; wir, ihr, sie)
– *Possessivpronomen* (Besitzangabe: mein, dein; unser)
– *Interrogativpronomen* (Frage: wer, was?)
– *Relativpronomen* (Einleitewort: welcher, welche, welches)
– *Demonstrativpronomen* (Hinweis: dieser, jener, der)
– *Reflexivpronomen* (Beziehung: sich)

Artikel (Geschlechtswörter, v.)
– *bestimmt* (der, die, das)
– *unbestimmt* (ein, eine, ein)
} zeigen Genus, Numerus, Kasus an

Substantive (Haupt-, Ding- oder Namenwörter, v.)
– *Konkreta* (Haus)
– *Abstrakta* (Geist)
} Genus, Numerus, Kasus

Adverbien (Umstandswörter, u.v.)
– *Kausaladverbien* (deshalb, darum, meinetwegen)
– *Lokaladverbien* (dort, hinten, hier, vorn)
– *Modaladverbien* (gerne, eilends, genauso)
– *Temporaladverbien* (jetzt, mittags, heute, gestern)

Adjektive (Eigenschaftswörter, v.)
– *attributiv* (Ein großer Hans tritt auf.)
– *prädikativ* (Hans ist groß.)
– *adverbial* (Hans tritt groß auf.)
– *deklinierbar* vor Substantiven
– meist zu *steigern:* Positiv (groß), Komparativ (größer), Superlativ (am größten)
– **Zahladjektive** (Numerale, v.) Z. B.: zwei, viel, wenig

Partizipien (Mittelwörter, v.)
– *Partizip I,* des Präsens (brennend)
– *Partizip II,* des Perfekts (gebrannt)

Verben (Zeit- oder Tätigkeitswörter, v.)
– *Tätigkeitsverben* (singen)
– *Vorgangsverben* (wachsen)
– *Zustandsverben* (stehen)
– Hilfsverben (sein, haben)
}
• 6 Tempora
• Konjugation
• Aktiv, Passiv
• starke und schwache Verben

Satzarten
und ihr Aufbau
(Einleitewort: Ew.)

Der **Einwortsatz** (die Ellipse < gr. elleipsis = das Ausbleiben)
Z. B.: Hilfe! Willkommen! Großartig!

Der **einfache Aussagesatz:** S + P
Z. B.: Die Hilfe kam.

Der **einfach erweiterte Aussagesatz**
Z. B.: Die Hilfe kam zeitig. (S+P+TA)

Der **mehrfach erweiterte Aussagesatz** (S+P+LA+TA)
Z.B.: Die Hilfe kam im Stadion zeitig.

Die **Satzreihe:** HS+HS
Z. B.: Die Hilfe kam (,) und das Opfer hoffte.

Der **Adversativsatz:** Gegensatz
Ew.: anstatt

Der **Attributsatz:** Was für ein? Relativsatz
Ew.: der, welche

Der **Finalsatz:** Zweck: Wozu? Ew.: damit

Der **Infinitivsatz:** Satzwertiger Infinitiv; verkürzter Nebensatz ohne Ew.; Komma *kann* stehen.

Der **Instrumentalsatz:** Mittel: Womit? Ew.: dadurch dass

Der **Kausalsatz:** Grund: Warum? Ew.: weil, da

Der **Komparativsatz:** Vergleich: Wie wer? Ew.: wie, als

Der **Konditionalsatz:** Unter welcher Bedingung?
Ew.: wenn

Der **Konsekutivsatz:** Mit welcher Folge? Ew.: (so) dass

Der **Konzessivsatz:** Trotz welcher Sache?
Ew.: obwohl, obgleich, wenn auch, wiewohl

Der **Lokalsatz:** Ort: Wo? Wohin? Ew.: wo, wohin, woher

Der **Modalsatz:** Art und Weise: Wie?
Ew.: wie, indem, dadurch dass

Der **Objektsatz:** Wen oder was?
Ew.: dass, ob; wie, was, welche

Der **Partizipialsatz:** Satzwertiges Partizip, d.h. erweitertes Partizip statt des Gliedsatzes; kein Ew.; Komma *kann* stehen.

Der **Subjektsatz:** Nimmt die Stelle eines Subjekts ein: Wer? Ew.: dass, was

Der **Temporalsatz:** Zeit: Wann?
Ew.: bevor; als, während; nachdem

Wie die Teile zum Ganzen werden

Übersicht zur Verbindung der Arbeitsbereiche[1]

Erstes Kapitel: Mein Leben – dein Leben

I. Und nun was tun?

1. So bin ich – bin ich so? – Personen charakterisieren und Texte beschreiben

	Sprechen und Schreiben	Literatur und Medien	Sprachbetrachtung
Situationen, S. 8	– Beschreiben von Fotos – Gestalten nach Bildimpuls	– Fotocollage	– Situativ angemessene Sprachverwendung
Eine Situation und zwei Texte, S. 9	– Schreiben eines Leserbriefs – Auswerten von Leserbriefen	– **Textarten 1: Der Leserbrief** – Problemgedicht (Schülerarbeit)	– Angemessene Sprache im „Mischtext" Leserbrief
R. Anders: Was ich fühle, S. 10 **R. Kunze:** Fünfzehn, S. 10	– **Charakterisieren 1: einer literarischen Figur** – Exzerpieren von Eigenschaften	– Schilderung – Reiner Kunze – Literarische Charakteristik	– Merkmale ironisierender Charakteristik
Charakteristik eines Mitschülers, S. 12	– Beurteilen und Verbessern von Charakteristiken	– Charakteristik eines Mitschülers (Schülerbeispiele)	– **Bedeutungslehre 1: Sprache der Typologie**
M. Steenfatt: Im Spiegel, S. 13	– Fachgespräch über Verhaltensweisen – Umgestalten	– Kurzgeschichte	– **Stilistische Sprachbetrachtung 1: Wortwahl und Satzbau**
Vorschläge für Vorgeschichten, S. 14	– Beurteilen von Schülerbeispielen	– Vorgeschichte und Fortsetzung (Schülerbeispiele)	– Argumentieren
W. H. Fritz: Augenblicke, S. 14	– Exzerpieren von Eigenschaften – Gestalten aus anderer Perspektive – **Arbeitstechniken 1: Durch Sprachproben einen Text verstehen** – **Charakterisieren 2: Aspekte**	– Kurzgeschichte – Walter Helmut Fritz – Grafik und Methodenerläuterungen	– Vergleich von Aussagen, Syntax und Wortwahl – Fachbegriffe
H. Heißenbüttel: das Sagbare sagen, S. 17 **P. Fleming:** An sich, S. 17	– Fachgespräch über themenverwandte Texte – Beschreiben von Aufbau und Form	– Helmut Heißenbüttel – Das Sonett	– Spracheigenarten von Prosa und Lyrik

2. Werben für mich? – Bewerbung, Lebenslauf und Vorstellungsgespräch

	Sprechen und Schreiben	Literatur und Medien	Sprachbetrachtung
Die Weichenstellung, S. 18	– Argumentieren pro und contra	– Grafik	– Sprachmerkmale der Argumentierens
K. Marti: Wo kämen wir hin?, S. 18	– Fachgespräch über Stileigenarten	– Modernes Problemgedicht	– Die stilistische Funktion des Konjunktivs
Marion und Jörg im Gespräch, S. 19	– Beurteilen von Argumentationen – Fortsetzen eines Dialogs	– Alltagsgespräch (Schülerbeispiel)	– Sprachmerkmale des Argumentierens
Wollen – Können – Suchen – Finden, S. 19	– Erstellen eines Clusters – **Gestalten 1: Ein Berufequiz durchführen**	– Bild-Text-Collage	– Bild-Text-Korrelationen
Ein Junge – zwei Einschätzungen, S. 21	– Vergleichen von Charakteristiken – Gestalten von Selbst- und Fremdporträt	– Selbst- und Fremdcharakteristik (Schülerbeispiele)	– Sprachmerkmale der Charakteristik

[1] Ein Hinweis für Deutschlehrerinnen und Deutschlehrer: Diese Synopse stellt die **Integration** der Arbeitsbereiche dar und bietet eine erste Orientierung für die individuelle **Jahresplanung**: Die halbfett hervorgehobenen Gliederungspunkte innerhalb der drei Arbeitsbereiche zeigen das **Fundament** (i.d.R. die Obligatorik bzw. die Schwerpunkte) einer Jahresarbeit. Die Nummerierungen markieren eine curricular sinnvolle **Progression.**

	Sprechen und Schreiben	Literatur und Medien	Sprachbetrachtung
G. Karpe: Auf der Wörterwiese, S. 23	– Exzerpieren von Rechtschreibfällen – **R 1: Regeln der Kommasetzung**	– Sprachsatire	– Stilmerkmale der Satire
Ein Stellenangebot, S. 24	– Fachgespräch über eine Bewerbung – Gestalten eines Beratungsgesprächs – Informationen sammeln	– Stellenanzeige	– Sprachmerkmale einer Stellenanzeige
Zwei Bewerbungen, S. 24	– Fachgespräch über Bewerbungsschreiben	– **Textarten 2: Das Bewerbungsschreiben**	– **Stilistische Sprachbetrachtung 2: Verbal- und Nominalstil**
Achim entwirft zwei Lebensläufe, S. 27	– Fachgespräch über Formen des Lebenslaufs – Erarbeiten von Bewerbungsunterlagen	– **Textarten 3: Formen des Lebenslaufs**	– Sprachmerkmale des „offiziellen Schreibens"
Die Einladung, S. 28 Achim bereitet sich vor, S. 29	– Auffassungen erörtern – Beurteilen und Fortsetzen eines Fachgesprächs	– Ein „offizielles Schreiben"	– **Stilistische Sprachbetrachtung 3: mündlich und schriftlich**
Das Vorstellungsgespräch als Rollenspiel, S. 30	– Beurteilen und Ergänzen von Clustern – Gestalten eines Vorstellungsgesprächs	– Cluster aus unterschiedlichen Perspektiven – **Spielen 1: Das Rollenspiel**	– **Sprachzeichen 1: Körpersprache**
Auszüge aus den Beobachternotizen, S. 30	– Auswerten von Beobachternotizen – Vorstellungsgespräche üben – **Gespräche 1: Das Vorstellungsgespräch**	– Gesprächsnotizen (Schülerbeispiel)	– Sprachmerkmale des Mündlichen – **Stilistische Sprachbetrachtungen 4: Sprachebenen**
Konstellationen, S. 32	– Dialogisieren von Kommunikationssituationen	– Illustrationen	– Sprachmerkmale des Vorstellungsgesprächs
Auch ein Vorstellungsgespräch, S. 32	– **Gespräche 2: Kommunikationsmodell** – Beschreiben von Faktoren	– Vorstellungsgespräch	– Fachbegriffe

3. „So ist das Leben!" – Der Alltag im Tagebuch und in der Satire

J. Richter: Tagebuch einer Austauschschülerin, S. 33	– Charakterisieren einer literarischen Figur – **Arbeitstechniken 2: Methoden der Stildeutung** – Gestalten einer Parallelerzählung – **Gestalten 2: Das Lesetagebuch**	– **Textarten 4: Das literarischen Tagebuch** – Lesen mit verteilten Rollen	– Umstell-, Erweiterungs- und Ersatzprobe – Syntax und Aussage
H. Doutiné: Eine Frau wie Sie, S. 37 **D. E. Zimmer:** Stellenteil, S. 39	– Vergleich von Texten – **R 2: Substantivierung** – Gestalten nach Textvorgaben	– **Erzählung 1: Die Satire**	– Stilmerkmale der Satire – **Stilistische Sprachbetrachtung 5: political correctness**
K. Bartsch: Poesie, S. 40	– Fachgespräch – Parallelgestaltung – **Arbeitstechniken 3: Methoden zur Erschließung moderner Lyrik**	– Modernes Problemgedicht – Leseversuche – **Dichtungslehre 1: Merkmale fiktionaler Texte**	– Sprachmerkmale moderner Lyrik

II. Suchen und Finden

1. Schwierige Verhältnisse – Inhaltsangabe und Textbeschreibung

P. Weiss: Der Ernst des Lebens, S. 41	– Fachgespräch über Textprobleme – Gestalten eines Dialogs – **Arbeitstechniken 4: Aufbauskizze**	– Autobiografie – Peter Weiss	– Die Sprache der Redewendungen
R. Kunze: Ordnung, S. 43 **T. Ulrichs:** ordnung - unordnung, S. 43	– Fachgespräch über themengleiche Prosa und Lyrik	– **Lyrik 1: Konkrete Dichtung**	– Mehrdeutigkeit des Begriffs „Ordnung"
G. Ruck-Pauquèt: Das dritte Opfer im Kriminalfall X, S. 43	– Fachgespräch über „Opfer" – **Inhaltsangabe 1: Das Resümee** – **Interpretieren 1: Textbeschreibung und -deutung einer Kurzgeschichte in drei Phasen**	– Kurzgeschichte – **Dichtungslehre 2: Die Perspektive** – **Dichtungslehre 3: Das Motiv**	– Mehrdeutigkeit des Begriffs „Opfer"

2. Du und ich – Das Thema „Liebe“ in Prosa und Lyrik

	Sprechen und Schreiben	Literatur und Medien	Sprachbetrachtung
B. Brecht: Liebe zu wem?, S. 48	– Fachgespräch – Gestalten aus anderer Perspektive	– Keuner-Geschichte	– Bedeutungshof von „Liebe“
M. Claudius: Die Liebe, S. 49 **L. Uhland:** Heimkehr, S. 49 **W. Weyrauch:** Gleichung, S. 49 **J. Theobaldy:** Gedicht, S. 49	– In Gruppenarbeit ein Gedicht lesen und interpretieren – Thematischer Vergleich von Gedichten	– **Lyrik 2: Eigenarten von Lyrik** – Rezitation	– Spracheigenarten traditioneller und moderner Gedichte
H. J. Schädlich: Apfel auf silberner Schale, S. 49	– Fachgespräch über Titel und Spracheigenarten – Erzählen aus anderer Perspektive – Interpretieren in drei Phasen	– Kurzgeschichte – Hans-Joachim Schädlich – Leseversuche	– Eigenarten einer stilisierten Jugendsprache
Das erste Kapitel im Blickfeld, S. 51			

Zweites Kapitel: Spannende menschliche Beziehungen

I. Außenseiter?

1. Einen Standort suchen – Über das Fachgespräch zum Unterrichtsprotokoll

	Sprechen und Schreiben	Literatur und Medien	Sprachbetrachtung
Beziehungen, S. 55	– Gesprächssituationen dialogisieren – Kommunikationsfaktoren ordnen	– Fotocollage	– Spracheigenarten unterschiedlicher Kommunikationssituationen
Schüler sprechen über Bilder, S. 56	– Ein Fachgespräch analysieren und fortführen – Kommunikationsmodelle entwerfen	– Fachgespräch (Schülerbeispiel)	– Situativ angemessene Sprachverwendung
A. Chambers: Tanz auf meinem Grab, S. 57	– Argumente untersuchen – Ein Verlaufsprotokoll verfassen	– Jugendbuch – Lesen mit verteilten Rollen	– Sprache der Argumentation
Hals Argumentation, S. 58	– Den Aufbau einer Argumentation untersuchen	– Satzbeispiele	– **Stilistische Sprachbetrachtung 6: Funktion von Parataxe und Hypotaxe**
Zwei Unterrichtsprotokolle, S. 58	– Verlaufsprotokolle vergleichen – **R 3: Großschreibung**	– Formen des offiziellen Schreibens	– Spracheigenarten des offiziellen Schreibens
Ein Ergebnisprotokoll, S. 60	– **Protokoll 1: Verlaufs- und Ergebnisprotokoll**	– Formen des offiziellen Schreibens	– Formale Eigenarten eines Dokuments
I. Aichinger: Das Fenster-Theater, S. 61	– Eine Kurzgeschichte fortsetzen, beschreiben und deuten – Ein Kommunikationsmodell anwenden	– Kurzgeschichte – Ilse Aichinger	– Die stilistische Funktion von Parataxe und Hypotaxe
„Verbesserungsvorschlag“ durch Sabine, S. 62	– Grundregeln der Großschreibung	– Textumformung (Schülerbeispiel)	– Wiederholung von Wortarten

2. Extreme Situationen – Literarische Figuren charakterisieren

	Sprechen und Schreiben	Literatur und Medien	Sprachbetrachtung
Merkmale eines Wildwestfilms, S. 63 **S. Sommer:** Kinohelden, S. 63	– **Beschreiben 1: Figuren typisieren** – Prosa umformen	– Szenenfotos – **Erzählung 2: Die Parodie**	– Merkmale der Typisierung – Stilmerkmale der Parodie
G. Weisenborn: Zwei Männer, S. 64	– Einen literarischen Text gliedern – Kurzinhaltsangabe	– Kurzgeschichte – Günther Weisenborn – Sinngestaltendes Lesen in der Lesestaffel	– Wortschatz und Wortverwendung – Die stilistische Funktion fremdsprachlicher Ausdrücke
Zwei Schülerbeispiele, S. 67	– Gliederungsvorschläge vergleichen	– Kurzinhaltsangabe (Schülerbeispiel)	– Spracheigenarten einer Kurzgeschichte

	Sprechen und Schreiben	Literatur und Medien	Sprachbetrachtung
Ergebnisse der Textbeschreibung, S. 68	– Schülerergebnisse analysieren	– Textbeschreibung (Schülerbeispiel)	– Spracheigenarten der Lexik und Syntax
Der Farmer und der Peon – Charakterisierungen, S. 68	– **Charakterisieren 3: Arten der Selbst- und Fremdcharakteristik**	– Tabellarische Darstellung	– Charakterisierende Adjektive und Partizipien
H. Malecha: Die Probe, S. 69	– Fragen an einen literarischen Text stellen – Einen literarischen Text gliedern – Inhalt, Aufbau und Sprache beschreiben und deuten	– Kurzgeschichte – Verhältnis von Titel und Inhalt	– **Bedeutungslehre 2: Denotat und Konnotationen** – **Stilistische Sprachbetrachtung 7: Die Wirkung von Attributen und Attributsätzen**
Lösungsvorschläge von Schülern, S. 73	– Erste Leseeindrücke vergleichen – **Interpretieren 2: Vom ersten Leseeindruck einer Kurzgeschichte zur Stoffsammlung**	– Leseeindrücke und Fragen (Schülerbeispiel)	– Spracheigenarten einer Kurzgeschichte

3. Auf Leben und Tod – Prosatexte interpretieren

G. Britting: Brudermord im Altwasser, S. 74	– Eine Kurzgeschichte in drei Phasen interpretieren	– Kurzgeschichte – Georg Britting	– **Stilistische Sprachbetrachtung 8: Wirkung des Tempuswechsels**
Veronikas erste Leseeindrücke, Beobachtungen und Fragen, S. 75	– Einen ersten Leseeindruck festhalten	– Fragenkatalog	– Erschließungsfragen
Julians geordnete Stoffsammlung, S. 76	– Eine geordnete Stoffsammlung verfassen – Eine Erzählung interpretieren	– Eine tabellarische Darstellung	– Anwendung von Syntax und Lexik – Spracheigenarten der Interpretation
Franziskas Schlusswertung, S. 76	– Eine Schlusswertung mit Schülerbeispielen vergleichen – Gestaltendes Interpretieren	– Eine Wertung als „Mischtext" (Schülerbeispiel)	– Sprachmerkmale einer Wertung
E. Langgässer: Saisonbeginn, S. 77	– Mit textexternen Informationen arbeiten – Eine Kurzgeschichte gliedern	– Kurzgeschichte – Elisabeth Langgässer	– Religiöse Schlüsselwörter entziffern
Informationssuche, S. 79	– Informationen beschaffen und bearbeiten	– Verzweigungsdiagramm	– Abkürzungen deuten
Die Rechtslage, S. 79	– Fakten exzerpieren – **Kurzreferat 1: Vorbereitungen**	– Politischer Sachtext	– Politische und juristische Fachbegriffe
J. Reding: Während des Films …, S. 80	– Eine Kurzgeschichte interpretieren – Gestaltendes Interpretieren	– Kurzgeschichte – Josef Reding – Perspektivität	– Sprachverwendung aus unterschiedlichen Perspektiven
Interpretationsaufsatz: Josef Reding „Während des Films …", S. 82	– **Interpretieren 3: Interpretationsaufsatz über eine Kurzgeschichte**	– **Erzählung 3: Die Kurzgeschichte**	– Sprachverwendung in der Interpretation
B. Brecht: Maßnahmen gegen die Gewalt, S. 83	– Die Erzählabsicht erörtern – Eine Parabel interpretieren	– **Erzählung 4: Die Parabel**	– Politische Fachbegriffe als Stilmittel

II. Gestörte und gefährdete Beziehungen

1. Vorurteile und Gewalt – Probleme erkennen und erörtern

M. von der Grün: Masken, S. 84	– Verfassen einer Inhaltsangabe – Dialoge und Alternativen gestalten – **Interpretieren 4: Gestaltendes Interpretieren 1**	– Kurzgeschichte – Max von der Grün	– Sprachmerkmale der Andeutung
Übersichtssätze, S. 87	– Lösungen vergleichen	– Schülerbeispiele	– Sprachverknappung
Thema, Thesen, Argumente und Beispiele, S. 87	– **Gespräche 3: Die Argumentation** – Ein Thesenpapier erstellen	– Thesenpapier (Schülerbeispiel)	– Oberbegriffe, Unterbegriffe

	Sprechen und Schreiben	Literatur und Medien	Sprachbetrachtung
R. Kunze: Element, S. 88	– Einen Stichwortzettel anlegen – Informationen beschaffen – Ergebnisse protokollieren – Diskutieren mit Thesenpapier	– Kurzgeschichte mit politischer Thematik – Informationsquellen	– Denotation, Konnotationen – Nach Oberbegriffen gliedern
Vorschläge der 9c für ein Thesenpapier mit einer geordneten Stoffsammlung, S. 91	– **Erörtern 1: Pro- und Contra – Erörterung** – Ein Verfahren beschreiben	– Eine tabellarische Darstellung	– Argumente und Beispiele
W. Schnurre: Beste Geschichte meines Lebens, S. 92	– Ein Resümee verfassen – Ein Problem erörtern	– Satire	– Stilmittel der Satire

2. Schuld und Sühne – Balladen rezitieren und beschreiben

J. W. von Goethe: Der Fischer, S. 92 **F. Schiller:** Die Kraniche des Ibykus, S. 93 **A. von Droste-Hülshoff:** Die Vergeltung, S. 96 **W. Biermann:** Die Ballade vom Briefträger William Moore aus Baltimore, S. 98	– In Gruppenarbeit Balladen • rezitieren, • besprechen, • durch eine Stoffsammlung erschließen – Ergebnisse präsentieren	– **Lyrik 3: Fachbegriffe der Poetik** – **Lyrik 4: Die Ballade** – Annette von Droste-Hülshoff – Wolf Biermann – **Rezitieren 1: Methoden der Rezitation**	– Sprachmerkmale von Balladenarten • Eigenarten des Numinosen • Eigenarten der Ideenballade • Eigenarten der politischen Balladen: Nähe zu Bänkelsang und Song
Das zweite Kapitel im Blickfeld, S. 100			

Drittes Kapitel: Menschen und ihre Sprachen

I. Wie wir sprechen

1. Meine Sprachen, deine Sprachen, unsere Sprachen – Über Sprachverschiedenheiten (Sprachvarietäten) und wie Sprachebenen wechseln

Gesprächssituationen, S. 103	– Besprechen und Ordnen von „Sprachen“ – Zuordnung von Texten und Bildern	– Bild- und Textcollage	– Sprachvarietäten im Überblick – Ersatzproben
Haute-Couture, Mode, Klamotten, S. 104	– Ordnen, Schreiben und Umformen von Texten – Erörtern von Schwierigkeiten	– Fachsprache „Mode“	– Alltags- und Fachsprache
Aber meine Herren ... !, S. 104	– Dialogisieren einer Szene	– Karikatur	– Dialekt, Jargon, Hochsprache
Meine Sprachen, S. 105	– Erstellen eines Diagramms – Ordnen nach Sammelbegriffen	– Gespräche – Redensarten	– Sprachvarietäten
Ein Lexikonartikel, S. 105	– Exzerpieren – Kurzdefinitionen schreiben	– Lexikonartikel als Sachtext	– Fachbegriffe zu „Sprache“ – **Sprachvarietäten 1: Übersicht**

2. Die Jugendsprache oder Jugendsprachen? – Sprachvarietäten untersuchen

Szene aus dem Film „Die Halbstarken“, 1956, S. 106	– Exzerpieren – Einen Dialog umschreiben – **Protokoll 2: Ergebnisprotokoll einer Diskussion 1**	– Dramatischer Text: Filmdialog	– Veränderungen der Jugendsprache
U. Plenzdorf: Die neuen Leiden des jungen W., S. 107	– Spracheigenarten exzerpieren und erklären – Vorbereiten einer Erörterung	– Roman	– Eigenheiten einer stilisierten Jugendsprache
Carinas Erörterung, S. 107	– Eine Erörterung untersuchen – **Erörtern 2: Ein Thema erschließen**	– Erörterung (Schülerbeispiel)	– Sprache der Erörterung
Jugendsprache in den Medien, S. 108	– In Gruppenarbeit Texte beschreiben – Fachgespräch über Sprachverwendung	– Textcollage aus verschiedenen Medien	– Merkmale der Jugendsprache – Ersatzproben

	Sprechen und Schreiben	Literatur und Medien	Sprachbetrachtung
Jugendliche unter sich, S. 109	– Exzerpieren – Fachgespräch über die Funktion von Jugendsprache	– Sachtext – **Textarten 5: Werbung**	– Die Situationsangemessenheit von Sprache
Wann spreche ich wie?, S. 109	– Brainstorming	– Erörterungskonzept	– Schlüsselbegriffe der Erörterung
P. Schlobinski u. a.: ‚Jugendsprache' gleich Mediensprache?, S. 110	– Einen Sachtext untersuchen – Ein Resümee schreiben – **Beschreiben 2: Schritte der Textbeschreibung**	– Sachtext über Jugendsprache	– Fachbegriffe der Mediensprache
S. Buchegger: Voll cool, S. 110	– Eine Karikatur dialogisieren – Erlebte Rede und inneren Monolog verfassen – Eine Gliederung für eine Erörterung erstellen	– Karikatur – **Dichtungslehre 4: Erlebte Rede und innerer Monolog**	– Jugendsprache und Kommunikationssituation – **Sprachvarietäten 2: Jugendsprache**
Äußerungen zur Jugendsprache, S. 111	– Diskutieren und Zitieren – **Erörtern 3: Eine fachspezifische Erörterung nach Zeitplan** – **Arbeitstechniken 5: Textgenaues Arbeiten und Quellennachweis**	– Textcollage – Strukturbilder und Cluster – **Lesen 1: Lesearten**	– Sprachmerkmale der Wertung – Schlüsselbegriffe der Themenanalyse
Zwei Gliederungsvorschläge zum Beginn des Hauptteils, S. 116	– Verbessern von Schülervorschlägen – **Arbeitstechniken 6: Zitieren und sinngemäßes Wiedergeben**	– Gliederungen (Schülerbeispiele)	– Sprache der Erörterung
Verschiedene Einleitungen, S. 116	– Einleitungen vergleichen	– Erörterung (Schülerbeispiele)	– Sprachliche Hauptfehler
Aus einem Hauptteil, S. 117	– Sätze sachlogisch sortieren	– Erörterung (Schülerbeispiele)	– Sprache der Erörterung

3. „Fachsimpeln", aber wie? – Präzise Ausdrucksweise durch Fachsprachen

B. Sherman/Ph. Judkins: Virtual Reality, S. 118	– Sachtexte ordnen und exzerpieren – **Arbeitstechniken 7: Verstehenshilfen bei Sachtexten** – **Beschreiben 3: Sprachbeschreibung von Sachtexten**	– Sachtext über elektronische Medien – Tabellarische Darstellung	– **Sprachgeschichte 1: Neologismen** – Anglizismen in moderner Mediensprache
Modetrends, S. 119 **H. Wildemann:** Optimierung von Entwicklungszeiten ..., S. 119	– Sachtexte in Gruppenarbeit untersuchen – Sachverhalte resümieren – Spracheigenarten beschreiben	– Sachtexte über Mode und Total Quality Management	– Merkmale von Fachsprachen unterschiedlicher Sachbereiche
Th. Troll: Rotkäppchen auf Amtsdeutsch, S. 119	– Spracheigenarten beschreiben – Einen Text in Fachsprache fortsetzen – Fachsprachliche Texte verfassen	– Satire auf einen Sachtext – Lesearten erproben	– Stilmittel der Satire – Spracheigenarten des „Amtsdeutsch"
Kuddelmuddel, S. 120	– Fachsprachen sortieren – In Kurzreferaten Fachsprachen vorstellen	– Montage von Fachsprachen – Wandzeitung	– **Sprachvarietäten 3: Fachsprachen**

II. Dialekte und Hochsprache

1. Red'n, schwätza, klön'n, snak'n – Dialekte verraten die Herkunft des Sprechers

Ghom'sch, S. 121	– Dialekte benennen – Dialekte umformen	– Witze in Wort und Bild	– Dialekteigenarten
G. Köhler: Immrhin, S. 122 **M. Spohn:** Grad mach-e s Maul zua!, S. 122	– Dialekte vergleichen – Ein Resümee verfassen	– Karikaturen	– Dialektmerkmale in Klangbild und Lexik
G. Hauptmann: Der Biberpelz, S. 122	– In Gruppenarbeit Dialektelemente untersuchen	– Drama	– **Bedeutungslehre 3: Denotation und Konnotationen 2**

	Sprechen und Schreiben	Literatur und Medien	Sprachbetrachtung
M. von Ebner-Eschenbach: Die Spitzin, S. 123 **Th. Fontane:** Der Stechlin, S. 123 **C. Zuckmayer:** Der fröhliche Weinberg, S. 123	– Dialektpassagen umformen – Dialekte zuordnen	– Novelle – Roman – Drama	– Die stilistische Funktion von Dialektpassagen in dichterischem Kontext
H. Bausinger: Wie im Krimi – Dialekte als Identitätsmerkmal?, S. 124	– Exzerpieren von Spracheigenarten – Erheben von Dialekteigenarten der Klasse	– Sprachwissenschaftlicher Sachtext	– **Sprachvarietäten 4: Dialekte im deutschen Sprachraum**
Einteilung der deutschen Mundarten in der Gegenwart, S. 124 Mundartbezeichnungen für „sprechen“, S. 125 Mundartbezeichnungen für „Mädchen“, S. 125	– Dialekte erkennen und beschreiben – Dialektkarten auswerten – Ein Resümee verfassen	– Dialektkarten	– Dialektgrenzen

2. Reden halten und reden lassen – Funktionen der Hochsprache

M. Walser: Erfahrungen beim Verfassen einer Sonntagsrede, S. 126	– Eine Problemfrage erörtern – Umformen in Dialekt – Sprache beschreiben	– **Textarten 6: Die Rede**	– Möglichkeiten und Grenzen von Dialekt und Hochsprache
M. Walser: Bemerkungen über unseren Dialekt, S. 126	– Dialekt und Hochsprache vergleichen – Die Bedeutung des Dialekts erörtern	– Essay	– **Sprachgeschichte 2: Die Hochsprache als Einheits- und Verkehrssprache**

III. Generationen im Gespräch

1. Wenn wir den Mund aufmachen, reden 100 000 Ahnen mit – Sprachen entwickeln und verändern sich

C. E. Goethe: Brief an ihren Sohn, S. 127 **H. J. Chr. von Grimmelshausen:** Der abenteuerliche Simplicissimus, S. 127 **M. Luther:** An den Sohn „Hänschen“, S. 128 **V. Raber:** Der Prozess gegen Rumpold, S. 129 **W. von Eschenbach:** Parzival, S. 130	– **R 4: Die Entwicklung der deutschen Rechtschreibung** – Historische Sprachformen untersuchen und vergleichen – Sprachveränderungen beschreiben – Die Orthographie beachten	– **Textarten 7: Der persönliche Brief 1** – Barockroman – Der persönliche Brief – **Drama 1: Fastnachtsspiele** – **Literaturgeschichte 1: Wolfram von Eschenbach und der höfische Roman**	– Historische Sprachformen – Sprachentwicklung und Sprachwandel in der Retrospektive – Dialekt im literarischen Kontext – Mhd. Original und nhd. Übersetzung
„Mädchen“ und „Magd“ im Süden des deutschen Sprachgebiets ..., S. 131	– Eine Dialektkarte beschreiben und auswerten	– Dialektkarte	– Historische Sprachformen vergleichen
N. Labeo u. a.: Sprichwörter, S. 131	– Einen althochdeutschen Text übersetzen	– Sprichwörter – Notker Labeo	– Bedeutungswandel vom Ahd. zum Nhd.
Kasseler Glossen, S. 132 Pariser Gespräche, S. 133	– Althochdeutsche Texte übersetzen	– Glosse – Dialog	– Sprachwandel vom Ahd. zum Nhd.

2. diudisko > diutisc > diutisch > deutsch – Entwicklungsphasen des Deutschen

Lautbild, Schriftbild und Bedeutung, S. 133	– Historische Sprachformen untersuchen und vergleichen	– Tabelle als Vergleichsschema	– **Sprachgeschichte 3: Bedeutungswandel**
Sprachgesetze selbst entdecken, S. 134	– Laut- und Bedeutungsveränderungen beschreiben	– Tabellarische Darstellung	– **Sprachgeschichte 4: Lautveränderungen vom Mhd. zum Nhd.**
Keine Sprachgesetze ohne Ausnahmen, S. 135	– Sprachkarten auswerten	– Sprachkarten	– Diphthongierung und Monophthongierung
Die nhd. Schriftsprache hat viele „Väter“, S. 135	– Sprachkarten auswerten – Exzerpieren und referieren	– Sprachkarten und Grafik – Lexikonartikel	– Dialekte im Mhd. – **Sprachgeschichte 5: Martin Luther und das Nhd.**

	Sprechen und Schreiben	Literatur und Medien	Sprachbetrachtung
Die Geschichte der deutschen Sprache im Überblick, S. 138	– In Gruppenarbeit Resümees zur Sprachgeschichte verfassen	– Synopse zur Sprach- und Kulturgeschichte	– Erb-, Lehn- und Fremdwörter in der Sprachentwicklung

IV. Europäische Sprachenwelt

1. Das englische Auto ist ein „Karren"! – Verwandte Sprachen untersuchen

Lys = Licht?, S. 139	– Einen tabellarischen Sprachvergleich durchführen	– Werbung als Produktbeschreibung – viersprachig	– Europäische Sprachenverwandtschaft
Enge Verwandte, S. 139	– Sprachen vergleichen	– Tabellarische Darstellung	– Deutsch, Englisch, Französisch, Latein
Europäische Verwandtschaft, S. 140	– Ein Diagramm ergänzen	– Baumdiagramm	– **Sprachgeschichte 6: Das Indogermanische**

2. Kamen die Germanen außer Atem? – Lautveränderungen vom Indogermanischen zum Deutschen

Deutsch-englisches Puzzle, S. 141	– Sprachen vergleichen	– Sprachpuzzle	– Deutsch, Englisch
Nur ein Sprachgeschichtchen?, S. 141	– Lautgesetze erproben – Eine Sprachkarte auswerten	– Eine Sprach-Andekdote?	– **Sprachgeschichte 7: Die Lautgesetze der zweiten (ahd.) Lautverschiebung**
Knobeleien über „Familiendifferenzen", S. 142	– An Beispielen Lautentwicklungen erklären	– Sprachquiz	– Lautverschiebungen – Latein, Deutsch
Das dritte Kapitel im Blickfeld, S. 143			

Viertes Kapitel: Sinn und Form

I. Durch Tag und Jahr

1. Tageszeiten – Motive und Stimmungen in Gedichten erfassen

J. von Eichendorff: Morgengebet, S. 147 **J. von Eichendorff:** Mittag, S. 147 **H. Heine:** Das Fräulein stand am Meere, S. 148 **C. Brentano:** Hörst du, wie die Brunnen rauschen, S. 148 **Th. Storm:** Meeresstrand, S. 149 **E. Mörike:** Um Mitternacht, S. 149	– Fachgespräch über Motive in Tageszeitengedichten – Gedichte restaurieren – Exzerpieren von Motiven – Beurteilen von Gedichten mit Hilfe literaturgeschichtlicher Informationen	– Tageszeitengedichte – Joseph von Eichendorff – Rezitation – **Literaturgeschichte 2: Clemens Brentano und die Romantik** – Eduard Mörike – **Rezitieren 2: Arten**	– Durch Ersatzproben die Eigenart der lyrischen Sprache erkennen – Fachbegriffe

2. Jahreszeiten – Gedichte nach Inhalt und Form interpretieren

G. Benn: Astern, S. 150 **Th. Storm:** Über die Heide, S. 150	– Stoffsammlung zu Auffälligkeiten von Gedichten – Verfassen von Übersichtssätzen – Gestalten einer Strophe	– Herbstgedichte – Üben der Rezitation in Gruppen – **Lyrik 5: Fachbegriffe zur Lyrik**	– Schlüsselwörter, die Stimmung vermitteln – Fachbegriffe
R. M. Rilke: Herbsttag, S. 151 Ein Blick auf verschiedene Notizzettel, S. 151 Übersichtssätze, S. 152 Interpretationsbeispiel, S. 153 Versuche zur Schlusswertung, S. 155	– Assoziationen, Leseeindrücke und Fragen sammeln – **Interpretieren 5: eines Herbstgedichtes** – Ergänzen, Verbessern und Beurteilen von Schülerbeispielen	– Rezitieren – **Lyrik 6: Das lyrische Ich und Aspekte der Form** – Rainer Maria Rilke	– Schlüsselwörter, die Stimmung erzeugen – Fachbegriffe
F. Werfel: Und doch, S. 156 **P. Huchel:** Wintersee, S. 156 **Ch. Reinig:** Der hirte, S. 156 **R. Ausländer:** Kreisen, S. 156	– Fachgespräch über angemessenen Gedichtvortrag – Parallelgestaltung eines Gedichts	– Wintergedichte – Peter Huchel – Üben der Rezitation	– Spracheigenarten moderner Lyrik

	Sprechen und Schreiben	Literatur und Medien	Sprachbetrachtung
J. von Eichendorff: Die Sperlinge, S. 157 **F. Werfel:** Vorfrühling, S. 157 **K. Krolow:** Neues Wesen, S. 157 **F. von Logau:** Der Mai, S. 157 **G. Eich:** Langes Gedicht/Vorsicht, S. 158	– Gedichte rekonstruieren – Vergleich von Gedichten in Partnerarbeit	– Frühlingsgedichte – Sinngestaltendes Lesen	– Spracheigenarten traditioneller und moderner Lyrik
A. Holz: Mählich durchbrechende Sonne, S. 158 **W. Lehmann:** Testament des Sommers, S. 159	– Umformen und Vergleichen von Gedichten – Gedichte restaurieren – Beschreiben von Wortwahl und Ton	– Sommergedichte – Arno Holz – Sinnerschließendes Lesen	– Schlüsselwörter für Inhalt und Stimmung

II. Sein und Werden

1. Verse als Waffen? –Politische Gedichte nach Absicht und Gestaltung untersuchen

H. Heine: Ich hatte einst ein schönes Vaterland, S. 159 **B. Brecht:** Deutschland, S. 159 **A. Leifert:** Gezeichnet, S. 160 **A. Leifert:** Anzeige, S. 160 **G. B. Fuchs:** Schularbeiten, S. 160 **F. von Logau:** Heutige Weltkunst, S. 160	– Fachgespräch über Aspekte des Politischen – Eigenarten der Gedichte beschreiben – Gestalten eines Parallel- oder Gegengedichts	– Politische Gedichte – Friedrich von Logau – Moderne politische Gedichte	– Mehrdeutigkeit des Begriffs „politisch“ – Leitbegriffe erklären – Sprachebenen bezeichnen – Spracheigenarten moderner und traditioneller Gedichte
F. von Logau: Des Krieges Buchstaben, S. 161 **A. Stramm:** Patrouille, S. 161 **R. Brambach:** Paul, S. 161 **E. Jandl:** vater, komm erzähl vom krieg, S. 161 **H.-J. Heise:** Dich, S. 161 **B. Brecht:** Ich, der Überlebende, S.161	– Notieren von Assoziationen zu Gedichttiteln – Vergleichen mit Leseeindrücken – Interpretieren eines Gedichts	– Gedichte über den Krieg – **Lyrik 7: Das Akrostichon** – Leseversuche	– Spracheigenarten traditioneller und moderner Gedichte

2. „Und die Zeit beginnen.“ – Die Suche nach dem Ort des Menschen in Gedankenlyrik

P. Härtling: ein andermal, S. 162 **J. W. von Goethe:** Feiger Gedanken ..., S. 162 **G. Keller:** Abendlied, S. 162 **K. Krolow:** Sich vergewissern, S. 162 **W. Biermann:** Ermutigung, S. 163	– Ermitteln der Leitidee – Partnergespräche führen – Notizen für ein Lesetagebuch machen	– Gedankenlyrik	– **Stilistische Sprachbetrachtung 9: Modalität und ihre Funktion**
B. Brecht: Ich habe gehört ...,S. 163 Was sollen Einleitungen leisten?, S. 164 Welche Funktion hat der Schluss?, S. 165 Ein Interpretationsversuch von Alex, S. 165 **Th. Fontane:** Summa summarum, S. 166 **B. Brecht:** Das Lied von der Moldau, S. 166	– Anlegen einer tabellarischen Stoffsammlung – **Interpretieren 6: von Gedankenlyrik** – Beurteilen und Verbessern von Schülerbeispielen – Fachgespräch über Aussage und Aufbau	– **Lyrik 8: Gedankenlyrik** – Schülerinterpretation – Satire im Gedicht – Das Stilprinzip der Wiederholung	– Die Sprache der Beschreibung und Erörterung in der Interpretation – Sprachliche Stereotypen und Unschärfen – Spracheigenarten der Satire – Spracheigenarten von Gedankenlyrik

3. „Gedichte sind gemalte Fensterscheiben!“ – Symbolische Darstellung im Dinggedicht

J. W. von Goethe: Gedichte sind gemalte Fensterscheiben, S. 167 Katjas Interpretation, S. 169 **F. Schiller:** Zwei Eimer, S. 172 **C. F. Meyer:** Der römische Brunnen, S. 173 **R. M. Rilke:** Der Panther, S. 173	– **Interpretieren 7: eines Dinggedichts** – Beurteilen und Verbessern eines Schülerbeispiels – Anlegen einer Zeitleiste – **R 5: Die Kleinschreibung** – **Interpretieren 7: Zeiteinteilung und Korrektur**	– Gedankenlyrik – Pfeildiagramm – Tabellarische Darstellung – **Literaturgeschichte 3: Epochen auf einer Zeitleiste** – **Lyrik 9: Das Dinggedicht**	– Die Sprache der Beschreibung und Erörterung in der Interpretation – Wiederholung der Wortlehre

	Sprechen und Schreiben	Literatur und Medien	Sprachbetrachtung

III. Liebeslyrik aus 800 Jahren

1. „Du bist mîn, ich bin dîn." – Wer spricht im Gedicht?

Anonym: Du bist mîn ..., S. 175 **Anonym:** Chume, chume, geselle mîn ..., S. 175 **D. von Aist:** Ûf der Linden, S. 175 **W. von der Vogelweide:** Nemt, frouwe, disen kranz!, S. 176 **Anonym:** Lass ab, es ist umsonst, S. 177 **G. R. Weckherlin:** Die Lieb ist Leben und Tod, S. 178 **M Opitz:** Ach Liebste, lass uns eilen, S. 178	– Fachgespräch über Rollen im Gedicht – Fachgespräch unter Einbeziehung der Literaturgeschichte	– **Lyrik 10: Das Rollengedicht** – **Literaturgeschichte 4: Walther und die Minnelyrik** – **Lyrik 11: Das Volkslied** – **Lyrik 12: Das Sonett** – **Literaturgeschichte 5: Barocklyrik**	– **Sprachgeschichte 8: Bedeutungswandel** – Eigenarten des Zeitstils in Gedichten

2. „Im Frühlingsschatten fand ich Sie." – Veränderungen in Motiven und Stimmungen

F. G Klopstock: Das Rosenband, S. 179 **J. G. Jacobi:** Erinnerung, S. 179 **J. W. von Goethe:** Nähe des Geliebten, S. 179 **K. von Günderode:** Die eine Klage, S. 180 **Th. Storm:** Die Nachtigall, S. 180 **D. von Liliencron:** Einen Sommer lang, S. 180 **E. Lasker-Schüler:** Ich liebe dich, S. 181 **I. Goll:** Dein Zauber, S. 181	– Exzerpieren und Vergleichen von Motiven und Sprachmerkmalen des Zeitstils – Kurzreferate zu Dichterbiografien – Gestalten einer Collage mit Musikunterlegung	– Friedrich Gottlieb Klopstock – Karoline von Günderode – **Literaturgeschichte 6: Detlev von Liliencron und der Impressionismus** – Else Lasker-Schüler	– Eigenarten des Zeitstils in Gedichten – Spracheigenarten des Referats

IV. Die spitze Feder spritzt!

1. „Als ob sie Emma hießen" – Mit der Sprache spielen

Ch. Morgenstern: Möwenlied, S. 182 **Ch. Morgenstern:** Das ästhetische Wiesel, S. 182 **Ch. Morgenstern:** Vice versa, S. 182 **Ch. Morgenstern:** Der Seufzer, S. 183 **J. Ringelnatz:** Die Schnupftabaksdose, S. 183	– Ein Gedicht rekonstruieren und restaurieren – Beschreiben der Wirkung – Gestalten eines Parallel- oder Gegengedichts	– Christian Morgenstern – Erproben von Rezitationsarten	– Merkmale des Sprachwitzes
E. Roth: Ungleicher Kampf, S. 183 **E. Roth:** Ausnahme, S. 183 **E. Roth:** Ein Mensch, S. 183		– Eugen Roth	

2. „Meine Mutter liebte Vatern sehr" – Die „Machart" der Parodie im Textvergleich

Th. Fontane: Lied des James Monmouth, S. 184 **Th. Fontane:** James Monmouth, S. 184 Marions Notizzettel, S. 185 Übersichtssätze, S. 186 Vorschläge zum Vergleich der ersten Strophen, S. 186 Drei Schlüsse, S. 187	– Fachgespräch über themengleiche Gedichte – **Interpretieren 8: Gedichtvergleich** – Beschreiben, Beurteilen und Ergänzen von Schülerbeispielen – Beschreiben und Beurteilen von Schlüssen	– Sinnerschließendes Lesen – Historische Ballade – Theodor Fontane – Parodie einer Ballade – **Lyrik 13: Die Parodie**	– Stilmerkmale der Parodie – Die Sprache der Beschreibung und Erörterung im Gedichtvergleich
J. W. von Goethe: Nachtgesang, S. 187	– Gestalten einer Parodie	– Satire in Gedankenlyrik	– Stilistische Wirkung der Wiederholung
Das vierte Kapitel im Blickfeld, S. 188			

Fünftes Kapitel: Unerhörte Begebenheiten

I. Folgenreiche Entscheidungen

1. Geisterhaftes und Menschliches – Novellen und ihre Merkmale

	Sprechen und Schreiben	Literatur und Medien	Sprachbetrachtung
Stoff für außerordentliche Geschichten, S. 194	– Über Text- und Bildimpulse Anregungen zu Gestaltungen	– Erzählkerne – Bildimpulse	– Die Eigenarten von „Reizwörtern“ – Text und Bildzeichen
Verhängnisvolle Geschichten? – Zwei Anfänge, S. 195	– Schülervorschläge prüfen – Handlungsschritte notieren	– **Novelle 1: Begriff und Merkmale**	– Stilmerkmale der Novelle
Ein Ereignis – Zwei Zeitungsausschnitte, S. 195 **H. von Kleist:** Das Bettelweib von Locarno, S. 196	– Ausgestaltung eines Erzählkerns – Ideencluster – Leseeindrücke notieren und Fragen stellen – **Arbeitstechniken 8: Einen Metaplan erstellen**	– Der Cluster – Finalstruktur – Novelle	– Spracheigenarten von Nachrichten – Eigenarten des Zeitstils
Auszug aus einem literarischen Fachgespräch, S. 198	– Zusammenfassen von Positionen – Eine literarische Figur im Pro und Contra: Erörtern	– Ein literarisches Fachgespräch (Schülerbeispiel)	– Denotation und Konnotationen
Collage aus Stationen der Novelle, S. 199	– Einen Aufbau rekonstruieren – Verlaufskurven beschriften – Einen inneren Monolog schreiben – Ergebnisprotokoll über ein Fachgespräch	– Textcollage – Verlaufskurven – **Dichtungslehre 5: Das Leitmotiv** – Lesezettel	– Die stilistische Funktion des Tempuswechsels
Ein Satz, und was für einer!, S. 200	– Einen Satz umformen und vergleichen	– Eine Satzbauskizze als Grafik	– Eigenarten der Kleist'schen Syntax
Ein Fachgespräch über Kleist'sche Sprachkunst, S. 201	– Ein Fachgespräch beurteilen und fortführen	– Fachgespräch (Schülerbeispiel)	– **Satzlehre 1: Fachbegriffe zur Syntax**
„Null Bock auf Kleist'sche Sprachkunst“ – Ein Gegenvorschlag, S. 201	– Einen Satz umformen und vergleichen	– Leseprobe zu Original und Umformung	– **Satzlehre 2: Syntax und Kommasetzung**
Schreiben mit heutiger Kommasetzung, S. 202	– Kommas setzen und begründen – Inhaltsangabe zur Novelle	– Leseprobe	– **Sprachgeschichte 8: Zeitstil** – **Satzlehre 3: Adverbialsätze**

2. Annäherungen an Heinrich von Kleist – Werk und Autor in Gruppenarbeit vorstellen

	Sprechen und Schreiben	Literatur und Medien	Sprachbetrachtung
Erzählkerne geben Gestaltungs- und Leseanreize, S. 203	– Ausgestalten eines Erzählkerns – **Arbeitsformen 1: Gruppenarbeit zu Novellen**	– Erzählkerne von Novellen	– Merkmale des Zeitstils
Ein schwieriges Leben – Stationen aus der Biografie, S. 204	– Gruppenarbeit – Kurzreferate – Möglichkeiten der Präsentation	– Portraits und Wappen – Steckbrief – Persönliche Briefe	– Sachliche Sprache im Steckbrief – Zeitstil im persönlichen Brief

3. Erzählen in Zeiten der Pest? – Wie das Unerhörte zum Symbol werden kann

	Sprechen und Schreiben	Literatur und Medien	Sprachbetrachtung
Der schwarze Tod, S. 208	– Bildbeschreibung – Exzerpieren von Daten – Kurzreferate	– Holzschnitt – Sachtext zur Pest und zu Boccaccios „Dekameron“	– Text und Bildzeichen
Stoffe, aus denen Novellen sind, S. 209	– Ordnen von Stoffelementen – Ausgestalten eines Erzählkerns zu einer Liebesgeschichte	– Collage aus „Bausteinen“ verschiedener Novellen – **Dichtungslehre 6: Der Stoff**	– Stichworte und Konnotationen
G. Boccaccio: Falkennovelle, S. 209	– Alternativen zum Geschehen – Exzerpieren von Charaktermerkmalen – Eine Charakteristik verfassen	– Novelle – **Literaturgeschichte 7: Giovanni Boccaccio und die Renaissance** – **Dichtungslehre 7: Dehnung und Raffung**	– Merkmale des Zeitstils – Sprache der Personendarstellung

	Sprechen und Schreiben	Literatur und Medien	Sprachbetrachtung
Verlaufskurve nach der materiellen Situation Federigos, S. 213	– Exzerpieren – Über Textverständnis sprechen – Eine Grafik annotieren	– Verlaufskurve – **Dichtungslehre 8: Das Dingsymbol**	– Schlüsselbegriffe für die Annotation – Wortschatz des Zeitstils
Auszug aus einem literarischen Fachgespräch, S. 214	– Gesprächspositionen im Ergebnisprotokoll zusammenfassen – Erörtern	– Fachgespräch (Schülerbeispiel)	– Merkmale des Mündlichen
Ein Brief verändert den Blickwinkel, S. 214	– Fortsetzen eines Briefes – Vergleichen mit dem Original	– Persönlicher Brief – **Dichtungslehre 9: Perspektivenwechsel**	– Merkmale subjektiven Schreibens
G. Boccaccio: Die Falkennovelle, S. 217	– **Interpretieren 9: eines Novellenauszugs**	– Novellenauszug	– Schlüsselwörter als Operatoren
Stoffsammlung in tabellarischer Darstellung, S. 218	– Eine Stoffsammlung ergänzen	– Tabellarische Darstellung	– Sprache der Novelle
Giovannas Argumentationsweise, S. 219	– Eine Grafik erläutern – Ein Resümee verfassen	– Strukturskizze	– Spracheigenarten der Argumentation – **Satzlehre 4: Hypotaxe und Parataxe**
Ein zusätzlicher Stichwortzettel, S. 220	– Stichworte ordnen – **R 6: Schreiben mit Bindestrich**	– Stichwortzettel (Schülerbeispiele)	– Wiederholung von Wortarten
Interpretationsbeispiel zum Textauszug, S. 220	– Üben des Zitierens – Stoffsammlung und Teilinterpretation vergleichen	– Schülerinterpretation	– Zitat von Schlüsselbegriffen
	– **Interpretieren 10: Textimmanente und textexterne Aspekte**	– Grafik zu Autor, Werk, Epoche und Gattung	– Fachbegriffe

4. Was ist nun das Besondere der Novelle? – Einige Theorien zur Gattung

Ein Rückblick, S. 222	– Novellen nach Handlungskernen benennen – Novelleninhalte resümieren	– Novellenkerne	– Verbal- und Nominalstil
J. W. von Goethe: Gespräch mit Eckermann, S. 222 **Th. Storm:** Eine zurückgezogene Vorrede aus dem Jahre 1881, S. 222 **P. Heyse:** Einleitung zu „Deutscher Novellenschatz“, S. 223 **R. Musil:** Die Novelle als Problem, S. 223	– Exzerpieren theoretischer Texte – Ein Ergebnisprotokoll schreiben – Definitionen versuchen und vergleichen – Abgrenzungen zu anderen epischen Formen	– Auszüge aus Novellentheorien – **Novelle 2: Merkmale und Geschichte**	– Fachsprache der Literaturwissenschaft

II. Novellen und ihre Formen

1. Das Unerhörte im Alltäglichen – Handlungsverläufe rekonstruieren

Neun Bausteine zu drei Novellen, S. 225	– In Gruppenarbeit zuordnen der „Novellenbausteine“ – Novellenmerkmale beschreiben	– Novellenauszüge: Collage aus Anfang, Kern und Schluss	– Literarische Fachbegriffe – Merkmale des Zeitstils
Rekonstruktion von Handlungsverläufen, S. 228	– In Gruppenarbeit Handlungslücken schließen	– Tabellarische Darstellung	– Schlüsselwörter
Mögliche Personenkonstellation der „Schachnovelle“, S. 228	– Personenkonstellationen erstellen – Eine Textauswahl begründen	– Personenkonstellation	– Schlüsselwörter

2. Konflikte des Einzelnen in seiner Zeit – Eine Novelle lesen und interpretieren

Haukes Weg: Aufsteiger und Außenseiter, S. 229 Hauke Haien im Spannungsfeld von Anlagen, Zielen und Herausforderungen, S. 229	– Projektorientiertes Arbeiten in Gruppen – **Arbeitstechniken 9: Verfahrensschritte für die Novellenlektüre**	– Strukturbilder zu Theodor Storms „Der Schimmelreiter“	– Schlüsselwörter der Handlung

	Sprechen und Schreiben	Literatur und Medien	Sprachbetrachtung
„Der Schimmelreiter" als Rahmennovelle, S. 230	– **Kurzreferat 2: Themen und Methoden**		
Eine Inhaltsangabe mit Lücken, S. 230	– Eine Inhaltsangabe ausgestalten – Kurzreferate	– Inhaltsangabe (Schülerbeispiel) – **Novelle 3: Struktur einer Rahmennovelle**	– Sprache der Inhaltsangabe – Fachbegriffe
Der Dichter Theodor Storm, S. 231	– **Erörtern 4: Phasen einer literarischen Erörterung zur Novelle**	– Theodor Storms Leben und Werk	– Sprache eine Lexikonartikels
Das fünfte Kapitel im Blickfeld, S. 233			

Sechstes Kapitel: Eine Welt im Buch

I. Lebensgeschichte im Roman

1. Flucht aus dem Internat – Von der Recherche zum Roman

Bilder und Texte – Orte und Personen, S. 237	– Bild- und Textmaterialien auswerten	– Biografische Dokumente – Briefe: sachlich, persönlich	– Unterschiedliche Sprachverwendung in Dokument, Brief und Tagebuch
Brief des Schulleiters an den Vater, Johannes Hesse, S. 238	– Überlegungen zur Erzählperspektive		
Aus dem Tagebuch der Mutter, S. 239	– **Gestalten 3: Einen Romanplot entwerfen**	– Persönliches Tagebuch	– Merkmale des Telegrammstils
Ärztliches Zeugnis des Dr. Zahn, S. 240	– Eine Spannungskurve skizzieren	– Ärztliches Zeugnis	
H. Hesse: Brief an den Vater, S. 240		– Persönlicher Brief	– Sprache des Vorwurfs
Wie fängt man an? – Beispiele möglicher Romananfänge, S. 242	– Romananfänge vergleichen – Fragen sammeln – Ergebnisprotokoll	– Schülertexte (Auszüge)	– Spracheigenarten unterschiedlicher Erzählweisen

2. Warum flieht ein Junge aus dem Internat? – Von der Einzelepisode zur Romanhandlung

H. Hesse: Unterm Rad: Heilners Flucht, S. 242	– Ausgestalten und Vergleichen von Leerstellen	– **Dichtungslehre 10: Die Leerstelle**	– Kontextbezug der Ausgestaltung
H. Hesse: Ein begabtes Kind, S. 244	– Eine fiktive Biografie gestalten – Gespräche über Hans entwerfen	– Literarische Charakteristik	– Stilmittel der Ironie
H. Hesse: Zwei Freunde, S. 244	– **Arbeitstechniken 10: Textmarkierungen** – Charakterisieren im Vergleich	– Literarische Charakteristik	– Sprachliche Mittel der Charakteristik
H. Hesse: Eine Bewährungsprobe, S. 246	– **Interpretieren 11: eines Romandialogs** – Fragestellungen anwenden	– Lesen mit verteilten Rollen – **Lesen 2: Anregungen und Hilfen für die Romanlektüre**	– Rhetorische Mittel der Beeinflussung
Ein Versuch, S. 248	– **Gespräche 4: Symmetrische und asymmetrische Kommunikation** – **R 7: Zuordnung von Lauten und Buchstaben**	– Strukturskizze – Tabellarische Darstellung	– Fachbegriffe der Kommunikation
Vorschläge für den Beginn des Hauptteils, S. 251	– Vergleichen mit der Stoffsammlung	– Schülerbeispiele – **Roman 1: Roman und Wirklichkeit** – Hermann Hesse	– Wortarten – Fremdwörter

3. „Unterm Rad" lesen – Produktiver Umgang mit einem Roman

Porträt eines Bürgers, S. 252	– Original und Umformung vergleichen – Beschreiben sprachlicher Mittel	– Literarische Charakteristik	– Stilmittel der Ironie – **Stilistische Sprachbetrachtung 10: Stileigenarten**
H. Hesse: Sommerferien, S. 253	– Ein Stimmungsbild entwerfen – Einen Lückentext ergänzen	– Literarische Schilderung	– Stilbildung durch Adjektive und Partizipien

	Sprechen und Schreiben	Literatur und Medien	Sprachbetrachtung
H. Hesse: Lehrer und Schüler, S. 253 **G. Wohmann:** Eine Schriftstellerin liest „Unterm Rad“, S. 254	– Die Wirkung eines Textes untersuchen – Gestalten einer Rede – Einen Roman werten – Exzerpieren – **Gespräche 5: Ein Fachgespräch über einen Roman** – **Gestalten 4: Produktiver Umgang mit einem Roman**	– Literarische Erörterung – **Dichtungslehre 11: Die Metapher** – Buchrezensionen – Gabriele Wohmann – **Dichtungslehre 12: Primär - und Sekundärliteratur** – Informationsquellen	– Verben, Metaphern und Vergleiche als Stilmittel – Fremdwörter und Fachbegriffe einer Rezension – Fachbegriffe literarischer Methoden

II. Ein Roman als Spiegel der Zeit

1. Warum ausgerechnet Rerik? – Von der Figurenkonstellation über die Figurencharakteristik zur Romanhandlung

Figuren in „Sansibar oder der letzte Grund“, S. 257	– Fachgespräch über den Schauplatz – Handlungsskizzen und Figurenkonstellationen entwerfen	– Stilisierte Karte – Kurzcharakteristiken – **Roman 2: Der Plot**	– Stilmittel der Charakteristik – Sprachmerkmale eines Plots
Schülerbeispiele, S. 258	– Prüfen und Exzerpieren von Schülerbeispielen	– **Lesen 3: Die Situation des Lesers**	– Sprachmerkmale von Spannung
A. Andersch: Sansibar oder der letzte Grund, S. 258	– In Gruppenarbeit Erzählperspektiven verändern – Personencharakteristiken untersuchen	– Zeitroman – Literarische Charakteristik – **Dichtungslehre 13: Person und Figur** – **Roman 3: Erzählperspektive und erzählte Welt**	– Stilmittel der Charakteristik – Fachbegriffe der Literaturwissenschaft
Personendarstellung – Schülerbeispiele, S. 261	– Einen Lösungsversuch bewerten – Eine Grafik erläutern	– Schülertext – Grafik	– Stilmittel der Charakteristik

2. Einen Roman vorstellen – Szenische Gestaltung eines Kapitels und Vorschläge für eine Verfilmung

A. Andersch: Sansibar oder der letzte Grund, S. 262	– Einen Text für eine szenische Lesung einrichten – Das Verhältnis der Kapitel beschreiben	– **Lesen 4: Szenisches Lesen** – **Roman 4: Montage im modernen Roman**	– Stilmittel der Beschreibung
A. Andersch: „Sansibar“, Der Junge, S. 263	– Die Voraussetzungen einer Verfilmung kennen lernen	– **Medien 1: Verfilmung einer Romansequenz**	– Fachbegriffe des Films
Das Drehbuch – Wie Bild und Text zusammenkommen, S. 264	– Ein Drehbuch schreiben – Eine Filmsequenz drehen und darüber berichten	– Tabellarische Darstellung eines Drehbuchs – Literaturverfilmung	– Fachbegriffe des Films
Bilder sind in ihrer Bedeutung offen, S. 264	– Bilder beschreiben – Entwickeln eines Handlungsplots	– Filmstandbilder	– Merkmale der Filmsprache
Der Junge des Buches und der Gregor des Films im Gespräch, S. 265	– Exzerpieren von Argumenten – Fortsetzen des Dialogs	– Dialog (Schülerbeispiel)	– Spracheigenarten des Dialogs
Veronikas Vergleich von Roman- und Filmanfang, S. 266	– Roman und Film vergleichen – **Arbeitsformen 2: Informationen aufbereiten und präsentieren** – Ein Ergebnisprotokoll schreiben	– Schülertext – **Roman 5: Zeitsituationen und Roman** – Tabellarische Darstellung	– Fachsprache der Geschichte und Politik

3. Was Menschen verbindet und was sie trennt – Vom genauen Lesen zur literarischen Erörterung

Den Inhalt des Romans verstehen und festhalten, S. 268	– Resümee des Romans – **Erörtern 5: Anforderungen der Erörterung**	– Schülerbeispiele	– Sprache des Resümees
Themen und ihre Anforderungen, S. 269	– **Erörtern 6: Erörterungsarten und Beispiel einer dialektischen literarischen Erörterung**	– Tabellarische Darstellung – Strukturbilder	– Schlüsselwörter und ihre Konnotationen
A. Andersch: „Sansibar“, Der Junge, S. 271	– **Arbeitstechniken 11: Zitiertechnik** – Verfahren mit Arbeitspapieren	– Romanauszug – Fiktionalität und Wirklichkeit	– Sprache des literarischen Berichts

	Sprechen und Schreiben	Literatur und Medien	Sprachbetrachtung
Was geht's mich an? – Probleme in einer Talkshow, S. 302	– Eine Talkshow analysieren – Talkshow und Diskussion gestalten und miteinander vergleichen	– Populäre Talkshow	– Spracheigenarten der Moderation
Zuschauer schreiben, S. 303	– Leserbriefe schreiben und miteinander vergleichen – Wörterbücher verwenden	– Leserbriefe	– Fremdwörter und ihre Bedeutung
Schüler diskutieren, S. 304	– **Gespräche 6: Diskussion 1** – Diskussion, Talkshow und Leserbrief vergleichen – Einen Cluster erstellen	– Schülerdiskussion – Cluster	– Sprache der Beschreibung und der Argumentation
Absichten und Textarten, S. 305	– Informationen beschaffen, verarbeiten und präsentieren – Definitionen verfassen – Sendetypen vergleichen	– Kultursendung – Sendetypen	– Spracheigenarten unterschiedlicher Sendungen
BAP in Ubingen – Ein unvergessliches Erlebnis, S. 306	– Eine Reportage verfassen und beurteilen	– **Textarten 9: Die Reportage** – Reportage (Schülerbeispiel)	– Sprache des Beschreibens, Berichtens und Schilderns
Merkmale verschiedener Sendetypen, S. 307	– Fernsehprogramme zuordnen	– **Medien 6: Sendetypen des Fernsehens**	– Fachbegriffe der Ressorts
Fragebogen zum Fernsehverhalten, S. 307	– Fernsehverhalten erfragen	– Fragebogen	– Fragewörter

2. „Fernsehen, das Lagerfeuer des 20. Jahrhunderts" (Christian Doelker) – Konsumieren oder kritisch nutzen?

Die „Lindenstraße" – Fiktion oder Wirklichkeit?, S. 308	– Eine Fernsehserie analysieren – Strukturen erarbeiten – Über Absichten sprechen	– Handlungsplots – Fiktion und Wirklichkeit	– Sprache der Beschreibung
Schüler diskutieren über Gewalt im Fernsehen, S. 309	– Diskutieren – **Gespräche 7: These-Argument-Beispiel**	– Schülerdiskussion	– Sprache der Beschreibung und der Argumentation
V. Thomas: Löst gefilmte Gewalt Gewalt aus?, S. 309	– Ein Meinungsbild erstellen – Exzerpieren – Erörtern spontan und anhand eines Textes	– Sachtext über die Wirkung des Fernsehens – Tabellarische Darstellung	– Fachbegriffe

3. Neue Welt oder Werkzeug? – Das Internet

Was Anbieter versprechen, S. 311	– Werbetexte analysieren und vergleichen	– Werbetexte	– Fachsprache des Internets
Das Internet im Gespräch, S. 312	– Exzerpieren – Ein Interview untersuchen	– Zeitungsinterview – Internet	– Fachsprache des Internets

III. Multimedi@

1. Medien verändern sich – Von der Passivität einer Massenkommunikation zur aktiven Individualkommunikation?

B. Brecht: Der Rundfunk als Kommunikationsapparat, S. 313	– Ein Rundfunk-Kommunikationsmodell ergänzen	– Sachtext über Rundfunk – **Medien 7: Massenmedien**	– Fachbegriffe
Der Rundfunk verteilt und empfängt, S. 314	– Über Bedingungen des Rundfunks sprechen	– Rundfunk	– Meinungsäußerung oder Argumentation?
Schülerreaktionen, S. 314	– Diskutieren über eine Theorie	– Sendetypen	– Sprache der Diskussion
F. Winckel: Fernsehen in Berlin geglückt, S. 314	– Rundfunk und Fernsehen aus historischer Perspektive betrachten	– Rundfunk und Fernsehen	– Fachbegriffe

	Sprechen und Schreiben	Literatur und Medien	Sprachbetrachtung

2. Visionen? – Künftige Perspektiven diskutieren und protokollieren

R. Bradbury: Fahrenheit 451, S. 315	– Veränderungen erörtern	– Sciencefictionroman – Lesen mit verteilten Rollen	– Spracheigenarten einer Fiktion
R. Ziegler: Version 5 Punkt 12, S. 317	– Informationen sammeln im Internet – Computer mit Zeitungsanzeige vergleichen – Pro- und Contra-Argumentation	– Moderner Jugendroman – Internet – Zeitungsanzeige	– Einflüsse einer Fachsprache auf die Gegenwartssprache
Die neue Sprache der Computerwelt, S. 318	– Fachbegriffe klären	– Wortdefinitonen	– **Wortlehre 2: Fachbegriffe der Computer**
Zukunft von Multimedia?, S. 319	– Über die Zukunft des Fernsehens diskutieren	– Schemazeichnung	– Bildzeichen und Fachsprache
Das Ergebnis einer Diskussion, S. 320	– Eine Diskussion führen und rekonstruieren – **Protokoll 3: Ergebnisprotokoll einer Diskussion 2**	– Ergebnisprotokoll (Schülerbeispiel)	– Sprache des offiziellen Schreibens
Das siebte Kapitel im Blickfeld, S. 321			

Achtes Kapitel: Die Presse

I. Die Tageszeitung und ihre Leser

1. Was ist interessant? – Einstellungen zur Zeitung

„Zeitungsleser“, S. 324	– Bilder als Gestaltungsimpulse – Dialogisieren – Berichten aus anderer Perspektive	– Foto – Karikatur – Stich	– Bildzeichen erfassen – Sprache der Information
Ch. Morgenstern: Zeitungsleser, S. 325	– Auf einen Text „antworten“	– Satire im Gedicht	– Stilmittel der Satire
A. H. Hoffmann von Fallersleben: Wie ist doch die Zeitung interessant, S. 325	– Schreiben einer aktuellen Parallelgestaltung	– Satire im Gedicht	– Stilmittel der Satire
F. Hohler: Leserbrief, S. 325	– Thesen notieren – Einen Leserbrief verfassen	– Der Leserbrief	– Sprache der Argumentation
Was junge Leute in der Zeitung lesen, S. 326	– Beschreiben einer Grafik	– Grafik – Textmontage von Überschriften	– Argumentation und Belege
Überschriften und ihre Aussagen, S. 326	– Berichten und Diskutieren – Eine Montage gestalten	– Überschriften	– Denotat und Konnotationen in Überschriften

2. Welche Zeitungen gibt es? – Informieren und Fragen stellen

Loriot: Presse, S. 327	– Gestalten eines inneren Monologes	– Karikatur	– Sprache der Gefühle
So viele „Köpfe“ S. 327 Zeitungen 2000, S. 328	– Beschreiben verschiedener Zeitungen – Untersuchen des Nachrichtenanteils – Brief an die Lokalredaktion – Durchführen einer Umfrage	– **Medien 7: Die Tageszeitung** – Statistiken – **Medien 8: Zeitungsarten**	– Stilmittel des Informierens
A. Berger: Medienvielfalt, S. 329	– Fachgespräch über Medien – Parallel- oder Gegengestaltung	– Satire im Gedicht	– Stilmittel der Satire
Zeitung-Herz, S. 329 **B. Brecht:** Vergnügungen, S. 329	– Original und Parodie vergleichen – Gestalten eines Parallelgedichts	– Parodie – Gedankenlyrik	– Gestaltungsmittel einer Parodie – Stilmittel eines modernen Gedichts

	Sprechen und Schreiben	Literatur und Medien	Sprachbetrachtung

II. Die Tageszeitung: „ein Gemischtwarenangebot“ (Kurt Tucholsky)

1. Die Zeitung lesen, aber wie? – Orientierungshilfen für den Zeitungsleser

Titelseiten von Tageszeitungen, S. 330	– Vergleichen von Titelseiten – Durchführen eines Lesertests – Gestalten einer Titelseite	– **Medien 9: Die Boulevardpresse und die Abonnementzeitung**	– Spracheigenarten der Schlagzeilen
Eine Nachricht – ihre Schlagzeilen, S. 332	– Schlagzeilen in ihrer Gestaltung und Wirkung bewerten – Schlagzeilen entwerfen – Ressorts ermitteln und vergleichen	– **Medien 10: Schlagzeilen** – Abonnement-Zeitung	– Denotat und Konnotationen in Schlagzeilen
Zeitung: Verleger – Redaktion – Vertrieb, S. 333	– Exzerpieren von Informationen und Umsetzen in eine Grafik – Gestaltungsversuche	– Sachtext	– Fachsprache der „Zeitungsmacher“

2. Wie werden wir in den Zeitungen informiert? – Informationen untersuchen, vergleichen und beurteilen

H. Schulte-Willekes: Schlagzeile, S. 334	– Layout- und Textprobleme besprechen	– Sachtext – **Medien 11: Schaubilder, Grafiken und Fotos**	– Spracheigenarten eines „Sensationsberichtes“
Bild-Zeitung vom 10.8.1999, S. 334	– Beschreiben der Gestaltungsmittel einer Boulevard-Zeitung	– Titelseite einer Boulevard-Zeitung – „Tagesillustrierte“	– Schlagzeilen als „Blickfang“
Eine Nachricht in zwei Zeitungen, S. 335	– Nachrichten vergleichen nach Aufbau und Stil	– **Textarten 10: Der Leadstil im Zeitungsbericht**	– Darstellungsmittel der Sensationspresse
H. Schulte-Willekes: Schlagzeile: Crime-Storys, S. 335	– Textprobleme besprechen	– Sachtext	– Spracheigenarten der Analyse
Auch andere Themen sollen Wirkung erzielen, S. 336	– Artikel einer Boulevardzeitung nach Inhalt und Stil untersuchen – **Kurzreferat 3: Regeln anwenden**	– Boulevardzeitung	– Schlüsselwörter als Textsignale
Loriot: ???, S. 336	– Eine Nachricht mit Schlagzeile schreiben	– Karikatur	– Sprache einer Nachricht
Nachrichten (Schülerbeispiele), S. 336	– Schreiben einer Nachricht aus verschiedenen Perspektiven	– Nachrichten	– Sprachliche Mittel der persönlichen Wertung
K. Tucholsky: Presse und Realität, S. 337	– Textprobleme besprechen – Thesen exzerpieren und diskutieren – Ergebnisprotokoll – **Erörtern 8: Sachliche, wertende und dialektische Erörterung**	– Sachtext	– Sprache der Argumentation: Thesen, Argumente, Belege
Vorschlag für eine Stoffsammlung zum ersten Thema, S. 339	– Themenanalysen vergleichen – Eine Stoffsammlung ergänzen	– Diagramme	– Fragewörter
Vorschlag für eine Stoffsammlung zum zweiten Thema, S. 340	– Ordnen einer Stoffsammlung – Schreiben einer Erörterung – **R 8: Getrennt- oder Zusammenschreibung**	– Tabellarische Darstellung	– Anwenden von Fragewörtern – Wiederholung der Wortarten
Beispiele für Einleitungen, S. 341 Beispiele für Schlüsse, S. 342	– Beurteilen der Einleitungen und Schlüsse – Schlüsse dem passenden Thema zuordnen	– Einleitungen und Schlüsse (Schülerbeispiele)	– Sprachliche Korrekturen nach Wortwahl und Syntax
Beispiele von Argumentations-strukturen aus dem Hauptteil, S. 342	– Den gedanklichen Aufbau untersuchen – Die Schlüssigkeit bewerten	– Erörternder Text (Schülerbeispiel)	– Merkmale gedanklicher Schlüssigkeit eines Textes

	Sprechen und Schreiben	Literatur und Medien	Sprachbetrachtung

3. Information oder Überredung? – Wie Werbung arbeitet und wirkt

Standpunkte, S. 343 Umfrage der Klasse 9b, S. 344	– Notieren und Vergleichen von Werbesprüchen – Umfrage durchführen und vergleichen – Anzeigen suchen und ordnen	– Werbesprüche – Umfrage	– Sprachliche Gestaltung und Wirkung von Werbung
Werbe- und Kleinanzeigen, S. 345	– Untersuchen von Werbeanzeigen – **Gestalten 5: mit Werbeanzeigen**	– **Textarten 11: Zeitungsanzeigen**	– **Stilistische Sprachbetrachtung 11: Sprache der Werbung**
Text-Collage, S. 346	– Eine Textcollage gestalten – Vergleichen der Ergebnisse	– Textcollage aus Werbetexten und Produktnamen	– Anwendung witziger, ironisch-satirischer Stilmittel
Schülergedicht: Werbung und Wirklichkeit, S. 347	– Textprobleme besprechen – Gestalten eines Gedichts	– Schülergedicht	– Merkmale kritischer Sprachverwendung
I. Bachmann: Reklame, S. 347	– Fachgespräch über ein modernes Gedicht – Gestaltung eines Parallelgedichtes	– Zeitkritisches Gedicht – Ingeborg Bachmann	– Sprachliche Gestaltungsmittel in einem modernen Gedicht

III. „Die Welt als gekürzte Volksausgabe und für den Schulgebrauch bearbeitet“ (Kurt Tucholsky)

1. Den Journalisten über die Schultern geschaut – Langzeitaufträge und projektorientiertes Arbeiten

Projekt: Zeitung in der Schule, S. 348	– Beschreiben und Beurteilen eines Projektes – **Arbeitsformen 3: Projektorientiertes Arbeiten**	– Zeitungsbericht	– Sprache des Berichtens und Beschreibens
Schüler befragen Schüler, S. 349	– Vergleichen und Beurteilen von Interviews	– **Textarten 12: Das Interview**	– Frageformen
Zeitung in der Schule, S. 349	– Besprechen von Ergebnissen	– Schaukasten	– Schlüsselwörter in Überschriften
Auszüge aus Langzeitarbeiten, S. 349	– Beschreiben der Methoden – Gesichtspunkte ergänzen	– Langzeitarbeiten (Schülerbeispiele)	– Sprache der Beschreibung und Kommentierung

2. Wie schreiben Journalisten? – Textarten, ihre Absichten und ihre Wirkung

Ein Thema – verschiedene Texte, S. 351	– Textprobleme resümieren – Texte beschreiben und vergleichen	– **Textarten 13: Bericht, Kommentar, Glosse, Karikatur, Reportage**	– Sprachliche Mittel journalistischer Textarten
H. Leyendecker: Sprüche wie vom Blatt, S. 355	– Resümieren, Exzerpieren, und Beurteilen der wertenden Aussagen – Schreiben einer Buch- oder Fernsehkritik	– Fernsehkritik	– Sprachliche Mittel einer Kritik: Beschreibung und Bewertung
Drei Nachrichten, S. 355	– Zeitungsartikel in Ressorts einordnen – Untersuchen des Sprachgebrauchs – Umschreiben von Nachrichten in andere Textarten – Anlegen eines Verzeichnisses von Fachbegriffen	– Zeitungsberichte aus Kultur, Wirtschaft, Sport	– Fachsprache der Presse: Fachbegriffe klären – Ersatzprobe
J. M Greven: Begebenheit, S. 356	– Schreiben einer Glosse, einer Reportage, eines Kommentars oder Leserbriefs	– Kurzerzählung	– Spracheigenarten journalistischer Textarten
Zwei Kommentare, S. 357 Ein Schülerbeispiel, S. 358	– Vergleichen der Kommentare nach Aufbau, Sprache, Wirkung – In Partnerarbeit einen Schüleraufsatz nach Aufbau und Stil beurteilen und verbessern	– Kommentare – **Medien 12: Das Feuilleton** – Schüleraufsatz: Textvergleich	– Sprachliche Gestaltungsmittel eines Kommentars – Sprache der Textbeschreibung

	Sprechen und Schreiben	Literatur und Medien	Sprachbetrachtung

IV. Die Presse: Die vierte Gewalt im Staat?

1. Von der Verantwortung der Zeitungsmacher – Informieren, unterhalten und beeinflussen

	Sprechen und Schreiben	Literatur und Medien	Sprachbetrachtung
G. Bucerius: Der angeklagte Verleger, S. 359	– Beschreiben und beurteilen von Briefen	– Briefe	– Thesen, Argumente und Beispiele
H. Schulte-Willekes: Schlagzeile, S. 359	– Exzerpieren – Ergebnisse zusammenfassen – Argumente und Belege ordnen	– Sachtext	– Spracheigenarten der Beschreibung
Einige Thesen, S. 360	– Thesen und Argumente nach pro und contra ordnen – Ergebnisse diskutieren	– Thesen	– Thesen, Argumente und Beispiele
Tendenzen überregionaler Tageszeitungen, S. 360	– Beschreiben von Sachtexten – Positionen vergleichen und bewerten – **Gespräche 8: Diskussion 2**	– Sachtexte	– Spracheigenarten der Selbstdarstellung
H. Haitzinger: Zwei Karikaturen, S. 361	– Karikaturen beschreiben und beurteilen – Eine Bildunterschrift verfassen – Sammeln von Karikaturen	– Karikaturen	– Sprachgebrauch der Politiker
Information oder Meinung?, S. 362	– Aussagen von Schlagzeilen bewerten – Umformen von Schlagzeilen	– Schlagzeilen	– Subjektiver und sachlicher Sprachgebrauch und seine Wirkung
Ein Ereignis und seine Schlagzeilen, S. 362	– Verfassen von Schlagzeilen – Beschreiben von Sprache, Intention und Wirkung	– Zeitungsbericht	– Sprachliche Gestaltung von Schlagzeilen und ihre Wirkung
E. Eppler: Kavalleriepferde beim Hornsignal, S. 363	– Eine Aussage präzisieren – Sprachverwendung beschreiben – Euphemismen sammeln, ordnen und verwenden	– Politische Rede	– **Bedeutungslehre 4: Der Euphemismus**
D. E. Zimmer: Wörter und Waffen. Politik als Sprachkampf, S. 363	– Leseeindrücke notieren – Fragen an den Text stellen – Ein Resümee schreiben	– Sachtext über Sprachverwendung	– Klären von Fachbegriffen – **Wortlehre 3: Aktiv und Passiv**
Zwei Notizzettel, S. 364 Zwei Zusammenfassungen, S. 365	– Texte vergleichen – Resümees beurteilen – Textmarkierungen beschreiben – **Erörtern 9: Methoden des Erörterns**	– Stichworte – Strukturbild und Annotationen zur Argumentation	– Sprachliche Gestaltungsmittel von Sachtexten
M. Gräfin Dönhoff: Journalismus – Beruf ohne Moral?, S. 367	– Erschließen eines Textes – Diskussion	– Sachtext	– Gestaltungsmittel eines Sachtextes

2. Die alltägliche Pressefreiheit – Ihre Entwicklung, ihre Bedingungen und Chancen untersuchen

	Sprechen und Schreiben	Literatur und Medien	Sprachbetrachtung
Forderung der Demonstranten, S. 367	– Notizen anfertigen und besprechen – Ein Thesenpapier schreiben	– Foto einer Demonstration	– Thesen, Argumente und Beispiele
Stationen auf dem Weg zur Pressefreiheit, S. 368	– Ermitteln von Kernaussagen – Eine Zeitleiste ergänzen	– Gesetzestexte – Karikatur – Zeitleiste	– Stilmittel normativer Texte
Ch. Drösser: Die Glotze lebt, S. 370	– Eine Bildunterschrift verfassen – Diskussion – Ein Resümee schreiben	– Foto – Sachtext über Medien	– Fachbegriffe der Mediensprache
Das achte Kapitel im Blickfeld, S. 371			

Neuntes Kapitel: Bretter, die die Welt bedeuten

I. Ein deutsches Märchen in drei Akten? – „Der Hauptmann von Köpenick“ (1931) von Carl Zuckmayer

1. Machen Kleider Leute? – Experimente mit Bildern

	Sprechen und Schreiben	Literatur und Medien	Sprachbetrachtung
Begegnungen, S. 375	– Personenporträts einschätzen – Dialoge schreiben und vortragen	– Porträtfotos – Grafik	– Text und Bildzeichen
Schülerbeispiele: Dialoge, S. 376	– Einen Gesprächsverlauf untersuchen – **Gespräche 9: Die Kommunikationssituation**	– Dialoge (Schülerbeispiele)	– Funktionen der Sprache im Dialog – Fachbegriffe

2. Einer, der seinen Platz sucht. – Untersuchung der Dramenexposition

	Sprechen und Schreiben	Literatur und Medien	Sprachbetrachtung
C. Zuckmayer: Der Hauptmann von Köpenick (I. Akt, 1. Szene), S. 377	– Einen Lesezettel anlegen – Eine Inhaltsangabe einer Szene schreiben	– Dramenexposition – Szenisches Lesen – **Drama 2: Das Requisit**	– Sprache als Mittel der indirekten Charakterisierung – Körpersprache
Zwei Inhaltsangaben, S. 379	– **Inhaltsangabe 2: von Dramen**	– Inhaltsangaben (Schülerbeispiele) – Haupt- und Nebentext im Drama	– Sprache der Beschreibung und Wertung
Figurensprache, S. 380	– Beschreiben von Sprachverhalten – Figurencharakteristik – Ausgestalten durch innere Monologe	– **Drama 3: Figurensprache u. a. Gestaltungsmittel** – Die Figurenkonstellation	– Individualsprache
Schülerbeispiele: Voigts Überlegungen, S. 382	– Vergleichen und Bewerten – Fragen stellen zum Verlauf – Tabellarische Darstellung zur Exposition	– Innere Monologe (Schülerbeispiele) – **Drama 4: Die Exposition**	– Spracheigenarten der Reflexion
Bildsequenz aus dem Film „Der Hauptmann von Köpenick“, S. 383	– In Gruppenarbeit Verfassen eines Dialogs und Vorbereitung einer szenischen Lesung	– Bildsequenz – Szenisches Lesen	– Bildzeichen – Körpersprache
Diskussionsbeiträge, S. 384	– Klärung eines Begriffs: „Vorurteil“	– Schülerdiskussion	– Bedeutungslehre „Vorurteil“
Ein typischer Deutscher, S. 384 „Vorurteil“ als Cluster, S. 384	– **Arbeitstechniken 12: Methoden der Begriffsklärung**	– Karikatur – Cluster	– Bau der Wörter – Wortbedeutung
Zwei Schreiben – Schülerbeispiele, S. 384	– Umschreiben eines Berichts – Fortsetzen eines Berichts	– Polizeibericht – **Lesen 7: Leseauftrag für ein Drama**	– Amtssprache – **Sprachzeichen 2: Grundfunktionen der Sprache**

3. Der Hauptmann: Einer, der etwas zu sagen hat. – Das Werk als Spiegel seiner Zeit

	Sprechen und Schreiben	Literatur und Medien	Sprachbetrachtung
Karikaturen der Kaiserzeit, S. 386	– Texte zu Karikaturen verfassen – Exzerpieren aus Lexika	– Politische Karikaturen	– Bildzeichen und ihre Aussagen
Buchcover und Filmplakat, S. 387	– Besprechen satirischer Darstellungen	– Cover – Filmplakat	– Text und Bildzeichen
Vom kriminellen Schuster zum „Hauptmann“, S. 387	– Anlegen eines Lesezettels – Beschreiben einer „Karriere“	– Lesezettel – Szenisches Lesen	– Schlüsselwörter
Pressestimmen, S. 387	– Exzerpieren von Wertungen – Streitgespräch über den Dramentitel	– Pressekommentare – **Spielen 2. Formen der szenischen Interpretation**	– Stilmittel der Kritik und Ironie
Meinungen, S. 389	– Antworten auf eine Rezension	– Collage aus Rezensionen	– Die Sprache der Rezension
Leserbriefe, S. 389	– Beurteilen von Leserbriefen	– Leserbriefe (Schülerbeispiele)	– Spracheigenarten der persönlichen Wertung

	Sprechen und Schreiben	Literatur und Medien	Sprachbetrachtung

4. Eine Bilanz? – Die Wirkung des Dramenschlusses erörtern

C. Zuckmayer: Der Hauptmann von Köpenick (III. Akt, 21. Szene), S. 390	– Diskutieren über den Schluss – Erörtern der Dramenart – **Erörtern 10: Literarische Erörterung zum Drama** – **R 9: Worttrennung**	– Szenische Interpretation – Carl Zuckmayer – **Drama 5: Tragödie, Komödie, Tragikomödie**	– Fachbegriffe des Theaters – Schlüsselbegriffe erläutern
Drei Beispiele zur Einleitung, S. 395	– Schülerbeispiele beurteilen und verbessern – Eine literarische Erörterung schreiben	– Schülerbeispiele	– Spracheigenarten der Erörterung

II. Ein Raubritter als Titelfigur: „Götz von Berlichingen“ (1771–73) von Johann Wolfgang von Goethe

1. Zwei Freunde gehen verschiedene Wege. – Annäherung an das Drama durch die Betrachtung einer Figurenkonstellation

Zwei Freunde, S. 396	– Erstellen einer Figurenkonstellation – Verfassen eines Briefes	– Persönlicher Brief – Figurenkonstellation	– Die Sprache in persönlichen Briefen
Schülerbeispiel: Brief an Ralf, S. 397	– Einen Brief beurteilen und umformen	– **Textarten 14: Der persönliche Brief 2**	– Stilmittel des Vorwurfs und der Ironie
Stichworte zu Ralfs Antwortbrief, S. 397	– Stichworte ergänzen und ordnen – Einen Brief schreiben	– Stichworte eines Briefes	– Stilmittel des persönlichen Briefes

2. Menschen in einer Zeitenwende – Spieler und Gegenspieler in der dramatischen Figurenkonstellation

Freunde – Gegner?, S. 398	– Einordnen eines Dialogs – Erstellen einer Figurenkonstellation – Verfassen eines Tagebucheintrags	– Anonymisierter dramatischer Text – **Drama 6: Figurenkonstellation**	– Zeitstil des „Sturm und Drang“ – Sprache als Mittel indirekter Charakterisierung
Die Hauptfiguren und ihr Umfeld, S. 400	– Eine Figurenkonstellation ergänzen – Eine Rollenbiografie verfassen – Expositionselemente erfassen und eine Fortsetzung skizzieren	– Spieler und Gegenspieler im dramatischen Konflikt – **Drama 7: Die Rollenbiografie**	– Sprache der Beschreibung
Die Schauplätze des Dramas, S. 401	– Figuren den Schauplätzen zuordnen	– Geographische Karte	– Wortbedeutung von „Reichsstadt“
J. W. von Goethe: Götz von Berlichingen (II. Akt, 6. Szene), S. 401	– Verfassen eines fiktiven Dialogs – Beschreiben der Kommunikationssituation – Charakterisieren der Figuren **Interpretieren 12: Gestaltendes Interpretieren 2**	– Dramenszene – Szenische Interpretation	– Stilmittel der Anspielung, des Vorwurfs und der Entschuldigung
Rollenbesetzung, S. 403	– Begründen einer Rollenbesetzung – Entwerfen eines Bühnenbildes – **Interpretieren 13: einer Dramenszene**	– Porträtfotos – Diagramm zur Stoffsammlung	– **Stilistische Sprachbetrachtung 12: Elemente eines Stils**
Adelheid und Weislingen, S. 405	– Annotieren und Kommentieren	– Szenenauszug	– Sprache der Beschreibung
Übersichtssätze zur 6. Szene, S. 406	– Übersichtssätze beurteilen und verbessern – **Inhaltsangabe 3: Der Übersichtssatz**	– Übersichtssätze (Schülerbeispiele)	– Sprachverknappung
Interpretationsanfänge zum Hauptteil, S. 406	– Vergleichen von Schülertexten	– Interpretation (Schülerbeispiele) – **Drama 8: Die Stichomythie**	– Sprache der Interpretation
Vorschläge zur Gestaltung des Schlusses, S. 407	– Schlüsse beurteilen und verbessern – **Interpretieren 14: Ausarbeitung von Hauptteil und Schluss**	– Schlüsse (Schülerbeispiele) – Johann Wolfgang von Goethe – Grafik zum Handlungsverlauf	– Sprachhandlungen benennen
Der geschichtliche Hintergrund von Goethes Schauspiel, S. 408 Spieler und Gegenspieler auf Abstand – ein Überblick, S. 409	– Skizzieren von Handlungsschritten – Exzerpieren von historischen Fakten – Handlungsentwürfe und Inhaltsangabe vergleichen	– Historischer Sachtext – Historische Bilder – Inhaltsangabe – **Drama 9: Botenbericht und Teichoskopie**	– Fachbegriffe in historischem Text – Sachliche Sprache
Götz als Titelfigur, S. 410	– Eine Strukturskizze ergänzen	– Grafik	– Schlüsselwörter

3. Zweimal Geschichte: Goethes Zeit und Götzens Zeit – Das Verhältnis von Autor und Werk

	Sprechen und Schreiben	Literatur und Medien	Sprachbetrachtung
Eine Zitatencollage, S. 411	– Aus Zitaten Ideale ableiten und diskutieren – **Arbeitstechniken 13: Informationen über eine Epoche ermitteln**	– Textzitate aus „Götz"	– Zeitstil der Epoche „Sturm und Drang"
Dichter aus dem Kreis des „Sturm und Drang", S. 412	– Informationen auswerten	– Dichterporträts – **Literaturgeschichte 9: „Sturm und Drang"**	– Kernbegriffe einer Epoche

III. Drama ist nicht gleich Drama: Klassisches Drama und episches Theater im Vergleich

1. Wie verwenden Dramatiker historische Stoffe? – Friedrich Schiller und Bertolt Brecht gegenübergestellt

	Sprechen und Schreiben	Literatur und Medien	Sprachbetrachtung
Zwei Anfänge, S. 413	– Inhaltliche Auffälligkeiten notieren – Elemente der Exposition exzerpieren und den Fortgang skizzieren	– Dramenauszüge – Szenisches Lesen – Bertolt Brecht	– Eigenarten des Zeitstils bei Schiller und Brecht
Der historische Hintergrund, S. 415	– Thematisch interessante Aspekte exzerpieren – Einen Handlungsplot entwerfen	– Historische Sachtexte	– Historische Fachsprache
Inhaltsangaben und Personenverzeichnisse, S. 417	– Vergleichen von Plots und Inhaltsangaben – Figurenkonstellationen entwerfen und vergleichen	– Inhaltsangaben – Szenenbild	– Sachliche Sprache

2. Was ist ein „klassisches" oder „geschlossenes" Drama? – Das Beispiel „Maria Stuart"

	Sprechen und Schreiben	Literatur und Medien	Sprachbetrachtung
Durch ein Szenarium einen Überblick gewinnen, S. 419	– In Gruppenarbeit Anlegen eines Szenariums	– Tabellarische Darstellung – Friedrich Schiller	– Schlüsselwörter
Ein Lesezettel als Orientierungshilfe, S. 419	– Markieren von Textstellen	– Lesezettel	
Strukturskizzen verdeutlichen Zusammenhänge, S. 420	– Skizzen ergänzen und kommentieren – Figuren charakterisieren	– Strukturskizzen – Rezitieren	– Fachbegriffe des klassischen Dramas
Die Begegnung der Königinnen (III/4), S. 421	– Verfassen eines inneren Monologs – Stellproben versuchen – Regieanweisungen und Verlaufskurven skizzieren – Szenenfotos zuordnen und die Rollenauffassung erschließen	– Szenenfotos – Rezitieren	– Fachbegriffe des Theaters
Inszenierungen der „Maria Stuart", S. 421	– Aus Rezensionen ein Regiekonzept erschließen – Skizzieren einer modernen Inszenierung	– Theaterrezensionen – **Literaturgeschichte 10: Die Klassik in der Literatur** – Szenische Lesung	– Stilmittel der Tragödie
V. Klotz: Geschlossene und offene Form im Drama, S. 422	– Exzerpieren von Dramenmerkmalen – Ein Drama zuordnen	– **Drama 10: Die Fallhöhe in der Tragödie**	– Fachbegriffe des Theaters

3. Was kennzeichnet die „offene Form" des epischen Theaters? – Das Beispiel „Mutter Courage und ihre Kinder"

	Sprechen und Schreiben	Literatur und Medien	Sprachbetrachtung
B. Brecht: Mutter Courage und der Krieg, S. 423	– Exzerpieren von Positionen – Textzitate zuordnen und Kontexte resümieren	– Textcollage aus „Mutter Courage"	– Spracheigenarten bei Brecht
B. Brecht: Mutter Courage in zweifacher Weise dargestellt, S. 423	– Einen Text erörtern	– Theoretischer Text	– Sprachmerkmale des Essays
B. Brecht: Die Szenentitel, S. 424	– Fachgespräch über den Begriff „Chronik"	– Szenentitel von „Mutter Courage"	– Sprachverknappung in der Beschreibung
Standbilder, S. 425	– „Standbilder" den Szenen zuordnen – Eine Strukturskizze entwerfen	– Szenenbilder – **Drama 11: Die Verfremdungseffekte**	– Fachbegriffe des Theaters
Die Funktion der Songs, S. 426	– In Gruppenarbeit Beschreibung von Aufbau und Gestaltungsmitteln – Ergebnisprotokoll – Kurzreferat zu Brecht	– Strukturskizze – **Drama 12: Das epische Theater**	– Fachbegriffe des Theaters

Das neunte Kapitel im Blickfeld, S. 427

Autorenregister

Sach- und Methodenregister

Textquellenverzeichnis

Aichinger, Ilse
– Das Fenster-Theater 61
In: Der Gefesselte. Erzählungen, Frankfurt a.M. (S. Fischer) 1953

Aist, Dietmar von
– Ûf der linden 175
In: Echtermeyer/von Wiese, Deutsche Gedichte, Düsseldorf (Cornelsen) ^{18}1991, S. 31

Als der Morgen dämmerte 335
In: Bild, Hamburg (Springer) vom 10.8.1999, S. 7

Anders, Renate
– Was ich fühle 10
In: Wie man Berge versetzt, hrsg. von Hans-Joachim Gelberg, Weinheim und Basel (Beltz und Gelberg) 1981

Andersch, Alfred
– [Gregor][1] 258
– [Knudsen – Gregor] 259
– [Knudsen – Gregor] 260
– [Judith – Gregor – Helander] 260
– Sansibar oder der letzte Grund 262
– Der Junge 263
– Der Junge 271
– Sansibar oder der letzte Grund 278
In: Sansibar oder der letzte Grund, Zürich (Diogenes) 1970, S. 40f., 45f., 47f., 109f., 60, 7, 81f., 42

Anonym
– Chume, chume, geselle mîn ... 175
In: Echtermeyer/von Wiese, Deutsche Gedichte, Düsseldorf (Cornelsen) ^{18}1991, S. 30

[1] Bei den Titeln in eckigen Klammern handelt es sich nicht um Originalüberschriften.

Anonym
– Du bist mîn 175
In: Echtermeyer/von Wiese, Deutsche Gedichte, Düsseldorf (Cornelsen) ^{18}1991, S. 30

Anonym
– Lass ab, es ist umsonst 177
In: Echtermeyer/von Wiese, Deutsche Gedichte, Düsseldorf (Cornelsen) ^{18}1991, S. 66f.

Ärztliches Zeugnis des Dr. Zahn 240
In: Hermann Hesse. Sein Leben in Bildern und Texten, hrsg. von Volker Michels mit einem Vorwort von Hans Mayer, gestaltet von Willy Fleckhaus, Frankfurt (Insel) 1987, S. 51 © Suhrkamp Verlag, Frankfurt a. M. 1979

Aus dem Tagebuch der Mutter (7./8.März 1892) 239
In: Hermann Hesse, Kindheit und Jugend vor 1900, Frankfurt a.M. (Suhrkamp) 1984, S. 181f.

Ausländer, Rose
– Kreisen 156
In: Gesammelte Werke, 7 Bände, hrsg. von Helmut Braun Frankfurt a.M. (S. Fischer) 1985

[Äußerungen zur Jugendsprache] 111
In: Peter Schlobinski, Gaby Kohl, Irmgard Ludewigt: Jugendsprache. Fiktion und Wirklichkeit, Opladen (Westdeutscher Verlag) 1993, S. 9

Bachmann, Ingeborg
– Reklame 347
In: Sämtliche Gedichte, München (Piper) 1983, S. 124

Bartsch, Kurt
– Poesie 40
In: Zugluft. Gedichte, Sprüche, Parodien, Berlin/ Weimar (Aufbau) 1968

Bausinger, Hans
– [Wie im Krimi – Dialekte als Identitätsmerkmal] 124
In. Dialekte, Sprachbarrieren, Sondersprachen. Zweiter Band zur Fernsehserie Deutsch für Deutsche, Frankfurt a.M. (S. Fischer) 1972, S. 18

Benn, Gottfried
– Astern 150
In: Ders.: Statische Gedichte © 1948, 1983, 2000 by Arche Verlag AG, Zürich-Hamburg

Berger, Adolf
– Medienvielfalt 329
In: Kristiane Allert-Wybranietz (Hrsg.), Schweigen brennt unter der Haut, München (Heyne) ^{3}1993

Biermann, Wolf
– Die Ballade vom Briefträger William Moore aus Baltimore 98
In: Die Drahtharfe, Berlin (Wagenbach) 1965, S. 26ff.
– Ermutigung 163
In: Mit Marx- und Engelszungen. Gedichte, Balladen, Lieder, Berlin (Wagenbach) 1971

Boccaccio, Giovanni
– Falkennovelle 209
In: Das Decamerone, Erster Band, Deutsche Übersetzung von G. Diezel und P. Calvino, Zürich (Manesse) 1957, S. 643-653

Bradbury, Ray
– Fahrenheit 451 315
Zürich (Diogenes) 1981, S. 28ff.

Brambach, Rainer
– Paul 161
In: Wirf eine Münze auf, Copyright © 1977 by Diogenes Verlag AG Zürich

Brecht, Bertolt
– Liebe zu wem 48
In: Elisabeth Hauptmann (Hrsg.), Bertolt Brecht, Gesammelte Werke in 20 Bänden, Band 8, Frankfurt a. M. (Suhrkamp) 1967
– Maßnahmen gegen die Gewalt 83
In: Geschichten, Frankfurt a.M. (Suhrkamp) 1969, S. 26ff.
– Deutschland 159
In: Gesamtausgabe der Gedichte, Band 7, hrsg. von E. H., Frankfurt a.M. (Suhrkamp) 1964, S. 95
– Ich, der Überlebende 161
– Ich habe gehört, ihr wollt nichts lernen 163
– Das Lied von der Moldau 166
In: Die Gedichte von Bertolt Brecht in einem Band, Frankfurt a.M. (Suhrkamp) 1981, S. 882; 385
– Der Rundfunk als Kommunikationsapparat 313
In: Gesammelte Werke, Band 18, Frankfurt a.M. (Suhrkamp) 1967, S. 127ff.
– Vergnügungen 329
In: Ausgewählte Gedichte, hrsg. von Siegfried Unseld, Frankfurt a.M. (Suhrkamp) 1964, S. 79
– Mutter Courage und ihre Kinder 414
Frankfurt (Suhrkamp) 1960, S. 7f.
– Mutter Courage in zweifacher Weise dargestellt 423
In: Materialien zu Brechts „Mutter Courage und ihre Kinder“, Frankfurt a.M. (Suhrkamp) 1969, S. 125

Text-Collage 346
In: Walter Leimeier, Ein herrenloses Damenfahrrad, Paderborn (Schöningh) 1997, S. 148

Theobaldy, Jürgen
– Gedicht 49
In: Aber besoffen bin ich von dir. Liebesgedichte, hrsg. von J. Hans, Reinbek (Rowohlt) 1979

Thomas, Volker
– Löst gefilmte Gewalt Gewalt aus? 309
In: Medien, PZ Nr. 75, hrsg. von der Bundeszentrale für politische Bildung, Bonn 1993, S. 12f.

Troll, Thaddäus
– Rotkäppchen auf Amtsdeutsch 119
In: Hans Ritz: Die Geschichte von Rotkäppchen. Ursprünge, Analysen, Parodien eines Märchens, München (Heyne) 1985

Tucholsky, Kurt
– Presse und Realität 337
In: Gesammelte Werke, Band 3, 1921-1924, hrsg. von Ary Gerold-Tucholsky, Fritz J. Raddatz, Reinbek (Rowohlt) 1975, S. 63

Uhland, Ludwig
– Heimkehr 49
In: Uhlands Werke, hrsg. von Adalbert Silbermann, 1. Teil, Berlin (Deutsches Verlagshaus Bong und Co) o.J. S. 56

Ulrichs, Timm
– ordnung – unordnung 43
In: Eugen Gomringer (Hrsg.): konkrete poesie deutschsprachiger autoren. anthologie, Stuttgart (Reclam) 1972, S. 142

Umfrage der Klasse 9b des Ehinger Gymnasiums 344
In: Katholisches Sonntagsblatt, Kirchenzeitung der Diözese Rottenburg-Stuttgart, Nr. 40, Ostfildern (Schwabenverlag) vom 4.10.1998

Verbände mahnen Ökokraftstoffe an 351
In: Stuttgarter Zeitung, Nr. 183, Stuttgart (Stuttgarter Ztg. Verlagsgesellschaft) vom 11.8.1999

Vogelweide, Walther von der
– „Nemt frouwe, disen kranz!" ... 176
In: Peter Wapnewski, Walther von der Vogelweide. Mittelhochdeutscher Text und Übertragung, Frankfurt a.M. (Fischer) 1962, S. 76ff.

Walser, Martin
– Erfahrungen beim Verfassen einer Sonntagsrede. Mit der Laudatio von Frank Schirmacher, 126
Frankfurt a.M. (Sonderdruck edition suhrkamp) 1998, S. 13f.
– Bemerkungen über unseren Dialekt 126
In: Heimatkunde. Aufsätze und Reden, Frankfurt a.M. (Suhrkamp) 1996 (1968), S. 54ff.

Weckherlin, Georg Rudolf
– Die Lieb ist Leben und Tod 178
In: Echtermeyer/von Wiese, Deutsche Gedichte, Düsseldorf (Cornelsen) [18]1991, S. 80

Weisenborn, Günther
– Zwei Männer 64
In: Wolfgang Weyrauch (Hrsg.): Tausend Gramm, Reinbek (Rowohlt) 1949, S. 183ff.

Weiss, Peter
– Der Ernst des Lebens 41
In: Abschied von den Eltern, Frankfurt a.M. (Suhrkamp) 1964

Werbung und Wirklichkeit 347
In: Katholisches Sonntagsblatt. Kirchenzeitung der Diözese Rottenburg-Stuttgart, Nr. 40, Ostfildern (Schwabenverlag) vom 4.10.1998

Werfel, Franz
– Und doch 156
– Vorfrühling 157
In: Gesammelte Werke in Einzelbänden. Gedichte aus den Jahren 1908-1945, Frankfurt a.M. (S. Fischer) 1992

Weyrauch, Wolfgang
– Gleichung 49
In: Claassen Jahrhundert der Lyrik I. Am Rande der Zeit, hrsg. von Chr. Buchwald und H. Hartung, Düsseldorf (Claassen) 1979

Wildemann, Horst
– Optimierung von Entwicklungszeiten: Just-In-Time in Forschung & Entwicklung und Konstruktion, München (Transfer-Centrum) 1993, S. 81f. 119

Winckel, Fritz
– Fernsehen in Berlin geglückt (9.3.1929) 314
In: Heide Riedel, Fernsehen – Von der Vision zum Programm. 50 Jahre Programmdienst in Deutschland, hrsg. vom Deutschen Rundfunk-Museum e.V. Berlin, Redaktion: Ulrich Thiele, S. 41

Wohmann, Gabriele
– Eine Schriftstellerin liest „Unterm Rad" 254
In: Ich lese. Ich schreibe, Neuwied (Luchterhand) 1984, S. 86f.

Ziegler, Reinhold
– Version 5 Punkt 12 317
Weinheim und Basel (Beltz und Gelberg) 1997, S. 24ff.

Zimmer, Dieter E.
– Stellenteil 39
In: Am Rande der Zeit, hrsg. von Chr. Buchwald und H. Hartung, Hamburg und Düsseldorf (Claassen) 1979
– Wörter und Waffen. Politik als Sprachkampf 363
In: DIE ZEIT, Nr. 44, Hamburg (Zeitverlag) vom 21.10.1977, S. 47f.

Zuckmayer, Carl
– Der fröhliche Weinberg, 123
Frankfurt a.M. (S. Fischer) 1988, S. 20f.
– Der Hauptmann von Köpenick, 377
Frankfurt a.M. (S. Fischer) 1997, S. 7ff. und 124ff. 390

Zwei Strukturskizzen 420
In: Martin Hussong, Artur Schütt, Brigitte Stuflesser, Textanalyse optisch, Düsseldorf (Pädagogischer Verlag Schwann) 1971, S. 24f.

Zweig, Stefan
– Die Schachnovelle 225
Lizenzausgabe mit Genehmigung des S. Fischer Verlags f. Bertelsmann, Gütersloh o.J., S. 5, 76ff., 124f.
© S. Fischer Verlag Frankfurt

Bildnachweis

Anthony: S. 8 (l Strack, h Burbeck), 20 o.r., 20 2.v.o.r. (N. Fischer), 20 u.l. (Lauer) 375 (b Hardenberg), 375 (f Lindner) – AP Photo/Neil Hamberg: S. 33 – Archiv der Storm-Gesellschaft/Husum: S. 231, 232 (2 Bilder) – Archiv für Kunst und Geschichte, Berlin: S. 64 o. (S. Domingie), 96 o. (Gilles Mermet), 96 u., 136 u., 138 u., 147 m., 148 l., 151, 158 o., 179, 180 (2 Bilder), 184, 203, 204 u.m., 252, 278 l., 314 2.v.u., 409 2.v.o. (Erich Lessing), 412 (4 Bilder), 415 (Erich Lessing), 416 – Archiv Gerstenberg: S. 55 o.l., 208, 368 – ARD: S. 297 m.l. – Cover von Dieter Leithold aus: Aidan Chambers: Tanz auf meinem Grab © der deutschsprachigen Ausgabe by Arena Verlag, Würzburg 1984: S. 57 – Balou Merchandising, R. Temme, Köln: S. 306 u.l. – „Lesender Klosterschüler" Holz, 1930 © Ernst und Hans Barlach GbR Lizenzverwaltung Ratzeburg: S. 278 r. – Bau/laenderpress: S. 196 – Bavaria: S. 8 (a), 20 u.r. – Bayrischer Rundfunk: S. 307 o.r. – aus: Reinhold Ziegler, Version 5 Punkt 12, © 1997 Beltz Verlag, Weinheim und Basel, Programm Beltz und Gelberg, Weinheim: S. 317 – © Benelux/BAVARIA: S. 55 u.r. – entnommen aus: G. Bergmann, Mundarten und Mundartforschung, Leipzig 1964: S. 124 – „mit freundlicher Genehmigung des Clubs Bertelsmann": S. 227 o. – Biblioteca Nationale, Florenz: S. 209 – Bibliothèque de l'Arsenal, Paris: S. 138 2.v.u. – Bibliothèque Nationale, Paris: S. 211, 212 – Bildarchiv Preußischer Kulturbesitz, Berlin: S. 183, 204 u.r., 206 (2 Bilder), 207, 266 u., 282 m., 313, 375 (d) – BILD Titel vom 10.8.99: S. 334 – BILD Titel vom 12.8.99: S. 330 – aus: BILD vom 10.8.99, S. 7: S. 335 – Volkmar Billeb, Berlin: S. 259 u. – Bongarts: S. 8 (f) – Bongarts/Mark Sandten: S. 297 o.r. – Sepp Buchegger, Tübingen: S. 110 – Ilse Buhs: S. 421 r. – aus: Informationsbroschüre: Burgfestspiele Jagsthausen 1996, hrsg. von den Burgfestspielen Jagsthausen, Druck und Verlags GmbH Otto Welker, Neckarsulm: S. 402 (6 Bilder) – C.S.M./WDR/Defa: S. 264/265 (4 Bilder) – CCC/Tomaschoff: S. 253 – Webb Chappell, Cambridge/USA: S. 118 – entnommen aus: Theodor Storm: Der Schimmelreiter, Christians Verlag, Hamburg 4. Aufl. 1981: S. 229 – Cinetext, Frankfurt: S. 297 o.m. – Compuserve: S. 311 u. – Deutsche Telekom: S. 311 r. – Deutsches Zeitungsmuseum, Meersburg: S. 324 (c) – Christian Morgenstern: Galgenlieder © für den Umschlag: 1998 Deutscher Taschenbuch Verlag, München: S. 182 o. – Gottfried Keller: Romeo und Julia auf dem Dorfe © für den Umschlag: 1998 Deutscher Taschenbuch Verlag, München: S. 224 u. – Horst Dieter Schlosser: dtv-Atlas Deutsche Literatur. Graphiken von Ude Goede © 1983 Deutscher Taschenbuch Verlag: S. 204 l. – Gotthold Ephraim Lessing: Minna von Barnhelm, oder das Soldatenglück © für den Umschlag: 1997 Deutscher Taschenbuch Verlag, München: S. 386 m. – Theodor Fontane: Unterm Birnbaum © für den Umschlag von Quint Buchholz: 1997 Deutscher Taschenbuch Verlag, München: S. 282 o. – Werner König: dtv-Atlas Deutsche Sprache. Graphiken von Hans-Joachim Paul © 1978 Deutscher Taschenbuch Verlag, München: 125 (2 Karten), 131 (2 Karten), 135 (3 Karten), 136 (2 Karten) – Johannes Diekhans, Paderborn: S. 8 (c), 267 (2 Bilder), 268 – Abschied von Sidonie von Erich Hackl, Diogenes Verlag, Zürich (detebe 22428): S. 280 m. – Der Richter und sein Henker von Friedrich Dürrenmatt, Diogenes Verlag, Zürich (detebe 22535): S. 283 u. – Aus: Loriots Dramatische Werke, Copyright © 1981 by Diogenes Verlag AG Zürich: S. 292 – aus: Loriots Großer Ratgeber; Copyright © 1968 by Diogenes Verlg AG Zürich: S. 324 (b), 327 o., 336 – aus: Loriots Heile Welt; Copyright © 1973 by Diogenes Verlag AG Zürich: S. 324 (e) – dpa, Frankfurt: S. 8 (g), 10 u., 14, 17, 41, 50, 61, 65, 79, 80 o., 84, 98, 154, 156 m., 181, 251, 254 (Ursula Düren), 276 (2 Bilder), 284, 285 o., 298 (3 Bilder), 302, 306 (2 Bilder), 307u.r., 314 u., 347 r., 367, 391 – © Eichborn Verlag AG, Frankfurt am Main, 1996: S. 121 (2 Bilder) – Susanne Sterzenbach: Alles im Kasten, Ensslin-Verlag, Reutlingen 1996: S. 293 – Filmbild Fundus Robert Fischer, München: S. 315 – Hermann Hesse, Unterm Rad, Erstausgabe S. Fischer Verlag Berlin: S. 243 – Hugo von Hofmannsthal: Der Rosenkavalier/Jedermann/Der Schwierige, S. Fischer Verlag, Frankfurt am Main 1986, 1990, 1993: S. 386 o. – GEZ: S. 345 o. – Gies Kerzen, Glinde: S. 139 – Globalstar, L.P. © Copyright 1999.All rights rexerved: S. 344 – entnommen aus: Martin Luther Hausbuch, hrsg. von Marianne Bernhard, Gondrom Verlag, Bayreuth 1983, S. 249: S. 128 – © Olaf Gulbransson/VG Bild–Kunst, Bonn 1999: S. 241 (m) – Horst Haitzinger/CCC: S. 353, 361 (2 Bilder) – Erwin Haupt, Forschungsinstitut und Naturmuseum Senckenberg in Frankfurt am Main: S. 162 – Hausmann: S. 421 o.r. – Honoré Daumier, Bildwitz und Zeitkritik, Sammlung Horn, Katalog Nr. 302: S. 374 – aus: Aitmatow, Tschingis: Dshamilija. Großdruck. Ill. v. Schellenberger, Hans G. Aus d. Russ. v. Drohla, Gisela. Insel Verlag, Frankfurt a.M. 1991(Insel-Tb. 2323): S. 280 o. – aus: E.T.A. Hoffmann, Das Fräulein von Scudéry, Insel Verlag, München 1980. (Insel-Tb. 410): S. 224 m. – aus: Hesse, Hermann: Knulp. 16 Steinzeichn. v. Walser, Karl, Insel Verlag, Frankfurt a.M. 1979 (Insel-Tb. 394): S. 286 m. – Interfoto, Pressebild Agentur, München: S. 412 o.l. – Keystone: S. 414 – Keystone Pressedienst: S. 70, 89 – Erich Maria Remarque, Im Westen nichts Neues, © Kiepenheuer & Witsch, Köln 1998: S. 282 u. – Klosterbibliothek St. Gallen, Aufnahme: Regina Kühne, St. Gallen: S. 132 – Schutzumschlag nach dem gleichnamigen Buch der Goldmann Taschenbuch-Ausgabe © 1978 Albrecht Knaus Verlag, München, in der Verlagsgruppe Bertelsmann GmbH / Bavaria Bildagentur: S. 286 u. – entnommen aus: Begleitheft zur Dauerausstellung „Unterordnen? Ja! Aber worunter?" Vom Schuster Wilhelm Voigt zum „Hauptmann von Köpenick", hrsg. vom Bezirksamt Köpenick von Berlin, S. 181: S. 387 l. – Kunsthistorisches Museum, Wien: S. 102 – Landesbildstelle Baden, Karlsruhe: S. 239 (h) – Laren, Privatsammlung: S. 157 u. – Legler/laenderpress: S. 147 o. – Arnold Leifert: S. 160 – © L & M SERVICES B.V. Amsterdam 991204: S. 146 – Löppert Foto/INTERFOTO: S. 66 u. – Louvre, Paris: S. 157 o. – MA/laenderpress: S. 149 o. – Macke–Archiv des Westfälischen Landesmuseums für Kunst und Kulturgeschichte, Münster: S. 236 – Manessische Liederhandschrift, Heidelberg: S. 130, 138 o.l., 176 – Christina Mayer, Ehingen: S. 343 (4 Bilder), 344 (2 Bilder), 347 (2 Bilder) – Milestone: S. 104 o.r. – aus: Samy Molcho, Alles über Körpersprache, Fotos Thomas Klinger, Mosaik Verlag, München 1995, S. 83: S. 55 o.r. – aus: Samy Molcho, Körpersprache als Dialog, Mosaik Verlag, München: S. 55 m.u. – aus: Samy Molcho, Alles über Körpersprache, Fotos Thomas Klinger, Mosaik Verlag, München 1995, S. 91:

S. 296 – Musée national d`art moderne Centre Georges Pompidou, Paris © VG Bild-Kunst, Bonn 1999: S. 7 – Musée National du Louvre, Paris: S. 54 – NDR/Uwe Ernst, 1999: S. 299 r. – New York, Privatbesitz: S. 155 – aus: Hermann Paul, Mittelhochdeutsche Grammatik 22, durchgesehene Auflage von Hugo Moser, Ingeborg Schröbler, Siegfried Grosse, Max Niemeyer Verlag, Tübingen 1982, S. 513: S. 135 u.l. – Isolde Ohlbaum: S. 283 o. – Österreichische Galerie Belvedere, Wien: S. 158 u. – entnommen aus: Badeverwaltung Ostseebad Alt Gaarz, Prospekt, 1934: S. 259 o. – Paris, Musée de Louvre: S. 186 – Postl/laenderpress: S. 66 m. – Professional Publications Limited (PPL), Dar es Salaam: S. 294 – pwe Kinoarchiv Hamburg: S. 63 (3 Bilder), 64 u., 106, 227 u., 265 r., 280 u. (Umschlagbild), 307 u.l., 387 r. – aus: Volker Neuhaus, Goethe: Götz von Berlichingen. Erläuterungen und Dokumente, Reclam Verlag, Stuttgart 1994, S. 55: S. 401 – Reinhard Tierfoto: S. 194 m. – Winterthur, Sammlung Dr. Oskar Reinhart: S. 156 u. – RTL: S. 297 m.r. + o.l. – Saeger: S. 425 (3 Bilder) – SAT1: S. 299 l. – Scala, Florenz: S. 210 – Schiller–Nationalmuseum/Deutsches Literaturarchiv, Marbach: S. 204 u.l., 237 (d), 238 (e), 241 (l) – R. Scholz/laenderpress: S. 298 u.l. – aus: Michael Spohn: Schwäbische Comics, Michael Schönemann Verlag, Esslingen/Kisslegg 1977, S. 23: S. 122 r. – Schwäbische Zeitung: S. 24 – aus: schwädds. Mundart–Zeitschrift, Nr. 2 (Juni 1981), S. 55: S. 122 l. – Siemens Pressebild: S. 8 (b) – Norbert Simianer, Ostfildern: S. 266 m. – aus: Der Spiegel, Nr. 11, 15.3.99, S. 161: S. 311 l. – Staats– und Universitätsbibliothek Hamburg, Campe Sammlung, Brandenburger Kleist Ausgabe, Band IV/1: S. 206 u. – Staatsgalerie, Stuttgart: S. 156 o. – Statni Zidovske Museum, Prag: S. 266 o. – Stiftung Preußischer Kulturbesitz, Staatliche Museen zu Berlin, Nationalgalerie: S. 238 (f) – Studio 19/INTERFOTO: S. 147 u. – © Succession Marcel Duchamp/VG Bild-Kunst, Bonn 2000: S. 187 – Süddeutsche Zeitung vom 12.8.1999: S. 331 – Süddeutscher Verlag/David Ausserhofer/JOKER: S. 324 (a) – Südwest Presse: S. 324 (f Eberl) – aus: 1945–1995: 50 Jahre Südwest Presse, Sonderbeilage der Südwest Presse vom 10.11.1995, Archiv-Foto: Müssig: S. 349 – entnommen aus: Hans Dollinger, Lachen streng verboten, Südwest Verlag, München 1972: S. 386 u. (3 Bilder) – aus: Prospekt über Hermann Hesse, Suhrkamp Verlag, Frankfurt a.M. 1989, revidierte Neuauflage 1993: S. 237 (c) – aus: Jurek Becker, Jakob der Lügner, Suhrkamp Verlag, Frankfurt a.M. 1997: S. 285 u. – entnommen aus: Materialien zu Brechts Mutter Courage und ihre Kinder, Suhrkamp Verlag, Frankfurt a.M. 1969: S. 423 – Taurus Video GmbH © Kinowelt Home Entertainement GmbH: S. 383 (6 Bilder) – D.H. Teuffen/Interfoto München: S. 77 – © The Munch Museum/The Munch Ellingsen Group/VG Bild-Kunst, Bonn 1999: S. 193 – © Marianne Thiele, Berlin: S. 382 – Tony Stone Images: S. 20 2.v.o.l. (Bob Thomas), 80 u. (Christopher Bissell), 104 l. (Lee Page) – Tony Stone Images/Donna Day: S. 375 (f) – Tony Stone Images/Kaz Chiba: S. 375 (g) – aus: Hauptmann, Gerhart: Der Biberpelz. Eine Diebskomödie. Nachw. v. Razinger, Ullstein Verlag, München 33. Aufl. 1998. (Ullstein Tb. 23426): S. 385 – Ullstein: S. 74 o., 161, 182 u., 421 o.l. – Universitätsbibliothek Heidelberg: S. 329 – VCP© VCP/BAVARIA: S. 20 u.l. – Verlagsarchiv Schöningh/Ulrich Dalferth: S. 291 l. – Verlagsarchiv Schöningh/Werner Thaidigsmann: S. 375 (a) – Verlagsarchiv Schöningh/Wolfgang Aleker: S. 55 u.l., 308 l. – Verlagsarchiv Schöningh/Gerhard Sander: S. 18 (2 Bilder) – Verlagsarchiv Schöningh/Günter Schlottmann: S. 8 (e, i, j), 10 (3 Bilder), 13, 15, 19 (2 Bilder), 27, 30 (2 Bilder), 43, 55 o.m., 55 m., 85, 86, 104 u., 105, 263 (4 Bilder), 291 r., 297 u.+m., 314 o. (2 Bilder), 324 (d), 327 u., 350 – Verlagsarchiv Schöningh/Johanna Schmucker: S. 349 r. – Verlagsarchiv Schöningh/Susanne Baumann: S. 94, 95, 375 (c) – Verlagsarchiv Schöningh/Veronika Wypior: S. 78 – © VG Bild-Kunst, Bonn 2000: S. 150, 226 o.l., 290, 323 (2 Bilder) – Vitaquell, Hamburg: S. 345 u. – Andy Warhol Foundation: S. 240 (2 Bilder) – WDR: S. 308 (4 Bilder) – WDR, Kerstin Stelter: S. 307 o.l. – © Westermann Schulbuch Verlag GmbH, Braunschweig: S. 66 o., 99 – aus: Theodor Storm: Der Schimmelreiter, hrsg. von K.E. Laage, Westholsteinische Verlagsanstalt, Heide 197: S. 230 – Wolfgang Wiese, Hamburg: S. 370 – WMB/laenderpress: S. 90, 148 r. – WOT/laenderpress: S. 74 u., 237 (b), 239 (g) – weitere: Verlagsarchiv Schöningh, Paderborn